U0613433

嘉兴市图书馆史

沈红梅 主编

国家图书馆出版社

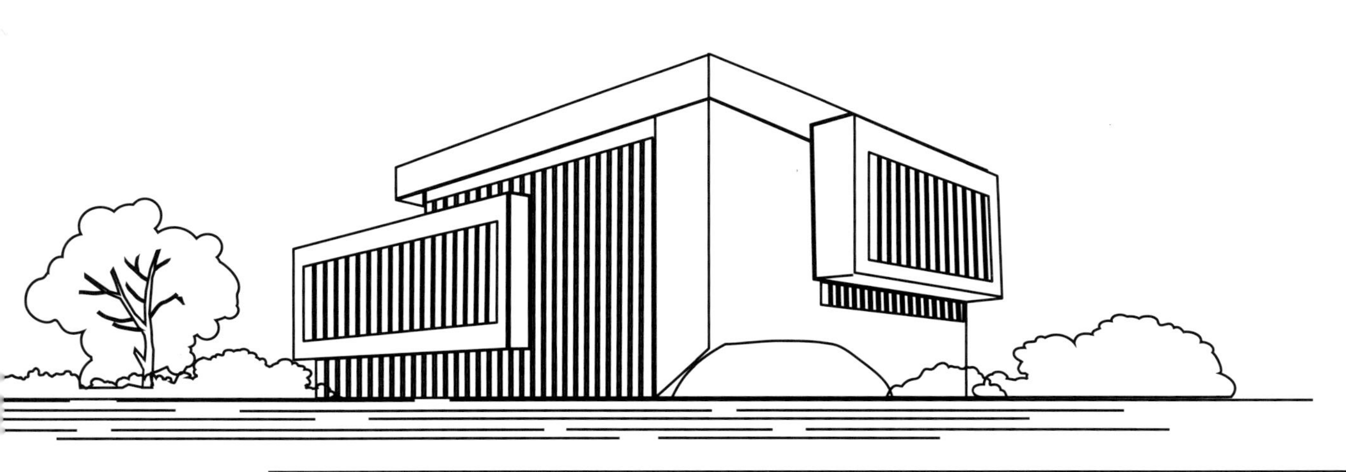

图书在版编目（CIP）数据

嘉兴市图书馆史 / 沈红梅主编. — 北京 : 国家图书馆出版社, 2024.11

ISBN 978-7-5013-7728-2

Ⅰ. ①嘉… Ⅱ. ①沈… Ⅲ. ①图书馆史—嘉兴 Ⅳ. ①G259.275.53

中国国家版本馆CIP数据核字（2023）第006463号

书　　名　**嘉兴市图书馆史**
JIAXING SHI TUSHUGUAN SHI

编　　者　沈红梅　主编

责任编辑　唐　澈　高　爽

封面设计　翁　涌

出版发行　国家图书馆出版社（北京市西城区文津街7号　100034）
（原书目文献出版社　北京图书馆出版社）
010-66114536　63802249　nlcpress@nlc.cn（邮购）

网　　址　http://www.nlcpress.com

排　　版　北京旅教文化传播有限公司

印　　装　北京科信印刷有限公司

版次印次　2024年11月第1版　2024年11月第1次印刷

开　　本　889mm×1194mm　1/16

印　　张　34.25　　彩插　2.75

字　　数　604千字

书　　号　ISBN 978-7-5013-7728-2

定　　价　398.00元

馆舍馆员◎

光绪三十年（1904），嘉兴金蓉镜、陶葆霖等人捐书集款组织，借用秀水县学堂大楼作为馆舍，成立了“嘉郡图书馆”，成为全国最早的公共图书馆之一。

1904 年，嘉郡图书馆借秀水县学堂大楼作为馆舍

1904 年，嘉郡图书馆藏书印章

Published every Morning and Sunday
Established 1872.

申報

中華民國十年
西曆一千九百二十一年
六月四號　星期六
舊曆辛酉四月二十八日
今天四張半售大洋三分
第一萬七千三百四十二號

今日本報增出遠東運動會特刊第六號半張連本報共四張半

律師沙訓義代表信遠號童錫等聲明

三新紡織有限公司告白

賞格

堅固洋棧現已落成召租

遺失請向送報人索取

嘉興

▲省會初選名額　第三屆省會初選、定於七月一日舉行、現爲期已近、初選事務所已籌備進行、所有嘉興嘉善海鹽平湖崇德桐鄉等六邑當選人名額、業由沈總監督核定、計嘉興一百三十五名、嘉善四十八名、海鹽三十九名、平湖三十六名、崇德二十九名、桐鄉十三名、每選舉人二千七百三十六名、選出當選人一名、

▲圖書館將遷徙　西門內之圖書館屋舍、係第二中校餘屋、現該校擬於下學期擴充教室、故該館須擇地遷移、陸館長以城中宏文館屋宇寬暢、堪作該館之用、一俟獄署新屋落成遷出後、該館擬即遷入、業已呈請縣署轉呈省長核奪矣、

1921 年，时任馆长陆仲襄筹划建设新馆舍。《申报》关于嘉兴市图书馆馆舍的报道

1928 年，将建成的一座西式二层楼房作为新馆，这是当时浙江最好的地方图书馆馆舍

1929—1937 年该楼一直作为嘉兴市图书馆馆舍

1945 年抗战胜利，国民党嘉兴县政府接收嘉兴县立图书馆，馆址设在童军路（现为少年路）

1955 年，嘉兴市图书馆馆庆之际，馆员与读者、军代表合影

1981 年，图书馆全体工作人员合影

1986 年动工兴建、1988 年建成的嘉兴市图书馆借阅大楼

占地 40 亩、面积 15000 平方米的嘉兴市图书馆新馆，于 2003 年正式启用

2004 年，嘉兴市图书馆百年馆庆工作人员合影

2020 年 11 月 28 日，面积 11496 平方米的嘉兴市图书馆（二期）正式启用

文献借阅部

少儿部

科技图书馆

古籍部

馆藏精品◎

经过历代乡贤和几代图书馆人的努力，嘉兴市图书馆馆藏文献约325万册（件），学科门类齐全。馆藏珍品首推乾隆版《大藏经》，还有明清精椠佳刻、名家批校本等，其中不少是海内孤本。

《摩诃般若波罗蜜多心经》

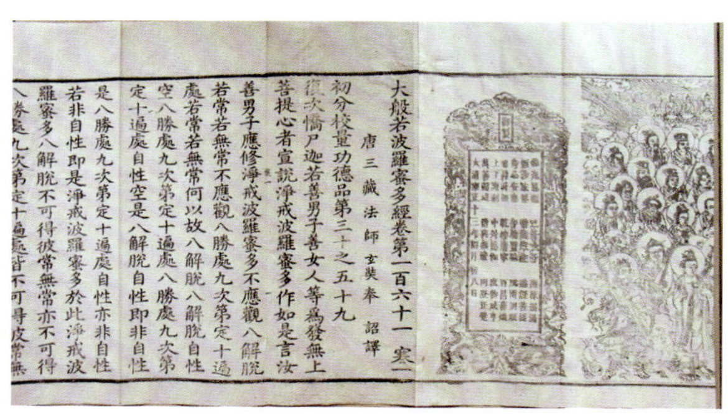

大般若波羅蜜多經卷第一百六十一　寒一
唐三藏法師玄奘奉　詔譯
初分校量功德品第三十之五十九
復次憍尸迦若善男子善女人等爲發無上
菩提心者宣說淨戒波羅蜜多作如是言汝
善男子應修淨戒波羅蜜多不應觀八解脫
若常若無常不應觀八勝處九次第定十遍
處若常若無常何以故八解脫八解脫自性
空八勝處九次第定十遍處八勝處九次第
定十遍處自性空是八解脫自性即非自性
是八勝處九次第定十遍處自性亦非自性
若非自性即是淨戒波羅蜜多於此淨戒波
羅蜜多八解脫不可得彼常無常亦不可得
八勝處九次第定十遍處皆不可得彼常無

乾隆版《大藏经》

《大藏经》书柜

朱生豪翻译《莎士比亚全集》手稿

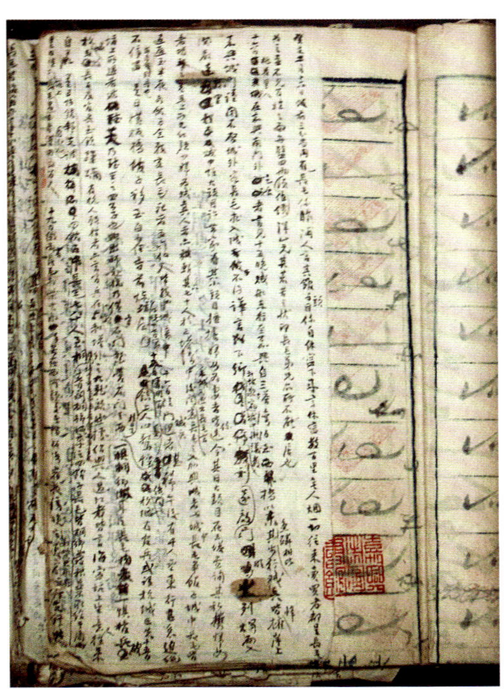

沈梓稿本《避寇日记》

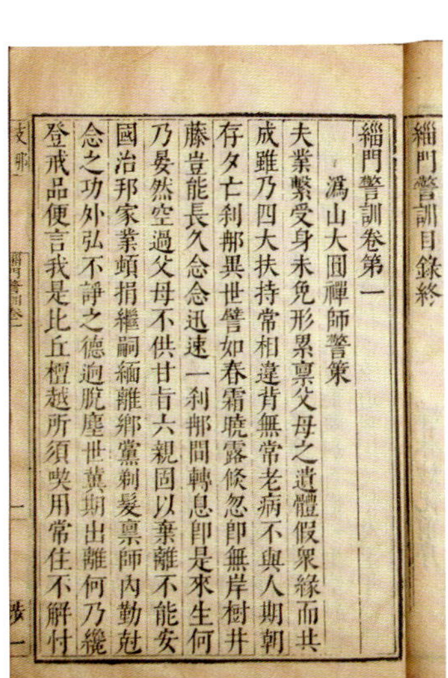

緇門警訓目錄終

緇門警訓卷第一

潙山大圓禪師警策

夫業繫受身未免形累稟父母之遺體假衆緣而共成雖乃四大扶持常相違背無常老病不與人期朝存夕亡剎那異世譬如春霜曉露倏忽即無岸樹井藤豈能長久念念迅速一剎那間轉息即是來生何乃晏然空過父母不供甘旨六親固以棄離不能安國治邦家業頓捐繼嗣緬離鄉黨剃髮稟師內勤剋念之功外弘不諍之德迴脫塵世冀期出離何乃纔登戒品便言我是比丘檀越所須喫用常住不解忖

《嘉兴藏》

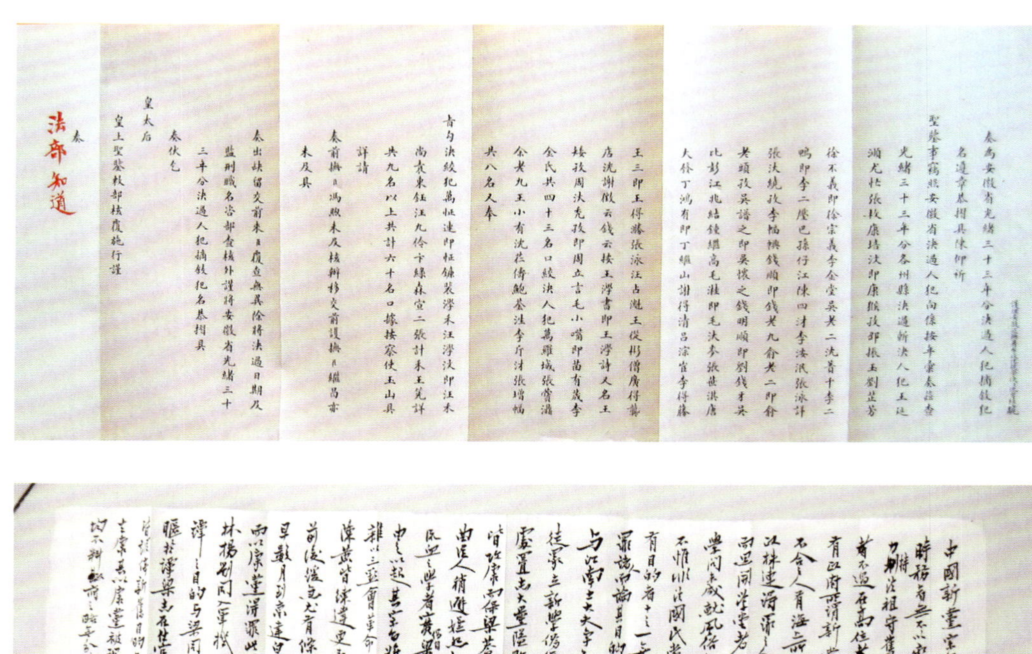

沈曾植手迹

各界关怀◎

多年来，各级领导非常关心嘉兴市图书馆的发展，为嘉兴市图书馆的发展注入了强大的动力。社会各界对嘉兴市图书馆也非常关注，许多作家、学者等文化艺术界名人曾先后来到这里，大大增强了图书馆的学术人文气息。

1964 年，郭沫若到嘉兴图书馆，参观古籍和地方文献，并留下了诗作

2005 年 3 月 21 日，时任文化部副部长周和平（左一）、浙江省文化厅厅长杨建新（左二）来图书馆视察共享工程工作

2002 年 5 月 3 日，著名作家黄裳先生在图书馆看书

1997 年 10 月，著名作家邓云乡（左三）参观图书馆明伦堂、秀州书局，并至烟雨楼游览

1999 年 6 月 3 日，91 岁高龄的著名学者张中行来嘉兴市图书馆秀州书局参观访问

2000 年 11 月 4 日，著名出版家范用来嘉兴市图书馆秀州书局访问

嘉興市圖書館

茅盾題

1980 年，茅盾先生为嘉兴市图书馆题写馆名

1985 年，嘉兴籍著名历史地理学家谭其骧（左二）应嘉兴市图书馆邀请来嘉兴讲学

陆震来教授（陆仲襄孙）在图书馆古籍部交流

2000 年，诗人流沙河（左四）到图书馆参观

著名作家冯骥才在图书馆参观

漫画家丁聪夫妇（左三、左六）、画家黄苗子（左四）、画家郁风（左五）等在图书馆参观

服务体系◎

2007年，嘉兴市图书馆以南湖区余新镇和秀洲区王江泾镇建设试点启动为标志，开始探索图书馆总分馆服务体系建设，逐步形成“政府主导、统筹规划，多级投入、集中管理，资源共享、服务创新”的总分馆建设模式，有效提升了农村公共图书馆服务水平，实现以城带乡共同发展。截至2023年底，已建成包括1个总馆、1个少儿馆、19个乡镇（街道）分馆、46个智慧书房、67个礼堂书屋、1个汽车图书馆及300多个图书流通站的城乡一体化公共图书馆服务体系。

嘉兴市图书馆总馆

乡镇（街道）分馆

长水街道分馆

余新镇分馆

油车港镇分馆

秀水分馆

新丰镇分馆

新塍镇分馆

新城街道分馆

王江泾镇分馆

王店镇分馆

塘汇街道分馆

七星街道分馆

解放街道分馆

嘉北街道分馆

洪合镇分馆

余新镇分馆

凤桥镇分馆

东栅街道分馆

大桥镇分馆

城南街道分馆

智慧书房

东栅街道南江社区智慧书房

新塍能仁寺智慧书房

余新镇智慧书房

城南街道运河智慧书房

礼堂书屋

油车港镇千金寺村礼堂书屋

新丰镇竹林村礼堂书屋

新塍镇火炬村礼堂书屋

余新镇长秦村礼堂书屋

读者活动◎

嘉兴市图书馆从建馆以来一直重视通过阅读活动来推广全民阅读，提升全民阅读素养。阅读推广活动从建馆之初的每年几场到十几场不等，发展到如今每年 5000 场以上；阅读服务从建馆之初简单的借阅服务逐步发展到城乡一体的常态化、系列化、品牌化的全民阅读推广服务体系，实现了从零岁开始的终身阅读服务目标，让身处在城市里、身处在乡村的不同人群都同样能够享受到精准的、优质的、特色的阅读服务。

“禾禾”少儿系列活动

南湖讲坛

图书馆第一课

“夕阳红 E 族”老年信息素养培养班

“小小创客家”青少年信息素养培训班

“阅动全家・书香嘉兴”农村家庭阅读推广活动

“嘉禾缥缃”中国古代书籍文化宣传推广

“悦心听读本”下基层推广

“悦心听读本”获 2023 年 IFLA 国际营销奖

元宇宙沉浸式阅读体验

媒体报道◎

在120年的发展历程中，嘉兴市图书馆不断探索实践，为我国公共图书馆事业的发展与繁荣提供了独具特色的嘉兴样本，在各级媒体留下了大量报道。这些媒体报道记录了百廿嘉图不屈的奋斗历史和璀璨的闪光时刻。

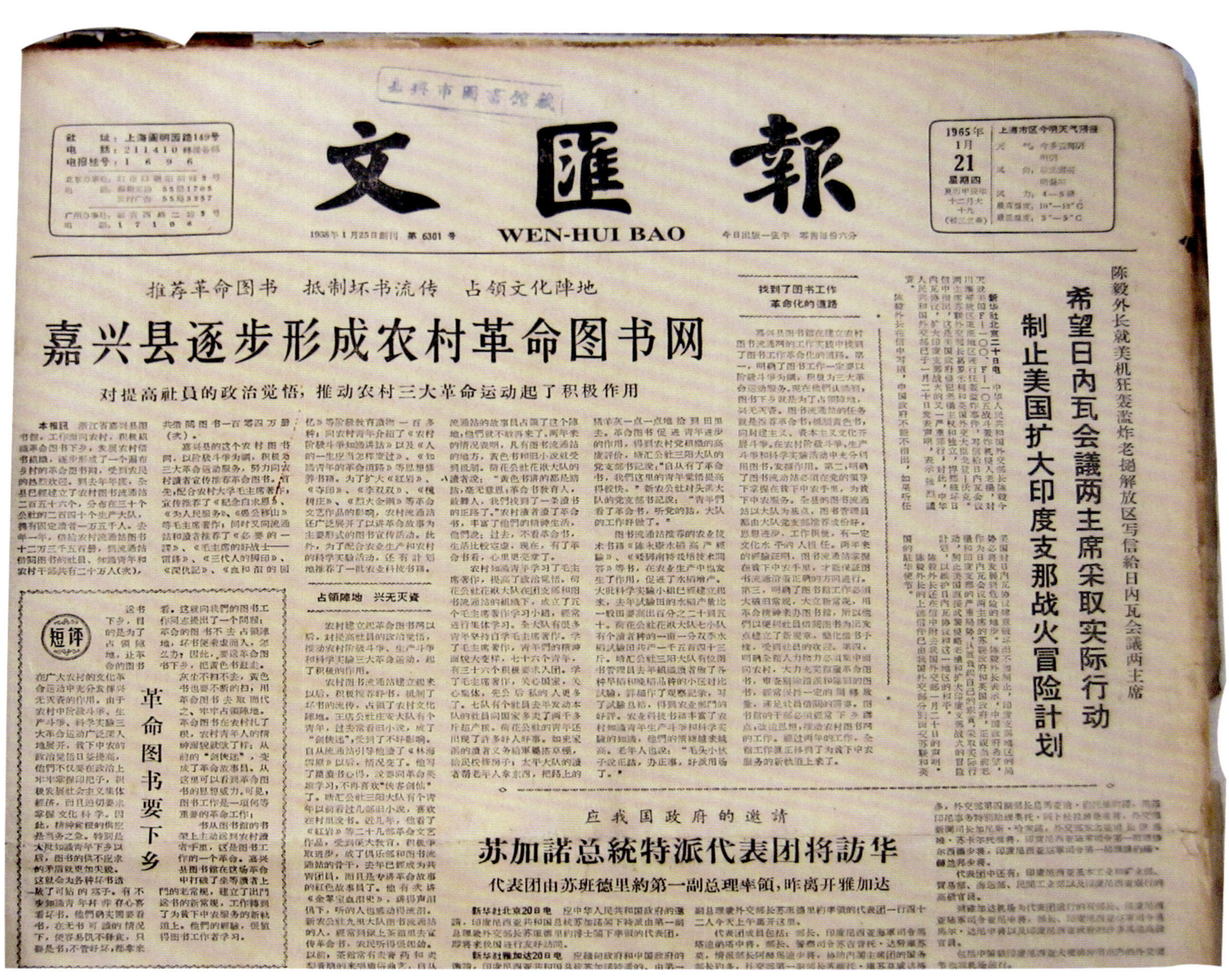

文匯報

WEN-HUI BAO

1965年1月21日 星期四

推荐革命图书　抵制坏书流传　占领文化阵地

嘉兴县逐步形成农村革命图书网

对提高社員的政治觉悟，推动农村三大革命运动起了积极作用

短评　革命图书要下乡

占領陣地　兴无灭资

找到了图书工作革命化的道路

陈毅外长就美机狂轰滥炸老挝解放区写信給日内瓦会議两主席

希望日内瓦会議两主席采取实际行动 制止美国扩大印度支那战火冒险計划

应我国政府的邀請

苏加諾总統特派代表团将訪华

代表团由苏班德里約第一副总理率領，昨离开雅加达

1965年1月21日，《文汇报》刊登报道《嘉兴县逐步形成农村革命图书网》

期待所有公共图书馆都打破“篱笆墙”

钱夙伟

2007年以来，浙江省嘉兴市着力构建以“政府主导、多级投入、集中管理、资源共享”为主要特点的城乡一体化公共图书馆服务体系模式。这种以市县级图书馆为中心，乡镇分馆为纽带，以村（社区）图书流动站和图书流动车为基础的城乡一体化公共图书馆服务体系，被业界誉为“嘉兴模式”。（10月30日新华网）

所谓“嘉兴模式”的最大特色和亮点，是在实现乡镇、村（社区）图书馆（室）全覆盖的同时，实现文献资源的统一采购、统一编目、统一配送，实行书刊借阅全市“一卡通”，也就是所有的公共图书馆之间的“篱笆墙”通通打破，在总分馆体系内，文献资源统一流通、统一检索、通借通还。这无疑让文献图书资源的价值得到了最大化的发挥，乡镇、村（社区）图书馆（室）与市图书馆，因为“篱笆墙”的拆除，实现资源共享。在馆藏量上，几乎没有区别，而于读者，因为“一卡通”，一张卡可以“坐拥”全市所有馆藏图书，而通借通还，更让读者有了最大的方便。当然，要让打破“篱笆墙”效应得以充分体现，还需要拆除图书馆与读者之间的所有“门槛”。以目前的国情，尤其是在农村，这是图书馆走进公众的关键。因此，“嘉兴模式”最大可能地体现了公益性原则，总分馆体系内的所有图书馆实现免费办证、免费借阅、免费查询、免费上网（局域网）、免费参加活动。也因此，统计显示，嘉兴的探索得到了城乡居民的积极响应和高度认可。

据2006年中国出版科学研究所公布的第四次“全国国民阅读调查”结果显示，我国国民图书阅读率连续6年持续走低。而今年7月份发布的第五次调查报告显示，国民图书阅读率为48.8%，比上一次调查结果只微升0.1%。这固然有多方面的原因，但有关方面从对读书风气的倡导到刻意创造读书的条件，都更应该检讨。因此，当读书风气令人心焦地淡薄之时，打破“篱笆墙”的“嘉兴模式”，其实也是势在必行。

公共图书馆担负着传播、普及文化、推动文化建设的重任，鼓励公众读书看报、学习知识，丰富市民精神文化生活、提升公众文化品位，是图书馆的基本职责。因此，图书馆不能成为藏书馆，只有让公共文化为所有人共享，才能充分发挥其作用。为了打破“篱笆墙”，嘉兴市采取了“三级投入”和“集中管理”的保障措施，即市、区、乡镇三级政府共同投入，由作为总馆的市图书馆集中支配使用。显然，没有财力的支撑，不可能有“嘉兴模式”，而财力的支撑，说到底是观念的支撑。

一个民族的持续进步，离不开知识的涵养，尤其是知识经济时代，应对科学技术日新月异发展的挑战，提高国民的文化技术素养是我们的必然选择。政府对图书馆建设的投入，也是最有远见卓识、最基础也效力最持久的投入。因此，当一方面国民阅读率形势严峻，另一方面，因“篱笆墙”而造成资源的浪费之时，希望“嘉兴模式”能在各地推行，所有公共图书馆之间的“篱笆墙”，都能尽快打破。

2008年11月14日，《光明日报》刊登报道《期待所有公共图书馆都打破“篱笆墙”》

2　2009年2月24日　星期二　国内要闻　人民日报

深刻吸取教训　狠抓安全生产　全力救治伤员　做好善后工作

张德江在山西指导“2·22”事故处置工作时要求

“新房过年好开心！”

本报记者　刘裕国

灾区群众安全过冬温暖过年

统筹城乡公共文化服务体系建设

嘉兴把图书馆建在农民家门口

政策解读

百姓打官司更方便

——最高人民法院日前提出司法便民十七条意见

破解立案难

电话网络也能立案　提供诉讼接待服务

审判更公开

诉讼文书能公开查询　裁判文书要简洁易懂

2009年2月24日，《人民日报》刊登报道《统筹城乡公共文化服务体系建设　嘉兴把图书馆建在农民家门口》

CHINA CULTURE DAILY

钱江

■ 本报钱江潮编辑部主编 ■ 地址：浙江杭州市曙光路 53 号浙江省文化厅内
■ 邮编：310013 ■ 电话：(0571) 85215833 85215855
■ 传真：(0571)85215832 网址：whyk@zjwh.gov.cn

2009 年 5 月 13 日
星期三
第五版

浙江集中销毁盗版及非法出版物

本报讯 最近，浙江省暨杭州市集中销毁侵权盗版及非法出版物活动在杭州黄龙体育中心广场举行，现场销毁各类走私及盗版音像制品、盗版软件及电子出版物、盗版及非法图书报纸期刊等 5.3 万余件。与主会场一起举行销毁活动的还有宁波等地，浙江省销毁总量达 100 余万件。

今年一季度以来，浙江各地认真部署以出版物市场为重点的文化市场第一阶段专项治理行动。至 3 月底，全省执法部门共派出执法检查人员 6 万多人次，检查各类出版经营单位 4.4 万多家，查缴盗版及非法出版物 20 多万件，取缔关闭严重违规的经营场所 600 多个，取得了阶段性成果。

浙江省委常委、宣传部部长、省“扫黄打非”工作领导小组组长黄坤明指出，今年是新中国成立 60 周年，大事多、热点多，“扫黄打非”任务十分艰巨。此次浙江省、杭州市的集中销毁活动，向社会各界展示了打击侵权盗版的重大成果，表明我国政府保护知识产权的坚定立场和推进知识创新型国家建设的决心。

（章建军　李慧萍　辰　希）

“嘉兴模式”的示范效应

苏晓　施莹

与会代表通过监控网络查看嘉兴各图书分馆阅览情况

公共图书馆作为政府公益性文化机构，是我国公共文化服务体系的基础，但目前农村公共图书馆服务网络仍较为薄弱。随着我国经济的快速发展，推进农村公共图书馆服务网络建设，促进城乡文化协调发展，已是当务之急。

前不久在浙江召开的全国农村图书馆服务网络建设工作经验交流会上，总结推广了嘉兴“城乡一体、统筹发展，推进农村公共图书馆服务网络建设”的做法和经验。“嘉兴模式”的主要特点，就在于“政府主导、多级投入、集中管理、资源共享”。文化部副部长周和平对嘉兴积极创新管理体制，在推进总分馆制方面创造的成功经验给予了高度评价。他认为，这是合理配置图书馆资源、统筹城乡文化发展、拓展图书馆服务网络的有效方式，是我国公共图书馆的发展方向。嘉兴市突破了体制约束，切实解决了农民群众看书难问题，取得了很好的社会效益，为构建覆盖城乡的公共文化服务体系、为本地经济社会发展做出了积极贡献。“嘉兴模式”受到了我国图书馆界及社会各界的广泛关注。

政府主导　多级投入

嘉兴市公共图书馆服务体系建设的“城乡一体化的总分馆制”，表现为建设规划城乡一体化，管理运营城乡一体化，资源流通城乡一体化，服务享有城乡一体化，目的是实现图书馆服务的城乡均等，惠及全民。

政府主导、多级投入，明确了图书馆建设的主体责任在政府，强调了各级政府相应的责任，适应了现行财政体制，分散了基层图书馆建设的财政压力，促进了乡镇分馆建设。

《嘉兴市图书馆乡镇分馆管理暂行办法》规定，在市级层面，市文化行政主管部门负责市政府乡镇分馆规划、政策、措施的具体实施；负责解决总馆和乡镇分馆在建设及运行过程中遇到的问题；出台乡镇分馆管理办法和绩效考评办法，组织对乡镇分馆进行验收和考核。在区级、乡镇层面，亦是照此管理。市图书馆接受政府行政主管部门委托和授权作为总分馆体系中的总馆，实施对乡镇分馆运营业务的日常管理。

嘉兴市政府规划到 2010 年，实现乡镇、村（社区）图书馆（室）的全覆盖；实现文献资源的统一采购、统一编目、统一配送，实行书刊借阅全市“一证通”。

集中管理　资源共享

“集中管理、资源共享”使人、财、物管理权限层级上移，有利于形成与总分馆制统一采购、统一编目、统一配送特点相适应的人、财、物保障条件，保证了基层图书馆业务开展的专业性和规范性。

所谓“集中管理”，是指三级政府财政投入的乡镇图书馆运营经费由作为总馆的市图书馆集中支配使用。其做法是：每新建一个乡镇分馆，开办费预算 30 万元，由市、区、乡镇三级财政各投入 10 万元，不足部分原则上由乡镇财政补充。乡镇分馆原则上建在乡镇文化中心或成人文化技术学校内。每新建一个乡镇分馆，市财政给予市图书馆 30 万元资源购置费补助，总馆专项用于新建乡镇分馆的一次性资源购置。乡镇分馆建成进入正常运营后，每个乡镇分馆每年运营保障经费预算为 30 万元，市、区、乡镇三级政府财政各投入 10 万元。市财政投入直接进入作为总馆的市图书馆，专项用于乡镇分馆的资源购置；区财政的投入划拨至设在区文化局的专门账户，主要用于乡镇分馆设备添置和更新、消耗补充等；乡镇财政的投入主要用于保障乡镇分馆的日常运营、馆舍维护及工作人员工资等。市图书馆对三级政府财政投入的经费集中管理。

嘉兴市图书馆组建了统一的采编中心，开发了统一的检索系统，建立了物流传递系统。全市总分馆体系中的文献资源，至少每 3 个月通过流动更新一次。同时，在总分馆体系内建设统一的计算机网络平台，实现资源的共享共用。

机制创新　走在前列

近几年来，浙江省公共图书馆事业，特别是农村图书馆建设取得了很大进展，“嘉兴模式”在浙江产生了积极的示范效应。浙江省文化厅在试点基础上，率先在全省推广使用了基于互联网的 VPN 技术，构建省、市、县、乡、村五级图书馆服务网络，各级图书馆之间的网络互联，完善了区域图书馆服务网络，为图书的通借通还、各类资源共建共享打下了基础。目前，利用该项技术，已形成了具有浙江特色的城乡一体化新型公共图书馆服务多元化发展模式。

除了嘉兴总分馆模式外，杭州的“一证通”模式也具有典型性，即构建以杭州市图书馆为中心、县、区级公共图书馆为分中心，乡镇、街道以及社区、村图书馆（室）为基层点的四级图书馆服务网络。“一证通”实施至今，已整合了杭州地区 9 家公共图书馆及张铭音乐图书馆、西泠印社印学馆、杭州佛学图书馆等特色图书馆及 85 家社区图书馆，130 余家基础服务点，完成了 7000 多个乡镇、村文化共享工程基层点的网络布点和开通，基本达到城乡图书馆服务的全覆盖。杭州市图书馆“一证通”工程荣获了全国第十四届群星奖服务奖。

此外，宁波、温州、湖州等市也根据本地实际，积极推行图书馆总分馆制，在全省形成了多个区域试点探索、竞相推进农村公共图书馆服务网络体系建设的良好发展态势。

随着各级政府财政投入的不断加大，浙江省已初步形成了覆盖全省、城乡一体、网络健全、功能完善、资源共享、管理规范、实用便捷、惠及全民的省、市、县、乡、村五级公共图书馆（室）基础设施网络。浙江省目前有 94 个县级以上图书馆，其中省级馆 1 个、市级馆 14 个、县级馆 79 个。藏书万册以上的乡镇图书馆（室）超过 500 个，约占全省乡镇总数的 30%。75%左右的行政村建有具图书阅览功能的村文化活动室。

目前，浙江充分发挥政府主导作用，积极创新运行机制、活动形式、服务模式和技术手段，比如打造浙江省未成年人读书节活动品牌，开展面向基层的特色讲座活动，实施送书下乡工程等，为推动文化大省建设和社会主义新农村建设发挥了积极作用。

浙商文化促进会成立

本报讯 日前，浙江省浙商文化促进会在杭州成立。浙江省文化厅厅长杨建新当选为会长。浙江省委宣传部、省发改委、省财政厅、省社科联及省有关文化广电新闻出版等部门领导、代表参加了促进会的成立仪式。沈阳市政府、山东省浙商企业联合会等省外机构代表到会祝贺。

据浙商文化促进会秘书长何蔚萍介绍，该促进会是由浙江知识界学者、专家与企业界人士以及社会各界自愿结成的公益性、学术性法人社会团体，主要以促进浙商企业提升文化品质与内涵，推动浙商发展为宗旨，扶持和引导民营资本进入文化产业，努力搭建文化产业发展平台，实施文化产业“走出去”战略，通过学术交流、课题研究、培训咨询、投资洽谈、组织海内外交流等方式，促进会员单位共同发展。

促进会一成立就得到了社会各界的支持，招商银行杭州分行率先为浙商文化促进会授信 5 亿元人民币，并在成立大会上签署了协议。

（石海频）

激情都市　动漫盛会

第五届中国国际动漫节硕果累累

本报驻浙江记者　杜倩倩

日前，第五届中国国际动漫节在杭州休博园落下帷幕。与往届相比，本届动漫节呈现出了“三高”特点，即高规格、高水平、高人气，充分体现了动漫节“动漫的盛会，人民的节日”宗旨。

为期 6 天的动漫节吸引了 38 个国家和地区的 78 万人次参与，累计成交金额 65.3 亿元人民币，其中签约项目 35 个，成交额达 55.3 亿元，现场交易额近 10 亿元。动漫节吸引了境内外 170 多家媒体关注，近 400 名记者参与报道，累计报道动漫节信息百万余条，堪称是一场艺术展示的盛会、产业交流的盛会、百姓欢乐的盛会。

共享动漫激情

本届动漫节以“动情都市，漫优生活”为主题，围绕“国际化、品牌化、专业化、顶级化”目标，在历届成功举办动漫节的基础上，大力创新包括开幕式晚会、动漫产业博览会等 20 余项活动，展示面积达 6 万平方米。

动漫节期间，动漫馆门口人山人海，挤满了兴奋的观众，场馆内更是人声鼎沸，产品琳琅满目。在 A 馆入场口，央视动画的展位显眼而庞大，大屏幕上反复播映由央视动画有限公司制作的《美猴王》。在 C 馆的卡通天地馆，孩子们、学生们涌进动漫馆后，即奔到一个个展台前，挑这挑那。在一楼的动漫国际境外馆，没有年龄限制，大朋友们也都追着喜爱的卡通造型摆 POSE 拍照。

动漫节在动漫与大众之间架起了桥梁，使人民群众直接体验动漫文化，也使动漫文化走进了千家万户。中宣部副部长、国家广电总局局长、动漫节组委会名誉主席王太华称赞道：“本届动漫节已经成为世界上规模最大、人气最旺的动漫盛会，已经成为展示动漫成果、扩大中外交流、增进相互合作的广阔舞台，在促进国产原创动画发展等方面发挥了越来越重要的作用，为我国动漫产业的繁荣发展做出了积极贡献。”

凸显动漫硕果

第五届中国国际动漫节兼具了娱乐性和专业性的双重特点，不仅有服务于动漫 FANS 的漫展和 COSPLAY 活动，还为业内提供了诸多合作、洽谈、贸易及开展论坛集会等机会，更有不少团体借机发布新作。

本届国际动漫节在专业化、国际化、参与面、媒体关注、安全保障、成效等方面取得了新突破。世界动画协会主席木下小叶子、秘书长美斯娜·多尼科维奇，美国动画片《功夫熊猫》导演马克·奥斯本，日本著名漫画家天野喜孝，台湾著名漫画家朱德庸、蔡志忠和萧言中，香港漫画家黄玉郎等国内外众多动漫名家参加了本届动漫节。动漫节新增了动漫高峰对话、世界动画协会大师班讲座等，尤其是国际动画片交易会，实现了原创动画市场的良性循环，提升了专业化水准。

动漫节推出了“法国主题日”、中日动漫合作论坛、国际动画片交易会、国际动画片展映等内容，吸引了来自世界 38 个国家和地区的嘉宾参与，322 家中外企业参展，进一步提高了国际化水平。

来自 26 个国家和地区的 1552 部作品角逐“美猴奖”，国外参赛作品 157 件，大大超过往届。COSPLAY 超级盛典有全国 9 个城市分赛区、7000 余人参加角逐，5 月 1 日当天近万人现场观看了全国总决赛，创历史新高。“天眼杯”国际少儿漫画大赛征集到 29 个国家和地区的 2 万件作品参赛，作品数量比去年递增 65%。动漫狂欢巡游活动吸引了 20 多万人次观摩，场馆最高峰日流量达 13 万人次，园区内最高峰日流量达 26 万人次。

首次举办的国际动画片交易会，有 90%以上的全国少儿频道参会采购，60 余家动漫企业携带百余部作品参会交易。动漫人才招聘会上全国 60 余家企业推出岗位 1000 余个，700 多人现场达成招聘意向。“酷卖街·西湖创意市集”吸引 25 万人次参观选购，销售额突破 60 万元人民币。

浙江省委常委、杭州市委书记王国平认为，成功举办第五届中国国际动漫节，是杭州落实科学发展观，打造全国文化创意产业，构筑观光、会展、休闲“三位一体”大旅游格局的重大举措，是转危为机、跨越发展、实施“城市国际化”战略、共建共享“生活品质之城”的重大举措。

观众涌进动漫馆　李忠 摄

义乌文博会：拓展文化产业发展新空间

2009 年 5 月 13 日，《中国文化报》刊登报道《“嘉兴模式”的示范效应》

中共浙江省委机关报

浙江日报报业集团

http://www.8531.cn

浙江日报

ZHEJIANG DAILY

2011年10月28日 星期五
辛卯年十月初二 十三立冬

今日24版
第22799期

国内统一刊号CN33-0001
邮发代号31-1

构建城乡一体化公共图书馆服务体系
嘉兴百万农民有了大书房

记者 王国锋 陈旭华

本报讯 日前一个傍晚，嘉兴南湖区凤桥镇新篁社区农民马玉祥吃罢晚饭，散着步往社区图书流通站走去。

从家里走到图书流通站只要五六分钟，马玉祥指着图书流通站里4000多册图书说："这里好比是我家里的一个大书房。"图书流通站去年刚刚建好，每个月都会更新好几百本新书，马玉祥经常来借书，看得很过瘾。

15分钟后，马玉祥挑好了《故事会》和《养花绝技》两本书。图书管理员刘诗佳接过借书证和书本，轻轻一扫，清脆的"滴滴"两声后，马玉祥就乐呵呵地将两本书拿回了家。

与马玉祥一样，图书流通站成了村民最爱光顾的地方。"小说和养生类图书最受欢迎。"刘诗佳说，每天都有上百人次来借阅图书。考虑到当地农民的实际需求，图书流通站还特意增加了不少有关种养技术方面的书籍，深受欢迎。

在嘉兴，像这样的村（社区）图书流通站已试点建成15个。这些图书流通站与嘉兴市图书馆实行了联网，村民可随时进行图书预约、网上续借、查询馆藏书目等，十分方便。

农民在家门口借书看，得益于嘉兴市构建城乡一体化公共图书馆服务体系。嘉兴市领导说，2007年以来，全市探索建立了以市、县两级图书馆为中心、乡镇分馆为纽带，并延伸到村（社区）图书流通站的公共图书馆服务体系。目前，全市54个乡镇全部建立了图书分馆。

过去，嘉兴众多乡镇图书馆由于经费缺乏，藏有图书不多，农村居民借书、看书难。"当时许多乡镇只在文化站设了一个图书室，藏书最少的不足千册，且书籍陈旧。"嘉兴市图书馆馆长章明丽用"门可罗雀"来形容当时的情景。

如今，昔日冷清的场景早已不见。记者走进大桥镇图书馆，这里20多个门类的3万余册图书摆满了高高的书架，许多人穿梭其间挑选书籍；阅览室内十几张书桌前坐满了读者，300多种报刊让他们流连忘返；电子阅览室的电脑前，不少人正免费在网上"冲浪"……

"去年到馆读者12万余人次，外借图书达7万册。"大桥镇图书馆管理员陆建蓉说，每到周末，馆内经常爆满，不少人到了关门时间还不肯走。与大桥镇图书馆一样，嘉兴54个乡镇图书馆平均年到馆人次都超10万人次，外借图书3万余册。

说起镇村图书馆的红火，章明丽说，一个很重要的原因就是这些乡镇分馆、流通站的图书都是由市图书馆统一采购、编目、配送，每个月轮流更新。"农民办张借书证，就能在家门口借阅最新的书籍。"

建在身边的图书馆，正悄然改变着百万嘉兴农民的生活。每天放学后，秀洲区洪合镇良三村的孩子们就爱泡在图书流通站。记者见到14岁的董勇时，他正捧着《福尔摩斯探案全集》读得津津有味。"不用花钱买书，就能读到好书，真方便！"

走基层 转作风 改文风
文化发展一线行

胡锦涛电晤萨科齐
就即将举行的G20峰会交换意见

（详见第五版）

我省与美国密苏里州结好
赵洪祝会见密州州长

2011年10月28日，《浙江日报》刊登报道《构建城乡一体化公共图书馆服务体系 嘉兴百万农民有了大书房》

2 责任编辑 谢宏卿

国内新闻

2012年2月14日 星期二

新华每日电讯

济南：垃圾分类难在习惯养成

最高检将建"说情报告制"

公立医院改革试点启动评估

"90后"找工作 长辈当"助理"

面对应届生的岗位少之又少

上海加强"超市临近保质期食品"管理

嘉兴：超百万市民参与阅读数字图书

2012年2月14日，《新华每日电讯》刊登报道《嘉兴：超百万市民参与阅读数字图书》

中国文化報

中华人民共和国文化部主管 CHINA CULTURE DAILY 中国文化传媒网:http://www.ccdy.cn 今日8版

“小项目”带动“大体系”

第一批国家公共文化服务体系示范项目创建成果显著

欣闻

对口支援民办博物馆工作展开

2013 年 6 月 12 日，《中国文化报》刊登报道《“小项目”带动“大体系” 第一批国家公共文化服务体系示范项目创建成果显著》

专 题 11

浙江嘉兴：让孩子们上好“图书馆第一课”

5000名少儿参加“图书馆第一课”

馆校互动 让1+1>2

受益的不仅是少儿

让阅读成为人生永续课

2017 年 12 月 27 日，《中国文化报》刊登专题报道《浙江嘉兴：让孩子们上好“图书馆第一课”》

10 馆建风采 | Experience

■2019年6月28日 ■责编 胡倩倩 ■美编 王 卉 图书馆报

投稿邮箱 2636644927@qq..com

聚焦农村亲子阅读 打破城乡阅读失衡

“阅动全家·书香嘉兴”阅读推广项目亮点纷呈

2017年12月，嘉兴市图书馆正式启动“阅动全家·书香嘉兴”（三年期）阅读推广项目。通过深入农村开展亲子阅读推广活动，旨在缩小城乡亲子阅读指导资源差距。项目的主要内容是三个课堂，包括：好家长课堂——面向家长讲授亲子阅读的理念与方法，培养能帮助孩子爱上阅读的家长；好宝贝课堂——主要是面向农村学龄前儿童举办故事会，培养他们的阅读兴趣；领读者课堂——培养能够扎根农村的亲子阅读推广人。一年多来，通过培育社会组织、编制系列化课程、开展阅读推广人培训、搭建线上志愿者平台等方式，嘉兴市图书馆已在市本级12个村（社区）进行了试点，为386个亲子家庭（包括1067名农村孩子及家长）开展了“好家长课堂”和“好宝贝课堂”活动，并对80位阅读推广人开展了“领读者课堂”培训，希望能为农村学龄前儿童阅读推广开辟一条可复制的可持续发展之路。

亮点一：培育公益性阅读推广组织

公共图书馆开展阅读推广活动，关键在“人”，而图书馆业务人员短缺、专业化的阅读推广公益组织短缺是很多图书馆面临的现状。“阅动全家·书香嘉兴”项目十分重视文化高端人才的培育。自项目启动以来，图书馆在公益性阅读推广组织的培育上倾注了心血。

2018年4月，嘉兴市民政局批准成立了依托嘉兴市图书馆的专业阅读推广社会服务机构——“润心”阅读促进会。“润心”由具备教育专业背景的三位专职阅读推广人员组成，主要负责承接各类阅读需求、策划和开展活动、招募和培训志愿者，并促成活动形成体系化、可持续发展的良性循环。“润心”阅读促进会成立后，定期与嘉兴市图书馆进行沟通，深入基层开展调研，根据嘉兴市农村儿童的阅读现状总结阅读需求。

“润心”阅读促进会跟图书馆一样，本着“读者第一，服务至上”的宗旨，怀着爱心和奉献精神为农村读者提供服务。其中一位负责人的家属曾说，只要能帮到农村孩子，哪怕只有一位、两位从中获益，也是一种功德，是志愿服务的意义所在。在低幼儿童绘本阅读指导方面，“润心”的老师们有着自己独到的见解。从认识绘本、挑选绘本、阅读绘本、生活应用等各方面，反复为零基础的家长提供指导，在润物细无声的浸润式培训中，为农村家长铺垫了一条亲子阅读的专业化之路。项目启动后，“润心”阅读促进会参与了所有的课程设计、活动策划与开展、阅读推广人培训，积累了较为丰富的农村亲子阅读推广经验。

嘉兴市图书馆凤桥村分馆的志愿者在讲故事

亮点二：三个课堂全方位指导农村亲子阅读

三个课堂的课程由嘉兴市图书馆联合“润心”阅读促进会共同设计，主体是“领读者课堂”“好宝贝课堂”和“好家长课堂”，每个课堂配备了三门标准化课程，此外还有不定期课程。

标准化课程的设计充分考虑到了阅读推广人、儿童、家长三者密不可分的关系。图书馆根据对活动空间、时间、对象、内容等多方面的考量，以立体式的系列讲堂来指导农村亲子阅读。截至今年6月，三个课堂已走进嘉兴市12个村（社区），19位阅读推广人为1067名农村孩子及家长带去了30场精彩的阅读活动。

“领读者课堂”运用哈克尼斯圆桌法，引导阅读推广学员从纵向学习到横向学习、内向学习。每轮培训通过课前准备、分组讨论、课后训练、实操展示四个课时，打造专业的阅读推广人队伍。这些对亲子阅读推广怀有极高热情的志愿者，每堂课都有进步。当前，80位“领读者”已顺利结业。他们即将投入到阅读推广的一线阵地，为广大农村儿童带去文化大餐。

“好宝贝课堂”的主要形式是绘本故事会。阅读推广人通过优秀的绘本故事激发孩子的阅读热情，引导孩子尽早踏上阅读起跑线。通过主讲人声情并茂的绘本故事讲述，甚至绘本剧表演，孩子们能快速掌握绘本所传达的道理。阅读的过程更培养了低龄孩子塑造性格、探索自然和构建人际关系的能力。2017年12月2日，在南湖区凤桥镇星火村的首场活动现场，一名两岁孩子在聆听绘本的过程中不知不觉地爬上了桌子，目不转睛地盯着主讲人。这一举动在让家长惊讶的同时，也激发了年轻的父母坚持开展亲子阅读的决心。

孩子在参加“好宝贝课堂”的同时，家长也可参与“好家长课堂”。立体式的活动设计既提高了活动效率，又顾及到了孩子与家长相互依赖的心理，还营造了家庭阅读的氛围。在同一个空间内参与活动，有利于拉近亲子间的心理距离，提高双方的阅读专注力，让心灵真正地在阅读的氛围中沉淀下来。此外，“好家长课堂”讲堂会不定期地邀请知名专家为农村家长提供面对面的亲子阅读方法指导，从零开始为其建构亲子阅读理念，目前已有超过600位家长获益。2019年1月25日，在洪合镇凤桥村智慧书房参加“好家长课堂”的一位奶奶对于图书馆将阅读活动送到家门口激动不已，反复教育孙女要珍惜这些来之不易的设施，多看好书。家长的反馈也将化作项目团队前行的动力，带着这些希望走在农村亲子阅读推广的道路上。

亮点三：搭建线上志愿者平台，有效对接阅读供需双方

嘉兴市图书馆于2019年5月中旬搭建了全市阅读推广服务的线上平台，建立阅读组织、志愿者数据库，对阅读推广志愿者和社工组织进行管理，并协助阅读服务供需双方的对接。试运行期间，已有81个用户成功注册，其中包括71位个人志愿者和10个志愿者团队。平台运行分前台、后台两部分。基层服务点将阅读活动需求发布至平台，阅读推广志愿者或组织根据自身能力和时间提交活动申请，图书馆派专人负责后台审核。审核通过后，阅读推广人便可在基层提供阅读服务，并由政府对志愿者和组织提供补助。

线上志愿者平台的搭建为活动的规范化开展提供了支撑。未来，广大研究人员可通过平台大数据开展阅读推广活动和志愿者队伍建设的相关研究。

目前，项目的大部分活动在农村文化礼堂、农家书屋和图书流通站开展。这些基层服务点都纳入了嘉兴市图书馆通借通还系统，活动也增加了图书的流通率。相关项目负责人说：“下一步，我们将进一步完善分级阅读体系的课程建设、阅读推广人制度建设，运营好志愿者平台，力争在市本级全面开展三个课堂，在嘉兴营造一种会阅读、爱阅读的良好氛围。”

嘉兴市图书馆“阅动全家·书香嘉兴”阅读推广项目中期专家论证会召开

6月21日，“阅动全家·书香嘉兴”阅读推广项目中期专家论证会在嘉兴市图书馆召开。浙江图书馆书记、副馆长徐洁，南京大学教授徐雁，台州市图书馆馆长毛旭，国家图书馆出版社编审、图书馆学编辑室主任邓咏秋，扬州市少儿图书馆馆长华斌，深圳市福田区图书馆副馆长刘涛，广州少年儿童图书馆副研究馆员王蓉等七位业内专家参加会议，参与项目中期论证。嘉兴市文化广电旅游局副局长陈云飞、人事处处长秦怡等领导出席会议。

在嘉兴市八个部门联合发文支持的六个嘉兴市重点文化创新团队项目中，“阅动全家·书香嘉兴”项目是唯一一个入围的图书馆项目。陈云飞指出，这个项目的入围对基层阅读推广是非常有利的，市图书馆可以通过项目将活动推送到基层，解决农家书屋、图书流通站、文化礼堂这些场所“只有资源、没有服务”的困境。随后，课题负责人、嘉兴市图书馆馆长沈红梅向与会专家和领导汇报了项目的思路与进程。

作为项目的核心成员和指导专家，徐雁提到，嘉兴市图书馆在总分馆建设硬件已到位的情况下，从起初的送资源、送文化下乡，发展到如今的送服务、送活动下乡，精准对接和惠及基层对公共文化的需求。同时，他也建议今后在图书馆空间改造等细节上发挥创意，方便儿童和家长共同参与活动。

徐洁表示，嘉兴的图书馆事业一直走在前列。本项目覆盖面广、参与度高，希望下一步能结合国家新时代文明实践中心建设推进。此外，项目可提炼标准，重视品牌化设计，扩大宣传，为图书馆行业开展农村亲子阅读推广提供了借鉴。

毛旭高度赞扬嘉兴市在地方政府支持下，深入农村，经由亲子阅读促进家庭阅读，进而促进全民阅读的思路与举措，肯定了图书馆的高站位。此外，他在社会组织培育方面也提出了建议。

邓咏秋认为持续的课程设计为农村家长提供了长期全面的阅读指导，具有深远意义。她建议项目下一步要注重数据收集，总结案例经验，完善平台建设，将嘉兴经验推广到整个图书馆行业甚至文化行业。

王蓉介绍了广州少年儿童图书馆的“带孩子做一本绘本”“制作故事衣”等活动案例，建议本项目培训的内容可以进一步丰富，可参考补充一些让儿童与家长参与体验的类似活动。

华斌赞扬嘉兴市图书馆为业界提供了一个好的学习案例，希望能总结出一些标准，引领同行。他还建议在开展项目时要重视对年轻图书馆员的培养，充分发挥他们的创意和能力，注重活动的创新创意和社会效益。

刘涛结合深圳亲子阅读推广的做法，建议在这三个课堂上，适当让作家、专家参与，在规范阅读推广人专业化培训方面也提出了建议。

6月22日，与会专家在嘉兴市图书馆馆长沈红梅的陪同下来到嘉兴市图书馆高照街道分馆观摩这里的“好宝贝课堂”、“好家长课堂”。专家们对当前嘉兴乡镇（街道）分馆与智慧书房建设硬件设施的完善程度表示肯定，并提出对读者活动等软件配置提档升级的期待。正如秦怡在论证会总结发言时所说：“项目进行到中期，对于专家指导已十分迫切。希望在下一阶段的实施中，能继续得到业内专家的支持，让农村亲子阅读推广服务走得更远、更深。”

专家们充分肯定了这个项目的意义和创新性，并从专业的角度为项目下一步的完善提出了有益的建议。这将推动本项目向着科学性、前沿性、实操性和可推广性方向更近一步。

2019年6月28日，《图书馆报》第10版全版报道“阅动全家·书香嘉兴”项目

4 专题 本版责编 陈 璐 E-mail:zgwhb2017@126.com 电话:010-64299522 中国文化报 2019年12月31日 星期二

契合地区实际 瞄准重点难题 采取有效措施

——嘉兴市图书馆探索法人治理结构观察

王学思

今年5月13日，浙江省嘉兴市图书馆理事会正式成立，这标志着嘉兴市探索图书馆法人治理结构改革工作迈出了扎实的一步。

根据文化和旅游部《关于开展公共图书馆、文化馆法人治理结构改革试点工作的通知》等文件精神，经浙江省文化和旅游厅推荐，2018年6月，嘉兴市图书馆被列为全国61家试点单位之一，并且是浙江省唯一的公共图书馆试点。

2018年11月，法人治理结构试点筹备工作随即启动，在审慎调研、思考和专家咨询之后，嘉兴市尝试建立理事会、监事会、图书馆"三位一体"的法人治理架构，从而实现"政事分开、管办分离"，形成以公益目标为导向、内部激励评价机制完善、外部监管制度健全、社会力量高度参与的现代治理模式。

"总分馆"体系的理事会

自2007年以来，嘉兴市图书馆创新探索的"城乡一体化的总分馆制"，就引起了全国关注，被称为"嘉兴模式"。10余年来，"普遍均等、惠及全民"的图书馆总分馆服务体系已经成为嘉兴一张闪亮的公共文化服务名片。数据显示，2018年，嘉兴市图书馆总分馆体系的到馆读者人次近400万，平均每3.3万人就拥有一座图书馆，接近发达国家水准。

与国内其他仅针对某一单体文化机构构建理事会制度不同，嘉兴市图书馆理事会针对总分馆体系进行整体设计，理事会是全市公共图书馆服务体系的决策机构。在嘉兴市图书馆理事会的13名理事中，既有来自总馆的管理者、职工代表，又有乡镇文化分馆馆长、文化站站长、村（社区）分馆馆长。

"这一考量有利于决策的上下一体，让来自总分馆体系各个层面的理事共同参与图书馆的决策和管理，可以实现总分馆体系的协同发展，从而不断满足城乡居民日益增长的公共文化服务需求。"嘉兴市图书馆理事会理事、嘉兴市秀洲区洪合镇图书馆分馆馆长袁建良说。

"在嘉兴地区总分馆体系基础上进行理事会的试点，既是嘉兴在改革探索过程中的特色和亮点，也是嘉兴从当前图书馆服务体系的现状和特点出发，与城乡一体化公共图书馆服务体系相契合的做法。这样的做法更有利于统筹推进嘉兴地区的图书馆服务体系建设，并在提升服务效能方面聚焦和聚力。同时，通过理事会制度，进一步协调和指导区（县）级图书馆理事会工作的开展。"浙江图书馆首席专家刘骏清说。

"人、财"制度的破冰

由于各级公共文化机构长期以来都是文化行政部门的下属事业单位，人事、财政体制大都参照政府机关。如何突破现有的人事、财政体制，真正落实法人自主权，是公共文化机构法人治理工作的关键。

为更好地完成法人治理结构试点改革工作，充分行使法人独立地位和权利，在现有制度的基础上，嘉兴市勇于尝试"人、财"制度的改革破冰。比如，实行法人治理结构改革后，图书馆可以根据自身业务工作需要，自主设置内部职能部室，以及自主开展人员聘用和竞聘上岗；嘉兴市文化广电旅游局下放了图书资料序列初中级职称的评审权限，由嘉兴市图书馆管理层自主组织开展职称评审，理事会对评审工作予以全程监管，对申报高级职称的人员，由理事会予以审核并做好推荐工作。

此外，嘉兴市图书馆还积极探索对人才招聘自主权和收入分配自主权的落实与扩大。"如今，对于特殊岗位、紧缺型专业人才，经机构编制部门、人社部门及行政主管部门批准，图书馆可采取多样化的方式公开自主招聘；对于部分非特殊岗位、紧缺型专业人才，经编制人事部门同意后，这类人员可先参加全市统一考试，再按1:5的比例（其他单位是1:3）由图书馆自行组织面试，经审核予以录用。"嘉兴市图书馆馆长沈红梅说。

"在法人治理结构模式下，图书馆的全部工作都将纳入考核，并增加公益属性指标、社会评价指标、行业标准指标的权重。"沈红梅说，"为调动图书馆员工的积极性，参照嘉兴市图书馆在省内公共图书馆的社会效益排名，如人均借阅册次、到馆人次、有效办证率、活动场次等相关数据，若达到全省前三名，馆员的工作绩效将在原绩效总量基础上提高30%；若是最后三名，绩效则相应降低15%；排名位于中间，则绩效总量保持不变。"

"在身边"的理事工作制

嘉兴市图书馆理事会成立后，改革试点工作开始向探索解决理事会运行中出现的实际问题、进一步完善关联制度等方面深入。

如何让理事快速了解和熟悉图书馆重点业务的工作方向？怎样让理事发挥的作用最大化？除了定期召开理事、监事会议，对工作计划、工作重点进行有序落实外，嘉兴市图书馆还尝试建立"理事在身边""理事带项目""理事听例会""理事去调研"促进理事会常态化运行的四大工作机制，为进一步开展法人治理结构改革试点与理事会常态化运行研究做出探索。

以"理事带项目"为例，理事们根据各自专长和工作优势被分成几个小组。比如，熟悉基层图书分馆业务工作的理事袁建良负责研究图书馆服务体系建设在当前存在的问题，与图书馆管理层共同研究和探索解决方案。嘉兴南湖革命纪念馆金牌讲解员袁晶作为理事，则通过深度参与图书馆阅读推广工作，引导并提升图书馆活动的品质和影响力。律师冯毅远是嘉兴市图书馆理事会的理事长，他利用自己的业余时间为图书馆开展法律咨询服务提供支持。作为"金庸迷"，理事袁斐主要负责对嘉兴地方文化进行研究，通过参与和协助图书馆举办沙龙、讲座等，面向读者开展地方文化推广工作。可以说，"理事带项目"充分发挥了理事的引领带动作用，同时也让理事通过参与加深了对图书馆工作的了解和体悟。

"理事会常态化的工作机制让理事们更容易产生一种角色代入感，理事既是社会人也是图书馆人，通过参与工作，我们不再是旁观者，这种尝试让法人治理结构工作的改革更具有操作性和实效性。"袁斐说。

为促进理事会的规范运行和为理事会决策提供支撑，嘉兴市图书馆在探索构建法人治理结构过程中设立的监事会和专家委员会也发挥了重要作用。监事会的任务主要是监督理事会决策层和图书馆管理层是否认真履职、是否为举办单位和读者利益尽了义务。在理事会架构下设立的专家委员会则旨在确保决策的科学性、专业性、可行性，将"科学办馆"的理念贯彻到管理及服务工作中，为图书馆工作朝着更加规范、专业、科学化的道路发展提供保障。

增强公共文化机构法人治理结构改革的系统性、整体性和协同性

李国新

公共文化机构法人治理结构改革，被普遍认为是公共文化领域重点改革任务中最难啃的骨头。仅从数量上看，截至目前，全国试点单位任务完成率公共图书馆和博物馆刚过半数，文化馆和美术馆尚不及半数。如果再深究质量，以中央七部门《关于深入推进公共文化机构法人治理结构改革的实施意见》衡量，不少单位存在差距。有的公共文化机构对这项改革存有疑虑或畏难情绪，基层干部群众对这项改革的满意度、获得感也不尽如人意。公共文化机构法人治理结构改革是着眼于完善治理体系、提高治理能力的重要改革，2020年是改革取得决定性成果的关键时期，如何按照中央的部署和要求创造性地推进这项改革，并且让改革的成效得以充分彰显，嘉兴市图书馆的做法给我们带来了启迪和借鉴。

把理事会建在总分馆体系上，对嘉兴市来说，这是基于其已经建立起完善的图书馆总分馆体系的现实，进一步强化全市图书馆服务统筹推进、协同发展的制度选择。这一做法的普遍意义在于，中国特色公共文化机构法人治理结构改革，一定要坚持立足实际、因地制宜、分类实施的原则，需要综合考虑经济社会和文化发展的基础，不可"一刀切"。包括落实人事管理自主权和扩大收入分配自主权在内的关联制度改革，是法人治理结构改革的重要标志，是干部群众改革获得感的重要体现，也是改革的痛点和难点。嘉兴市图书馆的改革，政府相关部门落实了自主设置内部职能部室、自主开展人员聘用和竞聘上岗的要求，迈出了下放专业技术职称评审权限的第一步，实施了与图书馆服务效能挂钩的动态绩效工资总额管理办法，改革动了真刀真枪，法人自主权开始落地。不少人疑虑，在现行体制下人事、财政等关联制度改革能否有效推进？嘉兴用实践作出了回答。理事会成员是非专职、不受薪的岗位，怎样保证理事们能真正常态化地"理事"？嘉兴图书馆创造性地探索出了"理事在身边""理事带项目""理事听例会""理事去调研"四大工作机制，为理事代表公众利益参与图书馆治理奠定了基础。嘉兴市图书馆理事会的这一工作机制，具有推广价值。怎样保证理事会的决策符合职业理念、专业要求和发展规律？嘉兴图书馆在理事会的架构下设立了专家委员会，让专家委员会成为理事会的"智库"，为理事会的决策提供学术支撑和专业咨询，从而确保图书馆的服务、管理和运营在科学、规范、专业的轨道上推进。

嘉兴市图书馆法人治理结构改革的实践说明，改革首先需要提高认识、加强领导，政府和公共文化机构要有紧迫感、责任感和担当精神，破冰锐气。同时，立足公共文化机构法人治理结构改革的推进现状，特别需要进一步加强主体改革和配套方案、牵头部门和参与部门的协同联动，增强改革的系统性、整体性和协同性。只有这样，公共文化机构法人治理结构改革才能扎实推进，改革的成效才能充分显现，人民群众才能从改革中体味到获得感。

（作者为北京大学教授、国家文化和旅游公共服务专家委员会首席专家）

2019 年 12 月 31 日，《中国文化报》刊登报道《契合地区实际　瞄准重点难题　采取有效措施——嘉兴市图书馆探索法人治理结构观察》

2019 年，全球知名商业媒体《快公司》（*Fast Company*）发布“2019 中国最佳创新公司 50”榜单，嘉兴市图书馆与故宫、华为等一同入围

文化 12　2020年1月16日　星期四　人民日报

服务人群从城到乡、由老及少，一年举办5000余场活动

嘉兴图书馆办成“连锁店”

本报记者　窦瀚洋

R解码·文化权益

核心阅读

嘉兴市图书馆是个地级市图书馆，一年举办的活动有5000余场，参与者从城到乡、由老及少，人气十足。令人惊讶的成绩背后，是他们找准自身定位，不比场馆大小、不拼藏书多少，把服务对象锁定在邻里和乡亲；是他们创新机制，实行总分馆一体化模式，特色鲜明的各个分馆像“毛细血管”，将精神养分输送到各个角落。

浙江嘉兴有一座图书馆引人关注——嘉兴市图书馆。这个地级市图书馆，一年举办的活动有5000余场，参与者从城到乡、由老及少，场场人气十足。

不比场馆大小、不拼藏书多少，一座普通的地级市图书馆，靠什么吸引人？

提供培训，老年人来学技能

走进位于海盐塘路的嘉兴市图书馆，馆长沈红梅快步走到一面足足高出自己1倍的展板前，踮着脚说：“你看，这就是总馆去年所有的活动。”展板上，12个月的活动主题、时间和地点，都写得清清楚楚。她热情地介绍说：“这只是总馆，18个乡镇（街道）分馆的活动更丰富。”

来到二楼的信息服务与体验中心，老年电脑培训班刚下课，老人们围坐在电脑前，交流课堂内容，重复操作步骤，学习热情很高。

沈红梅介绍，这是图书馆信息技术与服务部针对老年人免费开设的夕阳红e族老年信息素养培训班，教他们使用电脑和智能手机。从2011年至今已坚持了9年，学习内容由浅入深，去年有1万多人次报名参加。

时间久了，学员们跟工作人员也变得熟络，在这里还结交到不少朋友，有的人泡在图书馆的时间，比待在家里的都长。

83岁的陈茹美就是学员之一，2018年3月，她报名参加了电脑初级培训班，

同步到了18个分馆。乡镇老人在自家门口，也能参与培训活动。

总分馆互动，活动各有特色

从总馆驱车半小时，来到南湖区七星街道分馆，透过玻璃窗，智慧书房内好不热闹。刷脸进入书房，一堂绘本故事会正在开讲，志愿者老师讲得绘声绘色，孩子们围坐一团，听得入迷。

“这是与总馆同步开展的‘好宝贝课堂’。”七星街道分馆馆长季慧娟说，通过给学龄前儿童讲绘本故事，帮助他们认知自我、社会与自然，并逐渐培养阅读兴趣，“如今，镇上有了分馆，还有丰富的活动，家长再也不用带着孩子跑到城里去借书。”

去年3月，季慧娟从南湖区余新分馆调到这里当馆长，第一件事就是完成分馆的搬迁工作。新馆面积更大、设施更全，还统一配备了智慧书房，图书馆晚上6点闭馆后，智慧书房还会营业到10点。

令季慧娟压力最大的就是筹备活动，不仅要同步总馆的活动，还要打造分馆特色，节假日、寒暑假期间更是一天有好几场活动，分馆只有5名工作人员，忙起来人手十分紧张。

“结合当地的舞龙文化，分馆推出了‘禾禾龙韵’手工制作特色活动。”季慧娟介绍道，分馆还走进幼儿园、小学，开展“图书馆第一课”活动，邀请当地派出所、医院工作人员走进分馆，为老年人开办健康讲座、防诈骗课堂。一年下来，举办的活动就有200多场。

为啥这么拼？季慧娟说，总馆定期召集分馆长交流经验和评优，分馆之间也悄然展开了竞争，“大家干劲十足，我们当然不能落后。”她坦言虽有压力，自己也成长不少。

2007年，在市政府的帮助下，南湖区、余新镇和嘉兴市图书馆各出资10万元，建成了首个分馆——南湖区余新分馆。如今，嘉兴市全部10个乡镇和其中8个街道都有了自己的分馆，分馆由嘉兴市图书馆、所在区和乡镇（街道）各出资12万元共同建设，场地和水电支出等由乡镇负责，馆长由总馆指派，并按照统一的标准进行管理与考核。

“今年又有5个分馆要搬迁或新建，最大的分馆面积有1500平方米。”许大文说，这在以前简直不敢想象。

新建分馆成了趋势，可位于秀洲区王店镇的王店分馆却迟迟不愿搬家，这是为啥？

在王店粮仓群，一幢幢“头戴草帽”的圆筒形建筑，是上世纪50年代建造的仿苏联制式粮仓，如今已被列入第八批全国重点文物保护单位，王店分馆就在这里。

王店分馆馆长孙洁说，去年8月分馆搬到这里，本打算用作临时过渡，镇上也在建文化综合体，预留了分馆的位置。谁知搬到这儿后就不想走了。“这里以前储存粮食，经过改造成了王店镇的‘书房’，为大家提供精神食粮，有传承、寓意好。”孙洁说。

如今，王店分馆不仅深受当地人喜爱，还吸引了许多慕名而来的游客，每

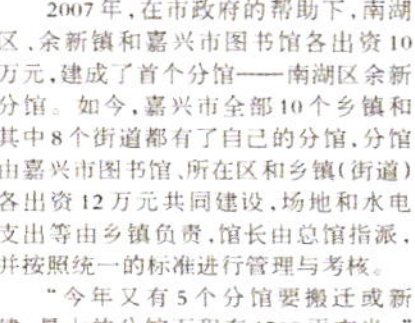

图①：七星街道分馆内，展板前的小朋友。

图②：夕阳红e族老年信息素养培训班现场。

图③：王店分馆外景。资料图片

本版制图：蔡华伟

R记者手记

扩大文化服务半径

到嘉兴各地走一走，会发现市图书馆的各乡镇分馆独具特色，位置好、面积大、设施全，看得出下了不少功夫建设。

借助总分馆一体化模式和丰富多彩的活动两样“法宝”，不仅丰富了图书馆的服务内涵，还将公共文化的触角延伸到了乡镇基层。

在管理上，采取城乡一体化的总分馆服务体系，各分馆按统一标准考核管理，分馆长由总馆指派，解决了“没人管、不会管”的难题。活动如何策划？馆内各部门说了算。根据部门特点与服务内容，自主策划不仅实现了活动细分，也更具专业性。更可贵的是，员工释放了创造力，获得了成就感，图书馆的“软实力”也明显增强。

如今，这里不仅能阅读、自习，借助优质多样的文化活动，“动”起来的图书馆更具吸引力，成了老百姓文化生活的新选择。

都说图书馆是一座城市的书房，丰富服务内容、扩大服务半径，这座书房不仅能滋养当代都市人的心灵，还可以满足小镇居民的文化需求。嘉兴市图书馆的生命力，源自它不断满足读者多样化的文化需求，这也正是公共文化服务的内涵所在。

教育部印发『强基计划』

探索基础学科选才育才新机制

本报记者　赵婀娜

《关于在部分高校开展基础学科招生改革试点工作的意见》（也称“强基计划”）近日印发，自2020年起，在北京大学、中国人民大学、清华大学、北京航空航天大学等36所高校开展基础学科招生改革试点。

教育部相关负责人介绍说，“2003年教育部开展高校自主招生改革以来，在探索综合评价学生、破解招生‘唯分数论’等方面取得了积极成效。但近年来，自主招生也面临一些新挑战和新问题，必须通过进一步深化改革，着力加以解决。教育部在深入调研、总结高校自主招生和上海等地高考综合改革试点经验的基础上，制定出台‘强基计划’，聚焦国家重大战略需求，积极探索多维度考核评价模式，着力解决自主招生中的突出问题，逐步建立起基础学科拔尖创新人才选拔培养的有效机制。2020年起，原有高校自主招生方式不再使用。”

实行多维度考核评价模式

记者了解到，“强基计划”主要选拔有志于服务国家重大战略需求且综合素质优秀或基础学科拔尖的学生。突出基础学科的支撑引领作用，由有关高校结合自身办学特色，重点在数学、物理、化学、生物及历史、哲学、古文字学等相关专业招生。

“探索多维度考核评价模式，着力实现学生成长、国家选才、社会公平的有机统一。”教育部相关负责人介绍，“强基计划”在改革定位上，与服务国家重大战略需求相结合。着力选拔一批有志向、有兴趣、有天赋的青年学生进行专门培养；在制度设计上，与促进教育公平相结合。以高考成绩作为入围依据，完善制度机制，切实保障考试招生机会公平、程序公开、结果公正；在评价模式上，与推进教育评价改革相结合。坚持育人为本，探索在招生中对学生进行全面、综合评价，引导中学重视培养学生综合素质；在改革协同上，与推进高等教育相关改革相结合。加强统筹协调，与基础学科拔尖学生培养、加强科技创新等改革相衔接，形成改革合力。

遴选部分大学开展试点

据介绍，起步阶段，“强基计划”遴选部分“一流大学”建设高校开展试点。教育部相关负责人介绍，“相关高校可向教育部申请并提交相关专业的招生和人才培养一体化方案。教育部组织专家综合考虑高校的办学定位、人才培养质量、科研项目及平台建设情况、招生和人才培养方案等因素，研究确定‘强基计划’招生高校、专业及规模。”

根据招生程序安排，3月底前，试点高校发布年度“强基计划”招生简章。4

高校依据考生的高考成绩，按在各省（区、市）“强基计划”招生名额的一定倍数确定参加学校考核的考生名单并公示入围标准。7月4日前，高校组织考核。7月5日前，高校将考生高考成绩、高校综合考核结果及综合素质评价情况等按比例合成考生综合成绩（其中高考成绩所占比例不得低于85%），根据考生填报志愿，按考生综合成绩由高到低进行录取并公示录取标准。

该负责人强调：对于极少数在相关学科领域具有突出才能和表现的考生，有关高校可制定破格入围高校考核的条件和办法，并提前向社会公布。考生参加统一高考后，由高校组织相关学科领域专家对考生进行严格考核，达到录取标准的，经高校招生工作领导小组审定，报生源所在地省级高校招生委员会核准后予以录取。录取考生的高考成绩原则上不得低于各省（区、市）本科一批录取最低控制分数线（合并录取批次省份应单独划定相应分数线）。

定制培养方案畅通发展通道

“‘强基计划’将积极探索基础学科拔尖创新人才培养模式。”该负责人介绍，“强基计划”将单独制定培养方案。高校对通过“强基计划”录取的学生可单独编班，配备一流的师资，提供一流的学习条件，创造一流的学术环境与氛围，实行导师制、小班化培养。建立激励机制，增强学生的荣誉感和使命感。通过“强基计划”录取的学生入校后原则上不得转到相关学科之外的专业就读。

同时，将畅通成长发展通道。对学业优秀的学生，高校可在免试推荐研究生、直博、公派留学、奖学金等方面予以优先安排。探索建立本—硕—博衔接的培养模式。还将推进科教协同育人。鼓励国家实验室、国家重点实验室、前沿科学中心、集成攻关大平台和协同创新中心等吸纳这些学生参与项目研究，探索建立结合重大科研任务的人才培养机制。

“还要强化质量保障机制。建立科学化、多阶段的动态进出机制，对进入计划的学生进行综合考查、科学分流。建立在校生、毕业生跟踪调查机制和人才成长数据库，根据质量监测和反馈信息不断完善招生和人才培养方案。加强对学生的就业教育和指导，积极输送高素质后备人才。”该负责人介绍。

为确保公平公正，“强基计划”将进一步严格规范招生程序，建立更高水平的公平保障机制。首先是严格高校考核。按照国家教育考试有关要求组织实施高校考核，笔试、面试安排在国家教育考试标准化考点进行。面试采取专家、考生“双随机”抽签的方式，全程录音录像。同

2020年1月16日，《人民日报》刊登报道《嘉兴图书馆办成“连锁店”》

2021 年 2 月 24 日《朝闻天下》报道嘉兴市图书馆创新服务助力老年人跨越“数字鸿沟”

CGTN

Culture 09:15, 05 mai 2021

Un réseau de bibliothèques pour amener la culture dans les campagnes

Le redressement rural chinois ne se limite pas au plan matériel, il concerne aussi le plan culturel. La ville de Jiaxing, située dans l'est de la Chine, possède un réseau de bibliothèques publiques couvrant aussi bien les zones rurales qu'urbaines. Après une dizaine d'années de développement, ce système devient un important pourvoyeur de services culturels dans les campagnes et villages aux alentours de Jiaxing, et sert d'exemple en la matière dans le pays.

DERNIERES INFOS

Xi souhaite une coopération plus étroite avec l'Indonésie dans l'ère post-pandémique

La Chine se déclare prête à approfondir le partenariat stratégique avec l'Iran

Le ministre iranien des Affaires étrangères devrait se rendre en Chine cette semaine

2021 年 5 月 5 日，中国国际电视台 CGTN 报道嘉兴市图书馆服务体系将文化送到农村

央视《新闻联播》播出中国经济迈上现代化新征程，嘉兴市民点赞十年发展

2022 年 9 月 7 日，央视《新闻联播》报道嘉兴市图书馆优质的服务

2023 年 9 月 6 日，央视《文化十分》栏目报道嘉兴图书馆打造中医“实景课堂”，开启中外文学漫游

序

中华文明历史悠久、博大精深。中华民族有着用文字记载历史的优良传统，汉字和史书典籍是中华文化源远流长的见证，所谓“国有史，方有志，家有谱”。中华民族珍贵的典籍得以传承延续至今，藏书楼厥功至伟。

“吴根越角”的禾城，“好读书，虽三家之村必储经籍”“田野小民皆教子孙读书”，私人藏书的历史源远流长，从北宋到明清甚至民国时期，藏书之风一直非常兴盛，涌现出许多著名的藏书家，如岳珂、项元汴、曹溶、朱彝尊、吴骞、张元济、沈曾植、王国维等。藏书的“气候”让嘉兴成为我国近代公共图书馆的发祥地之一。从 1904 年创立“嘉郡图书馆”到现在的“嘉兴市图书馆”，经历了两个甲子的漫长岁月。创立“嘉郡图书馆”的陶葆霖和金蓉镜，前者作为《东方杂志》主编深度参与了新文化运动的东西文明之争论，后者作为一方乡贤“以学为政，以心为言，以身心性命为救世，以救世为身心性命”，成为封建士绅向风慕义、浣濯陈灰的时代典型，他们在履行时代使命的过程中，以图书为媒介，为嘉禾大地社会发展做出了积极贡献。

二十世纪初叶，陆仲襄出任“嘉兴公立图书馆”首任馆长。他一方面筚路蓝缕、克服时艰，在馆舍、藏书、编目等方面为一座现代图书馆塑形奠基；另一方面以清醒的文化自觉，为一方故土的文化重建鼓呼与奔走。1936 年，他倡议和主办了嘉兴文献展览会，并在《嘉邑首届文献展览品目》的前言中写到：“一邦之文献，为一邦历史文化之结晶。蔑而忽之，浸归湮灭，与无文献等。无文献是无历史也，无文化也，吾人既非无历史无文化之邦之民，可不亟自料简而存省之？”

新中国成立后，嘉兴市图书馆作为党和政府领导下的文化事业的一部分，兢兢业业担当着服务地方、教育人民的光荣责任。改革开放以来，随着经济社会的发展，嘉兴市图书馆以鲜明的开拓意识，在新的信息化潮流中，深入思考和探索公共图书馆管理和服务的结构化提升和形态创新，围绕城乡一体化公共图书馆服务体系，不断探索图书馆总分馆制建设并促进全民阅读创新发展。

党的十八大以来，在浙江省建设“共同体富裕示范区”的统一部署下，嘉兴市图书馆主动作为，锐意探索中国特色社会主义文化建设框架下公共图书馆的主体扩容、功能拓展、服务深化和形态创新。在一系列开放理念和务实举措的指引下，嘉兴市图书馆不断拓展公共图书馆和全民阅读发展的新维度、新路径、新境界。“悦心听读本”和“元宇宙科普阅读体验”项目连续两年蝉联国际图联（IFLA）国际营销奖，凸显了嘉兴市图书馆在图书馆数智化发展和新技术应用方面始终坚持与时俱进、锐意进取的文化底蕴和优良传统。

本人曾数度前往嘉兴，对嘉兴市图书馆事业的发展留下了深刻印象。在一百二十年的非凡历程中，嘉兴市图书馆衔枚疾行、风雨兼程，以文化载体的历史担当和韧性追求，为地方文化的开明进步做出了独到的贡献。我坚信，新一代的嘉兴市图书馆人一定会以更加突出的创新实践谱写新时代中国公共图书馆事业发展进步的新篇章！

是为序。

原文化部副部长 国家图书馆原馆长 周和平

2024 年 11 月 15 日于北京

前 言

从 1904 年创立的嘉郡图书馆到现在的嘉兴市图书馆，已经整整经历了 120 年的漫长岁月。嘉兴市图书馆始终矗立在嘉禾大地上，担负起开展教育、传播文化、提倡包容的责任，支撑着整座城市的精神内核。嘉兴市图书馆经历了初创时的艰辛、抗战时的劫难、解放初期的蓬勃向上、20 世纪 60 年代前后的曲折探索、改革开放后的飞速发展、新时代的繁荣蓬勃……嘉兴市图书馆所经历的百廿时间见证了嘉兴从一个封建社会逐步没落的城市向社会主义现代化城市的转变，嘉兴市图书馆的成长经历也从一个侧面反映了嘉兴，乃至整个中国百年来的巨大社会进步的轨迹。

嘉兴自古教育发达，学风兴旺，官学、书院、私塾众多，民众“好读书，虽三家之村必储经籍”。光绪三十年（1904），清南洋大臣、两广总督、嘉兴人陶模之子陶葆霖（字惺存）与曾任湖南永顺知府的嘉兴人金蓉镜（字甸丞）在原鸳湖书院藏书的基础上组织成立了“嘉郡图书馆”，这就是嘉兴市图书馆的开端。嘉兴市图书馆在创立之初，中华民族正面临“国之危难”。尽管艰辛无比，但以陆祖穀（字仲襄）馆长为代表的嘉兴先贤依然对追求进步的理想不离不弃，为图书馆的成长埋下了纯正的思想内核和坚实的文化根基。从收集馆藏到落实馆舍，从筹措经费到组织读者，第一代嘉兴市图书馆人殚精竭虑，躬身入局，用先进的思想、开放的思维建设这座图书馆。120 年历史洪流中的嘉兴市图书馆八次更名，饱经风霜，闯过枪林弹雨，扛过文化凋敝。到如今，嘉兴市图书馆已跻身全国知名的公共图书馆行列，“保存中华民族文化，提升百姓文化素养”之信念一脉相传，从未改变。

窥探 120 年发展史，1937 年是嘉兴市图书馆遭受重创之年。为保证图书馆藏书免遭战火，陆仲襄馆长把馆藏精品分装六大箱转移至馆员仲欣木在桐乡濮院的家中。然而在 1943

年秋，这批图书被日寇汉奸全部劫盗，损失图书280部3517册，其中元刻1部29册、明刻177部2759册、稿本22种377册、抄本38种122册。日军占领嘉兴后，把图书馆馆舍作为宣抚班办事处，图书馆被迫迁往塔弄西侧，馆藏的《嘉兴府志》书版也在这期间损毁。1945年抗战胜利，图书馆从塔弄迁往附近的原秀水县学明伦堂（今少年路分馆），南社诗人余十眉曾出任馆长。抗战期间，图书馆藏书损失巨大；而后内战爆发，民生凋零，图书馆经费无着，余十眉及其他的馆长都相继辞职。图书馆的发展跌至谷底，馆藏、馆舍、馆员无一不缺，复兴之路任重道远。

窥探120年发展史，1978年是嘉兴市图书馆的转折之年。1978年，党的十一届三中全会开启了改革开放的伟大进程，社会欣欣向荣，图书馆读者络绎不绝，借书证供不应求。嘉兴市图书馆进入一个发展的大好时期。1988年，1800平方米的借阅大楼投入使用。1995年，少年路临街的图书馆综合服务楼建成，馆舍扩大到6000平方米。1996年开始自动化建设，建成书目数据库，逐步实现业务工作自动化管理，并启动期刊资源与服务数字化建设，建设服务官网，对外开放电子阅览室等。嘉兴市图书馆基本从传统图书馆逐步转变为纸质书刊与数字资源相融合、传统服务与计算机服务相结合的复合型图书馆。

窥探120年发展史，2007年是嘉兴图书馆发展的转机之年。在崔泉森、章明丽两位馆长带领下，嘉兴市图书馆首创性地探索城乡一体化公共图书馆服务体系建设。嘉兴开始摆脱体制束缚，从原来的一级政府、一个财政单元建一个图书馆，到三级政府共同建设一个服务体系的“嘉兴模式”。在这个体系内，农村图书馆与城市图书馆图书有效流动、通借通还，数字资源全民免费共享；初步实现城乡居民享受同等的公共阅读的权益。图书馆总分馆服务体系的建设，就像一张坚固的网，让嘉禾书香得以流动，让城乡文化得以联结，在全国范围内产生了深远影响。

新时代，嘉兴市图书馆秉持一贯的探索精神和服务精神，在实践工作中摸索出一条具有系统性、创新性、普惠性的图书馆服务之路，得到行业内外的广泛认可，中央电视台、《人民日报》、新华每日电讯等媒体作了持续深度报道。嘉兴市图书馆推出的“阅动全家·书香嘉兴”“图书馆第一课”“南湖讲坛”“夕阳红E族”“禾禾”“小小创客家”等系列品牌活动每年吸引十余万市民参与。2019年底，在深圳卫视的跨年演讲《时间的朋友》中，罗振宇先生用6分多钟时间向2亿观众“点赞”了嘉兴市图书馆一年5000场活动的成果。同年，全球知名媒体《快公司》（*Fast Company*）杂志将嘉兴市图书馆评入“2019中国最佳创新公司 50”榜单。2023 年 4 月，嘉兴市图书馆创新设计的“悦心听读本”项目入围国际图书馆协会与机构联合会（简称国际图联或 IFLA）国际营销奖。嘉兴市图书馆站上国际图联的领奖台，把嘉兴的数字阅读建设经验推广给全世界同行。同年，全国首家元宇宙阅读与研究基地在嘉兴市图书馆正式开放，引领公共图书馆步入最新的元宇宙阅读时代。元宇宙阅读空间以虚实结合的美学设计，让读者置身于科技与文艺相融之境，吸引更多行走于时代前沿的年轻人走进图书馆、使用图书馆。该项目入选文化和旅游部“智慧图书馆创新应用优秀案例”。

习近平总书记指出：“中华民族自古提倡阅读，讲究格物致知、诚意正心，传承中华民族生生不息的精神，塑造中国人民自信自强的品格。”从 1904 年嘉郡图书馆的成立，到今天建成包括 1 个总馆、1 个少儿馆、19 个乡镇（街道）分馆、46 个智慧书房、67 个礼堂书屋、1 个汽车图书馆及 300 多个图书流通站的嘉兴市图书馆总分馆服务体系，整整经历了 120 年的时间。为了纪念嘉兴市图书馆诞辰 120 周年，回应嘉兴先贤们追求社会进步的愿望，致敬以陆仲襄老馆长为代表的老一辈图书馆人对文化事业的执着，我们精心设计、编辑出版本册图书。本书选用了大量珍贵文献、档案资料和历史照片，多方位、多视角、多层面地揭示了嘉兴市图书馆在坎坷曲折中与时俱进的发展历程。本书内容包括嘉兴市图书馆 120 年来经历的重大历史事件、开展的特色工作、取得的重要成绩，以及馆舍变迁、人员更迭、文献集聚、服务拓展等历程，向读者全面介绍嘉兴市图书馆百廿年的发展变化，展示着这座图书馆的历史文化传承和厚重的文化积淀。

大道至简，实干为要。时代发展的浪潮滚滚向前，嘉兴市图书馆前行的步履从未停歇。百廿年嘉图的奋斗史、成长史，也是嘉兴这片土地，乃至中国近现代文化发展的一个缩影。每一任馆长、每一位馆员，都在这个图书馆里留下了无形的能量，聚沙成塔、厚积薄发，新一代的嘉图人必将全力以赴、初心不忘，用与时俱进的服务满足人民群众的精神文化需求，谱写新时代中国公共图书馆的新篇章！

沈红梅

2024 年 1 月 28 日

目 录

第一部分 编年发展史

第二部分　专题发展史

第二部分　专题发展史

第三部分　附录

第一部分　编年发展史

第一章　嘉郡图书馆时期（1904—1914年）

第一节　嘉郡图书馆诞生的历史背景与物质基础

一、嘉郡图书馆诞生的历史背景

1. 西方印刷术以及公共图书馆制度的传入

现代意义的公共图书馆产生于19世纪中叶的欧美国家，它的出现使全体社会成员有了满足其在工作、学习和生活中产生的对知识和信息的需要的场所。1850年英国议会通过了《公共图书馆法》，该法案赋予了人口在1万及以上的城镇政府通过征收财产税建设公共图书馆的权力，由此建立的图书馆要向当地民众提供免费服务。现代意义的公共图书馆在美国也出现于19世纪中叶。19世纪下半叶，美国大部分州也都通过了公共图书馆法。公共图书馆作为一种制度在西方国家得以确立。

19世纪初，西方印刷术传入我国，逐渐替代了雕版印刷术，这是我国图书出版业的重要一步[①]。为绕过清政府的禁令，英国传教士马礼孙在马六甲开设印刷所，并于1819年印成了第一部铅活字的汉文书，这是铅字印刷术传入我国的开端[②]。印刷技术的进步降低了书籍的成本，使得更多的人能够接触到书籍，加快了科学知识在中国的传播速度，一定程度上促进了人民群众对于知识的渴求。

20世纪初，处于晚清时期的中国，社会动荡不安，民族危机深重。西方启蒙思想催生

① 谢灼华.中国图书和图书馆史[M].3版.武汉:武汉大学出版社,2011:235-241.

② 程焕文.晚清图书馆学术思想史[M].北京:北京图书馆出版社,2004:73-85.

了我国第一批“睁眼看世界”的人，他们认识到，要救亡图存，必须开启民智，培养国民的独立思考和判断能力。他们积极倡导新学，推广西方科学文化知识，以期通过思想启蒙来推动社会进步。公共图书馆作为传播知识、启迪思想的重要场所，开始受到了关注和支持。同时，社会贤达的支持以及清政府被迫改革的一些措施也为公共图书馆的产生提供了必要的物质基础和社会环境。

2. 中国近代图书馆事业的开端

外国教会出于培养人才和传教的需要，以最终达成文化渗透的目的，在中国创办了多所教会图书馆和藏书楼，如1847年在上海建立的徐家汇天主堂藏书楼。还有1841年建成、1913年改名的工部局公众图书馆[①]等。教会大学也设立图书馆，圣约翰大学罗氏图书馆创办于1894年[②]。然而教会所创办的藏书楼和图书馆服务范围仅限于我国境内少数的教徒，无法惠及普通大众。

1895年10月，中国第一所现代大学——北洋大学成立，图书馆随学校建立，为全国大学图书馆中最先者。1898年，光绪皇帝正式批准设立北京大学的前身——京师大学堂，任命孙家鼐为管学大臣。《京师大学堂章程》规定设藏书楼，“学者应读之书甚多，一人之力必不能尽购。……京师大学堂为各省表率，体制尤为崇闳。今设一大藏书楼，广集中西要籍，以供士林流览而广天下风气”。《京师大学堂章程》成为中国近代图书馆史上，尤其是高校图书馆史上最早、最完备的建馆章程。

而中国近代第一家为广大民众提供图书文献服务的公共图书馆的雏形——古越藏书楼则诞生于1902年。古越藏书楼以“存古开新”为宗旨，既继承了古代优秀的文化遗产，又积极传播近代进步的科学文化。中西书籍，一律收藏，为当时的读者提供了一个丰富多元的知识宝库。古越藏书楼摒弃了传统藏书楼“以藏为主”的理念，而是提倡“藏用结合、以用为主”。这种崭新的藏书思想，使得书籍不再被束之高阁，而是真正地服务于广大读者。这种务实创新的精神，推动了中国公共图书馆事业的起步。同时，西方公共图书馆的理念和实践被逐步介绍到中国，为中国公共图书馆的兴起提供了思想基础和实践范例。1904，湖北图书馆、湖南图书馆、嘉郡图书馆、海宁州图书馆等机构的成立，正是以上多种因素共同作用的结果，它标志着中国社会在知识传播和公众教育方面迈出了重要的

① 谢灼华.中国图书和图书馆史[M].3版.武汉:武汉大学出版社,2011:235-241.

② 熊月之,周武.圣约翰大学史[M].上海:上海人民出版社,2007:28.

一步。

二、嘉兴开办近代公共图书馆的资源基础与需求

1. 鸳湖书院丰富的藏书奠定了图书资源基础

鸳湖书院创立于清康熙五十五年（1716），与始创于南宋景定四年（1263）的宣公书院合并为嘉兴府最为知名的书院[①]。因教学所需，经数百年的积累，鸳湖书院有比较丰富的藏书。清同治十三年（1874）秋，浙江当局要求各府、县新修地方志，在时任嘉兴知府许瑶光的主持下，搜集大量历代图书作修志时参考，《嘉兴府志》刊刻成书后，这些图书及《府志》刻板都成为鸳湖书院的收藏。

许瑶光（1817—1882），字雪门，诗人，藏书家。湖南善化（今长沙）人。道光己酉年（1849）拔贡，朝考二等，分发至浙江桐庐、诸暨等地做知县。咸丰三年（1853）任嘉兴府知府。此后在嘉兴府任职17年，嘉兴成为他的第二故乡。他政声卓著，当时被誉为近世少有的贤太守。清同治十三年（1874）秋，他设立方志局，延聘嘉兴饱学之士吴仰贤等人修志，收集旧闻，他还亲自审阅志稿。最终于光绪三年（1877）秋月杀青，开雕于鸳湖书院，至次年竣工。他主持兴修的这部《光绪嘉兴府志》就是嘉兴历史上质量最高、内容最为完备的方志。

光绪八年（1882），许瑶光病逝于嘉兴府任上。根据他的遗言，其幼子许方藻将他所藏的一批书籍捐赠给鸳湖书院，书上钤有“嘉兴太守许公雪门藏书”大印。鸳湖书院的藏书因此又有大幅增加，这为开办后来的嘉郡图书馆奠定了坚实的文献资源基础。

2. 嘉兴近代教育的兴起引发对公共图书馆的需求

1898年，戊戌变法失败，但清政府中的守旧势力已阻挡不了新思潮的传入，也在一定程度上进行近代化的改革。1901年，清政府下令设立新型学堂，将省城书院改设大学堂，各府厅及直隶州设中学堂，各州设小学堂，还设蒙学堂。书院退出历史舞台，书院中的藏书楼演变为学堂附设机构，成为各类图书馆的前身。

同时期，兴办学堂之风在嘉兴风起云涌。1900年，美国南长老会传教士花第生创办

① 本书编委会.嘉兴市志[M].北京:中国书籍出版社,1997:830.

教会学校秀州书院[①]。同年，敖嘉熊、唐纪勋、祝廷锡创办了嘉兴民间举办最早的新式学堂——竹林启蒙书塾。1901 年，嘉兴知府刘毓森奉令在鸳湖书院旧址创建嘉兴府学堂。秀水县创建秀水县学堂。沈文华创办余贤初等小学堂。1904 年，褚辅成创立南湖两等小学堂。

新式教育进行自然学科与社会学科的通识教育，师生需要更广泛的阅读题材。新式学堂的大量开办，使开办人人可利用的公共图书馆成为必需的公共文化事业。

① 本书编委会.嘉兴市志［M］.北京：中国书籍出版社，1997：825.

第二节 嘉郡图书馆的创立

一、筹备与开办

1904 年，清南洋大臣、两广总督、嘉兴人陶模之子陶葆霖（惺存）与曾任湖南永顺知府的嘉兴人金蓉镜（甸丞）在原鸳湖书院藏书的基础上再捐书集款，组织成立嘉郡图书馆。取名“嘉郡图书馆”，是因为嘉兴府又名“嘉禾郡”，管理嘉兴、秀水、桐乡、崇德、海盐、平湖、嘉善七县，而图书馆是在原嘉兴府留存的图书基础上创立的，嘉郡图书馆就是嘉兴府图书馆的意思。同年，海宁留日学生朱宗莱等人以安澜书院藏书为基础，购进一批新书建立海宁州图书馆。这两个图书馆是嘉兴近代公共图书馆事业的开端。

陶保霖，是陶模的幼子。陶模是曾任陕甘总督、两广总督的封疆大吏，对经略西北卓有贡献。金蓉镜热心于嘉兴的文教事业，对举办新式教育与文化机构投入极大热情。1901 年，知县方雨亭创办嘉兴秀水县学堂，公举金蓉镜为董事，虞申嘉为总理（校长），设有小学班及中学班。1906 年 4 月，金蓉镜牵头创办郴州市一中的前身——郴州官立中学堂，校址设在东塔岭原宝塔下的东山书院（今湘南起义纪念碑所在地），引进西式教育，开设数、理、化、外语等现代学科。由此产生创办新式公共图书馆的想法并付诸实施，也是水到渠成的举动。

据《民国秀水县志稿》记载，嘉郡图书馆共藏书 1978 种 9568 册，内金蓉镜捐入 919 种 5035 册，陶葆霖捐入 327 种 1120 册，募资购入 511 种 1676 册，此外尚有零星捐入。

二、馆舍与业务开展

嘉郡图书馆开办之初，借前秀水县学堂为馆址，并公推该堂总理沈进忠（字稚严）先生兼主馆务，聘请谭新嘉进行编目。谭氏是嘉兴望族，谭新嘉是中国历史地理学科最主要的奠基人和开创者之一谭其骧的伯父。谭新嘉在嘉郡图书馆的经历，记录在他的自订年谱《梦粱录》中："光绪三十一年（1905），三十二岁。元宵后，到嘉郡图书馆任事，馆屋未构，暂借秀水县学堂大楼。不开支薪水，供给颇优。十一月三十日，辞嘉郡图书馆职。目录编成，分为四卷。"谭于1905年农历正月十五后到馆，11月30日辞职。谭新嘉离馆后，馆内业务无人打理，嘉郡图书馆未向社会开放。

谭新嘉于1910年充任天津图书馆提调，1917年进入京师图书馆，任中文编目组组长。谭新嘉是近代公共图书馆发展的见证人。谭新嘉对嘉兴文化事业的贡献，主要表现于张元济等在续辑《槜李文系》时，曾邀请他任采访员，从文津阁内检阅与嘉兴人有关的著述。谭新嘉所录采访稿，均在稿纸上钤有"嘉兴谭新嘉志贤甫采稿"印记，字迹工整娟秀，可见其做事作风之严谨。

三、职位设置与经费来源

开办之初，公推秀水县高等小学堂总理沈进忠兼任馆务，聘请谭新嘉编写馆藏图书目录。谭新嘉在编目完成后即辞事，具体馆务无人管理。

图书馆经费，由地方士绅随时捐集，无定额。所余款项，有投资生息之举。例如，《申报》1908年5月10日27版《旅沪嘉属集股处三月份收股清单》中记载，嘉兴图书馆六百股六百元（银元）。这证明1908年3月嘉郡图书馆曾向旅沪嘉属集股处投资600元，买600股股份。

嘉郡图书馆创办之初，没有专有馆舍，创办人多方筹款，计划新建一专有馆舍。其后嘉兴劝学所［教育局前身，始设于清光绪三十二年（1906年），1915年得到复设］想挪用此款，于是陶保霖于1916年7月左右致信金蓉镜，请他出面阻止。信中所说，都为图书馆建专有馆室之事，是创办人的理想。

（撰稿人：沈秋燕、杨亚琼）

第二章　嘉兴公立图书馆时期（1915—1929 年）

1915 年 1 月，由地方学界呈请官方批准在嘉郡图书馆基础上建立嘉兴公立图书馆。

第一节　嘉兴公立图书馆基本情况

一、馆舍与机构设置

嘉兴公立图书馆成立后，仍无自己的馆舍，办公、阅览室设在旧府学训导署，书库在省立二中大楼，先后借用秀水高等小中学堂、省立二中（原嘉兴府中学堂）作为馆舍。

二、人员与经费

嘉兴公立图书馆设馆长制，馆长以外，设司书员 1 人，1929 年添设编目兼文牍员 1 人。

馆长一职，聘请陆祖穀（号仲襄）担任名誉馆长；馆员仲欣木。陆馆长还兼任教职，并任嘉兴教育会会长，主要主持馆务；具体接待阅览开放工作则由仲欣木承担。

陆祖穀任名誉馆长与馆长一职先后长达 18 年，其间曾因前往杭州省立图书馆任指导员职，而辞嘉兴公立图书馆馆长职务约 1 年 2 个月。

1927 年 5 月，陆祖穀辞嘉兴公立图书馆馆长一职，应聘杭州省立图书馆指导员。同年 11 月，陆祖穀完成《浙江省立善本书目题识》的编纂。该书于 1932 年陈训慈任馆长时付梓。

1928 年 7 月，陆祖穀辞杭州省立图书馆职，复任嘉兴公立图书馆馆长。

据 1929 年 1 月 31 日《申报》“地方通信”载，嘉兴县立第一小学校长吴文开调任嘉兴公立图书馆馆长，但未赴任。当年，馆长改由教育局课长沈本千兼任。

据 1930 年 1 月 16 日《申报》“地方通信”载，教育局委任沈集贤为嘉兴公立图书馆馆长。另还曾聘徐旭（寅生）主持馆务[①]。

上述人士任职时间与陆祖穀馆长有重合，推测陆祖穀为名誉馆长，其余为实任职务。

本馆经费，清末的几年，由地方士绅随时捐集，无定额。1915 年开始规定从县教育款中支出，每月正常经费 18 元，1925 年增至每月 20 元，1929 年增为每月 164 元。

① 嘉兴县立图书馆概况［M］.浙江省立图书馆月刊，1932（5/6），261.

第二节　图书馆的藏书资源建设

一、广征文献

陆祖穀担任名誉馆长后，为扩充馆藏书籍，向各界广为动员捐赠书籍藏书。所得以金蓉镜双桂堂、董氏保泽斋为多。1917 年，图书馆收到金蓉镜捐书，有《十三经注疏》（少《孝经》一种）、《二十二四史》、《佩文韵府》、《佩文韵府拾遗》、《唐写本说文解字木部笺异》，以及新抄《曹熙自讼斋存稿》、《何商隐先生年谱》、《灯窗琐话》（秀水事实）等，共计 530 册。

刘承幹亦向嘉兴公立图书馆赠送嘉业藏书楼所出版大套丛书，如《吴兴丛书》《嘉业堂丛书》《求恕斋丛书》《嘉业堂金石丛书》《留余草堂丛书》等。其所捐赠书籍上均钤有“翰怡持赠”印记，并加盖“嘉兴图书馆藏”钤记，又因嘉业堂所出丛书均系民国时期所刊印，刘承幹捐书当在 1915 年后。

《竹里诗萃续编》在 1922 年刻板完成后，连同《竹里诗萃》的板片赠送图书馆，图书馆还收藏有光绪修《嘉兴府志》及《泺源问答》的雕版。

1918 年 6 月，《嘉兴图书馆书目录》编成。此为陆祖穀在公余之时，编纂而成。

二、斡旋接收金蓉镜高士祠藏书

1929 年金蓉镜去世，他生前曾留下遗嘱，将其存放于南湖盐仓桥高士祠的全部藏书捐赠给嘉兴公立图书馆。虽有遗嘱，但图书馆接收藏书，一波三折，后经诉诸法庭，才解决此事。这批赠书共 12 橱，计 895 部 5232 册[①]。

① 金蓉镜甸丞遗书之归宿［M］. 浙江省立图书馆馆刊，1934（2）：85-86.

三、接收许瑶光后人的捐赠书籍

1928—1929年[①]，许瑶光的曾孙许贯三把在湖南老家的藏书捐与嘉兴的图书馆。这批书从善化用船运至上海的十六铺大达码头，嘉兴图书馆沈本千前往接收。这批书籍总计约12000册。

四、出版活动

1921年，陆祖穀馆长闻得木山阁刻《曝书亭集诗注二十四卷》《朱竹垞先生年谱一卷》的板片尚存，急忙寻访收藏处，付100元购得刻板，又命刻工补齐所缺的30张板片。后听说《词注七卷》板片存于忻家，他又出200元购回。全书得以完璧，又刷印再刊，深受各界赞许。

陆祖穀馆长还参与多种著作的撰写、编辑及刊行，如《吴郡陆氏窦巷支世系图表》《景陆粹编》《檇李文社课艺》《游艺斋算学课艺初集》等。1919年，他抄写《烟霞万古楼诗佚稿》，这些图书均入藏嘉兴图书馆。

（撰稿人：沈秋燕、杨亚琼）

① 许氏捐赠书籍的时间说法不一，许瑶光玄孙许维格在《许瑶光诗文评集》中说是1928年，而确切编目在1931年，但沈本千在1930年1月中旬离职，因此持上述说法。

第三节　嘉兴公立图书馆筹建新馆

自嘉郡图书馆开办以来，发起人及主持人一直努力筹备建立自有馆舍，以结束借寓他所的窘境。

1921 年，省府下令将图书馆房屋拨省立二中接收使用，于是图书馆只能另觅馆舍。馆长陆祖穀会同地方士绅学界，呈县详省，请求将位于市内道前街的宏文馆全部房屋为图书馆馆舍。省长沈金鉴指令，准照所请办理。

宏文馆房屋虽宽，但坍塌严重。嘉兴县长阎幼甫、教育局局长沈锡侯，以及图书馆名誉馆长、县教育会长陆仲襄等倡议筹款，在道前街原宏文馆旧址重建。

1928 年，建成洋式楼房一座，约占面积 3000 平方尺[①]，费款 12000 余元。楼上作书库，楼下为办公室与阅览室。

1929 年 3 月 4 日，新馆落成，各界代表参与，举行了隆重的开馆典礼。馆名改为“嘉兴县立图书馆”，添设通俗及儿童部。3 月 5 日的《申报》有专门报道。新馆轩敞高明，但微嫌窄小。拟后期继续添造，所以馆舍周边预留十多亩空地。

（撰稿人：沈秋燕、杨亚琼）

① 编者注：1 平方尺 =0.111 平方米。

第三章　民众教育馆图书部至嘉兴县立图书馆时期（1930—1949 年）

第一节　1930 年 3 月—1937 年 10 月

一、图书馆的组织机构变化

1930 年 3 月，嘉兴县政府命令将县立通俗讲演所、公共运动场、嘉兴县立图书馆合并，命名为嘉兴县立民众教育馆，改图书馆为民众教育馆图书部。部址在道前街，设部主任 1 人，干事若干人，掌理部内一切事宜，经费则由民众教育馆经费每月 421 元项下开支。

1931 年 2 月，奉县政府令，图书部从民众教育馆划开独立，名为嘉兴县立图书馆，古籍图书归图书馆所有。所有通俗图书，仍归民众教育馆。3 月 11 日办理移交，民众教育馆用通俗图书开辟了藏书、阅书、阅报各一间。

嘉兴县立图书馆独立重组后，经费骤减，预算经费为每月 94.6 元；5 月，沈介祉馆长辞职[①]。8 月开始，增为每月 111 元，购书经费极其有限。

1934 年，全年经费为 1316 元，由县教款划拨。

工作事业定为 7 个部门：征集部（调查选购征募捐赠），编校部（编订纂辑各项钞校），指导部（指导阅览答复询问），典藏部（出纳整理掌管库钥），文牍部（缮发文书保管案卷），庶务部（购置修理干办杂务），会计部（款项出纳收支核报）。7 个部门由馆长 1 人和馆员 1 人共同兼理。

---

① 嘉兴县立民众教育馆图书事业活动概括[J]. 浙江第二学区图书馆协会会刊,1933(3):14.

二、嘉兴县立图书馆的资源建设

1. 图书整理编目

1931 年初，嘉兴县立图书馆着手对许瑶光捐书进行编目，图书馆拟编定目录后，分赠各机关公开阅览[①]。

1932 年，在陆祖穀馆长的带领下，新编许瑶光捐书目录，重编 1918 年前后所得书目，并对征到的嘉业堂图书重新编目[②]。

1934 年 1 月，陆续搜集碑版拓本，积累至四五百通，拟分别装裱编目，以供陈列[③]。

1934 年 1 月，正式接收存于高士祠中的金蓉镜遗存藏书。3 月起，整理该宗遗书[④]。

2. 重要图书采购

1934 年 3 月，订购商务印书馆印行的《四库全书珍本》一套[⑤]。奉浙江教育厅核准、县教育局准拨 300 元，分两期两年度划拨。

3. 接受捐赠

1936 年，嘉兴已故宿儒陆赞臣先生之子陆抑强，捐赠嘉兴县立图书馆中、英文各科图书、辞典等共 107 册，都为洋装善本。

三、嘉兴县立图书馆的馆藏状况

1. 图书藏量

据 1932 年的《嘉兴县立图书馆概况》报告[⑥]称，本馆所藏书籍，自行购置者为十分之一，其余十分之九，皆由各家捐赠而来。……明版孤本，佳精钞者不少，统计如下：

（甲）古籍图书共 3124 种 37642 册：

（1）经部 277 种 4457 册；

（2）史部 817 种 11842 册；

---

① 各馆消息［J］. 浙江第二学区图书馆协会季刊，1931（1）：2.

② 嘉兴图书馆整理工作［J］. 浙江第二学区图书馆协会季刊，1932（2）：2.

③ 嘉兴县立图书馆进行计划书［J］. 浙江第二学区图书馆协会会刊，1934（4）：4–5.

④⑤ 嘉兴县立图书馆近闻［J］. 浙江省立图书馆馆刊，1934（2）：85–86.

⑥ 嘉兴县立图书馆概况［J］. 浙江省立图书馆月刊，1932（5/6），261–263.

（3）子部 649 种 4788 册；

（4）集部 975 种 7349 册；

（5）丛书 103 种 6659 册；

（6）续得之书 303 种 2547 册。

（乙）新学图书共 319 种 865 册。

（丙）杂志类共 120 种 2167 册。

总共 3563 种 40674 册。

1934 年，中文图书藏量共 46391 册，按照四部分类法及《杜威十进分类法》进行分类。

据《申报》1937 年 2 月 21 日《浙省图书馆藏书及经费》一文，嘉兴县立图书馆有 5 万余册藏书。

2. 书版藏量

书版储藏室，空栊架 89 座，废板 5010 片。

3. 藏书设备

本馆现时所有设备如下：

（甲）第一书库玻璃橱 36 座。

（乙）第二书库玻璃橱 36 座。

（丙）新学书及杂志库橱架共 10 座。

（丁）普通阅览室、儿童阅览室、报章杂志阅览室、各处陈列橱架共 10 架。

四、嘉兴县立图书馆开展各项业务

1. 图书阅览

本馆藏书，大都由各家捐赠而来，且多珍本，所以概不出借，以重保存。读者到馆阅览，各库藏书，一律公开；到馆阅览人数，平均每日约 40 人次，而请求指导者，每月约 30 人次，分口头指导与书面指导两种。

1934 年，嘉兴县立图书馆设儿童巡回文库[①]。

据《各图书馆工作统计表》，1931 年 3 至 6 月阅览数据：

① 图书文化消息：图书馆消息：国内之部：本省［M］. 浙江省立图书馆馆刊，1934（66）：114.

3 月，阅览人数 596 人次，阅书 215 册次，新到图书 0 册。

4 月，阅览人数 659 人次，阅书 384 册次，新到图书 5 册。

5 月，阅览人数 737 人次，阅书 580 册次，新到图书 4 册。

6 月，阅览人数 674 人次，阅书 512 册次，新到图书 251 册①。

2. 1933 年嘉兴县立图书馆工作计划

1933 年度制订《嘉兴县立图书馆进行计划书》，主要计划完成八项工作：一修葺旧宏文馆大堂；二筹设古物保存所；三合编总书目；四筹设善本书库；五增编乡先哲书目；六补刻志书烂缺版片；七筹刻乡先哲遗著；八整理碑版拓片。

1933 年，补刻府志缺版烂片（案嘉兴府志版片一向藏在嘉兴馆），校刻吴贞孝先生遗墨②。

3. 接待重要来访

1935 年 6 月，夏定域（朴山）到访嘉兴与吴兴两地图书馆，撰《嘉兴吴兴图书馆访书小记》，刊发于《浙江省立图书馆馆刊》③。文中对嘉兴馆所藏善本多有记录。

4. 其他

1933 年，发生了一起假冒公职人员骗取图书的事件。事件经过：9 月 2 日，有人持秀州中学校长顾惠人署名并加盖私章的函件一通，向嘉兴县立图书馆借《元人百种曲》10 册。到期后，图书馆向顾校长索还原书，经证明发觉原函件系假冒。为惩前毖后，馆长陆祖穀呈请教育局转秀州中学协同严密侦查，此后对借书将更为慎重④。

据《申报》1937 年 3 月 22 日《浙江图书馆增书版槜李丛书适园丛书先后征集到馆》一文，陆仲襄、陆清澄二人商洽，将《槜李丛书》全部书版 600 余块寄存杭州省立图书馆。该书为平湖金蓉镜所辑刊，其弟金兆蕃续刊。

---

① 浙江省第二学区图书馆协会调查股.各图书馆工作统计表［M］. 浙江第二学区图书馆协会季刊,1932(2):14.

② 嘉兴县立图书馆进行计划书［J］.浙江第二学区图书馆协会会刊,1934(4):4-5.

③ 嘉兴吴兴图书馆访书小记［J］.浙江省立图书馆馆刊,1935(6):163-165.

④ 嘉兴县立图书馆之借书损失［J］.浙江省立图书馆馆刊,1933(5):171.

五、嘉兴县立图书馆牵头成立本地区图书馆协会

1930 年 6 月，浙江第二学区图书馆协会成立。

1934 年，编印《浙江第二学区图书馆协会概况》小册子。

六、嘉兴县立图书馆组织文献展览会

1. 嘉兴县文献展览会

1936 年，嘉兴县立图书馆举办“嘉兴县文献展览会”。1936 年 1 月 1 日，《嘉区民国日报》出版特刊《嘉区文献画报》，集中报道此展盛况。馆长陆祖穀为展览品目撰序。

展品既有图书馆藏品，亦有嘉兴收藏家所出借，如金兆蕃、郑氏、董氏、沈氏等藏家，甚至有从外省公藏单位借得者，如《笛渔小稿》（朱昆田的手稿底本，苏州图书馆藏）。其中有沈氏出借的《避寇日记》《养拙轩笔记》，20 世纪 50 年代沈访璠将其捐赠本馆。

2. 浙江文献展览会

嘉兴文献展览会结束后，精选部分展品赴 1936 年 11 月开展的“浙江文献展览会”。嘉兴馆参展文献汇总[①]，见表 1–1–1。

表 1–1–1　嘉兴县立图书馆参展文献汇总表

		题名	版本	册数
乡贤遗书	稿本	石经阁日抄	手稿本	1 册
		三体摭韵	抄稿本	2 册
		史记校勘记	抄稿本	5 册
		云吟老人醒世编	手稿本	4 册
		西术推步法例	抄稿本	1 册
		香严庵杂记	稿本	1 册
		碧山学士集未刻稿二十卷	传抄稿本	12 册
		老芥土苴	原稿本	3 册
		柳东先生诗剩稿	稿本	7 册

① 嘉兴县立图书馆参展文献汇总［J］. 文澜学报（季刊）1936（3/4）：浙江省文献展览会专号.

续表

		题名	版本	册数
		绿净山庄诗	抄稿本	1 册
		朗山遗稿不分卷	传抄稿本	1 册
		烟霞万古楼诗未刻佚稿	抄稿本	1 册
		赋日堂诗稿	抄本	1 册
		雨华盦诗存	抄稿本	1 册
		滮湖遗老集	手稿本	1 册
		李太仆佚著未刻稿三种	抄稿本	1 册
		槜李文系四十六卷	手稿本	25 册
		鸳湖唱和集	新抄本	4 册
		映雪楼古文练要三十四卷	稿本	8 册
		乐章考索未刻稿	旧抄本	10 册
	抄本	陆堂诗学十二卷	新抄本	10 册
		戴礼绪言四卷		1 册
		春秋义存录十二卷		2 册（陈列）
		河漕通考	传抄本	1 册
		官爵志三卷	抄本	1 册
		历代画家姓氏韵编不分卷	新抄本	4 册
	刻本	皇明续纪三卷	明万历活字本	3 册
		快雪堂集六十四卷	明万历刻本	12 册
	校本	姚梅坡朱墨批注四书便蒙	自怡堂刊本	6 册
		项月舟朱墨批点四书合讲	刊本	6 册
		吴介兹朱墨校隶释隶续	乾隆刊本	无记录
		吴介兹朱墨校金石萃编补略二卷		2 册
		吴介兹校玉楮诗稿八卷	抄本	2 册
郡邑丛书与总集	浙江省郡邑总集	槜李诗系四十二卷	刻本	16 册
		槜李文系四十六卷	手稿本	25 册

备注:《槜李文系》四十六卷，出现两次。

第二节　1937年11月—1945年9月

一、嘉兴县立图书馆馆舍搬迁

1937年11月5日凌晨，日军第6、18、114师团及第5师团一部乘着漫天大雾在江浙交界的金山卫、全公亭等处突然登陆，沿海防御空虚，日军偷袭成功，战火烧到浙江境内。8日起，中国军队第10集团军第109、128师等部在沪杭铁路沿线奋力抵挡进攻之日军。14日，日军在江苏盛泽切断苏嘉铁路，嘉兴孤立，战略地位已失。同日，嘉善弃守，成为浙江省第一座沦陷的县城，至19日午前，嘉兴全城陷落。

嘉兴县立图书馆馆舍被日军所占领，图书馆被迫搬迁至塔弄一处民房中惨淡经营，其间人事及业务开展情况不明。

2. 嘉兴县立图书馆转移珍稀文献

1937年8月13日后，日军轰炸机经常在嘉兴上空投炸弹，陆祖穀为保证馆藏善本古籍及珍稀地方文献的安全，从馆藏图书中挑选稿抄本、元明清刻善本等，分装21箱①，以铅皮衬里，铁条裹外，运至濮院隐藏，并派馆员仲欣木负责装运安置。仲欣木为濮院人，住濮院镇北横街。

3. 嘉兴县立图书馆转移的珍稀文献被劫掠

嘉兴县立图书馆转移书籍一事被汉奸侦知，于是汉奸将仲欣木控制，逼迫其带路找到藏书处，连箱子抬走。时间说法不一，通行的说法是1943年秋，但1942年9月12日，伪浙江省政府主席傅式悦签发一份文件，大意是：嘉兴县政府呈文，说嘉兴特工站收本县县立图书馆寄存濮院图书21箱并运送杭州，请求省政府核查，设法运回。因此转令教育厅复查，再行核夺。落款时间“中华民国三十一年九月十一日”。

这个时间当在书籍被劫后伪嘉兴县政府即呈文伪省政府，而伪省政府发文核查。再据

① 1957年7月的报告中称“6大箱”，但1942年9月的呈伪浙江省政府的报告中称“21箱”，按此为事件发生后第一时间之报告，故采纳此说。

仲欣木所叙述转移及劫掠过程说："二十六年（1937）九月中旬，装成大小共念[①]壹箱，派本人用民船一艘移运，避藏濮院镇。三十一年（1942）六月某日上午，有刘长甫着服便装，用新塍某机关名义至濮院本人家中，声称有馆长邻居奉命开办图书馆，欲取书，带有武装四名，把守各门。"两者时间都指向1942年。当时伪省政府主席傅式悦一方面发文核查此事，一方面自己收受上贡的被劫书籍，据后来调查，图书馆部分被劫书上有傅式悦的藏书印章，即为铁证。

在2004年举办的百年馆史展览中，展板上介绍损失图书280部3517册，其中元刻一部计29册、明刻177部计2759册、稿本22种计377册、抄本38种计122册。

1957年抄录《前嘉兴县立图书馆被劫散失图书目录》，据前言记载，此书目是托浙江文史馆员董巽观先生找到的。记载"此目根据馆中装箱之目，当时又有杂书作为衬箱者，概不抄列"，当时所谓杂书，不知其名目。据书目统计，有元刻本1种29册，明刻本160种2137册，汲古阁刻本16种602册，善本16种195册，《嘉兴藏》28种45册，稿抄本63种425册，总计284种3433册。

而据1946年3月县立图书馆上呈《县城沦陷前嘉兴县立图书馆移藏濮院之善本钞本图书目录》副本，计26页，统计共转移书籍496种6127册，其中善本346种5478册、其他150种649册。

1946年所制目录的数量与前二种相比较多出善本2000册左右。

另1943年3月4日，图书馆接《国民党浙江省执行委员会训令》："津浦铁路特刊党部建议筹设中央党义图书馆，令仰各该党部切实征集供给有关图书。"

---

① "念"即"廿"，文件原文如此。

第三节　1945年10月—1949年

一、图书馆组织机构的变迁

1946年3月，嘉兴县立图书馆奉令裁撤合并到嘉兴民众教育馆，后于12月恢复。1947年2月1日，嘉兴民众教育馆移交图书馆清册，4月5日点交。

二、嘉兴县立图书馆的人事变迁

1. 馆长更迭

1945年10月，派令于大经任兼职馆长，并将工作情形上报。11月21日，发给于大经馆长委任状。

1946年2月25日，民众教育馆馆长王文深辞职，令于大经兼任。26日，于大经上呈辞职报告，要求辞去图书馆馆长一职。辞职理由之一为馆舍一再迁移，经费无着落。3月11日，县长批复，应予慰留，所提经费、馆舍问题可酌商。

1946年3月28日批复，令金碧辉接任民众教育馆馆长。4月17日，批复于大经辞呈。同日，县政府令：民众教育馆裁减预算，人员只留5名。

1946年12月，嘉兴县立图书馆恢复独立编制，派张鸿一主持馆务，馆长委任令至1947年6月2日派发。

1948年2月6日，县政府发文，张鸿一调离图书馆，任三德乡第一中心国民学校校长。3月3日，省教育厅指令，准予聘任南社诗人余十眉为嘉兴县立图书馆馆长。3月28日，余十眉到馆交接。1947—1949年嘉兴县立图书馆职员变动情况，见表1–1–2、1–1–3。

表 1-1-2　嘉兴县立图书馆职员名册（1947 年 12 月）

职别	姓名	性别	年龄	籍贯	入职时间
馆长	张鸿一	男	36 岁	嘉兴	1946 年 12 月
总干事	沈宝林	男	49 岁	绍兴	1947 年 2 月
干事	王文轩	男	22 岁	湖南桂东	1947 年 2 月
干事	张长钰	男	23 岁	嘉兴	1947 年 9 月
会计	楼纯奎	男	21 岁	东阳	1947 年 7 月
事务员	张志林	男	32 岁	嘉兴	1947 年 12 月

表 1-1-3　嘉兴县立图书馆职员名册（1949 年 2 月）

职别	姓名	年龄	籍贯	入职时间
馆长	余十眉	65 岁	嘉善	1948 年 4 月 1 日
总干事	于桂珍	30 岁	嘉兴	1948 年 7 月 1 日
干事	陈超为	39 岁	嘉兴	1948 年 4 月 1 日
干事	张冰雪	55 岁	嘉兴	1948 年 10 月 1 日
勤工	屠森	53 岁	嘉兴	1948 年 4 月 1 日

2. 人员变动情况

1947 年 2 月 1 日，新补干事一名沈宝林，简历：男，49，籍贯绍兴，旧制高小毕业，曾任事务员、书记等职。

3. 嘉兴县立图书馆的馆舍

1945 年 10 月《嘉兴县图书馆报告》称，位于嘉兴市区塔弄的伪嘉兴县图书馆已经关闭。除移交图书密集封存的两间房以外，原有房屋已挪作他用。后找到荐桥街日商台湾银行原址作为分馆馆舍，并已经雇工加以修理，但因突然接到第三战区受降日军第二接管组强制命令，只能迁出。最后暂借西集街 9 号空室作为临时办公地点，开始图书整理工作，并设法在东门、南门两处，租用民房，开辟为阅报所。

1945 年 10 月 23 日，嘉兴县立图书馆呈件：馆舍尚在多方商洽中。

1946 年 2 月 20 日，馆长于大经呈报，图书馆暂时迁入嘉兴民众教育馆，伺机再行调整。

1946 年 3 月 6 日，图书馆馆舍因原房主归乡收回，搬迁至文庙东侧照常办公，但房屋需要修理。

1946 年 12 月，开始修葺文庙西侧旧秀水县学明伦堂原址。

1947 年 2 月，开始在秀水儒学原址办公。5 月，修葺馆舍竣工。10 月，因馆舍太过狭小，图书馆呈请要求迁设，但县政府批复"暂缓"。

1948 年 1 月，图书馆及县参议会请求县政府将抗战前图书馆馆舍宏文馆还给图书馆。2 月，县政府答复省教育厅训令：已归回该馆原馆舍。但实际并未归还。

8 月，参议会提案要求拨追图书馆楼房一间，用作收藏珍本，函请县政府计划办理。9 月，县政府回复参议室：实无余屋可腾空。

4. 嘉兴县立图书馆追查被劫书下落

1946 年 1 月 25 日，图书馆呈件：近从陆新初君（陆馆长家属）处检得陆馆长手抄善本书目录。

2 月，图书馆补 1942 年度被劫善本抄本目录。重缮四份。

3 月，收到署名"南门一位公民"的信件。略称：昨日报载及贵馆于卅一年失去大批名贵书籍，曾有传说，载过南门机场被敌哨所所阻云云。……在北门孩儿桥附近某书摊处，出示大批书籍目录。

3 月 26 日，呈《县城沦陷前嘉兴县立图书馆移藏濮院之善本抄本图书目录》。

3 月 28 日，于大经馆长呈请浙江省第十行政督察专署、浙江教育厅厅长：调查图书馆被劫善本、抄本，附《县城沦陷落前嘉兴县立图书馆移藏濮院之善本抄本图书目录》。专署一份，教育厅四份。准予有关机关查究，准予杭州、南京两市政府暨吴县政府查究上项图书。

4 月 9 日，县政府命令警察局密查嘉兴图书馆于 1942 年失窃的名贵书籍。警察长迅即派员密查。

4 月 20 日，浙江省教育厅批复，根据嘉兴呈请，查究被劫图书。

五、嘉兴县立图书馆业务的恢复

1. 业务恢复准备

1945 年 10 月左右，许明农、徐燕文、陈乃斌等提《从速整理并开放前县立图书馆劫余藏书以重文献案》（教育类第六号）。理由：抗战多年，图书馆珍贵藏书损失惨重，余下图书经多次转移接管，难免再次损失，应该整理开放，以重文献而利教育。办法一：函请县政府会同县教育会派人负责整理。办法二：恢复县立图书馆。

1945 年 10 月，县政府委任于大经为嘉兴县立图书馆长，于大经即刻筹划：从伪政府的图书馆移交图书，并逐步整理、分类、编目，以备开放阅览。在整理期间，暂不出借或开放阅览。等《万有文库》整理完毕，即先到县中等学校公开阅览。等《小学文库》整理完毕，立即派员巡回至乡镇中心国民学校，或保国民学校流动，公开阅览。

2. 业务恢复状态

1946 年以后，嘉兴县立图书馆逐步恢复业务工作，制定工作计划，总结计划完成情况，见表 1–1–4。

表 1–1–4　嘉兴县立图书馆工作计划与工作进度对照表（1947 年 9 月 20 日）

工作类别	原定计划及进度	实施情形	进度比较
总务组	1. 迁移寄存县政府参议会藏书及大批书橱	所有馆中书橱全部迁返，散书亦于 4 月中迁归	如期完成
	2. 迁归寄存总工会木版	业已迁归	如期迁归，需添置木板架 50 个以便安放
	3. 修葺馆舍及装置电灯	县拟 200 万元下馆修竣平房 6 间	馆舍门户尚未修并须装置全馆电灯
	4. 布置馆舍环境	业已略加整洁消毒	各项统计表册尚须置镜框张挂
	5. 修理并购置馆中用具	购置办公用具及文具用品 30 余种	以限于经济无法购置仍不敷应用
	6. 赴沪采购新书及购各种刊物	业已采购三批图书	按原定计划一部分新书及优良报章杂志仍未订购
	7. 设法扩充馆舍（阅览室、宿舍等）	无	无
	8. 印刷各项卡片表册	限于办公设备费无法投交商家随印	无
出纳流通处	1. 整理旧有通俗图书予以分类编目	按计划完竣编目工作	完成一部
	2. 新到图书分类编目	如期编竣开始出借	完成
	3. 整理儿童图书重予编目	略已整理尚未编目	无

续表

工作类别	原定计划及进度	实施情形	进度比较
	4. 继续办理出借图书及开放书籍阅览室	按计划实行	完成大部分
	5. 订阅优良报章杂志	以限于经费订购一部分	完成一部分
	6. 编印卡片目录	以限于经费尚未着手	无
编目收藏组	1. 整理馆藏线装图书完竣	析分为经、史、子、集四大类	初步整理完竣
	2. 编造通俗图书目录	按计划编竣大部分	完成大部分
	3. 编制馆藏线装书草本目录	编竣	完成
	4. 整理及江订各种旧报杂志	整理已竣，尚在编目中	完成大部分
	5. 整理碑帖	同上	同上
	6. 分函各处征求书刊	已办	征到一部分
	7. 调查本馆战乱期间散失图书	已函请杭州省立图书馆及南京国立中央图书馆调查，据函复，并无发现	尚继续调查中
	8. 装修破损书籍	遵照实施	尚需续办

六、嘉兴县立图书馆新设服务的开展

1947 年 6 月，开设书报阅览室，订立规则。

1947 年 8 月 10 日，嘉兴县第五次县政会议决议，拨付 100 万元，创设儿童图书馆，暂时附设于嘉兴县立图书馆内，由县图书馆办理。

七、嘉兴县立图书馆的经费

1. 1945 年 9—12 月嘉兴县图书馆经常费支出分概算书，列经常支出 1282080 元。

（1）办公费 68000 元：邮费 18000 元、文具 32000 元、消耗 6000 元（包括茶水油烛）、杂支 12000 元（各项印件暨添置当月卡片与修补图书等）。

（2）推广事业费 120000 元：巡回书库经费 40000 元（《万有文库》整理后，先将通常类图书至县中等学校巡回施教。《小学生文库》分批巡回各区中心国民学校。巡回施教需费估计如上数）。现代学术讲座经费 30000 元（会同教育会、省师、省中、秀中联络浙江大学敦聘名流学者担任学术讲演，估计讲师聘金、川旅费、招待费约需如上数）。民众科学讲座经费 4000 元（联络县中学、县师会同民教馆办理，每月平均 1 次，讲师招待费每次约需 1000 元，4 个月合计如上数）。年刊丛刊编印费 46000 元（每年将学术讲演或专题研究加以整理，编印年刊或丛刊，需费估计约如上数）。

（3）薪工：686080 元。俸薪 4640 元（馆长月支 200 元，专任组主任 3 人、分馆主任 1 人平均月支 150 元，干事 2 人、指导员 2 人平均月支 90 元，4 个月合计如上数）。工资 640 元（工役 4 人丧无月支 40 元，4 人 4 个月合计如上数）。职员加成薪 556800 元（依本县县级公教人员待遇标准，照底薪加 300 成，4 个月合计如上数）。生活补贴费 108000 元（依本县县级公教人员待遇标准，每人生活基本补助费 3000 元，9 人 4 个月合计如上数）。勤工菜费津贴 16000 元（工役 4 人月支菜费津贴 1000 元，4 个月合计如上数）。

（4）购置费：340000 元。设备 40000 元（因添辟阅览室及各种参考室之需要，添置各项设备）。报纸 32000 元（馆本部及阅报处每月订阅报纸 20 份，每月平均每份 400 元，4 个月合计如上数）。杂志 68000 元（订阅杂志 20 种，4 个月估计约需如上数）。图书 200000 元（添购图书平均每半年选购一次，月列 50000 元，4 个月合计如上数）。

（5）特支费：28000 元。电话装置费 10000 元。特别办公费 8000 元（赴沪杭选购图书差旅费，平均每半年一次，估计约需如上数）。馆舍阅报所租赁金 10000（月支 2500 元）。

（6）预备费 40000 元（搜集图书地方文献等费用，估计约如上数）。

2. 1945 年 9—12 月嘉兴县图书馆临时费支出分概算书，列临时费支出 801500 元：

（1）筹备费 1500 元；

（2）馆舍整理费 100000 元；

（3）设备添置费 200000 元；

（4）普通参考室开办费 200000 元；

（5）县政建设参考室开办费 50000 元；

（6）地方自治参考室开办费 50000 元；

（7）教育学术参考室开办费 50000 元；

（8）教育学术参考室开办费 50000 元；

（9）自然科学参考室开办费 100000 元。

3. 1948 年度嘉兴县立图书馆预算

《浙江省嘉兴县三十七年（1948 年）度地方岁出分概算书》教育文化每年支出项目记载，嘉兴县立图书馆经费预算：总计 45184740 元，1946 年预算 2528280 元。其中：俸给费 4200 元、工资 540 元、办公费 5040000 元、设备费 2520000 元、书报购买费 36000000 元、馆长特别办公费 1620000 元。

4. 零星经费

1946 年 4 月 15 日，县政府收到姚慕莲捐图书馆 50 万法币。

1946 年 4 月 16 日，呈缴 1945 年度本馆经费积余款收据，“领到 228420 元……积余国币 578 元。兹因本馆奉令裁并，业将该款送交浙江地方银行嘉兴分行，并制得经字第一号缴款收据”。

1946 年 7 月 27 日，图书馆上呈经费支出核销文件。内容为：本馆奉令迁移至鸣阳门办公，县里拨付 10 万元经费，用于馆舍修葺费及搬迁之用，至 7 月底馆舍整理及搬迁就绪，实际支出 10 万元整。

1946 年 10 月 7 日，县政府批复，同意拨付开放印置费 30900 元。

1947 年，图书馆上呈年度追加预算书：在社会教育费原拨 475750 元、图书购置费原拨 475750 元的基础上适当增加。最后连原拨经费都没有落实。

1947 年 7 月 31 日，接浙江省政府指令，同意嘉兴县政府申请，在县第二预备金项目下，拨发嘉兴县图书馆购书差旅费 475750 元，包括县政府助理秘书陈景如监购图书的差旅费。

1947 年 11 月 10 日，县政府批复拨补续订书报费每月 60 万元专款。

1948 年 9 月 7 日，收到县政府批复：查本年度已拨该馆 1 亿 2389 万元①，申请的书橱、书架修理费不予批准。

---

① 据《国民党政府法币的崩溃》:1937年,法币发行总额还只有十四亿元……到了日本投降前夜,法币发行额即已达五千亿元……1947年4月,法币发行额即陡增至十六万亿元以上。1948年8月20日以金圆券代替法币时,法币发行额竟达到六百六十万亿元,等于1937年发行额的四十七万倍,而物价则较抗战前上涨三千四百九十二万倍。资耀华.国民党政府法币的崩溃[M]//中国人民政治协商会议全国委员会文史资料研究委员会编.法币、金圆券与黄金风潮.北京:文史资料出版社,1985:41.

八、其他

1946 年 4 月，嘉兴县立初级中学呈请，因为嘉兴县立图书馆撤销，请求将图书馆《万有文库》等拨借给学校。县政府批复：嘉兴县立图书馆因并入嘉兴民众教育馆，学校的申请不予批准。

1947 年 8 月，图书馆造送图书总目录。

1947 年 11 月，图书馆上呈书签、书卡样张。

1948 年 8 月，省教育厅来电，机关出版物、公报、公文，应呈交国立图书馆以及国立大学图书馆，并附上接收呈送图书馆的名单。

（撰稿人：沈秋燕、杨亚琼）

第四章　浙江省立嘉兴图书馆时期（1950—1953年）

1950年

1月，省文教厅批准成立“浙江省立嘉兴图书馆”，这是1949年后浙江省在地方上最早成立的公共图书馆。

2月，正式开始着手准备开馆事宜。馆址选定在嘉兴童军路（现为少年路）鸣阳门内，即孔庙后面的明伦堂（中间有一大厅，左右两侧各批建两个房间）。3月，确定殷秦以同志担任副馆长，为临时负责人。另外干事有李国卿、杜玫生、张昊、宋仲洁等4人和一个工友金余庆。组织搬运前，嘉兴县立图书馆藏书5万余册，书橱80个，并加以初步整理。古籍暂时只做到初点，除了一部分查禁的反动内容与不适合者外，其余一律编目，以便流通。

3月15日，召开第一次预备会议，确定组织工作范围与分工。会议决定，全馆分采编出纳、阅览、总务、资料研究、辅导5个部门。李国卿同志负责采编出纳，杜玫生同志负责资料研究和布置，张昊同志负责阅览及指导，宋仲洁同志负责总务，殷秦以同志兼负辅导事宜。此外，还加紧图书整编、环境布置与其他一切筹备工作，以争取早日开幕。

4月，由于刚刚初办，业务不熟悉，而且考虑大部分工作人员非图书馆学出身，缺少经验，因此决定将工作重心放在安定内部上，订立《浙江省立嘉兴图书馆简章》《浙江省立嘉兴图书馆办事总则》《浙江省立嘉兴图书馆阅览简则》《浙江省立嘉兴图书馆借书简章》四种新制度，旨在引领全馆工作逐步走向系统化、规律化，并吸收初步经验。

4月4日，经过两个月的准备，浙江省立嘉兴图书馆于上午9点正式举行开幕典礼。典礼邀请浙江省文教厅领导，以及社会各界知名人士参加。浙江省人民政府嘉兴专员公署、嘉兴市人民政府公安局、嘉兴学生联合会等分别赠送锦旗，庆祝浙江省立嘉兴图书馆成立。来宾们赠送立轴、购书券、镜框等礼品，祝贺浙江省立嘉兴图书馆正式开馆。

4 月 4 日，浙江省立嘉兴图书馆正式开放图书阅览，办理出借图书业务。

4 月 25 日，全体女同志学习婚姻法。中华人民共和国成立初期，图书馆对法律学习非常重视，多次组织职工进行专题学习。

4 月 27 日，编制图书馆财产目录。

5 月，制定出台《浙江省立嘉兴图书馆读者咨询办法》。

5 月，建成职工食堂，解决职工就餐问题。

5 月起，汪大铁主持工作，馆长位置空缺。全馆工作开始每月有重点、有中心地逐步对外开展，如办理夜间阅览、组织学习指导委员会、读书会、馆友会和举办读者咨询活动，发动捐献图书，办理各机关图书流通等。

5 月 5 日，召开馆务会议，讨论图书捐献活动的问题。

5 月 9 日，响应中央号召救济失业工人，本馆共捐献 177600 元。

5 月 26 日，宋仲洁同志被派往平湖工作，由解克曜同志接替。

7 月 2 日，昌明书店送来杂志订单。

7 月 3 日，接到上级指令，关于“捐献一本书”运动，今日起不得发动。昌明书店又送一部分书来。

7 月 9 日，呈报业务计划。呈报本馆上半年度概况至文化部、文化局。

7 月 10 日，试办巡回图书站，地点在嘉兴城西的轮船码头。

7 月 12 日，将借出的古籍图书陆续收回，准备作曝书计划。

7 月 15 日，大门已修复。教育厅规定，曝书时间每星期停止 2 天开放。

7 月 18 日，正式收到专署调令，委派汪大铁同志为本馆副馆长，原负责同志殷秦以另行调派。

7 月 26 日—8 月 3 日，“重庆大屠杀照片展”展览即日开展，随后到各工厂巡展。

7 月 29 日，解克曜同志到绢纺厂与明丰纸厂去接洽“重庆大屠杀照片展”展览事宜。专署公安局之匪特照片 30 多张于早晨贴出。

8 月 1 日，新增杨玉英干事一名，至此本馆有副馆长一人（汪大铁），干事五人（李国卿、杜玫生、张昊、解克曜、杨玉英），工友一人（金余庆）。

8月11日，学习讨论土地改革问题。

8月24日，绘制奖品送给嘉兴军分区司令部英模大会。

8月28日，全馆同志进行思想总结及写整风学习报告。

10月1日，整理图书馆领用证章名册，呈报文教厅文教科备案。名册中有：汪大铁（男，河南大学文史系，副馆长兼辅导）、李国卿（女，苏州国立社教学院图书馆系，干事，采编兼出纳）、杨玉英（女，干事，出纳）、张昊（女，干事，阅览）、杜玫生（男，高中，干事，研究兼布置）、解克翟（男，干事，总务兼会计）、金余庆（男，初中肄业，工友，杂务）。

10月7日，开始整理线装古籍。

10月16日，汪大铁及杜玫生、张昊赴南湖，接洽拓印碑帖事宜。

10月24日，举办“舟山解放、百炼成钢的人民解放军、苏联人民生活诸照片展览”。

11月，完成馆内环境改造，筑起了围墙，修建了厕所，部分室内铺了地板。

12月22日，太平天国史研究专家罗尔纲先生来信告知，图书馆赠送他的“嘉兴炮台碑”拓片四张已经收到，并提到自己的著作《太平天国史稿》月内即可由开明书店出版，之后当寄赠汪大铁馆长。

12月23日，收到南京图书馆馆长贺昌群手札，提到已将拓片转给罗尔纲先生。

12月24日，汪大铁担任嘉兴市中等学校演讲竞赛裁判。

是年，在原来图书馆基础上成立了“浙江省立嘉兴图书馆”，成为1949年后浙江省在地方上最早成立的公共图书馆。制定了新的章程，以全新的面貌服务人民大众。藏书5.1万册，订阅报刊40种；业务用房364平方米，年度经费6302元，工作人员5名，接待读者200人次。

1951年

1月3日，采编部改用杜定友《分类法》进行图书分类。

1月8日，全体员工摄影，作1951年纪念留影。

1月9日，即日起，报刊采用开架阅览方式。

1月10日，教育工会批准本馆同人为工会会员。举行土改图片展览会。

1月14日，开始编写抗美援朝保家卫国报纸期刊资料索引。

1月15日，杜玫生同志辞职去往山东。

1月19—29日，“农业生产展览”在本馆展出。

2月，沈访磻先生为嘉兴图书馆捐赠《避寇日记》《养拙轩笔记》等书。

2月14日，张苕生来馆就职。

2月15日，文保所文物局刘苏指示馆务工作，并了解馆内情况。

2月17日，把沈访磻捐赠《避寇日记》的事迹投稿给《文物参考资料》。给南京图书馆寄去《养拙轩笔记》一书。

2月19日，收到中央文物局送的第二届政协会议纪念册一本。

2月21日，汪大铁代表教育工会，出席中苏友好协会。

2月22日，董巽观义务在本馆整理旧书。

2月24日，绘制大幅农民参军宣传画。

3月，本馆成立读书小组，定期开展活动。

3月8日，新华书店来接洽给中国人民志愿军捐书事宜。赴嘉兴老城南门，接洽开辟阅览室事宜。张苕生、李国卿参加三八妇女节大游行。

3月10日，午后本馆召开会议，主题为募集图书、杂志，慰劳来此地的军队。

3月12日，馆长汪大铁参加古书整理工作小组会议。在本馆召开捐书慰劳中国人民志愿军会议。

3月14日，金余庆在《浙江日报》发表批评嘉兴图书馆的文章。

3 月 20 日，汪大铁赴南浔，了解嘉业堂藏书楼的藏书情况。

3 月 24 日，寄赠吉林省图书馆《万历秀水县志》一部。

3 月 26 日，在本馆举行建国路书摊小组会议。

3 月 28 日，新来工友郑云樵。

3 月 30 日，汪大铁致信翁同志，请他参加整理古书事宜会议。整理部分书籍，寄存建中俱乐部图书 70 册。继续做审查书摊连环图画的工作。

3 月 31 日，中央文化部文物局局长郑振铎、副局长王冶秋致函嘉兴图书馆，要求抄写《避寇日记》《养拙轩笔记》两书，认为两书均为重要历史文献，请嘉兴图书馆雇人各抄录一副本，寄赠文物局，以供参考。

4 月，浙江省立嘉兴图书馆根据嘉兴地区专员公署的指示，清理保管在南浔嘉业堂藏书楼的藏书。当时的嘉兴专区，包括现在的嘉兴地区与湖州地区两部分。汪大铁接到任务后，与董久之去南浔了解嘉业堂藏书楼详细情况。

4 月 8 日，汪大铁出席教育工会会议，并当选为主席。

4 月 11 日，华东军政委员会文化部发函致浙江省立嘉兴图书馆，要求填报“华东区公私立图书馆概况调查表”。

4 月 17 日，中央文化部文物局赠送本馆《全国战斗英雄代表会议纪念刊》。

4 月 18 日，浙江省立嘉兴图书馆收到华东军政委员会文化部的公函。同日，安排解克曜根据以往填表据实填报，并先拟一稿底存查。填报的“华东区公私立图书馆概况调查表”，详细记录了嘉兴图书馆建馆初期的总体情况。具体内容为：该馆属公立性质，直属浙江省人民政府教育厅，暂由嘉兴专属文教科领导。分设总务、采编、研究、阅览、辅导 5 个部门，有办公室 1 间、书库 2 间、阅览室 2 间、厨房 1 间、寝室 3 间，暂无研究室、修补室。经费主要来自嘉兴专署文教科及省文教厅拨款，主要用于购置图书以及给职员发放薪金。馆藏约 4 万册普通本、9678 册洋装书、10 种报章、59 种 271 册杂志等近 5 万册中文书报，暂无中文线装书善本与外文书报，仍用旧式木架藏书。图书编目采用楼云林《中文图书编目法》，图书分类采用杜定友“中心分类法”。每日开放时间为上午 8 点至 11 点 30 分，下午 1 点至 5 点，晚上 7 点至 8 点 30 分，但晚上的阅览服务仅在周二、周四、周六开放。1950 年 8 月的阅览人数高达 4576 人，来馆阅览图书的总人数中，学生最多，占比 50%，其他职业读者占比大致为军警 21%，商人 8%，企业 7%，政府工作人员 5%，工人 3%，医护人员 1.3%，农民 0.7%。同时也指出新馆在当年运行中存在的困难与问题，如：馆舍太小，已不能满足社会读者要求，以致读者多时无地可容；没有常年预算，只能逐日计划，诸多不便；馆中没有用于收购旧书的备用费等。

4 月 19 日，陆费端孙先生捐赠 1000 余册线装书给本馆。

4 月 23 日，吴江盛泽镇文化馆唐同志来本馆，学习管理流通保藏图书各经验。

4 月 28 日，汪大铁从南浔嘉业堂藏书楼回来后，以书面形式向嘉兴专员公署文教科汇报了相关情况，包括嘉业堂藏书楼简史、藏书楼具体位置与平面草图、所藏书籍及书板情形、清理工作的意见及步骤等。另外，从嘉业堂藏书楼返回后，汪大铁还给嘉业堂藏书楼主人刘承幹写信，说明藏书楼现状，以及嘉兴政府想要接管楼中藏书的意愿，并请求刘承幹提供帮助。

5 月 7 日，昆曲组在本馆初次唱演。

5 月 8 日，刘承幹给汪大铁回信，感谢嘉兴政府与汪大铁馆长对嘉业堂藏书楼的关注，并解释嘉业堂藏书楼在战争年代的惨淡经历，附录清点书籍意见，以供参考。

5 月 12 日，董巽观向浙江省立嘉兴图书馆捐赠《董氏家谱》《水龙经》《金书秘奥》等多种珍贵图书。董巽观，笔名巽观，1897 年生人，籍贯嘉兴，浙江省文史馆馆员，常年收集嘉兴地方史料进行学术研究，并参与嘉兴图书馆工作。

5 月 18 日，古书小组整理出嘉兴地区地方志一部分。

5 月 19 日，建中俱乐部来本馆吸取图书出借经验。

5 月 20 日，董巽观先生捐书 130 册。

6 月 4 日，上午小书摊业全体会员大会在本馆召开，本馆张昊出席。

6 月 5 日，董雪捐赠本馆《濮川琐闻记》4 册。图书寄存于解放路香橼浜俱乐部，共 40 册理论书籍。

6 月 6 日，汪大铁至嘉兴的南城门附近的阅览室，了解近一个月来的阅览工作情况。嘉兴的东城门府东居民委员会俱乐部来接洽图书寄存问题。

6 月 7 日，吴藕汀捐赠《竹林八圩志》4 册，沈启文来馆义务工作——制作资料索引。

6 月 8 日，张昊出席妇联召集的关于慰问中国人民志愿军伤员等问题的会议。汪大铁与省人民法院沈同志至佛教会，交涉藏经移交问题。

6 月 20 日，本馆聘请朱宝华义务工作。

6月28日，徐熊飞捐赠本馆一部《百家印选》。

7月，嘉兴县竹林乡在土地改革中将祝廷锡知非楼藏书散失。嘉兴图书馆在得知这一情况后，迅速向嘉兴地区专员公署汇报。专员公署立即发文处理，并派嘉兴图书馆调查并接收剩余的竹林乡祝廷锡知非楼藏书。

7月2日，解克曜被调往发动参军干校办公处办公。

7月6日，浙江省立图书馆派两位同志来，准备一起去南浔嘉业藏书楼整理藏书事宜。

7月9日，嘉兴图书馆委派吴藕汀、沈启文、朱世祥、屠培元等4人去南浔嘉业堂藏书楼整理藏书。嘉兴图书馆为他们开具证明书。

7月9日，本馆召开第一次书摊小组长会议。

7月10日，汪大铁参加赴朝鲜慰问团。

7月11日，吴藕汀写信报告相关情况："至嘉业堂中，书箱现已大部开启，均为普通本，明板竟未见过。抄本倒不少，恐怕亦不十分名贵。故而工作倒并不困难，估计书箱有七百个，连橱中所有总计不到十万册。不过书很整洁齐整，清抄微蛀。"

7月11日，浙江图书馆毛春翔给嘉兴图书馆写信，内容是关于整理嘉业堂藏书问题。信中说："整理嘉业堂藏书准备工作，今日完成，明日即可正式开始工作。惜清册表格，今日嘉兴轮来，未见带到，工作进行受阻碍，请嘱解同志迅速往催寄出为荷。"在得知浙江省文化厅意见之后，嘉兴图书馆函请浙江省立图书馆派人到南浔嘉业堂藏书楼主持工作。

7月13日，南浔嘉业堂藏书楼整理线装书小组来函，报告有关问题。

7月26日。解克曜撰写《关于调查竹林祝廷锡"知非楼"藏书散失情况的报告》。报告指出："（祝廷锡）在抗战前，据说有藏书四千余种，计贰万余册，均有书板扎系成捆，分箱整齐藏放。在敌伪时期，被其不肖之子孙卖去十四箱（均系善本），但仍有近两万册。在三个月前，仍很整齐地摆着，且有书画、扇面等物甚多。该项藏书于三个月前开始由全村农民入内搬出。"

7月28日，收到嘉兴地区专员公署关于由浙江省立图书馆与嘉兴图书馆接收代管嘉业堂藏书楼的通知。其内容为：南浔刘氏嘉业堂藏书不应没收，应即责成浙江省立图书馆会同嘉兴图书馆接收代管，在清点整理期中应妥为保护。

8月18日，董巽观到月河街查验范古农藏书，计6橱柜，并贴上书签。

8月19日，解克曜从竹林乡运书返回馆里，书计100捆，约5000册。

8 月 21 日，解克曜去省文化局，领取五零式幻灯机一架。

8 月 22 日，朱宝华从杭州回来，今日到馆工作。

8 月 24 日，建筑小平屋一间，即日开始动工。

9 月 8 日，专署文教科介绍虞仁凤来馆工作，11 日来馆报到。

9 月 16 日，浙江省文化局寄给本馆抗美援朝图片 100 张。

9 月 17 日，董巽观和朱宝华去月河街小学，接收范古农的一批古书，并运回馆里。

9 月 24 日，从范古农家里运来的书，暂存于精严寺。

9 月 25 日，“抗美援朝图片展”即日展出，共展出 6 天，参观人数 1875 人次。

10 月 13 日，购木刻本《三国演义》一部。

10 月 19 日，吴藕汀由南浔回嘉兴图书馆，汇报工作情况，嘉业堂藏书楼清单已呈报。

11 月 1 日，陆费端孙先生捐赠《申报五十年纪念册》一本。

11 月 15 日，专署文教科派张天方来馆整理古书。

11 月 23 日，吴藕汀给汪大铁写信，报告嘉业堂藏书楼相关情况。信中说：“今日杭馆派一姓吴的（吴硕民）来主持事务。据其所谈，拟于十二月二十日前，草草地把书板、家具造成清册送上，再发展另外事务。”同日，汪大铁给浙江图书馆张宗祥写信，探讨嘉业堂藏书楼藏书一事。认为对书版的清点，应以较严肃之态度对待。

12 月 2 日。张宗祥回复汪大铁信函。信中说：“今刘（承幹）君已来函捐献，并已呈报文教厅请示。吴同志亦有书来报告一切。板片已早着手整理，与来示意见大致相同。”

12 月 17 日，到王炳麟处检视古书。

12 月 31 日，收到华东文化部寄来《鲁迅日记》一部。

是年，向本馆提供捐资帮助的单位和个人有正大电业公司、中和新公司以及乌传经、李钟英、严家威、蒋抚青、沈公达，共计 110 万元（旧币）整。

本馆收藏古籍多达 4 万余册，又多与地方文献有关。在地方开明士绅沈公达、蒋抚青、庄有壬等先生的帮助下，嘉兴图书馆古书整理工作得以顺利进行。

1952年

1月2日，收到浙江图书馆关于嘉业堂藏书楼管理问题给嘉兴图书馆的公函。主要内容为：（1）南浔嘉业藏书楼业主刘承幹来函，自愿将其房屋、设备及宅地等捐赠政府。其申请领回之图书，如铅印说部及碑帖等，可再动员其自觉捐献，但不要过于勉强。（2）该馆之接管，由浙江图书馆会同省立嘉兴图书馆联合办理。管理人员暂定职员二人，工友一人，职员可以考虑留用原有工作人员担任。（3）该楼图书应详加整理，①珍贵版本，应运杭保存者。②应留原地保存者。③有复本多种，可与其他地区交换者。

（嘉业堂藏书楼藏书整理一事之后续：根据应长兴、李性忠主编的《嘉业堂志》一书，自1952年1月2日后，南浔嘉业堂藏书楼作为浙江图书馆的一部分，一直由浙江图书馆派员管理。嘉兴图书馆派去的员工吴藕汀，也正式调动至浙江图书馆，继续在嘉业堂藏书楼工作。）

1月3日，嘉兴图书馆发布《请代征集本馆所缺本省地方志》的公函。

1月5日，嘉兴民丰、华丰造纸厂向浙江省立嘉兴图书馆捐助整理古籍费用人民币200万元（旧币），经办人为沈公达。

1月12日，宁波天一阁回复关于“征集地方文献”公函：“由借钞者自备（官对纸）抄费、邮寄，校对等费先惠（以书内字数计算）。其余如昌化、桐庐、文成、天台、仙居、金华等志，在市上如有发现，或私人藏家揽入者，当随时代为贵馆征集之端复印。希查照是幸。此致浙江省立嘉兴图书馆。宁波市立古物陈列所主任范鹿其。通讯处：宁波湖西天一阁内。”

1月15日，编排精严寺藏经。先从排列着手，报上《千字文》次序，因散乱之故，以百字分段，查点至“罪”字止，计缺最前十个字号。又自四十一字起，至六十四字号，在一百个字中缺四十字，计五小箱。明日起，即将此六十字号逐字查明，并登记目录。

1月22日，南京图书馆回复关于《请代征集本馆所缺本省地方志》公函：“查该项志书我馆均有藏本，但我馆现正处整理期间，是项藏书，有无复本，或有若干复本，当难清查，一时无法作为交换之用。但我馆当随时留意代为征购。”

2月29日，寄出与杜宝光交换《衢县志》之《曝书亭集》一部。

3月11日，张天方开始整理《秀水县志》稿。

3月18日，杜宝光寄赠《衢州府志》1部12册，张天方赠馆中《桂馨堂集》9册。

4月2日，回民教堂图书流通站寄存图书100册。遗失图书，赔款52600元（旧币）。

5月7日，北京图书馆向嘉兴图书馆寄赠《朝鲜人民军的英勇战斗》画册一册。

5月30日，浙江图书馆向本馆介绍收购古籍，明嘉靖小字本棉纸《唐文粹》1部12册，首尾完好无缺，拟售价60万元（旧币）。

6月9日，嘉兴沈慈护夫人（劳善文）捐赠本馆照片一包。

6月17日，上午，张天方、董巽观偕文化局宋同志、馆长汪大铁到土产公司仓库及收购处，看铜印10余件。下午，董巽观收集地方古迹材料，张天方整理字典材料。天宁寺街小学处，图书寄存80册，催其交还。

6月18日，董巽观编文物目。张天方做索引。

6月27日，发出“速成识字法”的论文索引，至各县文教科、文化馆、机关、学校及各师范学校。

6月28日，上午，朱祥华把借书证、登记簿、保证书等移交给虞仁凤。从这天起，读者办理借书证，需要到专门的领证处办理。解克曜同志到建镇派出所，去报朱祥华的户口。新嘉区小学处，寄存图书42册。

7月10日，沈慈护夫人来馆，捐赠桌椅、书箱、花盆等。寄存少年夏令营少年读物100册。

7月24日，张莙生、解克曜晚上去南门阅览室，了解情况，并送去连环图画40册。

7月28日，汪大铁召开书摊座谈会。

7月31日，接专署文教科通知，转达省文化事业管理局之通知，关于庆祝八一建军节图书馆整天开放，并热烈欢迎解放军。

8月4日，嘉兴市人民政府将鸣阳门二号房屋拨给嘉兴图书馆，作为业务用房。

8月30日，浙江省文化局同意嘉兴图书馆修缮馆舍，并批复专项经费。

9月8—11日，参加凤桥区物资交流大会，推出图书阅览专柜，介绍、推荐图书，参与者9128人次。

9月13日。金问源给嘉兴图书馆写信，表示可以捐献先人著作，如《安乐乡人文集》《安乐乡人诗集》等书。

9月15日，平湖孙顾赞玉拟将孙氏雪映庐所藏《槜李诗系》40册、《续槜李诗系》20册、《当湖外志》2册、《续当湖外志》2册、《弘治嘉兴府志》残本抄本1册捐赠给嘉兴图书馆。

倪禹功给董巽观写信，谈到抄写《至元嘉禾志》与争取居沪乡贤捐赠等事，以及金钱孙遗著《安乐乡人诗文集》的赠送分配事宜。信后还写道："嘉善被抛弃之书籍，现经了解，为城内中和弄内范鼎才先生家。现其屋为派用，将所有书籍堆置露天空地上。恐近日下雨数天，必定损失甚大。未知当能抢救否？"

对此，嘉兴图书馆给寓居上海的倪禹功写信，希望他能继续协助本馆，争取寓居上海的湖州、嘉兴地区有书人家捐献。动员其发挥爱文化、爱乡邦的精神，继续捐献。

10月11日，本馆购买一部《定海县志》。

10月16日，朱其石介绍董巽观去钱镜塘处，联系捐赠图书。随后收到钱镜塘捐赠图书。其书目为:《读山楼谈薮》1册，抄本;《妇学》1册;《女英传》4卷，1册;《传子》2卷，1册;《竹堂集》1册;《花近楼丛书题跋记》二卷，1册;《雪溪渔唱》1册;《宪政编查馆草订行政总目》1册;《清风室文抄》十二卷，1部4册。

10月26日，浙江图书馆借给本馆流通图书车一辆，即日运到。

10月，朱元贞入职，担任会计。

11月30日，填报嘉兴图书馆情况统计表。馆名：浙江省立嘉兴图书馆；地址：浙江省嘉兴市少年路32号。现有工作人员人数：副馆长1人，干事4人，助理干事3人，工友1人。共计9人。全年经费数：工资39586126，供给生活费（过节费）138949，公杂费4104516，旅差费299800，交通运输费1298000，修缮费59186323，器具设备及购置费1953800，保险费588900，图书购置费15937740，实验用品及资料费2032840。藏书总数:（1）线装书65484册。（2）不能流通图书5000册。（3）新中国成立后图书，①本馆流通图书3489册；②通俗图书（流通站用）1380册；③连环图书及儿童图书340册。（4）杂志46种1690册。（5）报纸16种合计1280册。（6）挂图22份。九、十月两月读者人数，九月份11930人、十月份6555人，合计18525人。备注：十月份读者人数，因馆内同志筹备参加交流大会，有半个月未统计，故此数仅系半个月人数。

12月10日，去信向南京图书馆要回借去的《避寇日记》。

12 月 26 日，托倪禹功在上海购买的志书，由倪君全部送来，共计书价 955000 元（旧币），车运费 33500 元（旧币）。

是年，全馆藏书阅览人次为 11.5 万人次，全年度图书出借 2.6 万册次。全年经费统计大约为 1.3 亿元（旧币，折合新人民币约 1.3 万元）。根据嘉兴图书馆房地产登记表，浙江省立嘉兴图书馆地籍为区安吴段第 700 号，坐落于童军路鸣阳门，东至救火总会，西至本馆园地，南至鸣阳门大路，北至干戈弄。使用概况：建有本馆宿舍平房三间，厨房（草屋）一间，另有民房三间及草房一间。

1953年

1月13日，理清线装古书及佛经共72474册，其中《乾隆大藏经》5484册。朱祥华检查封存。

2月2日，汪大铁到省馆去借抗美援朝图片，以备该月6日开物资交流大会（嘉兴市）宣传用。

2月6日，虞仁凤、朱祥华负责参加物资交流大会，汪大铁在馆内照顾。因交流大会，本馆内也备有连环画等书，供给农民们阅览。

2月26日，嘉兴地区行政公署党委俞和初、嘉兴市政府孔耀坤来馆考察张天方情况，因省里将成立文史馆，选地方名士任工作员。

3月9日，除朱元贞、杨玉英在馆做好保卫工作，其余同志到专署会集合，参加斯大林同志追悼会。

3月14日，婚姻法宣传工作展开，本馆3名同志坐流通图书车到南湖镇宣传。

4月1日，省文化局通知本馆每月财务费增加至200万元。

4月7日，古书整理小组提出要配合国家经济建设，古书并不需要推广，但有价值，有关经济建设用的材料也必须充分储备。购书占总书款百分之十。提出三类建议：①王国维先生全集；②水利部分的书　③地方志。

4月9日，张天方来信回开人民代表大会续假五日。

5月1日，朱祥华离职，虞仁凤暂代，正式干部尚未派下。

5月10日，本馆各规则修订好，该日公布。

5月25日，中央人民政府文化部社会文化事业管理局对嘉兴图书馆《1952年工作总结》提出审查意见，认为："一、嘉兴图书馆的辅导会议性质目的不明确，希能将具体工作报告我局研究。二、新文化书较少，需适当地加以补充。三、整理图书的重点应放在新书上，旧书只能逐步整理。此外，关于该馆干部问题、设备问题以及南浔嘉业堂的管理问题，均请你局考虑予以解决，并告知我局。"

6 月 1 日，为庆祝六一儿童节，儿童展览特开放一天。

6 月 8 日，浙江省文化事业管理局发布通知，将浙江省立嘉兴图书馆下放，由嘉兴市直接领导。通知指出，现将各单位更改之名称列下：①原浙江省立图书馆改称“浙江图书馆”；②原浙江省立西湖博物馆改称“浙江博物馆”；③原浙江省立嘉兴图书馆改称“嘉兴市图书馆”，今后由嘉兴市人民政府直接领导。

6 月 9 日，撤销土木分会流通站（新椿园），文化局今日捐来图书 268 册。

6 月 16 日，即日起启用新印信。嘉兴市图书馆发布更换公章的报告，废止“浙江省立嘉兴图书馆”的旧印章，启用“嘉兴市图书馆”新印章，包括条戳、圆章各一枚。

6 月 18 日，向省文化局缴出旧印信。

8 月，杨申光、于道行同志入职。

10 月，慎召玲、罗昌云、黄时万、王延吉三位同志入职。

10 月 10 日，浙江省文化事业管理局致函汪大铁，提出希望介绍“江南笛王”许鸿宾到华东戏曲研究院任教。特别提到：“许（鸿宾）老先生艺术高超，实戏曲界之珍宝，且具有传授之热情，更应表扬。本局有意介绍许老先生至华东戏曲研究院任教，未知如何？你前信言及先生年迈，不肯外出，尚希劝见说服，实有困难，也希具告。若生活困难，也可报局设法资助。”

12 月 4 日，北京图书馆寄来回复嘉兴图书馆征集地方志的信函，其中提到嘉兴图书馆“所缺各种志书，我馆已抄目录，送达各书店查找。如有该书，径由书店与你馆联系”。

是年，由原“浙江省立嘉兴图书馆”改称“嘉兴市图书馆”，由嘉兴市人民政府直接领导。

（撰稿人：郑闯辉、程金全）

第五章　嘉兴市图书馆时期（1954—1957年）

1954年

1月，由本馆、市新华书店、工人文化宫联合举办“文学讲座会”，制订全年工作计划，有步骤地开展此项工作。

2月9日，陆才善来信，拟将陆曙知收藏的中医书籍捐献给嘉兴图书馆，共计18种59册。

2月19日，著名昆曲演奏家、许鸿宾就浙江省文化局征询他到华东戏曲研究院任教一事，专门给汪大铁转达回信。

3月5日，嘉兴市图书馆介绍王廷吾与陆费端孙联系，洽谈陆费端孙意欲捐赠之藏书事宜。

3月18日，本馆调查了解三塔、茶禅寺等文物古迹的损坏情况。

3月20日，收到陆费端孙捐赠本馆图书，共1030册整。

5月，成立全市读书会中心，分4个小组。出台《读书会简章》。采取分散阅读、集中座谈的办法；要求讨论有中心、有准备，并且联系实际；一个月至少举办一次。读书会形式可以为小型报告会、文艺座谈会、朗诵会、图书评述会等。

6月，于道行担任副馆长。

6月20日，由本馆、市新华书店、工人文化宫联合举办“远离莫斯科的地方”文学报告会，由浙江省文学艺术界联合会（筹备组）秘书沈行主讲。报告地点设在“八一”礼堂，参加读者有 1090 人。

6 月 24 日，举办“纪念伟大诗人屈原”座谈会。

6 月 27 日，本馆接受沈曾植后人沈慈护、劳善文捐给的书版一批，共计 166 块。这批书版自上海运回嘉兴保藏。另外，沈慈护还将旧存书箱、书架等件，捐献给嘉兴市图书馆使用。

8 月 24 日，寓居北京的文史专家金梁致信嘉兴市图书馆，拟捐赠《大北京宫殿志》图书一册。

10 月 1—3 日，举办文物展览会。3 日召开读者座谈会。

12 月 1 日，自当日起，每周一、三、五的上午，组织全市的工厂、学校等图书馆（室）员，进行专门的业务学习。

12 月 19 日，沈曾植后人劳善文从北京回到嘉兴，将沈慈护先太外祖沈西雍遗著捐存嘉兴市图书馆，共计 3 种 4 册。

是年，举办 6 次读书会、4 次读者座谈会，广泛征询读者意见和建议。到馆读者日益增长，来馆借阅 162093 人次，借阅有 242018 册次（不包括有组织的集体借阅）。本年度工作人员最多时为 16 名，副馆长 2 人。分为秘书室，采编组，流通辅导组，个人、集体外借处，成人、儿童阅览室，特藏资料室等部门。

1955年

1月5日，嘉兴市图书馆抄录一份馆藏地方志目录，赠送给浙江图书馆。之后收到浙江图书馆来函，就《康熙嘉兴府志》《民国续修浙江通志》《民国重修秀水县志稿》等图书交换意见。浙江图书馆提出，《康熙嘉兴府志》（吴永芳主修），应当分一部由嘉兴市图书馆收藏。已嘱阅览部函嘉业堂藏书楼本馆馆员检查，如果有二部，检提一部寄赠。又提到，嘉兴市图书馆目录有《民国续修浙江通志》稿本1种，计51册。查浙江图书馆亦有这种稿本，分订204册，嘉兴市图书馆可以把所藏51册的门类全部抄出，用以互相参校。

1月27日，本馆收到浙江图书馆来函，董巽观签注意见如下："嘉馆所藏《民国续修浙江通志》原始草稿本，此项草稿本残、零、断、缺，留在我馆，毫不发生参考作用。杭馆既提出并入杭州，还能发生校补之用，此点似可同意。并且我馆还要请他配齐《四部丛刊》，彼此化无用为有用。在双方皆能达到服务的要求。关于《民国重修秀水县志稿》，杭馆既已知道他的下落，并且又在杭州。拟请杭馆先予收购。因我馆经费有限，力所不逮。或请杭馆先予垫购，俟嘉兴文物会经费积起时，再归还此款。"

3月底到4月初，配合五周年馆庆，举办了"我们切身的事业"文艺报告、纪念高尔基87周年诞辰的文艺晚会、红楼梦研究批判座谈会、共产主义道德教育文艺报告会、文字简化草案座谈会以及图书推荐会（《勇敢》《青年英雄的故事》《斯大林时代的人》等书）、读者座谈会等。

4月4日，是嘉兴市图书馆建馆五周年纪念日（图1–5–1）。馆里举办了相关纪念活动，并发布了致全馆同志以及图书馆同行的一封公开信，以及合影留念。公开信内容大致为：1955年开始，嘉兴市图书馆采用了先进的读者登记制度，有计划按比例地发展读者；在开放时间上从按照机关的作息时间，改为从下午十二时半至晚上八时半连续开放，星期日白天整日开放，大大方便了读者。全馆同志克服了困难，使古老破旧的面貌焕然一新。

图 1-5-1　1955 年嘉兴市图书馆成立五周年纪念合影

4 月 14 日，收到北京大学图书馆的回信，内容为祝贺嘉兴市图书馆五周年馆庆。双方建立友谊关系，加强联系，互相学习。

4 月 16 日，本馆收到山东省青岛市图书馆的来信。信中就嘉兴市图书馆几年来的工作成就及最近工作上的改进表示了祝贺，并愿双方建立友好关系。

5 月 19 日，中国人民大学图书馆来函，表示可与嘉兴市图书馆互相交换部分图书，并寄来两包书籍。

5 月 22 日，本馆在“八一”礼堂举办“保卫延安文学报告会”，由兵役局胡国钧主讲。

6 月 8 日，湖北省图书馆采编部来函，告知收到嘉兴市图书馆寄来的《嘉兴新志》（上编）1 册、《嘉兴县志》1 部 24 册。

6 月 18 日，本馆为扩大读者活动园地，需将墙圈移外数公尺，将场地圈于馆内。因需砍去图书馆后园中的榗树一株，特向嘉兴市政府建设科提出申请报告。市政府批复同意砍去嘉兴市图书馆读者活动场地上的榗树。

7 月，于道行副馆长调离本馆。

7 月 7 日，图书馆和文化馆共同召开“高小、初中毕业生座谈会”。

7 月 10 日，本馆向中国人民大学图书馆寄去一批地方志图书，共计 16 种 315 册。

7 月 22 日，收到北京图书馆来信，同意本馆与之建立馆际互借关系。

7 月 31 日，本馆与青年团嘉兴市委联合举办“纪念中国人民解放军建军二十八周年”

报告会。

9月9日，举办“鲁迅先生逝世十九周年纪念会”，内容主要为猜灯谜。

是年，干部14人、工友1人、领导1人、辅导工作1人，力量单薄，不够使用。每月书报费平均200余元。所购新书，分配到个人外借、集体外借、阅览室及儿童阅览室使用。现存古书，数目较大，但限于人力不够，只做部分整理，未曾全部清点，确数不明。本馆利用旧文庙作阅览室，其他馆舍房屋的环境、设施也差。旧书库潮湿，新书一天比一天多，书库不够。存在的主要问题有每月购书经费太少，不够发展需要。

1956年

2月，王锡浩调入本馆任副馆长。

2月24日，嘉兴市图书馆与团市委、新华书店联合推荐苏联小说《拖拉机站站长和总农艺师》，并于4月1日举办《拖拉机站站长和总农艺师》一书报告会。

5月31日，本馆收到《关于加强县图书馆工作的领导的通知》。其中提到，浙江省文化局已经决定在1956年第二季度以前在平湖、海宁等27个县建立公共图书馆，这对于各县的群众文化事业将有很大的推进。该通知还希望各县委加强对当地图书馆工作的关怀与领导，在当前图书馆工作基础较弱、干部很少的情况下，不要抽调图书馆干部去做其他工作，要使他们能够集中力量逐步搞好全县的图书馆工作。

6月17日，郑寿庄来信，提出向嘉兴市图书馆捐赠个人藏书。信中指定接洽人为濮院镇新桥南堍郑氏老屋居住者张朱华。

6月19日，汪大铁请董巽观到濮院镇去接收郑寿庄的赠书。

6月21日，嘉兴市图书馆收到《浙江省文化局关于市图书馆如何开展所在县的农村图书工作的意见的通知》。由于鄞县、永嘉、嘉兴三县当年不建立县图书馆，上述三县的图书工作除由文化馆负责流通、辅导外，宁波市图书馆、温州市图书馆、嘉兴市图书馆还应指定两人分别负责以上三县的农村图书流通、辅导工作，一年应有二分之一至三分之二的时间在农村进行辅导。上述三县不设分馆，县文化馆图书阅览、流通工作仍应继续进行。浙江省各个市图书馆每月应抽出四分之一的购书经费（约40—50元），购买适合农民阅读的书籍，充分发挥其作用。鄞县、永嘉、嘉兴三县文化馆的图书，仍归该三县文化馆管理、流通，不移交给各市图书馆。各市图书馆搞农村工作的同志，只是各市图书馆内部的分工，领导关系不变。但在进行农村图书工作时，应主动征求和争取县领导的意见和支持，与文化馆统一计划，相互配合。

7月20日，郑寿庄取回寄存在濮院的藏书400余册，并捐赠给嘉兴市图书馆。

7月22日，本馆与团市委、新华书店联合举办“海鸥”文学报告会，地点在“八一”

礼堂。听众有 600 人左右。

7 月 28 日，嘉兴市文教科通知嘉兴市图书馆编制盖房预算，并呈报省里批准。下午来本馆了解此事，并为此召开专题会议。

8 月 12 日，本馆与团市委、新华书店联合举办“铁道游击队”故事会。

9 月 11 日，本馆与嘉兴市医务工会联合举办“医学图书资料座谈会”，会后与会人员参观本馆举办的“医学图书展览”。

11 月，本馆编印并邮寄嘉兴市图书馆藏《中国地方志目录》。

11 月 21 日，中国科学院图书馆来函，希望获取嘉兴市图书馆编印的《中国地方志目录》一份，其他科技史料如天算历法及罕见版本、抄本、稿本等具有研究参考价值之书籍也希望能获取。

12 月 13 日，本馆召开“教师及报告员”座谈会，进一步加强图书馆与学校的联系，共同推动儿童阅读工作。

是年，本馆提交《关于聘请社会人士帮助整理古旧图书请求给予适当报酬》的报告。报告大致内容为：根据国务院、省委关于文物保管工作会议精神，拟对馆藏古旧图书 8 万余册进行整理，因馆里人手甚少，且对古旧图书工作不够熟悉，已聘请到有整理古旧图书能力的社会人士。董巽观，浙江省文史馆馆员，嘉兴县（市）政协委员，59 岁，在政协做秘书工作，过去负责本馆古旧图书整理等工作。高可安，原上海美术专科学校毕业，后在广告公司专门画宣传画，抗战后在金华电灯厂工作，后在永康县工商业联合会任秘书，59 岁，1957 年退职回家。姚公孟，早年教书，后在中国人民银行工作，57 岁，1958 年退职回家。金兰波，早年是嘉兴“大雅堂”的老板，中华人民共和国成立后，负责嘉兴市日用品合作商店工作。根据馆藏古旧图书 8 万余册情况，需半年左右可鉴别整理完毕。建议对以上 4 位老先生在帮助整理古旧图书过程中，每人每月给予劳动报酬人民币 15 元。

是年，增加领导干部 1 名，并加辅导干部 1 名。购书经费 3600 元，采购图书 8901 册；新书采进比例为，普通书 60%，通俗书 40%。增添通俗杂志 10 份。对古书整理，先做好全部古籍图书的大类分类，造出草目，并于伏天翻晒。之后进行盖印，了解全部图书正确数目。基础建设方面，收回姜姓房子，对阅览室安装灰顶及地板，开设新走道，并加以修理。安装自来水设施，并新建一厕所。

1957年

1957年初，嘉兴市图书馆制作“全馆工作规划一览表”。其中该年度的工作规划为：新书采进比例方面，普通书60%，通俗书40%；拟增添通俗杂志10份，报纸4份；拟增加通俗图书，以适应农村需要；古书整理方面，继续根据大类进行分类编目；古书编目工作逐步进行，以期达到便于取书，以备参考；拟新增一座主楼建筑，可以藏书5万册，并带阅览室2个；改造大门（以主楼方向而定）；购书经费增为400元一个月；推广工作还应增加一人；在馆内种植花木；该年度存在问题：本馆目录卡，现只有两套，1955年查检图书，已产生困难，拟在推广组增加一套排架卡；为配合扫盲及农村流通工作，应大力增加通俗书，以应需要；图书馆距水很远，需要安装自来水设施；书库及阅览室在1957年要解决，亦即图书馆的发展必须建立一栋主楼，否则书和人都容纳不了。

4月上旬，浙江省文化局举办图书馆工作人员训练班，慎召玲参加此次培训。培训期间，“县市图书馆工作展览会”举办，以具体实物资料，显示图书馆工作所取得的成绩。

4月2日，举办业务学习会，邀请嘉兴中丝厂、工商业联合会、国营嘉兴绢纺厂、嘉兴市工人文化宫、民丰造纸厂等单位的图书室工作人员共同参加学习。学习内容有方针政策、采编、阅览等各项业务知识。

4月7日，中国农业科学研究院专家陈恒力、王达来嘉兴市图书馆，利用馆藏大量地方文献，进行《补农书》研究，并进行农村经济考察。《补农书》亦称《沈氏农书》，由明末清初嘉兴地区的沈氏及张履祥所著，它记载当时农业经济及农业技术的状况甚详。专家们经过4个多月的努力，于7月10日将“补农书”项目正式完工。陈恒力在总结报告中提到，研究的过程首先是占有有关的历史资料。嘉兴市图书馆提供有农业记载的30多种地方志（府志、县志、镇志），以及有专门性的历史文献（如顾炎武《天下郡国利病书》《三吴水利论》等）。当天，《补农书整理批判》一书以内部资料油印本的形式编印出来。该书由陈恒力编著，王达参校。在嘉兴市图书馆的帮助下，研究工作顺利完成。

5月5日，寓居上海的倪禹功历时半年抄录《烟雨楼志》一书，赠送给嘉兴市图书馆。嘉兴市图书馆收到后，致信表示感谢。信中说："奉翰并抄《烟雨楼志》所用文具费用发票已收到。《烟雨楼志》为禾地文献，承先生以半年时间，代为抄录，使本馆库藏生色不少，特此致谢，并寄上文具费三元余，请查收为荷！"

6月27日，郭蔗庭来，代表金希叔将金蓉镜的藏书11种捐赠给嘉兴市图书馆。

截至6月底，嘉兴市图书馆有正式工作干部5人、勤杂1人。尚有2人外调或学习未回来，在人力上比较紧张。因此图书馆发动服务人员，用带徒弟的方法，依靠群众，解决人手不足的困难。本馆流通图书，截至第二季度，已有4万余册（不包括古书在内）。已登记的读者有2300多人，每日到馆的读者包括外借读者、阅览读者及儿童在内，有三四百人，多时达五六百人。

7月，根据省里指示，本馆在省文艺干校举办的图书馆干部训练班结业后，对本身业务进行一次检查整顿。此项工作由慎召玲从干部培训班回来后全面开展。

9月，中共嘉兴市委召开"文艺界座谈会"，本馆派员参加。本馆提出的意见和建议有：既要重视理工，也要重视文史。董巽观说："图书馆干部不懂业务。我收集了两个大炮在馆内，同志们提出意见，说我妨碍了交通。哪里知道这是古董，后来上了北京。"董巽观的意见还有：应该动员大家注意收集有关历史、文史方面的资料；图书馆的经费太少，添书有困难；等等。

9月初，本馆制订《嘉兴市图书馆1957年第三季度计划》，明确了图书馆的发展方针：应按照当地的特点与需要，以大众服务为主，大力开展工厂、农村图书流通工作并根据本身条件，积极进行为科学研究服务工作，适当地满足当地知识分子的需要等。

9月27日，沈慈护、劳善文夫妇将沈曾植藏书的一部分，以及一些札件（奏折、信件、名刺等），捐赠给本馆。本馆为他们代抄《贞孝先生遗墨》序文一纸。

暑期以来，由于各校教师和报告员的支持和帮助，嘉兴市图书馆先后举办21场儿童故事会，内容包括童话、神话、惊险故事、科学知识、诗歌朗诵等。参与儿童共有2600余人。活动受到了小朋友们的热烈欢迎，也得到了教师和家长们的赞许。

是年，本馆加强对图书流通站的辅导工作。工作经验有：深入各单位和领导联系，说明图书馆工作的重要性。在满足群众对图书的需求方面，流通站管理员工作的好坏是个关键问题。图书馆领导要加强对管理员的培养和教育，并给予适当的支持。本馆需要跟管理员联系，从各方面鼓励和帮助他，找出存在问题的原因和克服的办法，并制定简单可行的规则。

是年，本馆经浙江省文化局指导，处理反动、荒诞书刊一批。

（撰稿人：郑闯辉、程金全）

第六章　嘉兴县图书馆时期（1958—1980年）

1958年

2月，嘉兴县、嘉兴市合并为嘉兴县。“嘉兴市图书馆”改名为“嘉兴县图书馆”。嘉兴县图书馆要求员工参加体力劳动，保证每人（指在馆内部同志）每月参加三次。坚决服从上级关于参加劳动锻炼的一切布置，全体干部要以种“试验田”精神，每人负责2—5个流通站或图书室，密切联系群众，向工人、农民学习，交工农朋友。

4月，因增产节约、精简机构，工作人员缩减为4名。嘉兴县图书馆与嘉兴县文化馆合并，归属文化馆领导。

4月20日，嘉兴县图书馆向全国市县兄弟图书馆提出“竞赛书”。其内容为：比为工农服务；比政治宣传；比服务态度；比图书采编；比打破陈规；比勤俭办事情；比环境布置；比红专：加强学习马克思列宁主义和毛泽东思想，积极参加政治活动及劳动锻炼，努力改造思想，克服个人主义，坚决做到一切从社会主义利益出发，学习文化，掌握图书馆的基本理论知识，每个干部要精通本部门业务，熟悉其他几门业务，人人都做图书馆的“多面手”，每一个干部至少要搞3—5个图书室（即试验田），以加强和工农群众的联系。全馆干部都订出个人规划，定期评比，在3—5年内争取成为又红又专的图书馆工作者。

是年，嘉兴县图书馆工作人员支援工农业生产，共有3个月左右的时间（支援农业时间多）。另有约四分之一时间，做个人外借处工作。采购工作：采购图书3415种3841册，计6969.78元。其中科技图书占第一位，文艺图书占第二位；集体外借图书占60%左右，儿童图书占集体外借图书的20%左右。整理与编目工作：整编22947册图书（赔偿来的图书整编工作除外）。

嘉兴县图书馆开门办馆，积极吸引读者。设立集体外借处，集体外借处常年开放。发展图书推广员 180 人，10 人以上的工厂、手工业社及居民俱乐部都建立了图书室。在农村中发展图书推广员 400 人。嘉兴县的 28 个乡，乡乡建立了图书馆。336 个公社，社社建立图书室。队队建立图书流通组，人人有书看。本市 6 个镇共计建立 6 个民办图书馆，设立 15 个借书阅览站、8 个儿童星期阅览站，提高了图书利用率。搞好试点，全面开花。

1959年

3月，副馆长王锡浩调离本馆。

6月，嘉兴县图书馆向北京图书馆报告图书馆的基本情况。建馆时间：1950年4月；馆舍面积：801.97平方米；阅览室类型：成人阅览室、儿童阅览室；读者座位数：246个；1958年全年阅览人次：80023人次（馆内阅览）；1958年全年借书册次：921386册次；藏书数量：中文书籍平装70431册，中文书籍古书95830册；期刊报纸：期刊103种，报纸26种；读者目录：分类目录、图书目录；主要部门：采编部、个人外借部、集体外借部、阅览（成人、儿童）部；工作人员：4人。

9月，因工作需要，新增加馆长及干部各一名。共有干部6名，其中下放及抽调去做中心工作各一名。

9月，张明调入本馆任馆长。

10月，张诚琛入职本馆。

12月，嘉兴县图书馆发布《决心书》。其中提到，嘉兴图书馆参加了浙江省部分图书馆现场会议后，吸取了兄弟馆的许多先进经验，并听取了省文化局张英田的报告，更进一步明确了方向，决心把会议精神贯彻到实际工作中去，争取1960年的现场会议在嘉兴召开。

是年，新购图书4001种4533册。

1960 年

2 月 28 日，嘉兴县图书馆开始试行以图书开架为中心的技术革新，试行“图书部分开架式借阅”“无人还书处”“邮递借书办法”等工作方式。

2 月 29 日，嘉兴县图书馆向博物馆、文化馆、南湖革命纪念馆等文化系统各兄弟单位提出革命友谊竞赛，下《竞赛书》。竞赛内容如下：坚决响应党的八届八中全会决议的号召，进一步贯彻图书馆为政治、为生产、为工农兵服务的方针。（1）技术革新方面：解放思想，破除迷信，大搞技术革新，改善服务态度，一切为了方便读者，试行“图书部分开架式借阅”“无人还书处”“邮递借书办法”等。（2）读者服务方面：深入开展业务辅导，认真做好图书流通工作。

具体措施有：①在党的统一领导部署下与工会密切配合，在 300 人以上的工厂建立图书室，800 人以上的工厂建立图书馆。②在县委领导同意并取得公社党委支持下，在全县农村中，社社建立图书馆，队队有图书室。③为提高图书馆（室）干部的图书馆业务技术水平，普遍开展骨干培训工作，分批训练 1500 名。④与工会、团委等有关兄弟单位协作配合中心任务举办报告会、座谈会、故事会等活动 40 次。⑤图书宣传总计开展 20 次，图书推荐、剪报板、书目索引等 45 次。⑥开门办馆，党的中心是什么，就宣传什么，生产到哪里，图书就带到哪里，做到送书、送借阅证上门，保证使读者能及时看到生产上、工作上、学习上所需要的图书资料。

另外，注重大力发展读者：1960 年发展读者指标 9000 人，使全县有阅读能力的广大群众成为各种类型的图书馆、室、站的读者。向嘉兴县的省、县级先进生产者赠送“标兵光荣证”200 张，让他们享受优先借阅权利，从而尽量配合供应他们在生产上或技术革新等方面的图书资料。采编工作做到：勤采、勤编，新书到馆三日内与读者见面，保证采购质量，本着厚今薄古、古为今用的原则，适当增购工农通俗读物及科技书报。将原有 10 多万册线装书全部分类编出草目，并加盖本馆藏书章。全年借阅人次与册次在 1959 年基础上有较大增长，要求达到借阅人次 2180000 人次，借阅册次达到 6393000 册次。

本馆计划采取的措施是:“四好”：服从领导好、接受任务好、完成指标好、分工合作好。“四勤”：勤请示、勤汇报、勤抽查、勤总结。“四比”：比红（政治挂帅思想领先）、比勤（干劲定、作风坚苦、实干苦干）、比巧（技术革新，创造发明）、比俭（厉行节约，紧缩开支）。“四查”：查图书流通率、查指标落实、查服务态度、查工作质量。“四抓”：抓先进、抓重点、抓苗头、抓薄弱环节。“四紧”：图书配合生产紧、图书配合政治运动紧、图书配合中心任务紧、图书配合科学技术研究紧。

4月，发布《毛主席著作阅览室阅览规则》。

6月，填写1960年“浙江省各地区大专院校、科学研究机构、公共图书馆调查表”。该年度，嘉兴县图书馆共有干部6名（其中下放及抽调做中心工作各1名）。馆舍面积801平方米，设有成人、儿童阅览室及毛主席著作阅览室，座位共262个。业务经费由原来每月300元追增为600元。现有藏书175712册、报纸32种、期刊190种（其中2种为外文期刊）。当年1—5月，借书230978册次，借阅34334人次。分为采编部、阅览部、个人外借部、集体外借部、特藏资料部、流通辅导部，共6个业务部室。藏书特点为线装书较多，无外文书，平装本中以社会科学、应用技术、文学为重点。编制有《学习毛主席著作参考书目及索引》。

是年，据“1960年图书馆借阅册数、人数统计表格”数据，全年借、阅册次为3262558册，借阅人数为993861人次。其中集体外借图书5992册次、个人外借3962册次。

1961 年

3 月 7 日，公布 1961 年工作计划，主要内容为：①坚决贯彻党的文化工作方针，一手抓政治，一手抓业务，做到思想工作双丰收。②充分发动群众，依靠社会力量，克服馆里人少事多的困难。③大兴协作之风，与兄弟单位加强联系，密切配合，克服困难，完成任务。④加强政治业务学习，不断改进工作作风，改善服务态度，进一步做好读者工作。具体目标和做法：配合元旦、春节、三八、五一等节日，馆内举办小型图书、图片展览 10 次。每月布置街头宣传窗，推荐配合政治、生产等方面的好书，绘制街头黑板报及在馆内开展图书介绍活动每月各 2 次。编印科技书目、资料索引 3 次等。

5 月 15 日，发布《关于立即开展古旧书的整理工作意见》。具体措施：一是由党委组织有关单位力量，突击打扫古书库，边翻书移书，边刷理古籍中的灰尘。二是建议在原书库内添置地板与灰顶，屋后开明窗。将原有大型佛经书橱，改制中型书架，以便利搬移。三是由党委召开老人座谈会，动员文史馆员、政协委员或社会人士以及历史老教员组织古书整理小组，兼古书鉴定小组，突击做工作。四是在整理时选择善本，重点修补，编造书目，报送上级。制定保管办法。

6 月 2 日，从 1960 年 2 月外借处试行开架式服务，试行一年多时间后，因图书排架混乱等现象严重，又将开架式改为闭架式及部分半开架式借阅。

6 月 19 日，嘉兴县图书馆收到朱鼎煦捐赠本馆的《回风堂诗》两册，并出具收条。

6 月 26 日，嘉兴县、市人民委员会发布《关于公布全县、市文物管理委员会名单的通知》，任命嘉兴县图书馆史念、张明为嘉兴县文物管理委员会副主任委员。

10 月 20 日左右，常熟县图书馆赵友高、倪帙初前来嘉兴县图书馆，学习图书馆如何贯彻“调整、巩固、充实、提高”八字方针，如何更好地为政治、为生产服务。

是年，集体外借 4235 册次，个人外借 4035 册次。

1962 年

2 月 23 日，著名作家徐迟前来嘉兴县图书馆，查阅抄本郑凤锵《新塍琐志》、许良谟《花溪志补遗》、祝定国《花溪备忘录》、稿本郑之章《小郑蚕谱》、沈涛《九曲渔庄词》、沈可培《泺源问答》、沈铭彝《孟庐札记》，这些均为嘉兴、海宁一带地方文献；又查阅袁国梓纂修《嘉兴府志》康熙二十年刻本、黄爵滋《仙屏书屋初集诗录：十六卷后录二卷》道光二十七年泾县翟西园家泥活字印本。徐迟认为都很罕见。

4 月 27 日，史念为徐迟捧来南浔庞元济《虚斋名画续录》。庞氏藏有唐代王维的《春溪捕鱼图卷》（绢本）、五代黄筌的《秋坡野雀图》、宋代苏轼的《凤尾竹图》等几百幅名画。徐迟又读归安（即湖州）陆心源的《穰梨馆过眼录》目录，有梁武帝《异趣帖卷》、虞永兴《汝南公主墓志铭卷》、阎立本《北齐校书图卷》、吴道子《设色天王轴》、释巨然《长江万里图卷》，编为 40 卷，何止千百幅名画，这是陆心源藏画部分。其藏书部分，有楼名皕宋楼。徐迟感叹道："这个湖州人，竟拥有宋版书两百部！被称为'潜园先生求书之勤，石冢严氏芳椒堂、南浔刘氏疏雨山房不能比'，但被日本人岛田翰给岩崎氏静嘉堂拉拢，以 10 万银元购去。他著了《皕宋楼藏书源流考》，读之伤心。"

4 月 27—29 日，徐迟又来到嘉兴县图书馆，并在馆内找到他祖先的著作。这三天的行程，他写了一篇散文，刊登在《水乡文学》。该文名为《一九六二年在水乡》，详细记录了他在嘉兴活动的情况。

4 月 28 日，徐迟来到嘉兴县图书馆。史念捧来一大批书目、题跋书，《皕宋楼书目》几十卷；又拿来一本薄薄的《州车杂咏》，民国十七年（1928）铅印本。这是徐迟外祖父的诗集。1949 年以前，徐迟从故乡祠堂中找到过曾祖父和祖父的两部诗集，木刻本各一函，后来带到了北京。他在迁居武汉时，记得是装了箱的，但到武汉后却没有找到它们，于是请史念去找找看。史念找来了《南林丛刊》5 卷，中有《南浔镇志》。又查艺文志书目，没有找到什么。他又找来周庆云辑《浔溪诗征》，在卷三十里找到："徐延祺，字引之，号芷绶，壬子（按：1852 年）举人，官内阁中书，有《怡云馆诗稿》。"他是徐迟的曾祖父，这部镇志里，选有他的诗一组。又在卷三十五里找到："徐麟年，字景穆，号玉台，又号植八杉斋主，有《植八杉斋诗集》及《玉台诗话》。王文濡作徐玉台小传云，麟年性嗜酒，豪侠好客，兴酣落笔，于诗尤工，棘闱屡踬，降而就贾，为长沙质库司会计。辛亥武昌之变，惊悸递殉。"徐迟说："我家到我这一代，四代都写诗。这里听到了嘉兴话，悦耳的声音，母亲的声音。"

4月29日上午，徐迟离开嘉兴，史念送去车站。

5月，张影康同志入职。

是年，嘉兴县图书馆大力开展农村图书流通站的工作。在塘汇等乡镇设立多处图书流通点，将图书资料送到田间地头。其中塘汇乡三阳大队有一位图书管理员姚玉坤，于1962年下半年担任了生产队图书管理员工作，后来成为这项工作的优秀标兵。一篇名为《学习毛主席著作的好青年、图书流通站的好管家——记三阳大队图书管理员共青团员姚玉坤》的文章，记录了他的光荣事迹。

1962年出版的毛春翔著《古书版本常谈》提到，毛春翔来到嘉兴县图书馆访书，查阅了嘉兴县图书馆所收藏的珍本古籍，特别是清黄爵滋著《仙屏书屋初集》，道光丙午泾县翟西园泥字排印本。他在该书第68页中说："据此，知我国初创活字者为毕昇，其字用泥制，不用木而用泥者，乃因木有伸缩性，且与药黏牢，一板用毕，木字即不能脱，不能重排，用泥可免此病，这是活字板草创的形制。泥活字印书极少见。顷在嘉兴图书馆见有清黄爵滋著《仙屏书屋初集》，道光丙午泾县翟西园先生泥字排印本，书凡十六卷，五册。"

是年，建有农村图书流通站35个，借图书5838册次；集体外借4128册次，个人外借3582册次；绍兴县鲁迅图书馆等单位到嘉兴县图书馆，学习帮助农村各大队建立图书流通站的经验。

1963年

2月，余旭容入职本馆。

1963年春，嘉兴县图书馆寄给时任全国人大常委会副委员长的郭沫若1册《鸳鸯湖棹歌》，并请他为南湖书画社题字。同年，郭沫若写诗一首，寄赠南湖书画社。其内容为："闻有飞鸿岁岁来，于今当复满春台。鸳湖四百棹歌外，国际歌声入九陔。"

5月22日，嘉兴县图书馆下属的嘉兴古旧书店向上级提交《请求拨给专款收购珍贵书画古籍的报告》。报告中说："我店自去年以来，陆续收到不少珍贵古旧书籍。根据上级指示，我店以保护文物为主要任务的方针，这批书籍均留下来，未允外售，已积存半年以上，价值五百元以上，严重影响资金周转。领导也曾多次指示市图书馆收购，要求每月收购二三百元。但半年以来，图书馆限于经费，只收购过一百二十元。这批书籍确属珍贵，如《萝轩变古笺谱》，系明代水印版画，精美异常，是国内孤本，据上海方面估价至少值八百元。又如方于鲁《方氏墨谱》也是历史上著称的书籍，扬州、杭州一再来我店高价（一百五十元以上）洽购，我们都未应允。类似的书有数十部。这批书籍、字画确属珍贵，领导曾指示不应该使其外流，但图书馆、博物馆又无力收购，我们在经营上实感两难，所以要求先拨款1200元（其中书800元、画400元）。盼望上级审查研究，先拨给图书馆专款一千元，低价收购。一方面既达到保护文物的目的，一方面又使商店能够周转，实为两便，专此报告。"

是年，全县流通站109个，借书量51027册次。

1964年

5月，时任全国人大常委会副委员长的郭沫若来嘉兴视察，在馆长史念的陪同下，参观嘉兴县图书馆，并阅览了馆藏的古籍和地方文献。当天，郭沫若还重登烟雨楼，为南湖纪念馆题写诗歌："又披烟雨上楼台，革命风雷气象开。菱角无根随水活，一船换却旧三才。"

该年度，嘉兴县图书馆的主要精力在于继续建设农村图书流通站网络，农村流通站广泛开展了以讲革命故事为主要形式的图书宣传活动。此外，为了配合农业生产和农村的科学实验活动，还有计划地推荐了一批农业科技书籍。

1964年，嘉兴县建设公社有6个大队和嘉兴县图书馆建立借书关系。其中有4个大队所借图书经常过期，不归还和更换，处于停顿状态。图书馆对流通站的管理着重在以下三方面：一是送书下乡，及时更换图书；二是建立简易可行的借阅制度和合适的管理办法；三是下乡辅导流通站把读书活动落实到农村，扎根到农村。

年底，嘉兴全县已经建立了农村图书流通站256个，分布在30个公社的240个生产大队，拥有固定读者150000人。该年度，借给农村流通站图书123500册，到流通站借阅图书的社员、知识青年和农村干部共有20万人次，共借阅图书44万册次。

1965年

1月，在建设公社建立了公社中心流通站，送了1000余册红色图书去，由一位知识青年兼管（现任手工业服务站会计），负责全公社各队流通站的图书调换与业务辅导，县图书馆也常送书去交换，并结合进行辅导。

1月21日，《文汇报》在头版头条刊登了关于嘉兴农村图书流通的报道，题目为《推荐革命图书、抵制坏书流传、占领文化阵地：嘉兴县逐步形成农村革命图书网》。文中介绍：浙江省嘉兴县图书馆，工作面向农村，积极组织革命图书下乡，发展农村借书组织，逐步形成了一个遍布乡村的革命图书网，受到农民的热烈欢迎。

1958年以后，嘉兴县图书馆积极开展农村图书借阅工作。农村图书流通站不断发展扩大，逐步形成了农村革命图书网，到1965年上半年为止，全县已经有农村图书流通站305个，分布在全县30个公社的305个大队，约占全县495个大队的60%。但规模的不断扩张也带来了很多问题，如距离远、交通不方便、耽误生产、开支大、总馆不方便对流通站开展深入细致的辅导等。

1965年初，结合存在的问题，馆里决定除了送书到建设公社图书流通站外，在新塍、王江泾两地建立图书交换站，定时定点送书下乡，以解决边远地区图书管理员调书困难等问题，保证流通站质量。具体做法是：每隔一个月到一个半月到这些地区送书一次，组织四周的流通站前来调书，每次调书时间三到五天。这两个交换站的建立普遍受到群众欢迎，所以调换图书的大队逐渐增多，并且每个大队做到无特殊情况都准时前去调换。

自1965年3月以来，工作人员共下到乡镇基层，交换图书8次，送书10658册次，对154个大队调换了图书。送书下乡受到了这些地区广大管理员和群众的欢迎，也得到了基层组织的好评。7月23日到8月5日，4位知识青年到嘉兴塘汇公社三阳大队蹲点劳动，在劳动过程中，结合了该大队的图书流通情况，撰写了《塘汇公社三阳大队农忙期间图书流通情况调查》报告一份。总体上，嘉兴县各公社图书流通站的建立，使图书工作更好地面向农村，面向广大贫下中农，促进了读者思想的革命化，使图书工作得到进一步巩固和提高。

1965年，本馆藏书为241066册。嘉兴各公社均有开展图书流通。根据“嘉兴县图书流通站情况统计表”，开展工作的公社包括：余新公社、曹庄公社、凤桥公社、新丰公社、竹林公社、高照公社、澄溪公社、南汇公社、栖真公社、新农公社、洛东公社、八字公社、桃园公社、步云公社、净相公社、东栅公社。

1966至1969年

1966年，“文化大革命”开始，图书馆工作受到严重影响，大批图书被禁锢，图书馆停止对外开放。为了避免社会冲击，图书馆工作人员销毁了一批所谓“封、资、修”的连环画。馆藏图书除少数被偷窃外，基本保存完整。

1969年7月17日，嘉兴地区成立文物图书清理小组。下半年成立毛泽东思想宣传站。

1970年

7月，章余华调入本馆。

10月，宋凤珍调入本馆。

11月，嘉兴县图书馆在关停4年之后，重新恢复开放。阅览借阅的主要是马列主义、毛泽东著作和一些报刊，以及“文化大革命”期间出版的读物。

1971年

嘉兴县图书馆下属的嘉兴古旧书店正式关停。5月6日，原嘉兴县书画社（古旧书店）提交报告，对其人员财产做出安排。主要安排及措施如下：本社已不适合当前形势，早已停办。人员财产经研究，原嘉兴县书画社应于1971年7月将财产（包括固定资产、流动资金和财务账目）移交新华书店，古旧书画移交图书馆。有关原嘉兴县书画社未了事宜，由新华书店负责处理。原嘉兴县书画社人员（除沈昌桂）均转入新华书店编制，由书店负责汇集有关单位和人员，办理移交手续，并把移交接情况书面报告给宣传站及有关部门。

是年，个人外借处共有图书26885册，其中新购图书7603册；农村集体外借处共有图书9216册，其中新购图书7942册；连环画共有4133册，其中新购2517册。

1972年

是年，新购图书10856册，剔除旧书3506册。新购连环画5463册，剔除旧连环画1639册。嘉兴县图书馆坚持面向农村，送书下乡，为农村服务。嘉兴县图书馆为了让较多的图书转向农村，积极帮助工厂、学校自己办图书室。这样既妥善安排了城镇的图书活动，又发挥了业余图书室的作用。全县30个公社中的27个公社中，以生产大队为单位建立了70多个图书流通站。依靠当地的党组织，配合共青团组织，建设、培养了一支以贫下中农为骨干的农村业余图书管理员队伍，做到生产大队有图书管理组，生产队有图书管理员。这支队伍组织读书小组、书评小组，把各图书流通站写的书评文章汇编起来，再印发到各图书流通站去，既起到了互相交流的作用，又有力地促进了图书工作的深入开展。

1973年

1973年，嘉兴县图书馆馆藏图书为220415册。由于自然损耗、散失、虫蛀，特别是几年来多次发生盗窃等原因，除一般流通图书以外，藏书较乱，未能得出确数。数据只能基本准确，需待新藏书楼建成后，做全面整理，才能得到确数。

12月底，嘉兴县图书馆统计，集体外借处共有图书26455册，个人外借处共有图书32519册，另外有连环画9747册。

1974年

3月7日，嘉兴县革命委员会批准嘉兴县图书馆建造新的藏书楼，面积为330平方米。批复中说：“经实地检查，（嘉兴县图书馆）现有藏书室原系旧料改建，质量较差，又经常受雨水渗漏，白蚁虫蛀，长期藏书确实不宜。经研究：为了妥善保护藏书，同意零星土建250平方米，翻建80平方米，合计330平方米，总费用控制在1.65万元（包括水电及基础加固等费用），由县财税局拨给。所需建房材料由县物资局拨给钢材2.5吨，水泥20吨，由县生资公司拨给木材8平方米。另拨原旧书库改为宿舍的修缮费1500元，修缮材料不另拨给。希严格按照批复范围进行，各项指标不准突破，并将设计图及预算报本组计办审定，审定同意后再进行施工。”

是年，新购集体外借图书3045册，花费952元；新购个人外借图书3326册，新购连环画4419册，共计花费502元。

1975年

该年度，建造大约640平方米的三层书库大楼。

8月，乐志荣调入本馆。

根据“一九七五年公共图书馆基本情况调查表”，嘉兴县图书馆实有建筑面积为471.50平方米，其中书库321.41平方米、阅览室150.09平方米。职工人数10人。馆藏图书合计243779册，其中未整理上架占三分之一。图书流通177383人次，65653册次。

是年，年度购书经费5011.01元。新购个人外借图书4627册，新购集体图书3283册，新购连环画4627册。个人外借处流通图书共有40469册，集体外借共有流通图书32087册，连环画14670册，全馆可流通图书共有87226册。

1976年

11月，本馆对涉及“四人帮”的图书进行初步清查，并编制了相关目录，寄送给浙江图书馆以及全省各兄弟馆审查指正。

12月20日，本馆收到国家文物事业管理局关于《安排校正、增补〈中国地方志综录〉的通知》。

12月底，根据“群众文化业务情况统计表”，本馆年末藏书册数为254825册，全年借阅48740册次、81850人次。在全体借阅人次中：农村集体外借以大队图书流通站为单位，全年借阅490次，但每次至少借书40册，因此在大队中流通借阅人次至少有19600人次。

是年，举办讲座6次；利用书刊介绍、图书展览等办法大力推荐马列主义原著，为农村图书站（室）推荐政治图书和刊物；帮助农村图书站（室）编剪报，办展览。办油印刊物《学习资料》《图书战线》若干期。大力推广农村图书站（室）建设，该年度新办农村图书站（室）60个。本馆固定工作人员人数为10人。副馆长（实际负责人）为张振维。

是年，新购个人外借图书2996册，新购集体图书3096册，新购连环画4954册。个人外借处流通图书共有43465册，集体外借处共有流通图书35182册，连环画共有19624册，全馆流通图书共有98271册。

1977年

1月3日，本馆填报“固定职工人数增减变动情况表”。

该年度，根据周恩来总理生前指示，国家着手编纂《中国古籍善本书目》。

浙江省文化局发文，通知在杭州召开全省善本书总目录编制工作会议，嘉兴县图书馆积极参加了此次会议。会议议程有：①传达周总理生前指示和国家文物局领导对编制全国善本书总目录的意见，以及上海、江苏、浙江二省一市善本书总目录协作会议精神；揭发批判“四人帮”的破坏和干扰；②学习讨论全国善本书总目录选收范围和著录条例，参观小型古籍展览；③商讨编制浙江省善本书总目录工作的意见和具体事项。

10月21日，《中国地方志综录》天象资料组来函。资料组邀请了各个地方图书馆熟悉方志的同志修订《中国地方志综录》。考虑到更好地为广大读者服务，便于广大读者查阅，充分发挥各地图书馆的作用，增加一批藏书单位，嘉兴县图书馆被列入其中，故资料组请本馆将实际馆藏省内外全部地方志目录于11月20日前寄至北京天文台《中国地方志综录》天象资料组，以便及时补充进去。

另外，信中还附录了《中国地方志综录》的收录范围。《中国地方志综录》收录的地方志，其范围以省志（通志）、府志、厅志、州志、县志、卫志、乡镇志（包括岛屿志）为限，其他专志如山志、水志、湖志、堤志、桥志、寺志、庙志等，不予收录。

该年度，国家文物事业管理局编印《中国地方志综录》（后改名为《中国地方志联合目录》）。嘉兴县图书馆是该书编辑的参与单位。

根据“1977年公共图书馆基本情况年报表”，嘉兴县图书馆共有藏书263888册，实有建筑面积1111.08平方米，其中书库958.99平方米、阅览室152.09平方米。当年图书流通149164人次、117132册次。全年经费为18130元，其中购书经费为4497元。另有农村图书流通站222个、图书室22个。

是年，新购个人外借图书 2955 册、新购集体图书 2718 册、新购连环画 3390 册。个人外借处可供流通图书共有 45459 册，集体外借处共有可供流通图书 37836 册，连环画 22945 册，全馆可供流通图书共有 106240 册。

1978年

3月20日，嘉兴县图书馆给县文教局写专函，就开展善本目录工作中人手不足的问题，请示上级批准增加两名具有一定业务能力的工作人员，其中一名为浙江省图书馆嘉业堂藏书楼原管理员吴藕汀。理由是：①从退休的文教系统中懂图书业务的老职工中聘一人，作为费用工。领导同意后具体人员另报。②浙江图书馆嘉业堂藏书楼原管理员吴藕汀，其善本书知识较丰富，中华人民共和国成立初期曾来本馆整理古籍和地方志，现已退职，住在南浔，曾表示愿来故乡帮助，食宿自己可解决。

7月开始进行图书整理。至年底，已整理31.6万册左右，其中3万册左右做剔除处理。新建藏书书库和个人流通书车。

8月，周礼平调入本馆。

10月，谭文训调入本馆任馆长。

11月，将《中国地方志联合目录》初稿，以及勘误表、补遗表提交北京天文台天象资料组。

12月31日，收到北京天文台天象资料组的回信。史料组复核的结果是：①应补遗的方志有126种，每种均补写卡片1张，填写补遗表11张。②应勘误之处有84条，填写勘误表4张（表、卡均附函送上）。补遗所写卡片中，一部分是此次新整理出来需要补收的地方志，其中也有数种地方志较好。另一部分是去年已著卡寄上，而未见收的。是否需要补收，酌定。

根据“1978年公共图书馆基本情况年报表”，本年末共有藏书275454册，职工5人。实有建筑面积1111.08平方米，其中书库958.99平方米、阅览室152.09平方米。图书流通情况：个人外借38957人次，阅览59620人次，集体外借90427人次；个人外借图书38957册次，阅览图书15693册次，集体外借图书121590册次，共计借阅图书176240册次。

是年，购书经费7433元，个人外借新购图书5568册，集体外借新购图书3077册，新购连环画4041册。

1979 年

上半年，全馆设置了采编、借阅、农村辅导、古籍 4 个组，制定了《个人外借规则》《农村外借规则》《阅览室规则》《邮寄借书规则》《书库管理制度》《工作守则》等一系列制度。

2 月，陈一成调入本馆。

7 月 12 日，根据“嘉兴县图书馆古籍善本书编目鉴定简表”，送鉴数：278 种 2358 册。收录数：明代 78 种 874 册，清代 103 种 904 册，稿本 17 种 96 册，抄本 11 种 28 册。

鉴定意见为：①《嘉兴县图书馆古籍善本总目》制卡质量较好，工作人员也是认真负责的，基本符合要求。②有熟悉业务的老同志，又配备了年轻同志，肯钻研业务，有专人负责。③古籍书库管理较好，大部头的古籍图书均已上架，入橱井井有条。④结合全馆藏书的清理，在“总目”制卡工作推动下，准备接着做好古籍普通本馆藏的重新清理编目工作。⑤该馆历史较久，藏书较多，质量也较好。但保护管理工作还不相适应，有大量残复本及佛经未经清理，部分善本及方志也亟需修补，需要加强管理。鉴定人为黄强瑞、张振维、张万基等人。

8 月 1 日，由嘉兴县科学技术委员会、嘉兴县图书馆联合建立的科技图书资料阅览室正式对外开放。阅览室设在嘉兴县图书馆内。每周开放 6 个半天（星期二休息），开放时间为下午 2：00—5：30。读者凭工作证或其他适当证件前来阅览。科技图书资料阅览室配备有新出版的工、农、医各类科技期刊，科技图书，科技报纸，内部交流科技资料、文献以及科技书目检索工具书等，大部分资料实行开架阅览。阅览室除提供在馆阅览图书资料外，同时开展为读者提供检索工具、代为向外地邮寄借书、咨询联系等工作。

9 月，李永新、沈敏调入本馆。

10 月，崔泉森调入本馆。

是年，个人外借新购图书 6484 册，集体外借新购图书 3041 册，新购连环画 4129 册。准备剔除图书 32366 册。

1980 年

1 月，浙江省图书馆学会常务理事会研究决定批准史念、慎召玲为浙江省图书馆学会会员。

4 月，嘉兴县图书馆扩大阅览室面积，增加了三分之一的座位，采取半开架形式，也便利了读者。

5 月，舟山地区图书馆 6 人来馆学习参观。

5 月 26 日，中共中央书记处第 23 次会议讨论通过《图书馆工作汇报提纲》，6 月 1 日，中央有关部门印发了此决定。

10 月初，东北师范大学孙中田、孟立国来嘉兴县图书馆，查找茅盾青年时期在嘉兴读书的有关资料。10 月 9 日，嘉兴县图书馆委托他们捎信给茅盾，请他题写馆名。

10 月 30 日，茅盾儿媳陈小曼寄来茅盾亲笔题写的馆名（图 1–6–1）。陈小曼在回信中说："你们托孙中田同志带来的信已经收到。沈老因年老体弱，一般已不再题字，但考虑到是嘉兴的图书馆，惠故乡的事，所以就写了。现将题字寄上，请查收。"

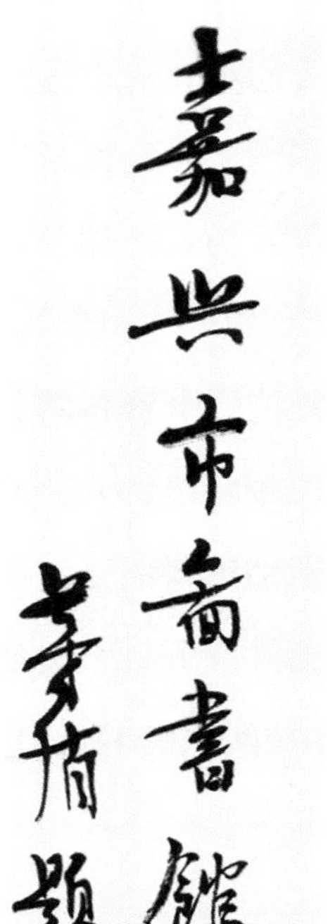

图 1–6–1　1980 年，茅盾为嘉兴市图书馆题写的馆名

是年，本馆为县委办公室提供了馆藏地方志和家谱目录、地名普查资料，为县农业局编写《嘉兴黑猪》提供了丰富资料，为东北师范大学研究茅盾、为浙江农业大学研究槜李、为华东师大研究近代史学等提供了重要材料，取得了成果。科技图书资料阅览室为橡胶厂提供关于防尘器设计的有关资料，使设计工作早日完成；为王江泾大队青年进行科技活动饲养蚯蚓提供提资料十余次，并介绍他们去蚯蚓饲养基地实地参观，因而成功地突破饲养关。

是年，工作人员 16 人；藏书量 299000 册，其中未整理上架 15000 册；馆舍面积 1694 平方米，其中书库 921 平方米、阅览室 257 平方米；图书购置经费 12431 元，全年新增图书 14335 册；发放个人借书证 4000 人，其中小读者 300 张；农村图书流通站 242 个。到馆读者 133536 人次，外借 220575 册次（其中连环画外借 12.7 万册次；农村集体外借、城市集体借书 536 人次，平均每个大队借阅三次，借书 28875 册次）。

（撰稿人：郑闯辉、程金金）

第七章　嘉兴市图书馆时期（1981—2023年）

1981年

1981年，嘉兴恢复县级市建制，图书馆也恢复“嘉兴市图书馆”的名称，谭文训任馆长兼图书馆博物馆联合支部副书记。

春节前夕，全体馆员17人合影，分别是：史念、张振维、谭文训、孔子根、宋凤珍、李永新、章余华、张诚琛、慎召玲、李国卿、张影康、胡启鹏、崔泉森、周礼平、乐志荣、陈一成、陶诚益。

2月，俞保康调入本馆。

3月，邱静宽调入本馆任副馆长。

3月28日，嘉兴市图书馆给茅盾亲属发去唁电。电文内容为：“惊悉沈老逝世，不胜悲痛，谨电致悼，并请节哀。嘉兴市图书馆，3月28日夜。”

4月，茅盾亲属回信感谢图书馆慰问。信件内容为：“您们对家父不幸逝世的沉痛哀悼、真诚吊唁和亲切慰问，我们深深感动。在此，我们向您们致以衷心的谢忱。此致敬礼。沈雁冰（茅盾）家属韦韬、陈小曼。一九八一年四月于北京。”

5月6日，浙江省图书馆学会常务理事会研究决定批准乐志荣为浙江省图书馆学会会员。

5月26—30日，浙江省文化局在嘉兴市召开图书馆图书分类编目工作研讨会，讨论研究如何按《中国图书馆图书分类法》（第二版）改编图书。报到地点为嘉兴市第一招待所。嘉兴市图书馆派一名分编工作人员参加，并在会上分享了分类编目经验。

研讨会上，嘉兴市图书馆做经验介绍，题目为《根据〈中图法〉第一版、第二版改编图书的做法》。主要分享内容为：嘉兴市图书馆藏书 30 余万册。建馆以来，中文图书先后采用《杜威十进分类法》和《中小型图书馆图书分类法》进行分类。从 1978 年 12 月开始，嘉兴市图书馆改用《中国图书馆图书分类法》（第二版）（简称《中图法》）。从 1978 年 12 月开始，在组织力量清理、开放“文化大革命”禁锢的图书的同时，正式开始使用《中图法》。两年来，共分编图书 25363 册。最初，新书按《中图法》分类排架，原有藏书原则暂不改编，仍按原《中小型图书馆图书分类法》排架。经过近两年的尝试，最后全部使用《中图法》，改进和提高了图书分编质量。

8 月 29 日，接到市计划委员会文件，同意嘉兴市图书馆在少年路干戈弄与市财政局合建宿舍，其中嘉兴市图书馆 200 平方米。1983 年建成并分配给部分干部职工。

9 月，浙江省文化局在杭州召开全省建设农村文化中心经验交流会。

12 月，屠益祥调入本馆。

是年，与市工人文化宫一起，对企业基层图书馆进行辅导、检查评比工作。

据 1981 年 4 月统计，农村集体书库藏书 87830 册，个人外借处藏书 39921 册，图书阅览室 6281 册，基藏书库 62034 册，古籍 10 万册，剔除 32366 册，总藏量 263700 册。

1982 年

年初，嘉兴市工人文化宫联合嘉兴市图书馆，开展嘉兴市职工“心灵美”读书心得征文活动。9 月 15 日公布评审结果，民丰纸厂侯凤英、嘉兴丝厂沈传樽、市中百公司张晓平、嘉兴化工厂沈聪、毛纺总厂潘初阳等人获得一等奖。图书馆将这些获奖征文结集，编印为《1982 年“心灵美”读书心得得奖征文集》一书。

10 月，慎召玲被评为浙江省图书馆先进工作者。

1982 年开始，嘉兴各行业都开始编写地方志和行业志。各行业编志专家，常年在嘉兴市图书馆查询、抄写各种文献资料。嘉兴市图书馆为嘉兴的上百种志书的编写提供了大量的地方文献资料服务。

是年，市政府聘请北京大学地理系师生，制订城市发展规划。嘉兴市图书馆向他们提供了上百种文献，为制订嘉兴城市规划提供了历史依据。

是年，嘉兴市图书馆在嘉兴市郊区竹林乡整合原大队（村）图书流通站的图书资源，建设了竹林图书馆，该馆设于乡政府大院竹林乡文化站办公室，乡政府大院原为祝廷锡藏书楼知非楼所在地。竹林图书馆是嘉兴第一个乡镇图书馆。

据 1982 年底统计数据，嘉兴市图书馆藏书总量为 355088 册，其中图书 254957 册（其中古籍 10 万册、善本 1880 册），报刊合计 1016 种 22097 册（其中期刊 880 种 11670 册、报纸 136 种 10427 册），连环画 78034 册。1981—1982 年新购图书 3960 册。

1983年

2月1日，嘉兴市工人文化宫联合嘉兴市图书馆召开表彰大会，表彰1982年度优秀图书室4个、单项先进图书馆10个、优秀管理员31名。

3月4日，慎召玲参加浙江图书馆举办的《中图法》修订意见座谈会。

4月18日，浙江省社会科学研究所经济研究室陈学文来到嘉兴，与嘉兴市图书馆谭文训、邱静宽、史念、张振维、乐志荣、陶诚益等馆员一起，共同讨论了两单位合编的《嘉兴府城镇经济史料选编》（暂定名）的工作。讨论由谭文训、陈学文两人主持。

“江南城镇经济史”被列入浙江省社会科学研究所（1981—1990）十年发展规划，为1983年的重点科研项目之一，并被列入浙江省第六个五年计划期间哲学社会科学重点研究课题。《嘉兴府城镇经济史料选编》（暂定名）一书，将作为《江南城镇经济史》的重要组成部分。双方通过讨论，决定由省社会科学研究所和嘉兴市图书馆选派人员合作编纂此书，并由陈学文（组长）、张振维（副组长）、郑绍昌、邱静宽、史念、乐志荣、陶诚益等7人组成编纂小组，制订工作计划，拟定内容提纲。

嘉兴府城镇经济史料选编草案

性质：资料性的科学著作。

阅读对象：科研工作者、大专院校师生、中等学校教师、机关干部和其他读者。

特点：地区性、专业性的资料选编。

本编内容：时代包括唐代至清代为止。将来如有条件再编第二编（1911—1949）。地域包括《大明一统志》所载一府七县（即嘉兴府、嘉兴县、秀水县、嘉善县、海盐县、平湖县、崇德县、桐乡县）。

编选单位：浙江省社会科学研究所和嘉兴市图书馆

5月3日，本馆派代表参加市总工会主办的开展职工“三热爱”读书活动研讨会。会议决定成立嘉兴市职工“三热爱”读书活动指导委员会，主任为卞瀛生（市总工会），副主任为李仁珠（团市委）和金南通（市总工会）。图书馆职工中，谭文训任委员会辅导组小组成员，崔泉森为副主任。

8月，全省县（市）图书馆藏书建设研讨会在金华举行，嘉兴市图书馆做了书面交流。

12月，朱定坤、洪向东从部队转业到本馆工作。

12月，洪向东参加浙江省文献著录标准化讲习会，为期一周。

是年，嘉兴掀起“振兴中华读书活动”，本馆参与活动的组织与领导。购书经费13875元，购置图书6424种18857册（其中连环画335种6700册）。

1983年以后，嘉兴市图书馆与有关单位和个人合作，编印了多种专题资料汇编和地方文献专著。

1984年

1月19日，嘉兴市委办发文，建立嘉兴市“振兴中华”读书指导委员会。

1月24日，嘉兴市文化局召开图书工作座谈会，征求推广《中图法》的意见，研究筹备浙江省图书馆学会嘉兴分会等问题。

3月，嘉兴市读书指导委员会聘请本馆张振维、史念、崔泉森担任读书活动辅导员。

4月23日，浙江省图书馆学会嘉兴市小组正式成立，并召开浙江省图书馆学会嘉兴市会员小组第一次全体会议。会议推选慎召玲为组长，蔡雪春、朱道明为副组长，会员小组内暂设学术和编辑两个组，选举慎召玲、蔡雪春、朱道明为浙江省图书馆学会第二次代表大会代表，推选张振维为浙江省图书馆学会第二届理事候选人。

5月，嘉兴市文联筹备组邀请张振维作为书法工作者协会筹备组成员。

5月，史红、丁惠华调入本馆工作。

5月10日，由本馆和浙江省图书馆学会嘉兴市小组合编的《嘉兴图书工作》第1期正式印行刊发。

6月，副馆长史念调至嘉兴市政协。

6月，购置静电复印机一台。该机器可快速复制文件、书本、图纸等，为广大读者和单位提供资料加工复印服务，也可以更好地为读者提供馆藏资料的复印件。

8月，浙江省图书馆学会常务理事会研究决定批准张诚琛为浙江省图书馆学会会员。

8月25日，馆务会议通过新制定的《嘉兴市图书馆规章制度（草案）》，9月1日起全面实施。

9月3日，即日起，本馆延长开放服务时间，从原来每周开放40小时增加到每周开放70小时。

9月26日—10月15日，本馆与市情报所、市计算机应用研究所联合在市科技大楼举行计算机图书展览。

10月6—8日，浙江省图书馆学会嘉兴市会员小组召开第二次全体会议，邀请中国图书馆学会学术研究委员会委员、苏州图书馆馆长许培基做《图书分类法的历史现状及发展趋势》的报告。市档案馆、市科技情报所、市科学技术学会部派员参加，湖州地区图书馆有 13 人参加此次活动。

10 月 17—19 日，市读书指导委员会发起举办市属单位“伟大的祖国”读书演讲比赛，崔泉森担任评判员。

11 月 13 日，江苏省镇江市图书馆馆长带队 13 人到本馆参观交流。

12 月，钱建强调入本馆工作。

是年，购置图书 24474 册（其中连环画 10078 册），制定新的全面的规章制度并执行。

1985年

1月，朱祥仙调入本馆工作。

1月1日，本馆阅览室的报刊从原来的闭架阅览改为实行全开架阅览。

1月27—29日，浙江省图书馆学会嘉兴市会员小组召开全体会议。会议进行了学术交流、传达上级的会议精神，学习了文献标准化著录的内容。

3月，经过近两年的努力，图书馆与浙江社会科学院历史研究所、经济研究所合作编纂的《嘉兴府城镇经济史料类纂》一书印刷发行。

5月，本馆古籍组编制了《有关茅盾的资料及索引》。

5月，赵一涵、王奉岚调入本馆工作。

8月，吴美娟同志入职本馆。

9月，吴雅萍、沈英焕两位同志入职本馆。

10月，嘉兴籍著名历史地理学家谭其骧应嘉兴市图书馆邀请，来嘉兴讲学。

10月，本馆收到《关于嘉兴市图书馆建造业务用房的批复》。由市财政投入，建造面积1800平方米，总投入60万元。

10月，浙江省图书馆学会常务理事会研究决定批准崔泉森同志为浙江省图书馆学会会员。

12月，谭文训同志离休。

是年，新增工作人员6名，改善了工作人员的年龄结构。与市文化局合作共建干戈弄宿舍一幢，共10户，解决部分老职工的住房问题。本年度新增图书9608册。

是年，本馆与嘉兴广播电视大学合作开办图书馆学专业大专班，学员20多人，主要为嘉兴市、县图书馆工作人员以及学校、工厂、医院等单位的图书室、资料室的工作人员。本馆副馆长崔泉森担任班主任。

1986年

1月，史大明同志调入本馆。

2月，文化局召开全市公共图书馆馆长会议，对1985年图书馆工作进行总结评比。

3月4—6日，浙江省文化厅在慈溪县召开图书馆建筑座谈会，嘉兴市图书馆及海宁县、海盐县、桐乡县图书馆都派代表参加了会议。嘉兴地区图书馆即将进入了新馆建设的高峰期。

3月27—30日，浙江省公共图书馆会议在海宁县召开。

4月13日，由市读书办、市总宣教部、市图书馆、新华书店牵头组建嘉兴市职工业余书评组，引导职工读好书，计划每季刊出《书评园地》一期，年底评选优秀书评汇印成册，由市图书馆出刊《书评通讯》发至基层，并举办书评辅导讲座活动。

6月，金海洪同志调入本馆。

6月，编印《报刊摘编：瞭望镜》试刊第一期，内容主要分报刊对嘉兴工作的反映、邻近地区动态、横向经济联合、乡镇企业、经济信息、理论动态等部分。

7月，沈红梅、金文革两位同志入职本馆。

8月，吴军同志入职本馆。

8月15—20日，本馆与浙江省图书馆嘉兴学会小组举办“图书分类学习班”。嘉兴市、区（县）的大、中型企业的工会图书馆专职管理员，部分县图书馆及学校、乡镇图书馆也派员参加学习。

9月，张振维同志离休；张诚琛、张影康、陶诚益三位同志同时办理退休。

10月，浙江省文化厅在龙泉县召开地方文献收集工作会议，嘉兴市图书馆就利用馆藏地方资料为经济、科技、文化建设服务取得的成果在会上作了经验介绍。

10月17日，苏州、嘉兴两市图书馆界互相通报各自的工作情况，就加强横向联系进行讨论。

10月27日，本馆举办各界读者座谈会，读者对本馆图书采购、外借、阅览、宣传辅导等方面工作提出意见和建议。

11 月 10 日，本馆面向年轻读者开了一场“琼瑶爱情小说讲座会”，请嘉兴一中魏文瑞老师主讲，就如何树立正确的人生观、爱情观等问题进行深入讨论。

12 月，蔡海峰同志从部队转业到本馆。

12 月，完成《馆藏部分浙江地方志目录》的编写。

12 月 24—27 日，嘉兴市文化局在海宁召开全市农村图书工作经验交流会，各市、县文化局领导、图书馆馆长、乡镇及村图书室的代表 40 多人参会，各先进基层图书室作了经验交流。会议就进一步搞好基层图书室工作作了要求。是年，本馆将辅导农村基层图书馆工作提到一个非常重要的位置。

是年，调入新员工 6 名，离、退休员工 4 名，人员结构进一步年轻化，较好实现新老交替工作。本年度购置图书 8042 种、15117 册，连环画 1115 册。连环画的购置量比前几年大大减少，科技图书的购置比例较前几年大幅提升。

是年，嘉兴市图书馆新的业务大楼开始动工新建，投资从 60 万元增加到 75 万元，拟建面积 1888 平方米，共五层。业务大楼于 1988 年竣工，现为嘉兴市图书馆少年路分馆（嘉兴市少年儿童图书馆）业务用房。

1987年

3月，由嘉兴市职业业余书评组举办的《书评园地》第一期正式印刷发行，第一期收录王卉、黄辉等四名作者的书评。

5月，嘉兴市文化局召开市、县图书馆馆长会议，内容主要是落实下半年全省图书馆服务成果展的资料准备，以及《浙江省图书馆志》编写的相关事宜。

6月，浙江省图书馆学会常务理事会研究决定批准李永新同志为浙江省图书馆学会会员。

6月，本馆与工人文化宫合作出刊《工人影评》2期。

7月，嘉兴市图书馆要求拨专款订购《钦定四库全书》影印本。报告中说："上海古籍出版社决定根据文渊阁《四库全书》进行影印，预计该书两年内出齐，订购一部需人民币伍万元，如一次付清享受九折待遇。《四库全书》有巨大的价值，为了满足阅读参考和学术研究的需要，利于中华文化的继承和传播，为嘉兴子孙后代留下一笔宝贵的精神财富，市图书馆在藏书建设中收藏这一海内珍品，是必要的。由于《四库全书》卷帙浩繁，价格较贵，市图书馆正常购书经费难以承担，为此特具报告，请求拨专款伍万元解决。"

8月25日，嘉兴市文联副主席王福基给市委写报告，汇报关于收藏朱生豪先生手稿的有关事宜。

1987年10月至1988年1月，浙江省文化厅举办全省公共图书馆服务成果展览，嘉兴市图书馆有四项服务成果入选，并在展览上展出。这四项服务成果分别为：①嘉兴市图书馆和省社科院编纂的《嘉兴府城镇经济史料类纂》；②嘉兴市图书馆与工人文化宫组织"心灵美"读书征文活动和开展"振兴中华"读书活动；③龚宏勋同志编纂的农村养猪参考资料《嘉兴猪》等文章；④嘉兴市图书馆助力城市总体规划和农业区划编制工作顺利完成。

11月17日，嘉兴市政府举行朱生豪《莎士比亚全集》译稿捐赠仪式，朱生豪夫人宋清如先生将译稿20册31个剧本捐给国家，由嘉兴市图书馆保管。

12 月，嘉兴市图书馆获得浙江省文化厅颁发的 4 张荣誉证书，表彰图书馆作出的贡献。

是年，嘉兴市图书馆为社会经济服务的意识逐渐增强；读书活动内容丰富，通过印制《书评园地》（一共出刊 3 期）、《工人影评》（一共出刊 4 期）等办法强化服务成果；年新增图书 7693 种 13026 册。

1988年

1月，乐志荣馆长从党校学习结束后回馆里工作。

1月9日，温岭县图书馆馆长等来本馆参观学习。

2月7日，图书馆之友协会成立，副馆长崔泉森、慎召玲参加成立会议。

3月4日，宣布1987年度先进工作者：崔泉森、钱建强、吴雅萍、李永新、俞保康、屠益祥。

3月19日，嘉兴市人大常委会副主任徐承铎等来本馆视察。

4月，市人事局发文，批准本馆专业技术岗位设置为28个，其中高级技术岗位1个、中级技术岗位8个、初级技术岗位19个。

4月8日，建筑面积1838平方米的新业务大楼正式启用。

4月8日，浙江省公共图书馆服务成果展览在嘉兴市图书馆新业务大楼三楼布展完成，副市长徐良骥、市人大常委会副主任徐承铎等领导以及相关各部门的领导参观展览并出席座谈会。

4月9—19日，浙江省公共图书馆服务成果展览在嘉兴市图书馆新业务大楼三楼展出。嘉兴市文化局、教育局、团市委、总工会联合发文，要求各单位组织参观这个展览。4月19日，本馆结合展览召开了读者座谈会。很多读者为图书馆如何办好活动建言献策，有的还写了感想和留言。

4月15日，浙江省图书馆学会嘉兴会员小组全体会议在本馆召开，选举参加浙江省图书馆学会第三次会员代表大会代表4名，推选慎召玲为第三届理事候选人。全体会员参观全省公共图书馆服务成果展览。

4月19日，嘉兴市委宣传部李旭峥同志专程来观看浙江省公共图书馆服务成果展。

4月28日，嘉兴市副市长范巴陵同志专程来观看浙江省公共图书馆服务成果展，对图书馆大门、通道等问题谈了看法。

5月，浙江省图书馆学会常务理事会研究决定批准吴美娟、何世芳同志为浙江省图书馆学会会员。

5月25—30日，慎召玲、宋凤珍同志去安庆市参加学习。

6月，首次完成全馆职业技术职务岗位聘任工作。

6月1日，副市长徐良骥、范巴陵在城建局领导的陪同下来馆询问新业务大楼建设中还存在的问题，重点落实少年路大门口拆迁的事宜。

6月27—29日，嘉兴市郊区文教局、本馆联合召开农村图书工作会议，进一步明确了乡镇图书馆工作的重要性，以及如何探索办好乡镇图书馆的方式，会议期间参观了江苏省农村图书工作先进图书室——吴江县同里镇图书馆。

6月28—30日，采编组全体工作人员去湖州市图书馆参观学习。

7月1—4日，嘉兴市文化局群文科、市图书馆及各县（市）图书馆11人赴临安县出席全省农村图书工作会议。嘉兴市图书馆和海宁市图书馆在会上作了经验交流。

7月7日，采编组搬入新业务大楼三楼。

7月9日，嘉兴市计划委员会下拨本馆少年路东大门拆迁经费10万元整。

8月6日，外借处搬入新业务大楼一楼，全馆将各套卡片目录和图书一起整理、核对。

9月18日，省文化厅图书馆处苏尔启处长来本馆考察，随后考察海盐县张元济图书馆和平湖县图书馆。

9月27日，乐志荣馆长带领外借部和古籍部员工赴杭州图书馆参加学习。

10月10日，全省地市、县图书馆馆长研讨会在海盐召开，乐志荣、慎召玲参加会议。

10月18日—11月5日，慎召玲副馆长去北京参加第二届全国地市、县图书馆馆长研习班。

11月11日，全体学习十三届三中全会精神。

11月15日，浙江省图书馆学会嘉兴会员小组推荐崔泉森同志为浙江省优秀学会工作者。

12月30日，市文化局召开全市“文明图书馆”考核评比会议，乐志荣、慎召玲参加。

是年，《书评园地》出刊1期后改为《文轩》，印行单位改为嘉兴市图书馆之友协会。年度购书经费96257元，新增图书19111册。图书外借约11.5万册，到馆读者约13.9万人次。购书经费约10.3万元，新增图书19630册。

1989年

1月，市文化局成立创“文明图书馆”考评小组，对本馆及各县（市）馆进行考核评分，经过八天认真考核，推荐本馆、海宁市图书馆、海盐县张元济图书馆为省文明图书馆，慎召玲等四位同志为先进个人。

1月5日，浙江省文化厅副厅长一行来嘉兴市图书馆视察工作。

1月20日，召开读者座谈会，读者代表对图书馆在提供读者专题资料、为自学成才青年提供优质服务等方面表示了衷心感谢。与会者一致呼吁社会更多支持图书馆事业的发展。

2月13日，嘉兴市图书馆之友协会在本馆举行联谊会，江南大厦、商业大厦等单位参加。

2月15日，省文化厅组织的创“文明图书馆”考核小组对本馆进行复核。

3月，省文化厅组织的创“文明图书馆”考核小组对嘉兴各公共图书馆，以及嘉兴图书馆事业的迅速发展表示了肯定。

4月28—30日，浙江省图书馆学会嘉兴市会员小组在嘉兴市图书馆召开全市公共图书馆期刊工作会议。

5月28日—6月3日，本馆开展首届公共图书馆服务宣传周活动，举办了读者活动、讲座、上街发放借书证等宣传活动。以后每年的5月底，本馆都开展这项“服务宣传周”活动。

5月28—30日，本馆在江南大厦门口敞开发放借书证（券），举办书市咨询活动。嘉兴地区各县（市）图书馆也派人参加书市活动。

5月29日，本馆举办‘当代小说创作谈”专题讲座，邀请市文联副主席王福基主讲。

5月31日，本馆举办‘影视创作谈”读者活动，由作家黄亚洲主讲。

6月1日，举办“六一”赠书活动。

6月2日，到省疗养院 开展为离休干部送书上门服务。晚上，在馆内举办陆明作品讨论会，以及书刊交易交换会。

6月4日，在本馆演讲厅开展革命传统教育报告会；在古籍阅览室召开读者座谈会；在馆内举办书刊交易交换会。

8月，章明丽同志调入本馆。

9月9日，市文化局在嘉兴市图书馆召开全市公共图书馆馆长和文化局分管干部会议，决定将《浙江省文明图书馆考核细则》作为嘉兴市考核评比文明图书馆的依据，还讨论了基层图书馆（室）开展创建活动的具体要求和措施。

9月26日—10月2日，市文化局为庆祝中华人民共和国成立40周年举办“文化艺术周”，本馆举办“馆藏地方文献展览”“馆藏珍贵画册展览”。

10月17日，帮助建立武警部队训练基地图书室并送书。

11月1—2日，浙江省档案检查组到馆检查全市文化艺术档案工作，本馆慎召玲副馆长汇报情况。检查组对嘉兴地区各县（市）馆的档案也一并检查。

11月7日，文化部、财政部相关领导3人在省文化厅苏尔启处长的陪同下视察了本馆古籍部。崔泉森副馆长汇报工作，文化部领导要求根据现有条件做好保管整理工作。

11月18日，新业务大楼安装升降电梯，方便图书搬运。

11月22日，慎召玲副馆长、辅导部沈英焕参加全市工会系统图书管理员工作会议。慎召玲在会上谈了工会图书馆藏书建设原则和要求。

11月25日，召开嘉兴市各系统部分图书馆同志座谈会，邀请杭州大学图书馆学专业陆宗城教授作《新主题和疑难图书的分类初探》的讲座，还讨论了筹备嘉兴市图书馆学会的相关问题。

12月，对全市公共图书馆及全市文化系统的乡镇（街道）图书室进行“文明图书馆（室）”的考核验收。

是年，本馆总藏书达42万册，报刊769种。年度经费15.6万元，新增图书19630册；工作人员28人；图书外借量约12.4万册次，到馆读者约15.2万人次。基本建立起全馆的档案体系。读者活动丰富多彩，开展了首届图书馆服务宣传周活动。

1990年

1月，本馆被评为1989年度文化系统先进集体。春节期间照常开放服务。

2月，筹备嘉兴市图书馆学会成立事宜，讨论章程修改稿、代表名额产生办法、理事人数、首批会员入会办法等。

3月19—21日，嘉兴市图书馆学会召开成立大会，随后召开第一次学术讨论会。参加成立大会的领导和专家有省文化厅副厅长毛昭晰，图书馆处处长苏尔启，浙江图书馆学会项弋平，苏州图书馆馆长许培基，上海图书馆副馆长吴龙涛，杭州大学教授陆宗城，以及嘉兴市委宣传部副部长戚耀左，市文化局副局长陆殿奎等。会议代表79人。浙江图书馆学会等发来贺信。嘉兴学院图书馆馆长吴峥为理事长；嘉兴市文化局副局长为名誉理事长。学会成立第一次学术活动，由嘉兴籍著名图书馆专家、苏州图书馆馆长许培基作“关于《中国图书馆图书分类法》三版修订的学术报告”。

4月3日，召开“新嘉兴市图书馆建馆四十周年座谈会”。市政府、市人大、市政协、新闻记者、读者代表、图书馆领导、图书馆退休老同志等30余人参加座谈。

4月20日，文化局陆殿奎副局长主持召开城、郊二区文化局图书干部、文化馆长会议，就城、郊二区图书工作进行协调。

4月20日，嘉兴市图书馆学会主办的《嘉兴图书工作》第一期印刷发行。

5月8日，舟山地区文化系统领导一行7人来本馆参观学习。

5月15日，购置四通打印机一台，本馆拥有第一台现代化打印设备。5月23日，文化厅图书馆处请本馆打印《浙江省公共图书馆大事记》。

5月28日—6月4日，开展图书馆宣传服务周。本馆举办敞开发放借书证、读者座谈会、画展与书展，以及向学校赠书等活动。嘉兴人民广播电台、嘉兴电视台、《嘉兴日报》都进行了报道。

5月29日，送书到南杨路小学和秀州路小学。

5月30日，在业务楼三楼大厅举办“馆藏画册展”，为期三天。

6月2日，本馆邀请杭州大学教授朱宏达、吴洁敏夫妇来馆作“译界楷模朱生豪”报告会。

6月3日，本馆举办“古代嘉兴历史梗概”报告会，邀请市地方志办公室主任、嘉兴市图书馆原馆长史念主讲。

6月4日，嘉兴市图书馆学会向郊区文教局赠书。市文化局、市总工会、多家企业代表参加仪式。本馆向郊区文教局赠书2400册，并就进一步合作等方面进行座谈。

6月8日，永嘉县图书馆馆长一行8人来本馆参观交流。

7月13—14日，嘉兴市图书馆学会学术委员会在本馆召开使用第三版《中国图书馆图书分类法》改编、类分图书研讨会，31人参会。

7月18日，召开党支部会议，讨论“我为南湖争光辉”活动的意义。

7月27—28日，本馆组织举办嘉兴市城区小学生纪念鸦片战争150周年演讲比赛。

9月12日，全市公共图书馆档案工作会议在本馆召开。

10月，《嘉兴图书工作》第二期刊印并发送至各图书馆。

11月13日，嘉兴市图书馆学会第三次理事会在海盐县南北湖召开。

12月7日，衢州市图书馆馆长、书记带队来本馆参观交流。

12月15日，下午举办“可爱的家乡”报告会，听众112人；晚上举办“李森祥作品讨论会”。

12月22日，上午本馆、市地方志办公室、市历史学会联合召开座谈会，商量为纪念辛亥革命80周年联合编辑专题资料等事宜。下午，在本馆召开“我与图书馆”征文颁奖会议，及得奖者座谈会。

12月31日，陈一成同志离休，宋凤珍同志退休。

本年度本馆利用馆藏图书、报刊等信息资源，编印农村科技信息资料，为农村种植业、养殖业服务，受到农民的欢迎。4月，完成《报刊信息摘编》第一期的编印与发行，首期为农业科技专刊。10月，完成《报刊信息摘编》第二期，发送到城、郊两区各乡镇。11月，完成《报刊信息摘编》第二期，送到嘉兴市基本路线教育办公室，以及各乡镇。《报刊信息摘编》，旨在普及实用科技知识，服务于发展商品经济，发展农业生产，单位和个人读者均可到馆查阅。第一期摘录的文章有《麦苗发黄原因及其防治》《冬施碘铵胜尿素》等。

是年，借阅人次明显增多，图书外借量约15.4万册次，到馆读者约20.6万人次。购书经费约10.3万元，新增图书18163册。

1991 年

1月8日—2月3日，嘉兴市文明图书馆考评组对各县（市）图书馆进行考评。2月2日，对本馆进行了考评。同意推荐平湖县图书馆为省文明图书馆，嘉兴市、海盐县、桐乡县、海宁市图书馆继续保持省文明图书馆称号。

2月9日，海宁市图书馆副馆长一行4人来馆参观学习。

2月15—18日，春节期间，对外服务部门继续开放。

2月26—27日，浙江省图书馆档案工作会议在嘉兴召开，本馆作经验介绍。

3月29日，浙江省图书馆学会副理事长、浙江大学图书馆副馆长夏勇应嘉兴市图书馆学会邀请来浙江冶金经济专科学校作报告，本馆员工十多人参加了报告会。

5月6日，《报刊信息摘编》第四期编印完成。本期收录的文章有《防治小麦白粉病有新药——农抗120》《怎样防止棚菜发生肥害》《西瓜品种介绍》等。

5月19日，文化部图书馆司公共图书馆处陈晓文同志在省文化厅图书馆处戴言的陪同下视察本馆工作。

5月27日—6月2日，开展图书馆宣传服务周。本馆编制并发送专题推荐书目，举办敞开发放借书证、读者座谈会、少儿书展，以及向吉水小学、栅堰小学、北京路小学、疗养院等单位赠书等活动。嘉兴人民广播电台对此进行报道。

6月2日，举办“开天辟地创作谈”报告会，由作者黄亚洲主讲。

6月25日—7月5日，举办庆祝中国共产党成立70周年馆藏党史党建书刊画册展览。

7月29—30日，本馆与城区文教局、团委、文化馆共同举办“党在我心中”演讲比赛。

8月17日，赠送步云乡图书馆图书1112册。

8月24日，完成《浙江省图书馆志》嘉兴地区部分撰写，并送至杭州。

8月29日，温州市图书馆馆长一行来馆参观交流。

8月31日，张宪义、吕炜、钱建芳三位同志入职报到。

9月，本馆到城、郊两区的看守所送连环画和法制教育类图书三次。

9 月，向嘉兴籍专家、学者征求著作目录，共发出信件 207 封。

9 月 3 日，召开全市公共图书馆馆长会议，研究下半年参加全省图书馆业务知识竞赛事宜等。

9 月 24 日，参加《浙江省图书馆志》编纂会议的专家到本馆参观。

10 月 27—28 日，举办全市公共图书馆业务知识竞赛，比赛科目为：图书馆图书分类，中文工具书和图书馆学概论。嘉兴市图书馆得团体第一名，桐乡县图书馆得第二名，海宁市图书馆得第三名。

11 月，本馆收到嘉兴籍专家、学者来信 79 封，并写感谢信回复。

11 月 14 日，全体党员听《加强党的领导》的报告，由嘉兴市委党校张兴华老师主讲。

11 月 25—30 日，本馆举办参加全省图书馆业务知识竞赛人员培训班。最后选出章明丽、吴美娟、史红，海盐县张元济图书馆杨剑四位同志作为嘉兴代表前往温州参赛。崔泉森副馆长带队。

12 月，对各县、市图书馆进行“文明图书馆”考评。

12 月 19 日，全省图书馆业务知识竞赛结束，嘉兴代表队荣获两个单项的第二、第三名，团体总分第四名。

是年，图书外借量约 15.6 万册次，到馆读者约 21.5 万人次。购书经费约 11.6 万元，新增图书 16066 册。建成位于文昌路文艺会堂后的图书馆宿舍，解决了大部分年轻员工的住房问题。

1992年

1月28日，本馆协助郊区做好步云、凤桥、王店三个图书馆（室）完成文明图书馆（室）考评。凤桥镇文化站图书室被评为市级文明图书室。

2月4—7日，春节期间，本馆照常开放。

2月18日，本馆将前一年注销的图书1426册赠给桐乡县安兴乡文化站图书室和郊区步云乡文化站图书室。

2月22日，崔泉森副馆长参加电视剧《朱生豪》开拍座谈会。

3月4—6日，嘉兴地区图书馆馆际协作会议在平湖召开，省文化厅图书处副处长陶月彪等领导参加，内容为公共图书馆如何搞好“以文补文”工作。本馆乐志荣、崔泉森参加会议。

3月7日，宁波余姚、普陀等地图书馆同行来本馆参加交流。

3月13日，全馆开展政治学习，传达中共中央文件，学习邓小平同志南方谈话精神，并进行讨论。

3月17日，本馆发出征集信件64封，征集嘉兴名人著作。

3月25日，《报刊信息摘编（农业科技资料专辑）》1992年第1期（总5期）印制发行。

3月28日，嘉兴市图书馆学会一届四次理事会召开。会议回顾1991年工作，讨论1992年工作计划。

3月28日，日本富士市赠送嘉兴市的3000余册图书，由本馆保存。

4月6日，文化服务部除复印、胶印业务外，开通畅销图书租借服务。

4月21日，本馆和郊区文教局在王店镇联合举办农村图书宣传座谈会。本馆送去新书一批。

4月21日，上海川沙县图书馆馆长、书记一行8人来本馆参观学习。

4月25日，慎召玲同志退休。

5月7日，沈英焕调至市文化市场办公室。

5 月 19 日，即日起为期一周的 1992 年图书馆服务宣传周活动开启。

5 月 19 日，本馆举办“朱樵作品讨论会”，读者踊跃参与。

5 月 25 日，浙江图书馆陈晓华同志来嘉兴，就地方文献的收集、整理和开发谈了看法，为省厅在 6 月召开的“全省地方文献工作经验交流会”做准备。

5 月 26—30 日，本馆举办日本富士市部分赠书展。

5 月 26—31 日，本馆敞开发放借书证。

5 月 28 日—6 月 2 日，本馆与余新镇政府合办科技书刊资料展，并提供科技咨询服务。

7 月 1 日，范晓华同志借调至本馆；俞保康同志退休。

7 月 17—19 日，嘉兴市图书馆和步云乡人民政府在步云乡成人教育中心，联合举办“科技书刊资料展”。展览内容有：农业生产技术书籍；建筑、食品、纺织、机电、家用电器、医疗保健等方面的科技杂志、报纸；还包括粮食、畜牧、桑蚕、水产、蔬菜瓜果等方面的实用技术新资料和科技信息。在展览现场，本馆为广大农民和农村干部赠送部分农业实用技术资料，提供资料咨询服务。

7 月 28—29 日，本馆与城区文教局、区团委、区文化馆联合举办“城区小学生讲故事演讲比赛”，参赛学生 32 名。崔泉森副馆长代表主办单位发言。

7 月 31 日，赵琍亚同志调入。

8 月 7 日，全体员工学习《浙江省市、县图书馆藏书建设与目录工作规则》，并分组讨论。

9 月，响应以文补文要求，本馆将业务大楼五楼大厅改造为中老年舞厅出租。

9 月 21 日，文化局在本馆召开全市公共图书馆馆长会议。

12 月 8 日，乐志荣、崔泉森参加省文化厅在海盐县召开的“浙江省公共图书馆工作座谈会”。会议讨论公共图书馆如何深化改革，以及公共图书馆评估定级等事宜。

12 月 21 日，本馆赠送步云乡图书室图书 1057 册、连环画 1000 册。

是年，外借图书量约 16.8 万册次，到馆读者约 22.1 万人次。馆藏古籍 101966 册，其中善本 1849 册，还有全国 26 个省市的地方志书 458 种。本馆是《全国地方志联合目录》的参加单位之一。另有普通图书 286960 册，其中哲学 21041 册、社会科学 63559 册、文学艺术 131549 册、自然科学 68569 册、综合性图书 2242 册。本年度购书经费 9.03 万元，购买新书 1.26 万册。

1993年

1月6日，本馆购置286计算机一台，24针打印机一台。

1月9日，本馆评选出1992年馆先进工作者：崔泉森、章明丽、乐志荣、王奉岚、张红星、史红。

1月11日，本馆召开《夏辇生童话魔方三部曲》讨论会，作者夏辇生亲自参加，参加读者20余人。

2月7日、7月14日，福建闽南佛学院教授单培根（嘉兴人）两次来本馆演讲佛学“唯识论”。

2月8日，本馆和钱建强、屠益祥分别签订经济责任承包合同，复印打字由屠益祥承包经营，租售书刊由钱建强承包经营。

2月22日，本馆张红星、章明丽两位同志被评为1992年度局级先进。

2月25日，余姚市图书馆馆长一行4人来本馆参观，并交流图书馆改革问题；慎召玲参加由市文化局组织的活动，到苏南地区参观农村文化设施，至3月3日回嘉。

2月27日，崔泉森将打印的“金庸武林院”（金庸图书馆）预算方案送文化局、市府办。

3月3日，乐志荣馆长去桐庐参加全省市级图书馆协作会议。

3月7日，为庆祝三八妇女节，本馆组织女同志及其家属子女去临安和杭州动物园游览。

3月26日，市文化局、档案局联合发文，要求在全市文化系统开展综合档案室建设达标试点工作。我馆为首批规划达标单位之一。

3月31日，温州市图书馆潘馆长一行来我馆访问交流。

4月22日，绍兴图书馆馆长一行来访。

4月24日，乐志荣、崔泉森参加文化局召开的市、县图书馆馆长会议，就多种经营、藏书建设规则，以及省公共图书馆建设系统知识竞赛等进行研究。

4月27日，嘉兴市工商局给本馆颁发嘉市字84648107–1号秀州书局营业执照，批准经营范围：主营图书期刊，兼营办公用品、图书用品、打字复印、书法印刷。

5月3日，李永新办理退休手续。

5月4日，市文化局将本馆专业技术人员业务档案材料移交本馆保管。

5月29日，本馆送书到飞机场汽车连，编辑二期《农村科技信息资料》。

5月30日，本馆配合六一儿童节组织录像专场，80名小学生观看《魔方大厦》。

6月1日，本馆举办录像专场，组织40余名小学生观看《金色的海螺》《魔方大厦》；赠送500册连环画到看守所。

6月2日，本馆送100册图书到机场雷达连。

6月3日，本馆组织50余名中专学生，观看录像《怎样利用图书馆》《中文工具书简介》。

6月14—16日，本馆送科技书到凤桥镇，进行为期三天的科技书刊展。

6月23—25日，本馆在新塍镇举办为期三天的科技书刊展览。

7月6日，本馆着手编辑档案专题索引、人名索引。

7月12日，上海书店派专人赠送《中国地方志集成·乡镇志专辑》，其中七册赠给本馆。

7月28日，本馆和城区文教局等单位联合举办“纪念毛泽东同志诞辰一百周年”讲故事比赛，有20所小学的38名选手参加，获一等奖3名、二等奖5名、三等奖8名，其余获纪念奖。

7月30日，崔泉森去平湖参加市图书馆学会平湖会员小组举办的学术报告会，由浙江图书馆采编部主任陈晓华主讲《当前图书馆动态、新学科、新主题与疑难图书分类》。

8月13日，本馆与第一医院签订租房协议（平房二间），用于以文补文的书刊租售和复印打字服务。

9月3日，为祝贺教师节，本馆给各学校发文，当月9—11日为教师敞开办理借书证。

9月6日，本馆根据市政府房改方案，拟定单位房改实施细则，送市房改办。市房改办（93）37号文发出《对市图书馆出售职工住房办法报告的批复》，同意按本馆实施细则开展房改方案。

9月13日，嘉兴市图书馆学会一届五次理事会召开，出席15人，讨论换届选举工作。审议通过12名新会员。

10月6日，嘉兴市图书馆学会发出关于选举第二次会员代表及名额分配的通知，以及关于选举二届理事候选人及名额分配方案的通知；市图书馆学会在浙江冶金经济专科学校召开学术座谈会，54 人参加。

10 月 9 日，省文化厅何副厅长等一行人来本馆秀州书局视察工作。

11 月 30 日，崔泉森带领张宪义、吴美娟、章明丽组成嘉兴市图书馆代表队，赴宁波参加由省文化厅组织的全省公共图书馆业务知识竞赛，本馆章明丽获文史知识单项第五名。

12 月 4 日，市文化局与档案局联合发文，公布文化系统综合档案室首次达标单位。本馆被评为一级档案室。

12 月 8 日，本馆停止租用第一医院南大门平房。复印打字室搬至图书馆门口，在少年路 180 号。

12 月 15 日，省文化厅下拨本馆 1.5 万元古籍保护专项经费。

12 月 23 日，乐志荣参加全市文化局长会议。由省文化厅、省档案学会组织的全省首届文化艺术优秀论文评奖中，本馆慎召玲撰写的《综合档案室要重视档案信息资源的开发利用》被评为三等奖。

12 月 29 日，卢培华同志调入。

是年，全馆购书经费 9.3 万元，购买新书 1.2 万册；图书外借约 17.7 万册，到馆读者约 22.4 万人次。全馆共有工作人员 26 人。下设采编部、古籍部、辅导部、外借部、图书阅览室、报刊阅览室、少儿图书室七个部门。建立比较完善的《嘉兴市图书馆藏书建设与目录工作实施细则》。

1994年

1月5日，图书馆支部开展1993年度民主评议。8名党员全部合格，慎召玲被评为好党员。

1月7日，本馆评选出1993年度图书馆先进工作者：崔泉森、乐志荣、张红星、王奉岚、章明丽、史红。

1月29日，乐志荣、崔泉森去德清，参加由省文化厅图书馆处召开的图书馆工作座谈会。

3月17日，崔泉森参加市政协文化组的视察活动，到海盐、平湖等公共图书馆进行视察。

3月18日，市政协文化组来本馆视察。

3月22日，文化部图书馆司杜克司长等人来本馆视察，重点是古籍工作。

3月24日，市文化局将部分过期香港《文汇报》赠送我馆。

3月25日，章水强同志调入本馆；嘉文党（94）8号文，任命崔泉森为嘉兴市图书馆馆长，章水强为副馆长、副书记。

3月25日，有22户职工购置本馆福利分房22套，计1220.9平方米。

3月28日，加拿大华裔化学家魏永康先生捐赠《嘉庆重修一统志》图书一部给本馆。

4月5日，自即日起，外借部为读者换发新借书证。

4月6日，本馆于2月份向市政府机关事务管理局租用中山路门面房约16平方米，租期2年。即日，秀州书局中山路零售店开张。秀州书局的开张主要为缓解图书馆购书经费少而不能满足读者需求的问题，同时以书会友。冰心老人为秀州书局题匾额。经过数年的悉心经营，秀州书局逐渐成长为嘉兴的一个重要文化品牌。

4月7日，市计委（94）67号文发布了关于市图书馆建造二期工程（沿少年路的图书馆综合服务大楼）、市总工会职校建造教学用房的批复。市建委发给本馆《建设用地规划许可证》，并规划出红线图，面积为二亩，为本馆二期工程用地范围。

4月12日，崔泉森完成政协文化组视察报告《发展公共图书馆事业　为两个文明建设服务》。

4月22日，浙江省文化厅社会文化图书馆处二位处长和处长助理来本馆视察工作。

5月3日，市文化局在本馆召开全市公共图书馆馆长会议，研究评估工作。

5月9日，杭州地区公共图书馆档案员共11人在省文化厅、杭州市文化局有关负责同志的带领下，来本馆参观综合档案室。

5月14日，市政府拆迁办贴出告示，因图书馆二期工程建设需要，从少年路180号到干戈弄南面，全部属拆迁范围，三个月内搬迁完毕。

5月18日，本馆和城市开发办公室签订房屋拆迁委托协议书，安排住房11套安置拆迁户，营业房60平方米，拆迁费102万元。

5月24日，崔泉森参加市文化局组织的评估考核组，分别到桐乡、海盐、海宁、平湖等图书馆，进行考核验收。

5月28日，本馆举办1994年服务宣传周活动，敞开发放借书证，以黑板报形式上街宣传。

6月1日，徐玳于1988年借调至本馆，即日正式调入。

6月2日，本馆举办“热爱党热爱社会主义专题书展”“人民画报展”“少儿新书展”；开展迎六一有奖猜谜活动，上街优惠供应少儿读物活动。

6月4日，市文化局、市计委、市城建委规划处、中房公司嘉兴分公司等单位就图书馆二期工程的初步设计方案进行初审。

6月9日，崔泉森去湖州南浔，看望老员工吴藕汀老人。

6月29日，慎召玲参加由市教委组织的对市属中学图书馆的检查评比；临安县文化局、图书馆一行16人来本馆参观。

7月7日，本馆举办“爱我中华　爱我家乡”讲故事比赛，省文化厅组织的公共图书馆评估组来本馆检查验收。

7月16日，沈红梅从南京大学图书馆学专业硕士研究生毕业，回馆工作。

7月27日，杜云昌市长等一行人来本馆，视察二期工程的进展情况。

7月30日，本馆收到嘉字计（94）190号文《市计委关于市图书馆二期工程、市总工会职校教学用房项目初步设计的批复》。

8 月 13 日，本馆拆除五间旧平房。

8 月 27 日，市土管局颁发《浙江省建设用地许可证》（浙土嘉证字〔94〕第 57 号）。

8 月 31 日，金文革调出。

9 月 9 日，全馆同志向灾区人民捐赠衣物 157 件；本馆和东阳四建签订建筑合同，经工商局签证。

9 月 13 日，电力局来安装变压器，临时扩容 100 千瓦，为施工提供用电保证。

9 月 26 日，范晓华于 1992 年 7 月借调到本馆，即日正式调入。

10 月 16 日，本馆邀请上海图书馆研究馆员张贤俭作学术报告，谈当前图书馆改革的一些理论和实践问题。

11 月 11 日，本馆收到市文化局（94）54 号文，下达 1994 年文化事业支出预算的通知，本馆一九九四年总经费为 33.27 万元。

11 月 16 日，本馆和嘉兴市散装水泥办公室签订“关于搭建办公室的协议”。

11 月 17 日，湖州市文化局领导在嘉兴市文化局方月清局长陪同下参观本馆二期工程。

11 月 23 日，崔泉森去宁波，参加浙江省市级图书馆协作会议。

12 月 1—2 日，本馆举办文献分类学习班，由杭州大学陆宗城教授主讲。

12 月 2 日，本馆收到市计委（94）297 号文《关于市教办建造管理用房的批复》，在图书馆二期工程中搭建管理用房 670 平方米。

12 月 19 日，慎召玲去省文化厅参加全省档案工作会议。

12 月 23 日，本馆评选 1994 年度馆先进工作者：范晓华、张红星、章明丽、王奉岚、史红、钱建芳。

12 月 28 日，本馆收到市财政局（94）506 号文《关于补助嘉兴图书馆大楼建造经费的通知》，补助经费 20 万元。

12 月 29 日，市长杜云昌、副市长杨荣华等领导在市文化局方月清局长陪同下，视察图书馆二期工程进展情况。

是年，图书外借量约 19.5 万册次，到馆读者约 22.6 万人次。全馆购书经费 9.5 万元，购买新书 7.6 万册；动工建设少年路临街的图书馆综合服务大楼；创办秀州书局；对本馆的业务工作规则进行全面修改。

1995年

1月17日，本馆党支部被市文化局党委表彰为1994年度先进党支部，慎召玲为优秀党员，章明丽、张红星为先进工作者。

1月23日，为加强消防工作，解决五楼鸣阳舞厅的消防通道，本馆另设计备用扶梯一部。

2月8日，崔泉森被评为浙江省文化系统先进工作者，受到省文化厅、人事厅表彰。

2月9日，本馆召开姚辛《左联词典》读者座谈会。

2月13日，香港知名人士万春先生赠送元代名画家吴镇《竹谱画册》印本一部给本馆。

2月20日，本馆完成嘉兴籍人士著作目录的补充材料，交嘉兴市方志办公室。

2月28日，本馆范晓华被增补为市青联二届委员。

3月3日，市政协科技组来本馆视察。

3月7日，崔泉森去绍兴，参加省文化厅社文处召开的改革座谈会。

3月8日，本馆领取嘉兴市图书馆法人登记证；提交浙嘉事法登字94（92号）书面报告给城郊供电公司，要求撤掉二期工程施工用电限制，并扩容正常用电总容量250千瓦。

3月11日，嘉兴第三中学职高班来本馆参观，馆长崔泉森介绍本馆目录体系，以及读者如何利用书目。

3月16日，市文化局党委派人来本馆考察领导班子。

3月20日，本馆向市文化局、市计委送出《关于要求解决部分职工宿舍的报告》。

3月21日，崔泉森馆长带队去海盐参加市文化局召开的全市公共图书馆工作座谈会。

3月25日，绍兴鲁迅图书馆全体党员来禾，参观本馆和南湖革命纪念馆。

3月31日，本馆文化服务部从少年路撤回馆内，结束和胡桂珍家的租房关系。

4月2日，海宁市图书馆陆子康馆长等3人来本馆参观。

4月3日，崔泉森去桐乡，参加市文化局召开的全市农村文化工作会议。

4月21日，全馆同志去嘉兴博物馆展览厅，参观邓小平事迹展。

5 月 1 日，为贯彻实施国务院关于职工工作时间的规定，从本周起，本馆实行五天工作制，开放时间不减少，内部轮休。

5 月 4 日，本馆外借部被评为嘉兴市先进班组。王奉岚代表外借部参加市先进班组表彰会，领取奖牌和奖金。

5月8日，本馆向市文化局、市财税局送上《关于申请专款购置续修四库全书》的报告。

5 月 16 日，局党委卢书记等来馆，对新干部进行考察。

5 月 23 日，市文化局（95）6 号文任命章明丽同志为嘉兴市图书馆副馆长。

5 月 25 日，本馆和银通物资责任公司签订《房屋出售协议》，图书馆新大楼六楼楼面所有权出让给银通物资责任公司，每平方米 1800 元。

6 月 12 日，本馆和市教委教研室联合举办“纪念中国人民抗日战争胜利五十周年、世界反法西斯战争五十周年——中学生历史知识竞赛”，有 34 所中学的 121 名中学生参赛。

7 月 4 日，市计委下达 1995 年度机关干部住宅建设计划的通知，安排本馆 165 平方米，共三套，总投资 13.2 万。其中财政安排 9.9 万、自筹 3.3 万。

7 月 21 日，市委宣传部部长沈子松在市文化局方月清局长陪同下，来本馆视察工作。

8 月 8 日，本馆完成嘉兴籍人士捐赠本馆著作目录一式二份，并分成 15 包，注明册数，存入藏书库。

8 月 23 日，市计委发（95）232 号文《关于银通物资公司搭建业务用房的批复》。

9 月 7 日，华龙缝纫针织设备商行与本馆签订承租新大楼一层的租赁合同。

9 月 25 日，市文化局（95）59 号文，下达 1995 年度文化事业支出预算的通知，安排本馆经费 37.57 万元，其中局补专项经费 5 万。

10 月 6 日，本馆被浙江省文化厅评为 1995 年度文明图书馆。

10 月 11 日，本馆在明伦堂西南侧建造车库和食堂。

10 月 26 日，馆发（95）8 号文，任命王奉岚为办公室主任、朱定坤为阅览部主任、朱祥仙为外借部主任。

11 月 1 日，何世芳同志退休。

11 月 20 日，崔泉森去湖州，参加浙江省市级图书馆馆长联席会议。

11 月 30 日，林用敏和本馆签订《关于承包经营市图书馆新大楼二楼娱乐项目的协议》。

12 月 20 日，董世强调入本馆。

12 月 25 日，本馆和嘉兴市级机关住房合作所签订《集资合作建房协议书》，解决职工住房问题。

12 月 27 日，少年路临街图书馆综合服务新大楼验收合格。

是年，图书外借约 20.3 万册，到馆读者约 23.1 万人次；全馆购书经费 22.4 万元，购买新书 7865 册；财政安排专项资金 20 万，分三年购置《续修四库全书》；综合服务大楼建设完工，部分用于出租。与嘉兴市历史学会合作编印《嘉禾春秋》第 1 辑。

1996年

1月8日，崔泉森、章水强参加市文化局长会议。

1月11日，李志英和本馆签订承包综合服务大楼三楼宝岛歌舞厅经营协议。

1月12—14日，四楼报刊库开始搬至五楼，少儿室从明伦堂搬至四楼。

1月15日，全馆有20多名同志参加职校电脑培训班，为本馆实现计算机自动化管理打下基础。

1月29日，章水强副馆长调出本馆，出任南湖革命纪念馆馆长。

2月16日，全馆同志捐款，向那曲人民献上一份爱心。

3月1日，张宪义参加郊区文教局组织的送文化下乡活动，到余新、步云、七星三个乡，为农民读者送去本馆编印农业科技资料200余份。

3月12日，张宪义、崔泉森参加市政协文化组，去海盐、澉浦和平湖黄姑乡，视察东海明珠工程。

3月21日，崔泉森去郊区大桥中华村，参加全市农村文化工作会议。

3月24日，张宪义和郊区文教局的同志一起去新篁镇，辅导文化站图书室；市审计局对我馆二期工程进行审计；市政府秘书长冯水华来我馆视察明伦堂易地重建问题。

3月26日，文化局局党委苗满山副书记来馆召开党支部大会，宣布图书馆支部工作暂由章明丽负责。

3月31日，崔泉森、范晓华、嘉兴电视台陆明去苏州，看望苏州大学终身教授、博士研究生导师钱仲联先生（89岁）。钱先生赠送本馆一套《海日楼诗注》书稿复印本。

4月11日，著名作家、评论家殷白将一套由他主编的52卷本《世界反法西斯文学书系》辗转捐赠给本馆。殷白，海宁斜桥人，1936年考取省立嘉兴民众教育馆，1938年去延安，时任四川省作协顾问。

4月24日，崔泉森、章明丽等一行8人去杭州图书馆参观学习。

4月26—27日，崔泉森、章明丽带领辅导、采编等同志，去大桥镇中华村图书室帮助分类。

5月，郁妹芬调入本馆。

5月13日，崔泉森与采编部的同志专程到上海，采购少儿读物，为六一儿童节做准备。

5月25日，图书馆服务宣传周开始，有14位同志上街（中山路电力大楼门口），进行宣传服务。宣传内容有：①展板展览宣传国际图联大会、宣传各系统图书馆；②发放成人、少儿借书证和阅览证；③怎样利用图书馆咨询服务；④举办书市，秀州书局供应嘉兴籍作者的图书；⑤简介图书馆经常性服务项目。活动发放资料200份。

5月26日，本馆召开部分学生读者座谈会。

5月30日，嘉兴电视台来馆拍摄制作《今晚8点》栏目，宣传图书馆专业，采访服务宣传周活动。

6月1—2日，本馆举办少儿新书展，开展少儿迷宫活动。

6月10日，本馆收到省文化厅浙文社图（96）29号文《关于加速我省公共图书馆自动化应用工作的意见》。

6月17日，崔泉森、章明丽赴杭，参加省文化厅召开的图书馆现代化建设馆长培训班。嘉兴市图书馆就“对于当前公共图书馆电子计算机管理的认识以及打算”做专题发言。发言中指出：随着现代社会技术化进程的加快，面对公共图书馆的是一股汹涌而来的现代化大潮。“信息社会”的前景对公共图书馆来说是一次充满机会的挑战，迎接挑战、把握机会，使公共图书馆完成从传统图书馆到现代化图书馆的变革，是一项关系到图书馆生存和发展的迫切任务。

7月6日，嘉兴电视台就图书馆的现状和出路采访崔泉森。

7月9日，崔泉森、章明丽参加市文化局举办的“图书馆现代化建设座谈会”。在会议上，崔泉森做了“嘉兴市图书馆自动化工作进度汇报”。

8月1日，1996年度经费确定。市文化局按1995年度经费增加约6%，即再加1万元，总计40.5万。

8月7日，五县二区各系统图书馆开展国际图联知识竞赛。

8月29日，本馆与《嘉兴日报》社商谈吴藕汀《烟雨楼史话》的出版与印刷事宜。议定该项目由《嘉兴日报》印刷厂印刷，本馆给予一定经济支持。

8月31日，金立入职本馆。

9月5日，崔泉森和嘉兴市计算机公司小王、财税局小顾去杭州图书馆参观图书馆自动化设施；北京《长缨》杂志社原社长陈金松（海盐籍人）向本馆赠书《笔苑探艺》等4本。本馆被评为市未成年人保护先进单位。

9月6日，浙江电视台采访本馆秀州书局。

9月9日，浙江省文化厅拨付本馆自动化管理启动经费3万元。

9月18日，以《求是》副主编为首的全国人大代表《未成年人保护法》检查团晚7：30来馆检查。

9月23日，本馆购买深圳市科图自动化新技术应用公司的“图书馆自动化集成系统（ILAS）”软件及其采购、编目子系统等，1.2万元。双方签订“协议书”。

9月26日，本馆员工参加浙江冶金经济专科学校主办的业务报告会。会上，浙江省医科大学图书馆专家主讲国际图联大会相关情况。

9月28日，史红、沈红梅、吴雅萍、吕炜赴杭参加ILAS培训，从9月28日至30日。

10月14日，崔泉森赴舟山，参加在普陀山召开的馆长联谊会议；范晓华赴苏州，参加钱仲联九十寿诞庆典。

10月18日，本馆购进1台兼容机，6台终端，采用深图ILAS系统，杭州图书馆小吴、计算机公司小王来馆调试。购进杭州图书馆约15万条数据。

11月6日，浙江省政协在嘉兴的委员一行18人来馆视察。

11月8日，本馆赠大桥阅览室图书500多本连环画、书架2只，赠关心下一代协会书架2只。

11月13日，嘉兴电视台来馆采访崔泉森，谈图书馆现状设想。

11月26日，章明丽任本馆党支部副书记。

11月28日，崔泉森、范晓华去上海书店，联系碑帖出版事宜，并购买挂历50本。

12月2日，机房购买华宝空调一台，6200元。

12月3日，文化局宣传部发文，举办文化下乡活动，本馆承担“农民读书征文”活动。

12月4日，本馆发布关于组织农民读书征文活动的通知。

12月9日，本馆举办五县图书馆馆长会议。

12月12日，本馆与嘉兴机场商量图书外借及军民共建活动。

12月13日，清华大学光盘国家工程研究中心寄函件告知本馆，同意在本馆设立“中国学术期刊文献检索咨询站二级站”。

12 月 17 日，财政局批准拨付购买《中国学术期刊（光盘版）》经费 5 万元。

是年，图书外借量约 18.9 万册次，到馆读者约 23.3 万人次。全馆购书经费 31 万元，用于购买《续修四库全书》《中国学术期刊（光盘版）》。购买新书 7876 册。与嘉兴市历史学会合作编印《嘉禾春秋》第 2 辑（图 1–7–1）。

图 1–7–1 《嘉禾春秋》

1997 年

1 月，胡萍同志入职本馆。

1 月 2 日，嘉兴有线电视台采访本馆图书业务管理自动化起步情况，并于次日晚播出。

1 月 9 日，《嘉兴日报》记者采访本馆业务自动化的实施情况。

1 月 10 日，本馆召开全馆会议，评出 1996 年度馆先进工作者，即沈红梅、史大明、卢培华、钱建芳、史红、朱祥仙。

1 月 15 日，张宪义、范晓华前往郊区凤桥镇参加市文化局组织的送文化下乡活动，赠送农业信息资料、图书展览与秀州书局优惠售书。

1 月 17 日，市文化局陈苏芬、沈盛来馆检查 1996 年度图书馆经济业务指标。

1 月 21 日，本馆组织开展党员活动，为退休职工陶诚益送棉衣棉裤，并为其打扫卫生。

1 月 31 日，本馆组织召开考核小组会议，在专业技术人员个人总结的基础上，评出职称优秀者，即吴美娟、史红、沈红梅、张宪义。

2 月，外借部送书上门至市消防中队 2 次。

2 月 7—12 日，春节，本馆全天开放。

2 月 18 日，安装《中国学术期刊（光盘版）》检索系统软件。

2 月 21 日，邓小平同志逝世。全馆员工学习《告全党　全军　全国各族人民书》及邓小平同志治丧委员会 1 号、2 号令，座谈邓小平同志的丰功伟绩。

2 月 25 日，上午 10：00 闭馆，全馆职工收看邓小平同志追悼大会实况。

2 月 27 日，本馆党支部召开会议，讨论朱祥仙、吴美娟同志的入党问题。同日，市文化局文艺处处长包惠英来馆了解业务情况。

3 月 7 日，章明丽、张宪义、范晓华送文化下乡到余新镇，赠送农业信息资料，开展图书展览与秀州书局优惠售书。

3 月 9 日，崔泉森、范晓华前往南浔看望吴藕汀先生。

3 月 10 日，本馆书目数据库基本建成，馆领导核查数据库条目质量。

3月15日，全体党员前往南湖革命纪念馆观看纪录片《邓小平》。同日，本馆被评为1996年度局先进单位，史红、张红星为局先进个人，王奉岚为优秀党员。

3月20日，杭州图书馆吴云鹤来馆，安装ILAS系统流通管理软件。

3月24日，本馆新购松花红牌面包车一辆。

3月25日，张宪义调入市文化市场管理办公室工作。同日，采编部完成书目数据库的校对，共包括7万多条书目数据。

3月31日，外借部暂停开放，将原闭架书库转为开架书库，实行开架借阅。

4月3日起，采编部新书采编实行计算机管理。

4月4日，本馆将约3万册剔旧图书赠各乡镇图书馆（由郊区文教局代办）。

4月7日，本馆建成中国学术期刊文献检索咨询站二级站，是全省图书馆系统建成的第一家检索咨询站。当天，副市长范巴陵、市政协副主席裘樟鑫以及6家新闻单位，来馆参加《中国学术期刊（光盘版）》报告演示会。

4月7—11日，本馆开展中国首批学术期刊文献检索咨询站开放周，为各机关、团体、学校等举办《中国学术期刊（光盘版）》专题讲座9场。

4月12日，余姚书架厂来馆安装开架书架。

4月16日，外借部开始为每册外借图书加贴条形码。

4月25日，外借部送书上门至部队通讯连。

4月29日，崔泉森到上海交通大学购买图书磁条，共3万根。

5月，崔泉森、章明丽参加庆祝张元济图书馆建馆十周年活动，崔泉森在会上发言。

5月6日，外借部人员分2组为图书贴磁条，并登入计算机业务系统。

5月25日，外借部送书上门至市消防中队。

5月26日，图书馆服务宣传周第一天，外借部恢复开放并开通计算计自动化借阅。

5月26日—6月1日，图书馆服务宣传周期间，本馆活动包括庆香港回归图书展览、召开各界读者座谈会、面向全市敞开发放电脑借书证、电子阅览室免费开放等。

5月29日，崔泉森赴杭州参加《中国学术期刊（网络版）》讲座。同日，朱定坤陪同市文联主席王福基到嘉兴军用机场，为战士们主讲“怎样读好书”，以及辅导黑板报与图书分类等。

6月19日，嘉兴计算机公司工作人员对本馆二楼、三楼、四楼布网线。

6月，外借部送书上门至市消防中队（8日）、部队通讯连（20日）。

7月1日，香港回归，普庆一天。

7月2日，少儿室即日起实行计算机管理。同日，本馆工作人员开始实行佩卡上岗，工号上墙。

7—9月，外借部每月送书上门至市消防中队，共三次。

8月21日，海盐张元济图书馆馆长一行3人和市文化局办公室主任到本馆了解计算机管理的实施情况，就海盐县张元济馆的实施工作提出具体方案。

9月，本馆举办“阔步走向现代化”图片展。

9月27日，全市公共图书馆馆长会议召开，讨论推荐省先进集体的相关事宜。

10月14日，本馆崔泉森、章明丽，市文化局文艺处处长包惠英及郊区文化局相关人员等到新塍镇文化站，察看“东海明珠设施”创建情况。

10月23—24日，本馆人员到新塍镇文化站辅导图书阅览室建设。

10月28日，复旦大学教授葛剑雄撰写的《悠悠长水：谭其骧全传》首发式在本馆举办。下午，由市图书馆、市科协主办的葛剑雄主讲的“谭其骧与中国历史地理学”报告会在市科技馆举行。

11月，少儿阅览室到嘉兴市中山路小学（3日）、嘉兴市实验小学分部（27日）发放借书证，共计90张。

11月，外借部开展送书上门活动，送书至市公安局特警支队（11月2日）、市福利院（11月2日）、市老年公寓（11月2日）与市消防中队（11月8日）。

11月3日，市文化局监察处处长陆雅祥来馆参加党性党风教育民主评议会，对崔泉森、章明丽两人进行测评。

11月20日，嘉兴市建设银行向市政府捐赠《传世藏书》123册，市政府转赠本馆。赠书仪式即日在本馆举行，市政府领导和市文化局、市建行等有关部门领导以及社会各界人士100余人出席仪式。

12月，外借部开展送书上门活动，送书至市公安局特警支队（12月5日）、市福利院（12月5日）、市老年公寓（12月5日）与市消防中队（12月11日）。

12月17日，崔泉森、范晓华参加沈钧儒纪念馆筹建工作。

12月25日，本馆送文化下乡到油车港镇，赠送自编农业信息资料摘要。秀州书局进行优惠售书。

12 月 27 日，阅览部召开读者座谈会。

12 月 28 日，本馆对二楼阅览室面积进行调整扩大，二楼书库搬至四楼。

是年，93 岁的著名图书馆学家、上海图书馆原馆长顾廷龙先生为本馆题名。

【概况】到馆读者 20.5 万人次，外借图书 18.3 万册次；新购图书 6234 册，订报刊 614 种。本馆在做好为读者服务工作的同时，抓紧建成市图书馆计算机管理系统，建立中国学术期刊检索站二级站，使本馆在现代信息技术的应用方面跨出一大步；坚持开展“图书服务宣传周”“新农民读书征文活动”；送图书下郊区乡镇，对乡镇文化站和基层图书管理人员进行业务辅导，把 2.6 万册图书赠送给新篁、新塍、洪合、余新、荷花 5 个乡镇图书室。与嘉兴市历史学会合作编印发行《嘉禾春秋》第 3 辑。

【实现计算机自动化管理】3 月，完成图书书目数据库回溯建库工作；4 月，着手流通部门计算机管理的准备工作。首先对外借书库进行改造，把闭架书库改造成开架书库，然后把外借书库 10 多万册图书贴条形码和防盗磁条，将每本书的条形码与计算机连接，并安装防盗设备。5 月 26 日，正式对外开放。在外借部进行计算机自动化管理，实行全开架服务后，每天读者借书册次逐步上升，高峰时期每天借出图书 1500 余册，是过去的两倍以上。7 月，少儿图书室也实行计算机自动化管理。是年，本馆计算机网络有计算机主机 1 台、备用机 1 台、终端 11 台，图书采购、编目、流通等部门基本上做到计算机自动化管理。

【中国学术期刊检索站建立】是年，本馆建立了中国学术期刊检索站二级站。检索站配置有清华大学开发的《中国学术期刊（光盘版）》全部 8 个专辑，收录近 3000 种学术期刊的全文信息，可供 4 位读者同时检索，并开展定题服务、引文检索、科研项目背景分析、科研产品能力评价检索、科研项目查新、学术期刊评价检索等服务项目；配有激光打印机，可随时打印检索结果。检索站成立以来，工程技术人员、医务工作者以及各学科的研究者、爱好者经常前来检索查询。本馆利用《中国学术期刊（光盘版）》中的科技信息，编印农业科技信息资料，散发城乡镇各处，产生了良好的社会效益。

1998 年

1 月 2 日，全馆员工在借阅大楼二楼进行杂志搬迁，阅览室由原来 175 平方米扩大至 325 平方米。

1 月 9 日，本馆评选的 1997 年度个人先进工作者为洪向东、吴美娟、胡萍、卢培华、吴雅萍；先进班组为外借部、古籍部，在先进班组中选出两位先进个人为洪向东、吴美娟。专业技术人员考核优秀的是史红、朱定坤、张红星。同日，为希望工程对象李玲捐款 255 元。

1 月 12 日，崔泉森参加嘉兴市文化代表团，与市文化局副局长周成龙以及章水强、乐志荣一同启程赴日本考察，为期一周。同日，开展为期一周的送文化下乡活动。当天，洪向东、董世强、金晔前往大桥镇，赠送农业科技信息材料，为农民写对联、画国画，秀州书局开展优惠售书。

1 月 13 日、16 日，洪向东、董世强、金晔等先后送文化下乡到荷花镇、新丰镇。

1 月 20 日，市文化局召开 1997 年度各直属单位目标责任制考核会议，本馆被评为 1997 年度市文化局先进集体。

1 月 22 日，崔泉森、范晓华随市文化局局长朱益民赴南浔看望吴藕汀先生。

1 月 28 日—2 月 2 日，大年初一至初六，本馆照常开放。

2 月 14 日，嘉兴市第四高级中学史学社 30 多位成员来馆参观。

2 月 20 日—4 月，史红、沈红梅、吴雅萍、董世强等到新塍镇文化站辅导建设图书室，以迎接“东海明珠工程”验收。

2 月 23 日，五县（市）公共图书馆馆长会议在本馆召开，主要讨论第二次全国公共图书馆评估定级工作，市文化局副局长周成龙、文艺处处长包惠英参加。

3 月 1 日，建设街道文明办组织上街“为民服务”，本馆服务内容为发放图书馆资料 120 份、优惠售书、办理成人和少儿借书证。

3 月 12 日，本馆购置的《续修四库全书》部分到馆，后将陆续到齐。

3月18日，本馆被评为1997年度市文化局综合治理先进单位。市文化局局长朱益民与各基层单位负责人签订创卫综治责任书。

3月23日，崔泉森、市文化局文艺处处长包惠英赴嘉善了解图书馆评估的准备情况。

3月25日，少儿室开辟阅览区与学生自习区，并延后开放时间，早间开放时间与晚间闭馆时间均推迟半小时，招聘义务服务员。

3月30日，市政协副主席裘樟鑫一行10余人来我馆了解情况，为4月市政协会议召开做准备。

3月31日，本馆收费项目略有调整，物价局报批并年审。

4月1日，本馆馆务会议定本年度参加中级职称以上评审人员的必备条件：①参加社会主义市场经济理论培训；②通过计算机初级考试。

4月2日，本馆被评为1996、1997年度浙江省先进集体；沈红梅、朱祥仙被评为1995、1996年度浙江省图书馆先进个人。

4月6—15日，吕炜参加市委组织部举办的中级职称以上人员培训班。

4月8日，章明丽、洪问东、董世强赴余新镇送文化下乡。

4月18日，为参加浙江省地方文献工作会议做准备，本馆编制嘉兴市各专业志、单位志、专门志目录。

4月21日，市文化局文艺处夏贤荣、张元济图书馆馆长陈解生、本馆章明丽赴义乌参加浙江省地方文献工作会议。

4月22日，省内各县市图书馆（10家单位）开展交流，讨论省文化厅下达《浙江省公共图书馆新编地方志联合目录》编制方案（讨论版）及《“浙江省公共图书馆地方文献协作网”方案》（讨论版），对公共图书馆评估情况做汇报，并提出问题。

4月27—29日，市图书馆评估小组包惠英、崔泉森、夏贤荣、章明丽先后赴桐乡市图书馆、平湖市图书馆、海宁市图书馆、张元济图书馆进行实地评估。嘉善县图书馆因旅游节推迟至5月12日实地评估。

5月7日，章明丽、吴美娟赴杭州文物局，鉴定被窃古籍的性质。古籍共被窃14本，均为文物，其中三级文物4本。

5月12日，市长助理黄济华来馆听取情况汇报，并实地查看。

5月16日，本馆4人前往市科技馆参加浙江大学宋博士主讲的关于因特网的报告会。

5 月 19 日，三楼图书阅览室完成图书条形码粘贴任务，准备输入系统。

5 月 20 日，秀州书局拟从机关事务管理局的出租房迁移至本馆借阅大楼一楼。

5 月 26 日—6 月 3 日，本馆开展图书馆服务宣传周系列活动。其中，5 月 30 日，工作人员到江南大厦广场进行服务宣传，发放宣传资料，简介图书馆服务项目宣传材料 100 份、光盘专辑宣传材料 100 份、光盘咨询联系材料 100 份，发放成人、少儿借书证，以及展板宣传。

5 月 29 日，“嘉兴新貌”辉煌成就摄影展在本馆举行。

6 月 1 日，少儿室开展新书展、少儿谜宫、少儿书画展等活动。

6 月 5 日，本馆邀请消防支队许队长来馆进行消防知识培训，并进行实地演习。同日，未成年人保护检查组在市文化局纪检书记苗满山的带领下来馆检查，听取汇报。同日，嘉善县图书馆一行 5 人来馆参观信息技术部。

6 月 9 日、10 日，本馆崔泉森、章明丽以及市文化局副局长周成龙、文艺处处长包惠英陪同省评估组先后赴海盐、嘉善进行实地评估。省评估组由省文化厅副厅长沈敏带队。

6 月 11 日，省评估组对本馆进行实地评估，提出要求：硬件设施较差，宜建新馆。

6 月 18 日，徐震德同志由市文化局安排在本馆办公室工作。

6 月 29 日，崔泉森、章明丽随同市文化局相关领导前往南湖开发区查看文化用地。

7 月 4 日，张元济图书馆党员来禾参加党员活动。

7 月 12 日—8 月 20 日，暑假美术素描班活动开课，来自三所学校三年级以上的 20 多名学生在少儿室参加培训，朱定坤执教，每逢周二、周五下午开课。

7 月 22 日，调整图书资料初评委人员，本馆崔泉森、章明丽仍在评委行列。

7 月 27 日，本馆新馆建设方案报送市文化局。

8 月 19 日，胡萍参加机关党工委组织的演讲比赛，获参赛奖。

8 月 21 日，长江特大洪水，本馆发动募捐，共捐款 2022 元。

8 月 31 日，馆领导参加市文化局会议，局长通报 8 月 19 日市委会议及对文化中心用地的情况。下午查看南湖开发区实际用地。

9 月，陆亚韵同志入职本馆。

9 月 1 日，为迎接卫生检查，借阅大楼内部粉刷。古建筑队来人，丈量明伦堂，准备拆迁预算。

9 月 3 日，本馆向市文化局提交新馆立项报告。

9 月 10 日，本馆为灾区募捐 257 件衣被等物品，即日送往市民政局。

9 月 16 日，金海洪、朱定坤参加由机关工会组织的书画展览，金海洪作品获二等奖。

9 月 22 日，本馆申报秀城区文明单位，即日进行文明单位常识考试。

9 月 23 日，本馆为阅览室购买凳子 120 个，每个 38 元。

9 月 24 日，市文化局文经处陈苏芬、黄益翰来本馆进行会计标准化检查。

9 月 24—25 日，史红、沈红梅、章明丽、吴雅萍等前往清河小学开展辅导活动。

10 月 8 日，海宁图书馆馆长陆子康一行 4 人来馆参观本馆业务管理自动化的相关事项。

10 月 15 日，萧乾助手、现代文学馆工作人员来馆，范晓华协助去海宁、桐乡、嘉善拍摄有关新文化运动资料。

10 月 22 日，崔泉森赴上海商量倪禹功先生捐赠及图书出版一事。

10 月 29 日，浙江图书馆地方文献部俞樱来馆交换地方志。

10 月 31 日，本馆确定业务比武内容：①试卷考试（沿革、馆藏、概论等）；②卡片排列；③五笔字型输入法、四角号码；④图书分类；⑤论文。

11 月 1 日，本馆参加街道计生协会上街“为民服务”活动，内容包括图书资源共享宣传，办理少儿证、外借证等。

11 月 10 日，崔泉森随市文化局党委副书记苗满山带队的局考察队赴苏南（南通、无锡、苏州等）考察。

11 月 20 日，全馆专业技术人员参加业务比武分类目录卡排卡竞赛。

11 月 26 日，王奉岚、朱祥仙、徐玳、史大明、吴雅萍、金海洪等六人中级职称全部通过。

12 月 4 日，南湖革命纪念馆、人民戏院、本馆等三家党支部联合举办的学邓小平理论、十五大报告、党章知识竞赛在南湖革命纪念馆举行，市文化局党委副书记苗满山到场，南湖革命纪念馆获第一名。

12 月 18 日，全体职工参加业务比武五笔字型输入法打字比赛。

12 月 21 日，本馆和上海浦东发展银行嘉兴支行签订《合作开发“东方图书卡”意向书》，市文化局副局长周成龙出席。

12 月 26 日，崔泉森、章明丽参加浙江图书馆试开馆仪式。

12 月 31 日，“澳门回归图片展”在本馆举办。

是年，本馆送书上门至市福利院、市消防中队、市老年公寓和市特警大队各 6 次，嘉兴机场通讯连 4 次。

【概况】是年，到馆读者 26.6 万人次，外借图书 23.4 万册次；新增图书 8486 册，超过上年增加数。本馆继续完善计算机自动化管理，努力做好读者服务工作。为方便少年读者借阅，少儿图书室开放时间延长半小时。扩大报刊阅览室的面积，缓解读者拥挤的矛盾。此外，本馆举办图书馆服务宣传周活动，开展送书上门、送文化下乡等活动，参与沈钧儒纪念馆建馆筹备工作，为纪念馆提供大量的历史资料。出版倪禹功先生《嘉秀近代画人搜铨》一书。与嘉兴市历史学会合作编印发行《嘉禾春秋》第 4 辑。

【晋升为地市二级图书馆】6 月，浙江省文化厅评估小组，根据文化部制定的《地级图书馆评估标准》，对嘉兴市图书馆各项条件及工作情况进行实地考察和评估。经过认真的考察检查，评估小组认为本馆在事业建设方面取得较好成绩，资金投入近年有较大幅度的增加，计算机业务管理工作全面展开，年报刊入藏量、电子文献入藏量较为丰富，书刊宣传、读者服务工作较有力度，业务、行政管理较为科学规范，已具备嘉兴地区中心图书馆的业务基础与能力。同时，评估小组认为馆舍面积、业务用房不足影响到中心图书馆功能的发挥，较难满足社会发展和读者的需求，并对图书馆在学术研究方面提出改进的要求。评估小组确定，嘉兴市图书馆从地市图书馆三级馆晋升为二级图书馆。

【扩大报刊阅览室面积】随着城市规模扩大，本馆报刊阅览室读者人数增加，原有 150 平方米报刊阅览室已不能适应需要，平时已处于读者饱和状态，双休日更是拥挤不堪，阅读环境严重恶化。为了缓解这一矛盾，本馆将报刊阅览室北侧的 100 平方米报刊库房进行迁移，腾出面积用于扩大报刊阅览室，同时改善了通风、采光条件，阅读环境得到明显改善。

1999年

1月，阅览室报纸开始实行分类上架。

1月2日，浙江省文化厅社文处戴言、宁波图书馆馆长陈宁雄、绍兴图书馆馆长龚天力来馆考察。

1月5日，市文化局党委副书记苗满山、办公室主任沈盛来馆，进行馆领导班子民主测评。

1月12日，章明丽参加市评估小组，对海盐县西塘桥镇创建嘉兴市东海明珠工程进行验收。

1月14日，本馆党支部召开支部会议，开展民主评议，评出的优秀党员为朱定坤。

1月15日，本馆召开全馆会议，评出的职工先进个人为郁妹芬、吕炜、董世强。

1月19日，馆长崔泉森与市文化局签订1999年度目标责任书。

1月20日，本馆送文化下乡到王店镇，分发农业信息资料近百份。同日，召开部主任会议，评出的先进部门为外借部、财务室，先进部主任个人为朱祥仙、张红星；专业技术人员进行论文交流，考核优秀：史红、吴美娟、钱建芳、钱建强。

1月26日，本馆送文化下乡至大桥镇，赠送农业信息资料并售书。

2月2日，市文化局召开直属单位领导会议，总结1998年工作情况。本馆被评为1998年度先进单位。

2月3日，通过政府采购流程，本馆购入服务器1台、终端4台。

2月10日，崔泉森参加市文化教育座谈会，市委书记陈加元、市长助理黄济华到场。

2月11日，桐乡市图书馆一行来馆咨询图书馆业务管理自动化的相关事项。

2月16日，大年初一，市长助理黄济华和分管文化的市政府副秘书长来馆慰问在岗同志。

2月16—21日，大年初一至初六，本馆照常开放。

2月26日，借阅大楼准备大修，专项拨款近30万。

3月2日，浦发银行来馆洽谈联合发放东方借书卡一事。

3月6日，建设街道组织“学雷锋　做好事”上街“为民服务”，本馆服务内容包括发放借书证及宣传资料、优惠供应嘉兴地方文献资料等。

3月7日，崔泉森随市文化局局长朱益民赴南浔看望本馆于50年代外派整理嘉业堂的吴藕汀老先生。

3月19—22日，市文化局陈苏芬、市财税局张红燕以及本馆部主任一行8人赴温州市图书馆参观学习。

4月1日，借阅大楼的木制窗更换成塑钢窗。

4月13日，借阅大楼二楼至四楼因房屋维修暂停开放。

4月18日，章明丽、沈红梅赴杭州参加信息化讲习班。

4月19日，市委书记陈加元、宣传部长沈子松、市长助理黄济华来馆视察，市文化局局长朱益民、副局长周成龙陪同，馆长崔泉森向领导提交关于市图书馆新馆建设的立项报告。

4月26日，崔泉森、章明丽参加市政府文化工作会议。市委书记陈加元在报告中提到2003年前建好市图书馆新馆。

4月28日，本馆决定外借证全部采用东方借书卡。

4月30日，章明丽、沈红梅赴杭州定制电子阅览证。

5月5日，章明丽随浦发银行马工一行到浙江图书馆了解东方借书卡的发放流程。

5月7日，本馆与嘉兴电信下属通联公司就合作建设电子阅览室签订协议。

5月11日，本馆向参加市残联会议的残障人士赠送科技图书。

5月17日，嘉兴市图书馆电子阅览室扩建开放，配备16台电脑（计划配置20台）。当天免费上网，阅览室满员。

5月18日，电子阅览室免费上网3天，读者踊跃前来，169网已开通，163网一周内可望开通。

5月19日，市电信局局长章昌江、通联公司总经理费昌岭来馆视察电子阅览室。

5月20日，吕炜赴南京参加网页制作培训。

5月21日，本馆布置图书馆服务宣传周有关事项，包括发放东方借书卡、举办少儿谜宫与书展、上街服务以及发放宣传资料等。同日，制定电子阅览室工作人员规章制度。

5月24日起，本馆阅览室实行免证阅览，在全省市县公共图书馆属首次。

6月1日，外借部开始全面换卡，采用东方借书卡借还图书。东方借书卡具有储蓄、支付、借书等多种功能。同日，少儿室开展六一儿童节谜宫活动与新书展，200余人参加。

6月3日，91岁高龄的著名学者张中行一行来秀州书局。

6月5日，本馆和浦发银行联合共20多人在江南大厦广场进行上街宣传，内容包括：展板宣传；发放宣传资料4种约1000张；办理东方借书卡。

6月22日，嘉兴有线电视台采访崔泉森有关嘉兴藏书家的故事，采访章明丽为何发放东方借书卡。

6月24日，温州市图书馆计算机部主任赵丽萍和温州市浦发银行2人来馆，学习本馆和浦发银行联合发放东方借书卡的事项。

6月24日，史红、吴雅萍、崔泉森、章明丽等到市政府帮助整理图书，并进行图书分类和编目。

6月29日，市政府资料室捐赠本馆地方文献资料200余册。

7月9日，市文化局局长朱益民来馆视察，了解洪灾损失情况。

7月10日，浙江省文物局来人视察，市文化局局长朱益民陪同，查看本馆明伦堂渗水问题。

7月11日、14日，杭州萧山区图书馆党支部、余杭区图书馆党支部分别来本馆交流，并参观南湖革命纪念馆。

7月17日，经有关部门批准，明伦堂将落架大修。为恢复原貌，市文化局陈保良、陈苏芬、陈建江，古建筑队胡培良，本馆崔泉森、章明丽一行赴衢州考察孔庙维修与保护事宜。

7月19日，本馆党支部和文华苑党支部联合活动，赴上海参观中共一大革命纪念馆。

7月20日，章明丽参加市文化局组织的支部书记培训班。同日，金华市图书馆馆长杨艳来馆。

7月21日，宁波象山县图书馆馆长林红一行来馆参观电子阅览室。

7月22日，崔泉森和市博物馆馆长方国权赴上海倪禹功先生家中联系赠书、出书的事项。

7月24日，市公安局计算机管理处处长来馆，要求本馆电子阅览室到公安局备案，申领经营性执照。本馆对公安局界定本馆电子阅览室为经营性服务有不同意见，请市府办协调，决定先备案，请示省公安厅。

7月29日，本馆取得浙江省计算机信息系统国际联网备案证。

7月30日，市文化局成立嘉兴市图书馆新馆筹备小组，成员包括朱益民、崔泉森、沈盛、包惠英、陈苏芬。

8月6日，明伦堂重修评审会在本馆召开，市计委（范庆伟）、市财税局（陈洁、张红燕）、市文化局（陈保良、陈苏芬、陈建江）、古建筑队（胡培良）等多家单位参会。

8月17日，省文化厅调查图书馆自动化网络化建设与应用情况。

8月18日，市文化局沈盛、陈苏芬及本馆崔泉森、章明丽赴常州、无锡、苏州参观三地图书馆新馆。

8月30日，本馆新馆建设专项报告递送市文化局。

9月9日，浙江图书馆副馆长王效良到平湖黄姑镇、海盐澉浦镇进行乡镇图书室调研，崔泉森陪同。

9月30日，国务院调整节假日休假，国庆期间每人加班2天，休息3天。本馆举办“中华人民共和国成立五十周年”图片展。

10月12日，本馆6名员工参加建设街道组织的上街服务，发放宣传资料、办理借书证与展板宣传。

10月18日，章明丽到市委组织部报到，参加为期一个半月的宣讲巡视组，对市财政局、市地税局、信托投资公司、市质量技术监督局、市国资局进行宣讲教育。

10月18—22日，沈红梅在市委党校参加跨世纪后备人才培训。

11月2日，本馆对明伦堂石碑进行保护布置。

11月9日，本馆到嘉兴高等专科学校宣传服务，发放借书证、电子阅览证。

11月10日，建设街道对本馆申报“秀城区文明单位”进行复查。

11月15—17日，崔泉森赴绍兴参加全省公共图书馆馆长联席会议，省文化厅郑永富及社图处处长等参加会议。会议主要讨论图书馆数据库建设方面问题，其间参观绍兴图书馆新馆。

11月23日，崔泉森与古建筑队就明伦堂后方空间布局进行商讨，决定拆除一些零星建筑，在明伦堂与后方员工宿舍之间建造一面围墙以改善小环境。

11月24日，崔泉森参加市政协召开的关于三中心一广场方案征求意见会议。

12月，明伦堂维修工程竣工。

12月1日，明伦堂维修工作已进入油漆阶段，与古建筑队商议堂前道路问题，决定在堂前铺设一条石路。

12月13日，崔泉森参加市民协四次代表大会，当选为市民协主席。

12月19日，本馆与市文联联办《诗侣莎魂：我的父母朱生豪、宋清如》出版首发座谈会，副市长范巴陵出席。

12月20日，为庆祝澳门回归，全国放假1天。本馆电子阅览室照常开放，馆内举办澳门回归图片展、澳门专题书展。

12月23日，崔泉森、章明丽、沈红梅赴桐乡市图书馆辅导业务管理自动化的事项。同日，王奉岚、朱祥仙、吴美娟、章明丽参加市文化局第二届妇联会议，选举新一届妇委会，其中本馆章明丽任局妇联副主任，王奉岚任委员。

12月24日，吴藕汀老先生拟回嘉兴，崔泉森、范晓华代办购房手续。

12月28—30日，史红、吴雅萍、陆亚韵、史大明、洪向东、章明丽等到洪合镇辅导组建图书室，共计4次。

【概况】是年，到馆读者27.5万人次，外借图书24.7万册次；新增图书9029册，电子阅览6084人次。嘉兴市图书馆采用现代信息技术，拓展服务领域，进一步做好读者服务工作。本馆与浦东发展银行嘉兴支行合作开发既有一般信用卡功能，又有图书馆借书功能的东方借书卡，改变几十年来沿袭不变的发证方式，至年底发放东方借书卡4000多张；5月起，馆内报刊阅览室实行免证阅览，这在全省市县公共图书馆尚属首次。上半年，业务大楼进行全面维修；9月，馆内古建筑明伦堂进行落架大修，恢复明清风格，12月竣工。年内，本馆被评为“秀城区文明单位”。

【阅览室实行免证阅览】5月24日起，本馆阅览室实行免证阅览。改变本馆成立近50年来一直实行持证阅览的传统管理办法，方便广大读者，扩大社会服务面。同时，为防止实行免证阅览后可能出现的报刊丢失等问题，阅览室配置一套磁性防盗设备，在期刊中放置防盗磁条，加强工作人员巡回检查。免证阅览受到广泛欢迎，是图书馆实行“敞开大门，欢迎读者”的一个成功步骤。

【设立电子阅览室】5月17日，本馆在光盘电子期刊检索阅览的基础上，应用国际互联网技术建立与国际互联网联结的电子阅览室。电子阅览室内20台计算机通过市电信部门提供的专线上网，速度快。读者可在此漫游浏览网上各站点，获取自己需要的各类信息，发送电子邮件。电子阅览室的建成开放，丰富了图书馆的服务内容，受到读者欢迎，截至年底，共6000多人次到此上网。

【秀州书局广泛开展文化交流】年内，秀州书局发行书票14套44枚，编印《秀州书局简讯》18期，题材和内容大多与书籍和地方文化有关。4月，著名学者张中行特地来秀州书局观书。9月5日出版的《芙蓉》杂志将秀州书局的照片作为封面，同时刊登《秀州书局简讯》第97期和98期，还配发一组照片、一组书票。9月20日出版的《浙江画报》刊登了《秀州书局小景》，配发了照片和书票。秀州书局参与编辑陕西师范大学出版社出版"华夏书香丛书"，牵线并促成《诗侣莎魂：我的父母朱生豪、宋清如》（朱尚刚著）的出版发行。秀州书局是本馆开办的书店，位于市区少年北路，1994年4月6日开张，著名作家冰心题写店名，以经营文史哲及艺术类书籍为主。著名作家萧乾曾先后在山东《大众日报》、香港《大公报》发表文章，称秀州书局是"一间门面的'文化交流中心'"，国内多家报纸也对书局作过介绍。

2000 年

2 月，外借部举办元宵猜灯谜读者活动，389 人次参加。

2 月，本馆对 ILAS 业务管理系统的采访库和总书目库进行重组。

3 月，本馆到嘉兴市中等专业学校上门办理借阅证。

3 月，接待市第一幼儿园、市商业幼儿园共 450 人参观少儿室，阅览少儿图书。

3 月 10 日，市政协主席徐良骥带领市政协委员来本馆视察。

4 月，沈红梅同志被提拔为副馆长，分管信息技术部、采编部和古籍部。

4 月 7 日，到浙江省嘉兴农业学校办理借书证、电子阅览证。

4 月 28 日，维修一新的明伦堂正式启用。原二楼报刊阅览室迁入明伦堂，并更换新的阅览设备。

5 月，电子阅览室从一楼搬至二楼，场地扩大，电脑增加至 40 台。

5 月，电子阅览室到浙江省嘉兴农业学校、嘉兴丝绸工业学校、开发区外资工厂上门办借书证，发放宣传资料。

5 月 1 日起，本馆实行全年 365 天（无假日）对读者开放。

5 月 23—24 日，少儿室到实验小学上门办证。

5 月末至 6 月初，图书馆服务宣传周期间，工作人员上街宣传、办理借书证。

6 月，到吉水小学、中基路小学、北京路小学、南杨路小学、清河小学、实验小学等办理借书证，发放暑假期间美术培训班、电脑上网知识培训班的活动通知。

6 月 1 日，六一儿童节期间，少儿室举行猜谜活动与新书展览，电子阅览室到市第七中学、吉水中学等开展少儿网络知识培训。

6 月 22 日，嘉兴市市长杨荣华、副市长黄济华来馆视察。

6 月 25 日，临海市图书馆、黄岩区图书馆、椒江图书馆来我馆交流。

7 月，与南杨路小学共同举办暑假夏令营读书活动，200 余名学生参与。

7—8 月，电子阅览室举办少儿电脑培训班，开展上网培训与网页制作培训。

7月18日—8月18日，开展少儿美术字黑板报培训班活动，朱定坤负责培训上课。

8月8日，嘉文党〔2000〕32号文同意在本馆建立党支部委员会，王奉岚、朱定坤、洪向东、章明丽等4位同志为支部委员会候选人。

8月29日，本馆党支部召开全体党员会议，差额选举产生章明丽、王奉岚、朱定坤3名支委会成员。经支委会协商，章明丽为支部书记、朱定坤为组织委员、王奉岚为宣传委员。

9月，嘉兴市图书馆网站（www.jxlib.com）开通，连通互联网。

9月2日，本馆参加由市委宣传部等单位组织的《未成年人保护法》宣传日活动，开展上街服务。

9月12日，本馆开展部主任竞聘，竞聘岗位包括办公室主任、阅览部主任与副主任、外借部主任与副主任、采编部主任、古籍部主任、电子阅览室副主任等。

10月14日，本馆参加人口普查黑板报上街评选活动。

10月20日，报刊阅览室到市残联阅览室进行报刊分类辅导。

10月30日，嘉兴市计划委员会在《关于建设嘉兴市图书馆新馆项目的批复》（嘉市计〔2000〕319号）中，同意建设嘉兴市图书馆新馆项目。

11月30日，崔泉森、章明丽、沈红梅、钱建强、洪向东、史红等赴绍兴图书馆参观学习。

12月，本馆到基层图书馆辅导图书分类2次。

12月，外借部开展读者问卷调查，共收回问卷262份，满意率达到89%。

12月8日，嘉兴市秀州中学初一（1）班学生30余人到少儿室开展图书阅览活动。

12月15日，本馆在四楼少儿室组织召开报刊阅览读者座谈会，10位读者到场。

【概况】是年，到馆读者28.3万人次，外借图书25.8万册次；新购图书1.2万册，电子阅览读者3.6万人次，网站点击2.1万次。年内，举办全市图书馆业务培训班，顺利实现馆内全员聘用制和分配制度改革。为提高全社会的图书意识，多次上街开展展板宣传和图书馆咨询活动，进行方便办证，发放宣传资料。同时，到学校、工厂上门办理借阅证，新增图书流通点3个，定期送书上门，并对各流通点书刊进行定时轮换。馆内各部门开展多种形式的读者服务活动，少儿室在六一儿童节举办少儿猜谜、新书展等活动，暑假中举办少儿美术字黑板报培训班；电子阅览室在六一和暑期开办少儿电脑培训班；外借部与学校联合开辟读者园地，让学生看好书写读后感，暑期为学生设中外名著专柜，推荐茅盾文学奖、老舍文学奖获奖图书书目，在元宵节举办读者猜谜等活动。注重提高中国学术期刊检索站质量，加强信息收集工作，全国每月出版的近5000种学术期刊，在馆内电脑上可以方便地全文检索，受到读者普遍欢迎。本馆建立了自己的网站。年内出快讯12份、专辑6个（共96份），为有关部门提供资料、索取全文24次138篇。

【实行全年无假日对读者开放】5月1日起，本馆实行全年无假日对读者开放。几十年来，图书馆一直将星期一定为“馆休日”，不对外开放。近几年，读者到馆人数不断增加，部分读者多次要求图书馆增加开放时间。但由于工作人员较少，满足读者要求有一定困难。2000年，本馆经过一段时间的准备，增加了临时工，全馆工作人员每周加班1天，从5月起实行每周7天全部对读者开放。无假日开放后，受到读者欢迎，到馆读者有一定幅度的增加。

【“明伦堂”恢复为报刊阅览室】2000年4月，本馆报刊阅览室迁入维修一新的明伦堂，并更换新的阅览设备。读者在古色古香的环境中看书阅报，既汲取精神营养，又享受生活的乐趣，交口称赞办了一件大好事。明伦堂是原秀水县孔庙的一个重要组成部分，也是一座明代古建筑，几十年来，一直是嘉兴市图书馆的报刊阅览室。1995年后，因多年失修，室内漏雨严重，被弃置不用。1999年，市政府拨款40多万元，对明伦堂进行落架大修，恢复了明清风格。

【建立网站】2000年9月，本馆建立自己的网站，连通国际互联网。本馆将嘉兴的历史沿革、地理资源、经济、社会文化等基本情况，以及本馆藏书、秀州书讯等数字化，并在网站上向全球发布信息，做到资源共享，并更好地宣传嘉兴、宣传嘉兴市图书馆。年内，网站访问量达2.1万人次。

2001 年

1 月，本馆到嘉兴市百花小学、嘉兴市栅堰小学、清河小学、嘉兴市湖滨小学、嘉兴市光明街中心小学等发放《图书馆——学生寒假好去处》宣传资料。

1 月 5 日，本馆召开 2000 年度全馆工作总结大会，评出的先进工作者为史红、朱祥仙、董世强、钱建强、卢培华、范晓华，先进班组为电子阅览室、采编部。

1 月 19 日，本馆工会组织新年联欢会。

2 月，为旧城改造和南湖风景区建设提供铜官塔、壕股塔、许景澄铜像、荷花灯等原始史料。

2 月，本馆与市教委教研室共同举办高中生历史小论文评比活动，论文主题为“纪念建党八十周年”。

2 月 7 日，外借部举办元宵猜谜活动。

2 月 19 日，本馆到市土管局、城建委办理土地证、建筑许可证，文昌路宿舍土地证基本办妥。

2 月 26 日，嘉兴地区公共图书馆工作会议举办，市文化局副局长王鸣霞、文艺处处长包惠英以及各县市图书馆馆长等参会。

2 月 27 日，本馆党支部召开党支部委员会，讨论全年工作与活动计划。

3 月，本馆为筹建沈曾植纪念馆提供相关史料，后续多次提供资料。

3—8 月，图书阅览室举办“纪念建党八十周年专题书展”活动。

3 月 5 日，本馆筹备参加市文化系统“庆三八”妇女活动。

3 月 8 日，为庆祝“三八”妇女节，本馆组织女性员工到上海、同里参观。

3 月 12 日，本馆到建设档案馆把文昌路宿舍建筑许可证交于档案馆保存。

3 月 15 日，本馆到秀城区文化市场管理办公室补办秀州书局文化经营许可证。

3 月 26 日，嘉兴职业技术学院 2 个班学生来馆参观。

3 月 28 日，嘉兴市第三实验小学来馆参观。

4月，为新塍镇委筹建“嘉兴地方党史陈列馆”提供相关史料。

4月17日，本馆组织职工参加英语培训班。

4月20日，本馆举办新二级计算机培训班，全体职工参加。

5月，少儿阅览室组织市邮电幼儿园来馆参观。

5月，本馆参与拟编《嘉兴古今人物大辞典》的部分工作。

5月16日，本馆被评为“节水先进单位”。

5月28日—6月3日，图书馆服务宣传周期间，本馆策划举办多项活动。各部门抽调人员开展上街宣传服务，发放借阅证与宣传资料。

5月31日—6月2日，少儿阅览室开展猜谜活动、新书展览，到市区内小学发放借书证。

6月，为市旅游局、市政府信息中心等提供党史、地方史资料及图片。

6月，报刊阅览室为市残联活动中心、经开区行政中心送杂志。

6月21日，本馆组织离退休党员参观南湖开发区行政中心。

6月25—28日，由市庆祝建党80周年活动组委会主办、市文化局承办、市图书馆协办的灯展评选、猜谜活动在南湖烟雨楼举办，现场2000余人参与。

7月，本馆为市博物馆筹备沈曾植纪念馆提供史料。

7月12—13日，全体党员学习江泽民主席在庆祝中国共产党成立80周年大会上的讲话精神。

7月23日，本馆开展计算机基础知识培训，共八节课。

8月1日，本馆参加社区组织的庆八一军民共建活动，包括乒乓球比赛等。

9月5日，本馆举办计算机业务系统ILAS管理培训班，各县级公共图书馆参加。

9月26日，本馆举办县级公共图书馆“网页制作”辅导培训班，辅导县级公共图书馆业务人员制作网页。

10月8日，海盐塘路新馆建设工程打桩开工，本馆部分职工现场参加仪式。同日，推出《读者园地》一期，内容为庆祝建党80周年征文获奖选编，共8篇。

10月31日，党支部组织活动，参观绍兴图书馆、柯岩风景区、周恩来祖居。

11月7日，将全体员工为贫困山区捐赠的衣物共179件，送往市民政局。

11月13日，本馆到经济开发区收集《经济开发动态》期刊。

11月15日，全体党员与入党积极分子学习十五届三中全会精神。

【概况】是年，本馆被评为“市级文明单位”。到馆读者 31.2 万人次，外借图书 29.1 万册次；电子阅览读者 6 万人次，网站点击 4.5 万次，实行无假日对读者开放。全年新购图书 1.4 万册，电子读物 1500 多盘，光盘学术期刊 9 个专辑。在庆祝建党 80 周年期间，与有关单位联合举办庆祝建党 80 周年知识竞赛、征文活动、图片展以及专题书展，此外还完成《南湖题咏》下册的编辑制作和全市范围内的嘉兴谱牒调查。为提高全社会图书馆意识，多次上街开展宣传和图书馆咨询活动，到学校、工厂等单位上门办理借书证，定期送书上门，图书流通点已发展到市福利院、市消防中队等 10 余个。暑假期间，本馆和秀城区教育文化体育局联合举办“好书伴我行”活动，对 40 所学校发放 5000 份临时借书证，受到家长和小朋友的欢迎。馆内各部门开展多种形式的读者服务活动。少儿室“从娃娃抓起”，与 10 余所幼儿园联系，组织娃娃参观图书馆，让他们从小就了解和认识图书馆，节假日期间举办少儿猜谜、新书展、培训班等活动；外借部与学校联合开辟读者园地，专设中外名著专柜，先后开展撰写看好书读后感、庆祝建党 80 周年征文、元宵节读者猜谜等活动。电子阅览室是中国学术期刊文献检索咨询站二级站，全国每月出版的近 6000 种学术期刊都可以在这里检索全文。年内，举办图书馆 ILAS 管理、网页制作、英语学习等业务培训班，出快讯 12 份、专辑 6 个（共 96 份），为有关部门提供资料 100 多次 300 多篇。投资 4350 万元、建筑面积达 1.4 万平方米的嘉兴市图书馆新馆建设已完成各项前期工作，主体建筑工程已经开工。

【开展图书馆服务进社区活动】本馆会同秀城区教育文化体育、秀洲区教育文化体育对嘉兴市社区图书室进行调查，并在此基础上总结经验，明确社区图书室发展方向，逐步开展图书馆“服务进社区”活动。清河社区、西马桥小区等社区图书室的建立得到本馆的大力支持。

【开展地方文献征集工作】市委办、市政府办联合下发《关于加强地方文献工作和征集地方文献的通知》，要求各类出版单位和各级有关部门、单位将向各级图书、文献收藏单位捐赠样本（品）作为自己应尽的义务，对征集工作给予积极支持。本馆在积极宣传征集地方文献工作的重要意义之外，对地方文献出版情况（包括个人著书）进行调查，并根据调查线索，主动上门征集。该工作取得一定进展，并出现不少感人事迹：20 年代第一任嘉兴党支部代理书记沈选千之女献出其父花 30 年心血校注的《马氏文通校注》13 册；一位陈姓老读者将大半辈子收集的《文艺报》等多种资料捐献出来。本馆全年征集地方文献 1000 多册。参与编印《烟雨楼史话》一书。

【积极推进图书馆现代化建设】本馆对各县（市）公共图书馆的现代化建设状况进行调研，在此基础上召开全市公共图书馆馆长会议，确定全年工作重点是推进图书馆现代化建设。本馆开办ILAS管理和网页制作培训班2期，培训市属公共图书馆、学校、医院等单位计算机工作人员，同时，对各县（市）公共图书馆的现代化工作进行指导与帮助。至年末，除嘉善县外，全市公共图书馆业务工作全部实行计算机管理，桐乡、海宁、海盐等县级图书馆建立电子阅览室。本馆现代化的重点是网站建设，年内新增专辑《嘉兴“九五”成就回顾》《朱生豪小言集》《嘉兴文献史料》《历代名人咏南湖》《嘉兴记忆》等。嘉兴市图书馆网站已安装网络查询ILAS应用程序，读者可在网上预约借书，查阅馆藏书目、借阅记录等。

2002年

1—2月，与嘉兴市清河中学合作举办“2022寒假网页制作兴趣班”。

1月5日，许瑶光玄孙许维格携女儿许曼玲、女婿刘国宏（原文化部计划财务司司长，已退休）到馆查阅许瑶光相关资料。

1月24日，本馆组织召开嘉兴市公共图书馆馆长会议，会议共一天；25日，赴张家港市图书馆、苏州图书馆参观学习。

1月31日，党支部会议召开，党员做个人评议，评选优秀党员。

2月1日，本馆召开全馆总结大会，每位员工做个人述职。

2月4—5日，章明丽、丁尔传、王奉岚、董世强等慰问离退休干部职工。

2月24日，外借部举办元宵灯谜活动，布置灯谜400条。

2月26日，由章明丽带队，史红、洪向东、朱定坤、吴雅萍、王奉岚、金海洪、董世强等参加市文化局组织的行政中心广场元宵节猜谜活动。

3月，市艺术幼儿园180人到馆参观，并开展读书活动。

4月，本馆前往嘉兴市实验小学办理少儿借书证（19—23日），共办理160张。

4月，市第一幼儿园、第三幼儿园到少儿室开展读书活动，嘉兴市洪波中学、嘉兴市秀州中学到图书阅览室参观。

4月1日，法国国立科学院博士柯安娜前来查阅乾隆年间崇德人方薰作品及资料、方薰之父方梅资料。

4月9日，少儿阅览室安装电视机。

4月15日，到秀城饭店参加市民政局组织召开的社团年检等事项会议。

4月16日，本馆各部门做好17日文明城市市级抽检以及18日省级抽查的迎检工作。

4月19日，全馆职工到人民戏院观看消防警示电影。

5月，本馆前往秀洲小学（20日）、南湖小学（21日）办理少儿借书证，共办理91张。

5月3日，著名作家黄裳来馆参观。

5月11日，本馆章明丽、王奉岚、钱建强与市文化局副局长王鸣霞、秀洲区宣传部部长、嘉北街道相关工作人员到阳光社区，商量社区图书馆建设的有关事宜。

5月13日，本馆接待市艺术幼儿园4个班的小朋友到图书阅览室参观。

5月17日，全体职工到嘉兴军用机场开展军民共建活动，与通讯连进行共建签字仪式。

5月28日，工作人员走上街头，在江南大厦广场展出公民道德建设书法长卷，宣传公民道德建设，通过展板宣传、咨询解答、优惠办理借书证、发放宣传资料、征集地方文献和优惠售书等方式，使社会树立阅读意识。

5月底至6月初，是第13个图书馆服务宣传周，本馆围绕“传播先进文化，提高公民素质”精心策划各项活动，包括六一新书展、少儿电脑培训、探索与研究读书活动等。

6月，本馆前往秀城实验小学、嘉兴市栅堰小学上门办理少儿借书证，共104张。

6月1日，少儿阅览室举办六一猜谜活动，198人参加；六一新书展活动，166人参加。电子阅览室举办六一儿童节免费知识讲座。

6月25日，本馆发文（嘉图〔2002〕6号），新一届中层领导干部的聘任结果如下：办公室主任王奉岚；采编部主任史红；外借部主任朱祥仙；古籍部主任吴美娟；少儿部主任朱定坤。聘期二年。

7—8月，少儿室开展暑假小服务员活动，并评选最佳小服务员。

7月1日，本馆举办“嘉兴文化网”开通仪式，市文化局局长张扣林发表讲话。文化网集政务和文化两大板块内容，由我馆负责运作和信息更新。

7月5日，本馆到招待所迎接新大学生程玉芳到馆报到。

7月25日，本馆赴嘉兴军用机场为通讯连提供美术字、黑板报辅导，共24人参加。

8月12日，本馆海盐塘路新馆主体工程顺利结顶。

9月，乌镇古镇保护与旅游开发管委会、桐乡市乌镇旅游开发有限公司周平就古镇保护与旅游开发事宜来馆查阅乌镇历史文化资源，并赠送乌镇相关书籍2册。

9月5日，嘉兴市图书馆团支部召开选举会议，最终选出共青团支部书记金立、活动委员朱谷敏、宣传委员程玉芳。

9月9日，全体职工为蒋艳女士捐款献爱心，共募集人民币340元整。

10月，市房管幼儿园小朋友来馆参观少儿室，开展阅读活动。

10月24日，浙江电视台为制作《烟雨南湖》专题片，前来拍摄《康熙嘉兴府志》《鸳鸯湖小志》等烟雨楼相关资料。

10 月 29 日，市妇联来馆检查“巾帼文明示范岗”创建工作。

10 月 29—30 日，本馆前往嘉兴市光明街小学办理少儿借书证，共 573 张。

11—12 月，电子阅览室举办因特网培训班，每周二上午组织培训。

11 月 5—7 日，“第七次浙江省图书馆信息咨询服务学术研讨会”在白云宾馆举办，王奉岚、吴雅萍等作为会务组人员参会。

11 月 29 日，本馆到清河小学办理少儿借书证，共 80 张。

12 月，本馆完成《浙江家谱总目提要》中嘉兴市图书馆、海盐县博物馆馆藏家谱的编纂任务。

12 月，到嘉兴市三水湾小学（12 日）、解放路小学（25 日）办理少儿借书证，共办理 116 张。

12 月 20 日—2003 年 1 月 20 日，本馆开展优质服务月活动，其间举办“全面建设小康社会，爱我家乡”征文、地方文献书目展示、学术期刊光盘资源免费检索服务、计算机基础知识免费培训、全国资源共享工程介绍、“读者满意的部门”和“读者满意的图书馆员”评选等系列活动。

12 月 27 日，本馆组织召开读者座谈会，由副馆长章明丽主持，外借部、阅览部主任参加。读者就藏书建设、硬件设施等提出了意见。

【概况】是年，以新馆建设为契机，努力提高服务质量，提升图书馆整体形象。全年办理新借书证 4400 张，有效读者 1.5 万人，到馆读者近 39 万人次，外借图书 35.5 万册，外借册数比上年增长 22%，各项指标继续名列全省前茅。工作人员主动到学校等单位办证 30 多次，坚持 365 日天天开馆，全部流通图书开架借阅，实行电话查询、电话预约、电话续借、押金借书、代查资料、网上借阅和馆际互借等系列服务，并新增电子文献借阅服务项目，全年外借 6 万余片；为重点读者和单位提供专题服务。拓展图书流通点活动，开设老年公寓、劳教大队、清河小区等 10 多个流通点；开展军民共建活动，为嘉兴军用机场通讯连办培训班并为该连图书室和网站建设作技术辅导；开展地方文献征集和优质服务活动，图书馆工作人员到学校等单位上门办理借书证 30 多次。8 月 12 日，嘉兴市图书馆新馆主体工程建设顺利结项。

【开展优质服务活动】各部门针对各自服务对象开展各类特色活动：少儿室组织学校师

生参观图书馆；举办“我心目中的图书馆新馆”少儿画展；六一儿童节举办少儿谜语、新书展活动，开展“我爱图书馆”少儿征文活动。电子阅览室在读者中开展网页制作赛，并举办因特网知识讲座6次，举办计算机基础知识免费培训，全国资源共享工程介绍等。外借部举办元宵节猜谜活动，并与嘉兴市秀州中学联合举办研究性学习读书活动，组织“看好书，写读后感”征文，将部分获奖征文选登在读者园地上，以促进学生读者队伍的发展。图书馆服务宣传周期间，在江南大厦广场展出公民道德建设书法长卷，宣传公民道德建设，通过展板宣传、咨询解答、优惠办理借书证、发放宣传资料、征集地方文献和优惠售书等方式，使社会树立图书意识。

【实施信息资源共享工程】2002年6月14日，浙江省文化信息资源共享工程建设座谈会在浙江图书馆召开，标志着全省文化信息资源共享工程试点工作拉开序幕。本馆积极参与“资源共享”工程，至年底，嘉兴作为工程分中心的方案设计基本完成，进入实施阶段，5个基层分中心的建设任务业已落实。

【推进图书馆自动化建设工程】本馆计算机网站建设进入稳定发展阶段，在承办嘉兴文化网站同时，全面开展图书馆网上业务，读者可在网上预约借阅图书、查阅馆内书目与借阅记录等，图书馆网站全年点击近8万人次。本馆作为中国学术期刊文献检索咨询站二级站，年内推出中国知网快讯8期8—11个专辑、80多份，为有关部门提供资料100多次300多篇；年底，购买北大方正数字图书2000多种，供读者在电子阅览室免费查阅或下载。并办理数字借阅证，使读者可以通过网络跨地域、跨时空借阅本馆数字图书。针对各县（市）公共图书馆现代化建设工作．本馆积极给予技术指导。

2003 年

1 月，为民丰特种纸股份有限公司筹建“褚辅成纪念室”提供民丰创办时期的历史事件及褚辅成的相关资料。

1 月 3 日，全体职工参加市文化（体育）局召开的事业单位改革动员大会。

1 月 15 日，少儿室开展寒假小服务员活动。

1 月 16 日，本馆党支部召开 2002 年工作总结大会，选出优秀党员 2 名，即王奉岚、朱定坤。

1 月 17 日，本馆召开 2002 年度全馆总结大会，职工做个人述职报告，各部门做工作汇报，评选优秀部门 2 个，即外借部、采编部。

2 月，为尤裕森撰写《嘉兴历代碑拓集》提供所需史料，后续多次提供资料。

2 月 13 日，中共嘉兴市文化局（体育局）委员会（嘉文（体）党〔2003〕4 号）发文，聘任崔泉森为嘉兴市图书馆馆长，章明丽、沈红梅为副馆长。

2 月 14 日，本馆参与由嘉兴市委宣传部、市文化（体育）局主办的 2003 年嘉兴市闹元宵广场文艺演出，布置灯谜上千条。

2 月 15 日，本馆与市文化局联合在建国北路华庭街举办灯谜活动，展示灯谜 1000 多条。当天，外借部举办元宵猜谜活动，参加读者 500 余人次。

3 月 10 日，市商业幼儿园约 300 位小朋友在少儿室开展读书活动。

3 月 14 日，少儿室到嘉兴市湖滨小学、嘉兴市行知小学上门办证，共办理 115 张。

3 月 27 日，少儿室到嘉兴市行知小学发放借书证。

4 月，本馆为浙江大学历史系汪林茂研究地方历史提供所需史料。

4 月 3 日，市第三实验幼儿园 100 余人来馆参观。

4 月 10 日，少儿室开展双休日小服务员活动。

4 月 16 日，少儿室到嘉兴市文昌路小学上门办证，共 72 张。

4 月 23 日，两会期间，本馆为市两会代表委员提供咨询宣传服务。

5月26日—6月1日，嘉兴市图书馆服务宣传周系列活动展开。受“非典”影响，活动均在馆内举行，包括优惠办证、逾期费减免、讲座、网上读书、新书展等。

6月1日，少儿室举办六一儿童节猜谜活动与新书展；电子阅览室开展少儿计算机知识免费讲座。

6月3日，外借部、阅览部送书上门到老人公寓、经开区、消防大队。

6月13日，本馆举办全馆职工业务比武，各开放部门参加。

6月19日，本馆组织馆员参加“WTO再教育”培训。

7月23日，全体党员到市文化局学习胡锦涛总书记“七一”重要讲话精神。

7月25日，本馆举办全市县级图书馆“网站设计与网页制作”培训班。

7月29日，副市长王淳来馆调研，馆长崔泉森做工作汇报。

8月，电子阅览室开办五笔字型输入法培训；少儿阅览室开办“英语角”口语培训活动。

8月1日，本馆与嘉兴军用机场通讯连开展军民共建活动，参加人员有朱祥仙、朱定坤、沈红梅、钱建强、董世强等。

9月15日起，少年路图书馆闭馆，为海盐塘路新馆开馆做搬迁准备工作。

10月28日，坐落于南湖畔的嘉兴市图书馆新馆对外开放，新馆建筑面积1.5万平方米。副市长王洪涛等市领导参加开馆仪式。原少年路馆舍准备简单整修后以少年路分馆名义开放。

11月5日，嘉兴市优秀美术作品成果展在新馆一楼展厅展出，副市长王淳等市领导到场。

11月8日，接待嘉兴市辅成小学5个班200多名学生到馆参观。

12月，本馆为天一阁举办全国现存百家藏书楼活动提供嘉兴地区有关藏书家、藏书楼史料。

12月2日，浙江省第十二次市级公共图书馆馆长联席会议在本馆召开。

【概况】嘉兴市图书馆新馆于2003年10月建成开放。新馆总建筑面积1.5万平方米，建设投入4500万元，建筑共三层，设有文献借阅部、参考图书阅览部、少儿阅览室、古籍地方文献部、网上阅览室、多媒体阅览室、采编部、信息技术部（网络中心）、自修室等。还有300个座位的报告厅，600平方米展厅以及教室、会议室、接待室等。新馆采用中央空调，综合布线，智能化网络，整个图书馆的业务工作在网络环境中进行。

到馆读者48.1万人次，外借图书41.3万册次。全年文献入藏达3.2万册，年入藏量创建馆百年以来历史最高水平。此外，本馆积极参与创建学习型城市活动，与市妇联联合开展向学习型家庭赠图书卡活动；与嘉兴市秀州中学等学校联合开展“爱我家乡”读书征文活动；利用节假日举办元宵猜谜、少儿谜宫、新书展、培训、计算机免费讲座等活动；开展多次宣传咨询及上门办理借书证活动；对10多个流通图书点实行定期送书上门。本馆承办的两个网站（嘉兴文化网、嘉兴市图书馆网站）全年累计点击分别达6万次和8万次；出快讯8份、专辑8个（共64份），提供资料、索取全文100多次300多篇。

【开展公共图书馆评估定级】本年度，全市公共图书馆评估定级工作全面展开。嘉兴市的6个公共图书馆中，除本馆与平湖市图书馆因基建申报批准暂不评估外，其余4个馆均进行了评估。整个评估工作首先由各县（市）文体局组织各馆进行自评，然后由市文体局对各县（市）报送材料进行复评，并将复评结果报送省文化厅，最后由省文化厅组织对各馆进行验收，确定各馆评估得分。评估结果，海宁市图书馆、桐乡市图书馆、海盐县张元济图书馆定为一级馆，嘉善县图书馆定为二级馆。

2004年

1月11日，嘉兴学院图书馆约45人到馆参观。

2月，本馆为南湖革命纪念馆重新布置来许亭提供许瑶光相关材料；为南湖风景区管委会重建真如塔提供史料及图片。

2月1日，电子阅览室举办“嘉兴市第一届青少年电子竞技比赛”。

2月5日，市文化局主办的元宵节灯谜活动在华庭街举行，本馆提供1000条谜语。

2月12日，杭州图书馆10余人到馆参观。

2月13日，嘉文（体）党〔2003〕4号文，聘任崔泉森为嘉兴市图书馆馆长，章明丽、沈红梅为副馆长。

2月18日，湖州图书馆、桐乡市图书馆及南湖街道约39人到馆参观。

2月21日，市艺术幼儿园及家长300余人到馆参观。

3月5日，嘉兴市自考办向本馆捐赠图书582册，总价10889.5元，由参考图书阅览室接收。

3月14—15日，嘉兴电力局团支部、苏州市吴江图书馆共约25人到馆参观。

3月15日，本馆职工食堂建成，即日起开放。

3月20日，嘉兴市三水湾中学约30人到馆参观。

3月25日，浙江省委书记习近平同志来馆视察，在秀州书局了解在售图书的情况，在古籍部翻阅《朱生豪译莎士比亚全集》手稿。嘉兴市委书记黄坤明、市长陈德荣等陪同。

3月26日，南京市政协、嘉兴市政协等单位的离退休人员到馆参观。

3月28日，新塍镇中学师生约35人到馆参观。同日，本馆与嘉兴市自考办合作，在参考图书阅览室开辟专架建立“自考社区”。

4—5月，本馆与嘉兴市新中华外语学校联合举办英语免费教育系列活动，包括英语讲座、五一黄金周世界经典英语电影周、英语口语角等。

4月23日，第十届“世界读书日”活动期间，组织员工到华庭街开展服务宣传。

5 月 16 日，嘉兴市图书馆数字图书远程借阅系统开通，实现线上数字图书流通。乡镇及社区的“资源共享”站点可通过互联网与本馆网络连接。

5 月 21 日，“南湖讲坛”讲座“信息化与新型工业化道路”在本馆举办，主讲人为中国工程院院士、清华大学博士生导师吴澄。

5 月 27 日，“公共图书馆服务宣传周”系列活动开始，各部门组织员工在馆外开展宣传服务活动。

6 月 1 日，庆祝六一儿童节，少儿部举办猜谜与新书展活动。

6 月 12 日，本馆办理秀州书局变更地址与扩大经营范围的手续。

6 月 25 日，温州市图书馆 10 余人到馆参观。

6 月 26 日，嘉兴市经贸委退休人员 14 人到馆参观。

6 月 26 日，“南湖讲坛”讲座“现代人的健康生活方式”在本馆举办，主讲人为中央文明委全国健康教育首席专家、复旦大学上海医学院博士生导师杨秉辉。

6 月 30 日—7 月 12 日，首届嘉兴市烟草系统书画展在本馆开展。

7 月 27 日，嘉兴市社区“暑期未成年人法制教育”讲座在我馆报告厅举办。同日，为认真贯彻落实《嘉兴市文化名城创建工作 2004 年行动纲领》，抢救挖掘我市地方文化，市委、市政府成立《南湖文丛》编辑委员会。《南湖文丛》编辑委员会下设办公室，办公室设在嘉兴市图书馆，市文化局（体育局）局长张扣林兼任办公室主任，市图书馆馆长崔泉森兼任办公室副主任。

8 月 12 日，参考图书阅览室举办“纪念邓小平诞辰一百周年”图书展，展出图书 123 册。

9 月 16 日，本馆参与由市委宣传部、市社科联在戴梦得广场举行的“2004 年嘉兴社会科学普及周”大型广场咨询及图板展出活动，为市民解答关心的问题。活动期间本馆开展“百种科普图书推荐书目”活动。

9 月 24 日，上海虹口区图书馆工作人员到馆参观。

10 月 9 日，陈乐民（中国社会科学院欧洲研究所所长）、资中筠（中国社会科学院美国研究所所长）夫妇来馆参观，市文化局局长张扣林陪同。

10 月 20 日，本馆党支部与人民戏院党支部联办活动，去常熟沙家浜参观学习。

11 月，从上海图书馆引进本馆在抗战时期被盗的《槜李文系》电子胶片复制件、仿真复制品4册，并计划在12月的嘉图百年珍贵文献展上展出。

11月9日，湖州图书馆馆长一行10人到馆参观交流，了解本馆新馆建设相关事宜。

11月14—17日，浙江省图书馆学会第九次学术研讨会在本馆召开，来自全省各地图书馆230余人参加研讨会。省文化厅副厅长、省图书馆学会理事长金庚初、香港图书馆协会会长彭仁贤等出席开幕式并致辞。

11月25日，山东淄博市图书馆馆长一行6人到馆参观交流。

11月29日，本馆发文（嘉图〔2004〕9号），新一届中层领导干部的聘任结果如下：办公室主任王奉岚；采编部主任史红；外借部主任朱祥仙；古籍部主任吴美娟；少儿部主任朱定坤；网络部主任朱谷敏；参考阅览部主任郁妹芬。聘期二年。

12月1—7日，嘉兴市图书馆举办百年馆庆系列活动。

【概况】是年，到馆读者67.1万人次，外借图书55.3万册次。新增文献馆藏3.3万册。举办各种报告会、讲座、展览等活动37次，并采取上门办证、团体办证的方法发展读者，对60岁以上的老人、未成年人等特殊人群实行免费办证。暑期，免费为学生放映科普电影，充分发挥图书馆的社会效益。5月，本馆与嘉兴电信局合作开通数字图书远程借阅系统。年内，本馆与清华同方合作开发的嘉兴市图书馆数字知识库项目投入使用；本馆利用VPN网络技术实现少年路分馆与海盐塘路新馆联网服务，解决了少年路分馆的服务瓶颈，并积极推广文化信息资源共享工程，全市各县（市）公共图书馆以及平湖市10个乡镇文化中心都通过VPN技术实现网络连接。

【举办百年馆庆活动】12月6日，嘉兴市图书馆隆重举办建馆百年庆典，文化部副司长刘小琴，浙江省文化厅副厅长金庚初，嘉兴市领导徐良骥、杨荣华、寿剑刚、龚吟怡、黄济华、王淳等出席庆典活动，上海图书馆、南京图书馆、浙江图书馆、江浙两省部分市县图书馆以及嘉兴社会各界人士400多人参加。12月1—7日，本馆举办百年馆庆系列活动，主要包括嘉兴市图书馆百年历史资料展、嘉兴市图书馆馆藏珍贵地方文献展、图书馆与中国社会进步学者演讲会、关心支持图书馆事业发展各界人士座谈会、图书馆老职工座谈会等。嘉兴市图书馆百年历史资料展通过历史资料和照片，重点反映馆藏文献的集聚过程以及为图书馆发展作出重要贡献的老一辈图书馆工作者的历史功绩。嘉兴市图书馆馆藏珍贵地方文献展展出珍贵地方文献200多种，包括历代地方志、地方先贤诗文集、地方名人信札等。图书馆与中国社会进步学者演讲会邀请南开大学教授来新夏、徐建华，清华大学教授徐端颐，南京大学教授徐雁，《中国图书馆学报》副主编李万健作学术演讲。

【数字图书远程借阅系统开通】5月16日，本馆与中国电信嘉兴分公司共同举行嘉兴市图书馆数字图书远程借阅系统开通仪式，这是图书馆应用现代信息技术开拓服务领域、扩大服务对象、优化服务内容的一项重要举措。数字图书是一种以电子介质为记载媒体，以计算机或电子阅读器作为阅读工具的数字资源。年内，本馆引进方正Apabi数字图书管理系统，购买数字图书2.8万多种、4万多册，内容涵盖哲学、社会科学、自然科学、医学、农业和工程技术等门类。嘉兴市图书馆数字图书远程借阅系统功能强大，使用方便。借一本图书只需数秒钟时间，所借图书到期后能自动归还；查找图书可采用分类、题名、作者、关键词、出版社等多途径检索；每本图书都能进行全文检索、内容摘录；每个页面内都能作圈注、书签、划线、加亮、批注等。

【省图书馆学会第九次学术研讨会在本馆召开】11月14—17日，浙江省图书馆学会第九次学术研讨会在本馆召开，来自全省的230余位图书馆工作者参会。省文化厅副厅长、省图书馆学会理事长金庚初，香港图书馆协会会长彭仁贤等出席开幕式并致辞。研讨会特邀6名图书馆学专家讲学。南开大学柯平教授作"图书馆知识管理与知识服务的若干问题"的学术报告；香港岭南大学图书馆副馆长谭文力演讲"香港图书馆数字化多媒体资源的发展与共建"；武汉大学图书馆学情报学研究所所长、博士生导师邱均平教授作"当代期刊评价研究"的学术报告；中山大学图书馆馆长程焕文教授作"中国图书馆学教育与中国图书馆事业"的学术报告；浙江大学信息资源管理系主任叶鹰教授演讲"近年国内图书馆学情报学研究热点"；浙江广播电视大学图书馆袁昱明副研究馆员介绍"网络学习与知识组织"。研讨会还就人本服务和图书馆工作及管理、数字化图书馆建设，以及地方文献、古籍与社区乡镇图书馆3个主题进行交流探讨。

【本馆发现《嘉兴藏》】上半年，本馆古籍部在整理馆藏古籍时发现《嘉兴藏》若干种，有《百痴禅师语录》三十卷6册，《雪岩祖钦禅师语录》2册，《宗门拈古汇集》四至八卷1册，《大乘入楞伽经》1册，《佛说阿弥陀佛经》1册，《杂譬喻经》1册（内有思维要略法、五门禅经要用法），《缁门警训》十卷2册（明崇祯七年嘉兴府楞严寺经坊刻本）。《嘉兴藏》是明万历年间由嘉兴楞严寺僧真可（世称紫柏大师）发起刊刻，并由楞严寺经坊负责发行的方册《大藏经》，因主要雕版地在余杭径山，故又称《径山藏》。《嘉兴藏》是中国历史上私家出资、刊刻，历时最长、收经籍最多的《大藏经》，是现存佛典中极其重要的一种，特别是它的“续藏”“又续藏”部分，收有宋元明清的禅僧语录、文集、杂著等，具有极高的学术价值。刻经从万历七年（1579）至康熙四十六年（1707），历时100多年，此藏半页10行，每行20字。

【《檇李文系》重回嘉兴】市委、市政府出台《嘉兴市文化名城创建工作2004年行动纲领》,《檇李文系》被列入抢救和发掘嘉兴地方文化的“南湖文丛”系列。11月,《檇李文系》引进仿真复制品4册，并在12月的嘉图百年珍贵文献展上展出。

2005年

1月19日，本馆党支部会议召开，汇报支部年度工作情况，党员做个人评议，评选优秀党员。同日，部主任会议召开，汇报2004年度部门工作情况。

2月2日，嘉兴市文化广电新闻出版局“保持共产党员先进性教育”动员大会在本馆举办。

2月23日，本馆参与市委宣传部、市文广新局主办的元宵节文化活动，在华庭街组织猜灯谜。

3月，嘉兴市图书馆网改版上线。

3月1日，《槜李文系》缩微复制本从上海图书馆运回本馆，共82册，包括张元济手抄目录4册。《槜李文系》的引进是嘉兴文化史上的一件大事。

3月8日，全体党员会议召开，开展“保持党员先进性教育”专题活动。

3月21日，文化部副部长周和平来馆视察嘉兴市共享工程运行情况。同日，本馆组织“保持共产党员先进性教育”主题活动并参观南湖。

4月，本馆为嘉兴广播电视大学开通电子图书远程借阅服务。

4月23日，为迎世界读书日，馆内馆外开展“阅读改变人生 共建和谐社会”系列活动，包括华庭街现场宣传、猜谜活动、知识问答等。

4月28日，本馆团支部成员赴安吉参观学习。

5月，嘉兴军用机场约300人到馆参观。

5月13日，南湖讲坛“近代嘉兴历史名人”讲座在本馆举办，市委党校副教授陈伟桐主讲。

5月17日，继数字图书实现网上流通之后，本馆“中国学术期刊”数据库通过网络向读者开放，市民在家可冲浪“数字图书馆”。

5月20日，本馆参与由市文明办等单位主办的“书香伴我们共成长”爱心捐书活动，组织员工为市区民工子弟学校捐书，共252册。

5月25日，嘉兴市第三中学初二学生400余人来馆参观。

5月26日，上海图书馆工作人员来馆查看展厅布展。

5月27日，2005“中国移动杯”“读书乐”全国摄影比赛优秀作品巡回展开幕仪式在本馆举行。同日，本馆报告厅举办“嘉兴的史前文化及其启示”讲座，由省考古研究所研究员王明达主讲。

5月31日，本馆举办全市县（区）级公共图书馆VPN技术应用培训班。

6月1日，为庆祝六一儿童节，本馆举办猜谜、新书展与书画展活动。

6月10日，文化部副部长周和平来馆视察指导，就本馆利用VPN技术解决共享工程信息传输问题表示高度肯定。

7月，参考阅览室建立外文阅读区，专门开设外文书架。

7月，本馆为嘉兴放鹤洲公园规划设计提供所需史料。

7月13日，本馆举办黄幻吾先生作品展。

7月22日，市文化广电新闻出版局“保持共产党员先进性教育”总结大会在本馆召开。

8月，上海财经大学、本地社区读者等到馆参观。

8月5日，由政协嘉兴市委员会主办，本馆参与协办的嘉兴市纪念中国人民抗日战争胜利60周年暨中国工农红军长征胜利70周年书画作品展在本馆开幕。

8月28日，全市90名中学生在本馆参加嘉兴市中学生纪念抗日战争胜利60周年知识竞赛决赛。

9月，本馆为市委党校工作人员进行嘉兴望族研究提供家谱史料。

9月，由市委宣传部、市教育局、市文广新局主办，市教研院、市图书馆承办的嘉兴市中学生纪念抗日战争胜利60周年征文和知识竞赛活动圆满结束。

9月1日，为纪念抗战胜利60周年，“岁月磨洗的影像——俞创硕抗战图片展”在本馆展出。9月4日，市委书记、市人大常委会主任黄坤明在本馆参观该展时强调，我们纪念抗日战争的伟大胜利，就是要牢记历史、不忘过去、珍爱和平、开创未来，用伟大的民族精神激励嘉兴人民奋发图强。

9月5日，本馆整理创建材料，准备迎接市文明办来馆检查。

9月7日，本馆送书下乡至新塍镇小金港村和王江泾镇民和村。

9月25日，本馆参与在华庭街举办的社科普及周暨咨询日活动。

10月，本馆为嘉兴市政协常委、佛教协会会长、精严寺主持查精严寺等佛教资料，用于对台交流。

10月1—10日，少年路分馆举办了迎国庆少儿书画展。

10月14日，沈红梅带领采编部全体职工到王江泾镇文化站图书室，辅导图书分类。

10月21日，著名作家冯骥才先生到馆参观。

10月25日，“奔腾的激流——巴金生平活动图片展”在本馆开幕，市文广新局王鸣霞致开幕词。

11月5日，嘉兴市南湖区首届“社区读书月”活动开幕式在本馆大厅举办，主题为“读书明理　走向和谐”。

11月18日，中日韩现代美术交流展在本馆展出。

11月28日，秀洲区分馆正式向社会开放。该馆由秀洲区政府和本馆合作办馆，投资70万元，馆藏图书资料近4万册。

12月12—14日，嘉兴市基层文化干部培训班在中共嘉兴市委党校举行，市群众艺术馆、图书馆、县（市、区）文化馆、乡镇（街道）文化站有关负责人近60人参加培训。

是年，少年路分馆先后到辅成小学、光明小学、清河小学、穆河小学、友谊小学及秀州路小学联系上门办证，全年共完成办理新证1200多张。

是年，本馆利用VPN技术，在嘉兴30多个乡镇街道创建了文化信息资源共享基层点，并联通了秀洲区分馆、海宁市图书馆、桐乡市图书馆，为一卡通运行做好了网络准备。

【概况】是年，到馆读者79.2万人次，外借图书52.3万册次。新增文献馆藏6.5万册。全年新发借书证6859张。举办各种展览19场，3.51万人次参观，其中“奔腾的激流——巴金生平活动图片展”“岁月磨洗的影像——俞创硕抗战图片展”以及长三角15个城市图书馆共同举办的“中国移动杯”“读书乐”全国摄影比赛优秀作品巡回展深受读者欢迎。举办各类报告会和读者活动94次，其中报告会28场，听众总数1.34万人次。本馆报告厅作为“南湖讲坛”的主要阵地，影响逐步扩大，已基本形成比较稳定的听众群。年内，建成“农村社区流通书库”，向秀洲区、南湖区的10多个社区、村图书室流通图书，至年底，该书库已有图书1万多册。2005年，本馆被文化部、人事部授予“全国文化工作先进集体”称号。

【秀洲区分馆建成开放】2005年，秀洲区政府和嘉兴市图书馆通过合作办馆的方式，投资70万元，建立“嘉兴市图书馆秀洲区分馆”（馆藏图书资料近4万册），并于11月28日正式向社会开放。嘉兴市图书馆秀洲区分馆，又称“秀洲区图书馆”，位于秀洲公园南侧，环境优美，馆内设有图书借阅部、报刊阅览部和电子阅览室。秀洲区分馆的馆舍和大部分设备由秀洲区政府提供，图书、期刊由本馆统一调配，本馆的数字资源与秀洲区分馆实现共享，秀洲区分馆的借书证与本馆以及少年路分馆实行通借通还。这种合作办馆的方式创造了公共图书馆服务延伸的新路径。

【文化信息资源共享工程取得新进展】全市文化信息资源共享工程的推广工作取得较大进展，新增文化信息资源共享工程基层中心36个，使全市基层中心的总数达到53个，处于全省领先水平。本市文化信息资源共享工程的推广模式以图书馆为存贮服务中心，用VPN技术发展基层中心，把大量数字文化信息用网络方式输送到基层文化中心，使每一个基层中心都具有数字图书馆的服务功能。文化部副部长周和平在嘉兴视察文化信息资源共享工程的推广工作时，对这种推广方式给予高度评价。

【嘉兴市图书馆建立农村、社区流通书库】本馆贯彻落实市委文化名城建设行动纲领中提出的万册图书下农村、进社区的计划，建立了“农村、社区流通书库”。2005年，该书库已有图书1万多册，今后将逐年增加。书库实行计算机自动化管理，现已向秀洲区、南湖区的十多个社区、村图书室流通图书，由社区和村的图书室免费向居民开放借阅。每个流通点每次流通图书500册，每两个月更换一次。图书由本馆送至各流通点，为此本馆配置了1辆小型汽车专门用于运送图书。随着书库图书数量的增加，每年将新增若干流通点，争取逐步覆盖嘉兴市本级的各个社区和村图书室，形成一个广泛的图书流通体系。

2006年

1月1日起，本馆免费借阅图书从1本增加至3本。

1月10日，嘉文党〔2006〕1号文件，聘任朱谷敏为馆长助理。

1月17日，本馆送书下乡至新丰镇镇北村、余新镇金星村图书阅览室。

1月20日，浙江省文化共享工程“数字文化”下乡启动仪式在余新镇金星村文化活动中心举行，各级领导与金星村村民代表出席仪式。

2月9日，《南湖晚报》报道：学生勤来图书馆，青春读物出借率占鳌头。

2月12日，本馆参与市委宣传部、市文广新局主办的闹元宵文化活动，在城南公园游园活动中承办灯谜活动。同日，外借部在馆内举办猜谜活动。

2月17日，本馆接收原嘉兴血吸虫症防治医院院长施有铨先生捐赠的一批有关嘉兴市血吸虫防治文献资料。

2月18日，韩国江陵艺术代表团来馆访问。

3月3日—4月28日，五县二区图书馆业务培训在本馆举行，共7次，有60多名管理员参加培训。

3月8日，曾任张闻天秘书的何方先生来访。

3月9日，本馆送书下乡至秋泾桥社区、王江泾镇民和村、新塍镇小金港村。

3月15日，嘉兴市公共图书馆馆长联席会议在江苏常熟召开，会议期间参观了昆山图书馆和常熟图书馆。

3月28日—4月1日，2006年嘉兴市首期基层文化干部培训班在市委党校举行，嘉兴市群众艺术馆、嘉兴市图书馆正副馆长，县（市、区）文化局文化科长以及文化馆、图书馆馆长，特色文化镇及部分省级“东海文化明珠”乡镇（街道）文化站站长44人参加培训，主要培训新农村文化建设、公共文化管理、非物质文化遗产保护、图书馆现代化建设与管理等，并组织赴绍兴市学习考察农村文化建设。

3月31日，由市委宣传部主办，本馆承办的南湖讲坛话题征集活动落下帷幕，61位市民在本馆接受颁奖。

4月4日，文化部副部长周和平率文化部调研组就基层文化建设情况来嘉兴市调研，现场视察余新镇金星村文化活动中心、南湖街道文体活动中心、嘉兴市图书馆秀洲区分馆等地，全面了解嘉兴市文化信息资源共享工程的建设情况。

4月23日，本馆开展"世界读书日"系列活动，包括上街宣传、"让我们走向阅读社会"座谈会、读书知识竞赛、"中国学术期刊数据库"镜像资源免费检索服务周、推荐读者欢迎的图书书目、设置图书推荐专架、五县二区一卡通开通及数字图书资源宣传活动、庆六一少儿系列活动、公布"借书册数最多读者排行"、送书到社区农村等活动。

4月25日，本馆举办南湖区文化管理员（图书管理）业务培训班。

5月，浙江省委宣传部在本馆召开现场会，对南湖讲坛举办丰富多彩的讲座作了充分肯定。

5月20日，嘉兴市公共图书馆系统"一卡通"工程在嘉兴市图书馆、海宁市图书馆、秀洲区分馆、桐乡市图书馆之间同时开通。8月，平湖市图书馆加入"一卡通"工程。截至年底，异馆借书629人次、1449册。

6月，南湖区分馆（少年路分馆）举办庆六一书画展、书展和猜谜语活动。

6月3日，全市公共图书馆一卡通工程、嘉兴市公共图书馆数字图书远程借阅系统开通仪式分别在海宁市图书馆和桐乡市图书馆举行，五县二区公共图书馆实现图书通借通还。读者可在嘉兴市任一公共图书馆通过计算机检索到各馆的书目，并实现一人持证、多馆借书，一馆藏书、多馆利用的模式，实现全市公共图书馆的图书资源高度共享。

6月9日，浙江省公共图书馆信息网络互联工作会议在本馆召开。

6月14日，《中国文化报》公共文化部主任、社会文化周刊主编陈彬斌到秀洲区调研农村文化建设，先后来到秀洲区文化馆和图书馆，重点了解基层文化单位如何更好地为农民提供服务，包括为农民提供各类免费培训、现有图书资源向农村辐射等。

6月17日，"中国移动杯"读书知识竞赛颁奖仪式暨读者座谈会在本馆二楼会议室举行，20余位获奖者畅谈读书体会。

6月19日，为期一周的南湖区儿童环保画展在本馆开展，共有137件幼儿绘画作品参加展示。

6月27日，市政协举办的"纪念中国共产党建党85周年书画作品展"在本馆开展。市领导徐良骥、王洪涛、黄济华、高梦良等出席仪式。

7 月 9 日，中央广播电台“中国活力城市——活力嘉兴”大型现场直播中采访崔泉森。

7 月 28 日，由本馆牵头的嘉兴市公共图书馆信息自动化小组在平湖开展活动。

7 月，暑假期间，南湖区分馆（少年路分馆）开展小学生素描培训班。

8 月 1 日，八一建军节，馆长助理朱谷敏一行到嘉兴军用机场，向通信连赠送电脑一台，并与连队指导员商讨开展定期培训、提高通信连官兵计算机水平，以及集体借阅馆藏图书、丰富官兵精神生活等事宜。

8 月 3 日，《中国文化报》报道：“浙江嘉兴全面进入村级文化建设阶段”。由文化部、财政部等组织的全国文化信息资源共享工程，2006 年在嘉兴的推广有了一个质的突破，成为一种新模式，嘉兴市文化广电新闻出版局分管社会文化的于霞芬副局长认为，其中最大的意义在于对该市近千个村文化建设的深度推动。

8 月 7 日，“反盗版百日行动”宣传动员大会在本馆召开，会上传达《浙江省关于开展集中打击盗版音像和计算机软件制品百日行动的通知》精神，宣读《关于开展“反盗版百日行动”的公告》，通报前一阶段音像市场整治情况，并对嘉兴市反盗版百日行动进行具体部署。市本级各音像、电子出版物经营单位负责人参加会议。

8 月 10 日，嘉兴市公共图书馆馆长会议在平湖市图书馆新馆召开，各县市公共图书馆馆长参会。

8 月 18 日，文化系统信息宣传工作会议在市文广新局召开，布署今后信息宣传工作任务，继续做好由本馆承办的嘉兴文化网信息宣传工作。

9 月 4 日，江苏江阴市图书馆馆长一行到馆参观，交流办馆经验和体会。

9 月 27 日，倪禹功先生长子倪嘉缵院士来馆参观指导。倪禹功先生为嘉兴乡贤，父子两辈多次捐献珍贵书画文献给本馆与嘉兴博物馆。

10 月 1 日，浙江图书馆藏国际艺术期刊原版图像精选展在本馆开展。

10 月 1—18 日，本馆与市文联等联合主办的“王相箴美术作品展”在本馆开展。

10 月 18 日，嘉兴市第二届读书节启动暨新馆少儿室外借开通仪式在本馆报告厅举办。读书节期间，少儿室举办书目推介及少儿新书展，工作人员走访部分小学上门办证、发放宣传资料、开展“数字资源”进学校等活动。

10 月 26 日，本馆举办“我读书、我快乐、我智慧”少儿演讲比赛，24 所小学参与活动。

10 月 27 日，副馆长章明丽赴上海参加首届全国公共图书馆展览资源共建共享交流研讨会，并签订全国公共图书馆展览资源共建共享协议。这是继长三角公共图书馆间文献共享和讲座共享后的又一协议，标志着展览工作在全国范围内实现了联盟。

10 月 28 日，南湖讲坛举办“王国维、丰子恺与中国现代美育”讲座，嘉职院成教院院长、副教授顾金孚主讲。

10 月 30 日，嘉兴市人大代表到馆视察，本馆作嘉兴市公共文化服务体系建设情况汇报。

10 月 31 日，由市委宣传部、市文广新局和嘉兴日报社主办的嘉兴市十大藏书家评选活动在本馆举行授奖仪式。

11 月 22 日，韩国江陵城德小学来访。

11 月 28 日，绍兴市各公共图书馆领导一行 10 余人来馆，以资源共享为考察重点进行参观交流。

11 月 29 日，经市文广新局评审公布，嘉兴市图书馆、南湖区新丰镇文化中心等 23 个文化共享工程市级支中心及基层服务点为市本级 2006 年度文化信息资源共享工程建设先进单位，并给予表彰奖励。

12 月 27 日，中共嘉兴市委常委、宣传部长裘东耀一行考察和调研本馆。裘部长对文化大市建设“六大工程”、构建公共图书馆服务体系建设等作了指示。市文化广电新闻出版局局长王鸣霞、副局长于霞芬陪同。

12 月 29 日，嘉图〔2006〕7 号发文，新一届中层领导干部的聘任结果如下：办公室主任王奉岚，副主任董世强；外借部主任朱祥仙，副主任洪向东、钱建强；网络部主任朱谷敏，副主任金立、吕炜；古籍部主任吴美娟；少儿分馆主任朱定坤；参考阅览部主任郁妹芬；采编部主任史红；活动部副主任金海洪；秀洲区分馆副主任胡萍、陆亚韵。

【概况】全年到馆 97 万人次，外借图书 56 万册次。新增文献 5.3 万册（件）。解答读者咨询 21932 人次，代查图书资料 552 人次、1624 册次。举办南湖讲坛 46 场次，其他报告会 29 场次，举办各种展览 17 场。建立农村社区图书流通点 13 个，送书下乡、下社区 42 次，共计送书 11063 册。办理新借书证 7190 张，新发电子阅览证 267 张，数字图书卡 3000 张。年内，嘉兴市公共图书馆借书“一卡通”在本馆及平湖、海宁、桐乡 3 个县级图书馆开通。全市建成文化信息资源共享工程基层中心、服务点 70 个。秀洲区分馆对外开放一年，成为嘉兴市区西部服务中心，平均每天有 500 人次的读者来馆借阅图书。

【嘉兴市公共图书馆系统“一卡通”工程开通】5月20日，嘉兴市公共图书馆系统“一卡通”工程在嘉兴市图书馆（含秀洲区分馆）、海宁市图书馆、桐乡市图书馆之间同时开通。8月，平湖市图书馆加入“一卡通”工程。本馆在吸取上海图书馆和杭州图书馆一卡通经验的基础上，根据自身的特点，提出分布式“一卡通”服务新概念，并与有关单位合作开发相关的服务软件，为全市公共图书馆的合作与共享提供良好的平台。“一卡通”工程实施后，读者能在嘉兴市各公共图书馆通过计算机检索到各馆的书目数据，了解各馆的收藏状况，找到自己需要的图书。读者持有效借书证即可到全市范围内任意市、县（市）公共图书馆借出自己需要的图书。还书时，读者可将图书还到借书馆，也可以直接还到领证馆。因此，“一卡通”工程真正实现了全市公共图书馆书刊资源的共享，给广大读者带来实惠，特别对研究型读者以及经常在市本级及周边各县（市）流动的读者带来极大的便利。至年底，异馆借书629人次、1449册次。

【公共图书馆建立数字图书馆共建共享联盟】嘉兴市各公共图书馆达成协议，结成共建共享联盟，即在本馆数字图书远程借阅系统的基础上，发展成全市公共图书馆数字图书远程借阅系统，由本馆提供主要资金来源，各县（市）馆提供相应比例的资金共同建设数字图书馆系统，为全市五县二区的读者提供数字化服务。至年底，嘉兴市公共图书馆数字图书远程借阅服务系统已拥有数字图书9万多种，内容涵盖社会学、哲学、宗教、历史、经济管理、文学、艺术、数理化、生物、医学、工程技术等学科，并且每年将有3万种左右的新书加入，数字图书资源不断丰富。这种做法在全省乃至全国开创了一个地区之间资源共建共享的先河，全市的读者因此享受更多的资源，对嘉兴市公共图书馆的建设将会产生重大的影响。

【推广文化信息资源共享工程】嘉兴市文化信息资源共享工程在全省处于比较领先的地位，在全国也有一定的影响。至年底，全市建成各类分中心、基层中心、基层服务点70个。上半年，文化部领导两次到嘉兴视察工程的推广情况，对本馆采用VPN网络技术方式推广工程的做法给予较高的评价。9月，文化部在山东召开全国文化共享工程试点工作会议，特别邀请嘉兴市图书馆与广东东莞图书馆在会议上介绍经验。本馆在会上作“以积极进取的精神做好共享工程的推广服务工作”的发言，产生较好的反响。年底，嘉兴市被文化部列为共享工程全国5个试点城市之一，本馆积极行动，采购设备，建立文化共享工程数字资源镜像站；加强数字资源建设，在CNKI系列全文数据库、方正APABI电子图书的基础上，引进龙源期刊、国务院发展研究中心信息网（简称“国研网”）等数据库；与嘉兴电信部门共同拟定使用 VPDN 技术推广文化共享工程的初步方案。

【推进古籍善本整理、编目工作】为配合《浙江省古籍善本联合目录》的编撰，从 2006 年开始，对馆藏古籍进行全面的整理，并按《汉语文古籍机读目录著录条例》进行标准化计算机编目，这在浙江省图书馆界处于领先地位。

2007 年

1 月，安装 EMC 光存储系统。

1 月 26 日—2 月 4 日，由全省各地市选送的 172 件城市雕塑作品在市图书馆、市群众艺术馆、市区华庭街等地陆续展出。嘉兴市共选送《中共“一大”代表》等 6 件雕塑作品参展。

2 月，春节前安装国研网、龙源期刊数据库，设置龙语瀚堂典籍数据库访问路径。

2 月 1 日，苏州市公共图书馆馆长会议在本馆召开，与会馆长参观本馆并与馆领导作交流。

2 月 13 日，“相约・距离”桐乡市六人油画展在本馆开幕。

3 月 15 日，嘉兴市文化广电新闻出版局与中国电信嘉兴市分公司签约合作共建文化信息资源共享工程服务网络。

3 月 31 日，南湖讲坛“话说嘉兴运河”讲座暨大运河知识竞赛颁奖仪式在本馆举办，讲座由本馆馆长崔泉森主讲。

4 月，浙江省委宣传部领导到秀洲区分馆考察。

4 月 2 日，市政府召开专题会议，研究本馆乡镇分馆建设试点等事项，明确市本级乡镇分馆建设规模、经费投入、管理措施及试点要求等内容。

4 月 22 日，在华庭街广场举办“世界读书日”系列活动。主要内容有现场优惠办证、咨询服务、杂志赠送和有奖猜谜。同时，开展送书下乡活动，并在总馆和两个区分馆推出知识工程推荐书目与国家图书馆文津图书奖推荐书目展，公布读者借阅排行榜。

4 月 24 日，南通市图书馆馆长一行到馆参观交流。

5 月 11 日，上海松江区图书馆馆长一行到馆参观交流。

5 月 20 日，张家港市图书馆馆长一行到馆参观交流。

5 月 25 日，中共嘉兴市文化广电新闻出版局委员会嘉文党〔2007〕17 号发文，聘任章明丽为嘉兴市图书馆馆长，免去崔泉森馆长职务。

5月28日，嘉兴市文化广电新闻出版局在南湖区余新镇文化中心举行嘉兴市首个图书馆乡镇分馆——嘉兴市图书馆余新镇分馆（余新镇图书馆）开馆仪式。浙江省文化厅、浙江图书馆领导，市领导王新民、柴永强、王淳、马玉华，以及市文化广电新闻出版局、南湖区等有关领导出席开馆仪式。

5月31日，英国普利茅斯市市长大卫·詹姆士一行8人组成的友好访问团到馆参观。

6月1日，本馆少儿部举办六一儿童节猜谜活动（约200人参与）与新书展活动。

6月4日，副市长柴永强到本馆调研文化共享工程建设工作。

6月14日，市文化广电新闻出版局到馆考察朱谷敏同志提拔为副馆长的有关事宜，听取相关同志意见。

6月19日，南通市图书馆馆长一行10余人到馆参观交流。

6月26日，嘉兴市图书馆第二个乡镇分馆——王江泾镇分馆开馆。市领导裘东耀、王新民、王淳等领导出席开馆仪式。

7—8月，南湖区分馆举办暑期少儿美术辅导班。

7月4日，市委副书记、市长陈德荣等市领导对部分民生工程进展情况进行实地检查，乡镇分馆建设作为2007年市区十大民生工程之一，陈市长一行考察王江泾镇分馆。

7月6日、20日，举办秀洲区、南湖区镇（街道）、村（社区）文化信息资源共享工程服务点管理人员业务培训班，内容为理论与操作技能培训。

8月3日，嘉兴市文化广电新闻出版局党委中心组（扩大）理论学习会在本馆举行，本馆馆长章明丽作《对公共图书馆精神的思考》主题报告，报告结束后一起观看影片《民间艺术——中国记忆》。嘉兴市文化广电新闻出版局全体同志以及下属单位中层以上干部共100余人参会。

8月8日，全市文化局长会议在秀洲区召开，总结交流图书馆乡镇分馆建设方面的经验，并部署今后任务。上午，现场考察余新镇分馆和王江泾镇分馆；下午，听取嘉兴市图书馆、秀洲区教育文化体育局介绍分馆建设的做法、经验及存在问题。市文化广电新闻出版局局长王鸣霞强调图书馆分馆建设的重要性和意义，要求各县（市、区）统一思想，加强宣传；制定规划，搞好测算；试点引入，逐步推进；保障到位，管理规范；优化服务，提升水平。市文化广电新闻出版局领导班子成员、各县（市、区）文化局局长、分管局长参会。

8月10日，“南湖讲坛”举办讲座“分析台海形势　关注两岸未来”，由上海台湾研究所常务副所长、全国台湾研究会常务理事严安林主讲。

8月29日，根据市长陈德荣批示精神，副市长柴永强主持召开嘉兴市图书馆乡镇分馆建设专题会议。市委宣传部、市文化广电新闻出版局、市财政局、市人事局、南湖区政府办公室、秀洲区教育文化体育局等单位有关人员参加，会议明确了市本级乡镇分馆建设的目标任务、经费投入、人员配备、设施建设、工作要求等方面的事项，并形成纪要。

9月5日，嘉兴市机构编制委员会批复（嘉编〔2007〕38号），同意本馆增加7名编制和15名岗位合同工，主要用于配备本馆各乡镇分馆的业务指导员，并视乡镇分馆设立的进程逐步公开招聘到位。本馆人员编制调整为40名，岗位合同工调整为30名。

10月9日，市委宣传部部长武亮靓来馆调研。

10月13—17日，嘉兴市人民政府副市长柴永强带领市文化广电新闻出版局、市财政局及本馆有关人员赴广东省考察公共图书馆服务体系和分馆建设。先后走访广东省立中山图书馆、广州市图书馆、佛山市图书馆、东莞图书馆、深圳图书馆，以及东莞图书馆常平分馆等3个分馆，通过实地参观、听取介绍、座谈交流等方式，较为全面地了解了广东省公共图书馆的管理理念和运作模式。

10月15日，中国共产党第十七次全国代表大会纪念邮票首发式在本馆举行。

11月，完成《浙江图书古籍善本书目》中本馆馆藏书目的编纂上报，共计852种图书。

11月24日，纪念学者、诗人庄一拂先生诞辰一百周年暨家属捐书仪式在本馆举行。庄一拂长孙庄永基先生代表家属向本馆无偿捐赠包括《万历秀水县志》在内的20种52册图书。浙江省委常委、省委宣传部部长黄坤明同志高度关注此事，并作重要批示。

12月，开展两年一次的市文明单位复评工作。

12月6日，本馆信息技术服务部人员赴海宁市图书馆，安装文化信息资源共享工程海宁市支中心的设备，海宁市支中心服务正式开通。

12月17日，中共嘉兴市文化广电新闻出版局委员会批复（嘉文党〔2007〕33号文件），同意本馆党支部换届选举结果。新一届党支部以章明丽同志为支部书记，王奉岚为组织、纪检委员，朱定坤为宣传、群团委员，任期为三年。

12月20—22日，文化部全国文化信息资源建设管理中心副主任张晓星带领检查验收组来嘉兴督查，实地察看秀洲区王江泾镇以及平湖市曹桥街道勤安村、当湖街道如意社区共3个基层服务点，对嘉兴市文化共享工程建设情况表示满意。

12 月 24 日，市文化广电新闻出版局纪委书记毛新华、办公室汪红星来馆测评馆领导，全体职工参会进行测评。

12 月 26 日，本馆第三个乡镇分馆——大桥镇分馆建成开馆。

【概况】全年到馆 108 万人次，外借 66.2 万册次，网上数字图书借阅 6.5 万册次。全馆解答读者咨询 2.5 万人次，代查图书资料 785 人次、1986 册次；新增文献 10 万册（件）。全馆累计馆藏94.5万册。举办各类报告74场，其中“南湖讲坛”29场。举办各种展览22场。建立农村社区图书流通点 20 个，送书下乡、下社区 32 次，共计送书 1.6 万册次。办理新借书证 9634 张，新发数字图书卡 6000 多张，全馆累计发证总数 53274 张。年内，嘉兴市公共图书馆借书“一卡通”已在市本级以及各县（市）全面开通，开通以来成员馆之间书目互相套录 6916 种，读者异馆借书 1235 人次、3929 册次。全市建成文化信息资源共享工程基层中心、服务点 765 个。

【图书馆乡镇分馆建设】以乡镇分馆建设为重点的嘉兴市公共图书馆服务体系建设被列入《嘉兴市文化大市建设 2007 年行动纲领》和《2007 年市区十大民生工程》，市委书记陈德荣作重要批示，市政府两次出台关于乡镇分馆的专题会议纪要，市文化广电新闻出版局也将该项工作列入本年度的重要工作。经过各方努力，本馆余新镇分馆、王江泾镇分馆的试点工作相继于 5 月、6 月完成，大桥镇分馆于 12 月正式开馆。乡镇分馆均设有电子阅览、文化共享工程、图书外借、期刊阅览等多个服务窗口，基本能满足读者的阅读需求。嘉兴市的乡镇分馆建设采用市、区、乡镇三级政府共同投入的可持续发展机制，并通过虚拟专网（VPN）技术实现图书与数字信息资源的高度流动、高度共享，而乡镇分馆馆长由总馆派遣业务骨干担任，更为乡镇分馆的服务能力与服务水平提供了保障。嘉兴市总分馆制这种政府主导、统一规划，三级建设、集中管理，资源共享、服务创新的探索，引起图书馆业界与文化部的高度关注，《中国文化报》《浙江日报》等对此进行报道。

【文化信息资源共享工程服务网络建成】2006 年，嘉兴市被省政府确定为文化信息资源共享工程示范地区之一。3 月 15 日，嘉兴市文化广电新闻出版局与中国电信嘉兴市分公司签约合作共建文化信息资源共享工程服务网络。由电信公司提供技术支持，文化部门提供内容服务，形成具有嘉兴特色的文化信息资源共享工程 VPN 技术服务推广模式。本馆整合全国文化信息资源和图书馆自建自购图书资源，通过网络输送至各个基层服务点，形成数字图书馆的雏形。6 月，耗资 70 多万元，位于本馆的嘉兴市文化信息资源共享工程数据镜像站正式建成，该镜像站存储了 11.5T 的文化信息资源。到年底，以数据镜像站为资源，网络中心、各县（市）支中心为枢纽，覆盖全市所有乡镇（街道）和大部分行政村、社区 765 个点及各个公共图书馆的文化共享工程服务网络建成。12 月 20 日，文化部全国文化信息资源建设管理中心副主任张晓星带领检查验收组，到嘉兴市本级实地检查本馆以及王江泾镇分馆的文化信息资源共享工程建设情况，肯定了文化共享工程嘉兴模式。

【庄一拂家属捐赠书籍】11 月 24 日，纪念庄一拂 100 周年诞辰暨家属捐书仪式在本馆举行。明朝黄洪宪编纂的《万历秀水县志》、王逢《梧溪集》清抄本以及稿本《吴江周意庭先生诗稿》《三十六砚斋唫稿》等 20 种 52 册从本馆流散出去的珍贵古籍善本重回本馆。这些书籍内容多与嘉兴历史文化有关，为研究本地的人文历史和风土人情提供了翔实资料。

2008年

1月，举办上海大家书店大型图书展销、迎奥运嘉兴政协书画展、“西部畅想曲”摄影图片展、台湾摄影展。

1月1日起，嘉兴市本级图书馆及乡镇分馆实行免费办证，即取消原来每年20元的借书证年费。

1月4日，全市社会文化工作分管局长会议在南湖区召开。会议总结了2007年社会文化工作创新点，对2008年主要工作进行部署，并就本市公共图书馆乡镇分馆建设进行专题讨论。会后，与会人员参观大桥镇分馆。

1月16日，嘉兴市图书馆洪合镇分馆（洪合镇图书馆）正式揭牌开放。洪合镇图书馆是嘉兴市第四家乡镇分馆，馆舍面积800多平方米，藏书近3万册，报纸杂志300余种。该馆设施完善，集电子阅览区、文化信息资源共享平台、成人图书借阅区、少儿图书借阅区、报刊阅览区五大功能区于一体。

1月22—25日，本馆在“两会”委员、代表住处设立文献信息咨询服务台，提供最新的数字文献信息与理论研究成果。

1月23日，团市委组织新居民子弟学生来馆参观，开展“走进图书馆　了解嘉兴历史”报告会。

2月1日，市委副书记、市长李卫宁一行到馆指导工作，视察文献流通、多媒体阅览、参考阅览、古籍与地方文献等部门。李卫宁听取了图书馆原馆长、《嘉兴市志》主编史念先生关于嘉兴历史文化的翔实报告。

2月23日，嘉兴市图书馆总分馆举办元宵节猜谜活动。

2月29日，举办《周颖南文库》捐赠仪式及《周颖南文库》专题书展。

3月，秀洲区分馆和经济开发区团委到振兴公寓、科创中心实地调查，拟设立两个图书流通点。

3月1日，国务院批准颁布《第一批国家珍贵古籍名录》，嘉兴市入选14部，总数处全省地市前列，其中12部古籍均藏于本馆。

4月，为《走遍中国》栏目拍摄《澉水志》提供秦始皇石桥柱的相关资料。

4月15—18日，全国构建公共图书馆服务体系嘉兴高层论坛在嘉兴市举行。论坛由中国图书馆学会、嘉兴市人民政府主办，浙江省图书馆学会协办，嘉兴市文化广电新闻出版局承办。来自全国各地的图书馆馆长、政府主管部门领导、专家学者以及《人民日报》《光明日报》《中国文化报》等媒体记者参加此次论坛。中国图书馆学会有关领导、浙江省文化厅副厅长金庚初、嘉兴市人民政府副市长柴永强等领导出席论坛开幕式并致辞。16日、17日，参会代表分别到总馆、王江泾镇分馆参观考察。

4月20日，为迎接“世界读书日”，本馆组织各部门员工到华庭街上街宣传。同日，纪念嘉兴撤地建市25周年暨嘉兴市第五届油画展在本馆开幕。

4月23日，浙江省文化厅领导调研嘉兴农村文化市场管理工作，座谈会设在王江泾镇分馆。

4月28日，嘉兴市图书馆新塍镇分馆开馆。

5月，嘉兴学院中文系近130名学生来本馆古籍部实习，馆员为其讲解古籍版本知识。同月，开展迎奥运共享工程巡回展览。同月，全馆为汶川大地震灾区捐款。同月，参考阅览室开设“政府信息公开”查阅服务。

5月15日，奥运火炬传递经过本馆，电子阅览室设为新闻传送地，本馆做好安保、卫生工作。

6月，为市农林局申报南湖菱原产地提供所需资料。

6月2日，分管文化工作的副市长柴永强来我馆调研。

6月8日，应文化部邀请，本馆所藏的2种珍贵古籍赴京，参加6月13日—7月20日在国家图书馆古籍馆举办的“国家珍贵古籍特展”。

6月16日，“抗震救灾　众志成城——2008年抗震救灾大型新闻图片展”在本馆大厅展出。

6月22日，“嘉兴市暑期原创动漫画展比赛”启动仪式在本馆举行。

6月25日，中央电视台来本馆采访嘉兴市图书馆总分馆建设情况，到王江泾镇分馆深入采访。

7月3日，市政府在本馆举行市本级图书馆乡镇分馆合作共建签约仪式。

7月30日，召开图书馆党支部会议，听取书记章明丽对目前中央领导关于文化工作的讲话、图书馆工作现况及今后工作方向的报告。

7月31日，由嘉兴市创建全国文明城市工作领导小组办公室和市文明办主办，市文化广电新闻出版局、嘉兴在线新闻网站、南湖区文明办承办的“我为奥运祝福，我为奥运添彩，我为奥运加油”网上签名寄语活动启动仪式在本馆举办。

8月，为南湖革命纪念馆新馆展陈提供历代嘉兴城市地图等资料。

8月4日，组织员工参加“语言文字规范化”培训，该培训由教育局老师授课。

9月，为大庆油田专家提供天然气管道所经地区（嘉兴）底层水文气象资料。同月，中央电视台为拍摄嘉兴宣传片来本馆古籍部拍摄《越绝书》《嘉兴府志》中相关史料。

9月2日，王江泾镇分馆接待平湖市副市长等领导参观。

9月28日，嘉兴市机构编制委员会批复（嘉编〔2008〕39号），同意本馆增加事业编制3名，岗位合同工27名。本馆人员编制调整为43名，岗位合同工调整为57名。

10月，本馆为南湖景区恢复勺园景观提供文献资料。同月，中央电视台《见证》栏目组来馆拍摄朱生豪翻译莎士比亚作品过程中的手稿书信等资料。同月，本馆为市非遗中心申报“嘉兴端午习俗”提供全方位服务。

10月18日，“第四届嘉兴市未成年人读书节”在本馆开幕，现场开展“做一个有道德的人”签名活动。开幕式后，儿童文学作家秦文君主讲《阅读写作与人生》专题讲座。

10月20日，为民丰蓝天学校的新居民子女送书上门。

10月22日，文化部副部长欧阳坚来馆考察，听取嘉兴市公共文化服务建设工作汇报。

10月24日，第四届（2008）中国·嘉兴国际漫画展开幕式在本馆举办。

10月28日，“第四届嘉兴市未成年人读书节”走进学校，到钧儒小学进行图书馆宣讲活动。

11月，南湖区七星镇高丰村会计王保福将20世纪70年代七星公社永红大队12队的财务凭证和账册捐给本馆。同月，开设秀洲区党员服务中心图书流通站，配置图书2000册。

11月3日，嘉兴市人才公寓图书馆流通点开放。

11月19日，嘉兴市城乡一体化公共图书馆服务体系建设督查会在桐乡市崇福镇举行。会议由嘉兴市政府副秘书长张硕主持，副市长柴永强出席会议并作重要讲话。各县（市、区）人民政府分管副县（市、区）长、文化局长，嘉兴经济开发区、嘉兴港区的分管领导、社发局长参加会议。同日，在浙江省文化建设示范点创建工作现场会（宁波）上，本馆被列入首批100家“浙江省文化建设示范点”。

11月20日，文化部全国文化信息资源建设管理中心主任张彦博，文化部社会文化图书馆司副司长刘小琴、图书馆处副处长白雪华来馆考察图书馆分馆建设情况。

11月21日，文化部社会文化图书馆司副司长刘小琴来本馆主持召开讨论农村图书馆网络会议。

12月2日，本馆发文，增补吴雅萍、沈秋燕、褚晓琼为部室副主任。

12月12日，嘉兴市文化广电新闻出版局召开市本级图书馆乡镇分馆建设工作座谈会，南湖、秀洲两区文化局长，市本级各乡镇分管镇长、文化站长30余人参加会议。会上通报了2008年乡镇分馆建设工作情况及部署了明年工作安排，听取两区文化主管部门及乡镇对完善乡镇分馆建设的意见建议，部署市本级乡镇分馆年度工作考核事项，并就乡镇分馆建设进行了座谈。

12月16日，上海嘉定区图书馆18人到馆参观。

12月29日、31日，本馆王店镇分馆、油车港镇分馆先后举行开馆仪式，标志着秀洲区实现乡镇图书馆建设的“满堂红”。

【概况】全年读者到馆157.2万人次，文献外借100.9万册次，网上数字图书借阅6.2万册次。举办报告69场，其中“南湖讲坛”22场，各种展览33场。嘉兴读者利用五县（市）二区及各乡镇分馆已开通的“一卡通”系统异馆借书1606人次、3165册次，实现嘉兴地区公共图书馆的资源共享，促进文献资源的合理配置。本馆乡镇分馆的建设全面推进，至年底，基本实现乡镇分馆全覆盖，保障了农民的基本文化权益。嘉兴市本级已建成一个总馆和11个分馆的总分馆体系。

【免费办证】为加快实现公共图书馆“平等、免费、无障碍”的奋斗目标，从2008年1月1日起，嘉兴市本级图书馆及乡镇分馆实行免费办证，即取消原来每年20元的借书证年费。作为公共文化服务体系的一部分，图书馆免费办证，进一步体现“读者第一”的理念和图书馆公益性的特点。免费办证带动市民的积极性，吸引更多的市民进入图书馆，充分利用图书馆。2008年，共办新证19682张，比上年增长一倍多，成效显著。

【嘉兴市图书馆总分馆建设】构建城乡一体的公共图书馆服务体系是提高城乡人民文化生活水平、繁荣农村文化事业的重要工程。2008年，以乡镇分馆建设为重点的嘉兴市城乡一体化公共图书馆服务体系建设取得了稳步发展，洪合镇分馆、新塍镇分馆、七星镇分馆、王店镇分馆、油车港镇分馆于年内顺利开馆，乡镇覆盖率达 80%，争取至 2010 年最终建成以市、县级图书馆为中心，以图书馆乡镇分馆为纽带，以村（社区）图书室和图书流动车为基础，以企业、学校、部队等行业系统图书馆联合加盟为补充，覆盖全市、城乡一体、功能完善、资源共享、管理规范的新型公共图书馆服务体系。2008 年，乡镇分馆统计新办借书证 5865 张，到馆人数 59.6 万人次，外借图书 42.6 万册次，取得了良好的社会效益，受到社会各界的关注。

【市本级图书馆乡镇分馆合作共建签约仪式】7 月 3 日下午，市政府在本馆举行市本级图书馆乡镇分馆合作共建签约仪式。受市政府委托，市文化广电新闻出版局与南湖区人民政府、秀洲区人民政府签订《嘉兴市图书馆乡镇分馆合作共建协议书》，本馆与南湖区、秀洲区 5 个已建乡镇分馆的镇政府签订《嘉兴市图书馆乡镇分馆业务管理委托书》。举办这次签约仪式，旨在通过合作共建的形式、委托管理的手段，约定和明确市本级图书馆总分馆建设的主体和管理责任，加强乡镇分馆规范化管理，建立长效管理机制，形成公共图书馆服务体系建设工作新机制。

【构建公共图书馆服务体系嘉兴高层论坛】4 月 15 日—18 日，由中国图书馆学会、嘉兴市人民政府主办，浙江省图书馆学会协办，嘉兴市文化广电新闻出版局承办的“构建公共图书馆服务体系嘉兴高层论坛”在嘉兴举行。来自全国的专家学者和“总分馆”建设实践者，就国内总分馆的探索进行了专题研讨。嘉兴市图书馆就本市乡镇图书馆建设模式作了发言。与会代表一致认为，嘉兴市、苏州市与佛山市禅城区的模式代表了目前中国东部经济发达地区较为成功的探索，成为目前中国公共图书馆总分馆建设的发展方向。中央电视台《新闻联播》，以及《人民日报》《光明日报》《浙江日报》《中国文化报》等媒体都对嘉兴市城乡一体化公共图书馆服务体系作了相关报道，引起了广泛的社会反响。浙江省委常委、副省长葛慧君于 7 月 8 日作出批示，要求全省各市、县学习借鉴嘉兴总分馆体系建设的经验和做法。中宣部部长刘云山对嘉兴的这一做法给予了高度评价。

【嘉兴市获“全国文化信息资源共享工程示范市”称号】5 月 20 日，嘉兴市被文化部命名为“全国文化信息资源共享工程示范市”。自 2006 年文化部、财政部在全国部署开展文化共享工程试点工作以来，全国共有 2 个省、5 个市、360 个县（市、区）被确定为试点单位，嘉兴市名列其中。近两年来，嘉兴市把文化共享工程作为构建公共文化服务体系的重要抓手，坚持以农村基层服务点建设为重点，积极运用 VPN 技术探索符合嘉兴实际的推广服务模式，协调整合农村党员干部现代远程教育系统和各县（市、区）教育城域网络等现有各种网络资源，实现文化信息资源在全市范围内的共建共享，成为公共文化服务体系的有机组成部分，使基层群众特别是农村群众能够普遍享受数字文化服务。全市完成市支中心及五个县（市）支中心建设，创建乡镇（街道）、村（社区）基层服务点 1000 多个，初步建成比较完整的文化共享工程公共服务网络，形成以嘉兴市文化信息资源共享工程数据镜像站为资源及网络中心、各县（市）支中心为枢纽，覆盖全市所有乡镇（街道）和大部分行政村、社区的文化共享工程服务网络。

【文化部文化共享工程督导组到嘉兴考察】11 月 24 日上午，在浙江省各地考察的文化部共享工程督导组一行到嘉兴市就文化信息资源共享工程建设情况进行考察调研。督导组听取嘉兴市文化信息资源共享工程建设情况汇报，并实地考察嘉兴市文化信息资源共享工程平湖市支中心建设情况。督导组组长、文化部社会文化图书馆司图书馆处副处长白雪华就浙江省及嘉兴市考察情况向文化共享工程浙江省分中心等相关领导反馈意见，他认为浙江省文化共享工程建设整体水平在全国位于前列，平湖市同样走在全国前列。

【14 部古籍入选第一批国家珍贵古籍名录】3 月 1 日，国务院批准颁布第一批国家珍贵古籍名录，嘉兴市有 14 部入选。《第一批国家珍贵古籍保护名录》共收录 2392 部珍贵古籍，从先秦两汉至明清，所有古籍按时间先后分类。《第一批国家珍贵古籍保护名录》的发布，标志着自清乾隆年间编纂《四库全书》以来中华人民共和国第一次古籍普查已经启动，而且规模超过历次。嘉兴市入选《第一批国家珍贵古籍保护名录》的 14 部古籍，明代、清代各占一半，其中 2 部明代古籍由平湖市图书馆收藏，其余 12 部古籍均藏于本馆。

2009年

1月22日，嘉兴市图书馆凤桥镇分馆举行开馆典礼。新建成的凤桥镇分馆首期藏书3万余册，报纸杂志300余种，阅览用计算机18台，有电子阅览、少儿阅览、图书外借、报刊阅览和信息共享工程播放等服务。

2月8日，嘉兴市图书馆总分馆举办元宵灯谜活动。

2月19日，威海市图书馆馆长一行来馆参观交流。

2月24日，柴永强副市长主持召开专题会议，研究完善和推进市本级城乡一体化公共图书馆服务体系建设工作。会议明确了乡镇分馆补助经费、图书管理员工资福利待遇、网络信息系统更新升级、开展村（社区）图书流通站建设试点、建立联席会议制度等方面的具体事项，并形成市政府专题会议纪要。

2月26日，舟山市文化和广电旅游体育局一行7人到嘉兴考察文化信息资源共享工程建设情况。

3月12日，厦门市图书馆副馆长一行来馆参观交流。

3月17—18日，浙江省文化厅副厅长陈瑶调研嘉兴市农村图书馆服务网络体系。陈瑶一行在市文化广电新闻出版局局长王鸣霞、副局长张颖杰的陪同下先后走访了嘉兴市图书馆、嘉兴市群众艺术馆、嘉兴市图书馆余新镇分馆及大桥镇分馆、南湖区余新镇长秦村图书流通站、桐乡市图书馆崇福分馆和洲泉镇东田村文化活动中心，并听取市文化广电新闻出版局的汇报。

3月25日，市委常委、常务副市长裘东耀，市政府副秘书长张硕等一行4人到嘉兴市文化广电新闻出版局调研文化设施建设项目。市文化广电新闻出版局局长王鸣霞介绍嘉兴博物馆及本馆二期扩建工程等4个拟建项目的基本情况，副局长王登峰详细汇报全年拟重点实施的建设项目方案。

4月3日，市文化广电新闻出版局召开“全国农村图书馆服务网络建设工作经验交流会”动员大会，本馆20余人参加会务工作。

4月7—18日，本馆举办“纪念嘉兴起义60周年书画展”。

4月8日，在上海图书馆党委书记穆端正的带领下，上海市图书馆界领导、专家一行21人来馆进行工作调研。

4月9日，国家古籍保护中心专家杜伟生、晁健在浙江图书馆副馆长贾晓东和浙江省古籍保护中心童圣江的陪同下，检查指导本馆古籍保护工作。

4月11日，上海图书馆副馆长一行20人来馆参观交流。

4月12日，文化部副部长周和平视察本馆服务网络建设工作。

4月12—13日，“全国农村图书馆服务网络建设工作经验交流会议”在嘉兴市召开，交流和推广嘉兴及各地农村公共图书馆服务体系建设的成功经验，研究、部署新形势下农村图书馆服务体系建设工作，文化部副部长周和平，副省长郑继伟，市委副书记、市长李卫宁等领导出席会议。

4月16日，全国古籍保护工作专家委员会主任李致忠、国家古籍保护中心办公室培训组组长王红蕾在浙江图书馆古籍部主任徐晓军等陪同下，到本馆指导古籍工作。同日，陕西省图书馆界同人约30人到馆参观交流。

5月8日，嘉兴市政协“两分两换”中新建农村居民点文化传承和文化环境建设课题调研座谈会在本馆召开。

5月12日，江西省宜春市图书馆10余人到馆参观交流。

5月20日，忻虞卿《槜李文集》46卷从上海图书馆复制回馆。

5月24—31日，举办公共图书馆服务宣传周活动，开展免费现场办证、免费领取优质期刊、赠送数字图书卡、免图书逾期费等一系列读者活动。期间，共办理新证497张，借书2.5万册次，到馆11483人次，赠送数字图书卡2200张。

6月，本馆入选“第二批全国古籍重点保护单位”名单，馆藏《避寇日记》和《唐眉山诗集》入选《第二批国家珍贵古籍名录》。

6月1日，嘉兴市图书馆总分馆联动开展“六一图书馆快乐行”系列活动。

6月2日，浙江省委常委、省委宣传部部长黄坤明来嘉兴考察城乡一体化公共图书馆服务体系建设。市领导李卫宁、鲁俊、蒋唯民、武亮靓等陪同。黄坤明部长一行参观总馆，并观看《打破“篱笆墙”的图书馆——浙江嘉兴探索城乡一体化公共图书馆服务模式》宣传片，随后实地考察大桥镇分馆。

6月8日，中共中央政治局常委李长春在省委书记赵洪祝陪同下到大桥镇分馆，考察调研嘉兴市城乡一体化公共图书馆服务体系建设情况。

6月11日，嘉兴市文化广电新闻出版局召开市本级村（社区）图书流通站建设试点工作座谈会。

6月17日，中国图书馆学会学术研究委员会常务副主任、北京大学教授李国新一行来馆进行调研和指导。

6月24日，嘉兴市文化广电新闻出版局在本馆召开表彰会，表彰本馆在城乡一体化公共图书馆服务体系建设中取得的显著成绩。

7—8月，南湖区分馆（少年路分馆）举办暑期少儿绘画培训班。

7月1日，本馆全体党员到南湖革命纪念馆宣誓，下午到市政府参观“廉政展”。

7月7日，为纪念中国《图书馆服务宣言》发布一周年，全市公共图书馆“践行《图书馆服务宣言》”演讲比赛在本馆报告厅举行，来自全市公共图书馆的15位选手参赛。

7月17日，嘉兴市图书馆学会代表队参加由浙江省图书馆学会读者服务与用户研究分委会主办、温州市图书馆承办的“践行《图书馆服务宣言》”演讲比赛，获得2个三等奖、1个优秀奖。

8月6日，湖北省利川市委常委、市委宣传部部长周峥嵘带领考察组一行9人到馆考察交流。

8月15日，浙江省公共图书馆讲座联盟公民信息素养巡回讲座在本馆开讲。

8月18—19日，本馆组织为台湾同胞捐款，共募集2600元整。

9月5日，在嘉兴市属文化系统第二届运动会中，本馆获得团体总分第一名。

9月9日，嘉兴市副市长张阳升来馆调研。

9月11—13日，以浙江图书馆副馆长贾晓东为组长的浙江省第四次公共图书馆评估定级专家组一行对本馆进行检查评估。

9月21日，本馆参加浙江省文化信息资源共享工程领导小组办公室主办的“文化共享杯——全国文化共享工程知识与技能竞赛（浙江）”，获得亚军。

9月24日，本馆被浙江省社会科学界联合会命名为第二批浙江省社会科学普及示范基地。

9月28日—10月15日，“嘉兴市庆祝中华人民共和国成立60周年大型美术作品展”

在本馆开展。

10月17—24日，本馆举办首届“小小阅读之星”“悦读家庭”评选等活动，该活动为浙江省第五届未成年人读书节的组成部分。

10月18日，“浙江书法六十年·嘉兴分展区暨绍兴书协作品邀请展”在本馆开幕。

11月14日，新疆克拉玛依市图书馆一行8人到馆参观交流。

11月24日，人力资源和社会保障部、文化部联合在北京召开第六次全国文化先进单位、全国文化系统先进集体和先进工作者表彰大会。本馆党支部书记、馆长章明丽被授予“全国文化系统先进工作者”荣誉称号。同日，宁波图书馆馆长一行20余人到馆参观交流。

11月25日，市文化广电新闻出版局召开2009年度市本级图书馆乡镇分馆建设考评工作座谈会。同日，中国民营书商海外成立出版社第一人黄永军先生捐书仪式在本馆举行，向本馆捐书近8000册。

11月30日，嘉兴市图书馆城乡一体公共图书馆服务体系建设团队成功入选浙江省重点创新团队。

12月1—3日，嘉兴市文化广电新闻出版局组织的联合考核小组，实地开展2009年度市本级图书馆乡镇分馆考评定级工作，评出一级、二级分馆若干。

12月17日，上海中心图书馆30余人来馆参观交流。

12月23日，市委常委、副市长张阳升主持召开市本级公共图书馆服务体系建设联席会议，就乡镇分馆经费补助、管理职责、人员队伍建设、村（社区）图书馆流通站试点工作以及嘉兴数字图书馆建设等问题作进一步明确，并形成市政府专题会议纪要。同日，首届浙江省基层公共文化服务创新奖获奖名单公布，“嘉兴市城乡一体化公共图书馆服务体系”创新项目获一等奖。

12月28日，嘉兴市图书馆新丰镇分馆开馆，标志着市本级乡镇分馆实现全覆盖。

【概况】全年到馆读者209.2万人次，其中乡镇分馆100.1万人次；文献外借124.1万册次，网上数字图书借阅6.2万册次；全年购书经费414.4万元。嘉兴读者利用五县二区和各乡镇分馆已开通的“一卡通”系统异馆借书1718人次、1718册次，网络预约600多次，总分馆异地借还6万多册次。2009年，共举办各类报告讲座108场，其中“南湖讲坛”31场、各类展览26场，参加讲座和参观展览约3万人次；“南湖讲坛”获得“浙江省优秀讲座品牌”荣誉。年内举办“世界读书日”“公共图书馆服务宣传周”六一儿童节阅读活动“第五届未成年人读书节”“社科普及周”等系列活动。

【城乡一体化公共图书馆服务体系建设获奖】嘉兴市城乡一体化公共图书馆服务体系建设得到进一步推进，年内新建乡镇分馆9个，新建村图书流通站2个。至此，全市累计建成开放图书馆乡镇分馆30个，其中市本级实现乡镇分馆全覆盖。全市乡镇分馆累计建筑面积16546平方米，书架（高架、低架及期刊）2165个，电脑556台，工作人员98人，总藏书约71.4万册，每馆平均有报刊250余种。嘉兴市本级村（社区）图书流通站试点工作启动，公共图书馆服务体系进一步向村、社区和企业延伸。嘉兴市城乡一体化公共图书馆服务体系建设被评为“2009年度创新典范·浙江最具影响力党政工作创新典型”和“首届浙江省基层公共文化服务创新奖一等奖”。

【李长春同志考察嘉兴城乡一体化公共图书馆建设】6月8日，中共中央政治局常委李长春到嘉兴考察调研城乡一体化公共图书馆服务体系建设。李长春参观考察了本馆大桥镇分馆，观看《打破“篱笆墙”的图书馆——浙江嘉兴探索城乡一体化公共图书馆服务模式》宣传片，听取嘉兴市文化信息资源共享工程支中心介绍，并亲身感受浙江网络图书馆的使用效果，浏览文化共享工程嘉兴支中心数字化资源平台。李长春称赞嘉兴市构建城乡一体化公共图书馆服务体系的做法是公共文化服务模式的一个创新，有利于改变城乡公共文化服务二元结构，更好地体现公益性、基本性、便利性、均等性，保障人民群众基本文化权益。

【全国农村图书馆服务网络建设交流会】4月12—13日，由文化部主办，浙江省文化厅、嘉兴市人民政府承办的全国农村图书馆服务网络建设工作经验交流会在嘉兴举办。文化部副部长周和平，浙江省副省长郑继伟，各省、自治区、直辖市文化部门负责人及国家图书馆、文化部全国文化信息资源建设管理中心、各省（自治区、直辖市）公共图书馆主管领导参加会议。会议交流嘉兴市及其他各地农村公共图书馆服务网络建设的做法，嘉兴市介绍“以城带乡，统筹发展，推进农村公共图书馆服务网络建设”的经验。会议认为，以“政府主导、多级投入、集中管理、资源共享”为特点的嘉兴模式，代表了目前中国东部地区公共图书馆服务体系建设较为成功的探索。参会代表分别对嘉兴市本级、平湖市和桐乡市的图书馆总分馆建设进行考察。会上，文化部还研究部署文化信息共享工程及2009年全国古籍保护工作。

【开展县以上公共图书馆第四次评估定级】8月，根据文化部、省文化厅的统一部署和要求，市文化广电新闻出版局组织开展市、县两级公共图书馆第四次评估定级工作。嘉兴市、海宁市、平湖市、桐乡市、嘉善县图书馆被列入国家一级馆公示名单，海盐县张元济图书馆被列入国家二级馆公示名单。

【古籍文献整理和保护工作】本馆加强古籍保护硬件设施的投入，进一步规范古籍管理制度。4月9日，国家古籍保护中心专家杜伟生、晁健在浙江图书馆副馆长贾晓东等陪同下，检查本馆古籍保护工作，给予“人员整齐，设施齐全，规章制度完善，将原生性保护与再生性保护有机结合，保护得力”的高度评价。6月，本馆荣获第二批“全国古籍重点保护单位”，有珍贵古籍2种7册入选国务院颁布的《第二批国家珍贵古籍名录》。

2010年

1月10日，原嘉兴血吸虫病防治医院副院长施有铨先生受嘉兴“老血防”周晓兰医生所托，将毕生研究资料赠予本图书馆，其中包括血防战斗、科研资料、临床报告原稿共142件，以及8本科研笔记。

1月12日，湖州市图书馆一行40人来馆参观考察。

1月16日，风桥镇庄史村图书流通站（职工书屋）投入使用。

1月22日，嘉兴市公共图书馆馆长会议在本馆召开，本馆及五县（市）公共图书馆领导班子成员参加会议，对2009年业务情况进行交流，并讨论2010年工作目标和思路。

1月25日，嘉兴市第二届中小学美术教师作品展在本馆开展。

2月28日，嘉兴市图书馆总分馆举办元宵灯谜竞猜活动。当晚，还在七一广场举行元宵猜谜活动。

3月30日，江苏常熟图书馆同行来馆考察交流。

4月15日，江苏泰州图书馆同行来馆考察交流。

4月23日，世界读书日之际，本馆一行7人到华庭街中心广场开展免费办证、精美书刊赠送、南湖讲坛会员登记、槜李读书沙龙会员登记、笔记本赠送、手提袋赠送等活动。

4月27日，本馆共享工程工作人员到凤桥镇三星村，利用《文化共享助春耕》光盘资源，现场为农民播放农业生产视频资源。

4月29日，陆乐雕塑作品展在本馆开展。

5月7—8日，温岭市图书馆、马鞍山市图书馆分别组团来馆考察交流。

5月12日，嘉兴市公共图书馆馆长例会在湖州市安吉县召开，共16人参会。

5月15日，南宁市图书馆副馆长一行来馆考察交流。

5月17日，中国社会科学院哲学研究所国情考察团一行抵达嘉兴，就嘉兴市公共文化服务体系建设情况进行为期四天的考察。17日下午，国情考察团公共文化服务体系建设嘉兴市座谈会在本馆召开，副市长柴永强、市文化广电新闻出版局局长王鸣霞等出席会议。

随后，考察团分组对市本级及五县（市）二区的基层公共文化建设情况进行实地考察和调研。同日，昆明市图书馆副馆长一行来馆访问交流。

5月29日—6月28日，第六届嘉兴市未成年人读书节活动顺利举办。此次活动主题为“我读书、我快乐、我智慧”，在嘉兴市文化广电新闻出版局的主管下，联合嘉兴市教育局、嘉兴市妇女联合会、嘉兴教育学院等单位参加，并且得到《嘉兴日报》和嘉兴文明网的大力支持，嘉兴市图书馆作为活动的承办单位，成立了读书节工作小组，精心策划，为活动提供了组织保障。活动内容包括：青少年漫画作品征集及电子书制作主题活动、中华传统游戏比赛、六一节礼物——听爸爸妈妈讲故事、“我爱我家”家庭读书竞赛嘉兴地区选拔赛、青少年才艺互动舞台、青少年现场绘画比赛、未成年人优秀书目推荐、我向图书馆荐购一本书、动漫影展、名家讲座、读书征文、嘉兴市区青少年中国画展等12项。

5月30日，本馆工会、妇委会、团支部换届选举大会在二楼报告厅召开。

6月2日，“2010省、市图书馆服务洪合毛衫产业活动”在洪合镇举办，本馆乡镇分馆馆长及各乡镇文化站站长参加。活动由浙江图书馆、嘉兴市图书馆和洪合镇人民政府联合主办，嘉兴针织毛衫业生产力促进中心、嘉兴市秀洲区洪合毛衫商会协办。

6月3日，本馆与嘉兴市看守所签订协议，嘉兴看守所图书流通点正式启用。同日，安徽长丰县图书馆同行来本馆考察交流。

6月5日，本馆举办庆六一少儿现场绘画比赛。

6月10日，“嘉兴市第三次全国文物普查图片展”在本馆开展。

6月13日，由浙江省图书馆学会主办，浙江省图书馆学会理论与教育培训分委会、嘉兴市图书馆学会联合承办的“创新与发展——中美图书馆服务讲座”在本馆举办。来自全省各地公共图书馆、高校图书馆和其他图书馆的230多人参会。

6月23日，新塍镇分馆以及新塍镇团委、妇联、总工会、新居民事务所、文化站及市移动公司等部门联合举行的第二届阅读节暨手机阅读月启动仪式在新塍镇中学开幕，活动中为10户“书香家庭”和20名“书香居民”赠书，200余人现场参加此次活动。

6月24日，洪合镇分馆举行“庆世博日，话端午”知识擂台赛。

7月，郭云峰同志入职。

7月1日，风雅南北湖水彩画精品展在本馆开展。

7月5日，全市文化志愿者服务工作大会在本馆召开，嘉兴市文化志愿者服务总队和嘉兴市文化志愿者服务指导中心成立。市委常委、副市长张阳升出席大会并讲话。嘉兴市文化志愿者服务总队主要由各县（市、区）支队和依托相关市级文艺家协会、市属文化系统单位及学校工青妇等群众团体建立的直属专业服务支队组成。

7月7日，美国马里兰州洛克维尔市代表团来我馆参观。

7月16日，上海市闸北区图书馆同人来馆参观交流。

8月，胡娟、文甜两位同志入职。

8月10日，嘉兴市大型精品图书展在本馆开展。

8月12日，由《南湖晚报》和嘉兴市图书馆举办的2010年嘉兴市晒书会在本馆一楼举行，本馆展示馆藏珍品古籍，当地民间收藏家展示私人珍藏。

8月21日，嘉兴市图书馆和中法控股集团有限公司合作创办中法集团职工书屋，又称凤桥镇庄史村分馆。年底，该分馆被全国总工会命名为全国工会示范“职工书屋”。

8月28日，“书香携友谊——中韩共建阅读空间”项目在秀洲区分馆启动。该项目由嘉兴韩国商会和嘉兴市图书馆共建，在秀洲区分馆新设韩文图书专架。

9月3日，铁哥们环保钢雕艺术作品及图片展在本馆开展。

9月25日，文化部社会文化司司长于群来馆及大桥镇分馆考察。浙江省文化厅副厅长陈瑶，嘉兴市文化广电新闻出版局局长王鸣霞等陪同。

10月，本馆副馆长朱谷敏辞职。

10月10日，2010浙江省社会科学普及周暨嘉兴市社会科学普及月活动在市区月河历史街区广场开幕，省市领导为新居民子女学校图书流通站授牌、赠书。10日上午，浙江人文大讲堂和“南湖讲坛”联合举办讲座，由复旦大学华商研究中心主任徐培华教授主讲《现代视野下的中华智慧》。

10月11日，浙江省社科普及周暨嘉兴市社科普及月活动之一，浙江省图书馆学会秘书长袁逸主讲《享受阅读——中国读书传统与当代阅读》。

10月16日，本馆在一楼大厅举办“老少话重阳”活动，邀请嘉兴地方名人讲述九九重阳节，现场派发重阳糕。

10月25日，上海长宁区图书馆同行来馆访问交流。

10月31日，以“书籍传承文明、阅读启迪心灵”为主题的2010年“嘉兴市万人诵读活动”决赛由本馆承办。来自全市的12支代表队精彩演绎古今中外的经典作品。

11月2日，“中国嘉兴市·澳大利亚班布里市缔结友好城市十周年图片展”在本馆开展。

11月12日，市属文化系统“南湖文化先锋”创先争优主题演讲比赛在嘉兴博物馆举行，本馆封佳、蔡赵炎参加了比赛。

11月16日，嘉兴市“职工书屋”管理员培训班在本馆报告厅开班。

11月18日，本馆与新塍镇洛西村在洛西社区服务中心签订结对共建责任书，共建洛西村图书流通点，并结对洛西村特困户一户。

12月9—10日，舟山市岱山县图书馆、绍兴图书馆分别组团来馆参观交流。

12月12日，以“阅读·进步·和谐”为主题的南湖区第六届读书月活动，在本馆举行启动仪式。

12月16—17日，由嘉兴市文化广电新闻出版局副局长张颖杰带队，由市局文艺处，南湖区、秀洲区教育文化体育局及本馆相关人员组成的2010年度市本级图书馆乡镇分馆评估组，对市本级11个图书馆乡镇分馆进行实地考评，并抽查今年新建的行政村（社区）图书流通站。

12月28日，嘉兴市图书馆二期（古籍善本藏书楼）工程项目建议书通过嘉兴市发改委立项批复。同日，影像·画意——2010嘉兴市美术家摄影作品展在本馆开展。

12月29日，嘉兴数字图书馆（www.jxelib.com）开通仪式在本馆举行。市委常委、副市长张阳升，市委常委、宣传部部长武亮靓，市人大常委会副主任金成胜先生等市领导，浙江清华长三角研究院党委副书记吴云达，上海图书馆副馆长周德明、浙江图书馆副馆长刘晓清等省内外图书馆馆长，市级有关单位领导以及各系统的代表，出席开通仪式。网上联合知识导航站嘉兴站、嘉兴手机图书馆、嘉兴市图书馆新技术体验中心也同时开通。开幕式后，报告厅举办“全媒体环境下的图书馆服务”系列讲座。

【概况】截至2010年底，嘉兴市公共图书馆服务体系已建成包括1个总馆、2个区分馆、10个乡镇分馆、12个村（社区）图书分馆试点等的统一联合体。总分馆全年到馆220.5万人次，其中10个乡镇分馆到馆114.9万人次；文献外借总册次126.23万册次，其中乡镇分馆43.72万册次；总分馆体系内一卡通（市、县读者）异馆借还书2175册次。全年图书馆举办各类报告76场，其中“南湖讲坛”28场，展览35场。举办嘉兴市万人吟诵比赛、嘉兴图书馆晒书会、“第六届未成年人读书节”、“图书馆服务宣传周”、“社科普及周”、

“2010 省、市图书馆服务洪合毛衫产业活动”等各类读者活动，实现总分馆联动，将读者活动延伸到了农村、社区。

【嘉兴数字图书馆开通】嘉兴数字图书馆建设是 2010 年嘉兴市区民生工程之一。经过一年多的筹建，嘉兴数字图书馆（www.jxelib.com）于 12 月 29 日正式开通。嘉兴数字图书馆是以浙江网络图书馆为基础，由本馆联合五个县（市）公共图书馆、嘉兴学院图书馆、嘉兴市中小学图书馆、嘉兴市教育装备与信息中心、嘉兴市农科院等联盟馆共同建设，以“合作共赢、共建共享”为目标，以综合性、跨系统、全民共享的数字文献保障服务为特色，运用现代网络技术，打破地域限制，为全市读者提供一站式的各类数字资源检索和文献服务的区域性数字资源统一平台。嘉兴数字图书馆资源丰富，拥有国研网、中国知网等近 50 种国内外专业数据库，涵盖图书、期刊、视频、学位论文等多种文献类型，共有 2.7 亿条中外文文献信息、310 万种中文图书书目信息、9 亿页全文检索内容、110 多万种中文图书全文可供阅读、200 万种图书可供原文传递、300 万部视频信息、1 万多种电子期刊、2000 余万篇论文可供全文下载或原文传递，以上资源每天以 10 万条内容的速度不断更新。市领导武亮靓、张阳升、金成胜，浙江清华长三角研究院、上海图书馆、浙江图书馆的有关负责人出席开通仪式。

【古籍保护工作】1 月 12 日，嘉兴市人民政府办公室出台《嘉兴市人民政府办公室关于进一步加强古籍保护工作的实施意见》（嘉政办发〔2010〕7 号），进一步明确嘉兴市古籍保护工作的总体要求、基本目标、主要任务和保障措施，并部署在全市范围开展古籍普查工作。2010 年，本馆有 3 种 7 册古籍成功入选国务院正式公布的《第三批国家珍贵古籍名录》。本馆共有 17 种 5493 册古籍先后入选《国家珍贵古籍名录》。

【嘉兴市“晒书会”活动】8 月 12 日，由嘉兴市委宣传部、嘉兴市文化广电新闻出版局主办，《南湖晚报》和嘉兴市图书馆承办的 2010 年嘉兴市“晒书会”在本馆举行。本馆展示了大量馆藏珍品古籍，众多嘉兴民间收藏家展示私人珍藏，来自全市的普通读者通过晒书活动也实现私人藏书的交换、交流。

【2010 省、市图书馆服务洪合毛衫产业活动】为更好地为地方经济建设服务，本馆联合浙江图书馆，在中国毛衫名镇——洪合开展“2010 省、市图书馆服务洪合毛衫产业活动”，举办了国外及港澳台最新流行设计文献图片展，开通了数字图书馆纺织业专题馆，省馆、市馆与嘉兴针织毛衫业生产力促进中心签署了文献共享协议。此次活动是本馆为当地产业

发展提供信息服务的尝试，为本馆更好服务全市经济建设提供了示范。

【图书馆古籍善本楼批准立项】2010 年，嘉兴市图书馆二期（古籍善本藏书楼）批准立项。预计建筑面积约 7395 平方米，另有地下停车库，建筑占地面积约 3120 平方米。

2011年

1月7日，本馆举办各县（市）图书馆、教育系统图书馆工作人员嘉兴数字图书馆数据库使用培训班。

1月17日，嘉兴市文化广电新闻出版局召开2010年度市本级图书馆乡镇分馆建设工作座谈会，总结2010年分馆建设情况，商讨2011年工作思路。南湖区、秀洲区教育文化体育局分管局长、文化科长，市本级各乡镇分管镇长、文化站站长参加会议。

1月22日，嘉兴市图书馆新塍镇洛西村分馆开馆。这是秀洲区第一家村级图书馆分馆，也是本馆与洛西村结对共建的重要成果。

1月27日，嘉兴市公共图书馆馆长2010年年会在平湖市图书馆召开，本馆及五县（市）图书馆领导班子成员参加会议。同日，本馆领导前往烟雨小区江佳妮同学家中结对助学献爱心，送上本馆员工捐赠的助学金。

2月，王奉岚同志退休。

2月4—5日，由嘉兴市节庆活动组委会主办，嘉兴市委宣传部、嘉兴市文化广电新闻出版局承办，中信银行嘉兴分行、嘉兴市图书馆等单位协办的“中信杯”嘉兴市区迎新春广场文艺演出在梅湾街西舞台上演。

2月14—18日，本馆工作人员入驻嘉兴市“两会”现场，为“两会”代表介绍嘉兴数字图书馆并提供信息服务。

2月16日，2011年嘉兴市水彩画展在本馆开展。

2月17日，嘉兴市图书馆总分馆举办猜灯谜活动。同日，由嘉兴市节庆活动组委会主办的“2011年嘉兴市元宵系列文化活动”在七一广场举行，本馆负责组织猜灯谜活动。

3月17日，组织本馆员工参观杭州图书馆新馆。

3月20日，由嘉兴市文化广电新闻出版局主办、嘉兴美术馆承办的嘉兴首个百姓美术讲堂在本馆开讲。同日，三江泾镇举办首届新居民子女手工书画作品展，来自全镇9个学校的33件作品在王江泾镇分馆展出。

4月9日，“南湖讲坛”举办讲座《读懂中国崛起——从“文明型国家”视角看“中国模式”》。

4月18日，本馆联合上海图书馆、江西省图书馆主办的“‘双百’人物事迹展”在高中园图书馆开展，该展览是嘉兴市高中园首届读书节的重要内容之一。

4月23日，世界读书日，本馆联合中国移动嘉兴分公司在华庭街开展手机阅读体验、手机阅读体验卡赠送、读者证办理、精美书刊赠送等活动。同日由浙江省文化厅、中国将军书画研究院等主办，嘉兴市文化广电新闻出版局、南湖区委区政府承办的“庆祝中国共产党建党90周年首届全国将军书画大展”在本馆开展。

4月24日，“嘉兴市：城乡一体化公共图书馆服务体系建设”成功入选文化部、财政部“第一批创建国家公共文化服务体系示范项目”。

5—6月，举办嘉兴市第七届未成年人读书节系列活动，包括“我读书，我快乐”嘉兴市青少年现场绘画比赛，青少年漫画作品征集及电子书制作活动，“倡导阅读”名家讲座红色经典图书推荐，红色经典影片播放月，“我崇敬的英模人物”与“辛亥革命在嘉兴”征文比赛，嘉兴市未成年人经典诵读比赛等。

5月11日，由南湖街道党工委、南湖街道办事处、嘉兴市图书馆、全国文化信息资源共享工程嘉兴市支中心联合主办的“文化共享工程纪念中国共产党成立90周年群众合唱大赛”南湖街道预选赛暨“唱支山歌给党听”主题群众歌会在本馆举办。来自南湖街道各界群众300余人参加活动。

5月14日，省重点创新课题“城乡一体化图书馆服务体系建设”研讨会在本馆召开。会议由北京大学信息管理系教授李国新主持，中国科学院国家科学图书馆教授初景利、北京大学信息管理系副教授张广钦、浙江大学信息资源管理系副教授李超平、《国家图书馆学刊》常委副主编卓连营、市文化广电新闻出版局局长王鸣霞、市民宗局局长张颖杰、图书馆联盟建设相关单位代表、部分县（市）文化局分管局长及全市基层文化工作者代表等30多人出席会议。

5月25日，由本馆与浙江图书馆联办的毛衫特色文献展览周活动在洪合镇分馆举办。

5月26日，本馆为嘉兴市民丰蓝天学校捐赠400多册图书。

5月27日，本馆举办诵读经典、润泽童心——浙江省未成年人经典诵读比赛嘉兴地区选拔赛。

5月30日，“师生同读一本书”活动在嘉兴市图书馆凤桥镇分馆举办，凤桥镇中心小学27名学生代表参加活动。

6月，嘉兴市委常委、副市长张阳升就嘉兴数字图书馆进一步发挥社会效益、继续做好建设工作作出重要批示：继续加大工作力度，贴近实际，服务群众。

6月1日，由嘉兴市图书馆和嘉兴教育学院主办的“阳光少年热爱党”嘉兴市中小学生漫画现场比赛在本馆举行。

6月4日，热烈庆祝中国共产党建党90周年全省老干部书画联展开展。

6月5日，2011中国·嘉兴端午民俗文化节子胥庙会系列活动之一的赏宝会在揽秀园举办。本馆及嘉兴博物馆、嘉兴市收藏家协会提供藏品100余件，包括与端午节有关的文献资料、民间手工艺品等。

6月8日，广西壮族自治区图书馆一行30余人来馆考察学习。

6月11日，“南湖讲坛”举办讲座《人文南湖》。

6月12日，中央政治局常委、书记处书记、宣传部部长刘云山同志一行到余新镇分馆视察。刘云山同志说：“你们为全国创造了一种新模式，为全国做了大贡献！你们嘉兴的文化建设走在全国前列！”

6月24日，由本馆执行承办的庆祝中国共产党成立90周年嘉兴市党群学习周活动暨沪浙赣三地图书馆红色阅读活动启动仪式在本馆举行。

6月27日，庆祝中国共产党建党90周年嘉兴市政协书画作品展开展。

7月，郑闯辉同志入职。

7月2日，由嘉兴市文化广电新闻出版局推出的“文化有约”——嘉兴市公益性文化场馆免费开放深化工程在本馆启动。仪式后，来自乡镇分馆、村（社区）流通站、文化站的50多名工作人员，在新技术体验中心参加“文化有约”网站操作及嘉兴数字图书馆使用培训。

7月4日，2011嘉兴市中华经典诵读比赛在本馆报告厅举行。该活动由市教育局、市文化广电新闻出版局主办，本馆承办。来自全市的21支教师代表队与23支学生代表队参与比赛。同日，上海青浦区图书馆一行来馆参观考察。

7月7日，浙江省公共图书馆决策信息服务工作会议暨业务技能培训班在杭州星都宾馆举行，我馆获省文化厅“两会”信息服务工作优秀单位表彰。

7月14日，《嘉兴明清望族疏证》首发式在本馆举行。同日，“南湖讲坛”举办讲座《面向2012年的台海形势》。

7月22日，嘉兴市图书馆王江泾镇分馆向浙江明效丰汇控股集团有限公司开办的新居民子女暑期班赠送一批图书。

7月23日，“南湖讲坛”举办讲座《人文南湖》（二）。

7月28日，嘉兴市“红色起点”美术作品展在本馆开展。

8月15日，本馆举办嘉兴市支中心文化信息资源共享工程基层服务点管理员专题培训班，来自共享工程基层服务点和乡镇分馆的75名学员参加培训。

8月22日，本馆举办嘉兴市图书馆共享工程知识竞赛，来自嘉兴市图书馆总分馆的27位共享工程管理人员参加此次竞赛。

8月26日，“大爱有痕：嘉兴先贤倪禹功藏品捐赠仪式”在嘉兴博物馆举行。倪禹功的五个子女倪嘉缵、倪嘉客、倪嘉宁、倪嘉绥、倪嘉寒向嘉兴博物馆及本馆无偿捐赠219件（组）书画文献，这是近半个世纪以来嘉兴接受的最大规模的一次民间捐赠。

8月29日，浙江省第二届“文化共享杯——全国文化信息资源共享知识与技能竞赛”嘉兴地区选拔赛在本馆开赛。

9月4日，“嘉兴市未成年人漫画电子书制作活动”在本馆举行。

9月15日，本馆职工参加浙江省第二届文化共享工程知识与技能竞赛。

9月24日，“第七届南湖区读书月”在嘉兴市秀州中学启动。本馆与邮政局、新华书店等单位参加启动仪式，本馆开展嘉兴数字图书馆推广与办证服务，并现场赠阅期刊及《我们的节日——中国民俗文化当代传承浙江论坛（嘉兴）论文选》。

9月30日，浙江省古籍基础维护培训班（第一期）在本馆开班。

10月11日，绍兴图书馆馆长一行到本馆参观交流。

10月15日，“南湖讲坛”举办讲座《人文南湖》（三）。

10月20日，纪念辛亥革命100周年——张春晓、江军、江峰、江涛书法联展在本馆开展。

10月22日，“纪念建党90周年、辛亥革命100周年”嘉兴市中小学生读书征文活动颁奖仪式在本馆举行。同日，“南湖讲坛”举办讲座《辛亥革命在嘉兴》。

10月24日，新疆阿克苏地区文体局一行来到本馆考察交流。

10月28日，台州市文化广电新闻出版局分管领导带队，台州市图书馆、文化馆、博物馆的相关领队来馆参观考察。

11月12日，北京大学教授李国新、副教授张广钦，中国科学院国家科学图书馆教授初景利、浙江大学副教授李超平、国家图书馆发展研究院副研究馆员卓连营等5位专家学者到馆，对“嘉兴模式：嘉兴市公共文化服务体系建设”省级创新课题进行业务指导。

11月16日，云南省德宏州芒市乡文化站一行来馆参观考察。

11月25日，嘉兴·丽水“山海协作”视觉艺术展在本馆开展。

12月2日，中共嘉兴市文化广电新闻出版局委员会批复（嘉文党〔2011〕46号文件），同意本馆党支部换届选举结果。新一届党支部由章明丽，褚晓琼、刘永刚、金立和朱定坤5名同志组成，章明丽同志为支部书记、褚晓琼为支部副书记，朱定坤为组织（纪检）委员，刘永刚为宣传（统战）委员、金立为群团委员，本届支部任期三年。

12月6日，嘉兴韩国商会为本馆秀洲区分馆捐赠韩语书籍。

12月12—13日，由湖南省文化厅副厅长孟庆善、文化部全国文化信息资源建设管理中心培训指导处处长刘刚、福建省图书馆馆长郑智明组成的文化部共享工程督导组前来检查嘉兴市公共电子阅览室建设试点及文化共享工程建设工作情况。嘉兴市公共电子阅览室作为全国试点单位顺利通过验收。

12月24日，南湖区分馆与秀城实验教育集团联合开展“好故事，一起来分享”阅读推广活动。

12月31日，刘永刚同志辞职。

【概况】嘉兴市图书馆总分馆全年到馆224.1万人次（其中分馆到馆113万人次）；文献外借126.1万册次；一卡通（市、县读者）异馆借还书2397册次。举办各类报告71场，其中“南湖讲坛”22场，展览36场。举办了手机阅读进万家——“世界读书日”活动、毛衫特色文献展览、第七届未成年人读书节、沪浙赣三地图书馆红色阅读系列活动等，实现总分馆联动，将读者活动延伸到了农村、社区。截至2011年底，本馆已建成包括1个中心馆（总馆）、2个区分馆、10个乡镇分馆、25个村（社区）分馆的服务体系。嘉兴总分馆模式得到中央政治局常委、书记处书记、宣传部部长刘云山同志的高度赞扬。

【沪浙赣三地图书馆红色阅读活动启动仪式】4—10月，本馆开展了“阅读红色经典，激扬爱国情怀”沪浙赣三地联动红色阅读系列活动。6月24日上午，庆祝中国共产党成立90

周年嘉兴市党群学习周活动暨沪浙赣三地图书馆红色阅读活动启动仪式在本馆一楼大厅举行。该活动由嘉兴市委宣传部主办，嘉兴市文化广电新闻出版局、上海图书馆、江西省图书馆承办，嘉兴市图书馆执行承办。市委宣传部常务副部长许晴、上海图书馆副馆长周德明、浙江图书馆副馆长贾晓东、江西省图书馆副馆长何振作，以及上海图书馆、江西省图书馆相关人员和嘉兴市各县（市、区）公共图书馆、乡镇图书馆等单位负责人出席启动仪式。仪式后，参加活动的领导和来宾在本馆展厅参观为中华人民共和国成立作出突出贡献的100位英雄模范及感动中国的100位优秀中华儿女的“双百人物”事迹展。同日下午，三地图书馆工作者参加以“走进数字阅读时代”为主题的数字阅读研讨会。

【嘉兴数字图书馆建设】6月，嘉兴市委常委、副市长张阳升就嘉兴数字图书馆进一步发挥社会效益、继续做好建设工作作出批示：继续加大工作力度，贴近实际，服务群众。嘉兴数字图书馆自2010年12月29日正式开通服务以来，深受全市读者的喜爱，读者访问、检索量逐月提高，截至2011年底，数字图书馆读者有效访问次数为397159人次；各频道总访问次数超过500万次，其中图书频道访问超过130万次、期刊频道访问为100万次；文献传递次数超18万次，其中图书的文献传递为8万次、期刊的文献传递为6万次。2011年，嘉兴数字图书馆开展“千人培训计划”，走进社区、学校、企事业单位，为全市读者进行免费的数字图书馆资源介绍及用户使用培训，加大数字图书馆宣传力度，让全市读者共享便利、海量的数字信息资源。

2012年

1月1日，南湖区分馆（少儿路分馆）经过整修向全市开放。该馆由南湖区教育文化体育局与嘉兴市图书馆合作共建，建筑面积6000余平方米，馆内有藏书14万余册，其中少儿图书8万册、成人图书6万余册、报刊350种。馆内设有图书借阅室、未成年人图书借阅室、亲子学习天地、电子阅览区等。亲子学习天地设有专门的少儿小舞台，配备少儿互动游戏、点点漫画等多媒体互动设备。

1月11日，“数字图书馆培训进机关”走进嘉兴市疾病预防控制中心，举办《嘉兴数字图书馆的使用及资源介绍》讲座。

2月3日，嘉兴市文化广电新闻出版局局长王鸣霞在本馆主持会议，专题研究嘉兴市国家公共文化服务体系示范项目“嘉兴市：城乡一体化公共图书馆服务体系建设”创建工作计划。

2月6日，嘉兴市图书馆总分馆举办元宵猜灯谜活动。

2月8日，“国画　书法　摄影”黄振宇作品展在本馆开展。

2月13日，查筱迪先生向本馆捐赠完整版《中国集邮报》与《集邮报》，捐赠的两种报刊日期从1992年创刊号开始至2011年底。

2月16日，举办“浙江省公共电子阅览室管理软件”应用培训，各县（市、区）、乡镇图书馆全国文化信息资源共享工程负责人或技术负责人共30余人参加。

2月20日，“数字图书馆培训进校园”系列活动启动，先后为嘉兴市少年儿童体育学校、嘉兴市第四高级中学进行数字图书馆使用培训。

2月21日，瑞安市人民政府考察团来馆参观访问，市文化广电新闻出版局领导对我市文化体制改革工作做简要介绍，馆长章明丽报告嘉兴市构建城乡一体化公共服务体系开展情况。

2月23日，诸暨市图书馆一行来馆参观访问。

2月24日，嘉兴市委政策研究室副主任顾志刚在本馆二楼报告厅作《深入学习贯彻市

第七次党代会精神　努力开创嘉兴科学发展新局面》专题讲座。同日，国家图书馆出版社工作人员来馆对朱生豪译莎士比亚手稿进行修复、拍照工作。

3 月 3 日，纪念雷锋牺牲五十周年图片展在本馆及五县两区图书馆开始巡展。

3 月 6 日，嘉兴市本级乡镇分馆馆长例会召开，并对乡镇分馆馆长进行论文写作培训。

3 月 9 日，浙江省文化厅督查组受文化部委托赴我市督查国家公共文化服务体系示范项目“嘉兴市：城乡一体化公共图书馆服务体系建设”的创建工作，听取市文化广电新闻出版局局长王鸣霞工作汇报，查看项目台账资料，并实地检查凤桥镇分馆与庄史村分馆（中法集团职工书屋）的建设运营情况。同日，嘉兴市第六届油画展在本馆展厅开展。

3 月 14 日，山西晋城市文化系统一行来馆参观访问。

3 月 17 日，曾任中国人民武装警察部队总医院中医正脊中心专家的刁文鲳在本馆报告厅做《细节决定健康——你的脊椎还好吗》讲座。

3 月 20 日，“记忆嘉兴”——杜镜宣先生老照片作品展在本馆开展。

3 月 23 日，嘉兴市委宣传部部长陈越强等市委领导来馆参观考察。

3 月 24—25 日，嘉兴市图书馆派工作人员驻嘉兴“两会”现场，为“两会”代表介绍数字图书馆，并提供信息服务。

3 月 26 日，一名读者向本馆捐款 500 元，对本馆大力推行免费服务表示感谢。本馆对读者善举表示感谢，并决定将此笔捐款用于购买图书，捐赠给嘉兴市蓝天学校。

4 月 10 日，浙江省政协“公共文化服务”督导小组到馆检查工作。馆长章明丽接待并详细介绍本馆城乡一体化公共图书馆服务体系。

4 月 11 日，章明丽馆长带队赴上海参观考察 RFID 项目，先后参观上海图书馆、浦东新区陆家嘴图书馆、上海市普陀区图书馆、长宁区图书馆以及浦东图书馆。

4 月 16 日，杜镜宣先生将“嘉兴老照片”捐赠给本馆，捐赠仪式在天工苑举行。

4 月 18 日，“跨越海峡，台湾画家石虎百幅中国画展”在本馆举行，并举办石虎先生作品捐赠仪式。

4 月 20 日，本馆向嘉兴市民丰蓝天学校捐赠图书和期刊 1000 多册，并为该校办理集体借书证，送去首批集体借阅图书 700 多册。

4 月 23 日，2012 年“新居民信息素养培训”启动，首站到海宁市丁桥镇嘉兴立华禽畜有限公司开展培训。同日，嘉兴数字图书馆手机版全新上线，由嘉兴市五县两区公共图书馆主办、海宁市图书馆承办的嘉兴数字图书馆手机版（m.jxelib.com）启动仪式在海宁市图书馆举行。

4月26日，本馆“口述嘉兴血防史”小组采访原嘉兴市第二医院老中医张明权医师。后又到施有铨先生家中，由施先生做了总结发言。至此，历时近一年的“口述嘉兴血防史”采访阶段结束，进入后期制作阶段。

4月27日，陕西铜川区书馆一行，来馆参观交流。

5月3日，本馆组织成员赴温州市图书馆参观考察该馆图书馆建设情况，重点考察RFID项目。

5月7日，广西百色市文化系统领导一行来馆参观交流。

5月8日，《中国文化报》记者来馆采访“文化有约”——嘉兴市公益性文化场馆免费开放深化工程项目。

5月11日，浙江省政协与黑龙江省政协科教文卫体委员会近20位委员，来馆调研嘉兴市公共图书馆服务体系与中心馆－总分馆建设经验，并参观大桥镇分馆。

5月14日，浙江省社会科学界联合会代表组到馆检查指导社科普及工作。副馆长沈红梅带领参观，并讲解嘉兴市城乡一体化公共图书馆“中心馆－总分馆”服务体系，并汇报近年来本馆社科普及工作。

5月15日，市委书记李卫宁在市委常委、秘书长孙贤龙，市文化广电新闻出版局局长王鸣霞等有关部门负责人的陪同下，前往南湖区分馆就“城市有机更新”展开调研。馆长章明丽汇报本馆建设成就，以及需要进一步完善的工作。李卫宁指出，南湖区图书分馆主楼后面的简易房应该考虑维护更新，明伦堂也应该加强保护，并对本馆的馆舍建设给予了很大的肯定和建议。

5月24日，馆长章明丽带队赴苏州独墅湖图书馆参观学习，参加“充满活力与创新的新加坡图书馆事业——为学习型社会而投资”主题报告交流会。

5月25日，中国浦东干部学院学员一行来馆参观。馆长章明丽介绍嘉兴市图书馆城乡一体化公共图书馆服务体系，详细讲解嘉兴数字图书馆与“文化有约”网站的使用方法。

5月26日，本馆举办“我自信　我快乐”庆祝六一国际儿童节系列活动。

6月1日，由嘉兴市教育局主办，本馆承办的“悦读之星”嘉兴市中小学生书法大赛在本馆三楼自修室举行。

6月8日，信息服务部员工为嘉兴市经济和信息化委员会“企业精细化管理”培训班学员开展嘉兴数字图书馆使用培训。

6月12日，中国浦东干部学院“城市文化建设与发展”专题研修班的学员到大桥镇分馆参观学习，内容为嘉兴市公共文化服务体系建设与嘉兴数字图书馆建设。

6月15日，洪合镇分馆举办企业职工书屋结对仪式暨洪合镇“送文化进企业”活动启动仪式。

6月16日，本馆员工为浙江大学继续教育学院总裁班做数字图书馆使用培训。

6月17日，本馆举办“美丽家杯”第十八届嘉兴市少儿故事大王比赛。

6月18日，副馆长沈红梅出席中国图书馆学会阅读推广委员会推荐书目分委会与图书评论分委会年会，表示本馆将会继续做好《基层图书馆基本藏书目录》（哲学宗教类）的编制完善工作。

6月19日，江苏省盐城市建湖县文化系统领导一行来馆考察数字图书馆建设情况。

6月20日，由浙江图书馆地方文献部主任袁逸带领的浙江省公共图书馆地方文献工作考评组一行5人来馆，对本馆的地方文献工作予以指导和考评。副馆长沈红梅对本馆2009年以来的地方文献工作进行总结汇报，包括地方文献制度、人员配备、经费、实际成果等方面。

6月28日，“数字图书馆培训进机关”活动走进嘉兴市委政研室。

7月9日，嘉兴市图书馆学会在海宁市举办地方文献工作会议，由浙江图书馆研究馆员袁逸作《留存乡土记忆——谈乡镇文献的收集、保存及意义》讲座。同日，银川市文化系统考察团一行考察本馆服务体系建设与数字图书馆建设情况。

7月10日，重庆市巴南区文化系统领导一行来馆调研嘉兴数字图书馆建设情况。

8月2日，FM104.1嘉兴新闻广播《七彩童年》节目主持人林楠姐姐和第十八届嘉兴市少儿故事大王比赛获奖者走进本馆少儿阅览室，讲故事，做游戏。同日，嘉兴市文化广电新闻出版局公布2011年度嘉兴市本级图书馆乡镇分馆考评定级结果，评出一、二级馆各5个。

8月7日，本馆举办图书管理员培训班，来自市本级乡镇分馆与村分馆的图书管理员参加培训。

8月9日，嘉兴市文化广电新闻出版局印发《关于开展嘉兴市公共图书馆地方文献工作考评的通知》。同日，市文化广电新闻出版局根据《嘉兴市人民政府办公室关于印发城乡一体化公共图书馆服务体系创建实施意见的通知》(嘉政办发〔2012〕52号)精神，印发《关于在市本级公共图书馆总分馆实施RFID图书自助借还系统的通知》，启动RFID建设项目，开展24小时无人值守图书馆和馆外智能MINI自助图书馆试点工作。

9月，本馆启动RFID图书自助借还改造项目。

9月3日，本馆收到读者王碧云的捐赠，共36种84册图书。

9月18日，中共嘉兴市文化广电新闻出版局委员会发文(嘉文党〔2012〕29号)，聘任章明丽为本馆馆长，沈红梅、许大文为副馆长。

9月20日，杭州市江干区图书馆工作人员及文化站站长一行来馆参观交流。

9月24日，与嘉兴军用机场共建的图书流通站建成开通，副馆长沈红梅参加开通仪式。

10月17日，嘉兴市委统一战线工作部与本馆主办的“精英学校同心·图书馆开放暨同心·名师工作室授牌仪式”在王江泾镇精英学校举行，本馆与精英学校签订“同心·图书馆”共建协议书。

10月24日，浙江省“文化强省建设专项督查组”领导一行来馆考察馆舍空间、服务能力、城乡一体化公共服务体系建设、数字图书馆、文化有约等内容，并召开座谈会。

10月29日，本馆举办“朱生豪百年诞辰纪念活动”暨《朱生豪译莎士比亚戏剧手稿》首发式，市领导陈越强、沈利农、柴永强、马玉华，中国莎士比亚学会副会长、上海戏剧学院教授曹树钧，朱生豪之子朱尚刚先生，市文化广电新闻出版局局长金琴龙等出席仪式。与会嘉宾向市档案馆、南湖革命纪念馆、秀州中学、秀州中学分校以及各县(市)图书馆赠送手稿影印本；朱尚刚先生向本馆捐赠朱生豪与夫人宋清如女士部分手稿，馆长章明丽向朱尚刚先生颁发捐赠证书。

11月5日，“数字图书馆培训进机关”活动走进嘉兴市委统一战线工作部。

11月17日，浙江省社会科学院考察团到凤桥镇分馆考察我市公共图书馆服务体系建设。市文化广电新闻出版局局长金琴龙、副局长陈云飞陪同。

11月24日，山东潍坊市图书馆馆长一行来馆参观交流。

11月27日，本馆举办《我国图书馆事业现状与发展趋势》报告讲座，召开“档案、台账工作规范”会议。

11月30日，浙江大学公共管理学院副院长郁建兴来馆以及七星镇江南新家园图书流通站、凤桥镇分馆考察调研。1818 黄金眼“民生工程考察组”跟踪拍摄，该节目于 12 月 6 日在 1818 黄金眼（公众版）栏目播出。

12 月 3 日，江西赣州市图书馆及赣州地区各县图书馆馆长一行来馆参观交流。

12 月 10 日，本馆召开“纪念张振维逝世二十周年座谈会”。

12 月 12 日，与嘉兴市教育装备和信息中心联合举办“嘉兴市中小学图书馆（室）工作人员岗位培训班”。

12 月 29 日，秀洲区分馆开展“老年电脑基础知识培训”活动。

【概况】嘉兴市图书馆总分馆全年到馆 254.6 万人次（其中乡镇分馆 123 万人次）；文献外借 139.1 万册次。建成了 1 个中心馆（总馆）、2 个区分馆、10 个乡镇分馆、26 个村（社区）分馆和若干流通点的图书馆服务体系。嘉兴数字图书馆读者访问 57.3 万人次，数据库访问 584 万次，全文检索统计 121.3 万次，文献传递统计 15.3 万次。共举办各类报告、讲座 68 场，其中“南湖讲坛”24 场、各类展览 30 场。对总馆进行了馆舍整修，新开设亲子悦读天地、数字信息体验与服务中心等，进一步完善图书馆的服务功能。

【深化推动嘉兴市城乡一体化公共图书馆服务体系建设】嘉兴市公共图书馆服务体系建设取得显著成效，实现乡镇分馆全覆盖，并在有条件的村和社区，建立了村（社区）分馆，跨行业的图书馆联盟也初步形成。为进一步深化推动嘉兴市城乡一体化公共图书馆服务体系建设，2012 年 5 月，嘉兴市政府出台《嘉兴市城乡一体化公共图书馆服务体系创建实施意见》（嘉政办发〔2012〕52 号），在进一步完善总分馆制、强化体系末端、建立图书馆联盟等方面取得突破性进展。为加强分馆间信息沟通，本馆编辑《嘉图通讯》（分馆版）。2012 年，嘉兴市城乡一体化公共图书馆服务体系建设入围了由浙江省委宣传部等举办的“浙江省 2012 年度十佳民生工程”，受到了广泛关注。中央电视台纪录片《跨越——文化改革发展十年巡礼》等节目也报道了嘉兴市公共图书馆服务体系建设成果。

【完成示范项目的中期督查和制度设计工作】“嘉兴市城乡一体化公共图书馆服务体系建设”国家公共文化服务体系示范项目顺利完成中期督查。督查结束后，根据嘉兴市示范项目创建规划，针对督查组的建议和意见，加强力量组织协调推进示范项目工作进程，保证如期完成国家公共文化服务体系示范项目的各项任务。本馆加强对服务体系的制度设计工作，撰写了相关的方案，立足于城乡一体化公共图书馆服务体系建设实践，借鉴我国东部地区其他城市的先进经验，依托有关专家，完成并通过了《嘉兴市公共图书馆服务体系管理体制、协同机制、城乡统筹机制研究》制度设计课题，同时，该制度设计研究获得全国优秀奖，受到专家和领导的一致好评。

【初步完成RFID图书自助借还系统项目前期工作】RFID图书自助借还系统，是本馆2012年重大项目之一。该项目通过采用无线射频技术，极大地提升图书馆文献服务能力和智能化管理水平；同时，通过馆外24小时自助借还系统，可延长图书馆借还书服务时间，极大便利读者。2012年，本馆组成调研小组，赴上海图书馆、温州市图书馆等已使用RFID的图书馆考察图书自助借还系统。该项目已完成招标，并进入实施阶段。

【数字信息服务不断创新】嘉兴数字图书馆手机版，于世界读书日之际正式开通。嘉兴数字图书馆手机版是嘉兴数字图书馆的升级版本，由本馆与五县市图书馆共建共享，兼具了图书馆传统服务功能和数字资源全文阅览、查询等功能。开展了“数字图书馆培训”进机关、企业、进校园系列活动，对机关干部、企业技术人员、中小学教师等进行了数字图书馆的使用培训21场。同时，大力开展“帮兄弟回家——新居民信息素养培训”，对新居民进行网上购票、网上购物、网上挂号等内容的培训，有效提升了新居民的信息素养。

【朱生豪手稿影印出版】为纪念翻译家朱生豪先生100周年诞辰，本馆将馆藏的朱生豪先生翻译《莎士比亚全集》的手稿正式影印出版。10月29日，本馆举办了“朱生豪百年诞辰纪念活动”暨《朱生豪译莎士比亚戏剧手稿》首发式，来自全国各地的30多位莎学专家、戏剧专家、翻译家、朱生豪研究者参加了此次活动。

2013年

1月1日，浙江电视台民生休闲频道播出由浙江省委宣传部、浙江大学、浙江广播电视集团联合举办的“浙江省2012年度十佳民生工程”评选颁奖典礼。“嘉兴市城乡一体化公共图书馆服务体系建设”获奖。

1月18日，“让好书去旅行”图书漂流活动在嘉兴加西贝拉压缩机有限公司首站启动，共计千余册过刊开始漂流。

2月1日，2012年度嘉兴市本级乡镇分馆座谈会在本馆召开。嘉兴市文化广电新闻出版局文艺处，南湖区、秀洲区教育文化体育局分管局长、文化科长，市本级各乡镇分管镇长、文化站站长参会。

2月5日，嘉兴地区公共图书馆馆长例会在本馆召开。市文化广电新闻出版局文艺处处长刘靖、浙江大学公共管理学院信息资源管理系副教授李超平及嘉兴地区公共图书馆领导班子参加会议。

2月6日，总馆一楼大厅举办“写福送春联”活动，诚邀嘉兴市书法家协会叶国祥、戴振国等4位书法家免费为广大读者写福字送春联。

2月7日，本馆试开放“亲子悦读天地”“信息服务与体验中心”“24小时图书自助借还服务”等部门。

2月17日，与市科技馆联合在亲子悦读室举行“智慧城市展”，吸引众多家长和小朋友参加。

2月19日，春节期间，24小时图书自助借还服务、信息服务与体验中心、亲子悦读天地全面试运行，给读者全新的图书馆阅读体验。

2月20日，嘉兴市图书馆总分馆联动举办“元宵节·猜灯谜”活动。23日晚，在七一广场“设摊摆阵”，设置1000多条灯谜让市民来参与。

3月8日，嘉兴市文化广电新闻出版局局长金琴龙、副局长陈云飞、办公室主任李初一行到馆进行专题调研。同日，秀洲区分馆在高照街道象贤幼儿园开设本市首家低幼图书流通点。该幼儿园 70% 的幼儿是新居民子女，流通点可为新居民家庭提供更多的阅读机会。

3 月 13 日，江苏淮安市图书馆协会一行来馆参观交流。

3 月 17 日，本馆与市科技馆联合举办“光色的神奇”活动。

3 月 19 日，调整读者证（市民卡）的外借数量和借期规定，具体如下：①普通读者最多可外借图书 10 册，借期最长 21 天；最多可外借 VCD 或 DVD 8 片，借期最长 7 天；最多可外借随书光盘 4 片，借期最长 21 天。②老年读者最多可外借图书 10 册，VCD/DVD 借 8 片，随书光盘 4 片，借期均为 30 天。

3 月 26 日，中国浦东干部学院学员一行来馆参观考察。

4 月 4 日，全市公共图书馆馆长例会在本馆召开。议题为：如何做好创建国家公共文化服务体系示范项目验收迎检工作以及第五次全国公共图书馆评估定级工作。

4 月 11 日，浙江省文化厅厅长金兴盛带领调研组一行来馆调研。嘉兴市副市长柴永强、市文化广电新闻出版局局长金琴龙等陪同调研。

4 月 16 日，受国家文化部委托，省文化厅组成以公共文化处副处长倪巍为组长的验收小组，就我市创建国家公共文化服务体系示范项目“嘉兴市：构建城乡一体化公共图书馆服务体系建设”进行检查验收。同日，本馆联合嘉兴技师学院图书馆在学院图书馆举办“分享交流 以书会友”晒书会。

4 月 20—24 日，为庆祝“世界读书日”，本馆和嘉兴市新华书店联合举办“你选书，我买单”公益活动。活动采用“读者现场选书，图书馆买单、加工，读者到馆取书借阅”的形式。工作人员现场发放嘉兴市数字图书馆使用宣传资料、免费办理读者借阅证、开通市民卡借阅功能、免费图书预约等。

4 月 25 日，中国浦东干部学院学员一行来馆考察嘉兴市城乡一体化公共图书馆服务体系建设情况。

4 月 26 日，嘉兴市县级公共图书馆第五次评估定级工作启动。由市文化广电新闻出版局文艺处处长刘靖、馆长章明丽等一行 7 人组成的评估定级工作小组，通过听取汇报、查阅台账、实地考察等办法，逐一对嘉兴各县级公共图书馆进行检查。

4 月 29 日—5 月 1 日，信息服务与体验中心举办三期“如何使用掌上阅读器”讲座，现场工作人员亲自演示阅读器使用与操作过程。

5 月 8 日，本馆员工到王店镇为企业员工进行“新居民信息素养培训”，现场发放数字图书馆宣传资料和阅览卡。

5月9日，中宣部改革办事业发展处高圣宝、文化部公共文化司少数民族文化处刘亚东一行在浙江省委宣传部文化事业处调研员姚俭、浙江省文化厅公共文化处副处长倪巍的陪同下，调研嘉兴市基层公共文化服务建设情况，并在本馆召开专题座谈会。

5月11日，教授范并思、李超平受邀来本馆指导阅读推广活动。各部室主任以及各乡镇分馆馆长参加座谈。

5月13日，举办“全国文化信息资源共享工程”基层管理员技术培训班，共120余人现场参加培训。

5月18日，全国助残日来临之际，本馆与嘉兴市特殊教育学校开展合作，邀请嘉兴市特殊教育学校的师生到馆参观，并免费进行信息阅读推广培训。同日，本馆联合彩虹义工联盟走进市儿童福利院开展送温暖活动，为小朋友带去玩具、文具、图书、零食等礼物，共有30多名义工参加。

5月20日，由黄亚洲等主编的大型知青纪实文集《浙兵岁月——浙江生产建设兵团那些事儿》赠书仪式在本馆大厅举行。馆长章明丽接受了原浙江建设兵团嘉兴代表陈仪慧等三人捐赠给嘉兴五县两区图书馆的30套赠书。

5月25日，首期“夕阳红E族”老年电脑培训基础班举行开班仪式，吸引30余名老年读者前来参加，其中年龄最大者是89岁。

5月26日，本馆联合浙江图书馆在二楼参考阅览室开设“中外最新精品家装灯饰设计书刊展”。

5月29日，嘉兴城乡一体化公共图书馆服务体系示范项目以东部地区17个项目得分第一，东部、中部、西部地区47个项目排名第一的优异成绩，通过了第一批创建国家公共文化服务体系示范项目验收评审。

6月1日，本馆推出“市民E课堂”系列培训，面向市民长期免费提供图书馆资源利用培训与服务推介，为广大市民、读者搭建学习技能，提升信息素养的平台。同日，本馆举办庆六一系列少儿公益活动。

6月8日，嘉兴市第五届“阅读伴我成长”暑期读书活动之幼儿阅读推广活动在本馆开幕。台北市立教育大学副教授王懋雯、台湾一线幼儿教育专家吕碧玲为广大读者带来一场科学阅读的盛宴。

6月13日，本馆洪合镇分馆举办首期电脑培训班，共20余名读者报名参加。

6月18日，由浙江图书馆副馆长贾晓东带队的考核组一行3人对本馆进行评估定级。

6月25日，本馆信息服务与体验中心邀请26名民丰蓝天学校学生，零距离体验图书馆新技术。

6月28日，省文化厅调研组一行考察我市城乡一体化公共图书馆服务体系建设工作，市文广新局文艺处处长刘靖、本馆副馆长沈红梅、许大文陪同调研。

6月29日，江苏常熟图书馆同人来馆参观。同日，举办第一期“夕阳红E族”老年电脑培训基础班结业典礼，为每位学员颁发结业证书，共50余名学员参加。

7月11日，嘉兴数字图书馆手机客户端正式启用。

7月15日，本馆联合浙江图书馆在二楼参考阅览室开展“国外纺织品流行服饰图书展”。

7月16日，嘉兴地区公共图书馆讲座、展览、阅读推广活动分管馆长工作会议召开。会议由本馆副馆长许大文主持，嘉兴地区公共图书馆讲座、展览、阅读推广活动分管馆长及业务人员参会。

7月23日，“辉煌三十年 ‘三城’续新篇”——纪念嘉兴撤地建市30周年图片展在本馆开展。

7月26日，本馆联合青鸟社工开展“良友绿夏”新居民暑期公益夏令营之“小候鸟”飞临图书馆活动，邀请30余名新居民子弟走进图书馆、体验图书馆。

7月27日，本馆收到一封读者感谢信。信件来自绢纺四村的老人童春樵，信中表达了他对本馆保卫科工作人员转交丢失钱包的感谢之情。

8月7日，庆祝八一建军节，本馆为嘉兴军用机场图书流通点送800本杂志。

8月9日，本馆举行“2013年中小学生暑期电子相册制作培训暨电子相册创意制作大赛”颁奖典礼。来自吉水小学、辅城小学、钧儒小学、北师大附小等学校的12名学生及6位家长参加此次活动。

8月12日，市委副书记、代市长肖培生，市政府副秘书长、办公室主任沈建华，市政府副秘书长王一伟等在市文化广电新闻出版局局长金琴龙，副局长王蕾、胡晶、陈云飞、张宪义、陈建江等陪同下专题调研图书馆工作。

8月16日，根据市文明委、市文化广电新闻出版局文件精神要求，本馆召开文明城市迎检专项工作会议。

8月24日，嘉兴移动图书馆正式启用，集电子图书、报纸期刊、视频音频等多种数字资源，通过手机、PAD等移动设备即可轻松访问。

8月28日，“禾城旧忆”嘉兴老照片展在本馆开展。

8月31日，为期2个月的首期“夕阳红E族”老年电脑培训提高班圆满结束，39名学员获得结业证书。

9月3日，中国浦东干部学院研修班学员在副馆长沈红梅陪同下，到大桥镇分馆参观。同日，第二期“夕阳红E族”电脑基础知识培训班举行开学典礼。本期共90位老年学员报名，并吸引30余名老年读者前来旁听。

9月12日，“禾城旧忆”嘉兴老照片展乡镇分馆首场巡展设在礌溪小学。此次展览作为乡土教育的一部分，在礌溪小学进行为期一周的展览。

9月24日，嘉兴市古籍普查工作会议在本馆召开。

9月26日，嘉兴数字图书馆专题培训走进嘉兴市第一医院，现场发放数字图书馆阅览卡和资料30多份。

10月11日，本馆与嘉兴市残疾人联合会举办“心手相连，同享光源”2013年嘉兴国际盲人节公益活动。

10月16日，嘉兴职业技术学院工商与旅游学院“社会实践基地”揭牌仪式在秀洲区分馆举行。副馆长许大文参加仪式。

11月2日，“南湖讲坛”举办《上不负天子，下不负所学——嘉兴文化名人陆贽》专题讲座。

11月4日，嘉兴市城乡一体化公共图书馆服务体系国家示范项目以全国综合排名第一的成绩，通过文化部第一批创建国家公共文化服务体系示范项目验收，并获第十届中国艺术节项目类“群星奖”。

11月7日，黑龙江省黑河市中青年班学员来馆考察嘉兴市总分馆制的建设情况。

11月8日，湖北省襄阳市文化局副局长一行来馆参观考察。

11月9—11日，本馆承办的“公共图书馆服务体系建设研讨会——第二届总分馆高层论坛”在嘉兴举行。

11月23日，“南湖讲坛”举办《嘉兴文化名人项元汴》专题讲座。

11月26日，《政策法规浏览》荣获首届浙江省公共图书馆信息服务产品创作大赛“最佳内容编辑奖”。

11 月 28 日，“岁月的记忆——嘉兴撤地建市 30 年来的发展”文史资料图书首发式暨嘉兴市图书馆政协文史资料专架开放仪式在本馆举行。

12 月 4 日，广州少年儿童图书馆领导一行来馆参观访问。

12 月 17 日，由市委宣传部、市社会科学界联合会、市图书馆联合组织的“嘉兴市社会科学成果专架”在本馆二楼参考阅览室举行开架仪式。

12 月 20 日，山东烟台图书馆一行来馆参观。

12 月 24 日，“帮兄弟回家”网购火车票培训开始。

【概况】嘉兴市城乡一体化公共图书馆服务体系基本形成“中心馆－总分馆”、图书馆联盟、社会资源整合三重服务体系。其中，嘉兴市本级建成包括 1 个总馆、2 个区分馆、12 个乡镇（街道）分馆、27 个村（社区）分馆及数十个流通站的总分馆服务体系。总分馆全年接待读者 287.6 万人次（其中乡镇分馆 120 万人次），文献外借 146 万余册次。嘉兴数字图书馆读者访问 66.4 万人次，数据库访问 617 万次，全文检索 147.3 万次，文献传递 22.8 万次。总分馆举办各类读者活动 3332 次，其中举办各类报告、讲座 103 场含（“南湖讲坛”28 场），展览 108 场。

【嘉兴市图书馆总分馆成为干部现场教学点】嘉兴市城乡一体化公共图书馆服务体系是全国公共文化服务体系建设示范模式之一，持续受到省内外政府及图书馆界专家学者的关注，多次接待省、部级领导视察、参观。2013 年，嘉兴市图书馆总分馆被定为中国浦东干部学院现场教学点，多个研修班参观调研嘉兴市城乡一体化公共图书馆服务体系建设。同年 9 月，又被嘉兴市委党校选定为嘉兴市干部教育培训现场教学点。

【开展县以上公共图书馆评估定级工作】根据《文化部办公厅关于开展县以上公共图书馆第五次评估定级工作的通知》《浙江省文化厅关于开展县以上公共图书馆第五次评估定级工作的通知》精神和要求，4 至 5 月，嘉兴市开展市、县图书馆的评估定级自评工作。6 月，通过了由浙江图书馆副馆长贾晓东等组成的评估组的考核。12 月，经文化部审核，嘉兴市图书馆、嘉善县图书馆、平湖市图书馆、海盐县张元济图书馆、海宁市图书馆、桐乡市图书馆均被评定为一级图书馆，实现第五次公共图书馆评估定级工作“满堂红”。

【承办公共图书馆服务体系建设研讨会】11 月 9—11 日，由文化部公共文化司指导，中国图书馆学会、嘉兴市政府主办，浙江省图书馆学会协办，嘉兴市文化广电新闻出版局承办，嘉兴市图书馆执行承办的“公共图书馆服务体系建设研讨会——第二届总分馆高层论坛”在嘉兴举行。此次高层论坛以公共图书馆服务体系建设为主题，会聚全国各地百余名图书馆界专家与代表，聚焦总分馆体系发展中的热点和焦点问题，共同探讨总分馆体系今后的发展方向。中国图书馆学会理事长、国家图书馆副馆长陈力，嘉兴市相关领导出席会议。中国图书馆学会学术研究委员会常务副主任、国家公共文化服务体系建设专家委员会副主任、北京大学信息管理系教授李国新，新加坡国家图书馆管理局助理总裁兼新加坡公共图书馆总馆长郑爱清分别围绕国内外公共图书馆服务体系总分馆建设作主旨演讲。首批国家东部、中部、西部公共文化服务体系建设示范区（项目）代表交流各地图书馆建设的经验和做法。与会专家和代表还实地考察了嘉兴市图书馆总馆及大桥镇分馆、凤桥镇分馆、江南新家园社区分馆、新篁社区分馆等。

【新居民信息素养培训受到广泛关注】“帮兄弟回家”——新居民信息素养培训是本馆常年开展的品牌服务项目，包括对新居民进行网购火车票、网上预约就医、网上找工作、网上开店及计算机基础知识等方面的操作培训，尤其是“帮兄弟回家”网购火车票培训活动受到广泛关注。春运期间，本馆总分馆开展的“帮兄弟回家”网购火车票活动，受到新华网、《浙江日报》、《嘉兴日报》等众多媒体的持续关注和争相报道。春运期间，“帮兄弟回家”活动共计帮助购票 1142 张，接待咨询 5399 人次。

2014年

1月20日，嘉兴市文化广电新闻出版局发文公布2013年度嘉兴市本级图书馆镇分馆考评等级结果，评出一级馆、二级馆各5个。

1月20—21日，本馆参考阅览部和信息技术部为嘉兴市“两会”开展信息咨询服务和发放数字阅读卡。

1月22日，嘉兴市文化广电新闻出版局评出2013年度组织实施效果好、群众参与度高、具有较强社会影响力的“文化有约”十佳项目，本馆“全民数字阅读”推广系列、“禾禾”系列亲子主题活动、“雨润”信息关爱工程之“夕阳红E族”老年电脑培训等入选。

1月26日，本馆举办“中国梦·文化缘”书法名家写福送春联文化惠民活动。

1月28日，本馆开展春节慰问活动，走访慰问结对困难群众、生活困难党员和离退休干部人员。

2月13日，嘉兴市非遗中心开展第七个“服务传承人月”活动，在本馆召开嘉兴市非遗项目代表性传承人座谈会，并举办传承人技艺展示活动。同日，本馆亲子悦读天地举办“上元春灯”制作活动，20位小朋友参加活动。

2月15日，本馆举办“闹元宵·猜灯谜”活动。同日，本馆举办“红色经典·红色中国年电影展播暨电影知识竞答大赛”，60多名市民读者参加。

2月21日，嘉兴市文化广电新闻出版局党委在本馆召开市属文化（文联）系统党的群众路线教育实践活动动员部署会议。市直单位第五督导组全体成员，市文化广电新闻出版局（文联）、执法支队全体干部，局属单位领导班子成员，离退休支部书记，部分退休老同志参加会议。

2月24日，2013年度嘉兴市公共图书馆服务体系工作座谈会在本馆召开。

2月27—28日，嘉兴市公共图书馆馆长培训班暨馆长例会在嘉善召开。

2月28日，嘉兴数字图书馆宣传推广走进嘉兴市实验小学。

3月3日，第三期“夕阳红E族”老年电脑培训班开班。

3 月 5 日，本馆党支部召开党的群众路线教育实践活动动员会。同日，本馆召开第一季度乡镇（街道）分馆馆长例会。

3 月 10 日，本馆工会、妇委会组织开展“烘焙 DIY”活动。同日，余新镇分馆开展脱盲辅导学习班。

3 月 11 日，嘉兴数字图书馆推广走进嘉兴市消防支队特勤一中队。

3 月 14 日，本馆党支部举行党的群众路线教育实践活动第一次集中学习。同日，亲子共读、阅读圆梦活动在南湖分馆启动。

3 月 22 日，本馆举办“南湖读书会”首场活动。

3 月 23 日，本馆与嘉兴学院共建党的群众路线教育实践基地。

3 月 30 日，南湖区分馆“南湖儿童读书月”系列活动启动。

4 月 2 日，连云港市文化广电新闻出版局到馆考察嘉兴市城乡一体化公共图书馆服务体系。

4 月 4 日，“中外文学名著插图展”开展。

4 月 9 日，本馆开展图书馆宣传走进校园活动。

4 月 10 日，嘉兴地区公共图书馆信息资源建设培训班在张元济图书馆开班。

4 月 11 日，本馆党支部开展党的群众路线教育实践活动第二次集中学习。

4 月 12 日，国家古籍保护首席专家李致忠、故宫博物院研究员翁连溪和国家古籍保护中心办公室研究馆员王红蕾在浙江图书馆副馆长徐晓军的陪同下到馆调研雕版存藏情况。

4 月 16 日，嘉兴开明画院成立仪式在本馆举行。

4 月 19 日，“数字时代的阅读”主题体验之数字资源零距离活动在本馆一楼大厅举行。同日，第二季“爱心书柜”行动捐赠仪式在本馆举行。

4 月 21 日，2014 年度嘉兴地区图书馆业务工作首期培训在二楼报告厅举行。

4 月 22—25 日，河北廊坊市、江西新余市、新疆克拉玛依市到馆考察嘉兴市国家公共文化服务体系示范区创建工作。

4 月 23 日，开展读书节系列活动。同日，嘉图红十字学校揭牌。

4 月 24 日，第三期“夕阳红 E 族”老年电脑知识培训基础班结业。

4 月 24—28 日，由乐高嘉兴基地主办、嘉兴市图书馆协办的为期 5 天的“禾禾”手工坊——乐高“构建未来的嘉兴城市”积木拼砌体验活动在本馆成功举办。

5月7日，广州市人大常委会党组副书记、副主任李力率广州市人大常委会教科文卫工委、市文化广电新闻出版局负责人和部分市人大代表等一行10人到馆学习考察公共图书馆事业发展情况。

5月14日，“藏书楼的前世今生——浙江省现存藏书楼掠影”图片展在本馆开展。

5月26日，国内外最新流行针织服饰类设计文献图片展在本馆开展。

6月7日，嘉兴市图书馆服务宣传月活动在华庭街中心广场启动。

6月15日，2014年嘉兴地区公共图书馆读者活动培训在海盐县张元济图书馆举办。

6月15—25日，第二届“梦想花园”杭州嘉兴两地儿童绘画大赛作品展开展。

6月24日，长篇纪实文学《烟雨红船——母亲船的故事》首发仪式在本馆举行。

6月28日，昆明市文化局公共文化服务体系建设考察团一行到馆考察交流。

7月2日，嘉兴市政协三席高玲慧到馆调研图书馆工作。

7月12日，新丰镇分馆搬迁新馆，面积增加到近700平方米，并于当日正式开馆。

7月18日，“南湖讲坛”系列活动走进无锡市图书馆，围绕嘉兴市城乡一体化公共图书馆服务体系建设、“勤善和美的嘉兴人”两大主题，以专题讲座、摄影成果展和书画作品展的形式，搭建两地相互学习和探讨的交流平台。

7月20日，浙江省文化信息资源共享工程领导小组办公室对2014年度嘉兴市图书馆“嘉兴运河文化数据库”地方特色资源建设项目予以立项。

7月25日，浙江省文化厅对2014年度开展“两会”信息服务表现优秀的22家公共图书馆予以表彰，嘉兴市图书馆名列其中。

7月31日，2014年度暑期老年电子相册培训班结业。

8月9日，浙江省文化厅督导组到嘉兴实地检查图书馆公共电子阅览室建设工作。

8月15—17日，“畅游3D，乐趣无限——3D立体书体验活动”在本馆信息服务与体验中心成功开展。

8月17日，首期“好书有约”读者沙龙在市新华书店举办。

8月22日，嘉兴市文化广电新闻出版局副局长陈云飞率市国家示范区创建办、市财政局及本馆相关人员赴杭州和绍兴考察学习两地电视图书馆的建设经验。

8月26日，湖州市文化广电旅游局、财政局领导一行到馆专题调研图书馆数字资源建设情况。

8 月 27 日，本馆党支部开展“党性体检・民主议评”专题民主生活会。

9 月 1 日，第四期“夕阳红 E 族”老年电脑培训基础班开班。

9 月 11 日，市委组织部、市委宣传部、市委党校授予本馆嘉兴市干部教育培训现场教学示范基地（城乡公共文化服务均等化教学基地）。

9 月 12 日，本馆公益服务走进阳光乐园。

9 月 18 日，嘉兴地区公共图书馆信息化小组第三季度会议在嘉善县图书馆举行。

9 月 22 日，浙江省图书馆学会、嘉兴市图书馆学会主办的图书馆员业务工作培训会议在本馆举行，嘉兴地区各级公共图书馆、中小学图书馆、高校图书馆以及省内部分地区图书馆近 300 人参加培训。

9 月 25 日，本馆被评为全国古籍保护工作先进单位。同日，2014 年嘉兴地区公共图书馆读者活动培训在平湖市图书馆召开。

10 月 17 日，左联研究专家姚辛先生后人向本馆捐赠图书资料近 2000 册。

11 月 1 日，举办“阅读照亮人生——嘉兴市中小学生暑期阅读系列活动”颁奖典礼暨《阅读的未来》专题讲座。

11 月 3 日，2014 年度嘉兴市公共图书馆区、乡镇（街道）、村（社区）图书分馆和中小学图书馆管理员培训班在本馆举行。

11 月 18 日，吉林省延边朝鲜族自治州文化局领导一行考察嘉兴市国家公共文化服务体系示范区创建工作。

11 月 26 日，江苏省江阴市文化广电新闻出版局领导一行到馆考察图书馆总分馆体系建设。

12 月 5 日，洪合镇分馆重新装修后开馆。

12 月 20 日，文化部党组副书记、副部长杨志今一行到馆调研嘉兴市公共文化服务体系建设工作。

【概况】嘉兴图书馆总分馆全年接待读者 303.4 万人次（其中乡镇分馆 119.6 万人次）；文献外借 202.7 万余册次。市本级图书馆总分馆服务体系建成包括 1 个总馆、2 个区分馆、11 个乡镇（街道）分馆、31 个村（社区）分馆及 287 个流通站的服务网络。嘉兴数字图书馆读者有效访问 72 万人次，数据库访问约 794 万次，文献传递 35.9 万次。嘉兴市图书馆总分馆共举办各类报告、讲座 108 场，其中“南湖讲坛”24 场；各类展览 128 场（总馆 50 场，送展览到基层 78 场），举办各类读者活动 3828 次。

【推进总分馆体系标准化建设】本馆启动嘉兴市“中心馆 – 总分馆服务体系”标准化课题研究，制定嘉兴市城乡一体化公共图书馆服务体系地方标准，厘清中心馆、总馆、分馆的职责定位，从制度层面规范和推进嘉兴市“中心馆 – 总分馆服务体系”可持续发展，以标准化促均等化，构建现代公共文化服务体系。此外，本馆以参与由文化部委托国家图书馆研究院牵头的《市级公共图书馆业务规范》课题研究为契机，加强馆内业务规范、业务标准建设，由内及外，全面、科学地推进总分馆体系标准化。

【启动 24 小时自助图书馆建设】本馆以提供便捷、均等服务为目的，启动 24 小时自助图书馆建设项目。年内完成市政府、运河社区、新嘉街道 3 个 24 小时自助图书馆建设。24 小时自助图书馆与全市各公共图书馆总分馆“一卡通行、通借通还”，读者凭市民卡，就可在自助借阅机上完成图书借阅，进一步把服务触角延伸至街道社区、深入百姓生活，打通公共图书馆服务的“神经末梢”，这是嘉兴市公共图书馆服务体系建设的又一次探索和实践。

【推进乡镇分馆提档升级“2.0 代”】嘉兴市图书馆总分馆服务体系实现新发展，乡镇分馆通过多途径、多元化的手段逐渐将传统服务向现代数字化服务、个性化服务扩展，全面提档升级成为“2.0 代”。升级体现在：一是打造多元公共文化空间。嘉兴市乡镇分馆以容纳多元化文化服务为建设理念，通过空间设计、功能布局等方面的调整、融合，努力打造学习交流空间、休闲阅读空间、信息阅读体验空间等多元化的公共文化空间，满足、引导城乡居民的多元文化需求。二是创新服务载体，完善功能布局。打造数字阅读体验中心，在多个乡镇分馆开设信息阅读体验区，提供掌上阅读器、移动图书馆、电子借阅机等信息化数字阅读体验，通过直接下载图书到手机或 pad 端，享受实时、便捷的数字阅读体验；配置电子宣传屏，搭建完整的宣传平台；新增阿法迪自助借还机、无线上网等服务设备和功能，并利用社交媒体等开展图书馆服务。打造“亲子阅读乐园”，新增亲子悦读天地，设置绘本、少儿活动功能区等，倡导亲子阅读。三是优化阅读环境。通过统一标识、空间改造维修等在软硬件环境的打造上下功夫，为读者提供安静、舒适的阅读环境。四是以洪合镇分馆搬迁为契机，全力打造乡镇分馆示范点，为全市乡镇分馆的改造升级提供现实、可参考的“模板”。

【推动社会力量参与图书馆事业】本馆运用社会力量开展形式多样的阅读推广活动，

针对4—7岁儿童、青少年、成年人、老年人等不同人群，打造体系化公共阅读；推动社会力量参与服务体系和资源建设，与街道、社区、企事业单位合作开设3个24小时自助图书馆及嘉兴市南湖区百花育才学校、嘉兴市新兴河西幼儿园等61个流通站点等；接受社会各类捐赠；构建推动社会力量参与图书馆建设的各项机制，完善志愿者队伍，打造志愿者实践基地；探索以社会效益为导向的社会服务外包模式等多种社会力量参与图书馆服务的形式，拓展公共图书馆的服务范畴与平台，这是实行更高意义的“普遍均等”的成功尝试。

【打造图书馆“微平台”】本馆在开通QQ、微博的基础上，于8月开通“嘉兴市图书馆”微信公众号，在微信平台嵌入图书馆服务应用，实现馆藏图书续借、借阅查询、图书检索、活动信息查询、移动图书馆等功能。通过微信、微博等新媒体、自媒体平台推广图书馆的资源与服务，实现在线互动交流。

【读者服务活动特色化、多元化】本馆以“特色”活动聚“人气”，在持续开展“全民数字阅读”“帮兄弟回家”“夕阳红E族”“禾禾”等常规活动品牌的基础上，服务阅读障碍读者，开展“快乐读写直通车”学习体验营活动，家长公益讲座与现场游戏读写训练双管齐下，寓教于乐。首期体验营活动开展培训8场，受训近30人；服务市民读者，建立嘉兴市首个公益培训平台——嘉图红十字学校，嘉兴市图书馆总分馆联动，视频播放与现场授课相结合，开展培训200余场，为城乡居民提供丰富实用的红十字知识；服务少儿读者，借助嘉兴数字图书馆优质的少儿学习资源，开展贝贝国学营、3D立体书体验、经典著作E阅读等数字阅读体验活动等。

【古籍保护创全国先进】嘉兴市图书馆加大古籍普查力度，开展珍贵古籍深入挖掘、整理、补缺工作：购买《四库全书存目丛书》，四库全书系列丛书基本配齐，增加古籍藏量；对馆藏《乾隆大藏经》(《龙藏》) 的目录仔细核对，整理出缺藏目录，落实补配资金；全面启动馆藏古籍的整理、清点工作，推动古籍保护工作的规范、纵深发展。编辑出版《嘉兴市珍贵古籍图录》一书。嘉兴市古籍普查工作走在全省前列，古籍保护工作稳健有序推进，嘉兴市图书馆被文化部评为全国古籍保护先进工作单位。

【“好书有约”项目获嘉兴市十佳文化品牌】4月起，嘉兴市图书馆联合《嘉兴日报》、嘉兴市新华书店在全市开展“好书有约”活动。通过实体网点、纸媒、手机app和网络，同步发动全市读者阅读、推荐好书、撰写书评，每月推出一期月度好书，并通过三方的微博、微信、网站等互动平台进行推荐及与读者进行互动。年内“好书有约”活动共举办 8 期，每期推出好书 4 种，在嘉兴市图书馆总馆和 13 个区、乡镇分馆联合推荐。自开展以来受到读者的欢迎，全年共收到书评 1200 多篇，评选出获奖读者 80 余人。“好书有约”被评为嘉兴市十佳文化品牌。

2015年

1月5日，浙江省文化厅公布本馆为第一批省级古籍修复站。

1月10日，《时间的告示——李剑铭新闻摄影作品展》在本馆开展。

1月12日，“灯笼玩偶”制作、沙画制作等手工活动在嘉兴市图书馆总分馆全面开展。

1月14日，浙江省文化信息资源共享工程领导小组办公室公布2014年度浙江省文化信息资源共享工程·公共电子阅览室基层示范点24个，凤桥镇分馆公共电子阅览室名列其中。

1月20日，本馆举办“我与禾禾有个约会——2014年绘本剧展演”。

1月25日，由嘉兴市图书馆、《嘉兴日报》和嘉兴市新华书店联办的“好书有约”，评选出年度好书和年度读者。

1月26—27日，本馆工作人员分赴“两会”驻地，为代表委员们提供现场信息服务。

2月11—12日，全市公共图书馆馆长例会在海宁市图书馆召开。

2月12日，本馆举办迎新春“写福送春联”暨2014年度读者表彰活动。

2月13日，嘉兴市本级图书馆乡镇分馆建设工作座谈会在洪合镇文化中心召开。

3月5日，本馆开展“闹元宵，猜灯谜”活动。

3月9日，本馆第五期“夕阳红E族”老年电脑培训基础班正式开班。

3月12日，“颂之碑——武亮靓临书展”在本馆展出，同时，武亮靓先生向本馆捐赠作品20余件。

3月13日，2015年嘉兴市图书馆乡镇（街道）分馆馆长首次例会在洪合镇分馆召开。

3月18日，浙江省文化厅副厅长蔡晓春一行来馆考察调研。

3月23日，全市公共图书馆文献采访工作会议在本馆召开。

3月30日，由广东省文化厅副厅长陈杭带队的广东省文化考察团到本馆调研公共文化服务体系建设情况。同日，全市公共图书馆信息服务（活动）培训班在本馆举办。

4月4日，华东师范大学商学院信息学系教授范并思、华南师范大学教授束漫专题调研乡镇分馆少儿阅读推广活动。

4月9日，中共嘉兴市文化广电新闻出版局委员会批复（嘉文党〔2015〕16号文件），同意本馆党支部换届选举结果。新一届党支部由沈红梅、金强华、金立、陆艳芳、杨柳5名同志组成，沈红梅同志为支部书记，金强华为支部副书记，任期三年。

4月11日，由市文化广电新闻出版局主办、本馆承办的嘉兴市未成年人读书节暨“五水共治、两美嘉兴”故事大赛在本馆举行。

4月13日，2015年嘉兴地区图书馆首期馆员业务工作培训在本馆举行。

4月16日，本馆与嘉兴市农业科学研究院共同建设的海南陵水（农科）图书流通站在海南陵水育种基地成功试运行。

4月19日，文化部公共文化司司长张永新到嘉兴调研指导我市国家公共文化服务体系示范区创建工作。

4月21日，嘉兴市政协副主席王淳一行到市文化广电新闻出版局调研，副局长王蕾汇报本馆二期工程项目进展情况和下一步工作计划。

4月22日，首场“雕版流韵　书墨飘香”古籍雕版印刷技艺展在嘉兴技师学院拉开帷幕。

4月23日，由市委宣传部、市文明办、市教育局、市文化广电新闻出版局主办，本馆与市新华书店承办的嘉兴市首届“书香嘉兴”读书节活动在本馆拉开帷幕。

4月25日，嘉兴市图书馆江南新天地图书流通点开张。本馆首次与商场合作共建对外开放阅览的图书流通点，设有各种类型书籍和杂志近1000册。同日，本馆举办第二期“快乐读写直通车”学习体验营活动。

4月26日，本馆邀请藏书票创作专家倪建明作“藏书票知识与鉴赏”专题讲座。

4月28日，本馆与浙江艺术职业学院签约，成为全国文化干部培训现场教学基地，签约授牌仪式在本馆举行。浙江艺术职业学院党委副书记黄杭娟、继续教育学院院长谢青、嘉兴市文化广电新闻出版局副局长陈云飞等出席仪式。

4月29日，青海省西宁市文化广播电视局来馆考察交流公共文化创新工作。

5月3日，南湖分馆国学书法启蒙班在亲子悦读天地开班。

5月5日，嘉兴市人大副主任一行来馆考察调研。

5月12日，本馆开展“悦读书香　感恩母爱”——庆祝“母亲节”系列文化活动。

5月25日，本馆与浙江图书馆合作举办的2015年度国内外最新流行设计文献图片展在本馆开展。

5 月 26 日，由浙江省委宣传部、省文化厅主办，浙江艺术职业学院承办的新疆阿克苏文化礼堂专兼职管理员培训班的学员近百人来馆进行实地教学考察。

5 月 27 日，《嘉兴市公共图书馆中心馆 – 总分馆服务体系标准》公布。

6 月 2 日，广东省中山市文化广电新闻出版局领导一行到嘉兴市考察国家公共文化服务体系示范区创建和图书馆总分馆服务体系建设工作。

6 月 3 日，江苏省扬州市文化广电新闻出版局领导一行到嘉兴市考察国家公共文化服务体系示范区创建和图书馆总分馆服务体系建设工作。

6 月 16 日，嘉兴市图书馆被浙江省环境保护厅评为第五批浙江省生态文明教育基地。

7 月 1 日，本馆启动暑期阅读推广系列活动。

7 月 2 日，副省长郑继伟带领省卫生计生委、省文化厅、省政府办公厅教卫处等有关部门的负责同志专题调研嘉兴市图书馆总分馆体系建设情况。

7 月 7 日，北京大学信息管理系教授李国新等公共文化服务体系建设研究专家来馆指导工作。

7 月 15 日，洪合镇分馆与洪合镇科学技术协会合作开办为期一个月的科普夏令营班。同日，北京市图书馆协会一行到馆考察调研。

7 月 22 日，嘉兴市机构编制委员会批复（嘉编〔2015〕22 号），同意增加本馆科级领导职数 1 名。本馆科级领导职数调整为 4 名。

7 月 23 日，嘉兴地区第二季度公共图书馆馆长例会在本馆召开。

7 月 30 日，本馆举办嘉兴市公共图书馆业务知识技能竞赛，来自全市公共图书馆的 7 支队伍参赛。

8 月 1 日，本馆推出纪念中国人民抗日战争暨世界反法西斯战争胜利 70 周年系列活动。

8 月 12 日，嘉兴市政府副市长柴永强到洪合镇洪合村专题调研嘉兴农家书屋建设情况。

8 月 12 日，市委常委、市委宣传部部长陈越强到本馆考察调研。

8 月 29 日，由市文化广电新闻出版局、市文学艺术界联合会主办，本馆承办的“稀见嘉兴”抗战图片展开幕式暨《稀见嘉兴抗战旧影集》首发式在本馆大厅举行。

9 月 1 日，本馆启动电视图书馆（电视学习中心）项目。

9 月 3 日，嘉兴市图书馆总分馆借助共享工程播放室、新技术体验中心等设施场地实时转播纪念抗战胜利70周年阅兵直播盛况。同日，由嘉兴教育学院、嘉兴市图书馆、嘉兴市高中历史学科基地联合主办的“纪念中国人民抗日战争暨世界反法西斯战争胜利70周年”嘉兴市高中学生历史知识竞赛在本馆隆重举行。

9月14日，由嘉兴市图书馆和南湖区、秀洲区教育文化体育局联合举办的农家书屋管理员培训班在本馆二楼报告厅举行。

9月16日，上海市中心图书馆联盟、广东省立中山图书馆同时来本馆调研，分别就“十三五”期间建设发展规划中的现代化公共图书馆服务体系建设等重要内容及总分馆制建设情况进行了考察调研。同日，由文化部全国公共文化发展中心组织的新疆部分区县基层骨干培训班一行48人来馆专题调研总分馆制度建设情况。

9月20日，由嘉兴市文学艺术界联合会和松阳县人民政府主办，嘉兴市图书馆承办的“田园松阳”摄影作品展在本馆大厅开幕，市委副书记、市长林健东出席开幕仪式。

9月21日，为期2天的嘉兴地区公共图书馆业务工作培训在嘉兴市图书馆二楼报告厅拉开序幕，近100名来自全市公共图书馆的基层馆员参加了此次培训。

9月22日，由浙江省文化厅主办、浙江图书馆承办的浙江省公共图书馆服务技能竞赛落下帷幕。嘉兴市公共图书馆代表队以总分第一的优异成绩喜获金奖。

9月26日，由嘉兴市图书馆和南湖区、秀洲区教育文化体育局联合主办的“嘉兴市乡镇中学英语口语比赛”决赛在本馆正式开赛。

10月9日，本馆举办微信平台建设与管理专题培训。

10月31日，“E阅读・明星积分赛颁奖仪式暨超星数字资源平台使用培训”在本馆二楼信息服务与体验中心举办。

11月17日，浙江省文化厅公布“第十一届浙江省未成年人读书节”获奖名单，本馆获评创新奖。

11月26日，本馆“帮兄弟回家”网购火车票培训服务持续接力开展。

12月2日，本馆二期（古籍善本藏书楼）建设论证会召开。

12月4日，举办24小时自助图书馆、汽车图书馆名称及LOGO标识设计征集结果专家评审会。

12月16日，本馆荣获2015年中国图书馆学会年会“用声音传播经典——全国少年儿童中华经典讲读大赛”优秀组织奖。

【概况】嘉兴市图书馆总分馆全年接待读者322.53万人次（其中乡镇分馆117.82万人次）；累计借书证20.4万张；文献外借132.1万余册次。全馆新增文献17万余册（件），全年购书经费680.0万元，全馆总藏量累计约220万册（件）。嘉兴数字图书馆年度读者有效访问77.4万人次，数据库访问847万次，文献传递统计26.2万次。总分馆举办各类读者活动4459场次，其中举办各类报告、讲座104场，各类展览123场。全年接待上级领导和业界同人的参观调研共30余次。

【城乡一体化公共图书馆服务体系不断完善】本馆对新塍、油车港、王江泾等5家乡镇分馆进行升级改造，从以借阅为主的传统服务升级到文献借阅与读者活动齐头并进、重视阅读推广、支持数字阅读的现代图书馆服务。建成长水街道、东栅街道、江南新天地等56家图书流通站，新建少年路、罗马都市2家24小时自助图书馆，此外，本馆还与嘉兴市农业科学研究院共同建设海南陵水（农科）图书流通站。嘉兴汽车图书馆完成招标、采购、设计、路线规划等工作。嘉兴市本级共建成11家乡镇分馆、28家村（社区）分馆、313家图书流通站（包括农家书屋）、6家24小时自助图书馆和1家汽车图书馆，全市公共图书馆服务体系进一步完善。

【汽车图书馆完成前期工作】汽车图书馆完成招标、采购、设计、路线规划等工作。汽车图书馆旨在服务公共领域尚未覆盖的地区，如离公共图书馆较远的人员聚集区、外来务工人员聚集地、新居民子女学校、部队、福利院、看守所、老年公寓等。汽车图书馆配备2000册以上的图书、30种以上的期刊以及海量的数字资源，提供办理借书证、图书借还、图书阅览、预约图书、参考咨询、读者利用指导、阅读活动等服务。此外，汽车图书馆还可提供特殊人群流通点图书配送，送书上门等服务。

【图书馆中心馆－总分馆服务体系标准出台】嘉兴市公共图书馆总分馆建设已有近十年的历程，为了让嘉兴的做法和经验更具操作性、复制性和示范性，2015年5月27日，市文化广电新闻出版局印发《嘉兴市公共图书馆中心馆－总分馆服务体系标准》，该标准明确公共图书馆总分馆建设的基本原则，明确界定中心馆、总馆功能，成为嘉兴公共图书馆提高综合服务效能、规范内部管理的有力保障，也是国内第一个图书馆总分馆建设的专门标准。

【农家书屋与公共图书馆服务体系资源整合】本馆将农家书屋整合进市公共图书馆信息管理平台。一方面，实现图书的统一采购、统一编目、统一配置，共享最优质的公共图书资源，同时，农家书屋的购书经费也纳入公共图书馆，由市图书馆根据农民需求进行书籍更新；另一方面，实现图书通借通还，农家书屋借阅的图书可以在与公共图书馆互联的任何一个点通还。至年底，嘉兴市本级136间农家书屋全部完成与公共图书馆服务体系的资源整合，真正打通城乡一体化公共图书馆服务体系的“最后一公里”。

【数字资源建设有新进展】建成“嘉兴运河文化数据库”，有效保存嘉兴的地方文献。年内，本馆引进多台超星歌德电子书借阅机，放置于总馆、区分馆和各乡镇分馆；并开通“市民学习中心”，提供市民线上自学的平台。图书馆工作人员先后赴湖州图书馆、嘉兴技师学院、嘉兴职业技术学院、嘉兴市委党校，进行嘉兴数字图书馆利用辅导讲座。

【嘉兴市电视图书馆运营】8月底，嘉兴电视图书馆正式启用。电视图书馆共分“嘉图概览”“共享工程”“讲坛讲座”“课外学习”“职场充电”“嘉禾往事”等12个子栏目，3000多册藏书及上千个小时的音视频内容，是集文字阅读、图片阅读、视频和音频于一体的数字化阅读新平台，可全面满足各类人群阅读需求。同时，嘉兴市电视图书馆还配有手机阅读平台、云书签等功能，实现电视、手机同步阅览。

【获评第一批省级古籍修复站】浙江省文化厅公布本馆为第一批古籍修复站。本馆基本完成古籍普查工作，推动古籍保护工作的规范、纵深发展。同时，本馆出版《稀见嘉兴抗战旧影集》《嘉禾百咏》《嘉兴市珍贵古籍图录》，有效保护并推广嘉兴地方文献。

【图书馆活动品牌化】本馆开展形式多样、内容丰富的阅读推广活动，以“文化有约”为平台，打造一系列常态化的品牌活动。如“帮兄弟回家”新居民信息素养培训、“夕阳红E族”老年电脑培训班、“市民E课堂”培训、红十字生命E课堂、“两会”专题信息服务、“禾禾”少儿活动、“南湖讲坛”、“快乐读写直通车”学习体验营、“好书有约”等。其中，“禾禾”已经成为图书馆优质少儿活动的品牌，包括“禾禾”故事会、“禾禾”英语角、“禾禾”科普站、“禾禾”手工坊等。2015年，嘉兴市图书馆总分馆共举办550余场“禾禾”系列活动，近万人次参加。“夕阳红E族”电脑培训班总分馆联动，针对老年读者推出一系列电脑操作与网络应用的基础培训课程，2015年共举办110场“夕阳红E族”老年电脑培训活动，2824人参加。

2016年

1月9日，召开“南湖讲坛”年度总结会，市委宣传部领导、主讲人代表、读者代表共30余人参加。

1月14日，为期一个月的“书写精彩童年”中小学生电子书制作大赛落幕。

1月16日，本馆开展春节期间免逾期费专项服务。

1月26日，2015年度市本级图书馆乡镇分馆建设工作座谈会在本馆召开。市文化广电新闻出版局副局长陈云飞、贾翔及局机关相关处室负责人，南湖区、秀洲区教育文化体育局及市本级乡镇（街道）分管领导、文化站站长等参会。

1月30日，“浙五年　乐享生活”摄影大赛图片展开展。

2月2日，迎新春“写福送春联”活动在总馆大厅举办。

2月16日，本馆召开国家公共文化服务体系示范区创建台账资料收集动员会议。

2月20日，浙江图书馆、嘉兴市图书馆承办的浙江省文化共享工程文化礼堂行暨长安镇褚石村庆元宵文艺晚会顺利举办，现场1000余名群众观看。

2月21日，嘉兴市图书馆总分馆联动举办“玩转元宵　现场猜谜”活动，近万人参加。

2月23日，本馆联合南湖区、秀洲区教育文化体育局对农家书屋建设开展现场调研。

3月4日，绍兴市文化广电新闻出版局副局长一行来馆参观考察。

3月9日，嘉兴市图书馆总分馆开展“万册图书进部队”系列活动。

3月16日，本馆汽车图书馆开始试运行。

3月23日，本馆为2016年度“两会”代表、委员提供专题信息服务。

3月28日，云南省昆明市西山区文化系统领导带队来馆参观交流。

4月9日，浙江省未成年人“戏曲阅读经典”大赛嘉兴地区选拔赛在本馆举行。

4月15日，国家公共文化服务体系示范区创建专家考核组来馆实地验收。

4月16日，嘉兴市委党校干部培训班学员50人来馆参观调研。

4月19日，东莞市文化系统考察团一行来馆专题调研总分馆体系建设情况。

4月20日，“4·23世界读书日”专题书展开展。

4月23日，2016“书香嘉兴”系列活动启动仪式在本馆举行，并正式发布《2015年度嘉兴市居民阅读调查初步成果报告》。同日，“永恒的莎士比亚”——莎翁剧作、朱生豪与宋清如作品欣赏暨表演吟诵活动在本馆举办。

4月28日，南京市雨花台区文化系统领导一行来馆参观交流。

4月29日，南湖区分馆（少年路分馆）原少儿室危房改造竣工验收。

5月1日，嘉兴市图书馆总分馆推出“图书归还免责”服务项目。

5月5日，“海绵城市”一期工程本馆部分正式启动。

5月11日，山东省日照市文化广电新闻出版局领导一行到馆考察总分馆制度建设情况。同日，“嘉兴女摄十年历程”暨“美丽嘉兴”摄影展开展。

5月17日，本馆选送作品越剧《红楼梦金玉良缘》和《梁祝　回十八》分别获浙江省未成年人“戏曲阅读经典”大赛小学组一等奖和中学组三等奖。同日，江苏省镇江市文广新局领导一行到馆参观调研。

5月19日，浙江艺术职业学院干部培训班学员60多人来馆参观调研。

5月25日，本馆完成浙江省社会科学界联合会“全民阅读基地”材料申报工作。

6月1日，浙江大学（四川乐山、泸州公共文化专题研修班）来馆进行总分馆体系专题调研。

6月13日，浙江省艺术职业学院培训班——湘西土家族苗族自治州文化系统领导一行来馆参观交流。

6月16日，上海市奉贤区文化系统领导一行来馆参观交流。

6月16—18日，全市公共图书馆馆长赴上海图书馆学习培训，并召开例会。

6月17日，北京市东城区第一图书馆馆长一行到馆参观交流。

6月20日，本馆开展安全维稳综合整治专项培训，总分馆工作人员、物业人员及承租户等近百人参加培训。

6月21—24日，本馆组织分馆及部分工作人员赴嘉定图书馆参加“微服务”培训。

6月28日，钧儒小学三年级227名学生来馆开展馆校合作活动。

7月1日，为庆祝建党95周年，“红船颂·南湖情”书画摄影展活动在本馆隆重开幕，市领导刘冬生、高玲慧等出席仪式。同日，本馆党支部组织全体在职党员观看庆祝中国共产党成立 95 周年大会直播。

7 月 6 日，北京房山区图书馆馆长一行到馆参观交流。同日，宁波图书馆馆长一行到馆参观交流。

7 月 11 日起，嘉兴汽车图书馆开进新居民暑期夏令营，开展系列活动。

7 月 19 日，嘉兴市文化广电新闻出版局副局长王蕾督查本馆“两学一做”工作。

7 月 21 日，在海宁市图书馆组织召开嘉兴地区公共图书馆信息服务年会培训，全市公共图书馆 65 名信息服务馆员参与培训。

7 月 22—23 日，台州市文化广电新闻出版局与嘉兴开展文化区域联动，台州市作家协会副主席在本馆报告厅举办“行走南极”人文讲座，同时举办台州基层综合性文化服务中心建设成果展。

7 月 27 日，浙江省文化厅公布 2016 年浙江省文化创新团队入围名单，嘉兴市图书馆公共图书馆数字文化服务创新团队名列其中。

7 月 28 日，嘉兴市现代公共文化服务体系建设媒体采访会在本馆举行。

8 月 13 日，第二届嘉兴市中学英语口语比赛暨知识视界“最酷动物爸爸”竞答活动颁奖仪式在本馆举行。

8 月 15 日，“快乐读写直通车”学习体验营获中国图书馆学会第二届未成年人服务论坛优秀案例一等奖。

8 月 18 日，广东省海珠区图书馆馆长一行来馆参观交流，馆长章明丽陪同考察。

8 月 19 日，福建省上杭县文化考察团一行来馆进行文化调研。

8 月 24 日，总馆屋顶维修工程完成验收。

8 月 28 日，嘉兴市文化系统 G20 安全培训在本馆举行，市文化广电新闻出版局局长金琴龙来馆检查。

9 月 9 日，市文化广电新闻出版局领导来馆调研“文化有约”工作。

9 月 10 日，本馆被浙江省文化厅评为“两会”服务工作优秀单位，本馆编写的“养老金改革、海绵城市建设”被评为“两会”服务工作优秀信息产品。

9 月 19 日，中国图书馆学会医学分会年会在嘉兴召开，参会人员来馆参观。

9 月 20 日，本馆在浙江省文化厅举办的“图书馆就在我身边”全民阅读节系列活动被评为年度优秀组织奖。

9月28日—10月7日，“跨越海峡——第三届嘉兴·台湾摄影作品交流展”在本馆开展，开幕当天举办交流座谈会。

9月30日，少年路262号4楼房屋完成招租工作。

10月12日，本馆荣获‘全国少年儿童国学经典故事大赛”优秀组织奖。

10月17日，临安市文化广电新闻出版局领导一行来馆参观交流。

10月19日，义乌市图书馆馆长一行来馆参观交流。

10月21日，新疆基层骨干培训班人员来馆参观学习。

11月1日，第一届图书馆杯浙江省全民英语口语大赛（嘉兴市）颁奖仪式暨“G20知多少”知识竞答活动颁奖仪式在本馆举行。

11月6日，安徽安庆图书馆馆长一行来馆参观交流。

11月9日，山东潍坊市文化广电新闻出版局局长一行来馆参观交流。

11月21日，本馆二期（古籍善本藏书楼）工程项目组就二期建设到广州、佛山、东莞参观考察。

11月23日，本馆二期（古籍善本藏书楼）工程正式开工。

11月25日，“21天阅读计划”活动启动。

11月28日，“不忘初心、继续前行”——纪念红军长征胜利80周年图片展在本馆举行。

12月4日，“彭懿·聚焦影像里的爱——《巴夭人的孩子》”摄影原作禾城联展主题活动在本馆开幕。

12月6日，中国网络安全产业联盟专家组来馆考察。

12月12日，陆氏书画古籍捐赠仪式在本馆举行，老人陆逊（本馆已故员工张影康家属）亲自将1111册古籍、617件字画捐赠给本馆。

12月18日，本馆党支部与海盐县秦山街道回乡高校毕业生党支部在嘉党小组合作共建签字授牌仪式在本馆举行。本馆党员代表和回乡高校毕业生党支部在嘉党小组党员共17人参加会议。

12月19日，嘉兴市中小学生“禾源书香”电子书创作大赛圆满落幕，共收到各地图书馆报送的有效参赛作品86件，其中中学组37件、小学组49件，最终评选出获一等奖作品7件、二等奖作品14件、三等奖作品21件。

12月20日，徐玳同志退休。

12 月 23 日，本馆派员参加浙江省公共图书馆服务规范评估工作培训，新一轮评估工作启动。

【概况】嘉兴市图书馆总分馆全年接待读者 354.39 万人次（其中乡镇分馆 124.36 万人次）；新办理借书证 28186 张，累计借书证总计 23.2 万张；文献外借 227.5 万册次（其中乡镇分馆 68 万余册次）。全年购书经费约 679.4 万元。嘉兴数字图书馆读者有效访问累计 411 余万人次，数据库访问累计 4313 余万次，其中 2016 年度读者有效访问 91.3 万人次、数据库访问 998.5 万次、文献传递 26.1 万次。2016 年，本馆举办各类报告、讲座 92 场，其中“南湖讲坛”23 场、各类展览 213 场（总馆 49 场，送展览到基层 82 场，汽车图书馆 82 场）。总分馆举办各类读者活动 5459 次（主题活动 2503 次，馆员荐书 498 次，共享工程影视播放 2458 次）。

【完善城乡一体化公共图书馆服务体系】本馆顺利完成国家公共文化服务体系示范区创建中图书馆的各项指标和重点项目，社会效益得到显著提升。其中，嘉兴市本级总分馆服务体系建成包括 1 个总馆、2 个区分馆、12 个乡镇（街道）分馆、32 个村（社区）分馆及 323 个流通站的服务网络。其中 2016 年度完成塘汇街道、城南街道、长水街道等 4 家社区分馆的建设，开通团市委、市电力局、市福利院等 10 家图书流通站，同时新建智慧产业园、中级人民法院 2 家 24 小时自助图书馆。嘉兴市汽车图书馆正式投入使用，在市本级设立 31 个固定服务点，以村、社区为主，读者可在车上办理图书借阅证、借还与阅览图书、上网浏览、查阅图书馆的海量数字资源、参与阅读推广活动等。

【图书馆数字服务】在数字图书馆建设与利用方面，2016 年嘉兴数字图书馆的读者有效访问量 91.3 万人次，数据库访问 998.5 万次，文献传递统计 26.1 万次。在手机阅读方面，2016 年嘉兴移动图书馆用户登录 28 万人次，点击量为 551 万次，文献传递 2.5 万次。另外，2016 年引进 27 台超星歌德电子书借阅机，放置于嘉兴市图书馆总分馆、街道、医院、银行和政府办事大厅等地，方便读者直接将自己喜爱的电子书下载到手机上阅读，全年下载量 30959 册。在电视图书馆方面，嘉兴电视图书馆共分“嘉图概览”“共享工程”“讲坛讲座”“课外学习”“职场充电”“嘉禾往事”等 12 个子栏目，有 3000 多册藏书及上千个小时的音视频内容，2016 年电视图书馆的总访问量 134 余万次，视频总点播数 13 万余次。与嘉兴市五县（市）公共图书馆合作，举办“第二届 E 阅读・明星积分赛活动”，以积分竞赛的方式鼓励市民使用嘉兴市民学习中心的数字资源，活动期间的浏览量约 15 万次。建设嘉兴地方文献数据库平台，搜集在嘉兴出版或与嘉兴地方文化相关的图书、期刊、网络报纸、博硕士论文、视频等资源。作为全省第一个地方文献数据库平台，该平台将在地方文献保护与传播上起到极大的作用。

【图书馆活动品牌化】本馆以“文化有约”为平台，打造一系列常态化的品牌活动，如“帮兄弟回家”、“夕阳红E族”电脑培训班、“市民E课堂”培训、红十字生命E课堂、“两会”专题信息服务、“禾禾”少儿活动、“南湖讲坛”、“快乐读写直通车”、“好书有约”等。其中，“禾禾”已经成为图书馆优质少儿活动的品牌，包括“禾禾”故事会、“禾禾”英语角、“禾禾”科普站、“禾禾”手工坊等。总分馆联动，进一步将“夕阳红E族”老年电脑培训班向乡镇拓展，针对老年读者推出一系列电脑操作与网络应用的基础培训课程，以及智能手机的基本应用课程，既丰富老年人的业余生活，也提高他们利用信息的能力。

【古籍工作】加大古籍普查力度，推动馆藏古籍的整理、清点和编目工作。本馆对陆氏家族捐赠的1111册古籍和617件书画作品中的部分精品进行编辑，出版了《嘉兴市图书馆藏陆氏捐赠书画古籍珍品图录》，重印《光绪嘉兴府志》。本馆推出“雕版印刷体验活动”，采用现场教学与实际体验相结合的方式，唤醒市民对传统文化的传承和保护意识。

【图书馆二期建设项目开工】嘉兴市图书馆二期（古籍善本藏书楼）工程总建筑面积为11300多平方米，地下一层为车库，地上一层为亲子阅读和少儿阅览空间，二层为创客空间和多元文化体验馆，三层为古籍善本书库和古籍阅览室，四层为读者活动空间。二期工程于2016年5月通过规划审查，6月取得市发改委关于二期工程初步设计的批复，10月取得建设工程规划许可证，11月1日施工招标结束，浙江嘉兴福达工程建设股份有限公司中标。11月23日，本馆举行二期工程开工仪式。

【志愿者参与图书馆服务】2016年，有3913人次的志愿者参加本馆志愿服务，志愿者的累计服务时间超过6000小时，协助图书馆处理整理书架、举办活动、读者服务、协助日常馆务等工作。其中，来自嘉兴学院、同济大学浙江学院青年志愿者服务总队、同济大学浙江学院会计系团委、嘉兴南洋职业技术学院机电工程分院党员青年先锋队等的志愿团体长期为本馆提供志愿服务。

【嘉兴汽车图书馆打造阅读活动新阵地】自3月正式投入使用以来，嘉兴汽车图书馆定时、定点为36个服务点提供服务145次，开展活动35场，办理借阅证1000余张，借书7000多册，服务人口约6万人，为基层的百姓提供多元的阅读体验。汽车开到哪里，服务就“流”到哪里，一个“行走着”的“迷你型”图书馆把“守株待兔”式的被动服务改变为“送书上门”的主动模式，架起城乡文化传递的桥梁，不仅让市民读者了解、知晓图书馆的服务功能，也让总分馆的特色少儿阅读活动广为人知。汽车图书馆与总馆、分馆形成的动静结合图书馆服务网络，深入基层播撒阅读的种子，打造阅读活动新阵地，将公共文化服务的硕果切实送至百姓身边。

【通过国家公共文化服务体系示范区验收评审】在国家公共文化服务体系示范区验收评审中，嘉兴市图书馆服务体系建设被验收小组专家认为是示范区创建的重要亮点，在东部地区乃至全国具有推广和示范意义。按照嘉兴市创建国家公共文化服务体系示范区的验收要求，本馆严格落实 14 项与图书馆相关的指标，在验收中各指标全部达到优秀。其中主要指标为：嘉兴市公共图书馆服务体系人均藏书 1.66 册（示范区创建指标优秀为 1.2 册以上），人均年增新书 0.13 册（示范区创建指标优秀为 0.05 册以上），平均每册藏书年流通率 1.12 次（示范区创建指标优秀为 1.1 次以上），市、县两级图书馆人均年到馆次数 2.43 次（示范区创建指标优秀为 0.6 次以上）。

2017年

1月7日，携手共进，你我共创——南湖讲坛2016年度总结暨2017年度计划座谈会在本馆召开。

1月11日，本馆与嘉兴市行知小学举行馆校合作启动仪式。

1月15日，本馆组织市本级书法家在总馆一楼大厅开展“新春送吉祥”写福送春联活动。同日，新塍镇分馆举办“燕子妈妈”特色品牌一周年活动。

1月19日，本馆举办市本级乡镇（街道）分馆建设座谈会。

2月11日，嘉兴市图书馆总分馆联动举办“喜阅元宵”系列活动。

2月17日，浙江省副省长成岳冲一行来馆视察调研。

2月18日，本馆二期（古籍善本藏书楼）工程正式动工。同日，湖南图书馆一行15人来馆考察读者活动、形象建设等方面情况。

2月23日，国家公共文化服务体系示范区创建表彰会会后，领导一行来馆参观。

2月25日，举办“好书有约”年度活动。同日，河南永城市文化广电新闻和旅游局到馆参观。

2月28日，2017年度第一次镇（街）分馆馆长例会顺利召开。

3月1日，本馆组织馆员开展《中华人民共和国公共文化服务保障法》学习。

3月3日，“纪念朱诚健美术作品展”在本馆展厅展出。

3月5日，本馆党支部与海盐秦山街道回乡高校毕业生党支部在嘉党小组开展共建活动。

3月7日，省市质检系统领导来馆考察参观。同日，本馆组织嘉兴地区公共图书馆馆员分两批赴上海进行为期三天的培训。

3月10日，本馆开设首家民间读书会图书流通站——樊登读书会流通站。

3月17日，本馆召开嘉兴地区公共图书馆馆长例会。

3月29日，本馆召开嘉兴地区公共图书馆课题研讨会。

4月11日，2017年嘉兴地区公共图书馆信息化小组第一次培训暨共享工程工作会议在本馆召开。

4月18日，辽宁省盘锦市文化旅游和广播电视局领导一行来馆参观交流。同日，本馆地方文献部联合海盐县秦山街道回乡高校毕业生党支部深入秦山街道开展抗战口述史访谈活动。

4月19日，本馆案例“让每一位孩子成为小小科学家——禾禾科普站”阅读推广活动获中国图书馆学会2017年“首届科普阅读推广案例征集活动”二等奖。

4月19—20日，本馆组织多部门员工为嘉兴市“两会”代表、委员提供信息服务和支持。

4月23日，嘉兴市图书馆总分馆开展形式多样的“4·23世界读书日”系列活动。同日，本馆面向市民推出“京东快借”线上荐购服务，与新华书店合作开展“你选书　我买单”活动，形成线下、线上完整的荐购体系。

4月27日，本馆举办嘉兴地区图书馆业务培训。

5月5日，本馆举办双创背景下图情机构协同创新服务研讨会。

5月6日，本馆举办嘉兴市未成年人朗诵大赛。

5月18日，山东省烟台市文化考察团到馆参观。同日，2017年度第二次镇（街）分馆馆长例会顺利召开。

5月19日，陆左婴先生向本馆捐赠珍贵文献。

6月6日，嘉文党〔2017〕12号发文，决定聘任沈红梅为嘉兴市图书馆馆长（试用期一年）；鲁祎为嘉兴市图书馆副馆长（试用期一年）；章明丽任嘉兴市图书馆正科级协理员，不再聘任嘉兴市图书馆馆长职务。

6月12日，嘉兴市图书馆首家科技分馆于浙江清华长三角研究院启动，嘉兴市副市长邢海华、浙江清华长三角研究院党委副书记吴云达在启动仪式上致辞。随后邢海华一行参观科技分馆，并听取本馆介绍与汇报。同日，本馆与浙江省图书馆合作举办的“2017国内外最新设计文献图片展”在总馆展出。

6月13日，嘉图〔2017〕14号发文，聘任汤益飞同志为嘉兴市图书馆馆长助理（试用期一年）。

6月19日，本馆举办嘉兴地区图书馆业务培训。同日，山西省文化馆图书馆总分馆制调研组来馆考察参观。

6月30日，本馆党员集体学习省第十四次党代会精神。

7月3日，辽河画院“走进嘉兴”中国画作品展在本馆开幕。

7月4日，“禾禾”暑期特辑活动开始。

7月7日，本馆召开岗位竞聘动员会，启动为期两个月的中层竞聘与岗位双向选择工作，确定了十三个部门的正副职。

7月8日，为期两周的“2017‘夕阳红E族’老年电脑培训的暑期拼音打字培训班”圆满结束。同日，首届“智能机器人DIY”活动启动。

7月24日，本馆召开嘉兴地区公共图书馆馆长例会。

8月1日，河北省承德市政协考察组来馆参观考察。

8月2日，徐斌先生等向本馆捐赠《海盐丰山徐氏宗谱》。

8月9日，全国第六次公共图书馆评估专家组来馆实地检查。

8月10日，嘉图〔2017〕20号发文，聘任孙云倩为办公室主任，向延胜为采编部主任，赵晓华为文献借阅部主任，郭云峰为信息技术与服务部主任，郑闯辉为古籍地方文献部主任，胡萍为馆外流通服务部主任，以上为中层正职，试用期一年；董世强为后勤保障部主任，沈秋燕为古籍地方文献部副主任，金立为信息技术与服务部副主任，吕炜为信息技术与服务部副主任，陆亚韵为秀洲分馆负责人，盛烨为财务室主任（试用期一年），程玉芳为活动推广部主任（试用期一年），郑昀为少儿部主任（试用期一年），朱文渊为信息咨询部主任（试用期一年），陆艳芳为南湖分馆负责人（试用期一年），以上同志聘期三年。同时，决定聘任吴雅萍、朱祥仙、洪向东、郁妹芬、朱定坤、金海洪等六位同志为主任助理。

8月18日，嘉兴市反恐怖工作领导小组办公室主任一行实地考察嘉兴市图书馆作为文化重点行业反恐怖标准示范化建设的落实情况。

8月21日，本馆与嘉兴市国税局合作建设税务分馆，即日开馆。

8月27日，党支部组织参观秦山核电站。

8月30日，陈体益同志到馆任职副馆长（挂职）。

9月4日，第十期“夕阳红E族”老年电脑培训班开课。

9月8日，西藏拉萨市文化考察团来馆参观交流。

9月20日，本馆与嘉兴市新居民事务局签订浙江省居住证图书借阅服务协议。

9月21日，绍兴市副市长顾涛一行来馆参观。

9月22日，河南省济源市文化局一行来馆参观座谈。

9月25—26日，本馆组织合同工赴长兴图书馆、宜兴市图书馆学习培训（第一批）。

9月26日，深圳图书馆一行来馆参观学习。

9月27日，嘉兴市市领导来馆参观考察。

10月11日，广东省中山市委宣传部领导一行来馆参观考察。

10月12日，湖南省常德市文化考察团一行来馆参观交流。

10月24日，召开2017年嘉兴地区古籍地方文献工作会议。同日，南京大学教授徐雁来馆为全体员工作阅读推广讲座。同日，宁夏回族自治区吴忠市文化广电新闻出版局局长一行来馆参观交流。

10月31日，嘉兴数字图书馆升级项目完成验收。

11月14日，嘉兴市图书馆与嘉兴南洋职业技术学院举行馆校合作揭牌仪式。同日，2017年嘉兴地区公共图书馆信息化小组第二次培训暨共享工程工作会议在本馆召开。

11月16日，本馆承办浙江省图书馆学会第十五次学术研讨会。

11月24日，本馆馆刊《味书轩》荣获中国图书馆学会“十佳内刊内报新秀奖”。

12月2日，嘉兴市文学艺术界联合会主办的“一带一路”孟加拉国12人摄影联展在本馆开展。

12月15日，本馆二楼报告厅改造工程顺利完成。

12月18日，邀请北京大学信息管理系教授李国新为全市公共图书馆工作人员作“《中华人民共和国公共图书馆法》解读”的专题讲座。

12月26日，馆长沈红梅赴浙江省文化厅分会场参加由文化部召开的“全国文化系统学习贯彻公共图书馆法”视频会议并作发言。

12月27日，《中国文化报》对嘉兴的“图书馆第一课”作专版报道，北京大学教授李国新作专门点评。

12月30日，本馆二期工程（古籍善本藏书楼）基本完成结项。

【概况】嘉兴市图书馆总分馆全年接待读者361.1万人次（其中乡镇街道分馆156万人次）。新办理借书证21641张，累计借书证25.4万张。全年购书经费676万元。图书文献外借228.8万册次（其中乡镇街道分馆68.6万册次）。数字图书馆平台读者有效登录102.86万人次，数据库访问1150.72万人次，文献传递20.12万次。继续完善城乡一体化公共图书馆服务体系。年内，新增4家乡镇（街道）分馆、13家流通站、1家24小时自助图书馆，建成科技分馆和税务分馆。在市本级建成包括1家总馆、2家区分馆、16家乡镇（街道）分馆、32家村（社区）分馆、336家图书流通站（包括农家书屋）、7家24小时自助图书馆和1家汽车图书馆的服务网络。本馆举办各类报告、讲座70场，其中“南湖讲坛”26场；各类展览378场（总馆59场、送展览到基层167场、汽车图书馆152场）。总分馆举办各类读者活动5891场（主题活动3335场，馆员荐书577场，共享工程影视播放1979场）。汽车图书馆全年行车22738公里，累计服务566场。年内，本馆完成第六次公共图书馆评估定级工作。推进图书馆二期工程建设和报告厅升级改造。

【打造常态化品牌活动】本馆以“文化有约”为平台，打造一系列常态化的品牌活动，如“帮兄弟回家”、“夕阳红E族”电脑培训班、“市民E课堂”培训、“两会”专题信息服务、“禾禾”少儿活动、“南湖讲坛”、“快乐读写直通车”、“好书有约”等。其中，“禾禾”成为图书馆优质少儿活动品牌，包括“禾禾”故事会、“禾禾”英语角、“禾禾”科普站、“禾禾”手工坊等。新技术体验成为吸引青少年走进图书馆的重要方式，全年举办31场3D打印培训班，239人参加；15场“VR虚拟现实体验——我是小小消防员”，162人预约参加活动；14场智能机器人DIY培训，161人参加培训。

【创建“数字众创空间”，服务“双创人员”】本馆联合同方知网（北京）技术有限公司共同构建面向创新、创业人才的产业专题数据库“数字众创空间”。建设24个产业专题数据库，涉及新能源、食品安全、机械装备、生态环境、农业科技、石油化工、生物医药等行业领域。为创新、创业人才提供“创业知识在线学习平台”和“创客在线工作平台”。年内，嘉兴市文化广电新闻出版局和嘉兴市科技局主办，本馆和同方知网共同承办“‘双创’背景下图情机构协同创新服务研讨会”，人民网、《中国文化报》、浙江新闻、浙江新闻客户端头条、《文化月刊》等多家媒体对“数字众创空间”作详细报道。

【推出“图书馆第一课”】“图书馆第一课”是本馆总分馆服务体系在开展“馆校合作”项目基础上，于2017年1月启动的旨在深化公共图书馆社会教育、阅读指导功能的一项系统工作，打造形成“从0岁开始”的阅读推广活动品牌。2017年，总馆及11家区、乡镇（街道）分馆与当地中小学、幼儿园等开展22场形式各异的“图书馆第一课”活动，5600名中小学生、婴幼儿及其家长参与，发放阅读礼包5000份。12月27日，《中国文化报》对“图书馆第一课”作专版报道，指出嘉兴“图书馆第一课”在“阅读起跑线”活动基础上，有扩展、有推进、有创新，体现图书馆人以阅读开启人生、塑造精神、完善自我的职业情怀和追求，是公共图书馆贯彻落实公共文化服务保障法和公共图书馆法的生动实践。

【推出“京东快借”线上荐购服务】4 月 23 日，第 22 个世界读书日之际，本馆推出“京东快借”服务，与新华书店合作开展的“你选书，我买单”活动形成线下、线上完整的荐购体系。“京东快借”作为线上荐购的方式满足读者个性化的需求，凭借京东强大的网购平台、快捷的物流方式，给读者丰富的选择空间，同时又节约读者宝贵的时间。开通 8 个月共 205 人次参与，成功荐购书籍 191 册，其中经济类、工业技术等专业类书籍占比较高，满足了专业人士的专业阅读需求，完善图书馆的馆藏结构。

【古籍地方文献工作】本馆新书入藏 972 种 1557 册（件），收集地方文献 562 种 1436 册（件），接受捐赠 677 种 1436 册（件）；接待读者咨询查阅和参观 3000 余人，提供文献 14000 册次；修复古籍 21 种 1423 页。年内完成古籍普查工作，对馆藏古籍进行全面的整理、清点和编目，整理出版《嘉兴市图书馆藏古籍普查目录》。影印出版《鸳鸯湖棹歌》，由扬州广陵书局采用雕版印刷线装形式出版。

【完成第六次公共图书馆评估定级工作】第六次公共图书馆评估中，全国第一次采用线上评估与线下检查相结合的方式。根据《浙江省文化厅关于开展第六次县级以上公共图书馆评估定级工作的通知》（浙文办〔2017〕23 号）和《关于开展第六次县级以上公共图书馆评估定级工作的通知》（嘉文〔2017〕22 号）的精神和要求，本馆成立评估工作小组，针对《第六次全国公共图书馆评估定级地市级图书馆等级必备条件和评估细则》，认真核查和评估，完成台账资料的收集、整理和上传工作。对前 4 年的各种业务数据、基础设施、服务效益等进行详细摸底，掌握本馆的优势领域和薄弱环节，以评促建，更加明确未来发展的着力点和方向。同时通过召开会议、线上交流、实地走访等形式指导县（市）级公共图书馆做好评估工作，确保嘉兴地区公共图书馆全部圆满完成评估定级工作。

2018年

1月，温州市图书馆、金华市人民政府、内蒙古乌海市乌达区文化旅游体育局、湛江市文化广电新闻出版局、国家级标准化试点验收组5家单位分别到馆参观交流并展开座谈。

1月1日，《中华人民共和国公共图书馆法》宣传展在本馆开展，为期一个月，之后在各分馆进行巡展。

1月15日，嘉兴数字图书馆培训走进凤桥镇中心小学，为70余位教师进行使用培训。

1月16日，嘉兴市人大领导一行到馆参观调研。

1月20日，“南湖讲坛”嘉宾座谈会在本馆召开，市委宣传部领导参加并讲话。

1月28日，联合嘉兴市书法家协会在总馆一楼大厅开展“新春送吉祥”写福字送春联活动。

1月28日，由嘉兴市图书馆、《嘉兴日报》、嘉兴市新华书店主办的“好书有约”2017年度颁奖活动在本馆举行。

1月30日，2018年度嘉兴地区公共图书馆第一次馆长例会在张元济图书馆召开。

2月1日，召开2017年度市本级图书馆分馆建设工作座谈会，市文化广电新闻出版局分管局长，南湖区、秀洲区文旅局领导及各乡镇相关领导参加了会议。同日，长水石堰小学二年级师生及家长300余人到馆参观。

2月4日，南湖区分馆联合鸳湖书画社在24小时自助图书馆（少年路）开展“名书法家送春联”活动。

2月12日，由本馆策划举办的“明春节礼俗　树文化自信”年俗文化展开展。

3月，温州市文化广电新闻出版局、萍乡市文化广电新闻出版局、东营市文化广电新闻出版局等4家单位分别组团到馆参观并座谈交流。

3月2日，举办“喜阅元宵”嘉兴市图书馆总分馆服务体系2018元宵节系列活动。

3月5日，本馆党团员志愿服务队在王店镇“赏梅节”上开展图书馆服务宣传及猜谜活动。

3月7日，本馆党员志愿服务队走进浙江红船干部学院参与学院图书馆建设工作。

3月10日，由本馆和南湖晚报联合主办的“读吧·嘉兴”春季诵读分享会现场活动在本馆二楼报告厅举行。

3月12日，第十一期“夕阳红E族”电脑培训班在本馆二楼报告厅正式开课。从此次活动开始，培训通过嘉兴市图书馆微信公众号进行同步网络直播。

3月18日，嘉兴市图书馆与嘉兴市第一中学在本馆小展厅联合举办2018年高考现场咨询会。

3月18—21日，由本馆牵头组建的嘉兴地区图书馆信息化小组赴深圳学习考察。

3月30日，江苏省公共数字文化建设中心一行到馆参观并就业务管理系统更新问题进行座谈。

3月31日，本馆联合数据库商开发的红船干部学院app上线使用。

4月，赣州市图书馆、海南省图书馆、浙江艺术职业学院培训班、南通大学图书馆、泸州市文化体育新闻出版广电局等7家单位分别组团到馆参观本馆总分馆体系及服务创新项目并进行座谈。

4月3日，本馆工作人员走进嘉兴南洋职业技术学院，为师生开展嘉兴市图书馆数字资源与移动服务的讲座。

4月4日，本馆“京东快借”获评“2017年度嘉兴市公共文化服务项目创新奖”。

4月9日，邀请国际注册高级礼仪培训师王艳做礼仪培训，全市公共图书馆、中小学图书馆馆员300多人参加。

4月14日，南湖区分馆与同济大学浙江学院外语系以及中德学院联合主办“学外语，助成长”幼儿外语课堂，本日开讲第一课。

4月15日，2018年度数字资源现场展示会在总馆大厅举办。

4月16日，本馆员工进驻南湖区行政审批中心办事大厅，现场开展“嘉图app扫码有礼”活动并进行电子书借阅机使用指导。

4月18日，南京大学徐雁教授到南湖区凤桥镇中学开展“在文学书香里成人成长”主题讲座。

4月22日，本馆举办“4·23世界读书日”系列活动，包括图书馆之夜“红船旁，我们吟诵”、我与“禾禾”有个约会、藏书票手工制作、阅读马拉松、数字阅读有奖竞猜大闯关等。

4 月 23 日，本馆高照街道分馆开馆，这是嘉兴市首家集智慧书房与传统图书分馆于一体的乡镇（街道）分馆。

5 月，国家图书馆、厦门市文化广电新闻出版局、南宁市图书馆、苏州市人大考察团、焦作市文化广电新闻出版局、上海金山区文化广播影视管理局、赤峰市文化新闻出版广电局等 8 单位领导分别带队到馆参观并交流。

5 月 4 日，“读吧・嘉兴”之五四・致青春朗读活动在嘉兴南洋职业技术学院正式启动。此次活动由嘉兴市图书馆、嘉兴学院图书馆、嘉兴南洋职业技术学院联合举办。

5 月 12—13 日，本馆所编《味书轩・嘉兴图书馆简史专辑》在第三届图书馆史学术研讨会暨第一届中国图书馆史志优秀图书颁奖仪式上荣获三等奖。

5 月 19 日，浙江省未成年人课本剧大赛中，本馆选送的《心声》和《从现在开始》分别获得中学组二等奖和小学组三等奖。

6 月，张掖市文化广播影视新闻出版局、上海长宁区文化局、广州图书馆、北京丰台区图书馆、大庆市文化广电新闻出版局、宁波市政协、宁波图书馆、广东珠海市文化体育旅游局、浙江图书馆、安徽行政学院、青海省文化考察团等 12 家单位领导带队参观本馆创新服务、智慧书房建设及数字化建设等项目并座谈交流。

6 月 1 日，由国家公共文化服务体系建设专家委员会、国家公共文化服务体系示范区创新研究中心、嘉兴市文化广电新闻出版局主办，嘉兴市图书馆承办的“国家公共文化示范区图书馆特色资源建设”会议，作为 2018 年中国图书馆学会年会的分会场在河北廊坊顺利召开。同日，本馆地方文献室举办世界城市博物馆“嘉兴书房”文献展览。

6 月 4—12 日，本馆组织岗位合同工、乡镇分馆工作人员参观上海浦东图书馆和金山区图书馆。

6 月 6—15 日，本馆组织嘉兴地区公共图书馆馆员分两批前往上海图书馆集中参加业务培训。

6 月 27 日，本馆被列入全国文旅系统法人治理结构改革全国试点单位。即日，由市政府副秘书长牵头，召开理事会建设前期调研会议，市人事局、市财政局、市机构编创委员会办公室、市文化广电新闻出版局和本馆相关领导参加。

6 月 30 日，沈红梅馆长一行到金山区图书馆开展接轨上海，两地间首次文化走亲活动。

7月，金山区图书馆、成都温江区文化广电和新闻出版局、佛山顺德区政协等3家单位领导带队至馆参观交流。

7—8月，嘉兴地区公共图书馆、上海嘉定区图书馆联合开展“同阅嘉情”红色经典阅读双城赛，1000多人参与。

7—10月，“爱上图书馆”——嘉兴市图书馆总分馆服务体系阅读推广走亲活动在嘉兴市各县（市、区）开展。

7月17日，嘉兴市图书馆“阅读推广人”培训在本馆二楼报告厅启动。此次活动由市图书馆、南湖区教育文化体育局、秀洲区教育文化体育局主办，近160多名乡镇、村（社区）分馆工作人员、文化下派员和阅读推广志愿者参加。

7月28日，“2018年嘉兴市图书馆零基础青少年智能机器人大赛”选拔赛在总馆一楼大厅拉开帷幕，此活动持续两周。

7月下旬，“阅路”携手养乐多投资有限公司嘉兴分公司，先后来到新城街道九里村、油车港镇天星社区、东栅街道双溪社区和化东社区、新丰镇栖凰埭村，为五个村（社区）的小朋友带来别开生面的暑期科普活动。

8月，淄博市临淄区文化旅游和新闻局、廊坊市文化广电新闻出版局、《浙江日报》民生实事项目调研组、宁夏回族自治区政协、广东省惠州文化广电新闻出版局、日本青少年亲善使节团等6家单位组团到本馆参观并座谈。

8月20日，本馆全体党员到凤桥镇星火村的农户家中开展“社情民意大走访”，听民意、访民情，宣讲“八八战略”。

9月，深圳市文化广电旅游体育局、邓州市文化广电新闻出版局领导、深圳图书馆、宁夏回族自治区公共图书馆培训班等单位领导带队来本馆参观并交流。

9月15日，举办2018长三角地区阅读马拉松大赛（嘉兴赛区），100人参与。

9月16日，举办阅读推广人培训，邀请奇想国童书总编黄晓燕作“读图画书要读什么”报告。

9月20日，21个国家的青年汉学家到访，参观本馆并体验各项读者服务。

9月21日，“图书馆第一课”暨新丰镇分馆、新丰镇中心小学馆校合作签约仪式在新丰镇中心小学报告厅举行，300名师生参加此次活动。

10月，上海图书馆、鄂尔多斯市图书馆、深圳市盐田区图书馆、上海嘉定区图书馆等5

家单位同行到本馆参观交流。

10 月 1 日，举办“庆国庆，读好书”爱国主义主题书展。

10 月 9 日，朱生豪之子朱尚刚先生向本馆捐赠 69 种 125 册图书文献资料。

10 月 17 日，重阳节期间，本馆与嘉兴老年大学共同主办“读吧 · 嘉兴”之“声动朗读——精彩乐龄”朗读活动。

10 月 28 日，华润怡宝杯 2018“我最喜爱的童书”阅读推广活动颁奖典礼在深圳市民中心隆重举办，本馆荣获“阅读推广贡献奖”。

11 月 5 日，嘉兴市发改委培训班学员到总馆参观并座谈。

11 月 8 日，“嘉兴城市书房”在杭州师范大学世界城市博物馆建成启用，成为嘉兴市在市域范围以外建成的第一座城市书房。

11 月 9 日，本馆读写困难儿童阅读推广服务实践项目“快乐读写直通车”学习体验营之“寻找聪明的笨小孩”，在 2018 全省公共图书馆展览创意策划大赛决赛中荣获一等奖、“最佳团队奖”和“最佳人气奖”。

11 月 12 日，嘉兴市图书馆“头条号”开通。同日，“图书馆第一课”作家进校园活动，邀请葡萄牙插画家安德烈 · 雷迪亚走进吉水小学。

11 月 17 日，“大运河阅读行动计划—— 18 城阅读接力活动”嘉兴站“运河风韵，嘉兴故事”读书沙龙活动在本馆开展。

11 月 20 日，广东省中山市文化广电新闻出版局领导一行到总馆参观并座谈。

11 月 28 日，本馆党支部组织全体在职党员赴安吉余村开展走访学习活动。

11 月 29 日，江苏省昆山市图书馆同行到总馆参观并座谈交流。

12 月 2 日，“阅动全家 · 书香嘉兴”启动仪式在南湖区凤桥镇星火村举办。

12 月 3 日，开展嘉兴地区图书馆业务培训，全市公共图书馆、中小学图书馆 300 多位图书馆工作人员参加培训。

12 月 8 日，本馆读者、离休干部马雷先生的家属来馆查阅马雷先生捐赠的藏书，并接收本馆颁发的捐赠证书。

12 月 14 日，“读吧 · 嘉兴　声动朗读——嘉兴市乐龄迎新年朗读分享会”在本馆报告厅圆满落幕。

12 月 22 日，“帮兄弟回家”辅导新居民网上春节抢票活动开启。

12 月 25 日，本馆二期（古籍善本藏书楼）项目竣工验收。

12 月 27 日，由嘉兴市文化广电新闻出版局、嘉兴市残疾人联合会主办，嘉兴市图书馆承办的嘉兴市“盲人数字阅读推广工程”启动仪式在本馆报告厅举行。

12 月 30 日，由市委组织部牵头，本馆建设的“红船中心书苑干部学用体系”在总馆二楼建成开放。

【概况】总分馆全年接待读者 381.2 万人次，其中乡镇街道分馆 160.3 万人次。新办理借书证 24345 张，累计借书证总计 27.8 万张。图书文献外借 230.4 万册次，其中乡镇街道分馆文献外借 74.4 万册次。2018 年，数字图书馆平台读者有效登录 119.3 万人次，数据库访问 1392.4 万人次，文献传递 22.3 万次。市本级总分馆服务体系建成包括 1 家总馆、2 家区分馆、16 家乡镇（街道）分馆、2 家村（社区）分馆、348 家图书流通站（包括农家书屋）、8 家智慧书房和 1 家汽车图书馆的服务网络。举办各类报告、讲座 107 场，其中由市委宣传部主办、市图书馆承办的“南湖讲坛”31 场；各类展览 322 场（总馆 54 场，送展览到乡镇分馆 155 场，汽车图书馆 113 场）；培训 953 场。总分馆举办各类读者活动 4452 场，包括讲座、展览、培训、阅读推广活动；另有馆员荐书 681 场，全国文化信息资源共享工程影视播放 1206 场。

【承办 2018 年中国图书馆年会分论坛】5 月 30 日—6 月 2 日，“2018 年中国图书馆年会”在河北省廊坊市召开。6 月 1 日，由国家公共文化服务体系建设专家委员会、国家公共文化服务体系示范区创新研究中心、嘉兴市文化广电新闻出版局主办，嘉兴市图书馆承办的中国图书馆年会分会场“国家公共文化示范区图书馆特色资源建设”会议召开。文化和旅游部公共服务司副司长白雪华、华东师范大学信息管理系教授金武刚、首都图书馆原馆长倪晓建等领导和专家及 200 余位图书馆馆长等相关人员出席会议。论坛上成立示范区图书馆联盟。

【入围首批嘉兴市重点文化创新团队】本馆以阅读推广服务体系建设为切入点，成功申报嘉兴市重点文化创新团队，并以此为契机，逐步建设覆盖全城、普遍均等的阅读推广服务体系。在图书馆系统内，以各项成熟的品牌活动为抓手，通过总分馆联动，保证公共图书馆系统内的资源得到充分的利用；在图书馆系统外，培育并依托社会公益组织“润心阅读促进中心”，由社会组织的专业社工和志愿者将阅读推广的触角延伸到最基层。

【嘉兴书房进驻“世界城市博物馆”】11 月 8 日，“世界城市博物馆·嘉兴书房”建成启用。这是嘉兴市在市域范围以外建成的第一座城市书房。位于杭州的“世界城市博物馆”是国内第一座城市学兼容性博物馆，其在馆内建设了多个“城市书房”，通过地方文献展示世界不同城市的前世今生、发展经验、建设方向。“嘉兴书房”展示了嘉兴市图书馆收集整理的各类地方文献两千余册，包括嘉兴市及各县（市、区）编印的地方志、专业志、年鉴、历史文化研究书籍、城市各类规划、旅游资料、特色文化丛书、图书资料等具有参考和研究价值的文献。

【多方位接轨上海】本馆委托上海图书馆学会组织业务培训，并组织乡镇分馆工作人员、文化站长和分管镇长等到上海浦东图书馆和金山区图书馆进行交流和学习；上海图书馆、金山区图书馆、嘉定区图书馆等派人参观考察嘉兴市图书馆总分馆。嘉兴市图书馆将两场讲座送到上海金山区图书馆；与嘉定区图书馆合办“同阅嘉情”红色经典阅读双城赛；与上海科学技术情报研究所合作完成科技查新 1 次、论文翻译 2 篇、学术不端检测 15 篇、引文检索 53 篇、文献传递 24 篇。

2019年

1月，获得浙江省公共图书馆“两会”专题信息产品合作编辑优秀奖。

1月10日，广东省中山市文化广电新闻出版局领导一行参观本馆，并到文献信息中心查阅示范区建设资料。

1月12日，举办“南湖讲坛”年终座谈会。

1月25日，洪合镇凤桥村智慧书房开馆，这是市本级首个村级智慧书房。

1月29日，总馆举办“送福送春联”活动。

1月30日，本馆和嘉兴市行知小学联合举办“走进图书馆综合实践活动课程”首发仪式。

2月，新建南湖基金小镇流通站。

2月12日，“改革开放四十周年嘉兴市图书馆发展成果展”在总馆一楼大厅开展。

2月13日，外借部联合《嘉兴日报》、新华书店举办“好书有约”年度活动——“致敬，金庸”。

2月14日，首届嘉兴市少儿Scratch创意编程普及赛在本馆开启。

2月15日，本馆参与起草的浙江省地方标准《公共图书馆中心馆－总分馆服务体系标准》（DB33/T 2180—2019）即日起实施。

2月16日，民俗大家刘魁立先生作客“南湖讲坛”，作“新年与二十四节气”报告。

2月17日，总分馆联合举办“2019喜阅元宵活动”。

2月25日，嘉兴市图书馆、全国文化信息资源共享工程嘉兴市支中心主办“浙江省2019年度业务知识培训”。

3月，召开2018年度乡镇分馆建设座谈会。

3月，新建华玉社区和浙江恒凯装饰材料科技有限公司流通站。

3月10日，“阅动全家·书香嘉兴”阅读推广活动在王江泾镇古塘村星空书屋举办。

3月14日，举办“阅动全家·书香嘉兴”项目首次“领读者”课堂培训班。

3 月 15 日，青岛市李沧区文化和旅游局副局长一行参观总馆、高照街道分馆并进行座谈。

3 月 19 日，文化和旅游部副部长张旭一行来馆考察调研，省文旅厅、嘉兴市有关领导陪同。

3 月 20 日，召开嘉兴地区图书馆联盟会议，讨论在市本级实行图书“大流通”方案。

3 月 21 日，威海市文化和旅游局局长一行参观本馆并座谈。

4 月，嘉兴经济技术开发区嘉北街道分馆开馆；新建云都社区图书流通站。

4 月 9 日，内蒙古乌海市文体旅游广电局副局长及图书馆工作人员一行参观本馆。

4 月 12—13 日，信息咨询部在馆内大厅举办 2019 年度数字资源展示会。

4 月 13 日，邀请作家叶辛作客“南湖讲坛”，作“我的生命之书——漫谈阅读与创作”报告。

4 月 17 日，举办南湖区、秀洲区农家书屋管理员业务培训班。

4 月 21 日，总分馆举办“世界读书日”系列活动，包括“好书有约”五周年活动暨“读万卷书　行万里路”讲座、“尚书”经典阅读读书活动、免逾期费活动、图书馆之夜——读吧·嘉兴、红色故事分享会等 30 余项阅读体验活动，现场受众达 2 万余人次，线上直播 10 万余人观看。

4 月 26 日，佛山市文化广电旅游体育局一行来馆参观调研。

4 月 30 日，与金山区图书馆就选编《吴越韵痕：金山、嘉兴风土诗词精读》一事进行项目座谈。

5 月，新建国网嘉兴供电公司南湖客户服务分中心、嘉兴知善文化创意有限公司、嘉兴市河南商会、嘉兴城市建设投资有限公司图书流通站。

5 月，联合嘉兴市红十字会开展“红船牵手阿坝　书香传递温暖”——嘉兴市向四川省阿坝州黑水县、九寨沟县图书馆捐赠图书活动。

5 月 6 日，举办嘉兴地区图书馆业务培训，邀请浙江图书馆原副馆长刘晓清、上海图书馆出版中心副主任金晓明为嘉兴地区 300 余位图书馆工作人员作培训。

5 月 10 日，甘肃省武威市文体广电和旅游局文化领导一行来馆参观调研。

5 月 13 日，召开嘉兴市图书馆理事会成立大会。浙江省文化和旅游厅副厅长叶菁，嘉兴市委常委、宣传部部长祝亚伟，嘉兴市人民政府副市长邢海华，嘉兴市文化广电旅游局党委书记、局长张硕，副局长陈云飞、陈建江，嘉兴市图书馆党支部书记、馆长沈红梅等领导出席仪式。

5月16日，沈阳市图书馆馆长一行来馆参观调研。

5月19日，承办第十五届浙江省未成年人读书节启动仪式暨“家风少年说”决赛。

5月25日，组织举办长三角阅读马拉松嘉兴赛区比赛，共100人参加活动。

5月28日，天津市蓟州区文化和旅游局局长一行来馆参观调研。

6月，本馆馆员参加中国图书馆学会第二届创新创意阅读推广现场研讨会，本馆“图书馆第一课”项目获得一等奖，“阅动全家·书香嘉兴”项目和“夕阳红E族”项目获得二等奖。

6月，新建南湖区宣传部、嘉兴市消防救援支队图书流通站。

6月1日，邀请摄影师黑鹤作客“南湖讲坛”，作“六一儿童节献给孩子们的节日礼物”报告。

6月21日，举办“阅动全家·书香嘉兴”项目中期专家论证会，现场观摩洪合镇凤桥村活动，并参观高照街道分馆。

7月，新建中共南湖区委老干部局、嘉兴市禾火文化传媒流通站。

7月，嘉兴市图书馆app首页上线“百日行动　献礼祖国70周年华诞”活动，时间为期三个月。

7月，本馆古籍地方文献部编制《嘉兴地区历代地方文献目录》《现存嘉兴地区各县市家谱目录》《现存嘉兴地区各县市年谱目录》。

7月1日，“南湖讲坛”讲座“今天我们怎样理解马克思”到嘉兴军用机场开讲。

7月2日，“嘉兴故事”地方文化讲堂“嘉兴市镇与文化世家”在本馆开讲。

7月13日，“南湖讲坛”讲座“文人画在中国绘画史中的地位”在本馆开讲。

7月22—28日，“行读地方名人”活动走进朱生豪故居、汪胡桢故居、沈曾植故居以及沈钧儒故居。

7月23日，“嘉兴故事”地方文化讲堂“嘉兴的前运河时期的水环境与隋代江南运河嘉兴段的开通”开讲。

8月，太原市文化和旅游局、昆明市文化和旅游局、蚌埠市图书馆、淄博市文化和旅游局、泰安市文化和旅游局5家单位领导带队到馆参观考察嘉兴市图书馆服务创新项目并座谈。

8月，本馆与上海嘉定区图书馆联合开展“同阅嘉情——祖国我想对你说”主题征文、朗读活动，成果印制为《“同阅嘉情”红色经典阅读专刊》。

8月9日，本馆二期（古籍善本藏书楼）工程项目竣工环境保护验收合格。

8月13日，“嘉兴故事”地方文化讲堂“运河嘉兴段在古代国家运输网络中的地位”在本馆开讲。

8月27日，王店镇分馆搬迁新馆舍，重新开放，新馆地址：王店镇塘东街13号（原老粮仓）。

8月30日，馆刊《味书轩》第20期“纪念朱生豪逝世75周年”专题正式发行。

9月，在由浙江省图书馆学会、浙江图书馆举办的“风雨七十年·荣耀在我心——我与阅读的故事”主题征集活动中，本馆荣获优秀组织奖。

9月4日，参考阅览室启动打包、整理、搬迁工作。

9月7日，“嘉兴故事”地方文化讲堂举办“惟凭酒作青春敌——阿斐大侠处女作《金庸·青春·酒》新书分享会”。

9月9日，中共嘉兴市委机构编制委员会批复《关于调整市文化广电旅游、市文联所属事业单位有关机构编制审项的请示》，确定本馆事业编制46名；核定科级领导职数4名，其中正科长级1名、副科长级3名；岗位合同工数额60名。

9月10日，“嘉兴故事”地方文化讲堂“嘉兴早期诗人”开讲。

9月中旬，余新镇普光村礼堂书屋新技术改造完成。该书屋的新技术应用包括桌面式条码自助借还书机、人脸识别、云监控、客流量统计、联创电阅管理等。

9月11日，在洪合镇印通小学、新塍镇磻溪小学、七星中心小学开展“图书馆第一课”新生入馆教育活动。

9月16—17日，全省农家书屋工作培训班在嘉兴举办。

同期，组织嘉兴市本级图书馆一线工作人员50余人（第一批）赴宁波图书馆（新馆）培训考察学习。

9月18日，湖州师范学院文学院一行来馆考察地方文献工作。

9月18日—10月17日，本馆开展“书香传爱心　扶智助脱贫”向吉林省大安市捐赠图书活动。

9月21日，“南湖讲坛”讲座“新中国70周年，谈沈钧儒与人民政协”开讲。

9月23日，举办嘉兴地区图书馆业务培训。邀请华南师范大学教授束漫、浙江大学图书馆医学馆馆长陈益君为嘉兴地区300余位图书馆工作人员进行培训。

9月24日，“嘉兴故事”地方文化讲堂“从《嘉禾百咏》到《鸳鸯湖棹歌》”开讲。

9月26日，“嘉兴故事”地方文化讲堂“古代嘉兴运河上的堰坝闸（斗门）”开讲。

9月27日，金华市磐安县图书馆同行来馆参观座谈。

9月29日，七星街道分馆（新馆）举行开馆仪式。

10月，四川省攀枝花市政府、深圳市龙岗区文化广电旅游体育局领导带队来本馆考察公共文化示范区建设等项目。

10月15日，“嘉兴故事”地方文化讲堂“一代词宗——朱彝尊”开讲。同日，罗辑思维、得到app联合创始人脱不花（李天田）来馆参观，并受邀在“南湖讲坛”作“内容·创新·创业——与脱不花对话”讲座。

10月20日，“书香传爱心　扶智助脱贫”向吉林大安捐赠图书活动共收到全市各地捐赠图书2000余本。

10月21—22日，组织嘉兴市本级图书馆一线工作人员80余人（第二批）赴宁波图书馆（新馆）培训考察学习。同期，前央视著名主持人、记者，紫牛基金创始合伙人，少年得到董事长张泉灵参观本馆总分馆体系，并受邀在“南湖讲坛”作“少年如何得到”讲座。同期，图书馆业务系统由“力博”系统更新为“图星”智慧图书馆管理系统。

10月24日，本馆接收嘉兴市委党校退休副教授陈伟桐先生捐赠的历史类及地方文献类专题文献263种397册。同日，“嘉兴故事”地方文化讲堂“嘉兴运河水网的形成”开讲。

10月26日，“南湖讲坛”讲座《从党的历史看党的初心和使命》开讲。

10月29日，组织嘉兴地区图书馆工作人员、文化下派员和阅读推广志愿者等开展“阅读推广人”培训。同日，“嘉兴故事”地方文化讲堂“清朝最大的词派——嘉兴‘浙西词派’”开讲。

10月31日，嘉兴市图书馆二期专题馆初步设计评估完成。

11月，20家礼堂书屋改造项目集中上线。

11月，新建桂苑社区图书流通站。

11月，浙江图书馆阅读推广部、郑州晨钟教育集团、嘉兴幸福水街文化旅游发展有限公司、东海电影集团有限公司、北京市管理科学院、杭州丁香健康管理有限公司、中信信托有限责任公司、镇江市文化广电和旅游局、浙江泰隆商业银行股份有限公司湖州分行、沂源县经济技术协作办公室、靖江市文体广电和旅游局、湖南止间品读文化传播有限公司、舟山广播电视报社等单位分别组团考察调研本馆阅读推广服务。

11 月 8 日，“辉煌 70 年　筑梦新时代——纪念中华人民共和国成立七十周年嘉图发展历程展”在本馆举办。

11 月 13 日，本馆参加金山区人民政府举办的“纪念南社成立 110 周年系列活动”。

11 月 14 日，“嘉兴故事”地方文化讲堂“大运河十讲：嘉兴运河水网的形成”开讲。

11 月 18 日，编印《禾城百桥》《牌楼脚下》两种地方文献图书，各 300 册。

11 月 19 日，文化和旅游部中国艺术研究院教授、博士生导师任平老师作客“好书有约”读书沙龙，主讲“中国书法的文化解析”。

11 月 23 日，承办“大运河阅读行动计划——大运河阅读接力（浙江站）”活动，来自运河沿岸城市 20 多个公共图书馆馆员到嘉兴王店镇参加此次活动。同日，文化学者、散文作家王稼句到高照街道分馆作“江南‘双城记’”讲座。

11 月 24 日，中央电视台播音员王言等作客“南湖讲坛”，作“读书不止‘读书’——央视主播读哪些书？”“台前幕后‘十分’见证——央视背后的故事”等讲座。

11 月 30 日，“南湖讲坛”讲座“嘉禾往事，华灯铿锵——历史文化资源与舞台艺术创作”开讲。

12 月，西南大学公共文化研究中心、得到大学（上海站）、北京大学信息管理系、广州图书馆、山西省曲沃县图书馆等单位组团到馆参观交流。

12 月，馆刊《味书轩》第 22 期“纪念汪胡桢逝世三十周年”专题编印。

12 月，开展嘉兴地区礼堂书屋和智慧书房考核工作。

12 月 1 日，“浙里办”app 嘉兴市图书馆服务改版。

12 月 12 日，本馆收到嘉善县陶庄镇利生村潘建华先生捐赠旧书 311 种 323 册。

12 月 13 日，“嘉兴故事”地方文化讲堂“寻找‘文学的鲁滨逊’木心”开讲。

12 月 17 日，开展图书馆业务培训，由南京大学教授徐雁主讲“‘三位一体’推广方略与全民阅读立法促进”，北京大学教授李国新主讲“公共图书馆法解读”。

12 月 20 日，中央电视台《文化十分》栏目深度报道嘉图精彩活动。同日，“嘉兴故事”

地方文化讲堂“大运河十讲：嘉兴运河水网的形成”开讲。

12 月 23 日，本馆收到嘉兴市原文学艺术界联合会主席王福基先生捐赠老杂志一批，共计 72 种 648 册。

12 月 25 日，本馆入选全球知名媒体《快公司》（*Fast Company*）杂志“2019 中国最佳创新公司 50”榜单。

12 月 28 日，举办“好书有约”读书沙龙——此心安处是吾“嘉”。

12 月 31 日，深圳电视台“罗振宇跨年演讲”，开篇讲述嘉兴市图书馆“一年 5000 场活动”的经验。

【概况】总分馆全年到馆总人次 425.4 万人次，其中乡镇、村级分馆到馆 184.8 万人次。新办理借书证 2.1 万张，累计 29.9 万张。图书文献借还 235 万册次。数字图书馆平台读者有效登录 133.6 万人次，数据库访问 1501.7 万人次，文献传递 23.7 万次。嘉兴市本级总分馆服务体系建有 1 家总馆、2 家区分馆、18 家乡镇（街道）分馆、32 家村（社区）分馆、345 家图书流通站（包括农家书屋）、20 家智慧书房和 1 家汽车图书馆。举办各类报告、讲座 85 场，其中“南湖讲坛”36 场；举办各类展览 204 场（总馆 63 场，送展览到基层 141 场次）；培训 449 场。总分馆举办各类读者活动 5726 场。年内，完成七星街道分馆、王店镇分馆、油车港镇分馆以及嘉北街道分馆升级改造，图书馆二期（古籍善本藏书楼）工程竣工。

【嘉兴市图书馆总分馆标准上升为省级标准】1 月 15 日，浙江省市场监督管理局发布《公共图书馆中心馆 – 总分馆建设服务规范》（DB33/T 2180—2019），标志着嘉兴市图书馆总分馆建设经验由地方标准上升为省级标准，为全省推进图书馆总分馆体系建设提供嘉兴经验。

【嘉兴市图书馆法人治理结构改革】5 月 13 日，作为全省唯一、全国 61 家之一的法人治理结构试点单位，嘉兴市图书馆理事会成立。这标志着理事会在落实人事管理自主权、扩大收入分配自主权、建立科学有效的监督评估制度等方面取得新突破。首届理事会、监事会分别由 13 名理事、5 名监事组成，并设立由 5 名专家组成的专家委员会为理事会决策提供专业咨询服务。9 月，召开第二次理事会会议，确定“理事在身边”“理事带项目”“理事听例会”“理事去调研”四大工作机制，为进一步推进法人治理结构改革试点与理事会常态化运行积极探索。

【实施全民阅读计划】以学龄前儿童为切入点，持续开展“阅动全家 · 书香嘉兴”系列活动，编制“三·三·三”课程（“好宝贝”“好家长”“领读者”各三堂课程）与教材，组织阅读专家到16个村（社区）开展79场活动，受益家长和孩子有1000多人。在总分馆开展雕版印刷体验、线装书装订、活字印刷体验、石刻传拓技艺体验、举办南湖八景诗解读以及古籍知识讲座等活动27场。在王店镇曝书序开设少儿国学和传统文化公益课堂，在南湖区分馆设立鸳湖书院，初步构建“书院+图书馆”的文化传播模式，得到中央电视台《文化十分》栏目的关注和报道。

【古籍地方文献工作】收集地方文献1189种4243册，接受捐赠1813种4316册（件），修复古籍1288页；发行刊物《味书轩》五期。合作出版《槜李诗文合集》《许瑶光诗文注评集》《吴越韵痕：金山、嘉兴风土诗词精读》等图书。

2020年

1月，新建民生银行嘉兴分行图书流通站。

1月，金华市图书馆、中央电视台《发现之旅》栏目、内蒙古呼伦贝尔市图书馆、呼和浩特市图书馆、上海融贵望文化发展有限公司等单位分别组团来馆调研交流。

1月8—9日，总馆对17个乡镇（街道）分馆进行巡查及现场年度总结。

1月11日，举办“南湖讲坛”2019年终座谈会。

1月12日，新华社驻浙江记者来馆采访调研。

1月15日，“学习强国”浙江学习平台发布文章《嘉兴市图书馆推广婴幼儿分级阅读服务》。

1月16日，召开嘉兴地区公共图书馆馆长例会，部分图书馆理事参加会议。

1月17日，“我们的中国梦　文化进万家”省书协“幸福路”书法进万家服务小分队走进嘉兴暨嘉兴市“送福到家”文艺志愿服务活动在本馆举办。同日，中央电视台中文国际频道《中国新闻》栏目报道《实施乡村振兴战略　城市融合发展提速》，其中介绍了嘉兴城乡一体化公共图书馆服务体系。

1月19日，召开2019年度市本级图书馆乡镇（街道）分馆建设工作座谈会。

1月23日，受新冠疫情影响，本馆总分馆紧急闭馆。同日，本馆员工程玉芳受邀参加深圳卫视“得到”2020知识春晚。

1月底，部分分馆积极配合防疫工作，分别为当地医学隔离点配送500余册“漂流”杂志和200余册图书。

2月1—29日，因疫情防控需要，总分馆暂时闭馆。

2月，做好本馆二期二、三层专题馆家具采购公示和采购公告发布；做好与二期少儿专题馆家具中标单位沟通。

2月，推出各大主题系列线上读者活动。做好少儿、成人线上阅读推广；开展线上防疫文艺作品征集活动，收集地方防疫、抗疫等相关文献资料。嘉兴市图书馆app推出“疫”系列活动，电视图书馆开设《医学知识》专栏，利用线上平台向市民推送疫情防控相关文献和资讯。

2月，做好疫情防控期间各项信息统计、汇总、上报工作；做好防疫物资准备等后勤保障工作。

2月，党员干部积极参与共建社区、所在地社区的防疫一线工作。乡镇（街道）分馆30多位工作人员投入基层防疫一线。

2月8日，举办总分馆服务体系元宵节线上猜谜活动。

2月14日，《人民日报》（海外版）报道本馆线上服务的情况。

2月15—16日，参与嘉兴马家浜高速出口卡点值班志愿服务。

2月17日，组织30多名职工去口罩厂（嘉兴君泰医用辅料有限公司）生产线参加志愿服务。

2月25—26日，本馆增补《嘉兴地方志文献目录》。

3月，继续推出各大主题系列线上读者活动；做好线上阅读推广。

3月，继续做好疫情防控期间各项信息统计、汇总、上报工作；做好防疫物资准备等后勤保障工作。

3月1—25日，因疫情防控需要，总分馆暂时闭馆。

3月5日，举办2020“我的战役”阅读马拉松线上快闪赛。

3月7日，本馆与支付宝老年大学联合推出了视频课程《“健康码”申请和使用指南》。

3月23日，长兴县文化和广电旅游体育局领导一行到馆调研交流。

3月24日，嘉兴市图书馆与支付宝老年大学联合推出视频课程《老年朋友如何远离骗局》。

3月26日，总馆、南湖区分馆恢复对外开放服务。

4月9日，绍兴瑞丰银行员工一行来馆参观交流。

4月13日，《光明日报》记者深度采访本馆总分馆工作。

4月17日，江苏徐州市文化广电和旅游局局长一行来馆参观交流。

4月18日，上海华为技术有限公司营销部领导一行来馆参观交流。

4月19日，嘉兴市图书馆少儿部“亲子悦读天地”被全国妇联家庭和儿童工作部命名为第二批全国家庭亲子阅读体验基地。

4 月 21 日，新华书店更换图星系统，实现了新华书店的数据与图书馆图星系统读者借还数据的一致性。

4 月 23 日，开展“世界读书日”系列活动。同日，《光明日报》头版报道嘉兴市图书馆总分馆服务工作。同日，浙江省文史研究馆为本馆及嘉兴五县（市）两区的图书馆捐赠一批书籍。

4 月 27 日，南湖区各乡镇（街道）分馆、经开区长水街道分馆和塘汇街道分馆恢复开放。

5 月，本馆二期二、三层专题馆专用家具采购完成；一期空调改造采购安装调试项目招标完成；二期融通部分装修施工中；二期工程完成浙江省建设工程钱江杯（优质工程）评审；二期少儿专题馆专用家具现场施工。

5 月 1 日，嘉兴市图书馆逾期费微信支付功能开放使用。

5 月 6 日，秀洲区各乡镇（街道）分馆、经开区城南街道分馆恢复开放。

5 月 8 日，杭州日报报业集团《都市快报》记者一行来馆采访交流。

5 月 9 日，杭州市上城区文化和广电旅游体育局局长一行来馆参观交流。

5 月 15 日，本馆刊印《最美逆行者——嘉兴援鄂“白衣战士”手机里的好照片》一书，并举办同主题展览在全市图书馆系统巡展。

5 月 22—25 日，浙江华为通信技术有限公司、融创中国控股有限公司、碧桂园控股有限公司、浙江泰隆商业银行等单位来馆调研交流。

5 月 29 日，上海华为技术有限公司营销部领导一行来馆交流合作事宜。

5 月 31 日，新建 20 家礼堂书屋项目的监控系统，全部接入总馆监控管理后台。

6 月 1 日，江苏镇江市图书馆馆长一行来本馆参观交流。

6 月 10 日，2020 年嘉兴市图书馆第一届理事会全体会议在本馆召开。

6 月 14 日，针对部分家庭多张读者证的情况，在微信公众号中设计家庭统一支付的功能。

6 月 15 日，嘉兴地区公共图书馆馆员信息素养培训、嘉兴地区公共图书馆馆长例会在本馆举办。

6 月 16 日，河南孟州市文化广电和旅游局局长一行来馆参观交流。

6 月 18 日，嘉兴市档案馆向全市公共图书馆赠送档案史志编研成果两千余册。

7月7日，2020年嘉兴地区公共图书馆“小小创客家”在线Scratch编程普及赛开始，比赛为期3天。

7月8日，山东省淄博市文化和旅游局局长一行来馆参观交流。

7月15日，杭州医趣科技有限公司一行来馆参观交流。

7月18—19日，沈红梅等2人随市文广旅局代表团赴青海都兰县就对口援建智慧书房工作开展实地考察，本馆与都兰县图书馆签署对口帮扶协议书。

7月21日，嘉文广旅党〔2020〕15号发文，聘任沈红梅为嘉兴市图书馆馆长。

7月22日，樊登读书会上海总部员工一行来馆参观交流。

7月30日，本馆为市妇保院“暑小娃”暑托班的孩子，提供200册优秀少儿读物，为医护人员子女能过上一个快乐的暑期，提供精神食粮。

8月3日，葛文娴同志入职。

8月6日，中央电视台《文化十分》栏目专题报道嘉兴市图书馆服务。

8月8日，中央电视台《晚间新闻》栏目报道嘉兴市图书馆。同日，与华为上海研究所合作开展“嘉图·华为讲堂”。

8月10日，本馆机房网络设备升级改造。

8月14日，安徽省临泉县图书馆、太和县图书馆馆长一行来馆调研交流。同日，召开“阅读全家·书香嘉兴”项目推进会暨嘉兴市图书馆乡镇（街道）分馆馆长会议。

8月19日，云南省图书馆馆长一行来馆参观交流。

8月22日，举行红船朗诵艺术团成立揭牌仪式及首场红船朗诵会，中国著名朗诵家胡乐民，中国文化报周刊中心主任杨晓华，嘉兴市文化广电旅游局党委书记、局长张硕，中共嘉兴市委宣传部副部长张月琴等领导出席。

9月3日，本馆党支部换届选举，新一届党支部由沈红梅、金强华、金立、解冰、杨柳5名同志组成，沈红梅同志为支部书记、金强华为支部副书记。同日，中国海关出版社领导一行到馆参观交流。

9月4日，陕西省铜川图书馆馆长一行来馆调研交流。

9月12日，举办2020长三角阅读马拉松大赛嘉兴赛区活动。

9月23日，浙江图书馆馆员一行来馆调研交流。

9月27日，城南街道运河智慧书房正式启用。

9月30日，举办“双节连璧 · 你我同诵——共和国生日烛光里的中秋浓情”朗诵会。

10月，洪合镇凤桥村农家书屋（本馆凤桥村智慧书房）被中宣部评为第八届全国服务农民、服务基层文化建设先进集体。

10月，参与援建“红船 · 沙雅书苑”，捐赠图书5000册（从嘉兴红十字会筹款）。

10月9日，浙江大学继续教育学院“浙江大学—云南省无党派人士和党外知识分子培训班”学员、聊城市东昌府区民政局领导一行来馆参观。

10月16日，内蒙古文化旅游志愿者一行来馆参观。

10月17日，本馆主持编纂的《槜李诗文合集》作为“浙江文化研究工程”的新成果之一在北京发布。

10月19日，国家图书馆馆长饶权一行来嘉兴调研，走访本馆高照街道分馆（智慧书房）、运河公园智慧书房等分馆。浙江图书馆馆长褚树青、嘉兴市文化广电旅游局副局长钱永忠等陪同调研。

10月21日，中共嘉兴市文化广电旅游局委员会发文《关于褚晓琼等同志任职的通知》（嘉文广旅党〔2020〕27号），聘任许大文、鲁祎、汤益飞为本馆副馆长。同日，嘉兴市图书馆发文《关于孙云倩等同志服务任免的通知》（嘉图〔2020〕18号），聘任孙云倩为行政业务办公室主任，赵晓华为文献借阅部主任，胡萍为馆外流通服务部主任，郭云峰为信息技术与服务部主任，向延胜为采编部主任，郑昀为少儿部主任，董世强为后勤保障部主任，盛烨为财务室主任，程玉芳为活动推广部主任，沈秋燕为古籍部主任，郑闯辉为地方文献部主任，陆艳芳为参考阅览室主任，朱文渊为南湖分馆负责人，陆亚韵为秀洲分馆负责人，金立为后勤保障部副主任，王娟娟为科情服务部主任，杨柳为信息技术与服务部副主任。试用期一年，聘期三年。同时，决定聘任吕炜为信息技术与服务部主任助理。

10月23日，本馆“阅动全家 · 书香嘉兴”农村学龄前儿童阅读推广计划被评选为中国图书馆学会“2019年阅读推广优秀项目”。

10月26—27日，组织嘉兴市本级图书馆系统相关员工赴常州市图书馆和苏州第二图书馆参观学习。

10月28日，深圳市文化广电旅游体育局领导一行来到馆考察交流，重点考察嘉兴公共文化服务体系建设工作，调研公共文化场馆建设、运营与管理等经验和做法。

11月，新建嘉兴武警支队、南湖区机关事务局、嘉兴希尔顿逸林酒店流通站。

11 月 1 日，中共嘉兴市委书记张兵专程到馆调研，听取图书馆公共文化服务体系建设情况，了解图书馆二期项目进展。市文广旅局局长张硕陪同调研。

11 月 14 日，山东泰安新泰市文化和旅游局局长一行来馆考察学习。

11 月 15 日，江苏省地方志办公室相关领导一行来馆参观学习总分馆建设经验。

11 月 17 日，塘汇街道分馆搬迁至新馆舍，重新对外开放。因毗邻市级文物保护单位思贤桥，分馆也称“思贤书院”。

11 月 25 日，《中国文化报》第 4 版专题报道《幽幽嘉禾　脉脉书香——嘉兴市图书馆提升公共文化服务纪事》。

11 月 27 日，完成声音图书馆（视障阅览室）的设备安装、环境布置和资源采购等工作。

11 月 28 日，举办嘉兴市图书馆二期（古籍善本藏书楼）启用仪式。到会领导有浙江省文化和旅游厅副厅长叶菁，中共嘉兴市委书记张兵，中共嘉兴市委常委、宣传部部长祝亚伟，嘉兴市政府副市长邢海华，浙江图书馆馆长褚树青，上海图书馆副馆长何毅等。嘉兴市文化广电旅游局局长张硕担任主持。嘉兴市政府副市长邢海华、浙江图书馆馆长褚树青发表致辞。开幕仪式上，本馆与上海图书馆（上海科学技术情报研究所）签约共建“创之源沪嘉科技信息服务站”，联合浙江大学嘉兴心理健康联合研究中心创办“健心客厅——‘嘉心在线’线下服务站”，对“国家公共文化服务体系示范区（项目）文献信息中心”进行揭牌。

11 月 28—29 日，由国家公共文化服务体系示范区创新研究中心（浙江嘉兴）主办，本馆承办的“国家公共文化服务体系示范区城市公共图书馆创新发展研讨会”在嘉兴召开。会议由市文广旅局公共服务处处长刘靖主持，来自示范区城市的近百位公共图书馆代表参加会议。

11 月 30 日，嘉兴市委常委、组织部部长龚和艳，组织部副部长梁晓英一行到馆调研。

12 月，新建中国农业银行嘉兴分行图书流通站。

12 月，本馆扶贫案例《公共图书馆助力文化扶贫的实践与思考——以嘉兴城乡一体化公共图书馆服务体系为例》《阅读培智　书香嘉兴——嘉兴市城乡一体化公共图书馆服务体系文化扶贫案例》分别入选《脱贫攻坚与图书馆作为——全国图书馆扶贫案例集》一书的理论篇和实践篇。

12 月 2 日，中央电视台《新闻直播间》栏目报道嘉兴农村书屋转型升级构筑乡村振兴

“新地标”。同日，与市人社局、市民卡服务中心协调落实“人才码”服务，探讨如何为嘉兴地区人才提供便捷化的图书借阅与科技信息服务。同日，杭州师范大学图书馆馆长一行来馆参观调研，了解服务创新、空间建设等方面经验。

12 月 4 日，清华大学图书馆馆长一行来馆参观调研。

12 月 9 日，安徽省铜陵市图书馆馆长一行来馆参观交流。

12 月 12 日，由本馆主办，嘉广集团音乐生活频率、嘉兴市重庆商会协办的“珍惜阳光　托举梦想”——陈中明诗集《低处的阳光》主题诗歌朗诵会在本馆报告厅举行。陈中明先生系重庆在嘉务工人员，大家称他为“扫地诗人”。

12 月 14 日，举办嘉兴地区公共图书馆业务培训，由浙江大学教授、博士生导师徐琴美作“市民心理健康与‘健心客厅’建设”主题讲座。同日，举办嘉兴地区地方文献业务培训，由浙江大学古籍研究所方建新教授作“传统目录学与现代网络大数据技术结合的实践：浅谈《浙江（嘉兴）古代文献总目》的编纂”专题报告。

12 月 14—18 日，对 2020 年度嘉兴地区五县（市）两区公共图书馆新建的智慧书房和礼堂书屋进行验收。

12 月 15 日，馆长沈红梅获评 2020 年浙江省“最美文旅人”。

12月18日，汉唐技术有限公司向本馆捐赠人民币伍万元整，用于“南湖讲坛”等活动。

12 月 28 日，上海浦东图书馆馆长一行来馆参观学习。

【概况】总分馆全年到馆 163.7 万人次；办理新借书证 14463 张，累计借书证总计 31.3 万张。全年购书经费 771 万元，新增馆藏 11.4 万册（件），全年累计馆藏 285.7 万册（件）。图书文献外借163.2万册次；数字图书馆平台读者有效登录141.2万人次，数据库访问1608.3 万人次，文献传递 28.5 万次。共举办各类报告、讲座 72 场，其中“南湖讲坛”30 场；各类展览 154 场；培训 769 场，包括古籍部开展的雕版印刷体验、线装书装订、活字印刷体验、石刻传拓技艺体验等多元化的活动。总分馆举办各类读者活动 5757 场。年内，总馆二期工程顺利开馆；完成塘汇街道分馆、大桥镇分馆的升级改造。

【闭馆防疫，积极参与志愿服务】1 月 23 日，嘉兴市图书馆积极响应新冠疫情防控要求，及时关闭总分馆实体场馆。工作人员积极参与防疫前线，参与高速路口执勤、口罩厂生产等工作。组织员工自愿捐款，向嘉兴市红十字会捐出 5150 元。乡镇（街道）分馆 30 多位工作人员投入基层防疫一线，服务医学观察点人员等共计 977 人次，王江泾镇分馆、王店镇分馆为当地医学隔离点配送500余册“漂流”杂志和200余册图书。针对疫情防控进展，图书馆微信平台及时推送防疫资讯和医学科普知识。开馆后总分馆举办了“最美逆行者：嘉兴援鄂‘白衣战士’手机里的好照片”巡展，选取104位医护人员手机里见证抗疫一线的真实影像，致敬新时代的英雄。

【闭馆期间线上服务亮点多】闭馆期间，总分馆将线下品牌活动搬到线上，在数字图书馆、微信公众号、电视图书馆、禾点点直播等线上平台开展了两千余场线上活动，如250期“禾禾故事时间”、97期“嘉图见书聊书”、274场线上信息素养培训、22场线上猜谜活动等。微信直播活动大受欢迎，18期“土土聊世界”观看人次达67.8万，10期“动物大比拼”观看人次34.8万。其中邀请张泉灵为嘉兴市民开展的“读到有效阅读之间缺了三件事”线上讲座，9.4万人次在线观看。针对新冠疫情，本馆联合嘉兴地区公共图书馆和高校图书馆共同举办“抗疫之声”朗读大赛，收到700多份作品，并制作成主题图片展在各分馆巡展。推送数字图书1074本，开展阅读打卡、积分、分享等活动，鼓励市民在“宅家”期间养成阅读好习惯。2020年，数字图书馆资源的使用量较去年同期增长超过7%，电视图书馆视频点播量超过去年同期的50%。

【跨界合作成效显著】本馆与大型平台、企业、媒体等跨界合作，利用多方优势创新服务。嘉兴市图书馆与上海华为研究所合作建设了“智慧生活馆”，引入华为最新技术为嘉兴市民开展体验活动，开设“嘉图·华为课堂”，目前开展培训8场，6596人次参与。与支付宝老年大学合作，将品牌活动“夕阳红E族”搬上支付宝平台，线上教学视频媒体播放量逾500万人次。与喜马拉雅、得到、云图有声等平台合作，线上线下建设“声音图书馆”。与本地企业神润斋合作建设“自然图书馆”，推广少儿自然科普服务。与本地电视台禾点点直播合作，线上推出儿童小讲坛，吸引了一大批少儿粉丝，累计观看人次超过200万。

【二期工程顺利开馆】11月28日，嘉兴市图书馆二期（古籍善本藏书楼）正式启用。二期总面积1.1万平方米，与原馆舍互联融通，升级和增设科技图书馆、古籍典藏与阅览空间、少年儿童服务部、多元文化主题区、国家公共文化服务体系示范区（项目）文献信息中心、智慧生活馆等创意空间。国家公共文化服务体系示范区（项目）文献信息中心、“健心客厅——‘嘉心在线’线下服务站”、“创之源”沪嘉科技信息服务站三个项目正式揭牌落户，为图书馆进一步拓展服务注入能量。

【承办国家公共文化服务体系示范区公共图书馆创新发展研讨会】由国家公共文化服务

体系示范区创新研究中心（浙江嘉兴）主办，嘉兴市图书馆承办的“国家公共文化服务体系示范区城市公共图书馆创新发展研讨会”在嘉兴召开。国内公共文化服务领域、图书馆学专家学者以及全国 50 余家公共图书馆的近百位代表参加会议，来自东、中、西部的 7 家图书馆代表分享了图书馆创新发展工作经验，李国新、褚树青、金武刚等专家进行了点评。参会代表还实地考察了嘉兴地区图书馆总分馆服务体系的基层服务场馆，共同研讨示范区图书馆在体系建设、活动打造、服务提升等领域的创新发展。

2021年

1月1日起，本馆不再收取图书逾期费。同日，“旭日东升　百年华章”红船朗诵艺术团庆祝建党百年主题诗会在本馆举行，文化学者、诗人杨晓华为红船朗诵团创作的主题诗歌《我是一艘船》正式发布。同日，红枫悦读会首场阅读分享交流活动在本馆举办，主题为“红色记忆——分享老照片背后的故事”。

1月1—3日，元旦假期期间，为迎接2021建党百年华诞，本馆总分馆联动开展百年百场系列活动，以总馆“红船朗诵艺术团庆祝建党百年大主题诗会”为中心，各区、乡镇（街道）分馆因地制宜举办各具特色的红色主题活动，超过一万人次参加活动。

1月12日，收到浙江师范大学儿童文化研究院方卫平教授捐赠的儿童文学研究方面的图书321册，部分图书转赠五县（市）图书馆。

1月13—14日，对市本级17个乡镇（街道）分馆进行巡查及现场年度总结。

1月16日，《槜李诗文合集》新书发布会在本馆举行，嘉兴市政协副主席马玉华、浙江图书馆馆长褚树青、上海图书馆历史文献中心主任黄显功、南京大学文学院教授（副院长）徐雁平、嘉兴学院教授富华、嘉兴职业技术学院教授顾金孚、嘉兴日报报业传媒集团副总编辑杨自强先生、嘉兴市图书馆老馆长崔泉森先生等20余位领导和专家学者到场出席。

1月20日，对五县市公共图书馆的总分馆建设情况进行考核。

1月22日，召开2020年度嘉兴市本级图书馆乡镇（街道）分馆建设工作座谈会。

1月31日，实现省内公共图书馆通借通还，读者可通过支付宝办理电子借阅证，在全省任意公共图书馆（县级及以上）借还图书，并实现嘉兴地区公共图书馆市民卡（第三代）一卡通。

2月，配合嘉兴地区公共图书馆对第三代市民卡的适用性要求，从人工服务、自助服务、数字服务、人脸识别服务等方面进行PSAM卡（安全控制模块卡）的部署和调试，并统一协调五县市图书馆跟进。

2月1日，郭玉珠同志入职。

2月1—28日，开展留“嘉”过年春节专题系列活动，包括总分馆联动发放3000份“阅读福袋”、2万张“新年福到　知识福卡”，开展“手机拍拍拍，笑脸迎牛年——人像摄影作品有奖征集活动”、寻找“嘉里的年味”活动影像征集大赛等。

2月2日，国图公开课项目（嘉兴部分）在浙江图书馆完成专家点评和验收。

2月8日，本馆联合嘉兴市妇女联合会走进浙江苏嘉医疗器械股份有限公司等企业，为留“嘉”人员送上600份“阅读福袋”，并与多家企业签订图书馆流通站建设协议。

2月9日，与嘉兴市广播电视集团综合广播商定《耳畔嘉兴》音频专栏的合作事宜。

2月18日，沈红梅馆长在全市三级干部大会作表态发言。

2月19日，总馆一楼大厅新增阅读本自助借阅柜，读者可通过支付宝信用分免费借阅。

2月22日，与嘉兴市标准化促进中心建立合作共享关系，将嘉兴市标准信息服务网嵌入嘉兴数字图书馆网站。

2月23日，“图书馆第一课”首次将课堂搬进图书馆，同时引入“双师课堂”概念，升级为“图书馆第一课总分馆同步课堂（即双馆员课堂）”。

2月24日，安徽芜湖市文化和旅游局、财政局，青岛坤纳投资管理有限公司领导等单位领导带队到馆参观考察。

2月24日，央视《朝闻天下》报道《创新服务助力老年人跨越“数字鸿沟”》，其中介绍了嘉兴市图书馆“夕阳红E族”老年人电脑培训班项目。

3月，克拉玛依市文体旅游局、宁夏石嘴山市文化体育旅游局、太原市图书馆、延安市宝塔区文化和旅游局、温州市图书馆理事会、黄石市文化和旅游局、湖北省图书馆、芜湖市图书馆、鞍山市文化旅游发展促进中心、沛县文体广电和旅游局等10家单位来馆，就总分馆建设、创新服务、新空间建设等方面进行考察交流。

3月8日，总馆“健心客厅”心理顾问服务开始日常化运作。

3月15日，2021年嘉兴市政府民生实事项目“健心客厅”建设工作会议在本馆召开，研讨建设工作方案，明确建设目标任务和要求。

3月17日，本馆组织评估组对嘉兴地区申报“满意图书馆”的县（市）公共图书馆进行实地评估。

3月19日，在中国图书馆学会举办的“魅力声音·抗击疫情，我们在行动”少儿音频征集活动中，本馆被评为“星级组织单位”。

3月25日，市咨询委一行到馆座谈，为“嘉兴市打造文化特色品牌优势”课题调研本馆文化服务品牌建设。

3月30日，中央广播电视总台欧洲拉美中心法语部采访拍摄大桥镇分馆、大桥铭德学校汽车图书馆服务点以及新丰竹林村礼堂书屋。

3月31日，完成总馆“满意图书馆”申报的材料上报与实地评估。

4月，福建省图书馆，锦州市委宣传部，深圳少儿图书馆，临淄市委机构编制委员会办公室、文化和旅游局等单位领导带队，到馆考察智慧图书馆建设、创新服务等经验和举措。

4月2—25日，本馆“好书有约”读书品牌发起“捐本你喜欢的书，作为嘉兴礼物，送给都兰”的倡议，为对口援建城市都兰的智慧书房征集图书。

4月10日，大桥镇分馆（智慧书房）正式开馆。中国电影文学学会副会长、中国作家协会影视文学委员会副主任黄亚洲，南湖区副区长阿卜杜吉力力·阿卜来提等领导出席仪式。同日，“穿越百年学党史　行走万里传精神”庆祝中国共产党成立100周年南湖讲坛暨红船朗诵艺术团宣讲文化走亲项目启动（以下简称“红船朗诵艺术团宣讲文化走亲”），湖北省图书馆“长江讲坛”送讲座到本馆，主题为“中共一大上的五个湖北人”。

4月22日，“追寻光辉足迹”主题阅读活动首站暨浙江省全民阅读节启动仪式在嘉兴举办，秀洲区洪合镇凤桥村农家书屋作为分会场之一，以现场连线的形式展示嘉兴在基层公共文化服务智慧化和便利化等方面的工作成果。

4月23日，由上海图书馆（上海科学技术情报研究所）、嘉兴市图书馆牵头的“重温革命之路　点亮阅读星火”建党百年红色阅读“献礼七一”系列活动在上海正式启动。同日，浙江省社科联发文公布2020年度“浙江省社科普及创新项目”，本馆“夕阳红E族”老年人信息素养提升行动项目入选。

4月25日，本馆携五县市图书馆共同开展“文化行走　阅读嘉兴”世界读书日特别活动，主题为“爱读书·爱自然”，中央电视台少儿频道现场直播。直播地点从本馆总馆到南湖景区，共包含12项节目，直播时长2个小时。

4月26日，嘉兴方言库（二期）项目在浙江图书馆开展省级专家验收。

4月26—30日，嘉兴地区公共图书馆“健心客厅”初级心理顾问培训在总馆举行，来自嘉兴各级公共图书馆的48名图书馆员参加培训。

4月28日，作为红船朗诵艺术团宣讲文化走亲活动，“南湖讲坛”走进湖北省图书馆，嘉兴市中共党史学会会长陈水林作“中共创建与红船精神”讲座。

4 月 30 日，总馆自助借还机基本完成升级，可支持三代市民卡（电子社保卡）的使用功能。

5 月，“阅动全家·书香嘉兴”项目共计有 54 位阅读推广老师在 14 个服务点开展活动，开设好家长、好宝贝课堂共 48 堂，参与的学龄前儿童及家长达到 1000 人次。

5 月，中国农业银行昆明护国支行、得到高研究上海学习中心、嘉兴欧美同学会企业家联谊会、榆林市图书馆、扬州市图书馆、南开大学、张家口学院图书馆、通辽市图书馆等 8 家单位分别组团到馆参观，就阅读推广、地方文献资源建设、图书馆数字化、智慧化建设等方面进行调研。

5 月，洪向东同志退休。

5 月 2 日，童心向党·2021“魅力声音之寻找家乡的红色印记”浙江省少年儿童音频征集活动个人报名启动，本馆参与执行承办。

5 月 7 日，“捐本好书送都兰”活动赠书仪式在本馆举办，共捐赠图书 3066 册。

5 月 10—24 日，本馆党支部组织开展“守根脉、保平安、办实事”网格大走访活动，走进大桥镇中华村，征集民意诉求。

5 月 12 日，“千秋伟业　百年芳华”庆祝中国共产党百年华诞书画巡回展在本馆举办。原中国人民解放军陆军指挥学院副院长、中国文学艺术联合会名誉主席柴宇球，嘉兴市政协副主席马玉华，中共南京市委江北新区工作委员会宣传和统战部副巡视员李云，江苏苏青书画院院长钱峻，嘉兴市文化广电旅游局副局长钱永忠等出席开幕仪式。

5 月 16 日，凤桥镇智慧书房正式对外开放。

5 月 18 日，在嘉兴市首个“人才日”，本馆开展人才日科技信息服务，开放接待嘉兴各类人才。

5 月 19 日，与嘉兴恒创电力集团华创科技分公司（双创分中心）开展党支部共建和科技信息服务合作的签约仪式。双方将从党支部共建出发，进行资源共享、活动交流、人才互动，同时在科技信息服务领域进行深入合作。

5 月下旬，图书馆业务管理系统顺利通过信息安全等级保护三级测评；“浙里办”上图书馆服务应用基本完成新平台迁移工作。

5 月 22—25 日，红船朗诵艺术团宣讲文化走亲活动，走进延安市图书馆，由中国文化报周刊中心主任杨晓华作题为“从党的一大到延安文艺座谈会——中国现代文化的创生与变革”的讲座。

5月27日，南湖区东栅街道分馆正式开馆。

5月28日，召开嘉兴地区公共图书馆馆长会议。嘉兴地区公共图书馆馆长及代表共23人参加会议，重点布置了“建心客厅”建设和智慧书房“四智”改造工作。

5月28—31日，红船朗诵艺术团宣讲文化走亲活动，走进龙岩图书馆，由嘉兴市中共党史学会会长陈水林作题为“中共创建与红船精神”的讲座。

6月，四川省图书馆、宿州市图书馆、砀山县图书馆、萧县图书馆、灵璧县图书馆、泗县图书馆、埇桥区图书馆等6家单位，分别组团到馆考察，交流城市书房、阅读推广服务等经验。

6月6日，红船朗诵艺术团宣讲文化走亲活动来到南昌市，在南昌市图书馆开展“红色诗歌中的党史”主题讲座。

6月10日，红船朗诵艺术团宣讲文化走亲活动来到石家庄市，在西柏坡进行党史宣讲学习，并参观石家庄市图书馆新馆，艺术团和石家庄图书馆就图书馆空间建设、红色阅读推广等方面进行了交流探讨。

6月16日，嘉兴市经济技术开发区首个“馆校共建”项目塘汇茶园小学智慧书房举行揭牌暨开馆仪式。同日，红船朗诵艺术团宣讲文化走亲活动第七场来到赤水市，与赤水市图书馆、赤水市老年大学等联合举办主题讲座并进行文化座谈。

6月17—18日，红船朗诵艺术团宣讲文化走亲活动第八场来到遵义市，参与“阅读红色景点·百年薪火相传”长征之路图书馆联盟红色经典阅读推广交流会。

6月20日，红船朗诵艺术团走进嘉兴希尔顿逸林酒店，举办“那年我们十八岁——徐志摩诗歌朗诵会”。

6月20日，在嘉兴市党群服务中心一楼设立“红船书吧”馆外流通点。

6月29日，“嘉小图表情包发布会暨七·一朗诵会”在总馆举办，市文化广电旅游局副局长钱永忠、市委宣传部理论处处长樊君到场参加。

7月1日，党支部书记沈红梅参加了中共浙江省委在嘉兴举行浙江省庆祝中国共产党成立100周年大会。大会隆重表彰了浙江省优秀共产党员、省优秀党务工作者和省先进基层党组织。嘉兴市图书馆党支部书记、馆长沈红梅，嘉兴市律师协会党委副书记、会长，嘉兴市图书馆理事会理事长冯震远双双荣获省优秀党务工作者称号。同日，洪合镇分馆完成改造升级，开始对外开放。

7 月 5 日，中国国际广播电台国际在线网站（www.cri.cn）法语频道报道《嘉兴：促进农村文化的图书馆网络》（Jiaxing：un réseau de bibliothèques pour promouvoir la culture dans les campagnes）。

7 月 8 日，国家心理健康和精神卫生防治中心党委副书记、纪委书记姜雯一行来到总馆“健心客厅”调研基层社会心理服务平台建设。

7 月 12 日，嘉兴市图书馆健心客厅暑期实习活动正式启动，活动由浙江大学——嘉兴心理健康联合研究中心和本馆联合策划，18 位大学生将组成团队，组织开展“儿童青少年夏令营”项目。

7 月 12—22 日，“中国梦·劳动美——我心向党”第八届全国职工摄影展嘉兴展暨“我心向·永远跟党走”第三届嘉兴市职工摄影展在本馆展出。

7 月 19 日，本馆心理顾问工作室正式启动，工作室由浙江大学—嘉兴心理健康联合研究中心与本馆联合主办。同日，作为“重温革命之路　点亮阅读星火”建党百年红色阅读“献礼七一”的系列活动之一，“建党百年　致敬红船”红色主题诗歌朗诵大赛获奖名单公布。活动共收到全国 38 家公共图书馆、高校图书馆选送的读者作品 398 件。同日，苏俊杰同志入职。

7 月 22 日，浙江数据开放创新应用大赛嘉兴市分赛区结果出炉，“嘉兴市图书馆智慧书房”项目获得嘉兴地区一等奖，副馆长汤益飞荣获“嘉兴市数据工匠”称号。本馆将代表嘉兴地区参加省级决赛。

7 月 28 日，匈牙利驻上海总领事馆总领事博岚、文化与教育领事辛薇莉在市人民政府外事办公室副主任庄玉娥的陪同下，来馆参观访问。市文化广电旅游局副局长钱永忠陪同。

8 月，为严格落实嘉兴市进一步加强疫情防控工作的要求，本馆总分馆调整防疫措施，规范入馆流程，限制在馆人数，暂停聚集性线下活动。

8 月 3 日，本馆与浙江省科技信息研究院签订技术咨询服务合同，建立科技信息服务合作。

8 月 14 日 19：38，《焦点访谈》央视一套和新闻频道同时播出《嘉兴：城乡统筹　共同富裕》，报道嘉兴城乡一体化公共图书馆服务体系助力农村实现精神共同富裕。

8 月 20 日—9 月 13 日，本馆举办“阅来阅美”浙江地区公共图书馆（市级馆）阅读活动海报展。

9 月，为杭州国家版本馆征集 5000 件地方文献版本资源。

9 月 8—9 日，芜湖市镜湖区人民政府一行 7 人到馆参观，考察城市书房设计、建设、运营、考核等工作管理情况。

9 月 16—23 日，由本馆牵头开展 2021 年度嘉兴地区公共图书馆健心客厅建设验收工作，组织相关负责人进行实地查看。

9 月 16—25 日，嘉兴市文化广电旅游局党委对本馆开展二级巡查。

9 月 17 日，嘉兴市委市政府督查组一行到总馆督查社会心理服务体系建设试点工作。

9 月 18 日，浙江省图书馆学会第九次优秀论文评奖活动评审结果公示，本馆共有 4 篇论文入围，其中三等奖 2 篇　一、二等奖各 1 篇。

9 月 19 日，嘉兴市图书馆红船朗诵艺术团在报告厅举办“月圆之夜诵月亮　千里万里寄相思”中秋诗会。

9 月 19—21 日，联合嘉兴南湖景区开展中秋节文化活动大联动，汽车图书馆开进南湖景区，参加南湖文创集市，推广图书馆文创、资源与服务。

9 月 20 日，嘉兴新闻综合频道《嘉兴新闻》栏目报道《市图书馆：体验传统技艺　普及中华文化》。

9 月 23 日，合肥市滨湖新区建设投资有限公司一行到馆参观，交流有关图书馆建设与运营的经验做法。

9 月 28 日，拉萨市文化局领导一行到馆考察图书馆总分馆制度建设经验。

9 月 30 日，本馆与嘉兴市中医医院签署战略合作协议，共同推动中医药地方文化的传播工作，同时，以党建促业务，推动党建共建平台的建设及主题活动的展开。同日，本馆报告厅举办“红船朗诵艺术团十一国庆朗诵会”，用诗歌致敬新中国成立 72 周年。

10 月，完成浙里办服务端“图书一键借阅”（信阅服务）的本地化部署。针对三代社保卡的卡号变更问题，完善自助机界面换证功能，读者可以自助完成二代社保卡和三代社保卡借书证的换证服务。

10 月 1—7 日，联合南湖景区开展文化大联动，在会景园水之驿码头开展地方文献珍稀文献展、南湖菱文化展以及嘉图文创展，7 天接待近 5000 名全国各地的游客。

10月12日，由浙江省图书馆学会主办、嘉兴市图书馆承办的2021年浙江省地方文献业务工作培训（嘉兴专场）在秀洲区图书馆举办。嘉兴地区各公共图书馆共计38人参加培训。

10月14日，中共嘉兴市文化广电旅游局委员会发文《关于孙云倩同志任职的通知》（嘉文广旅党〔2021〕23号），聘任孙云倩为嘉兴市图书馆副馆长。同日，由副馆长汤益飞带队，前往浙江清华长三角研究院调研企业与人才需求，与院区负责运营管理的华瀚科技有限公司相关负责人和浙江清华长三角研究院科技创新部相关负责人等洽谈合作。同日，芜湖市镜湖区文化旅游体育局一行到馆交流借鉴图书馆服务外包经验。

10月15日，本馆汽车图书馆在余新镇设立首个流动服务点：金星小学服务点，以此为当地新居民子女提供更好的图书资源和阅读服务。

10月19日，2021年度“星光留声机”线上阅读活动颁奖仪式在嘉兴市特殊教育学校举办。活动自今年六一儿童节启动，共有21位听障及培智学生录制阅读视频并在嘉图公众号平台展示。

10月19—22日，组织南湖、秀洲两区及乡镇（街道）分管领导、图书分馆员工等共116人，分两批前往安吉县图书馆和临平区图书馆，学习阵地服务、特色分馆建设、阅读推广活动等方面的成功经验。

10月22日，由嘉兴市人民政府和匈牙利驻上海总领事馆联合主办，嘉兴市人民政府外事办公室、嘉兴市文化广电旅游局、秀洲区人民政府共同承办的“嘉兴·匈牙利文化与创新周”活动在本馆开幕。

10月23日，本馆与中信出版集团合作签约仪式在总馆报告厅举行，双方将在中信图书版本馆建设、作家签名本书籍库建设、名家讲座等方面开展全面深度的跨界合作。仪式由中共嘉兴市委常委、宣传部部长祝亚伟主持。当天下午，中信出版集团副总编辑方希做客“南湖讲坛”，主讲“阅读的内功——用一种读法打遍天下”，当晚做客“好书有约”，主讲“如何鉴别一本好书”。同日，2021长三角阅读马拉松大赛嘉兴赛区在总馆智慧书房顺利完赛。共有22支队伍组队参赛，嘉兴地区第一名选手位列长三角地区第14名。

10月26日，在浙江省公共图书馆全民阅读月颁奖典礼上，本馆获得“领读浙江　寻路初心”建党百年主题阅读活动优秀领读组织奖；“穿越百年学党史　行走万里传精神”庆祝中国共产党成立100周年南湖讲坛暨红船朗诵艺术团文化走亲活动获得优秀领读项目奖；孙丽娜、丁沛媛二人获优秀领读人奖；“红船起航”获优秀建党百年红色主题展览优秀展览奖。

10 月 28 日，“红船领航　百年芳华”长三角女子书画名家作品捐赠仪式顺利举办，17 位长三角女子书画名家向本馆捐赠作品。

11 月，人力资源社会保障部、文化和旅游部印发《人力资源社会保障部　文化和旅游部关于表彰全国文化和旅游系统先进集体、先进工作者和劳动模范的决定》（人社部发〔2021〕91 号）。嘉兴市图书馆馆长沈红梅被授予“全国文化和旅游系统先进工作者”称号。

11 月，在市本级乡镇（街道）分馆、礼堂书屋等 66 个服务点，设立“阅动全家·书香嘉兴”图书专架，每个专架配备 100 种“好宝贝”“好家长”推荐图书。

11 月，本馆《红船少年说故事》系列在央视频“新闻袋袋裤”栏目发布。

11 月上旬，完成嘉兴市国家公共文化示范区复核的台账工作。

11 月 1 日，本馆“自然图书馆”建设项目完成验收。

11 月 3 日，市文化广电旅游局领导到馆主持副馆长汤益飞任职试用期满民主意见测评，并公布孙云倩任职副馆长。

11 月 12 日，“阅动全家·书香嘉兴”学龄前儿童阅读推广体系建设课题完成终期验收，顺利结题。

11 月 14 日，“南湖讲坛”开设天文系列线上讲座，每周举办一场。

11 月 17 日，浙江省共同富裕督察组一行到馆督查，对社会心理服务体系建设示范城市创建工作进行验收。

11 月 18 日，根据《浙江省事业单位章程管理暂行办法》（浙编办发〔2020〕26 号）要求，对《嘉兴市图书馆章程》进行修订，即日通过核准并进行公示。

11 月 19 日，《南湖晚报》“十九届六中全会精神点对点”专栏报道《文化焕彩，浸润城乡　建设以人民为中心的高质量公共文化服务体系》，介绍本馆从需求出发提供阅读服务，“嘉兴模式”惠及全民。

11 月 19 日，《中国文化报》报道《浙江嘉兴：壮大优质文旅人才队伍引领高质量发展》，其中介绍了本馆科技信息服务。

12 月，“南湖讲坛”联动全国 80 家公共图书馆，通过云直播的形式共同开展学习党的十九届六中全会精神。

12月，“嘉兴市图书馆”微信服务号与订阅号均可实现读者自助办证和修改密码功能。

12月1—2日、8—9日，本馆联合屈丹心理顾问工作室在总馆举办第二期“健心客厅”初级心理顾问培训班，来自嘉兴各（市、区）公共图书馆的80名图书馆员参加。

12月8—9日，本馆会同市文化广电旅游局公共服务处、市文化馆（非遗中心）等单位专家，对嘉兴地区新建礼堂书屋、文化名师工作室以及非遗主题园、民俗文化村、非遗体验点等进行实地核查。

12月10日，浙江省古籍保护与优秀传统文化宣传推广工作学习交流会议（嘉兴专场）在线上顺利举办，嘉兴地区各公共图书馆的古籍业务主管领导及从业人员参加此次会议。

12月下旬，“‘健心客厅’——公共图书馆总分馆助力社会心理服务体系建设”项目入选中国图书馆学会2020年阅读推广示范项目。

12月22日，召开全市公共图书馆馆长例会，会议内容包括嘉兴市档案馆档案史志编研书籍捐赠仪式，反馈2021年度智慧书房、礼堂书屋验收存在问题，研讨未来创新项目申报与课题研究方面的合作，以及部署2022年数字有声图书馆建设等。

12月26日，由嘉兴市图书馆与五县市公共图书馆联动承办的“颂中华民族千秋伟业 歌百年大党风华正茂”庆祝建党百年暨十九届六中全会精神主题诗歌朗诵会在本馆举行。

12月28日，少年路智慧书房经升级改造，重新对外开放。

【概况】总分馆全年到馆370.1万人次（其中乡镇街道分馆到馆135.3万人次）。办理新借书证3.6万张，累计借书证总计35.0万张。全年购书经费822.6万元，新增馆藏13.8万册（件），全馆累计馆藏299.5万册（件）。图书文献外借211.4万册次。数字图书馆平台读者有效登录141.4万人次，数据库访问1609.8万人次，文献传递29.2万次。本年度共举办各类报告、讲座56场，其中“南湖讲坛”43场；各类展览195场（总馆58场，送展览到基层137场次）；培训1080场。总分馆共举办各类读者活动6104场。

【城乡一体化公共图书馆服务体系不断完善】随着公共图书馆服务体系日益完善，嘉兴居民对现代化图书馆的多元需求逐渐显现。嘉兴市图书馆对乡镇街道分馆进行提档升级，从以“空间改造、信息设备升级、服务活动化”为重点的乡镇分馆2.0版向“服务智能化、信息数字化、活动常态化”的乡镇分馆3.0发展。2021年，大桥镇分馆、东栅街道分馆、洪合镇分馆完成升级改造，重新对外开放。改造后的乡镇（街道）分馆空间更加舒适、服务更加智能、活动常态化开展。

本年度继续推进“礼堂书屋”建设工作，建设了14家礼堂书屋，并以洪合镇建北村为试点，将礼堂书屋与党建、新时代文明实践、春泥计划等功能区相结合，以大空间“图书馆+”的形式建设农村公共文化中心。

【热烈庆祝建党百年，红色阅读活动推向全国】2021年是中国共产党成立100周年，为庆祝建党百年，嘉兴市图书馆与上海图书馆（上海科学技术情报研究所）牵头，联合首都图书馆、南昌市图书馆、遵义市图书馆、延安市图书馆等十多家党史重要节点城市公共图书馆，策划开展“重温革命之路　点亮阅读星火”建党百年红色阅读“献礼七一”系列活动。先后共有60多家公共图书馆、学校图书馆参与，在全国范围形成了红色阅读文化活动的热潮。随着党的十九届六中全会胜利召开，嘉兴市图书馆与全国80多家公共图书馆云端联动，通过直播的形式共同开展十九届六中全会精神专题系列讲座，为大众搭建起全会精神学习宣讲平台。

【全面落实“健心客厅”，开创图书馆+社会心理服务新模式】在浙江大学—嘉兴心理健康联合研究中心专业指导下，嘉兴市图书馆大力推进落实“健心客厅”民生实事项目，截至2021年底，全市公共图书馆服务体系内共嵌入式建成健心客厅48家（市本级25家），实现嘉兴地区各县、区图书馆全覆盖。在研究中心指导下，嘉兴市图书馆制定了《“健心客厅”建设标准与管理规范（试行）》，有效保障“健心客厅”项目的规范化、高效化推广。客厅内外统一标识标牌，环境布置温馨舒适，设置健心图书专架，供读者自由借阅。目前客厅已全部入驻心理顾问，常态化开展健心服务，逐步打造成为具有嘉兴特色的社会心理服务体系，为大众心理健康护航。为发挥“听书”对心理的疗愈作用，本馆专门设计推出“健心听读本”。听读本内容由浙江大学的教育专家和心理学家选定，根据不同群众的需求，内置各种主题的音乐、故事、美文、图书导读等。

【深化建设智慧书房，打造公共阅读服务新空间】进一步深化“智慧”探索，重点围绕智慧空间、智慧服务、智慧管理和智慧阅读的“四智”能力，打造城乡一体的智慧书房服务体系。2021年新建智慧书房5家，市本级建成智慧书房37家。智慧书房通过安全便捷入馆、自助服务、智能环境调节等功能，实现空间智慧化升级；智慧书房小程序平台整合了纸电一体、听读一体、线上选书快递、智慧导读和文旅信息服务等功能，为读者提供精准、多元的阅读服务；管理平台对所有智慧书房进行统一管控，有效降低书房管理的人力成本。本馆起草的地方标准《智慧书房建设与服务规范》即将出台。

在2021浙江数据开放创新应用大赛（嘉兴市分赛区）中，“嘉兴市图书馆智慧书房”项目获得一等奖，并代表嘉兴地区参加省级决赛。

【建立中信图书版本馆，探索跨界合作新范式】10月，嘉兴市图书馆与中信出版集团正式签约，探索图书馆与出版行业的合作新模式。总馆二期科技图书馆内现已建成专门的中信图书版本馆，全面汇集了历年来中信出版的图书。这是中信版别的图书在市级图书馆建成的第一家专馆，也是图书馆特色馆藏资源建设模式的全新尝试。中信还将提供大批作者签名本，进一步深化版本馆的价值，充分实现图书馆、出版社与读者的三方共赢。

【古籍地方文献工作有序开展】入藏新书122种1318册，其中《中华善本百部经典再造》的62种651册为高仿真印本，较好地保留了原书的风貌；收集地方文献1183种3133册（件）、特藏文献368册（件）。集嘉兴历代诗、文大成的《槜李诗文合集》（全72册）出版发行;《朱彝尊全集》（全50册）出版发行。

2022年

1月，本馆“智慧书房”小程序参加省文化和旅游数字化改革“最新应用”评选申报。

1月上旬，嘉兴市委宣传部、嘉兴市文化广电旅游局公布嘉兴首批智慧书房示范点，塘汇街道分馆（智慧书房）、洪合镇凤桥村智慧书房、高照街道智慧书房、七星街道湘南社区礼堂书屋、新丰镇竹林村礼堂书屋、大桥镇智慧书房等7家入选。

1月4日，“2021年度嘉兴市公共文化服务创新奖”名单发布，本馆获集体创新奖，自然图书馆建设、“小小创客家”科普阅读推广两个项目获得项目创新奖。

1月5—7日，对市本级18家乡镇（街道）分馆及秀洲区分馆进行现场考核与总结。

1月8日，本馆“健心阅读”系列活动首场试点在洪合镇分馆顺利举办。

1月11日，第15期“夕阳红E族”老年电脑培训班顺利结业，总计有百余名老年人参加本期培训。

1月12日，即日起至春节（2月1日）前，总分馆“留嘉过年送阅读”活动走进市本级22家企事业单位及部队，共送图书5300余册。

1月13日，2021年度嘉兴地区图书馆联盟会议顺利召开，来自嘉兴地区9个高校馆和8个公共馆的20名馆长及馆员代表参会。会上明确了“嘉兴市图书大流通”项目的实施计划与细则、公共馆与高校馆共同推进“健心客厅”社会心理服务体系建设等议题。

1月14日，嘉兴市图书馆数字资源与科技信息服务推广走进浙江长三角人才大厦。

1月15日，“健心阅读”系列活动第二场在七星街道分馆顺利举办。

1月20日，《中国旅游报》第4版报道《让书香更加沁入人心——记“全国文化和旅游系统先进工作者”沈红梅》。

1月21日，在总馆召开2021年度市本级图书馆乡镇（街道）分馆建设工作座谈会。

1月25日，总分馆推出“盲盒·阅读·锦鲤”活动。

1月26日，本馆举办“迎新春　送大福”活动，邀请嘉兴市硬笔书法家协会成员为读者写“福”字、送春联。

1月28日，全新推出“悦心听读本”（少儿版）。首批包括0—3岁婴幼儿、4—6岁幼儿两个系列，分别包含10种绘本故事书单，内容由专家团队精心挑选，是本馆首创的一种现代化听书方式。《南湖晚报》第5版进行报道。

1月29日，总馆健心书房建成并投入使用。书房面积400多平方米，拥有藏书1万多册、阅览座席60多个。

2月，许大文聘为研究馆员；郑闯辉聘为副研究馆员；原馆长章明丽同志退休。

2月6日，“南湖讲坛”之趣味鑫说故事会第二季在线上开讲，与全国80多家公共图书馆跨省联动，云端共享。

2月15日，元宵节前后，总分馆联动开展“喜阅元宵”猜灯谜活动。

2月22日，本馆推出特殊群体读者服务大提升，包括：残障人士（凭残疾证等相关证件）、70岁以上老年人可免押金办理读者证；持有个人有效残疾证的注册读者可申请办理免费送书上门服务；送杂志、图书、展览和活动到嘉兴市特殊教育学校。

2月25日，浙江中医药大学图书馆副馆长一行到馆调研，交流公共文化服务与资源建设方面的经验。

3月1日，本馆走进嘉兴市恒创电力集团华创分公司（双创分中心）开展科技情报工作交流会。

3月9日，嘉兴秀宏实验学校与本馆新城街道分馆举行馆校合作签约仪式。

3月10—11日，数字资源与信息服务推广走进嘉兴常春藤老年医院、中达联合控股集团股份有限公司。

3月14日，为配合新冠疫情防控工作，总分馆线下活动暂停或延期。

3月18日，嘉兴市广播电视台《阳光伙伴》栏目到馆采访，主要内容包括总分馆闭馆范围、闭馆期间的还书问题、如何使用数字资源和获取线上活动信息等。

3月20日，浙江新闻客户端发布《“书香润心”齐抗疫　嘉兴市图书馆为隔离点赠送爱心图书》。

4月上旬，迎接市文化广电旅游局对旅游咨询服务网点的考评。

4月10日，人民日报客户端浙江频道报道《21小时不间断爱心接力　源自这条微信朋友圈求助》，讲述本馆员工程玉芳通过朋友圈为海宁抗疫一线募集物资的故事。

4月10日，当天下午14：00，总馆恢复对外开放；各乡镇（街道）分馆陆续恢复开放。

4月16日，“红船朗诵艺术团走进美丽乡村”活动在秀洲区洪合镇建北村文化礼堂举办。

4月23日，由嘉兴市委人才工作领导小组办公室、市人力社保局、市文化广电旅游局主办，《嘉兴日报》、嘉兴市图书馆协办的“禾你在一起　阅见美好”人才主题活动顺利开展。本馆作为主会场举办现场专家讲座《关于读书的七句话》、人才好书分享以及好书漂流等活动。同日，浙江新闻客户端发布《听阅一体！“世界读书日”嘉兴市图书馆又上新啦》，报道嘉兴市图书馆听阅一体数字化阅读服务体系。

4月24日，《南湖晚报》嘉兴教育专版刊登《唯有阅读，治愈一切人生》，报道南湖晚报与本馆联合主办的“家有儿女”直播活动。

4月25日，本馆总分馆参与及举办“4·23世界读书日”系列活动75场，总参与人数40万人次（含线上）。其中，乡镇（街道）分馆线上线下举办各类主题活动42场。重点活动包括：“听阅一体”数字化阅读服务体系在浙江省公共图书馆全民阅读月系列活动启动仪式上正式发布；参与浙江图书馆“听书马拉松”线上活动；举办“书香嘉兴　阅享共富”——汽车流动图书馆走进美丽乡村朗诵活动等。

4月25日，中央电视台少儿频道《新闻袋袋裤》栏目报道《浙江嘉兴：流动汽车图书馆走进乡村　丰富阅读体验》，介绍本馆汽车图书馆“阅路”开进秀洲区王店镇建设中心小学和洪合镇建北村文化礼堂，为乡村孩子带去阅读活动的情况。

4月26日，《浙江日报》第3版整版刊文《心理顾问，陪你一起“健心”》，介绍本馆总分馆嵌入建设的“健心客厅”。

4月29日，“大运河阅读行动计划·嘉兴站”启动仪式在王江泾镇举办。国家一级美术师凌大纶、嘉兴市书法家协会副主席戴振国现场绘画、题字。

4月30日，副市长齐力到馆视察防疫工作。

5月3日，本馆“自然图书馆”项目研学活动走进凤桥镇神润斋景区，开展“二十四节气之立夏”主题体验活动。

5月7日，本馆秀洲区分馆（中山西路887号秀洲公园西侧）更名为“秀水图书馆”，并对外公告。同日，嘉兴市社科研究入围课题公布，本馆共3项课题入围。

5月11日，根据干部任用条例的有关规定，按照竞聘演讲、公示等程序，经馆务会议研究，聘任郭玉珠同志为行政业务办副主任（行政事务管理）、薛路同志为行政业务办副主任（业务宣传管理），试用期一年；同时，免去孙云倩同志行政业务办主任职务。

5 月 16—18 日，本馆开展“人才日”系列专题活动，先后在浙江清华长三角研究院、嘉兴颐高广场以及总馆一楼大厅组织现场服务咨询。

5 月 17 日，浙江图书馆党委副书记徐洁、南京师范大学黄征教授、浙江图书馆古籍部副主任张群等专家组一行来馆，进行“全国古籍重点保护单位”复核实地督查。

5 月 19 日，《人民日报》头版刊发报道《浙江扎实推进共同富裕示范区建设》，其中以本馆大桥镇分馆为例，点赞本馆服务体系建设。

5 月 21 日，第十八届未成年人读书节青少年科普阅读创作大赛（嘉兴赛区）活动开始，主题为“共享科普阅读　赋能共同富裕”。

5 月 25 日，在全国大中学生心理健康日，本馆健心客厅开展线上、线下“健心日”联动活动。

5 月 29 日—6 月 12 日，图书馆服务宣传周期间，本馆推出借阅有礼活动。

5 月 30 日，在全国科技工作者日，本馆走进天通科技园，现场开展科情服务咨询和人才阅读活动。

6 月，完成《槜李诗文合集》目录索引编制，全书共计 27587 条数据。

6 月 2 日，由全国城市书房合作共享机制成员单位主办、本馆承办的“定格城市书房最美瞬间”摄影大赛征集开始。

6 月 6 日，嘉兴市公共图书馆馆长例会在总馆召开，交流 2022 年上半年重点工作与下半年工作思路，重点部署今年嘉兴市政府民生实事项目智慧书房、礼堂书屋和“健心客厅”的建设工作。

6 月 7 日，浙江省二轻集团有限责任公司浙江省工美控服有限公司一行到馆参观。

6 月 9 日，嘉兴市图书馆特殊教育学校流通站建成开放。

6 月 15 日，由嘉兴市图书馆、嘉兴学院牵头搭建的“嘉兴　嘉兴学院图书大流通平台”启用仪式在嘉兴学院举行。市文化广电旅游局局长周静发表致辞，公共服务处处长刘靖参与仪式。

6 月 20—22 日，嘉兴市图书馆党支部书记沈红梅参加了中国共产党浙江省第十五次代表大会。

6 月 24 日，组织开展嘉兴市地方标准《智慧书房建设与服务规范》专家审评会，专家组对标准送审稿进行审查，最终投票通过。

6月30日，由嘉兴市人民政府、V4国家（捷克、匈牙利、波兰、斯洛伐克）驻上海总领事馆主办的嘉兴·V4国家美术作品展在总馆开幕，市人大常委会副主任沈建华、市人大民宗外侨委副主任委员蔡晓峰、市人民政府外事办公室副主任庄玉娥、市文化广电旅游局副局长徐啊峰到场。

7月5日，新疆沙雅县文化体育广播电视和旅游局一行到馆参观交流。

7月6日，浙江省委宣传部领导一行到馆调研青少年“健心客厅”建设情况。

7月15日，浙江省图书馆学会2022年度学术研究课题立项结果公布，本馆共2项入围。

7月15日，“南湖讲坛”走进“中国历代绘画大系”展，邀请嘉兴市书法家协会副主席戴振国、嘉兴市美术家协会主席孙海峰在展陈现场为读者讲解赏析书画展品。

7月下旬，本馆与分馆联动开展“恐龙来了”科普系列活动。

8月，浙江省第十八届未成年人读书节（嘉兴赛区）暨嘉兴市“红船少年在行动”青少年科普阅读创作大赛顺利完赛，并择优选送作品参加浙江省决赛。

8月，新建中国共产党嘉兴市纪律检查委员会、嘉兴市第二医院、嘉兴市文联等三家流通站。

8月，朱福英同志退休。

8月7日，《嘉兴日报》头版文章《积木机器人普及赛　点燃孩子的科技梦》，报道了2022年嘉兴市图书馆第四届积木机器人普及赛决赛。

8月14日，“南湖讲坛”再次走进“中国历代绘画大系”展览，嘉兴市美术家协会中国画艺委会副主任汪新宇，嘉兴市书法家协会副主席李利、副秘书长莫森琪现场为读者讲解参展书画。

8月25日，与嘉兴市标准化促进中心、嘉兴市标准化协会合作开展主题科普课堂。

9月5日，本馆与嘉兴市铁路与轨道交通投资集团有限公司合办的“文化有约　爱悦同行——一座城市一列车，一路书香一路行”书香列车启动仪式在嘉兴有轨电车建国南路中山东路（瓶山）站举行。市文化广电旅游局党委书记、副局长钱永忠出席并致辞。

9月7日起，总馆一楼报刊阅览室因升级改造暂停开放，三楼自修室设立临时报刊阅览室。同日，《中华读书报》头版报道《探索‘图书馆+’模式　提升城市发展品质　浙江嘉兴“书香列车”打开一种新的生活方式》。

9月8日，内蒙古自治区通辽市科尔沁区图书馆一行到馆参观学习智慧书房建设。同日，本馆数字资源与信息服务推广走进嘉兴市中医医院。

9月15日，羊铮逸同志入职。

9月16日，本馆与嘉兴南湖学院正式签订战略合作协议，共同推进馆校合作发展新格局。

9月27日，中央电视台综艺频道《文化十分》栏目播出《嘉兴市图书馆打造健心客厅 用心服务 为青少年“健心”》。

10月上旬，由嘉兴市文化广电旅游局主办，本馆及各县（市、区）文化和广电旅游局承办的“书香满禾城 文化富有路”嘉兴市精品书香线路推介大赛正式启动，于线上公布各县（市、区）15条精选的书香路线，由大众开展投票。

10月9日，少年路智慧书房及二楼少儿室经扩建升级重新开放。

10月10日，沈康宇、程金金、杨紫悦、宋心妤、严佳惠等5位同志入职。

10月12日，本馆举办“送教下乡”业务培训，全市公共图书馆165人现场参与或是线上观看培训。

10月15日，“悦心听读本”老年版首发仪式在秀洲区王店镇南梅村礼堂书屋举行。市文化广电旅游局副局长钱永忠致辞。

10月16日，上午9：30，全体党员及在编职工集中收看中国共产党第二十次全国代表大会。

10月下旬，本馆南江社区智慧书房正式对外开放。

11月1日，本馆纸电阅读和信息服务推广走进嘉兴市信访局。

11月3日，浙江省委宣传部副部长、文明办主任俞慧敏等一行到馆参观“温暖·境界”残疾人志愿者摄影展，调研“健心客厅”项目。市领导帅燮琅、范庆瑜等陪同。

11月7日，《嘉兴日报》第5版发布报道《嘉兴市图书馆举办“听书”体验活动》。

11月11日，由嘉兴市古籍保护中心与嘉兴市图书馆主办的“2022年嘉兴地区公共图书馆古籍业务培训”在本馆举行，嘉兴地区各公共图书馆的古籍业务主管领导及从业人员参加培训。

11月15日，浙江省共同富裕督察组一行到馆检查指导工作。

11月16日，“第三届长三角女子书画作品展”在总馆开展，共展出200余幅作品。

11月19日，2022长三角阅读马拉松大赛嘉兴赛区比赛在总馆举办，6支队伍30名选手参与此次比赛。

11 月 19 日，“南湖讲坛”举办学习贯彻党的二十大精神专题讲座，由浙江红船干部学院副院长徐连林主讲“以中国式现代化全面推进中华民族伟大复兴”。

11 月 25 日，2022 年度嘉兴市哲学社会科学规划课题立项名单公布，本馆共 1 项入围。

11 月 28 日，本馆城南街道分馆完成搬迁，正式开馆。

11 月 29 日，市财政局图书流通站建成开放。

12 月，本馆元宇宙资讯情报及文献信息中心完成线上验收。

12 月 3 日，“南湖讲坛”组织党的二十大精神线上宣传讲座，由中国人民大学党史专业博士李晓东主讲“站在新起点上的中国共产党——深入学习贯彻党的二十大精神”。

12 月 6 日，全体工作人员集中收看江泽民同志追悼大会。

12 月 8 日，嘉兴地区图书馆联盟信息化小组培训会议在“金平湖智慧书房——叔同书院”召开。全市各公共图书馆的业务分管副馆长、信息技术部门负责人，嘉兴学院图书馆信息技术部门负责人等共 20 余人参加会议。同日，2022 全省公共图书馆全民阅读月系列活动获奖名单公布，本馆选送作品分别获得“天籁浙江”主题朗诵大会成人组三等奖（1 件），青少年组一等奖（1 件）与三等奖（1 件）；第十八届未成年人读书节青少年科普阅读创作大赛“科普讲解”小学组一等奖（1 件）与中学组三等奖（1 件），“科普创作”二等奖（1 件）与三等奖（3 件）；2022“书说浙里”讲书大赛二等奖（1 件）与三等奖（2 件）。

12 月 13 日，由浙江省图书馆学会主办，嘉兴市图书馆、秀洲区文化和旅游局承办的浙江省图书馆学会第十七次学术年会在嘉兴市秀洲区召开，浙江省图书馆学会理事长、浙江图书馆馆长褚树青，浙江大学图书馆馆长楼含松，嘉兴市文化广电旅游局党委委员、副局长钱永忠等出席会议。浙江省图书馆学会专家咨询委员会和学术委员会的专家，以及来自全省公共、高校等各系统图书馆的馆长和学术骨干近 90 人参加会议。

12 月 26 日，光明网、新华网、中国网、文旅中国、“嘉兴文旅发布”官微等平台发布报道《嘉兴市图书馆：打造“听阅一体”数字阅读服务，助力精神共富》。

12 月 27 日，中国日报网刊登报道《嘉兴市图书馆：打造“听阅一体”数字阅读服务，助力精神共富》。

【概况】总分馆全年到馆 385.6 万人次，办理新借书证 1.9 万张，有效借书证总计 36.9

万张。全年购书经费 782.8 万元，新增馆藏 11.8 万册（件），全馆累计馆藏 311.3 万册（件）。图书文献外借 205.8 万册次，数字图书馆平台读者有效登录 141.6 万人次，数据库访问 1611.5 万人次，文献传递 29.9 万次。举办各类报告、讲座 106 场，其中“南湖讲坛”82 场；各类展览 199 场（总馆 32 场、送展览到基层 167 场）；培训 358 场。总分馆举办各类读者活动 5857 场。完成少儿分馆、城南街道分馆、长水街道分馆升级改造。市本级新建礼堂书屋 9 家、智慧书房 9 家。

【“健心阅读”活动覆盖城乡】持续推进“健心客厅”民生实事项目的建设，市本级公共图书馆服务体系内新建“健心客厅”5 家，全市新建 40 家，目前共建成 88 家（市本级 30 家），实现乡镇全覆盖。客厅与总分馆同步开放同步管理，提供服务菜单便于了解客厅功能。为了更好地促进儿童青少年心理健康，嘉兴市图书馆联合 3 家专业社会组织（心理工作室）启动“健心阅读”项目。通过团体互动、情景模拟、技能演练、学习分享等方式，系统地将心理健康知识和方法内化为日常技能，让家长和孩子学会控制情绪、解决问题。截至 2022 年，吸引了来自各行各业的社会心理服务工作者超 1000 多人次入驻；累计开展各类工作坊、沙龙等健心阅读活动 400 余场，参与 8000 余人次（包括线上）。

【全国首创“悦心听读本”系列】为满足不便文字视觉阅读的信息弱势群体的文化知识需求，嘉兴市图书馆创新推出“悦心听读本”项目，旨在从“听”入手，弥补传统图书馆服务的短板。根据不同群体的需求特点，现已推出少儿版、中小学生版与老年版三个系列。其中，少儿版分为 0—3 岁婴幼儿、4—6 岁幼儿两种，共包含 20 个书单，涵盖童话故事、寓言故事、绘本故事、诗歌、儿歌等内容；中小学生版分为小学 1—3 年级、小学 4—6 年级、初中 7—9 年级等三种类别，内置中小学生必读的海量经典书单；老年版包括 30 个种类，内含相声、戏曲、广播剧、历史故事、经典有声书以及养生保健等多种内容，并支持收听广播、开机续播、大音量的功能。

【校地合作搭建资源共享平台】6 月，嘉兴市图书馆、嘉兴学院图书馆合作共建的“嘉兴市嘉兴学院校地图书大流通平台”正式启用。通过平台，嘉兴市民可借阅嘉兴学院的馆藏图书，嘉兴学院师生也可更方便地借阅嘉图藏书。读者只需在微信端进入“图书大流通”小程序，即可在线借阅，所借图书将通过 EMS 配送到家。9 月，嘉兴市图书馆与嘉兴南湖学院正式签订战略合作协议，计划在文献资源建设、开发与利用，阅读推广活动，志愿服务实践等方面共同推进馆校合作发展新格局。

【第七次县级以上公共图书馆评估定级启动】8 月，全国第七次县级以上公共图书馆评估工作启动，根据评估标准，嘉兴市图书馆对各项业务数据、基础设施、服务效益等资料进行收集、核查与整理，同时指导县（市、区）级公共图书馆开展工作，于 9 月 15 日顺利完成本馆及县（市、区）馆的台账上传。在评估过程中，嘉兴市图书馆读者满意度达到 99.63%。

2023年

1月4—11日，由嘉兴经济技术开发区党工委、管委会主办，嘉兴经济技术开发区办公室、党群工作部、民生事业部承办，嘉兴市图书馆、嘉兴市二十一世纪外国语学校协办的"恰同学少年风华正茂"嘉兴经济技术开发区建区三十周年青少年（幼儿）优秀视觉艺术作品展在本馆开展。

1月9日，完成第七次县级以上公共图书馆评估的线上初评。

1月10日，组织专家组赴各县（市、区）公共图书馆，进行第七次县级以上公共图书馆评估的实地评估。

1月12日，总馆恢复正常开放，开放时间为8：30—20：30，总馆智慧书房开放时间为8：30—22：30。

1月13日，召开本馆2022年总结评优大会，全体在编员工及乡镇（街道）分馆馆长进行年度述职及评优。

1月16日，召开本馆2022年度表彰大会，全体职工到场参会。

1月16—17日，对离退休职工进行新春慰问。

1月18日，组织召开嘉兴市公共图书馆馆长例会，总结2022年工作内容，讨论和部署2023年重点工作。会议地点为南湖区图书馆。同日，浙江电视台新闻频道《焦点一线》第697期节目播出嘉兴市文化广电旅游局专题片，本馆运河公园智慧书房、振兴社区智慧书房在片中亮相。

1月20日，新华社客户端"新华全媒+"发布报道《新春走基层｜浙江嘉兴惠民送"福"》，其中介绍本馆新春阅读"福袋"。

2月2—19日，由国家图书馆、国家典籍博物馆、嘉兴市图书馆主办的"日出新卯春暖兆福——2023年新春典籍文化展"在总馆展厅展出。

2月3日，中华文化旅游网发布报道《嘉兴创新推出"精神共富指数"：让精神富有可落地、可量化、可感知》，介绍本馆智慧书房、礼堂书屋、健心客厅等项目，为打造共同富裕示范区提供“嘉兴样本”。

2月4—5日，总分馆线上线下开展“喜阅元宵”猜灯谜活动。

2月15日，召开2023年嘉兴地区公共图书馆参考咨询工作会议，嘉兴市各公共图书馆业务分管馆长及相关工作人员参加。

2月16日，央视《文化十分》栏目播出《二十大精神落实在基层　浙江嘉兴：用文化营造幸福宜居城市》，介绍嘉兴打造十分钟文化品质生活圈。

2月20日，金华市文化广电旅游局一行6人到馆调研，交流基层文化阵地建设和管理、大型公共文化场馆服务、公共文化服务产品提供、基层文化工作力量配备等方面的经验。

2月21日，由浙江省文化和旅游厅公共服务处副处长邢吴翔，中国计量大学公共文化研究院常务副院长、浙江省公共文化服务现代化专家虞华君，浙江图书馆副馆长李俭英，台州市图书馆馆长毛旭，宁波图书馆副馆长沈冠武，浙江图书馆采编部主任屠雷激组成的省第四评估组到嘉兴开展第七次县级以上公共图书馆实地评估，嘉兴市文化广电旅游局副局长钱永忠、公共服务处处长刘靖陪同。

2月22日，平潭综合实验区旅游与文化体育局一行5人到馆调研智慧图书馆建设情况。

2月23日，开展2023年度嘉兴地区图书馆联盟信息化小组第一次培训，并组织30人前往上海图书馆东馆参观学习。同日，中国社会经济文化交流协会主办、中国社会经济文化交流协会展览展示艺术委员会承办的“盛景中华·满园春色——中国当代书画名家嘉兴书画展”在本馆开展。

2月24日，上、下午分别召开2023年嘉兴地区公共图书馆地方文献年度工作计划会议、古籍年度工作计划会议，嘉兴市各公共图书馆业务分管馆长及相关工作人员参加。同日，经开区塘汇街道茶园社区智慧书房举行启动仪式。

2月27日，广东省文化和旅游厅8人到馆调研公共文化服务体系建设工作，浙江省文化广电和旅游厅副厅长叶菁、公共服务处副处长刑吴翔，嘉兴市文化广电旅游局局长周静、公共服务处处长刘靖等陪同。

2月28日，宁波市鄞州区图书馆一行约40人到馆开展业务交流。

3月3日，本馆党支部与嘉兴市中心血站签署“党建引领　志愿同行”党建共建协议。

3月4日，贵州省图书馆一行4人到馆，调研城市书房、智慧化阅读空间等方面工作。同日，临沂文化旅游发展集团有限公司2人到馆调研图书馆运营管理模式、活动策划实施、智慧图书馆建设等工作。

3 月 9 日，恩施州委宣传部一行 10 人到馆，调研图书馆建设与运营等方面工作。

3 月 20 日，延安市及其各县（区）图书馆一行 12 人到馆，考察公共文化服务方面的工作经验。

3 月 22 日，举办 2023 年嘉兴市本级图书馆工作人员业务培训，培训面向市馆工作人员，各乡镇（街道）、村（社区）分馆工作人员，村文化专管员等群体开展，提高其信息素养、读者服务能力和网络安全意识。共计 228 人参加。同日，本馆与嘉兴银行南湖支行党建共建正式签约。座谈会上，以“嘉图有音・红帆共创”为主题，根据双方工作性质特色，探讨推进“互学互荐”、“嘉图有音”阅读角建设、“浙风有礼”志愿服务推广等合作。

3 月 23 日，本馆党支部召开 2022 年度组织生活会。会议由党支部书记沈红梅主持，支部全体党员参会，市文化广电旅游局党委副书记、副局长钱永忠到会指导。同日，嘉兴市无线电管理局党支部一行 9 人到馆参观学习，并开展党建交流。

3 月 29 日，青州市图书馆一行 6 人到馆，调研智慧图书馆建设、城市书房运营、古籍保护与开发等方面工作。

4 月 2—5 日，在文化和旅游部公共服务司、省文化广电和旅游厅指导下，由市文化广电旅游局支持，国家公共文化服务体系示范区创新研究中心（浙江嘉兴）发起，嘉兴市图书馆、秀洲区文化和旅游局承办，秀州区图书馆执行承办的国家公共文化服务体系示范区公共图书馆创新发展研讨会在嘉兴市举办，全国示范区城市公共图书馆业界同人及学界专家共 120 余人参会。市文化广电旅游局党委副书记、副局长钱永忠主持开幕式；秀洲区委副书记、区长刘德威，市文化广电旅游局党委书记、局长周静致辞；省文化广电和旅游厅党组成员、副厅长李新芳发表讲话。

4 月 3 日，新华网发布报道《〈天籁阁鉴藏之时代价值〉专题讲座在中国国家博物馆举办》。

4 月 4 日，国际图联（IFLA）公布 2023 年国际营销奖获奖名单，本馆“悦心听读本”项目入围前十名。

4 月 10 日，“祖国聚宝盆・神奇柴达木”摄影巡展在本馆开幕。

4 月 11 日，省意识形态督察组一行 4 人到馆督查。同日，温州永嘉县图书馆一行 4 人到馆参观，交流建筑特色、功能布局和业务方面等方面经验。

4月13日，四川省公共图书馆现代管理研学班一行50人到馆参观交流，馆长沈红梅作“嘉兴市图书馆创新发展与探索”专题授课。

4月17日，市委宣传部部长张东和一行6人到馆指导工作。同日，由市文广旅局提出，本馆编制起草的地方标准《智慧书房建设与运营规范》（DB3304/T 093—2023）即日起实施。

4月18日，学习强国嘉兴学习平台发布《文化进万家 | 让每个嘉兴人均等地享受品质阅读！嘉兴智慧书房建设和运营有了地方标准》。

4月21日，元宇宙出版与阅读实验室嘉兴基地、嘉兴市图书馆元宇宙阅读体验馆在本馆揭幕，同时嘉兴市首届“元宇宙阅读月”启动。嘉兴市文化广电旅游局党委副书记、副局长钱永忠主持仪式。嘉兴市委常委、副市长齐力，中国新闻出版研究院院长、党委书记魏玉山发表致辞。嘉兴市委宣传部副部长、市社会科学界联合会主席黄国强，市文化广电旅游局党委书记、局长周静，公共服务处处长刘靖，以及教育局、财政局、总工会、团市委、妇联、科协等部门的相关领导出席揭幕仪式。中国新闻出版研究院出版研究所所长、国民阅读研究与促进中心主任、元宇宙新闻与出版实验室主任徐升国，著名文化学者、元宇宙新闻与出版实验室首席顾问杨晓华博士等专家学者到场。新华网新华全媒+报道《浙江嘉兴元宇宙阅读体验馆开馆》。

4月22日，本馆“亲子悦读天地”作为“第二批国家亲子阅读基地”，参与“阅享新时代　书香飘万家”亲子阅读活动暨嘉兴市第十届家庭文化节开幕式的现场展出。同日，《嘉兴日报》头版报道《全国公共图书馆界首个元宇宙阅读体验基地落地嘉兴》。同日，《南湖晚报》头版整版报道《元宇宙“碰撞”图书馆，奇妙的体验！》

4月23日，山西省调研组一行5人到馆考察公共文化服务保障立法工作。

4月23—28日，陕西延安市县（区）图书馆专业干部一行6人到馆学习交流。

4月24日，中央电视台综艺频道《文化十分》栏目播出全国公共图书馆首个元宇宙阅读体验基地落地嘉兴。同日，浙江卫视《新闻深一度》栏目报道《悦读在‘浙’里 打造特色空间　让阅读融入寻常生活》，其中介绍本馆元宇宙阅读体验馆。同日，嘉兴电视台文化影视频道《今朝多看点》栏目播出《元宇宙阅读体验馆　以科技赋能信息之美》。同日，中央电视台新闻频道《24小时》栏目播出“第二届全民阅读大会推进适老化服务满足老年人阅读需求　线上线下服务升级　为老年读者提供便利”，点赞王店镇南梅村礼堂书屋悦心听读本服务。

4月25日，召开全体党员大会，开展思想政治理论集中学习，支部全体党员参加。同日，完成2023年嘉兴市社科研究课题申报，全馆共10项。

4月26日，富滇银行股份有限公司一行25人到馆参观，交流品牌宣传管理、用户体验设计与服务创新等方面经验。

4月28日，总馆报刊阅览室经升级整改，全新开放。同日，浙江卫视《新闻深一度》栏目报道《我的假期新玩法》，其中介绍本馆元宇宙阅读体验馆。

5月4日，由中共市委宣传部、嘉兴市社会科学界联合会主办，本馆承办的红船朗诵艺术团五四青年节专题活动“青年礼赞——青春诗歌主题朗诵会”在总馆举办。

5月9日，江西南昌市文化广电旅游局一行8人到馆参观，调研全民阅读与图书馆建设工作。

5月11日，组织2023年嘉兴地区图书馆联盟信息化小组第二次培训，讨论数字资源采购及组建数字文化讲师团等事宜。

5月12日，文化和旅游部公共图书馆评估定级第五评估组到本馆开展实地评估。评估组由中国图书馆学会副理事长，国家图书馆党委书记、副馆长陈樱带队，省文化和旅游厅公共服务处负责人金鹏、副处长刑昊翔同行。市文化广电旅游局局长周静作嘉兴地区总体情况汇报，副局长钱永忠、公共服务处处长刘靖陪同。

5月15日，苏州图书馆一行12人到馆参观，调研总分馆制建设、数字化应用场景创新和前沿技术应用等方面工作。

5月16日，本馆长水街道分馆完成搬迁升级，开始试运营，并于26日正式开馆。

5月16—18日，临近5月18日嘉兴人才日，本馆“嘉知源”人才服务项目先后在浙江清华长三角研究院、浙江长三角人才大厦、上海交通大学（嘉兴）科技园以及总馆等地，开展现场信息服务咨询与阅读推广活动。

5月20日，完成2023年度浙江省图书馆学会课题（5项）与优秀服务品牌（2项）的申报工作。

5月下旬，组织开展派遣制合同工招聘的笔试、面试和体检等工作。

5月25日，舟山市图书馆一行6人到馆调研，交流全民阅读活动策划与组织、新技术应用和社会化运营的经验。

5月30日，江苏连云港市委宣传部一行20人到馆调研总分馆（乡镇一级）建设工作。

6月2日，浙江省图书馆一行5人到馆调研流通文献的入藏、利用、损耗和处置情况。

6月7日，吉林省图书馆（吉林省少年儿童图书馆）一行24人到馆考察，交流办馆理念和服务模式方面的经验。

6月16日，2023年嘉兴市社科研究入围课题名单公布，本馆共6项入围。

6月19日，杭州图书馆一行2人到馆调研元宇宙阅读体验空间的建设经验。

6月19—21日，由杭州图书馆主办、嘉兴市图书馆协办的“2023年公共图书馆古籍与地方文献业务培训班”在嘉兴开班。杭州与嘉兴两地各县（市、区）图书馆古籍与地方文献业务分管领导、业务骨干等30余人参加培训。

6月22日，邀请儿童文学作家黄加佳作“在冒险中开启妙趣横生的历史启蒙”主题讲座，现场300余人观看。

6月23日，嘉兴市图书馆和匈牙利驻上海总领事馆联合举办的“爱与自由——匈牙利诗人裴多菲诞辰200周年暨中华诗祖屈原纪念活动”主题系列活动启动，其中包括全球最大的“裴多菲之书”互动装置展、匈牙利文化图书特展、匈牙利人文风景展、“爱与自由——隔空对话裴多菲和屈原”讲座、“爱国是我至死不渝的浪漫——两位浪漫爱国诗人跨时空邂逅”主题诗歌朗诵会、鲁比克魔方大赛等。

6月26日，召开嘉兴地区公共图书馆馆长例会，各馆交流2023上半年重点工作总结及下半年工作思路，重点部署本年度省政府民生实事项目智慧书房建设推进工作，丰富公共文化服务的形式和内容。同日，举办2023年嘉兴市公共图书馆文献采访工作培训，五县两区各馆分管馆长及相关工作人员参加。同日，浙江省图书馆学会2023年度学术研究课题立项结果公布，本馆共3个立项；第十次优秀论文评奖结果公示，获1篇一等奖、1篇二等奖和1篇三等奖；第四届图书馆优秀服务品牌评选结果公示，“嘉知源”科技信息服务品牌获最佳品牌奖，“嘉图·自然图书馆”获最佳创意奖。同日，匈牙利驻上海总领事馆发来感谢信，肯定与本馆举办的“大型裴多菲之书互动装置展示开幕式”系列活动内容丰富、效果显著。

6月29日，本馆党支部前往油车港镇古窦泾村走访慰问困难群众。

7月1—24日，嘉兴撤地建市40周年“蝶变·先行”杜镜宣 & 俞永华嘉兴主题摄影展在本馆展厅举办。

7月5日，山东济宁市卫生健康委员会一行9人到馆调研“健心客厅”，学习社会心理服务体系建设工作的经验。

7月11日，宁夏回族自治区图书馆一行8人到馆，调研智慧图书馆业务系统、智慧空间及应用、分馆智慧化建设及古籍保护相关工作经验。

7月14日，与桐乡市图书馆联合举办“书香伴你过暑假”——书香赶集活动，在建北村礼堂书屋组织开展桐乡记忆讲座、地方文献活动、贝贝总动员系列活动、三治信阅读活动、汽车图书馆进乡村活动和女性权益及家庭教育法律宣传。

7月中旬，九曲社区智慧书房对外开放。

7月21日，组织开展派遣制合同工招聘的笔试和面试。

7月22日，新华社客户端“新华视界”报道《缤纷活动度暑期》，其中介绍了本馆元宇宙阅读体验馆。

7月28日，开展馆领导班子和班子成员回访考察工作，考察组成员为市文化广电旅游局副局长徐啊峰、人事处处长秦怡。

7月30日，西安市新城区文化和旅游体育局一行5人到馆调研公共文化服务体系高质量发展方面工作。

8月1日，红船朗诵艺术团“致初心　颂华章”——献礼八一建军节主题诗歌朗诵会在本馆元宇宙体验馆举办。

8月4日，广东中山市党外知识分子联谊会一行6人到馆调研社会心理服务体系试点建设的成效并交流经验。

8月9日，组织举办嘉兴地区“送教下乡”业务培训班，内容为手机短视频制作（剪映）以及文旅赋能共同富裕的政策设计与地方实践，全市各级公共图书馆共122人到场参加。

8月10日，开展2023年度嘉兴市图书馆数字资源单一来源采购的线下招标谈判会议。

8月15日，本馆组织开展“大唐风华·长安三万里”深度研学游活动，内容包括大唐主题书展、唐诗飞花令、唐诗诵读和元宇宙大唐文化沉浸体验等。

8月16日，省文化和旅游厅党组书记、厅长陈广胜一行到馆调研城乡一体化公共文化服务体系建设，副市长齐力、市文化广电旅游局局长周静，南湖区委书记邵潘锋、南湖区副区长阿卜杜吉力力·阿卜来提等陪同。

8月18日，“天籁阁印谱珍席”主题餐饮暨项元汴藏品鉴赏书籍阅览活动在嘉兴希尔顿逸林酒店举办。

8月20—26日，市文化广电旅游局公共服务处处长刘靖、本馆馆长沈红梅及馆员邱仁博3人赴荷兰鹿特丹参加第88届世界图书馆与信息大会，沈红梅馆长现场进行“悦心听读本”项目介绍与交流。

8月下旬，组织开展2023年度初中级、高级专业技术职务任职资格评价工作。

8月24日，市委直属机关工委第二片组由宣传部常务副部长梁晓英带队，到馆参观“全民阅读”品牌项目，开展“精神富有·润心在嘉”主题调研活动。

8月29日，《浙江日报》第4版刊登《打开声音盒子，一起来听书——嘉兴市图书馆获国际图联国际营销奖》。同日，城南街道分馆恢复正常开放。

9月，2023年长三角地区公共图书馆智库服务联盟暨江苏省公共图书馆智库服务联盟年会在南京图书馆召开，嘉兴市图书馆获得“长三角公共图书馆智库服务联盟先进单位”称号，副馆长汤益飞和馆员陆艳芳、储海星荣获“长三角公共图书馆智库服务联盟先进个人”称号。

9月1日，中共嘉兴市图书馆支部委员会换届选举党员大会成功召开，选举汤益飞、许大文、沈红梅、金立、薛路五位同志组成新一届支部委员会。经新一届支委会会议，选举沈红梅同志为支部书记，金立同志为支部副书记，许大文同志为组织委员，薛路同志为宣传委员，汤益飞同志为纪检委员。

9月1—12日，“凝心铸魂强根基·团结奋进新征程”——纪念中国农工民主党嘉兴市委员会成立四十周年主题书画展在总馆展出。

9月5日，嘉兴电视台新闻综合频道《嘉兴新闻》栏目报道《嘉兴：无忧“悦”读 探索精神共富新路径》。

9月6日，央视《文化十分》栏目播出《嘉兴市图书馆：打造‘中医’实景课堂 开启中外文学漫游》。

9月7日，上海市金山区文化和旅游局一行8人来馆，交流古籍资源保护利用方面的经验。

9月10日，杭州第19届亚运会火炬传递嘉兴站活动举行，馆长沈红梅担任第32棒火炬手。同日，因第19届亚运会火炬传递嘉兴站活动安排，本馆总馆于上午8：30—12：00临时闭馆。

9月15日，召开本馆固定资产清查动员部署会，馆领导班子与各部室部主任参会。

9 月 16 日，2023 长三角阅读马拉松大赛（嘉兴赛区）顺利完赛。同日，邀请嘉兴知名青年作家草白做客“嘉兴故事”，主讲新嘉兴人的两地故事之九“双城记：三门·嘉兴——文学的来路”。

9 月 17 日，著名编剧海飞到馆举办讲座“对故事的迷恋一如既往——《海飞自选集》读享会”。

9 月 25 日，完成 2023 年度嘉兴市图书馆数字资源采购的合同签订、付款等事宜。

9 月 28 日，本馆红船朗诵艺术团携手嘉兴星源语言艺术交流中心、嘉兴市秀州中学、嘉兴学院、嘉兴南湖学院等共同举办“月圆华彩·国庆共赏——迎中秋·庆国庆”诗歌朗诵会。

9 月 29 日，本馆馆长沈红梅入选嘉兴撤地建市“40 年·40 人”，在首届嘉兴人大会上获得市领导颁奖，获奖评语：点亮城乡阅读之光的“燃灯者”。

10 月，本馆主编的图书《图书馆第一课》出版。

10 月 10 日，宁波图书馆一行 5 人到馆参观，调研元宇宙技术在图书馆中的运用、悦心听读本项目运营管理等方面内容。

10 月 23 日，开展岗位合同工聘用考核。同日，上海海关学院加蓬贸易便利化研修班学员一行 17 人到馆考察学习。

10 月 25 日，召开嘉兴地区公共图书馆馆长会议，讨论全民阅读推广活动的相关事宜。

10 月 26 日，新华社客户端“新华全媒 +”发布报道《镜观中国 | 全面深化改革十年间：文化传承新活力》，其中介绍了本馆元宇宙阅读体验馆。

10 月 27 日，浙江省文化和旅游厅来嘉兴开展文化和旅游促进人民精神富有试点工作调研，实地查看大桥镇分馆，重点了解悦心听读本、健心客厅两个项目的开展情况。参加人员包括省文化和旅游厅政策法规处处长何锦峰，市文化广电旅游局局长周静、副局长聂鑫、公共服务处（非遗处）处长刘靖等。

10 月 30 日，第二届“杭州都市圈”城市图书馆联盟青年学术论坛优秀论文评选结果公布，本馆入选一等奖 2 篇、二等奖 2 篇。

10 月 31 日，由嘉兴市图书馆、嘉兴教育学院、嘉兴市政协文化文史和学习委、嘉兴市文史研究馆、嘉兴经开区办公室（代表委员联络办公室）主办，浙江省音乐教育学会嘉兴分会协办的“嘉禾棹歌文化承扬、校园践行薪火相传”主题活动在杭州师范大学附属嘉兴经开实验小学（丰园校区）举办。

11月1日，文化和旅游部关于第七次全国县级以上公共图书馆评估定级上等级馆名单的公示发布，嘉兴市图书馆及五县（市）两区图书馆均被评为一级图书馆。

11月2日，四川省攀枝花市城市管理行政执法局2人来馆参观学习。

11月4—5日，2023浙江省公共图书馆全民阅读月系列活动“天籁浙江　行阅江南”主题朗诵大会在湖州安吉举办，嘉兴地区选送4位选手参赛，其中本馆选送2位。

11月5日，北京印刷学院信息技术系王佳教授一行到馆调研元宇宙阅读体验馆。

11月8日，南湖区余新镇向本馆捐赠《渔里风物》120册。

11月9日，嘉兴市文化和旅游系统2023年消防宣传月活动在本馆举办，市图书馆、博物馆、文化馆、美术馆以及嘉兴电影集团有限公司、嘉兴大剧院等分管负责人，重点A级景区和旅游饭店相关负责人参会。同日，本馆全体职工开展消防理论知识培训与逃生屋演练。同日，中国民主同盟嘉兴市委员会一行3人到馆参观。

11月12日，嘉兴市图书馆与嘉兴市中医医院党建联建中医药健康文化走基层系列活动启动仪式暨杏林书房启用仪式在总馆举办。活动包括专家讲座、名医问诊、中医健康服务体验、中医药文化成果展示与阅读资源展示等。

11月13日，组织举办嘉兴地区图书馆业务培训，邀请浙江图书馆原馆长褚树青、浙江图书馆副书记徐洁、宁波图书馆馆长徐益波3位专家主讲，全市各级公共图书馆与高校图书馆约200人参加培训。

11月15日，上海市崇明区文化旅游局一行25人到馆调研元宇宙体验中心、悦心听读本以及总分馆建设等内容。

11月20日起，总馆文献借阅部部分区域封闭维修。同日，新疆人民出版社一行4人到馆调研元宇宙阅读空间的建设经验。同日，浙江大学教授徐琴美，牛津大学教授、浙江大学客座教授Edward Melhuish来馆开展健心服务研讨交流。

11月21日，嘉兴地区数字文化讲师团第一次培训在本馆举办，来自全市各公共图书馆分管领导及业务骨干共30多人参加培训。同日，上海海关学院一行20人到馆参观学习。

11月22日，举行嘉兴市图书馆妇委会换届选举，投票选出王娟娟、钱晨洁、赵晓华为新一届妇委会委员。经新一届妇委会讨论，选举王娟娟为妇委会主任，赵晓华为组织委员，钱晨洁为宣传委员。

11月24日，三水湾小学一年级学生120人到馆参观元宇宙阅读体验中心、古籍部以及少儿部等。

11 月 28 日，四川成都图书馆一行 36 人到馆参观，调研阅读推广项目的运营与创新。

12 月，与秀洲区图书馆实现自助机端通借通还。

12 月，完成本馆固定资产清查工作。

12 月 1 日，嘉兴市图书馆解放街道分馆完成搬迁升级，开始试运营。

12 月 4 日，为做好浙江省地方标准《公共图书馆服务规范》（DB33/T 2011—2016）实施效果评估相关工作，省文化和旅游厅专家组到馆开展实地调研。专家组由省文化和旅游厅一级调研员程钢带队，馆长沈红梅陪同。

12 月 4 日，市文化广电旅游局局长周静到馆，听取馆长沈红梅的 2024 年工作思路汇报，副局长姚国民、公共服务处处长刘靖、办公室主任沈宇清陪同。

12 月 5—15 日，市文化广电旅游局公共服务处会同市图书馆、市文化馆（非遗中心）组成七个核查组，对 2023 年度全市新建的礼堂书屋、非遗馆分馆、文化馆企业分馆、乡村文化名师工作室等的建设情况进行实地核查。

12 月 7 日，新疆昌吉回族自治州公共图书馆智慧建设与服务效能业务、文化馆（站）业务骨干培训班一行 41 人，由昌吉回族自治州文化体育广播电视和旅游局副局长曹其虎带队，到馆调研公共文化服务体系创新发展方面的先进经验。

12 月 8 日，《嘉兴市文化广电旅游局所属事业单位公开招聘高层次紧缺人才公告》发布，其中，本馆招聘古籍修复岗位 1 人。

12 月 18 日，召开全体合同工会议，进一步规范合同工人员管理。

12 月 22 日，国家公共文化服务体系示范区创新研究中心（浙江嘉兴）顾诚毅同志到馆挂职锻炼。

12 月 26 日，2023 年度嘉兴市哲学社会科学规划课题立项名单公布，本馆 2 项课题立项。

【概况】总分馆全年到馆 390.4 万人次，其中乡镇（街道）分馆 227.4 万人次。办理新借书证 22455 张，累计有效借书证总计 39.1 万张。全年新增藏量 14.3 万册（件），全馆累计馆藏 325.6 万册（件）。图书文献外借 211.0 万册次，其中乡镇（街道）分馆外借 123.9 万册次。数字图书馆读者有效登录 141.7 万人次，数据库访问 1613.0 万次，文献传递 30.5 万次。图书馆共举办各类报告、讲座 67 场，其中由嘉兴市委宣传部主办、嘉兴市图书馆承办的“南湖讲坛”专题讲座、沙龙 52 场，各类展览 197 场（总馆 53 场、送展览到基层 144

场次），培训337场。总分馆共举办各类读者活动5890场。完成长水街道分馆、解放街道分馆两家分馆的搬迁升级；市本级新建智慧书房3家、礼堂书屋5家。市本级已建成包括1个总馆、1个少儿馆、19个乡镇（街道）分馆、46个智慧书房、67个礼堂书屋、1个汽车图书馆及300多个图书流通站在内的总分馆服务体系。

【“悦心听读本”入围2023年IFLA国际营销奖】4月4日，国际图联（IFLA）公布2023年国际营销奖获奖名单，嘉兴市图书馆的“悦心听读本”项目入围。此次大赛共收到来自全球各图书馆的91件项目，嘉兴市图书馆的“悦心听读本”项目以其战略性、创新性和成功性获得了认可。

【嘉兴市公共图书馆总分馆入选浙江省共同富裕实践观察点】嘉兴市公共图书馆总分馆成为浙江省文旅系统唯一一家入选浙江省共同富裕实践观察点。嘉兴市图书馆依托城乡总分馆体系，探索创新基层图书馆可持续运营模式，推进全民阅读，建设书香社会，助力公共文化服务城乡均等、全年龄普及、全人群共享，为全省推进共同富裕示范区建设提供翔实准确的观察结果和科学合理的决策参考。

【国内公共图书馆界首个元宇宙阅读体验基地落地嘉兴】4月21日，嘉兴市图书馆与中国新闻出版研究院元宇宙出版与阅读实验室合作共建的元宇宙出版与阅读实验室嘉兴基地、嘉兴市图书馆元宇宙阅读体验馆揭幕，同时嘉兴市首届“元宇宙阅读月”启动。这是国内公共图书馆界首个元宇宙阅读体验基地，获《人民日报》《中国文化报》《中国旅游报》以及新华网、人民网等国家级媒体报道10余次，相关照片入选2023年新华社年度照片。

【地方标准《智慧书房建设与服务规范》开始实施】由市文化广电旅游局提出，嘉兴市图书馆起草编制的地方标准《智慧书房建设与运营规范》（DB3304/T 093—2023）自4月17日正式实施。该标准从选址要求、设计要求、设施设备、文献资源、运营要求、评价与改进等方面对智慧书房的规范化建设与运营做了详细阐释，对于推动嘉兴地区智慧书房的高效率与高质量发展起到指导作用。

【嘉图百廿馆庆系列活动筹备启动】2024年是嘉兴市图书馆建馆120周年，百廿馆庆系列活动的筹备工作启动。《嘉兴市图书馆史》基本完成初稿，全面展现嘉兴市图书馆自1904年建立至今的发展历程。总馆文献借阅部自2003年一期建馆以来首次进行系统改造，将于2024年以全新面貌为广大读者服务。

（撰稿人：王方、葛文娴）

第二部分　专题发展史

第一章　城乡一体化公共图书馆服务体系建设

早在民国时期，嘉兴已出现乡镇图书馆。20世纪30年代，嘉兴县的新塍镇、嘉善县的西塘镇建立了“通俗图书馆”。1949年后不久，浙江省立嘉兴图书馆在农村建立图书流通站。图书流通站一般以生产大队为单位建立，由大队团支部负责，并有图书管理员进行具体管理。图书流通站不定期到图书馆调换图书。有时图书馆工作人员会送书下乡。为了搞好农村图书流通站工作，嘉兴市图书馆设立农村流通书库，负责图书流通与流通站的业务辅导。人民公社化后，图书流通站的数量大大增加。60年代初，嘉兴地区基本上实现了每个生产大队都有图书流通站。1965年，嘉兴县有图书流通站379个，《文汇报》曾在头版专门报道嘉兴农村图书流通站的情况。70年代后期，人民公社逐渐解体，农村普遍推行家庭联产承包责任制。原来与公社化体制相适应的农村图书流通体制随之衰落，流通站数量不断减少。80年代末，图书流通站基本消亡。

农村乡镇图书馆（室）于20世纪80年代初逐渐兴起，发展不断加快，很快成为农村图书流通的主体。嘉兴地区最早出现的乡镇图书馆是1982年建立的郊区竹林乡图书室。此后各地建立文化中心时，都把图书馆（室）的建立放在重要位置，这推动了乡镇图书馆（室）的发展，几乎每个乡镇文化站都有图书馆（室）。经过数年积累，藏书不断增加，到2000年左右已出现一批藏书数量在5000册以上的图书馆（室）。嘉兴市图书馆注重对农村图书馆（室）的业务辅导，乡镇图书馆（室）的管理水平逐步提高，服务工作走向规范化。1989年，市文化局组织农村乡镇图书馆（室）评比，袁花镇、周王庙镇、乌镇、澉浦镇的四家乡镇图书馆被评为“文明图书馆（室）”。但乡镇图书馆缺乏持续性的购书经费，也很少有专职管理员，因此到20世纪末，大部分的乡镇图书馆（室）基本处于关停状态。

2005年起，嘉兴市图书馆总结以往的经验教训，开始探索“政府主导、统筹规划，多级投入、集中管理，资源共享、服务创新”的公共图书馆总分馆建设，经过多年的努力，构建起以嘉兴市图书馆为中心馆，县级图书馆为总馆，乡镇（街道）图书分馆为纽带，村（社区）分馆（流动车）为基础的“城乡一体、功能完善、资源共享、管理规范”的“中心馆－总分馆”服务体系。这一体系改变了城乡公共图书馆服务的二元结构，有效缩小了城乡公共文化服务差距，更好地体现了公益性、基本性、便利性、均等性，保障了人民群众的基本文化权益。

截至2023年底，嘉兴全市已建成1个中心馆，7个县（区）级总馆，67个乡镇（街道）分馆，147个智慧书房，345个礼堂书屋，6个汽车图书馆，1000多个流通站，并开通了全地区共建共享的数字图书馆、手机图书馆、电视图书馆等线上服务平台。其中，市本级建有1个总馆、1个少儿馆、19个乡镇（街道）分馆、46个智慧书房、67个礼堂书屋、1个汽车图书馆及300多个图书流通站。基于“市—县—镇—村”四级服务体系，目前嘉兴市平均不到一万人就拥有一座图书馆，远高于国内平均水平，不逊于欧美发达国家平均水平。在服务体系内，纸质书刊通借通还，数字资源平等共享，读者走进任何一个乡镇（街道）、村（社区）分馆都可以平等地享受图书馆的标准服务。

第一节　城乡一体化公共图书馆服务体系建设的总体目标

在建设之初，嘉兴就基本确立了城乡一体化公共图书馆服务体系建设的目标：围绕城乡一体化建设战略目标，按照结构合理、发展均衡、网络健全、运行有效、惠及全民的原则，坚持政府主导、社会参与、整体规划、统一实施的方针，创新公共图书馆服务的内容和方式，构建以市、县级图书馆为中心，以图书馆乡镇（街道）分馆为纽带，以村（社区）分馆和图书流动车为基础，以企业、学校、部队等行业系统图书馆联合加盟为补充，以全天候多平台的数字服务为手段，构建覆盖全市、城乡一体、功能完善、资源共享、管理规范的新型公共图书馆服务体系。

第二节　城乡一体化公共图书馆服务体系建设的历程与主要做法

嘉兴市城乡一体化公共图书馆服务体系建设，根据自身特点逐步形成了三重服务体系，分别是公共图书馆的“中心馆 – 总分馆”服务体系、“图书馆联盟”服务体系、“社会资源整合”服务体系。通过三重服务体系的建设，基本实现了为广大城乡居民提供优质、免费、普遍均等公共图书馆服务的理念，有效解决了包括农村在内的城乡居民读书难问题，从而显著提高了城乡居民文化权益的保障水平和基本文化需求的满足程度，这一成功的探索引起了社会各界的高度关注，被誉为打破“篱笆墙”的公共图书馆，也被业界誉为“嘉兴模式”。

一、公共图书馆的“中心馆 – 总分馆”服务体系建设

“中心馆 – 总分馆”服务体系由嘉兴市图书馆和嘉兴市下辖的七个县（区）级公共图书馆及其分馆共同组成，通过“一卡通”实现了整个服务体系内资源的共建共享和通借通还。读者走进任何一个分馆，都可以平等利用整个服务体系内的纸质资源和数字资源，享受到整个服务体系内的所有服务。其中中心馆由嘉兴市图书馆承担，它是整个城乡一体化公共图书馆服务体系的核心，统筹服务体系的规划实施和业务指导。总馆由嘉兴市图书馆七个县（区）级公共图书馆分别承担，发挥当地图书馆总分馆服务体系中业务管理的作用。乡镇（街道）分馆指各总馆辖区内的乡镇图书馆和街道图书馆，除了提供公共阅读服务，还负责管理和指导本辖区内的村（社区）分馆。村（社区）分馆是服务体系的末端，直接面向广大群众提供优质平等的服务。在村（社区）分馆无法覆盖的区域，通过建设智慧书房、设置汽车图书馆服务点、设置图书流通站、送书下乡等方式提供延伸服务，从而实现嘉兴地区内的公共图书馆全覆盖。

嘉兴的“中心馆 – 总分馆”服务体系建设始于 2005 年，经历了总分馆初步探索、市本级乡镇分馆试点、乡镇（街道）分馆全面建设推广、覆盖城乡的服务体系全面构建、提档

升级与智慧化建设五个发展阶段。

1. 第一阶段（2005—2007 年）：总分馆建设初步探索阶段

2005 年底，嘉兴市图书馆与秀洲区政府采用契约的形式共同建设嘉兴市图书馆秀洲分馆。这一阶段，嘉兴市开始摆脱公共图书馆各自为政的局面，起步探索在尚无公共图书馆的城区建设区级分馆的方式。

2. 第二阶段（2007 年）：市本级乡镇分馆试点阶段

第二阶段以 2007 年南湖区余新镇和秀洲区王江泾镇的乡镇分馆建设试点启动为标志。该阶段积极探索市本级图书馆总分馆建设的路子，以在乡镇设立嘉兴市图书馆紧密型分馆的方式，提升农村图书馆的服务水平，实现以城带乡共同发展。“嘉兴模式”的乡镇分馆建设模式如下：

（1）乡镇分馆的建设方式

嘉兴的乡镇分馆由市、区、镇三级财政共同建设。乡镇分馆的馆舍由乡镇负责建设；乡镇分馆的设备费用由区财政给予补助；乡镇分馆日常运营经费以及当地管理人员的工资等也由乡镇负担；年底考核后，区财政按考核等级给予 10 万元的补助（后增加至 12 万）。而分馆的图书、报刊、数字资源、计算机管理软件以及市馆派出管理人员的工资由市图书馆提供。每设立一个分馆，市财政每年就给市图书馆提供 10 万—15 万元购书费和一定的相关经费。

（2）乡镇分馆的分布、功能设置及办馆规模

乡镇分馆根据当地人口总量以及中心镇区的人口集聚规模来配置服务功能。基本功能为书刊借阅、少儿借阅、电子阅览以及文化共享工程服务等功能。每个分馆拥有藏书 3 万—5 万册、计算机 15—20 台、阅览座位 80—100 个，还设有培训、讲座以及展览的空间。分馆的馆舍面积在 500 平方米以上，大的分馆可达 1000 平方米。

（3）乡镇分馆的服务项目及服务方式

乡镇分馆与市图书馆纳入一个计算机业务管理系统中，实行网络化服务，服务项目与总馆相似。分馆的读者和总馆的读者在全市范围内享受完全平等的服务待遇。乡镇分馆每周六天开放，节假日照常开放，每周开放 50 小时以上。

（4）乡镇分馆的管理方式

乡镇分馆的业务工作由市图书馆负责，业务规范和服务工作规范等由市馆确立，在全

市范围内统一实施。总馆与分馆之间以及各个分馆之间在业务规范和服务规范上完全统一。

市图书馆设有乡镇（街道）分馆藏书的统一采购中心和分编中心，图书报刊、数字资源等由市馆统一配置。市馆根据各分馆的规模相应配置图书，首次配置图书不少于 3 万册，之后每月至少提供两次新书。每个分馆的报刊配置在 250 种以上。部分书刊资源由总馆负责定期流转。

在工作人员的管理上，由市馆派出业务骨干担任各分馆馆长，其他管理人员则由乡镇政府招聘并保证他们有合理稳定的工资与福利，市馆负责对其进行业务培训，要求工作人员持证上岗并定期接受考核。

3. 第三阶段（2007—2011 年）：乡镇（街道）分馆全面建设推广阶段

这一阶段在市本级建设乡镇（街道）分馆取得成功经验的基础上，向嘉兴市下辖的五县（市）全面推广。嘉兴市政府出台了一系列政策文件，2007 年明确提出两年内嘉兴市本级全面建设乡镇（街道）分馆的目标，嘉兴下辖的五县（市）乡镇（街道）分馆的建设工作也全面启动。此阶段中，嘉兴市建立了市、区、镇三级政府合作建设图书馆的共建机制和长效管理机制，并建立了服务体系建设的联席会议制度，基本形成了服务体系的领导机制、推进机制、保障机制、监督机制和管理机制。此外，为了规范乡镇（街道）分馆的建设，嘉兴市政府出台了《嘉兴市构建城乡一体化公共图书馆服务体系的实施意见》，对乡镇（街道）分馆建设的总体目标、具体任务等作了详细阐述，提出了统一的建设标准，在全市各县（市）加以推广。

4. 第四阶段（2011—2018 年）：服务体系全覆盖建设阶段

在乡镇（街道）分馆建设实现全覆盖的基础上，这个阶段的重点是将图书馆服务延伸到村（社区）一级，完成最后一公里的建设任务。在人口较多、条件成熟的行政村（社区）设置村级分馆、自助图书馆等，而其他人口较少、条件不具备的村（社区）则采用设置图书流通站、汽车图书馆服务点、送书下乡等方式实现图书资源的流通和共享。同时，乡镇（街道）分馆基本完成从保障型的 1.0 模式过渡到设备、空间和服务全面升级的 2.0 模式。在这个阶段，嘉兴基本完成了横向到边、纵向到底的图书馆服务网络建设。

5. 第五阶段（2018 至今）：提档升级与智慧化建设阶段

2018 年，随着高照街道分馆的开馆，嘉兴的乡镇（街道）分馆建设开始步入 3.0 时代，即乡镇（街道）分馆与 24 小时自助图书馆相结合，将在城市普遍推广的自助图书馆服务延伸到乡镇，保证乡镇居民在图书馆工作人员下班之后，仍然可以享受图书馆的借阅和空间服务。同时，2019年开始大规模建设智慧书房和礼堂书屋，以智慧化手段高效推进公共阅读服务的普及与提升。智慧书房的建设采用智慧空间、智慧服务、智慧管理和智慧阅读的“四智”化建设理念，实现无人化、智能化、人性化的管理，为群众带来更便捷、更舒适的阅读体验；礼堂书屋则是依托浙江省文化礼堂建设，提升原来的农家书屋、村级图书分馆（图书室）等，利用现代化手段加强空间的自助服务水平，实现读者自助进馆和自助借阅，打造乡村自助式阅读服务空间。

二、以数字图书馆共建共享为重点的图书馆联盟建设

在公共图书馆系统内的“中心馆－总分馆”建设日渐步入正轨并快速发展的基础上，嘉兴开始探索以数字图书馆共建共享为重点的图书馆联盟建设。在政府的推动下，嘉兴市图书馆牵头，联合嘉兴地区的公共图书馆、高校图书馆、党校图书馆、科研机构图书馆、中小学图书馆等组成联盟。该联盟以统一的服务平台面向地区所有用户提供服务，以综合性、跨系统、全民共享的数字文献保障服务为特色，以数字图书馆、手机图书馆、电视图书馆等多种服务渠道，运用现代网络技术，打破地域限制，整合嘉兴地区现有资源，构建符合嘉兴读者需求和本地经济、科技、社会文化发展需要的文献保障和服务体系。

2010年12月，嘉兴数字图书馆开通，标志着嘉兴地区以公共图书馆、科技、教育等行业系统图书馆或单位联合加盟的文献信息资源共建共享的图书馆联盟初步形成，打破了地域与专业的限制，为全市读者提供一站式的资源检索与文献服务平台。嘉兴数字图书馆采用合作共建的办法，以单体馆最少的投入获得整体最大的数字文献共享。具体做法是：

（1）嘉兴市图书馆负责数字图书馆技术平台建设，整合国家、浙江省提供的资源，实现一站式检索，并与各县（市、区）馆专线连接。

（2）外购数字文献，由各馆、各系统根据用户数量规模，共同投入、集体采购；高等院校图书馆可补充提供文献互借和传递。

（3）各参与馆分布式建设特色文献数据库。截至2003年底已先后建成嘉兴名人数据库、血防数据库等28个数据库，全市可共享访问。

嘉兴数字图书馆资源包括：12.2亿条中外文文献信息；680万种中文图书书目信息，其

中 130 万种可提供全文阅读，343 万种图书可原文传递；8.8 万多种电子期刊、3600 余万篇论文可提供原文下载或文献传递；860 万部视频信息；中国知网全库、国务院发展研究中心信息网、新东方双语阅读数据库、知识视界科普视频库、贝贝国学教育库等 50 多个专业数据库，数据资源总量超过 110TB，每天不断更新海量数据。嘉兴地区的市民只要登录市民卡号或新居民卡号，可随时随地通过互联网访问嘉兴数字图书馆的全部资源，获得文献资源的全文检索、浏览、下载、文献传递等服务。

随着数字阅读的需求不断增大、移动互联技术的不断成熟，嘉兴移动图书馆、嘉兴电视学习中心（电视图书馆）、网上市民学习中心、数字众创空间等平台逐步建成并开通使用。这是嘉兴市图书馆联盟建设的主要内容和重要成果，通过联合公共图书馆和其他系统图书馆的力量，以数字资源的共建共享为核心，采用现代新媒体技术，突破地域、时间、设备的限制，以各馆最小的投入，为全市读者提供基于互联网、移动终端和电视媒体的一站式图书馆数字资源全媒体服务。读者在任何时间、任何地点都可以通过任何一台上网的电脑、手机，24 小时免费获得各种数字资源和文献服务，享受到无处不在的、个性互动的智慧服务。

三、以农家书屋整合为主要特色的社会资源整合

为解决城乡居民读书难问题，中央各部委启动了多项政府工程，如文化共享工程、公共电子阅览室建设计划、数字图书馆推广工程、农家书屋工程、职工书屋工程、党员远程教育工程、中小学远程教育工程等，这些工程都以下拨专项资金的方式支持资源建设，满足城乡居民的信息需求与阅读需求。嘉兴市在乡镇（街道）分馆和村（社区）分馆规划和建设过程中，把视野投向了这类社会资源，以“中心馆－总分馆”的公共图书馆服务体系为依托，把各个自上而下的政府工程提供的资源在乡镇（街道）和村（社区）层级上整合起来，以图书馆行业的专业化管理和服务方式提升这类资源的社会效用，节约管理成本，同时也改善乡镇（街道）分馆尤其是村（社区）分馆的资源配置情况，达到双赢的效果。

其中农家书屋与公共图书馆系统的整合是嘉兴公共图书馆社会资源整合工作中的重点和亮点。2015 年上半年，嘉兴地区以公共文化示范区创建为契机，依托公共图书馆在文献资源上的优势，采用移动技术和大数据分析等最新信息技术手段，在全国范围内率先将公

共图书馆系统和农家书屋系统进行融合共建，大大提升了农家书屋的信息化水平，实现了双方资源的通借通还和科学管理。具体的做法是：

（1）农家书屋业务管理平台搭建。采用与本地公共图书馆相同的图书自动化管理系统，搭建全市农家书屋管理平台，将各县（市、区）农家书屋手工登录的图书，按《中国图书馆分类法》《普通图书著录规则》等标准或规范统一分编加工，建立书目数据库。为各县（市、区）市民卡开通读者卡功能，建立统一的读者数据库，使每个农家书屋点成为一个业务终端。

（2）打通公共图书馆和农家书屋两个系统。将“农家书屋”作为一个整体，即相当于一个县级公共图书馆总分馆系统，以“联邦制”的形式，整合到现有全市公共图书馆系统平台中，形成联合目录，实现图书的通借通还。这样两大系统平台既相对独立，又能实现数据交换。农家书屋的图书可以通过借阅流转到公共图书馆，同样公共图书馆的藏书也能畅通无阻地流通到各农家书屋，这对农家书屋现有藏书结构的优化起到了至关重要的作用。

（3）开发移动客户端，将现有计算机平台上的图书自动化管理系统的常用功能移植到智能移动终端（手机）上。政府统一向运营商购买或租用符合技术要求的移动客户端，实现农家书屋借书、还书、办证等操作的手机处理，大大节约了成本。

2019年，中宣部等十部门联合印发《农家书屋深化改革创新提升服务效能实施方案》，根据该方案，嘉兴市启动礼堂书屋建设项目，结合浙江省文化礼堂建设，每年将10%左右的农家书屋升级改造为礼堂书屋。礼堂书屋以大空间建设的形式，与党群服务中心、新时代文明实践站、邻里中心、乡村景区服务中心等进行融合共建；同时，融入青少年实践、居家养老、基层党建、乡贤文化等内容，丰富礼堂书屋的资源建设和服务内容，实现了空间功能拓展与特色文化传播。

社会资源整合的目的是让基层的资源发挥最大的效用，降低文化共享工程、农家书屋工程等各项工程的运行成本，提高各项工程的社会效益。以乡镇（街道）、村（社区）分馆为阵地，一个机构多个牌子，实现公共图书馆系统与各工程系统的资源共建共享：①个别工程需采购的纸质文献，在基层公共图书馆平台进行整合，最终实现统一采购、统一配送；若其他机构有意愿购置纸本资源，而自身无采编专业技能，则可申请成为图书馆流通站，由图书馆按照该机构的需求建置馆藏，对资源进行分类编目，并与公共图书馆系统进行整合，实现统一检索、一卡通行，而该机构需提供建置该流通站的物质保障。②个别工程建设中涉及的数字资源，在嘉兴数字图书馆中进行整合，通过统一的平台对外服务。③各工程涉及的人力资源，在一个服务阵地中基本得到保障。所谓“上头万根线、下面一根针”，各工程与公共图书馆融合建设后，一个工作人员可以以村级图书馆为阵地，兼顾多个服务项目。这样既保证空间的正常开放，又保障各项服务和活动持续开展。

第三节　城乡一体化公共图书馆服务体系建设的基本特点

一、政府主导，整体规划

嘉兴市构建城乡一体的公共图书馆服务体系受到市委、市政府的高度重视，在其直接主导下推进。各级政府是构建公共图书馆服务体系的责任主体，在领导机制、推进机制、保障机制、管理机制方面实现全方位主导。嘉兴市图书馆乡镇（街道）分馆由市、区及镇三级政府或县、镇两级政府共同设立，作为市、县公共图书馆服务公众的基层分支机构。2008年，嘉兴市政府出台了《嘉兴市构建城乡一体化公共图书馆服务体系的实施意见》，就嘉兴市公共图书馆服务体系的总体目标、具体任务等作了详细的阐述，对乡镇（街道）分馆的布点建设进行了整体规划，同时提出了统一的建设标准。文件出台后，各级政府强有力地推动实施了图书馆服务体系的建设工作。

同时，市政府通过召开现场会、开展工作督查等形式，进一步推动图书馆乡镇分馆在全市范围内全面推进。为发挥好示范引领作用，市政府牵头建立了嘉兴市本级公共图书馆服务体系建设联席会议制度，统一协调解决公共图书馆服务体系建设中的重大问题，保障乡镇（街道）分馆建设健康、有序、可持续发展。另外，为加强乡镇分馆的规范化管理，嘉兴市分管副市长多次就乡镇（街道）分馆的建设问题专门召开了市长专题办公会议，协调解决相关问题，形成市长专题会议纪要，为乡镇（街道）分馆的建设提供了政策上的保障。

二、多元投入，集中管理

在乡镇（街道）分馆的建设与运行上，嘉兴市建立了市、区、镇三级投入机制，即全市总分馆体系中的乡镇（街道）分馆建设和运营保障由市、区、镇三级政府或县、镇两级政府共同投入，不足部分原则上由镇财政负责解决。这样基本突破了财政分灶吃饭的困局。而集中管理则意味着嘉兴任何一个分馆从立项论证到建设规划再到日常运行，全部由总馆统一操作和管理。分馆的资源由总馆统一采购、加工、配送和更新，总分馆共享一个资源体系和同一个自动化管理系统，实行一卡通行和通借通还。分馆的日常管理工作由总馆派遣分馆馆长执行管理职责，由总馆对乡镇（街道）分馆进行业务培训和工作考核等。

在数字资源的建设与服务方面，嘉兴数字图书馆的建设也具有多元参与的优势。建设采取跨地区（市、县公共图书馆）合作、跨系统（中小学校图书馆、医院图书馆、农科院图书馆等）合作的方式，各方分担建设全区域的数字图书馆建设和运行经费，以单体馆最少的投入获得最大程度的数字文献共享。参与方一般按购书经费的相同比例加入，共同获得最大量的、最优化的服务。在集中管理方面，嘉兴市图书馆牵头搭建数字平台，各方协商后由嘉兴市图书馆负责购买各种数据库资源，并解决数字图书馆建设和运行中的问题，以统一的平台向所有读者开放所有资源。

三、城乡一体，高度共享

城乡图书馆高度融合使城乡图书馆之间的“篱笆墙”被打破，让所有居民享受到了便捷、免费、均等和优质的公共图书馆服务。总分馆服务体系充分利用现代网络技术、物流系统等，实现区域内资源和服务的优化整合和高度共享。读者在市馆及五县（市）二区和乡镇任意一个图书馆或图书流通站办理联合借阅证——一卡通，就等于拥有了所有图书馆的服务承诺。城乡图书馆一卡通行，图书通借通还，书目统一检索，数字资源不受时空限制，阅读推广活动总分馆联动，城乡一体化服务体系的建设为农村读者提供了与城市读者均等的优质公共图书馆服务。

文献资源高度共享。城乡一体化公共图书馆服务体系的建立，使得乡镇的读者可以通过预约、物流、一卡通等方式阅读到嘉兴地区所有的文献资源，通过共享工程访问全国、省级、全市的数字资源，通过馆际互借得到上海、浙江等地区的兄弟馆的文献服务。由于市本级乡镇（街道）、村（社区）分馆的图书产权属于市图书馆，由市图书馆统一采购和配置，在城乡图书馆之间的流动没有任何障碍，图书还到哪里，系统自动更改馆藏地点，就在当地上架继续流通。通过物流，嘉兴市馆和五县（市）二区公共图书馆数百万册图书资源得到了高度流通与共享。

四、虚实结合，服务创新

当前我国图书馆事业正处于传统图书馆与现代图书馆、实体图书馆与虚拟图书馆共存，并逐步向智慧图书馆演化、迈进的阶段。嘉兴市图书馆推动技术创新，打造线上线下共享的资源体系。依托嘉兴数字图书馆的海量资源，在多个终端平台上建成嘉兴市民学习中心、嘉兴电视图书馆、嘉兴市图书馆手机 app、微信公众号和浙里办嘉图专栏等服务平台，将数字阅读服务从传统互联网拓展到移动互联网和有线电视网，建成多屏幕覆盖、全媒体融合的线上资源服务体系。嘉兴智慧图书馆建设也通过虚实结合、全媒体服务的方式推进城市书房的智慧化建设。嘉兴市图书馆采用物联网、云服务和大数据技术，以智慧化手段升级基层场馆管理模式与服务模式，实现纸电资源一体管理、空间设备物联管理、大数据分析与揭示、智能关联与阅读推荐等功能，为传统图书馆服务注入智慧化内涵，打造集知识空间、学习空间、交流空间、信息空间、展示空间和体验空间于一体的智能空间，提升大众服务体验。

公共图书馆的价值和作用只有通过面向广大读者的图书馆服务才能得到体现，为此嘉兴市图书馆不断扩展服务领域，创新服务内容，增强图书馆的吸引力。近年来，嘉兴市图书馆建成了“从 0 开始”的阅读推广体系，形成了如“禾禾”少儿品牌活动、“夕阳红 E 族”老年电脑培训班、“帮兄弟回家”——新居民信息素养培训、“南湖讲坛”、快乐读写直通车、好书有约、数字图书馆培训等阅读推广品牌活动，通过总分馆联动，将活动送到市民身边。重点关注未成年人、老年人、新居民、农村居民等信息弱势群体，为其提供适合的阅读产品与活动。积极响应全民健康行动，推动社会心理服务体系建设与中医药养生科普，保障广大市民的身心双重健康，促进人的全面发展。

第四节　城乡一体化公共图书馆服务体系建设的价值

一、理论价值

在嘉兴的中心馆－总分馆服务体系的发展过程中，形成了一系列制度、规定，经过适时修改、补充和完善，逐渐形成一套适合面向所有城乡群众的公共图书馆服务体系的顶层设计。这些制度、规定极大地丰富了中国公共图书馆总分馆服务体系建设的研究基础，具有实践促进理论提升的作用。2016 年，嘉兴市文化广电新闻出版局制定出台了《公共图书馆中心馆－总分馆服务体系标准》，将嘉兴市建设图书馆总分馆的经验和做法固化下来；2017 年，嘉兴市质量技术监督局发布《公共图书馆中心馆－总分馆服务体系建设管理规范》，作为行业标准和地方标准，全面系统地梳理、总结、提炼了嘉兴公共图书馆中心馆－总分馆建设的基本做法、基本经验，不仅有效地强化了嘉兴市图书馆系统的内部管理规范、提升了服务效能，还有力地推进了图书馆服务体系建设的标准化进程。2019 年，嘉兴市图书馆的服务体系建设经验进一步被升级为省级标准《公共图书馆中心馆－总分馆建设服务规范》，为全省乃至全国提供了一个可借鉴和复制的示范样本，深化了图书馆总分馆体系建设的理论研究水平。2018 年《中华人民共和国公共图书馆法》正式实施，总分馆制成为该法的重要内容之一。截至 2023 年底，在中国知网上已有 217 篇关于嘉兴市图书馆总分馆制的相关研究论文，其中有 11 篇作为国家社会学科基金的研究成果发表。

二、实践价值

1. 服务体系覆盖城乡

在推进乡镇（街道）、村（社区）分馆建设的过程中，嘉兴市充分考虑行政区划、服务人口和服务半径，精心选址，形成了较为科学的总分馆设施网点布局。截至 2023 年底，嘉兴市、县两级 8 个公共图书馆均达到国家一级图书馆标准，高标准建设的乡镇（街道）分馆实现全覆盖，147 个智慧书房遍布城乡，345 个礼堂书屋以及 842 个农家书屋实现了一卡通行、通借通还。此外，嘉兴市在固定网点难以覆盖的地区开展流通图书馆服务，形成了纵向到底、横向到边，固定网点和流动服务、移动服务相结合的图书馆服务网络设施。

城乡一体化公共图书馆服务体系的建立，把现代公共图书馆管理模式和服务理念引入农村，显著提升了农村公共图书馆资源和服务质量，实现了以城带乡、城乡图书馆共同发展的建设目标。农村图书馆把免费、优质的文化资源送到了农民身边，农民可以享受到和城市居民一样优质的服务，缩小了城乡之间文化供给的差异，推动了社会公平。嘉兴市图书馆乡镇、村级分馆已经成为深受百姓喜爱的文化场所，城乡图书馆普遍均等服务基本实现，基层百姓基本文化权益得到保障。

2. 社会效益显著提升

嘉兴市从 2005 年开始探索总分馆服务体系建设，通过图书馆网点全覆盖、纸质资源通借通还、数字资源共建共享、阅读推广活动总分馆联动等手段，全方位提升了乡镇等基层图书馆的服务能力，从而明显提升了服务效益。嘉兴市图书馆累计读者证从 2005 年的 3.1 万张增加到 2023 年的 39.1 万张，增长近 11 倍；外借册次从 2005 年的 37.9 万册增加到 2022 年的 211.8 万册，到馆人次从 2005 年的 79.2 万人次增加到 2023 年的 390.4 万人次，涨幅在 400% 左右。读者到馆除了享受传统的借阅服务外，还可听报告、看展览、参加各类阅读推广活动，市本级总分馆服务体系年均开展活动超过 5000 场。

此外，嘉兴市图书馆将弱势群体服务置于图书馆发展建设的重要位置，设计了弱势群体友好的公共图书馆空间、资源与活动，弱势群体得到了更多的关注和贴心的服务。如近年来，嘉兴市图书馆创新研发“悦心听读本”，“一键式”解决不便“看”书群体的阅读困扰，获得了 2023 年国际图联（IFLA）国际营销奖。针对不同弱势群体的特点和需求，嘉兴市图书馆还推出精准化的品牌服务，包括面向未成年群体的“禾禾”少儿系列、“图书馆第一课”、“尚书”经典阅读读书会、“小小创客家”青少年信息素养系列活动等，面向特殊儿童的“星光彩虹”阅读体验营和“快乐读写直通车”活动，面向老年人的“夕阳红 E 族”信息素养培训班和“红枫”阅读会等。

3. 社会影响不断扩大

构建以总分馆制为主要特征、城乡一体化的公共图书馆服务体系，是嘉兴市公共文化服务领域一项具有重大意义的文化创新工程，受到群众和社会各界的广泛好评。在 2008 年的“构建公共图书馆服务体系嘉兴高层论坛”上，图书馆业界专家认为，嘉兴模式、苏州模式和佛山市禅城区模式代表了目前我国东部经济发达地区公共图书馆服务体系建设较为成功的探索，是我国公共图书馆总分馆建设的发展方向。国内各级领导、业界同人和重要媒体对此项工作非常关注。浙江省委、省政府领导要求省内各地借鉴嘉兴总分馆体系建设的经验。文化部于2009年4月在嘉兴召开了现场经验交流会。2009年6月，时任中共中央政治局常委的李长春同志莅临指导，充分肯定嘉兴的总分馆建设模式；2011年6月，刘云山同志在乡镇分馆调研时作出高度评价。2013年，嘉兴市公共图书馆服务体系建设在“第一批创建国家公共文化服务体系示范项目”中获得东部第一、全国总排名第一的好成绩，同年荣获文化部颁发的第十届中国艺术节“群星奖”。2016年，嘉兴市以全国总分第一的优异成绩顺利通过第二批国家公共文化服务体系示范区验收评审，嘉兴市图书馆服务体系建设被验收小组专家认为是示范区创建中的重要创建亮点，在地区乃至全国具有推广和示范意义。2019年底，嘉兴市图书馆“一年5000场活动”作为深圳卫视罗振宇跨年演讲的内容，受到行业内外的广泛关注；此后嘉兴市图书馆在媒体上的曝光度显著增加，年均被媒体报道超800次。

第五节　总结

嘉兴城乡一体化公共图书馆服务体系的建设是适合嘉兴经济社会文化发展的成功探索。“嘉兴模式”打破了城乡二元结构，在现行体制下把总分馆建设的理念变成了操作路径清晰、方法可以复制的现实。未来，嘉兴的公共图书馆服务体系还将不断完善和发展，向更深更广的领域延伸和拓展，实现新型公共图书馆服务体系建设的目标。嘉兴不断通过引入社会力量参与公共服务、完善“从0开始”的阅读推广体系、推动公共图书馆法人治理结构改革等措施，提升公共图书馆的现代化治理水平和公共文化服务效能，践行为人民服务的初衷和使命。

（撰稿人：孙云倩）

附：嘉兴市图书馆乡镇（街道）分馆、智慧书房、礼堂书屋一览表

1. 乡镇（街道）分馆

序号	分馆名称	地址	开放时间	建馆时间	建筑面积/平方米	阅览座位/个	负责人
1	余新镇分馆	嘉兴市南湖区余新镇余北大街余新中学斜对面	9：00—20：00（周一馆休）	2007-05	500	72	房范钰
2	大桥镇分馆	嘉兴市南湖区大桥镇十八里西街590号（乡镇综合文化站西）	9：00—17：00（周一馆休）	2007-12	1200	180	崔爽
3	七星街道分馆	嘉兴市南湖区七星街道汇众广场7幢101	9：00—17：00（周一馆休）	2008-12	800	100	季慧娟
4	凤桥镇分馆	南湖区镇南路与吼桥路交叉口西140米	9：00—20：00（周一馆休）	2009-12	200	60	黄于锋
5	新丰镇分馆	嘉兴市南湖区新丰镇双龙路1327号，汉唐文苑对面邮政储蓄所上3楼	9：00—17：00（周一馆休）	2009-12	800	110	张翌
6	解放街道分馆	嘉兴市三元路97号（江南太阳城南门西侧）	9：00—17：00（周一馆休）	2013-04	1200	200	王冬
7	东栅街道分馆	嘉兴市富润路257号东栅街道文化活动中心	9：00—17：00（周一馆休）	2016-03	750	120	周雅娇
8	秀水分馆	嘉兴市中山西路887号（秀洲公园西侧）	9：00—17：00（周一馆休）	2005-11	850	220	王琴
9	王江泾镇分馆	嘉兴市秀洲区王江泾镇长虹路26号	9：00—20：00（周一馆休）	2007-06	500	120	邵丽君
10	洪合镇分馆	嘉兴市秀洲区洪合镇国贸路458号文化活动中心内	9：00—20：00（周一馆休）	2008-01	950	150	吴莉莉
11	新塍镇分馆	嘉兴市秀洲区新塍镇万隆广场2幢3、4楼	9：00—17：00（周一馆休）	2008-04	1000	185	肖菲

续表

序号	分馆名称	地址	开放时间	建馆时间	建筑面积 / 平方米	阅览座位 / 个	负责人
12	油车港镇分馆	嘉兴市秀洲区奥星路（油车港镇政府南面）党群服务中心 2 楼	9：00—16：30（周一馆休）	2008-12	1342	225	徐慧玲
13	王店镇分馆	嘉兴市秀洲区王店镇塘东街 13 号（王店镇城市客厅）	9：00—17：00（周一馆休）	2008-12	500	100	孙洁
14	高照街道分馆	嘉兴市秀洲区运河路与秀清路交叉口运河文化公园内	9：00—17：00（周一馆休）	2018-04	900	200	顾玲燕
15	新城街道分馆	嘉兴市秀洲区九里路 502 号	9：00—17：00（周一馆休）	2019-12	500	100	何萍萍
16	塘汇街道分馆	嘉兴市秀洲区塘汇路 1073 号绿城柳岸禾风 2 期社区用房	9：00—15：00（周一）8：00—21：00（周二至周日）	2015-05	520	120	徐宁欣
17	长水街道分馆	嘉兴市秦逸路与槜李路交叉口禹德华庭社区用房	8：30—20：30	2015-12	500	70	吴晓燕
18	城南街道分馆	嘉兴市城南街道金穗路优盛花苑沿街店铺	8：30—20：30	2017-02	400	75	秦雯燕
19	嘉北街道分馆	嘉兴市秀洲区友谊街 526 号	8：30—20：30	2019-04	400	72	吴霞萍

2. 智慧书房

序号	所属区域	名称	地址	建成时间	面积 / 平方米	阅览座位 / 个
1	南湖区	市图书馆智慧书房	嘉兴市南湖区海盐塘路 339 号	2013-03 2020-07 升级	300	80
2		少年路智慧书房	嘉兴市南湖区少年路 240 号	2016-04 2021-12 升级	300	60
3		市政府智慧书房	嘉兴市南湖区广场路 1 号（市政府大厅内）	2014-04	50	8
4		云东社区智慧书房	嘉兴市南湖区罗马都市东大门	2016-09	100	20

续表

序号	所属区域	名称	地址	建成时间	面积 / 平方米	阅览座位 / 个
5		清华长三角研究院智慧书房	嘉兴市南湖区亚太路 705 号（浙江清华长三角研究院）一层东面	2017-06	280	90
6		七星街道智慧书房	嘉兴市南湖区七星街综合文化站 1 楼	2019-09	200	50
7		新嘉街道智慧书房	嘉兴市南湖区城北路 326 号（新嘉市场监督管理所边上）	2019-12	180	70
8		南湖街道智慧书房	嘉兴市南湖区创业路 1921 南湖创业园内	2019-12	200	70
9		余新镇智慧书房	嘉兴市南湖区余新镇余贤埭街建设银行斜对面	2019-12	260	100
10		建设街道智慧书房	嘉兴市南湖区环城东路 508 号穆家洋房	2020-10	150	70
11		新兴街道智慧书房	嘉兴市真合社区真合里	2020-12	150	20
12		南湖街道长征桥驿站智慧书房	嘉兴市新湖绿都小区北侧	2020-12	150	40
13		东栅街道智慧书房	嘉兴市南湖区富润路 257 号	2020-12	250	50
14		余新镇世合智慧书房	嘉兴市南湖区果园路至美里东门	2020-12	150	50
15		大桥镇智慧书房	嘉兴市南湖区天香路与锦带河路交叉路口大桥镇分馆 1 楼	2020-12	400	65
16		凤桥镇智慧书房	嘉兴市南湖区凤桥镇大桥北路 212 号	2020-12	260	80
17		新丰镇智慧书房	嘉兴市南湖区新丰镇丰南街 92 号	2020-12	150	40
18		范湖草堂智慧书房	嘉兴市南湖区环城西路范蠡湖公园对面	2021-09	250	40
19		余新镇渔里智谷智慧书房	嘉兴市南湖区 X119 与三星路交叉口东南方向	2021-10	500	30

续表

序号	所属区域	名称	地址	建成时间	面积 / 平方米	阅览座位 / 个
20		解放街道智慧书房	嘉兴市东升路与东方路交叉口	2021-10	200	50
21		南湖区图书馆智慧书房	嘉兴市南湖区中环东路1940号（南湖区政府西门）	2022-07	150	50
22		东栅街道南江社区智慧书房	南湖区金都·夏宫花园西门旁	2022-10	500	100
23		东栅街道九曲社区智慧书房	嘉兴市南湖区铂金府邸16幢1楼	2023-01	350	100
24	秀洲区	秀水分馆智慧书房	嘉兴市中山西路887号（秀洲公园西侧）	2018-10	250	70
25		高照街道智慧书房	嘉兴市秀洲区运河路与秀清路交叉口南侧（运河文化公园内）	2018-04	200	100
26		米萌公寓智慧书房	嘉兴市秀洲区秀清路626号智富城6号楼1、2楼	2018-07	150	70
27		洪合凤桥村智慧书房	嘉兴市秀洲区洪合镇凤桥村新村委会内	2019-01	150	100
28		油车港镇智慧书房	嘉兴市秀洲区油车港奥星路镇文化中心1楼东侧	2019-11	150	25
29		新城街道智慧书房	嘉兴市秀洲区九里路502号	2019-12	200	70
30		王江泾镇太平村智慧书房	嘉兴市秀洲区王江泾镇太平村运河东路1278号	2020-12	150	30
31		王店镇智慧书房	嘉兴市秀洲区王店镇梅溪街224号	2020-12	150	85
32		新塍镇智慧书房	嘉兴市秀洲区新塍镇蓬莱路830号	2020-12	160	60
33		洪合镇智慧书房	嘉兴市秀洲区洪合镇国贸路458号文化活动中心内	2021-07	400	100

续表

序号	所属区域	名称	地址	建成时间	面积 / 平方米	阅览座位 / 个
34		洪合镇人和社区智慧书房	嘉兴市秀洲区洪合镇人和新家园 6 区 279 号	2022-10	300	150
35		新城街道殷秀社区智慧书房	嘉兴市秀洲区殷秀路 1090 号	2022-11	500	20
36		王店镇竹垞智慧书房	嘉兴市秀洲区王店镇花园路 580 号	2023-05	150	85
37	经开区	嘉北街道智慧书房	嘉兴市经开区友谊街 526 号	2019-04	377	130
38		长水街道智慧书房	嘉兴市花园路 1696 号	2019-08	250	46
39		城南泰富城智慧书房	嘉兴市文昌路 1172 号泰富世界城 7 幢 1 楼	2019-11	100	32
40		城南街道运河智慧书房	嘉兴市香槟路与龙腾路交叉口东 150 米运河公园内（户外儿童区北面）	2020-09	260	43
41		塘汇街道智慧书房	嘉兴市秀洲区塘汇路 1053 号绿城柳岸禾风 2 期社区用房	2020-11	520	100
42		塘汇茶园小学智慧书房	嘉兴市秀洲区章园路 273 号茶园小学门口	2021-08	280	80
43		嘉北街道振兴社区智慧书房	嘉兴市经济技术开发区城北路沐阳路交叉口振兴社区党群服务中心	2021-11	600	40
44		城南街道智慧书房	嘉兴市城南街道金穗路优盛花苑社 01 号	2022-11	760	60
45		长水街道嘉南社区智慧书房	嘉兴市禹德华庭东门北侧	2022-12	500	100
46		塘汇街道茶园社区智慧书房	嘉兴市周安路与鸣羊路交叉口往南 150 米（华玉佳苑小区门口）	2023-02	130	24

3. 礼堂书屋

序号	所属区域	名称	地址	面积 / 平方米	建成年份
1	南湖区	新丰镇竹林村礼堂书屋	新丰镇竹林村文化礼堂内	150	2019 年
2		新丰镇镇北村礼堂书屋	新丰镇镇北村文化礼堂内	300	2019 年
3		凤桥镇陈良村礼堂书屋	凤桥镇陈良村西油车浜 20 号	80	2019 年
4		凤桥镇联丰村礼堂书屋	凤桥镇联丰村冷水湾 21 号（1 楼）	70	2019 年
5		余新镇金星村礼堂书屋	余新镇金星村村委会	150	2019 年
6		余新镇普光村礼堂书屋	余新镇普光村党群服务中心 1 楼	150	2019 年
7		大桥镇花园村礼堂书屋	大桥镇花园村曹家房 1 号（1 楼）	500	2019 年
8		大桥镇南祥社区礼堂书屋	大桥镇和祥路 475 号	100	2019 年
9		七星街道湘南社区礼堂书屋	七星街道湘南公寓和顺路 387 号	167	2019 年
10		七星街道江南新家园社区礼堂书屋	七星街道江南新家园社区广场（公建三 90 号）	150	2019 年
11		余新镇余南社区礼堂书屋	余新镇茜柳路 558 号	174	2020 年
12		余新镇曹王村礼堂书屋	余新镇曹王村文化礼堂（曹王小区）	160	2020 年
13		大桥镇由桥村礼堂书屋	大桥镇由桥村文化礼堂	300	2020 年
14		大桥镇胥山村礼堂书屋	大桥镇胥山村遗址公园党群驿站	180	2020 年
15		新丰镇净相村礼堂书屋	新丰镇净相村村委	180	2020 年
16		新丰镇栖凰埭村礼堂书屋	新丰镇栖凰埭文化礼堂	150	2020 年
17		七星街道湘都社区礼堂书屋	七星街道湘都社区新党群服务中心	155	2020 年
18		七星街道湘城社区礼堂书屋	七星街道湘城社区党群服务中心	300	2020 年
19		凤桥镇大星村礼堂书屋	凤桥镇大星村文化礼堂	150	2020 年
20		凤桥镇永红村礼堂书屋	凤桥镇永红村文化礼堂	330	2020 年
21		余新镇长秦村礼堂书屋	余新镇长秦村村委会	100	2021 年

续表

序号	所属区域	名称	地址	面积/平方米	建成年份
22		大桥镇倪家浜村礼堂书屋	大桥镇倪家浜村央林浜新社区	150	2021年
23		大桥镇天香社区礼堂书屋	大桥镇天明路1181号水韵佳苑物业旁	150	2021年
24		新丰镇乌桥村礼堂书屋	新丰镇乌桥村村委	150	2021年
25		凤桥镇星火村礼堂书屋	凤桥镇祥和花苑C区504号	150	2021年
26		凤桥镇茜柳村礼堂书屋	凤桥镇茜柳村5组	150	2022年
27		新丰镇镇北村礼堂书屋	新丰镇彩虹桥南50米党建引领乡村振兴馆旁	100	2022年
28		大桥镇云东村礼堂书屋	云东村云上东方游客接待中心东北角（梅庵桥13号）	100	2023年
29		凤桥镇庄史村礼堂书屋	凤桥镇庄史村文化礼堂	192	2023年
30	秀洲区	王江泾镇洪典村礼堂书屋	王江泾镇洪典村陆家浜	150	2019年
31		王江泾镇古塘村礼堂书屋	王江泾镇古塘村文化礼堂4楼	120	2019年
32		油车港镇池湾村礼堂书屋	油车港镇池湾村村委村部文化活动中心	140	2019年
33		油车港镇麦家村礼堂书屋	油车港镇麦家村村民委员会	100	2019年
34		洪合镇新王桥村礼堂书屋	洪合镇新王桥村村委	150	2019年
35		洪合镇良三村礼堂书屋	洪合镇良三村文化活动中心	200	2019年
36		新塍镇潘家浜村礼堂书屋	新塍镇潘家浜村文化礼堂2楼	220	2019年
37		新塍镇西吴村礼堂书屋	新塍镇西吴村文化活动中心	150	2019年
38		王店镇建设村礼堂书屋	王店镇建设村村委会（福东路414号）	100	2019年
39		王店镇凤珍村礼堂书屋	王店镇凤珍村村委会	150	2019年
40		王江泾镇田乐村礼堂书屋	王江泾镇田乐村文化礼堂	100	2020年
41		王江泾镇双桥村礼堂书屋	王江泾镇双桥村文化活动中心	150	2020年
42		王江泾镇民和村礼堂书屋	王江泾镇民和村村委会	150	2020年
43		王江泾镇虹南村礼堂书屋	王江泾镇虹南社区党群服务中心	120	2020年
44		油车港镇百花庄村礼堂书屋	油车港镇百花庄村村委	130	2020年

续表

序号	所属区域	名称	地址	面积 / 平方米	建成年份
45		油车港镇千金寺村礼堂书屋	油车港镇千金寺村东港 84 号	150	2020 年
46		油车港镇西湖村礼堂书屋	油车港镇西湖村文化礼堂	100	2020 年
47		王店镇庆丰村礼堂书屋	王店镇庆丰村陈保庙桥游客中心	100	2020 年
48		王店镇镇中村礼堂书屋	王店镇镇中村文化礼堂	100	2020 年
49		新塍镇思古桥村礼堂书屋	新塍镇思古桥村文化礼堂	132	2020 年
50		新塍镇康和桥村礼堂书屋	新塍镇康和桥村文化礼堂	150	2020 年
51		新塍镇洛西村礼堂书屋	新塍镇洛西村文化礼堂	140	2020 年
52		王江泾镇民主村礼堂书屋	王江泾镇民主村文化礼堂	120	2021 年
53		王江泾镇长虹村礼堂书屋	王江泾镇长虹村村民委	150	2021 年
54		洪合镇建北村礼堂书屋	洪合镇建北村水秀里 103 号	300	2021 年
55		洪合镇洪合村礼堂书屋	洪合镇国贸路仁和小区南	300	2021 年
56		洪合镇洪创工业社区礼堂书屋	洪合镇横泾路与泰旗路交叉口往东北 200 米	100	2021 年
57		王店镇南梅村礼堂书屋	王店镇南梅村文化礼堂	200	2021 年
58		高照街道高桥社区礼堂书屋	高照街道高桥路 139 号高桥社区居家养老中心 3 楼	150	2021 年
59		洪合镇泰石桥村礼堂书屋	洪合镇泰石村文化礼堂	150	2022 年
60		油车港镇胜丰村礼堂书屋	秀洲区油车港镇胜丰村菱文化展示厅	200	2022 年
61		王江泾镇民主村水上礼堂书屋	王江泾镇民主村莲泗荡景区	100	2022 年
62		王江泾镇田青村礼堂书屋	王江泾镇镇东路 528 号	120	2022 年
63		王店镇宝华村礼堂书屋	王店镇宝华村村委会内	200	2022 年
64		新塍镇火炬村礼堂书屋	新塍镇火炬村八字路 1829 号 2 楼	140	2022 年
65		油车港镇马库村礼堂书屋	油车港镇马库村马库花园 2 期	150	2023 年
66		王江泾镇北荷村礼堂书屋	王江泾镇北荷村西荷池 75 号	150	2023 年
67		新塍镇洛东村礼堂书屋	新塍镇洛东村庄西村 44 号	160	2023 年

第二章　信息化建设与服务

第一节　综述

随着时代的发展，信息化技术逐渐应用到社会各个领域，图书馆界也不例外。嘉兴市图书馆从 1996 年开始紧跟时代步伐，始终以读者第一、服务至上为原则，制定长远发展规划，不断探索图书馆信息化建设和服务。

20 世纪末，随着微型计算机引入，嘉兴市图书馆实现了从人工服务到自动化服务的迭代跃升，从此进入了信息化高速建设和服务的新纪元。进入 21 世纪后，信息技术产业蓬勃发展，嘉兴市图书馆并不止步于自动化服务，积极利用信息技术进步带来的发展红利，依托国家重点公共数字文化工程，有序推进城乡一体化的信息网络和数字资源建设。2005 年，时任文化部副部长周和平多次来嘉兴考察“共享工程”的推广工作并给予肯定。2008 年，嘉兴市被文化部正式命名为全国文化信息资源共享工程示范市。2011 年 1 月，嘉兴市被确定为浙江省“公共电子阅览室建设计划”的试点地区。从 2010 年开始嘉兴市图书馆陆续建成和上线多个数字阅读服务平台，如嘉兴数字图书馆、嘉兴移动图书馆 app、嘉兴电视学习中心等，其中嘉兴数字图书馆是全国范围内最早建成的地市级数字图书馆，其创新的众筹建设模式成为当时全国推广的先进案例。最近几年随着信息产业向智能化、无人化转型发展，嘉兴市图书馆积极利用云计算、物联网和大数据等相关技术，结合城乡一体化公共图书馆服务体系特点和优势，有针对性地谋划布局，在全市范围内推进智慧书房、礼堂书屋的数智化建设和提升。进入全媒体时代，嘉兴市图书馆依托新媒体平台，先后推出微信公众号、微信小程序、视频直播、元宇宙阅读和青少年 AI 素养启蒙等创新服务，探索和拓展图书馆的服务外延。

嘉兴市图书馆信息化工作历经近30年的建设和发展，已经形成固定网点加流动大巴、实体服务加数字服务、馆员服务加自助服务，PC互联网、移动互联网和广电网络三网全覆盖，纵向到底、横向到面的无缝隙的信息服务网络，支撑和保障了城乡一体化公共图书馆服务体系的正常运行，极大地满足了读者在各个时期，多元、个性、高效和均等的精神文化需求。

嘉兴市图书馆的信息化建设主要由信息技术与服务部负责实施。信息技术与服务部的发展历程如下：1997年嘉兴市图书馆中国学术期刊检索站二级站成立，作为嘉兴市图书馆信息技术部的前身，统筹图书馆信息化建设和发展；1999年5月，建成电子阅览室；2003年10月，建成多媒体阅览室；2010年新建新技术体验中心，并于次年与多媒体阅览室合并，合并后统称为新技术体验中心；2017年7月，原信息技术部、电子阅览室和新技术体验中心合并成信息技术与服务部。分管领导先后为沈红梅、朱谷敏和汤益飞。

本篇“信息化建设与服务”专记从“图书业务管理系统建设”“网络系统建设”“数字资源建设”“三大工程”“读者服务平台建设”“智慧化服务建设”“图书馆信息化安全建设”7个主要部分，分别介绍嘉兴市图书馆1996—2023年间信息化建设和服务的蓬勃历程。

第二节　图书业务管理系统建设

嘉兴市图书馆的图书业务管理系统从1996年开始部署实施，至2023年经历三个发展阶段，先后使用ILAS图书自动化系统（ILAS系统）、力博图书自动化管理系统（力博系统）和图星Libstar智慧图书馆服务平台（图星系统）。

一、从手工到自动的突破：ILAS系统（1996—2003年）

ILAS系统（图2-2-1）是文化部于1988年作为国家重点科技项目下达，由深圳图书馆牵头并联合国内其他图书馆组织开发的图书业务管理系统。它的出现，实现了图书馆从人工服务向自动化服务转变的历史性跨越。

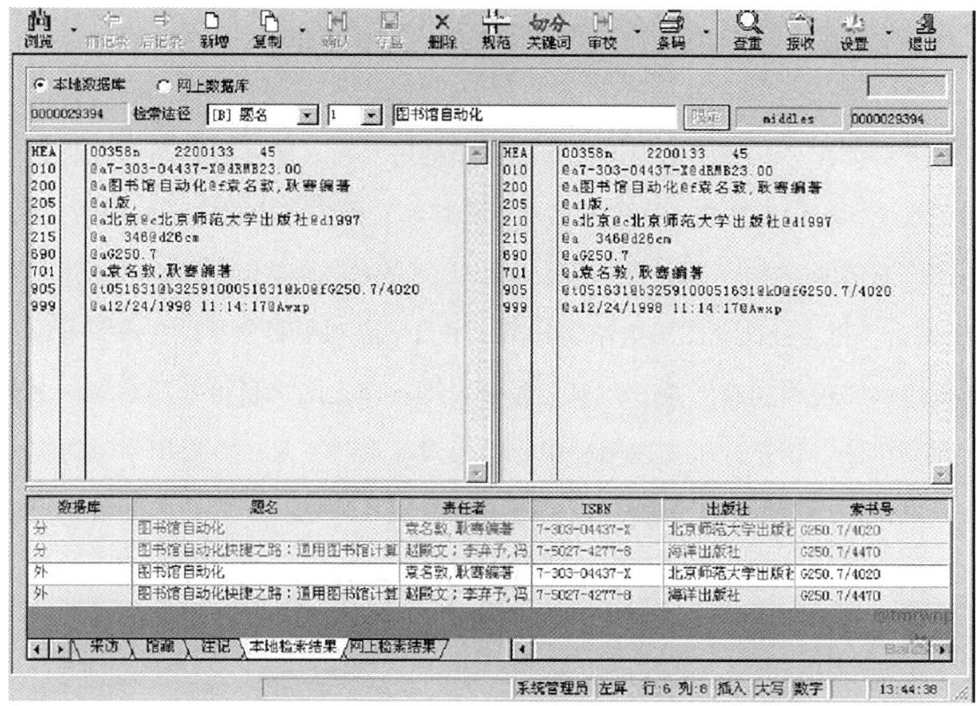

图 2-2-1　ILAS 系统

1996 年 10 月 18 日，嘉兴市图书馆购进第一批的计算机设备（含 1 台计算机和 6 台终端设备），采用 ILAS 系统对业务流程进行改造，给外借书库的图书贴条形码和防盗磁条，同时把条形码与计算机书目建立关联，实现了图书的自动化管理。经过全体馆员半年多的努力，完成馆藏图书书目数据库的回溯建设，于 1997 年 5 月 26 日正式对读者提供开架服务。实行图书开架服务后，图书外借量逐步上升，高峰时期每天外借量在 1500 册以上，是闭架服务时的两倍多。此后图书采访、编目、流通等部门全部实现图书业务管理系统管理和使用。

2001 年至 2002 年，嘉兴市图书馆对各县（市）公共图书馆现代化建设状况进行调研，并召开全市公共图书馆馆长会议，将图书馆现代建设确定为重点工作。市图书馆开办 ILAS 管理和网页制作培训班 2 期，培训公共图书馆、学校和医院等单位的计算机工作人员，同时对各县（市）公共图书馆的现代化工作进行指导与帮助。全市公共图书馆业务工作全部实行计算机管理，各公共图书馆官网提供 ILAS 系统网络查询功能，读者可在网上预约借书、查阅馆藏书目和借阅记录等。同时县（市）级公共图书馆全部建立电子阅览室，为下一步全市实现图书信息资源共享打下良好基础。

二、总分馆通借通还的突破：力博系统（2004—2019年）

随着城乡一体化公共图书馆建设模式的逐步推进，嘉兴地区公共图书馆业务和读者需求也发生了改变，出现了数据库同源的“总馆分馆制”模式和数据库不同源的“联盟馆制”模式下的通借通还的需求。“总馆分馆制”即以市图书馆作为总馆，市辖的区图书馆、乡镇（街道）图书馆、村（社区）图书馆作为分馆，书目中心和主服务器设在市图书馆，共享同一读者数据库，实现书刊通借通还；“联盟馆制”即各馆之间书目可互相套录，书刊可以通借通还。嘉兴市图书馆在分析上述两种中心馆模式优点和不足后，根据当时的实际情况以及不同业务系统图书馆间共享的特点，提出了既能相互独立又连成一体的共享模式，通过对力博系统进行功能二次开发来实现（图2-2-2、图2-2-3），在全国范围内首创以“联盟馆制”形式建立起由市馆、县（市）馆、乡镇（街道）馆、村（社区）馆和农家书屋共同组成的、大流通的、通借通还的共享体系。

图2-2-2　力博图书馆管理系统读者服务中心

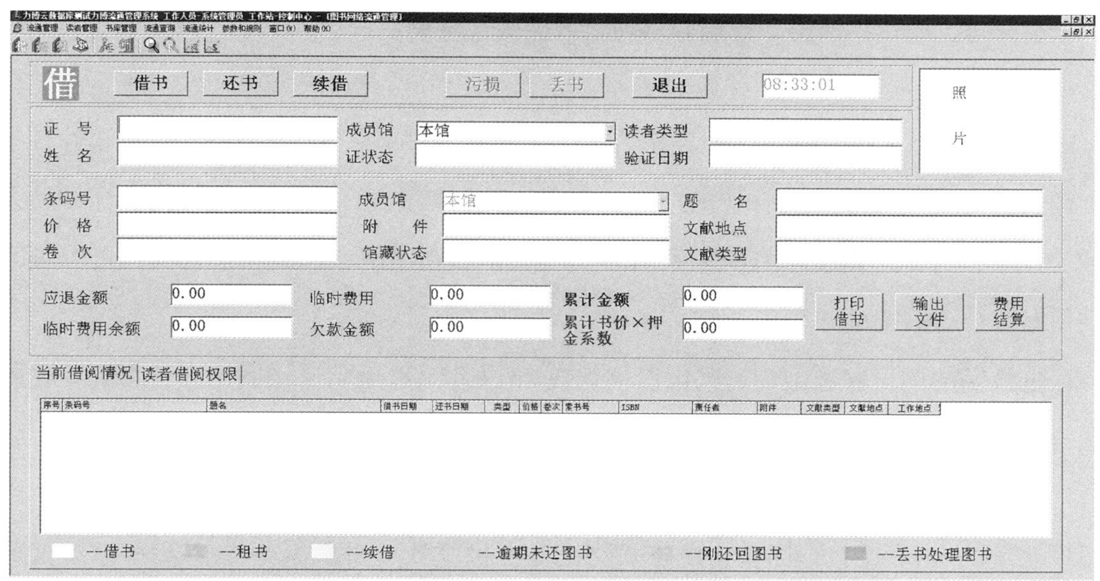

图 2-2-3　力博图书馆管理系统工作人员控制中心

2003 年，为有效解决嘉兴地区图书馆联盟馆制模式下的通借通还模式的需求，南京图书馆技术人员常驻嘉兴市图书馆，开发联盟馆制图书管理系统。

2005 年，嘉兴市图书馆正式开发出联盟馆制软件，建成多馆之间以联盟馆制模式共享资源的功能系统，包括采访、编目、流通、典藏、读者、连续出版物、OPAC（读者网络查询服务）、阅览室、古籍管理、手机 Web 服务、电子阅览室管理等图书馆业务管理功能。提供网上办证、网上采访、网上流通等功能，实现市、县、区、镇、村通借通还的突破。

2013 年，图书管理系统提供 SIP2 接口，实现了对 RFID 自助借还设备的支持。

2014 年，嘉兴市图书馆开创性地将嘉兴地区农家书屋图书资源和公共图书馆系统进行整合建设，增设农家书屋图书自动化管理系统并与公共图书馆系统数据打通，同时为每个农家书屋配备移动终端，通过移动终端上的图书业务系统 app，实现农家书屋与公共图书馆的通借通还。

2015 年嘉兴市图书馆联合新华书店，共同开展“你选书，我买单”的图书荐购服务。

2016 年嘉兴市图书馆联合京东商城，为读者提供“京东荐购”服务。

三、采访、编目、服务、配送、培训五大突破：图星系统（2019— ）

Libstar（图星）智慧图书馆服务平台（以下简称“图星系统”）是江苏图星软件科技有限责任公司与南京大学深度合作的产品。有别于传统架构的业务系统，图星系统借助大数据和云计算，为图书馆重塑资源采购流程、提升馆藏利用率、保障和优化文献资源等问题提供了专业全面的解决方案。

经过长期的调研和选型，嘉兴市图书馆在 2019 年最终确定采用图星系统为下一代图书馆业务系统。经过政府采购和部署，于同年 10 月 1 日开始进行平台切换和数据迁移，将书目数据导入图星系统。同年 10 月 23 日开始将图书流通数据导入图星系统，自助借还机切换图星系统的 SIP2 接口，图星系统正式为读者提供服务（图 2–2–4）。在做好系统部署的同时信息技术与服务部开设培训班，指导馆员熟练掌握常用操作。同年 10 月 26 日，嘉兴市图书馆顺利完成了业务系统的迭代更新。

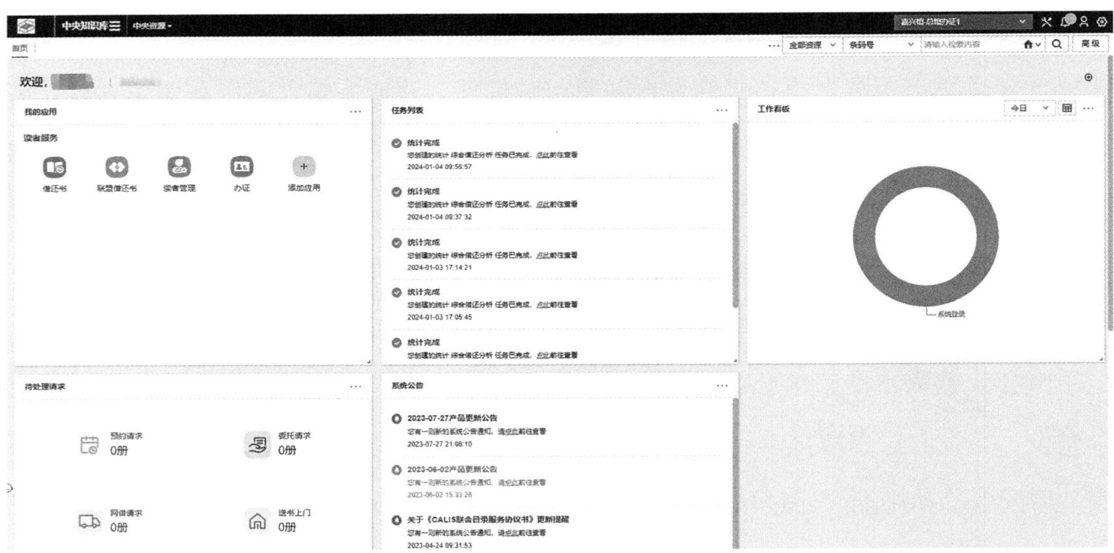

图 2–2–4　Libstar（图星）智慧图书馆服务平台

第三节　网络系统建设

嘉兴市图书馆探索城乡一体化公共图书馆服务体系建设，形成独创的“嘉兴模式”。这套模式基础就是嘉兴市图书馆与各区馆、乡镇（街道）分馆、村（社区）分馆之间建成的信息网络体系。依托网络系统建设，实现通借通还服务，同时总馆的数字资源也能够依托网络深入服务体系的末梢，摆脱存储介质搬运拷贝服务的传统模式。

2003 年，嘉兴市图书馆搬入海盐塘路新馆舍，网络系统借此进行了跃升建设，核心交换机升级为思科 4503，为全市域服务点的互联互通提供了基础交换保证。

2004 年，嘉兴市图书馆利用 VPN 技术实现公共图书馆之间的联网服务，全市各县（市）公共图书馆以及平湖的 10 个乡镇文化中心实现互联。

2005 年，嘉兴市图书馆积极推广全国文化信息资源共享工程，把大量文化信息资源用 VPN 技术方式输送到基层文化中心，使每一个基层中心都具有数字文化的服务功能，全市基层中心的总数达到 53 个，处于全省领先水平。

2006 年，嘉兴市图书馆与中国电信股份有限公司嘉兴分公司共同拟定使用 VPN 技术推广全国文化信息资源共享工程的技术方案。

2007 年，嘉兴市图书馆开始建设城乡一体化的公共图书馆总分馆服务体系，利用 VPN 技术打通各个下属乡镇（街道）分馆，实现图书通借通还。同年嘉兴市委、市政府把乡镇分馆建设作为文化大市建设的重要工作并列入《嘉兴市文化大市建设 2007 年行动纲领》和“2007 年市区十大民生工程”，确立了乡镇分馆建设采用市、区、乡镇三级政府共同投入的可持续发展机制。

2008 年，嘉兴市图书馆对原有的核心交换机思科 4503 进行迭代升级，更新为思科 6506。

2009 年，嘉兴市城乡一体化公共图书馆服务体系建设得到进一步推进，年内新建乡镇分馆 9 个，新建村图书流通站 2 个。全市累计建成开放乡镇分馆 30 个，市本级乡镇分馆实现全覆盖。

2010年，新建市、县图书馆乡镇分馆22个，全市范围累计建成开放乡镇分馆54个，嘉兴地区乡镇分馆实现全覆盖。

2011年，随着技术进步及资费降低，嘉兴市图书馆对VPN技术模式进行升级，采用点对点裸光纤专线技术方案，提升总馆外网出口带宽到1Gbps，各分馆互联网服务统一由总馆提供，由总馆提供安全服务和保障，相比VPN技术网络使用效率显著提高。

2019年，采用MPLS专线等技术，建设礼堂书屋和智慧书房。

2020年，对原有核心交换机思科6506进行迭代升级，更新为华三LS-10508-V。

截至2022年底，嘉兴市图书馆通过专线，建成了1个中心馆、1个少儿馆、19个乡镇（街道）分馆、43个智慧书房和62个礼堂书屋的综合互联互通的网络系统。

第四节　数字资源建设

嘉兴市图书馆数字资源建设，经过近30年的耕耘，在数量和存储空间上都达到了一定的规模，截至2022年底数据容量已达到了110 TB。随着时代的进步，读者的阅读方式和需求也在发生变化，数字资源建设在不断丰富数据资源、满足读者需求的同时，也在不断优化建设机制，确保数字资源建设的长期性和健康性。

一、数字资源的购置

1. 光盘资源

1997年嘉兴市图书馆建立了中国学术期刊检索站二级站，正式对外提供清华同方《中国学术期刊（光盘版）》检索服务。2000年注重提高中国学术期刊检索站质量，加强信息收集工作，至2003年共提供电子图书19206册，在馆内电脑上均可方便地进行全文检索。

2. 中国知网、方正阿帕比等数字资源

2002年开始，嘉兴市图书馆每年提供CNKI快讯8期8—11个专辑、80多份，为有关部门提供资料100多次、300多篇。

2004 年嘉兴市图书馆引进方正 Apabi 电子图书 2.8 万多种、4 万多册，内容涵盖哲学、社会科学、自然科学、医学、农业和工程技术等各门类。

2006 年嘉兴市图书馆采用 VPN 技术方式推广全国文化信息资源共享工程，建立全国文化信息资源共享工程市级支中心资源镜像站，包含清华同方学术期刊、博硕士论文、方正 Apabi 电子图书、龙源期刊和国研网等数据库。

二、自建数字资源

嘉兴是一座具有浓厚历史底蕴的城市，丰富的人文历史为图书馆提供了大量的古籍和地方文献，其中善本众多，版别丰富，这些文献从不同角度记载了嘉兴区域文化的多个方面，成为人们了解历史、传承文明的重要参考史料，也是馆藏文献最重要的组成部分。

2006 年起，嘉兴市图书馆整理、建设了一批具有本地特色的资源库（图 2–2–5），内容涵盖嘉兴古代名人、嘉兴运河文化、嘉兴院士、嘉兴民俗、嘉兴记忆和嘉兴方言等，以文字、图片、音视频等形式全面展现丰富多彩的嘉兴。

图 2–2–5　嘉兴市图书馆自建库专题

三、其他数字资源

1. 专题数字资源

嘉兴市图书馆在做好基础数字资源建设同时，也建设了多个专题资源模块，2010 年以来先后建设了古籍与地方文化专题资源板块、学习专题板块，以及税务分馆专题板块（图2-2-6）、农科分馆专题板块（图2-2-7）、数字众创空间专题板块。税务分馆是联合嘉兴市税务局共建的专题板块。数字众创空间是在大众创业的背景下定制化的专题资源，细分为24个不同的资源子版块，包括生物医药、纺织印染、电子商务等。

图 2-2-6　嘉兴市图书馆税务分馆

图 2-2-7　嘉兴数字图书馆农科分馆

2. 电视学习中心

嘉兴电视学习中心（电视图书馆），是嘉兴市图书馆2015年为市民提供学习服务的新平台，集文字、图片、视频、音频于一体。通过嘉兴华数数字电视，市民可享受各类知识的学习和文化服务。

嘉兴电视学习中心提供 13 个栏目分别为：嘉图概览、嘉禾往事、职场充电、好书有约、阅读基地、政法专栏、嘉兴故事、活动培训、空中展厅、讲座讲坛、课外学习、科普园地、医学养生。读者可以通过打开电视机及华数机顶盒，选择“嘉图视窗”，进入“嘉兴市图书馆电视学习中心”（图 2-2-8）点播观看。

图 2-2-8　嘉兴市图书馆电视学习中心（电视图书馆）

3. 移动图书馆

2011 年嘉兴市图书馆建成嘉兴移动图书馆，为读者提供手机 Web 服务。随着移动互联网的不断高速发展，嘉兴市图书馆紧跟时代步伐，2017 年 11 月上线嘉兴市图书馆 app（图 2-2-9），包括电子书、电子期刊、有声读物和视频等资源，实现了随时随地的掌上阅读和学习。

截至 2022 年底，嘉兴市图书馆 app 内含电子书 250 万册、视频 2600 个系列 24000 集、音频 2000 个系列 18000 集、报纸 550 多种、中文电子期刊 13100 万篇、外文电子期刊 30100 万篇、公开课 1100 个系列 8000 集、中文学位论文 860 万篇、外文学位论文 900 万篇。

4. 微信端资源建设

微信公众号作为一种新兴的网络传播媒介，因其辐射面广、传播速度快、互动性强、运营成本低等优势，成为图书馆发布信息与提供服务的重要载体。嘉兴市图书馆陆续采购了适合微信端使用的数字资源，如知识视界、中华诗词、云图有声和京东读书等十余个数据库，读者在移动端使用嘉兴市图书馆资源、服务等时，除了可以利用嘉兴市图书馆 app 以外还多了一个获取知识服务的平台（图 2-2-10）。

图 2-2-9　嘉兴亓图书馆 app

图 2-2-10　嘉兴市图书馆微信公众号掌上阅读

四、数字资源建设模式

2006 年开始，嘉兴地区公共图书馆就开始探索数字资源建设共投共建共采的模式，数字资源采购经费由市、县两级财政分担，各单位资金共投共建。嘉兴数字图书馆作为嘉兴地区公共图书馆数字资源建设的集大成者，从开始酝酿到 2010 年建成实现，就一直贯彻着共建、共享的共识。起初，主要由嘉兴市图书馆联合嘉兴五县（市）公共图书馆及其他联盟馆，共同筹集建设数字图书馆的经费，2011 年底，嘉兴市所有公共图书馆、市教育信息装备中心（代表嘉兴市中小学图书馆）、市科委（代表科委系统图书资料室）等单位签订了嘉兴数字图书馆建设经费分担和长期投入的共建共享协议，各参与单位建立起全市数字资源的共同出资、共同采购、共享利用的机制。2021年和2022年，秀洲区、南湖区也分别加入共建共享行列。截至2023年，嘉兴地区数字资源的采购以嘉兴市图书馆为中心馆，出资金额占数字资源采购总经费的五成左右，其余成员馆各出资30万元，放进总采购经费的“大篮子”里。通过这种方式，数字资源的采购经费大幅度提高，2023年达到了370万元，可采购的数字资源数量增加，因此可以提供更多的优质数字资源给嘉兴整个地区的市民，可谓“花小钱办大事”。

嘉兴地区公共图书馆数字资源建设的共投共建共采为嘉兴地区市民、人才建设提供了高效且可持续的资源建设模式，可以有效利用分散资金集中采购资源品类多、数据库质量好的资源平台供嘉兴数字图书馆使用，在嘉兴全市范围内实现了文献信息统一检索。嘉兴市本级及五县（市、区）公共图书馆的读者，凭嘉兴地区各公共图书馆读者证或开通借阅功能的市民卡，便可登录嘉兴数字图书馆，24小时免费获取各种数字资源和文献服务。

第五节　三大工程

近年来，党中央、国务院提出一系列推动社会主义文化大发展大繁荣的重大战略部署，我国公共文化基础设施发展迅速，一批重点文化工程取得丰硕成果，覆盖城乡的公共文化服务体系正在形成。为进一步加强公共数字文化建设，提高公共文化服务能力，推动覆盖城乡公共文化服务体系建设，保障数字化、信息化、网络化环境下，公共文化服务的公益性、基本性、均等性、便利性，满足人民群众日益增长的精神文化需求和基本网络文化需求，“全国文化信息资源共享工程”“数字图书馆推广工程”“公共电子阅览室建设计划”相继发布。

一、全国文化信息资源共享工程

2002年4月，经国务院批准，文化部、财政部共同组织实施的全国文化信息资源共享工程（以下简称“共享工程”）正式启动。作为公共文化建设重点工程，共享工程建设受到党中央、国务院高度重视，并被列入《中华人民共和国国民经济和社会发展第十一个五年规划纲要》。基于全国范围内建设并实现文化信息资源的共建共享，共享工程在改善城乡基层群众文化服务、消除数字鸿沟等方面起到重要作用。

嘉兴市共享工程利用全国文化信息资源共享工程的数字资源，整合本市优秀传统文化及各类文化信息资源，通过网络为全市公众提供文化信息服务。在建设过程中，嘉兴市级支中心采用 VPN 技术自建虚拟专网，这一发展模式获得了肯定。

1. 硬件建设

根据浙江省文化厅的部署，2003 年 3 月，嘉兴市文化广电新闻出版局在嘉兴市图书馆建立共享工程嘉兴市级支中心。同年，桐乡图书馆、海宁图书馆建立了县级支中心。当时受限于互联网技术，国家中心、省中心、市级支中心和县级支中心之间，都采用数据拷贝和物理运输的方法来更新资源。也就是需要将省中心拥有的数据资源用移动硬盘拷贝至嘉兴市支中心，再从市级支中心拷贝到各基层点。

2004 年下半年开始，嘉兴市级支中心采用了 VPN 技术自建虚拟专网，在全省率先突破依靠硬盘拷贝数据带来的投入大、更新慢的瓶颈。通过 VPN 技术的运用，共享工程在嘉兴市推广的速度大大加快。在短时间内，迅速建成了由市级支中心到各县（市）级支中心、乡镇（街道）、市级村文化活动中心（室）、社区基层点的服务体系。

2005 年 3 月 21 日、2006 年 4 月 3 日和 13 日，文化部副部长周和平三度来嘉兴，考察共享工程的推广工作，对嘉兴采用 VPN 技术自己建网，利用网络传输数字信息的发展模式，给予充分的肯定。

2006 年 9 月，文化部在山东召开全国文化共享工程试点工作会议，特别邀请嘉兴市图书馆与广东东莞图书馆在会议上介绍经验。嘉兴市图书馆在会上作题为《以积极进取的精神做好共享工程的推广服务工作》的发言，产生较好的反响。年底，嘉兴市被文化部列为共享工程全国 5 个试点城市之一。

截至 2006 年，全市建成各类分中心、基层中心、基层服务点 70 个。

2007 年 2 月，市政府及时出台了《关于实施示范地区文化信息资源共享工程的通知》，明确了建设的总体目标、主要任务和保障措施。3 月，嘉兴市文化广电新闻出版局、中国电信股份有限公司嘉兴分公司举行了合作共建嘉兴市文化信息资源共享工程的签约仪式。由电信公司提供技术支撑，文化部门提供内容服务，形成了具有嘉兴特色的共享工程 VPN 技术推广服务模式。嘉兴市图书馆建成一个功能强大的计算机网络，其中包括共享工程信息发布服务器以及 11.5TB 的文化信息资源。全市建成的 765 个基层点和各个公共图书馆都能向读者提供服务。

2008 年，以农村基层服务点建设为重点，切实加强组织领导，合理规划布点，出台政策措施，努力创新技术手段、服务方式和管理机制，积极探索适合嘉兴实际的运用 VPN 技术的推广服务模式，协调整合农村党员干部现代远程教育系统和各县（市、区）教育城域网络等现有各种网络资源，进一步扩大和提高文化共享工程覆盖面、服务面和影响力，实现文化信息资源在全市范围内的共建共享，使之成为公共文化服务体系的有机组成部分，使基层群众特别是农村群众能够普遍享受数字文化服务。全市完成市支中心及五个县（市）支中心建设，创建乡镇（街道）、村（社区）基层服务点 1000 多个，初步建成比较完整的文化共享工程公共服务网络，形成以嘉兴市文化信息资源共享工程数据镜像站为资源及网络中心、各县（市）支中心为枢纽，涵盖全市所有乡镇（街道）和大部分行政村、社区的文化共享工程服务网络。

2009 年 6 月 8 日，大桥分馆实现了图书“一卡通行”和“通借通还”，并参与全国文化信息资源共享工程，可通过电脑网络检索到省、市公共图书馆的电子书。当前我国公共文化服务，难点在农村，弱点在基层。提高公共文化服务水平的标志，就是看基层、看农村公共文化服务的水平。浙江在这方面有着强烈的自觉，正在大力推动，希望能够在这方面不断取得新成果，创造新经验。

2. 资源建设

2003 年文化共享工程嘉兴市级支中心新成立时，采用数据物理拷贝的方法，将省级资源共享至市支中心与基层中心。在共享工程资源建设的过程中，图书馆不仅探索了以 VPN 技术为中心的推广模式，并且积极探索地方特色资源的建设与利用。

2006 年底，嘉兴市图书馆积极行动，采购设备、建立文化信息资源共享工程数据镜像中心，同时不断加强数字资源建设，市支中心拥有全国文化信息资源共享工程数据镜像（全国最新文化信息动态，7460 多部戏曲、电影、专题知识讲座和实用知识等多媒体资源），浙江省分中心文化信息资源（浙江家谱，越剧资料库，绍兴古桥等一批浙江特色的数据库，中、外历代名人图像数据库，维普中文科技期刊数据库，浙江读书网），嘉兴市图书馆 Apabi 数字图书，中国学术期刊、博硕士论文数据库、重要会议论文数据库，龙源电子期刊时政、经济、文学、休闲类杂志，国务院发展研究中心的中国宏观经济、金融中国、行业经济等数据库，影像类、科普类、讲座类 VOD 点播。

各种优秀国产电影，优秀舞台艺术精品（话剧、歌剧、地方戏、音乐舞蹈、小品相声、木偶杂技）、专题片、电子书刊、电视剧等能够陶冶读者情操，另外农业种植技术、农业养殖技术、农民工进城务工技能为读者提供感兴趣的专业知识。

2007 年，嘉兴市人民政府发稿《以农村基层服务点为重点，全面推进文化信息资源共享工程建设》，指出除了嘉兴的文化信息资源共享工程数据镜像中心已经基本建成以外，还要大力建设地方文化信息资源，建设嘉兴市县地方特色文化数据库。这个时期，市图书馆把全国文化信息资源和图书馆其他信息整合在一起，在各个基层服务点形成了数字图书馆的雏形（图 2–2–11）。

图 2–2–11　全国文化信息资源共享工程嘉兴市支中心网站

2009 年，嘉兴市图书馆在寒暑假期间，充分利用“共享工程”的优质资源，放映各种视频资源 21 场次。举办以共享工程资源利用为主题的网上知识竞答，丰富了学生的业余文化生活，提高读者的文化素养。同年，嘉兴市图书馆还在浙江省图书馆举办的“文化共享杯——全国文化共享工程知识与技能竞赛”上获得亚军的好成绩。

共享工程丰富的数字资源，在网络还没有普及、知识资源还没有唾手可及的时代有效地丰富了农村地区群众的文化生活，提高了农村地区群众的文化素养，在社会主义新农村文化建设中发挥了积极的作用，同时也为后来嘉兴数字图书馆的建设打下了良好的基础。

二、公共电子阅览室

公共电子阅览室建设是在公共数字文化建设发展到新的阶段，为保障基层广大群众的基本文化权益，而推出的一种创新服务模式。实施公共电子阅览室建设计划，将为广大人民群众特别是未成年人提供公益性上网场所，吸引广大人民群众参与积极、健康的网络文化活动。

1. 硬件建设

早在 1999 年 5 月 17 日，嘉兴市图书馆就成立电子阅览室，并伴随嘉兴地区总分馆服务体系的延伸和拓展，到 2010 年已遍布嘉兴市本级所有的乡镇（街道）分馆。2011 年，为了更好地服务城乡读者，嘉兴市图书馆采用点对点裸光纤专线技术方案，提升总馆外网出口带宽到 1Gbps，各分馆互联网服务统一由总馆提供，由总馆提供安全服务和保障，为接下来的公共电子阅览室建设计划的开展和实施提供了良好的硬件基础（图 2-2-12）。

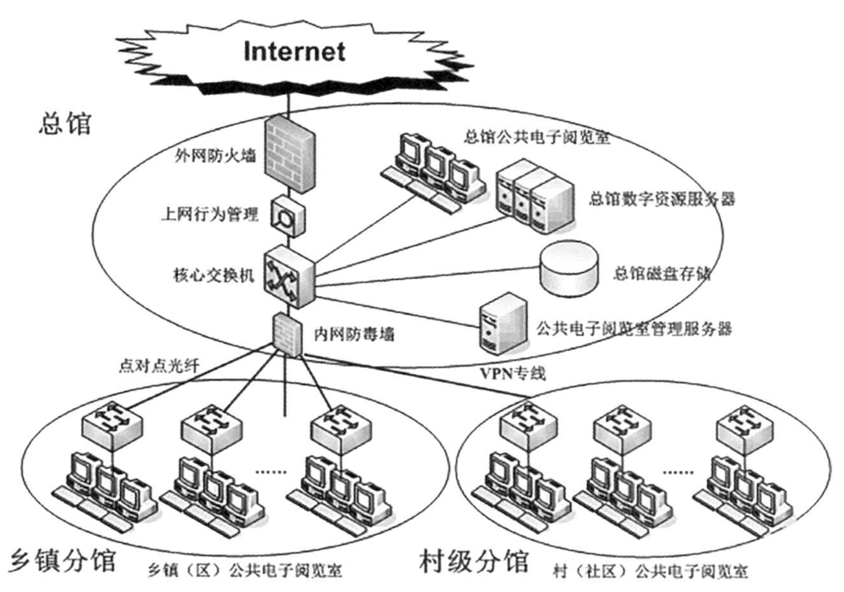

图 2-2-12　嘉兴市图书馆公共电子阅览室网络拓扑图

2011年1月26日，嘉兴市、桐庐县被确定为浙江省“公共电子阅览室建设计划”的试点地区。11月，顺利通过浙江省文化厅检查验收。

2011年8月9日，嘉兴市政府办公室出台的《嘉兴市人民政府办公室关于印发嘉兴市加强公共电子阅览室建设实施意见的通知》（嘉政办发〔2011〕111号）中指出，至2011年11月，在市、县（市）公共图书馆建成市级、县级公共电子阅览室6个；在图书馆乡镇分馆以及未被市、县（市）公共图书馆覆盖的街道建成镇级公共电子阅览室55个；在有条件的村（社区）文化活动中心建成一批村级公共电子阅览室。所有公共电子阅览室实现免费服务、共享资源、规范管理，为全市人民提供集互联网信息查询、文化共享工程信息资源服务、数字图书馆服务、培训于一体的健康、便捷的网络服务，使其成为网络环境下公共文化服务的新平台、新渠道。

2. 延伸拓展

公共电子阅览室有良好的资源、设备和场馆，逐渐成为读者信息化培训的重要场地。嘉兴市图书馆利用公共电子阅览室的场地和计算机设备，针对老年读者开展“夕阳红E族”信息素养培训活动，针对青少年读者开展“小小创客家”科学素养培训活动，针对农民工读者开展“帮兄弟回家”买票培训活动。这些活动不仅弥补了网络普及的不足，也解决了公共电子阅览室上线后读者流失的问题，而且将活动推广到乡镇（街道）分馆，惠及更多读者，打造响亮的活动品牌，创造明显的社会效益。

在获得良好的社会效益和读者反响后，2014年嘉兴市图书馆开始进一步提升公共电子阅览室服务模式的广度和深度。

（1）广度：以“文化有约”为载体，激发服务创新活力

依托嘉兴地区政府文化行政管理部门推广的公共文化服务平台“文化有约”，将嘉兴市图书馆公共电子阅览室开展的培训、讲座、主题活动等服务项目在“文化有约”网站上实现全面呈现。

（2）深度：弱势群体活动重点开展

主要面向残障儿童、新居民子弟学校学生、农民工群体等提供图书馆服务。2014年春节，“帮兄弟回家”项目吸引了1万余名农民工兄弟参与活动，培训4000余人次，网络购票服务在一个月内帮农民工抢购火车票达800多张，受到社会广泛关注，已成为嘉兴市图书馆总馆和乡镇分馆的重要服务品牌之一。

三、数字图书馆推广工程

1. 网站建设

（1）官网建设

2000 年 9 月，嘉兴市图书馆建立官方网站（图 2–2–13），域名为 www.jxlib.com，网站分为资源检索、服务体系、嘉图活动、新闻公告、读者服务、本馆概况六个模块，集中地把嘉兴的历史沿革、地理资源、经济、社会文化、藏书和秀州书讯等信息数字化后发布在互联网上，读者输入域名即可访问，2000 年网站访问量达到 2.1 万人次。

图 2–2–13　嘉兴市图书馆官网

2009 年，随着图书馆网站越来越成为图书馆与读者交流互动的平台，嘉兴市图书馆网站进行了改版升级。全新用户界面界面美观，功能完备，信息实时更新，读者能在网站中更快、更全面地获知图书馆的服务动态。新网站包含资源检索、服务体系、嘉图活动、新闻公告、读者服务和本馆概况六个栏目。

2016 年，因为网站安全的需要，嘉兴市图书馆在主体服务功能不变的前提下对官网网站的架构进行了升级，确保网站正常运行和用户的数据安全。

（2）数字图书馆网站建设

2010 年 12 月 29 日嘉兴数字图书馆正式建成并上线服务（图 2–2–14），这也是 2010 年嘉兴市区民生工程之一。嘉兴数字图书馆是以浙江网络图书馆为基础，由市图书馆联合五个县（市）公共图书馆、嘉兴学院图书馆、嘉兴市中小学图书馆、嘉兴市教育装备与信息中心、嘉兴农科院等联盟馆共同建设，以“合作共赢、共建共享”为目标，以综合性、跨系统、全民共享的数字文献保障服务为特色，运用现代网络技术，打破地域限制，为全市读者提供一站式的各类数字资源检索和文献服务的区域性数字资源统一平台。

2016 年，嘉兴市作为信息惠民国家试点城市，为配合提升公共服务水平和均等普惠程度，嘉兴市图书馆对数字图书馆进行迭代，将超星读秀平台升级为超星发现平台，以海量元数据为基础，利用数据仓储、资源整合、知识挖掘、数据分析、文献计量学模型等相关技术，实现高效、精准、统一的学术资源搜索，为用户提供更加全面和深入的学术资源发现和学习服务。

图 2-2-14　嘉兴数字图书馆网站

嘉兴数字图书馆资源丰富，拥有国研网、CNKI 中国知网等近 50 种国内外专业数据库，涵盖图书、期刊、视频、学位论文等多种文献类型，共有 2.7 亿条中外文文献信息，310 万种中文图书书目信息、9 亿页全文检索内容，110 多万种中文图书可供全文阅读，200 万种图书可供原文传递，300 万部视频信息，1 万多种电子期刊、2000 余万篇论文可供全文下载或原文传递，以上资源以每天10万条内容的速度不断更新。

2. 科情信息服务建设

嘉兴市图书馆科技信息服务品牌是嘉兴市图书馆为服务在嘉人才开展的知识型图书馆服务项目，面向嘉兴市民、各类人才、科研院所、企业、党政机关、产业园区等，提供丰富的图书馆资源和服务。

2016年起，嘉兴市图书馆特别建立了一支专业队伍，开拓面向在嘉人才的各项服务。经过几年的探索和尝试，形成了服务内容可持续、服务形式多样化、服务人群泛在化、服务内容专业化等特点。馆员还走进企业开展定点服务、上门走访、数字资源与数字阅读展等服务和活动。除提供数字资源、信息素养培训、节点活动、上门走访等上述提及的服务内容，嘉兴市图书馆还提供科技查新、引文检索、文献调研等专业化服务（图2-2-15），提供文献传递、检索咨询、主题检索、定题服务、论文查重等知识服务，极大方便了嘉兴人才在文献检索、项目申报、评奖、科技创新、职称申报等方面事项的办理。

图2-2-15　嘉兴市图书馆科技信息服务嵌入浙里办

嘉兴市图书馆还积极利用各新媒体平台进行数字资源、知识服务、人才服务、信息素养等内容的宣传推广，也通过与嘉兴市人力资源和社会保障局等机构建立跨界合作，更好地推动嘉兴市图书馆科技信息服务品牌的建设，使更多的人才、人群方便地获取文献、提升自身信息素养，获得精准、高质量的科技信息服务。

2023年6月，嘉兴市"'嘉知源'科技信息服务品牌"在浙江省图书馆学会第四届优秀图书馆服务品牌评选活动中荣获最佳品牌奖。

3. 馆情数据展示平台

2013年嘉兴市图书馆馆情数据展示平台投入开发和使用，2018年进行升级更新，展示图书馆的实时统计到馆人次、累计数据（包括当年借还总册次与当年到馆累计人次）、图书推荐、历史上的今天、图书借阅排行封面、嘉兴地区公共图书馆即时数据、网站访问统计、数字图书馆即时数据、数字资源累计统计数据和馆宣视频等内容。

4. 人才建设

2012至2018年，为进一步推进数字图书馆推广工程培训工作，继续深化讲师队伍的培养与管理，提高讲师技能，通过利用浙江网络图书馆等公共数字文化资源开展阅读推广活动，嘉兴共享工程市支中心持续参加全省文化共享工程数字文化讲师团培训班，通过专业培训师讲授课堂授课技巧、互动教学、阅读推广、PPT制作应用等内容，总结经验，促进交流，扩大培训工作效果。

第六节　读者服务平台建设

一、社交平台服务建设

1. 微信公众号的建设和发展

在微信逐渐成为人们热门的社交平台后，嘉兴市图书馆在2014年启动了总分馆体系下的微信公众平台建设，将图书馆服务融入微信中，利用智能终端设备进一步为城乡居民提供更新颖、便捷的服务。

2014 年 8 月，嘉兴市图书馆总馆微信公众平台开始启用（图 2–2–16），由云听云阅、活动服务、服务大厅三大模块构成。①云听云阅，模块包含“嘉图电台”“云图有声”“掌上阅读”3 个功能。②活动服务，模块包括“图书检索”“嘉图资讯”“活动预约”“在线直播”“嘉图服务”5 个功能。③服务大厅，可跳转到浙里办小程序中的嘉兴市图书馆服务专区。

图 2–2–16　嘉兴市图书馆总馆微信公众平台

2015 年 10 月 13 个区、乡镇分馆微信公众平台建设完成并投入使用，其提供了“本馆动态”“分馆风采”“好书有约”“小微帮忙”“嘉图微博”五个信息导航模块。

2. 微信小程序的建设和发展

微信小程序一出现，便凭借着巨大用户群体，迅速走红，成为一种新型的应用形态。2020 年嘉兴市图书馆开始着手推出嘉图智慧小程序（图 2–2–17），以智慧书房 4 大场景数据（借阅数据、环境数据、客流数据、社群数据）为核心，搭建面向总分馆的、资源共享的智慧服务平台。

图 2-2-17　嘉兴市智慧书房小程序

在线服务。读者可以通过手机微信一站式检索嘉兴市图书馆馆藏数据、数字图书馆海量资源数据、京东网等网站的在售图书数据。如读者查找的纸质图书不在智慧书房，系统会自动提供一对一解决方案：可以直接提供电子书资源，支持用户在线阅读；也可以从其他服务点申请调书；还可以通过数字图书馆网络从全国其他图书馆查找，并进行文献传递。

读者荐购。读者对于图书馆没有入藏的图书，通过智慧小程序的“京东快借”栏目，进行检索和“荐购”，只要符合馆藏采购条件，就可下单，系统会在两天内把新书寄到读者手中，阅读完毕后归还图书馆即可。

个性化导读功能。书房小程序会结合读者以往阅读和借阅的偏好，利用算法综合分析图书信息，为读者个性化推荐“你爱看图书”。针对儿童和青少年读者，书房提供阅读能力的自测系统，并结合教育系统阅读书籍清单数据、图书馆系统内“借阅”数据以及图书馆阅读能力测评系统中的数据，为读者提供精准化、优质化的分级阅读方案。

3. 浙里办服务

为配合浙里办“最多跑一次”的服务宗旨，嘉兴市图书馆在浙里办也提供了嘉兴市图书馆服务，与公众号中提供的服务大厅功能类似，包括个人中心、电子证、当前借阅、历史借阅、图书续借、图书检索、新书通报、嘉图动态、家庭组功能。用户登录浙里办后，浙里办获取读者身份信息，为读者提供各种图书馆网上服务的便利（图 2–2–18）。

图 2–2–18　嘉兴市图书馆浙里办服务界面

二、其他第三方应用服务集成

（1）搭建“信阅”平台功能。支付宝芝麻信用分高于 550 分的读者通过支付宝选择“图书馆信用服务”（图 2–2–19），可在线免费阅读电子书，免费办理“信用借阅证”、纸质书“信用借”、“快递达”，实现家和图书馆海量资源的无缝连结。

图 2-2-19　嘉兴市图书馆图书信用服务（支付宝）界面

（2）参与南湖分。南湖分是嘉兴市个人信用分，使用“我的嘉兴”app，进行（南湖分）“信易阅”授权后，即可在嘉兴地区图书馆享受免费借阅更多普通书刊的服务（图 2-2-20）。

图 2-2-20　嘉兴市图书馆南湖分信用服务界面

（3）支持长三角地区第三代社保卡（实体卡和电子卡），免押金开通借阅服务。

（4）支持嘉兴市人才码。在嘉兴工作、缴纳社保并获取人才码的读者，打开浙里办 app 可以使用人才码免费开通读者证和借阅服务。

第七节　智慧化服务建设

从 2016 年开始，嘉兴市图书馆不断加大智慧化服务的探索力度，从最初的 24 小时自助图书馆模式的探索到遍布全市的智慧书房建设，从人脸识别应用的推广到客流计数的加持，不断利用新技术优化读者智慧服务体验，增加读者满意度。同时也不断利用智能化技术强化图书馆智慧管理，提高服务效能。

一、24 小时自助图书馆建设

2013 年嘉兴市图书馆开始探索建设 24 小时自助图书馆，利用 RFID 技术和自助设备，建设无人值守和自助服务的全开放、高品位的公共阅读空间。24 小时自助图书馆坚持平等、开放、共享的理念，搭建统一的技术平台，整合市、区、乡镇（街道）、村（社区）公共图书馆文献资源，实现书刊的统一检索和通借通还。

2013 年，在嘉兴市图书馆总馆内开始探索和建设 24 小时自助图书馆。

2014 年，以新嘉街道和龙盛右岸社区 24 小时自助图书馆为代表，嘉兴市图书馆正式铺开建设 24 小时自助图书馆。

截至 2017 年，累计建成了市馆、市行政中心、龙盛右岸社区、清华长三角研究院、新嘉街道、洪合凤桥村和高照街道等 10 多家 24 小时自助图书馆。

二、智慧书房建设

2017 年，嘉兴市图书馆开始探索物联网、大数据和人工智能等先进技术，对已建的 24

小时自助图书馆进行智慧化改造，升级后称为智慧书房，同时不再新建24小时自助图书馆，统一新建智慧书房。2018年4月18日，嘉兴市文化广电新闻出版局联合嘉兴市财政局发布《关于推进嘉兴市智慧书房建设的实施意见》，标志着嘉兴市智慧书房建设有了自己的建设模式和标准，并致力于将智慧书房打造为嘉兴地区的文化地标。

1. 硬件设施建设的尝试和完善

2017年，嘉兴市图书馆开始探索人脸识别技术和图书馆服务整合建设。

2018年，人脸识别技术和客流技术作为标准纳入智慧书房建设。

2019年底，疫情防控期间，为了实现人脸识别、测温和健康码一体化的入馆管控，智慧书房开始采用集成测温模块、健康码检测模块的门禁系统。系统对采集到的人脸进行比对，同时自动判定读者健康码和体温状态，予以开门或者显示拒绝提示，并在后台记录。

2020年试点投入智能化物联网设备，将电子感应门、屋内中央空调、智能灯光调节、人脸识别、智能安防等以物联网为基础的智能技术进行了整合，开始了硬件设施、物联网和图书馆服务相结合的探索和尝试。

2021年增加双目摄像头客流计数系统。该系统通过判断读者出入记录，实现实时的图书馆读者进出数量监测，并实时上报至智慧书房管控平台监控处理。

2021年总结试点建设经验，在传统自助和数字服务之外，确定新增智慧书房的智能物联网系统或模块为智能消杀灯系统、环境噪声传感器模块、智能阅读灯系统等。

2. 数据中台

为了利用图书馆智慧书房产生的各类数据，2020年嘉兴市图书馆基于大数据模型，建立了一套智慧书房数据管理和服务的嘉兴市智慧书房数据中台（图2–2–21）。它通过采集、整合、处理、分析和应用智慧书房的各种数据，为图书馆的管理和服务提供支持，帮助图书馆管理和利用数据资源，提高图书馆的数字化水平并加强其服务能力。

（1）智慧书房数据中台

2020年智慧书房数据中台的投入使用是中台数据的首次应用，旨在将智慧书房运营过程中的各种数据，通过图形、图表等直观的形式展现出来，从而帮助图书馆管理者理解和分析数据，为决策提供支持。

智慧书房数据中台通常包括多个数据看板，每个看板都关注图书馆运营的不同方面，如活动情况、读者借阅行为、图书馆流量等。通过这些看板，管理者可以快速了解图书馆的运营状态，发现存在的问题，进而调整策略和资源分配。

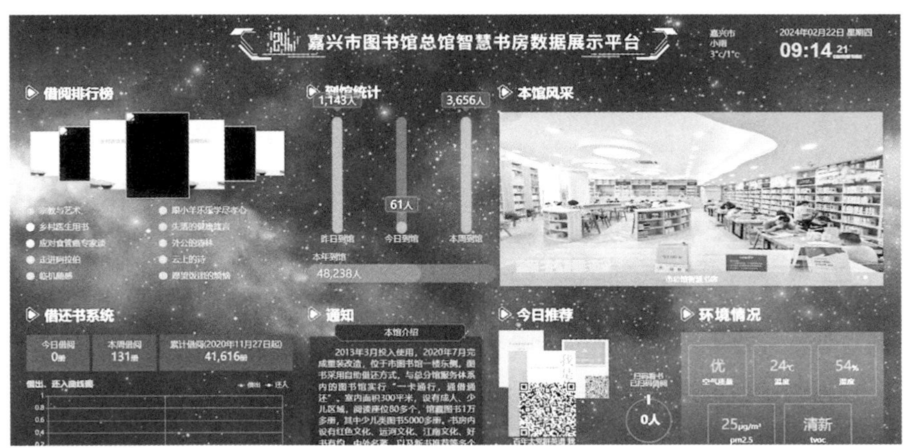

图 2-2-21　嘉兴市图书馆总馆智慧书房数据展示平台

（2）智慧书房物联网中台

2021 年利用智慧书房数据中台，建设智慧书房物联网中台（图 2-2-22），对全市智慧书房服务网络实施智能物联信息化系统改造提升，实现从场景应用到管理服务上的数字化拓展升级。

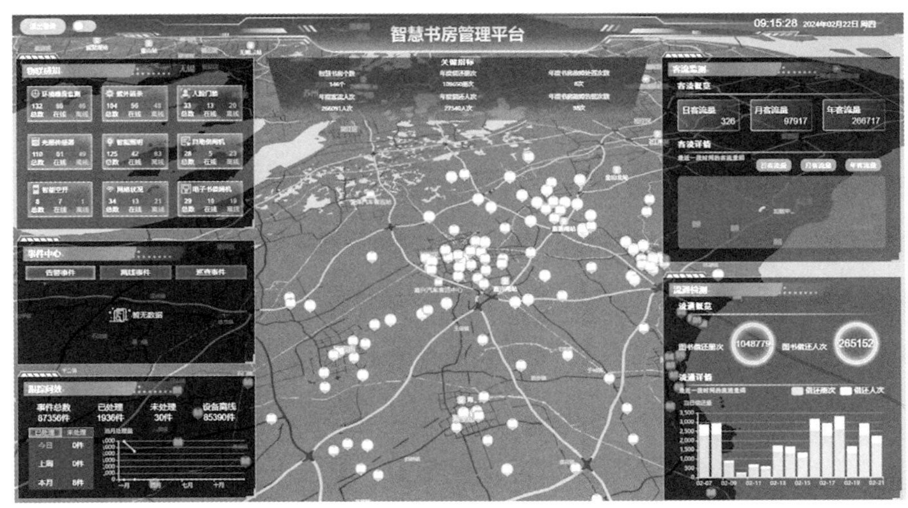

图 2-2-22　ILAS 系统智慧书房物联网中台

通过智慧书房物联网中台，管理智慧书房中的终端设备，将智慧书房打造成更加开放、健康、舒适和智能的智慧空间。①该平台可通过智慧书房物联网中台，获得来自智能环境监测系统、智能紫外消杀系统、智能噪声监测系统、智能用电远程空开系统、智能灯光调控系统、智慧书房视频监控系统等的数据；②可以获得各个智慧书房到馆人次、图书借阅册次、阅读活动等数据信息；③提供所有信息化设备离线告警功能，便于管理方及时跟进处理。

（3）智慧模式成型

嘉兴市图书馆“硬件＋数据＋物联网”模式，探索和打造体系化的智慧服务与管理，实现用户数据“一次录入，全市共通”，优化智慧书房“自助式”服务，实现无人化、智能化、人性化的管理。同时建立全面阅读服务新体验，为居民提供公共阅读场馆、读书社群、阅读活动、推书荐书等多元化的公共文化服务，形成了“智慧空间、智慧服务、智慧阅读、智慧管理”的建设思路。

智慧空间，搭建智能物联系统，实现人脸识别、出入口人流量监测、环境监测与净化、健康照明、紫外消杀、噪声监测和数字监测大屏等设备、系统的智能互联，为智慧书房硬件设备提供设备管理和智能监管服务。

智慧阅读，建设读者微信小程序，搭建一个面向总分馆一体化、资源共享的智慧阅读平台，该平台可以基于个体的智慧阅读需要，为用户提供个性图书推荐、阅读能力测评、阅读分享、馆员主题书目推荐等各类信息和阅读服务。

智慧服务，通过读者微信小程序，建设基于群体交流的智慧化服务平台。实现读书打卡、阅读笔记、图书推荐、积分排行、活动组织、活动推广、消息传达、宣传等功能，同时通过小程序，可以轻松查找附近智慧书房、地图导航，查看附近智慧书房人流和环境消杀等情况，便于活动安排。

智慧管理，通过智慧书房管理平台，管理员可依据权限查看所辖智慧书房的实时监测信息并进行后台管理，通过设置各类设备规则，满足不同智慧书房个性化需求。同时管理员可远程查看智慧书房内的实时监测数据、视频监控、通行记录，满足安防需要。

截至2023年底，嘉兴市图书馆累计建设智慧书房已达46家，取得了良好的社会效益。

（4）四智化标准制定

为指导推进新形势下嘉兴各地智慧书房的建设与运营，形成具有嘉兴特色的智慧书房服务品牌，由嘉兴市文化广电旅游局提出，嘉兴市文化和旅游标准化技术委员会归口，嘉兴市图书馆负责起草的《智慧书房建设与运营规范》（DB3304/T 093—2023），由嘉兴市市场监督管理局正式发布，并于 2023 年 4 月 17 日正式实施（图 2-2-23）。

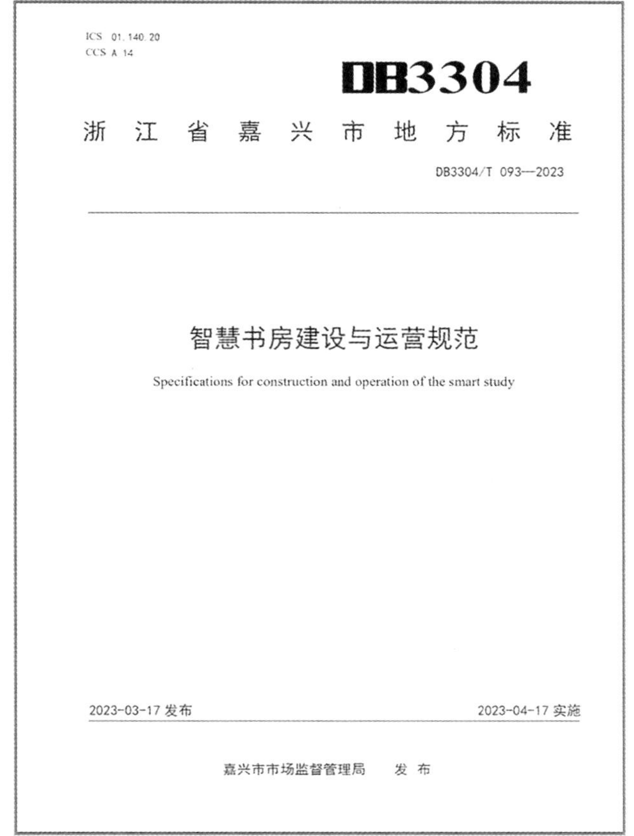
ICS 01.140.20
CCS A 14

DB3304

浙 江 省 嘉 兴 市 地 方 标 准

DB3304/T 093—2023

智慧书房建设与运营规范

Specifications for construction and operation of the smart study

2023-03-17 发布　　2023-04-17 实施

嘉兴市市场监督管理局　发 布

图 2-2-23 《智慧书房建设与运营规范》

嘉兴的智慧书房建设在全国也属前列，但是由于各建设主体不同，各类智慧书房在空间、设施、服务等方面都有一些区别，《智慧书房建设与运营规范》的制定实施，就让智慧书房在建设和管理上都有统一标准可依，在标准的基础上进行各自的提升优化。

第八节　图书馆信息化安全建设

为了应对日益严峻的信息化安全问题，嘉兴市图书馆坚持对信息化安全设备开展投入，在硬件设备方面陆续投入入侵检测、防火墙、日志审计、堡垒机、网络探针、服务器容灾备份等安全或安防设备。

2003年，采购思科防火墙ASA5520，用于图书馆网络的安全防护。

2012年下半年，对思科ASA5520进行升级，替换为ASA5550；为图书馆核心交换机思科6506新增了FWSM防火墙模块；同期添置了启明星辰的IPS天清入侵防御系统和深信服AC1000。

2016年接入云防护平台，在原有安全体系之外，增加一层以先进的云计算、大数据技术为基础的特殊防御手段。所提供的服务包括但不限于：网站防火墙、防扫描器、服务攻击防护、智能DNS解析、日志分析服务，按月输出电子报告。

2018年开始，我馆每年针对图书管理系统开展等保测评，每隔一年对馆内网络系统开展二级等保测评。

2019年图书馆针对图书管理系统开展三级等保测评——监督保护级，技术要求包括物理、网络、主机、应用、数据5个方面。

2020年，采购新的入侵检测设备，作为防火墙的合理补充，提升系统管理员的安全管理能力，提高信息安全基础结构的完整性。

2020年，新配备2台网神防火墙，不但可以提供基础网络安全功能，同时也针对乡镇和本馆，分别单独配置一套防火墙系统，实现不同级别的安全隔离。

2020年，图书馆业务的开展必须要有安全的保障，机房添置了网络安全审计系统，可以针对互联网行为提供有效的行为审计、内容审计、行为报警、行为控制及相关审计功能。从管理层面提供互联网的有效监督，预防、制止数据泄密，满足嘉兴市图书馆对互联网行为审计备案及安全保护措施的要求，提供完整的上网记录，便于信息追踪、系统安全管理和风险防范，填补了嘉兴市图书馆在业务日志审计方面的空白。

随着要管理的服务器越来越多，操作服务器的厂家越来越多，如何确保网络和数据不受内部和外部的破坏成了必须解决的难题。2020年，部署上线堡垒机系统，运用各种技术手段监控和记录运维人员对网络内的服务器、网络设备、安全设备、数据库等设备的操作行为，以便集中报警、及时处理及审计定责。

数据备份主要是为了防止因意外或受攻击造成的系统和图书馆业务数据丢失、损毁，保证数据的安全、可靠、准确。2020年，上线部署专业备份系统，可以实现对系统数据和业务数据的高效全自动备份，实现数据存储介质的有效管理，自动监视介质的使用次数、误码率、保存时间等。

为了确保读者的通信安全，2022 年安装的网络无线探针能够对网络流量进行采集、分析、信息提取的处理，支持基于复杂规则的定制化流量采集，支持攻击检测，支持记录流量日志，全方位保证我馆开放网络通信安全。

（撰稿人：汤益飞、郭云峰、王娟娟、邱仁博、羊铮逸）

第三章　全民阅读推广

嘉兴市图书馆从建馆以来一直重视通过阅读活动来推广全民阅读，提升全民阅读素养。阅读推广活动从建馆之初的每年几场到十几场不等，发展到每年5000场以上。阅读服务从建馆之初简单的借阅服务发展到通过开展建立图书流通站、文献展览等特色服务，到逐步形成城乡一体的总分馆常态化、系列化、品牌化的全民阅读推广服务体系，实现了从0岁开始到100岁的终身阅读服务内容，让身处在城市和乡村的不同人群都同样能够享受到精准的、优质的、特色的阅读服务，充分发挥了图书馆在社会教育主阵地的作用，打造了没有围墙的大学，让阅读成了人生的“永续课”。嘉兴市图书馆120年的发展历程中，全民阅读推广服务也写下了浓墨重彩的一笔。

第一节　嘉兴市图书馆全民阅读推广发展的历程

一、全民阅读推广服务探索阶段（1904—2004年）

1904年在嘉兴金蓉镜、陶葆霖等人捐书集款的基础上，“嘉郡图书馆”成立，早期的图书馆馆舍小，藏书不多，阅读推广活动主要以提供文献借阅服务为主。

1936年，嘉兴县立图书馆举办“嘉兴县文献展览会”。这次展览，是嘉兴县立图书馆在民国时期举办的最为重要的阅读推广活动。

新中国成立初期，图书馆阅读推广活动出现一个短暂的小高潮。1950年5月汪大铁接任副馆长后，开始在馆内试办读书小组，1951年读书小组规模扩大，并出台《浙江省立嘉兴图书馆读书小组组织简则》。1952 年馆内设置阅读推广专人专岗，图书馆阅读推广工作开始形成长效机制。1955 年，配合五周年馆庆，举办了“我们切身的事业”文艺报告、纪念高尔基诞辰 87 周年的文艺晚会、红楼梦研究批判座谈会、共产主义道德教育文艺报告会、文字简化草案座谈会，以及图书推荐会（《勇敢》《青年英雄的故事》《斯大林时代的人》等书）、读者座谈会等（图 2-3-1）。

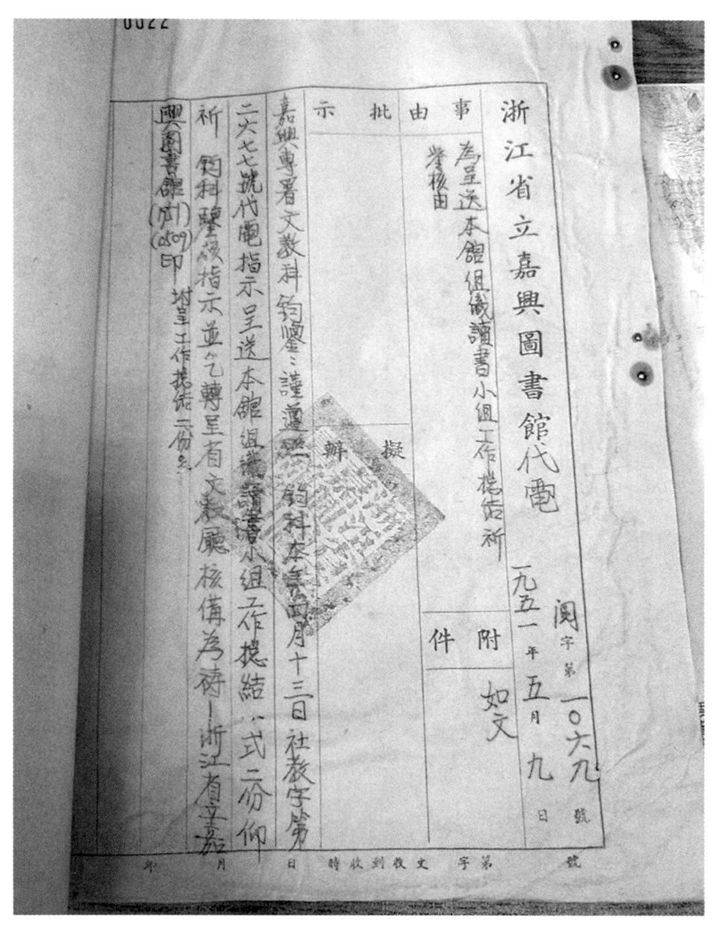

浙江省立嘉興圖書館代電

閱字第一〇六九號

一九五一年五月九日

事由：為呈送本館組織讀書小組工作總結祈鑒核由

附件：如文

嘉興專署文教科鈞鑒：謹遵鈞科本年四月十三日社教字第二六七號代電指示呈送本館組織讀書小組工作總結一式二份仰祈鈞科鑒核指示並乞轉呈省文教廳核備為禱！浙江省立嘉興圖書館 印 附呈工作總結二份。

图 2-3-1　20 世纪 50 年代读书小组资料

1960 年，为了方便读者，嘉兴市图书馆曾开展过图书开架借阅服务，阅读推广工作有所发展，借阅人数每天有两三百人，但因馆舍面积太小，图书损耗严重而重新改为闭架借阅。

1962 年，图书馆的工作重心转移到农村，通过在农村发展图书流通站，开展全民阅读推广服务。至 1963 年，嘉兴县的农村图书流通站达到 379 个。1965 年 1 月 21 日，上海《文汇报》头版头条曾专题报道，至此嘉兴农村图书流动体系发展较为完整，图书馆内也设立有专门的农村流通书库，在新塍、王江泾两地建立图书交换站，定时定点送书下乡，以解决边远地区图书管理员调书困难等问题，保证流通站质量。农村流通站还广泛展开以讲革命故事为主要形式的图书宣传活动（图 2-3-2）。此外，为了配合农业生产和农村的科学实验活动，还有计划地推荐了农业科技书籍。这些图书流通站，一直到 20 世纪 80 年代才逐步消失。这可以说是嘉兴县图书馆在建立公共图书馆城乡一体化服务体系方面的重要尝试，也是在农村地区开展阅读推广活动的重要开端。

0037

加兴县图书館关於
建立图书交换站定时定点送书下乡情况小结

一、概况：

近几年来，我館在上级党委和行政领导的正确领导下，积极开展了农村图书借阅工作，农村图书流通站不断发展起来，逐步形成了农村革命图书網，到今年上半年为止，全县已经有农村图书流通站305个，分布在全县30个公社的305个大队，占全县495个大队的百分之六十，这些流通站有离县城近的，也有离城很远的，来借一次书要化一天或一天半时间，本来我们在重点照顾边远地区时，也曾估計到这种情况，採取了一些措施。他们调换图书的情况大部分是正常的，但也有一部分不能按期调换，通过下去了解情况，分析原因，大家感到路远交通不便，是调换不正常的一个主要原因。同时，有些流通站来加兴调一次书，当天不能回去，要耽误生产，坐車坐船都要花钱，积年累月开支不小，并且由於急於来回，口头辅导也不易细致深入，对於这些问题，今年初，館里作了认真的研究，认为加兴虽然交通較方便，但边远地区也不少，而这些地区文化生活一般比較单调，陣地更需佔領，调书更要經常。为了使图书工作更好的面向农村，面向广大贫下中农，加强对边远地区流通站的辅导，使其正常调换，达到不断巩固提高，在形成图书網的过程中，是个必须解决的重要的问题，为此，除了送书到建設公社图书流通站外，还决定在新塍、王江泾二地建立图书交换站，定时定点送书下乡，以解决边远地区图书管理員调书困难，和保证流通站的質量。我们的做法是：每隔一个月到一个半月到这些地区送书一次，组织四周的流通站前来调书，每次调书时间三到五天。自三月份以来，我们共下去交换图书八次，送书10,658册，对154个大队调换了图书。

半年来送书下乡受到了这些地区广大管理員和群众的欢迎，也得到了基层组织的好評，普遍反映："图书館对我们真关心，送书下来，我们方便得多了。"荷花公社花伏大队管理員張甫宗说："图书館同志全心为我们，不顾辛苦送书下乡，农忙期间，我也送书到各生产队，这都是为人民服务。"有的社員说："图书館非但借书给我们看，而且送书上门，党和毛主席真考虑得周到啊！"

由於这两个交换站的建立，普遍受到欢迎，所以调换图书的大队逐渐增多，並且每个大队做到无特殊情况，都准时前去调换。

二、建立图书交换站的好处：

图 2-3-2　20 世纪 60 年代嘉兴县图书馆关于建立图书交换站定时定点送书下乡情况小结

1978 年后，图书馆恢复正常开放，被禁锢的图书开始面向社会开放。嘉兴市图书馆发挥公共服务职能，逐步完善了图书目录体系，馆藏古籍也得到整理编目和鉴定。20 世纪 70 年代末，图书馆开始为工农业生产服务，特别注意加强科技图书文献的采购，与嘉兴市科委合作建立了科技阅览室（图 2–3–3）；把市区的工厂、企事业单位图书室（馆）分成网片，进行业务辅导和阅读推广指导；与嘉兴市工人文化宫合作开展各类职工读书竞赛、文学讲座、征文等活动长达 10 年之久（图 2–3–4），曾合作编写过《书评园地》《工人影评》等阅读推广刊物。

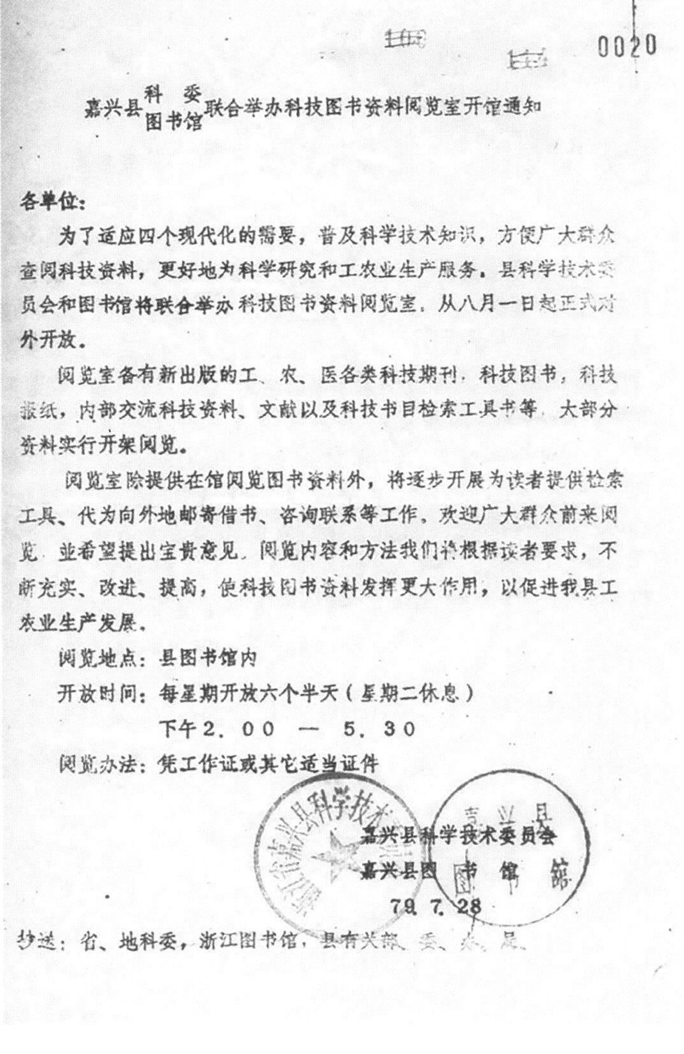

0020

嘉兴县科委、图书馆联合举办科技图书资料阅览室开馆通知

各单位：

为了适应四个现代化的需要，普及科学技术知识，方便广大群众查阅科技资料，更好地为科学研究和工农业生产服务。县科学技术委员会和图书馆将联合举办科技图书资料阅览室，从八月一日起正式对外开放。

阅览室备有新出版的工、农、医各类科技期刊，科技图书，科技报纸，内部交流科技资料、文献以及科技书目检索工具书等，大部分资料实行开架阅览。

阅览室除提供在馆阅览图书资料外，将逐步开展为读者提供检索工具、代为向外地邮寄借书、咨询联系等工作，欢迎广大群众前来阅览，并希望提出宝贵意见，阅览内容和方法我们将根据读者要求，不断充实、改进、提高，使科技图书资料发挥更大作用，以促进我县工农业生产发展。

阅览地点：县图书馆内

开放时间：每星期开放六个半天（星期二休息）

下午 2.00 — 5.30

阅览办法：凭工作证或其它适当证件

嘉兴县科学技术委员会

嘉兴县图书馆

79.7.28

抄送：省、地科委，浙江图书馆，县有关部、委、办、局。

图 2–3–3　1979 年图书馆与科委合办科技阅览室

图 2-3-4　1982 年“心灵美”读书心得征文集

1989 年 5 月底，全国首届公共图书馆服务宣传周活动开始，全民阅读推广工作进入常态化发展。服务宣传周期间，嘉兴市图书馆的馆员们除了在馆内举办一系列的读书活动外，他们还上街、进学校、到部队开展宣传推广活动（图 2-3-5）。1994 年，嘉兴市图书馆开设秀州书局，以书会友，逐渐成为嘉兴的一个阅读文化品牌。

图 2-3-5　1989 年图书馆职工上街开展服务宣传周活动

1996 年开始，图书馆着手计算机自动化管理和电子数字资源建设，在 1999 年 5 月图书馆电子阅览室开放，阅读推广工作实现了内容和空间的拓展。迈入 21 世纪，嘉兴市图书馆全民阅读推广进入数字阅读服务时代。

2003 年嘉兴市图书馆新馆建成开放，馆内开始开办展览和南湖大讲坛，图书馆读者群不断扩大，读者服务工作从以资源为导向逐渐向以读者需求为导向转变。

二、全民阅读推广服务迅速发展阶段（2004—2012 年）

2004 年 5 月 16 日，嘉兴市图书馆与中国电信嘉兴分公司共同举行嘉兴市图书馆数字图书远程借阅系统开通仪式（图 2-3-6），这是图书馆应用现代信息技术开拓服务领域、扩大服务对象、优化服务内容的一项重要举措。当年图书馆引进方正 Apabi 数字图书管理系统，购买数字图书 2.8 万多种 4 万多册，内容涵盖哲学、医学、农业和工程技术等各个门类。读者在计算机或电子阅读器端借一本图书只需数秒钟时间，能够很方便地阅读电子图书全文，所借电子图书到期后能自动归还。

图 2-3-6　2010 年 12 月 29 日，嘉兴数字图书馆开通仪式

2005 年开始，嘉兴市图书馆创新了全国文化信息资源共享工程的推广模式，以图书馆为存贮服务中心，用 VPN 技术发展基层中心，把大量数字文化信息用网络方式输送到基层，使每一个基层中心都具有数字图书馆的服务功能。2006 年，在中宣部、中央文明办、新闻出版总署、文化部、国家广电总局、教育部、解放军总政宣传部、共青团中央、全国总工会、全国妇联等部门的共同倡导下，全民阅读活动在全国各地蓬勃发展，活动规模不断扩大，内容不断充实，方式不断创新，影响日益扩大。嘉兴市图书馆积极响应，充分利用嘉兴市城乡一体公共图书馆总分馆模式，探索在城乡开展与世界读书日、服务宣传周、未成年人读书节等有关的活动，服务范围不断拓展。

信息技术的飞速发展，使老年群体一时难以适应。2008 年至今，嘉兴市图书馆的工作人员开始在电子阅览室举办老年基础信息技术系列培训班。工作人员根据读者服务的需求变化和服务内容不断丰富，设计不同的教学内容，受到读者，特别是老年读者的欢迎，逐渐发展成为专门为老年人开设“夕阳红 E 族”信息素养培训，从城市走向乡村，成为嘉兴市图书馆服务老年读者最重要的品牌项目之一。

2010 年国家数字图书馆推广工程正式启动，嘉兴市图书馆积极联动，与各联盟馆共同建设，于 12 月 29 日正式开通嘉兴数字图书馆（网址 www.jxelib.com），为全市读者免费提供数字阅读、音视频阅读、论文、参考咨询等，有中国知网、国研网、知识世界等适合老中青少的数字阅读内容，嘉兴市图书馆数字阅读推广走进了寻常百姓家，让读者足不出户就可以享受嘉兴市图书馆的数字阅读服务。

2011 年铁道部推出了网上订票服务，嘉兴市图书馆利用高速的千兆带宽和电脑，推出“帮兄弟回家”服务项目，以帮助和辅导新居民抢购春运返乡火车票为抓手，吸引大量新居民走进图书馆，学习电脑知识，提升他们现代互联网应用能力，帮助他们融入现代科技生活（图 2-3-7）。为了让“帮兄弟回家”服务项目能够更好地惠及城乡的新局面，市图书馆工作人员一边对网上订票流程进行摸索，一边进行服务方式探索，形成了一套比较成熟的经验，并将它们迅速地在各乡镇分馆推行。为了能够更好地提供服务，为该项目嘉兴市图书馆确定了专门负责人，探索建立长效机制，将“应急服务”变为常态服务项目，一直在总分馆服务体系内持续开展。

图 2-3-7　“帮兄弟回家”春运购票服务

三、全民阅读推广服务繁荣阶段（2013—　）

嘉兴市城乡一体公共图书馆服务体系不断向纵深发展，全民阅读越来越受到政府和社会各界的关注和重视。嘉兴市图书馆依托成熟的总分馆制，全民阅读推广服务进入遍地开花的局面，建成了“从 0 岁开始”的阅读推广服务体系，重点关注未成年、老年人、新居民、农村居民等信息弱势群体，为其提供适合的阅读产品与活动，形成了如“禾禾”少儿品牌活动、“夕阳红 E 族”老年电脑培训班、“帮兄弟回家”——新居民信息素养培训、南湖讲坛、快乐读写直通车、好书有约、数字图书馆培训等阅读推广品牌活动，通过总分馆联动，将活动送到市民身边。还积极响应全民健康行动，推动社会心理服务体系建设与中医药养生科普，保障广大市民的身心健康，促进人的全面发展。

2013 年嘉兴市图书馆开始探索学龄前亲子阅读服务。嘉兴市图书馆将旧书库改造为亲子悦读天地，加大力度采购绘本等少儿文献资源。同时，在亲子悦读天地开设绘本故事会、手工坊、英语吧等少儿活动，并取名为“禾禾”（嘉兴的简称为禾，禾有禾苗的意思，寓意是小朋友在嘉兴市图书馆的亲子悦读天地茁壮成长）。孩子们在图书馆里有了属于自己的阅读和活动空间。馆员从活动后勤转为活动主讲，并将活动进行创新整合，形成了“绘本故事会”“手工坊”“科普站”“英语角”四大主题活动，每个主题活动会设计相应的内容。在不断的创新探索中，“禾禾”少儿亲子阅读品牌影响力不断扩大。依托城乡一体化公共图书馆服务体系，各个乡镇（街道）分馆以总馆活动为模板，形成“一镇一品一特色”少儿品牌。如新塍分馆的“燕子妈妈讲故事”、新丰分馆的“运河娃娃”系列活动、余新分馆的“渔里宝宝”系列活动、嘉北分馆的“嘉贝课堂”系列活动等。嘉兴市图书馆少儿活动先后创建了图书馆第一课、自然图书馆等品牌服务项目，推动嘉兴地区城乡居民的少儿阅读发展。

2014 年 3 月“全民阅读’首次被写入政府工作报告，此后全民阅读受到越来越多的重视。中青年是公共图书馆非常重要的全民阅读服务群体。为更好地服务这个群体，嘉兴市图书馆开始探索如何吸引他们走进图书馆，吸引他们阅读、喜欢阅读、爱上阅读。4 月 23 日起，嘉兴市图书馆联合《嘉兴日报》、嘉兴市新华书店推出了“好书有约”阅读推广服务项目，每个月推荐 4 种图书，在总分馆、新华书店同时上架，读者可以很方便地借到这些图书，还可通过实体网点、纸媒、手机 app 和图书馆官网等平台进行阅读，阅读推广活动逐步突破时间和空间的限制。

2014 年 5 月，嘉兴市图书馆开始探索为读写困难的儿童群体服务，与华南师范大学束曼教授、社工组织联合开展“快乐读写直通车”学习体验营活动，成为图书馆服务特殊人群的亮点工作。

嘉兴市图书馆注重经典文化的传播和地方文化的挖掘，高度重视古籍保护和传承工作。从 2014 年开始的“嘉禾缥缃”项目，深受读者认可，后发展出“书籍寻踪”等系列活动，始终致力于让“写在古籍里的文字活起来”。

2016 年 7 月，嘉兴市图书馆开始探索在小学进行图书馆教育，以“图书馆第一课”为活动名称，以“图书馆第一课”的方式，引导孩子走进图书馆、了解图书馆、利用图书馆，让“阅读成为他们人生的永续课”。

2018 年 4 月嘉兴市图书馆联合嘉兴市社会科学界联合会、嘉兴市文化研究所在秀州书局开设“嘉兴故事”公益性地方文化讲堂，后发展为“嘉兴故事・双城记”栏目，邀请新嘉兴人讲述他们的两城故事。

2018 年 9 月，嘉兴市图书馆开始在乡村探索以“阅动全家・书香嘉兴”为主题的阅读服务项目，以“三堂好家长课”“三堂好宝贝课”“三堂领读者课”走进乡镇、村（社区），让书香弥漫乡村。

2019 年 6 月，嘉兴市图书馆发起“尚书”经典阅读读书活动，与嘉兴当地学校合作，邀请嘉兴读者共同阅读，品味经典。

2022 年面向城市社区或农村地区的亲子家庭，创新性地开展“嘉禾书味”阅读推广活动。2023 年以影视化的方式推出“典籍里的嘉兴”，通过线上平台，从典籍文献中甄选最值得讲述的地方文化，展现典籍里蕴含的嘉兴地方文化特色。

2021 年 4 月，嘉兴市图书馆开始探索教旅融合型主题图书馆建设，围绕阵地建设和阅读服务两个层面创建，注重空间建设和阅读推广，重视课程研发和团队建设，强化城乡联动、家校馆联动，跨部门协同合作。

随着服务内容的丰富化和形式的多样化发展，嘉兴市图书馆开始探索“阅读 +”创新模式，形成跨界合力。

2020 年结合嘉兴市线上社会心理服务平台“嘉心在线”，同步推出线下社会心理服务阵地建设——“健心客厅”项目，创新性地将社会心理服务应用于公共图书馆这一公共文化场景中。

2021 年嘉兴市图书馆与嘉兴市中医医院携手共同打造“书香杏林——传承文化，传播健康”项目，并于 2023 年创建启用嘉兴市图书馆“杏林书房”，打造老百姓身边的“中医药文化科普补给站”。

2022年嘉兴市图书馆运用现代化科技手段创新推出“悦心听读本”系列，以期从“听”入手，创新拓展阅读服务方式，弥补传统图书馆服务的短板，满足信息弱势群体的精神文化需求。

2023年4月21日，全国第一家公共图书馆的元宇宙阅读体验馆在嘉兴市图书馆正式启用，这是将元宇宙新技术与图书馆阅读推广的有机结合，打开了元宇宙时代未来图书馆阅读服务新模式。

第二节　嘉兴市图书馆阅读推广服务的主要特点

一、全人群，全民阅读服务普及化

自2014年开始，全民阅读已连续十次被写入政府工作报告，从2014年起提出的“倡导全民阅读”到2017年提出的“大力推动全民阅读”，再到2023年提出“深入推进全民阅读”，全民阅读越来越受到党和政府的高度重视。嘉兴市图书馆积极响应，不断推进全民阅读工作，针对不同服务群体的阅读需求和阅读习惯开展阅读推广服务，精准把握不同服务群体的兴趣和需求，保障阅读推广活动的效果，从而促进全民阅读持续发力。

为了顺应这一新形势，嘉兴市图书馆从2012年就开始启动探索全民阅读推广服务，根据不同人群年龄、职业和需求等内容，把阅读群体从学龄前儿童、少儿、老年和特殊人群等扩展到各个群体，活动形式分为培训、讲座、读书沙龙、展览等，每年针对各人群开展适合他们的阅读活动。“为他们找活动”，面向学龄前儿童开展“阅动全家·书香嘉兴”“悦心听读本”“故事时间”等阅读活动，面向少儿开展“禾禾少儿系列活动”“小小创客家”“我最喜爱的童书”等活动，面向中青年开展“好书有约”“嘉兴双城故事”“嘉禾缥缃”等活动，面向老年人开展“夕阳红E族”老年人信息素养培训、“杏林讲坛”和“南湖讲坛”等，面向特殊群体开展“快乐读写直通车”“星光彩虹特殊儿童服务”等活动。“为活动找读者”，对于图书馆有些阅读服务，读者不一定知道和熟悉。嘉兴市图书馆工作人员走出图书馆开展活动进行推广。在数字服务、科情服务等方面，市图书馆的工作人员就针对各种人群和职业进行针对性的课程设计，走进机关、医院、学校和企业等各个单位去宣传数字图书馆，让他们知道有哪些资源、如何使用等，使用户了解、认识和利用数字图书馆。

二、系列化，构建阅读推广项目矩阵

嘉兴市图书馆立足图书馆传播知识与文化的核心职能与使命，从多种维度进行系列化的活动设计，构建横向延展、纵向深耕的图书馆阅读推广项目矩阵。

1. 注重儿童阅读培养，阅读内容横向拓展

儿童是国家的未来，关注儿童阅读是现代社会的重要特征。儿童处于认知能力、阅读和学习能力的形成时期，儿童阅读是社会阅读的重要组成部分。儿童阅读推广成为一项重要的工程，是构建和谐社会、推动社会发展的公共文化服务内容，是文化传承的手段。嘉兴市图书馆一直致力于打造系列化少儿阅读活动，满足少年儿童全方位发展需要。

“禾禾”少儿系列活动。嘉兴市图书馆少儿活动品牌“禾禾”系列以绘本为载体，面向0—12岁的少年儿童开展丰富多彩的阅读活动（图2-3-8）。“禾禾”系列活动根据服务对象年龄、活动时间、活动内容分为“故事时间”“绘本故事会”“绘声绘色创绘本”“禾禾科普站”几大系列，目前已涵盖了绘本阅读、科普阅读、创意制作等多方面内容，形成了系统化和常态化的少儿阅读活动模式。根据需求，2019年又开设了面向0—3岁儿童开展的“故事时间”绘本阅读活动。每周一至周五的上午10点，馆员给到馆的低龄儿童讲述绘本故事，通过热身活动、故事讲解、互动体验等环节，培养儿童的早期阅读习惯。同时，馆员编辑创作绘本故事推荐文章、录制绘本朗读音频，定期在微信公众号发布，拓展线上绘本故事阅读服务。

基于文旅教融合发展需求，公共图书馆提升阅读推广服务质量的背景下，以自然教育为核心理念，注重生活即教育，围绕阵地建设和阅读服务两个层面创建，以“三位一体”打造少年儿童的自然图书馆。2020年12月，依托嘉兴市图书馆二期场馆建设，打造了“室内+室外”相结合的阅读空间。室内的“自然教室”设有书籍阅览区、有声科普区、活动体验区、植物展示区，形成了集书籍、科普、展示、体验于一体的多元化融合空间；在总馆自然教室、乡镇分馆、智慧书房、社区、学校等地开展自然科普、观察实验、传统文化、美术欣赏等内容教学。同时，借助绘本资源定期开展“自然阅读”亲子活动。研学活动带

孩子走出图书馆，到馆外自然体验基地开展实地观测、农耕体验等亲子活动（图 2-3-9）。

图 2-3-8 馆员开展“故事时间”活动

图 2-3-9 自然图书馆之“二十四节气”课堂

“图书馆第一课”是嘉兴市图书馆 2016 年开展的阅读推广项目。包含图书馆通识教育系列、纸质文献资源服务系列、数字资源服务系列、信息素养和新技术服务系列、创客教育、科技情报服务系列、古籍地方文化服务系列和阅读推广人系列。以小学为试点，针对各年级的特点和需求设计相应的探究课程，进而拓展到各个年龄层，分别设计一套模板（0至3岁启蒙版、幼儿版、小学版、中学版、成人版），形成每个年龄段的教材，将公共图书馆的每项服务内容以一堂生动推介课的形式进行推广，每个年龄段的用户都可以通过轻松有趣的形式，了解图书馆，喜欢图书馆，最后爱上图书馆，活动可以让图书馆成为市民人生的“永续课”（图2–3–10）。

图2–3–10　“图书馆第一课”进校园

“健心客厅”。2019年，嘉兴市成为全国社会心理服务体系建设的试点城市，旨在“加强社会心理服务体系建设，培育自尊自信、理性平和、积极向上的社会心态”。2020年，在浙江大学—嘉兴心理健康联合研究中心专业指导下，依托于嘉兴市公共图书馆总分馆服务体系，嘉兴市图书馆通过系统跨界共创、资源共享、合作共赢，嵌入式创设“健心客厅”，逐步使城乡居民都能在家门口享受健心服务，从而提升社会大众心理健康素养。“健心客厅”是嘉兴市社会心理服务体系建设中的重要组成部分，由嘉兴市图书馆主导建设，定位为“读懂儿童、赋能家庭、温暖社会”，优先考虑0—3岁宝宝及其家长的需求，在建设中重点突出对婴幼儿爬行空间建设要求。2020年，嘉兴市图书馆成立嘉兴地区公共图书馆社会心理服务体系建设领导小组，组织嘉兴地区“健心客厅”负责人、少儿阅读服务推广经验丰富或有社会心理相关专业的工作人员参加初级心理顾问培训。培养 126 名初级心理顾问，与专业心理顾问共同组成“健心客厅”心理服务队伍，初步实现全市乡镇（街道）公共图书馆社会心理服务队伍全覆盖。通过创设安全有益的学习环境，构建以人为本、儿童友好的社会支持系统，提升儿童的获得感、幸福感、安全感，培养其自尊自信、理性平和、积极向上的社会心态（图 2-3-11）。

图 2-3-11　嘉兴经开区城南街道智慧书房“健心客厅”

截至 2022 年 9 月，已累计在 1 个中心馆、7 个县（区）级总馆、56 个乡镇（街道）级分馆、14 个村级分馆、10 个智慧书房嵌入式建成“健心客厅”88 家。

2. 以需求为导向，阅读服务纵向深耕

嘉兴市图书馆为满足读者多元的阅读需求，优化阅读服务内容和方式，不断创新服务内容和方式，开设了适合学龄前儿童的活动故事时间，适合中学生的“尚书”经典阅读读书会，适合老年人的“夕阳红 E 族”等。

“尚书”经典阅读读书会。嘉兴市图书馆根据嘉兴地区中小学生的阅读需求，以“馆校合作”形式打造“尚书”青少年经典阅读读书会品牌。活动旨在将经典阅读推广给广大读者，推进全民阅读思考，倡导馆校合作新模式，实现资源优势互补。嘉兴市图书馆与当地学校合作，邀请嘉兴读者共同阅读，品味经典。经过多年实践，每一至两个月选1所学校3至4个班级或挑选40名学生（及家长），举办1次（周末举行）内容为中小学生阅读推荐书目（3至4本整本书阅读）的阅读分享会（学生主持、分组演绎交流、嘉宾点评）。图书馆负责项目策划、组建服务团队、选择承办学校或分馆、组织活动全程、整合社会资源、活动宣传推广、相关机制保障等。中小学校负责选择阅读书目、选择参加活动的学生和家长、进行阅读指导、组织学生往返以及活动总结提升。“尚书”项目以阅读为纽带，定期开展符合“新课标”的中小学生原创情景剧展演、名师点评与讲读，并面向家长群体提供亲子教育与阅读方法指导（图2-3-12）。

图2-3-12　馆校共读：油车港图书分馆、秀洲区麟湖小学“尚书”经典读书会

“夕阳红E族”老年人信息素养培训。老年电脑培训从早期的信息技术基础培训（学会开关机、文件存档等基本技能），逐渐向手机使用培训拓展。随着技术的进化和读者规模的扩大，简单的信息技术培训已无法满足银龄读者的需求，他们希望在图书馆的学习能更大程度地丰富他们的生活。嘉兴市图书馆始终以读者需要为导向，选择当前市场上最受老年人欢迎的手机应用进行教学，包括购物软件、支付软件等常用软件，同时也为老年读者的爱好发展提供支持，特聘专家来馆为他们讲解拍摄技巧、PS软件应用等。该项培训从单一的老年电脑基础知识培训班逐步发展为涵盖生活各个方面的信息素养培训班。“夕阳红E族”

老年人信息素养培训，分为智能手机入门、电脑操作入门等通识课程，以及打字班、电子商务班、PS 班等 100 多个进阶课程，帮助老年人由浅入深地掌握智能设备与应用，融入当前数字化与网络化的潮流（图 2–3–13）。

图 2–3–13 “夕阳红 E 族”老年人信息素养培训课堂

3. 重视新技术，创新开展阅读活动

在大数据主导的深度信息化时代，“互联网 +”和“图书馆 +”成为新热点。嘉兴市城乡一体化公共图书馆服务体系本着与时俱进的态度，将传统活动推上手机客户端、微信公众号等新媒体平台，变“阅读”为“阅读 +”，让文化传播无处不在。

“小小创客家”科普阅读推广活动。“小小创客家”是嘉兴市图书馆依托城乡一体化服务体系面向未成年人群体开展的“科技 + 人文”体验式科普阅读推广项目。本项目自 2018 年开始，以嘉兴市图书馆作为科普教育基地，将 3D 打印、VR 体验、Scratch 编程、机器人 DIY、机甲大师等丰富的主题活动串珠成链，并创新活动形式，最终形成“日常科普培训 + 主题竞赛”的多元活动模式。随着项目不断地深化，在 2018 年的寒假和暑假举办主题科普竞赛，如机器人 DIY 大赛、“向祖国致敬”3D 打印作品比赛等，以竞赛的方式激活未成年人的参与热情，升级动态活动体验，将静态培训生动化、趣味化。同时，在科普活动、竞赛、讲座等过程中穿插书目推荐的环节，极大提高读者的阅读兴趣，重点通过阅读将体验与思考转化为内在力量，提升未成年人科学文化素养。随着项目不断成熟，项目组为“小小创客家”制定统一的活动实施方案、标准的课程教案和规范化的活动流程，实现科普推广的体系化发展，采取线上线下融合、“互联网 +”等各种新兴手段，将科普阅读培训活动辐射市本级 13 个乡镇分馆和 1 个村级智慧书房，打破活动项目的空间壁垒（图 2-3-14）。

图 2-3-14　2023 年嘉兴市图书馆第五届积木教育机器人普及赛决赛暨颁奖典礼

截至 2022 年底，“小小创客家”科普阅读推广项目累计开展主题培训、科普讲座、科普展览等线上线下活动 782 场，组织竞赛 8 场，联动五县两区 18 个乡镇（街道）分馆和 1 个村级智慧书房，辐射全市城乡地区的未成年人超 12000 人次参与。线上活动 26 场，点击量约 34078 人次。

信息素养服务。随着图书馆由“文献服务”到“信息服务”的转变，嘉兴市图书馆从最初“授人以鱼不如授人以渔”的信息检索教育发展到包括图书馆利用宣传、数据库推介、数字产品应用在内的信息素养教育。在服务对象上从单一读者群体扩大到全民，在服务内容上从资源检索与利用扩大到如何应对数字化社会，在服务形式上从传统面对面发展到线上线下联动，在服务空间上从馆内服务转向泛在化服务。嘉兴市图书馆最早在 2008 年开始开展“夕阳红E族”老年人信息素养培训，针对城乡老年人信息获取能力缺乏的情况，提供电脑、手机、互联网操作培训，帮助他们认识、了解和使用各种信息化产品和服务，缩小数字鸿沟，跟上信息化时代的步伐，这些活动至今已形成体系化、标准化、传播广的品牌。在2011年，随着嘉兴市城乡一体化公共图书馆服务体系逐步完善，依托嘉兴市图书馆总分馆制，以各乡镇分馆为节点，利用千兆网络优势及遍布城乡总分馆的公共电子阅览室，嘉兴市图书馆开展了“帮兄弟回家”便民服务项目，为我市新居民春节期间返乡购票提供免费、快捷的网络通道，提供免费购票培训及辅导服务，并全年开展“帮兄弟回家——新居民信息素养培训”系列活动。项目自开展以来，已接待了超过2万人次的新居民走进了图书馆，成功购票8000余张。

随着人们信息素养的提升和网络设施的完善，2013年嘉兴市图书馆顺势推出“市民E课堂”培训活动，实现服务群体全覆盖，在总馆信息服务与体验中心提供高性能电脑、苹果体验机、掌上阅读器、大屏期刊报纸阅读器等设备给读者免费使用，以嘉兴市数字图书馆线上平台为载体，指导市民更好地使用数字资源，突破传统学习局限，拓展各年龄段受众群体，丰富的数字化学习资源和便捷的学习方式有效提升了嘉兴市民数字化学习的积极性和参与率。在做好阵地服务的同时，我馆积极深入社区、乡村和企业开展信息素养教育，尤其重视在“嘉”人才服务，自2016年起，陆续联合上海图书馆（上海科学技术情报研究所）、浙江省科技信息研究院，打造“嘉知源”人才服务品牌，通过多样化的活动形式，重点在数字资源、科技信息服务、信息咨询、数字阅读等方面，为各类人才提供一站式科技服务。2020年起，我馆推出了上门定点服务及现场咨询、送数字阅读展览进基层、上门开展数字阅读互动活动等，受到广大市民、读者、各类人才的好评（图2–3–15）。

元宇宙阅读体验。嘉兴市图书馆元宇宙阅读体验馆是结合虚拟现实等国内外领先的科技与艺术手段，构建虚实共生的沉浸式元宇宙阅读体验空间，服务内容包括阅听、阅视、阅触、阅界、阅知五大板块。其中“阅听”体验区，通过现场的四个虚实声场及其交互，让读者通过听觉“阅读”体验，在听觉层面引领读者体验人类从诞生之初到元宇宙时代的声之演变。嘉兴市图书馆将元宇宙新技术与图书馆阅读推广有机结合，在元宇宙阅读体验馆开展“纸本阅读 + 数字阅读 + 沉浸式体验”多元方式“全真阅读”新体验和知识学习新方式。凭借其跨越时空的体验感、身临其境的沉浸感、多元化的社交属性，探索全真阅读时代沉浸式体验阅读新模式，并在此基础上进一步构筑元宇宙时代未来图书馆运营模式新格局，带来了良好的社会效益。开设了元宇宙艺术课堂、元宇宙天文课堂、元宇宙自然课堂、元宇宙旅游等活动，构筑起“书—元宇宙课堂—元宇宙阅读体验—书”的元宇宙阅读闭环，创建元宇宙阅读新模式，推动学习新场景、信息交互新场景建设（图 2-3-16）。

图 2-3-15　2023 年 5 月 16 日清华长三角研究院人才日活动

图 2-3-16　嘉兴市图书馆元宇宙体验馆

4. 关注特殊群体，开展特色阅读服务

《公共图书馆宣言》（2022）中指出，公共图书馆应不分年龄、种族、性别、宗教、国籍、语言、社会地位和任何其他特征，向所有人提供平等的服务。还必须向由于各种原因不能利用其正常服务和资料的人，如少数族群、残疾人、缺乏信息技术能力的人、读写能力不足的人、住院病人及服刑人员等，提供特殊服务和资料。《中华人民共和国公共图书馆法》指出：公共图书馆应当考虑残疾人等群体特点，积极创造条件，提供适合其需要的文献信息、无障碍设施设备和服务。嘉兴市图书馆对特殊群体开展特色阅读服务，让他们平等地充分参与社会生活，共享社会物质文化成果；积极创造条件丰富特殊群体的精神文化生活，开展了快乐读写直通车、“星光彩虹”特殊儿童阅读服务、“帮兄弟回家”等特色阅读活动。

快乐读写直通车。自2014年以来，嘉兴市图书馆在华南师范大学“公共图书馆为阅读障碍人群服务的理论、方法与实践研究”课题组的指导下（该项目为国家社会科学基金一般项目），一直致力于为读写困难的儿童提供帮助和支持。快乐读写直通车通过开展多元化的阅读活动提升儿童的阅读技能和学习兴趣，在教学当中把绘本剧表演、角色扮演、绘画、音乐、舞蹈等艺术方法带入课程，从字词句的训练到绘本书的阅读等形成一个完整的训练体系，用多感官教学法为阅读插上快乐的翅膀，帮助读写困难儿童克服阅读恐惧，提升阅读兴趣，从一个崭新的角度开辟了读写困难儿童的阅读推广方法。开展过的课程有“绘本剧表演阅读训练营”“空间沉浸式阅读训练营”“棹歌 + 魔方亲子体验营”“嘉兴地方文化《鸳鸯湖棹歌》诗音画融合体验课”“嘉兴地方名人故事会”“文化行走，阅读嘉兴——地方名人故居行读”等融合阅读体验课（图2-3-17）。读写困难儿童服务项目得到了社会认可，“面向读写困难儿童的研究服务”项目活动荣获2016年中国图书馆学会第二届未成年人服务案例一等奖。

图 2-3-17　2023 年快乐读写直通车暑期体验营空间沉浸式阅读训练

“星光彩虹”特殊儿童阅读服务。智障儿童是公共图书馆的重要服务群体之一。自 2019 年起，嘉兴市图书馆与嘉兴市特殊教育学校开展馆校合作，依据智障儿童 IEP 系统测评结果，精准实施“一体三式多元”模式的“星光彩虹”特殊儿童阅读服务。每年举办活动 12 场，嘉兴市特殊教育学校在校的 200 余名智障儿童参与。创建“一体”服务基础，市图书馆协助市特校建立学校图书馆，该馆成为嘉兴市图书馆的一个图书流通站（图 2-3-18）。该馆开展的服务有：①沉浸式伴读，打通“三式”阅读情境；“视觉式”阅读情境，利用视觉提示加深印象，帮智障儿童进入文字世界；“听觉式”阅读情境唤起智障儿童的联想能力；“触觉式”阅读情境强调身体与实物的触碰，促使智障儿童协同大脑与肢体获取信息。该项服务将可移动的点读笔、简易编程积木活动送入学校，带领智障儿童参观全国首个元宇宙阅读实验基地，感受声光电效果和触摸式产品，引导智障儿童体验信息技术发展带来的乐趣。②创设“多元”体验活动。教师及家长分批带领智障儿童走进嘉兴市图书馆参观。学校利用班会课、午休等时间，带领智障儿童定期前往分馆参与主题活动，体验沉浸式阅读。③地方文化游学。智障儿童以“旅游”的方式近距离了解家乡，并尝试乘坐公交车、打卡景点，与普通人的日常生活更近一步。

图 2-3-18　2022 年 6 月 9 日嘉兴市图书馆特殊教育学校流通站开馆仪式

5. 重视传统文化“活”化利用和传播

中华民族 5000 年来留存下来的经典名著、优秀篇章，是中华优秀传统文化的精华所在。嘉兴作为一座有 7000 多年文明史的历史文化名城，有着古朴悠久的传统文化，独特的地理优势，嘉兴市图书馆重视古籍地方文化的“活”化利用和传播。

嘉兴市图书馆充分挖掘地方特色，以嘉禾缥缃为阅读活动主题，开展了一系列中国古代书籍文化与地方文化宣传推广活动。古籍部推出的中国古代书籍文化宣传推广活动，包含古籍生产与保护相关技艺的体验和传统文化推广，主要有雕版印刷、活字印刷、传拓、线装书制作、古籍修复与古籍文化讲座。活动立足于“体验”，辅之以传统文化小知识讲解，让每一位参与者用传统技艺制作一份作品，在参与活动中学习传统技艺、感受中华传统文化的魅力（图 2-3-19）。

图 2-3-19　嘉兴市图书馆组织雕版印刷“福”字体验活动

“嘉禾书味”地方文化与阅读推广活动。“嘉禾书味”地方文化与阅读推广活动是嘉兴市图书馆为了弘扬优秀传统文化、发掘地方文化，面向城市社区或农村地区的亲子家庭开展的系列活动，包括“走近嘉禾先贤”“认识嘉兴名胜古迹”“嘉兴大运河”“嘉兴方言”“嘉兴宋韵诗词文化”等阅读推广活动（图 2-3-20）。

图 2-3-20　“嘉禾书味”地方文化与阅读推广走进油车港中学

“典籍里的嘉兴”聚焦嘉兴地方文献，从中甄选最值得讲述的地方文化，每期推广一个具有地方特色的景点或文化遗迹，以及三到五种馆藏地方文献。如范蠡湖、胥山、古桥、宣公桥、百步桥、菩萨桥、竹桥、长虹桥等，或大运河江南段长水、天星河、穆溪、韭溪等有代表性的意象，活动追寻它们当今的样貌，以古今实地场景对照、典籍与影像对照的形式，拍摄专题短片。以“影视化”的方式，讲述典籍中的故事，让书写在典籍里的文字“活”起来，展现典籍里蕴含的嘉兴地方特色（图 2–3–21）。

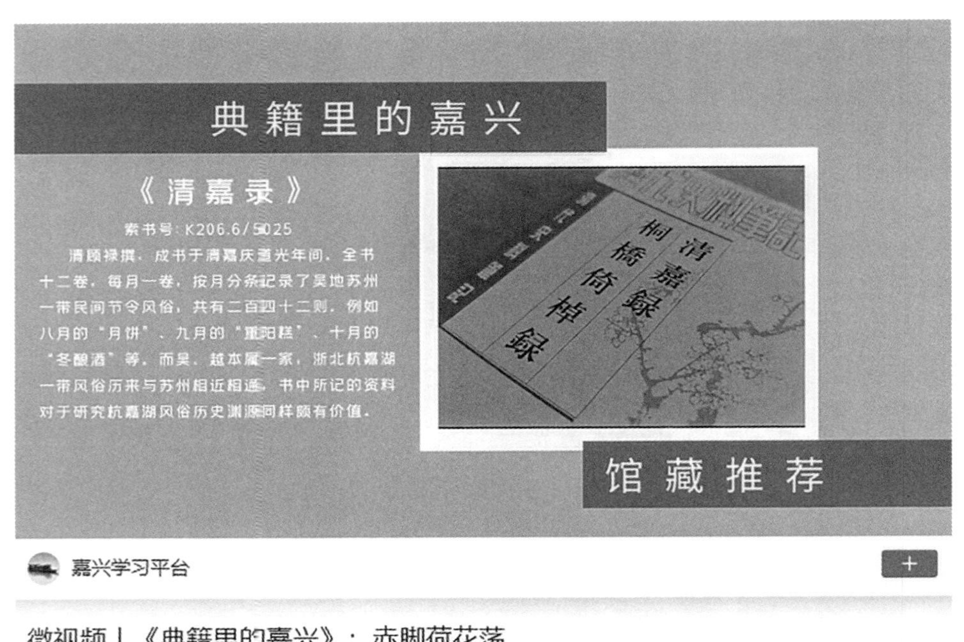

图 2–3–21　微视频《典籍里的嘉兴》：赤脚荷花荡

朗诵艺术被誉为表演艺术的轻骑兵，短、平、快的表演方式极易鼓舞人心，具有更广泛的群众性和更高的群众参与度。嘉兴市图书馆于 2020 年 8 月发起成立红船朗诵艺术团，由知名朗诵艺术家瞿弦和、虹云担任红船朗诵艺术团的顾问，由曲敬国、王卫国等十余位专家组成专家指导委员会。其中，曲敬国担任朗诵团的名誉团长，指导红船朗诵艺术团的发展。艺术团以“不忘初心，牢记使命”为宗旨，以贯彻党的精神，传播和弘扬红色文化，提高公众对红色文化的认识，使公众更加深入地了解红色文化的内涵和价值。两个月的时间有 100 人加入红船朗诵艺术团。他们用朗诵这种既有深厚历史传统又充满时代活力的形式，把南湖水面上的红船变成“游走”在大街小巷的陆地上的红船，走进社区、走进千家万户，把党的声音、把红色的历史故事带到群众身边，共同弘扬红色精神。通过线上线下、室内室外，请进来、走出去等多种形式开展朗诵活动 200 多场次，吸引了约 200 万线上线下的听众。2021 年，为庆祝中国共产党建党百年出品了由诗人杨晓华创作、著名朗诵家胡乐民朗诵的《我是一艘船》（图 2–3–22）。

图 2–3–22 《我是一艘船》朗诵

三、标准化：实现阅读推广城乡同频推广

我国在推进全民阅读过程中遇到了体制机制建设滞后、城乡资源分配不均、服务水平和质量偏低、服务供给不足等问题。要化解全民阅读发展过程中遇到的各种困难和问题，建立和完善全民阅读体系，全民阅读标准化建设至关重要。全民阅读涉及不同的地区和不同的领域，只有建立和实施标准化才能提高全民阅读工程的科学化、规范化水平，进而为全民阅读均等化的实现奠定坚实基础。阅读推广项目是开展全民阅读的重要载体，对阅读推广项目中的内容、方法、规则、技术等实行标准化，不仅可以对阅读推广项目进行指导，

更有利于对阅读推广项目本身的推广。通过标准化的运作手段，嘉兴市图书馆将孵化成熟的品牌活动推广至乡镇（街道）、村（社区）的各级分馆，实现总分馆一年5000场活动的社会效益，推动城乡公共图书馆服务的均衡发展与协同共享。

1. 实践提炼，形成系统性教案指南

阅读推广活动经过前期在总馆的反复实践，进一步丰富活动内容、完善活动流程，打磨形成一套基本成熟的操作方案，对活动进行及时的总结与提炼，编制成系统性的教案或手册。规划项目发展路径是顶层设计、试点先行、由点带面、不断发展：纵向上践行终身教育理念，率先开展试点，探索实践模式，再逐渐增加项目内容；横向上布局全市公共文化阵地，以总馆为起点，逐渐扩展到全市范围实施，向全省乃至全国推广。

图书馆第一课。以“图书馆通识教育”为主题，开展系列活动，2017年开展课程研发。原创课程材料，由于国内外同类课程材料稀缺，“图书馆第一课”综合实践课程设计完全由项目团队负责，教材也由项目团队原创编写（图2-3-23）。目前向学生发放的“阅读礼包”包含:《走进图书馆综合实践活动课程》(第2版)、小学生阅读参考读本、读书笔记、公共图书馆阅读地图、实践活动打卡手册等。其中《走进图书馆综合实践活动课程》(第2版)分上下两册：上册包含“走进图书馆”“图书馆借书记”“小小图书管理员”3个课时的内容；下册包含“一本书的旅行”“走进数字化阅读”“探秘古籍地方文化”3个课时的内容。2018年馆员带着嘉兴市图书馆自制的《走进图书馆综合实践活动课程》手册走进学校开展活动。2021年项目启动《图书馆第一课》教材编写计划，2023年10月《图书馆第一课》教材由浙江教育出版社出版发行。嘉兴地区16家公共图书馆，积极走进城市、乡村，至今已面向30所小学开展400余场阅读活动，发放10000份阅读礼包，吸引了近3万名学生及1500名教育工作者、家长的参与。

图 2-3-23 “图书馆第一课”教材

悦心听读本。《“十四五”公共文化服务体系建设规划》提出，要“建设以人为中心的图书馆”“广泛开展全民阅读活动”。这是对公共图书馆新时期发展的精准定位。为进一步推动公共文化服务的高质量发展，2022 年嘉兴市图书馆运用现代化科技手段创新推出“悦心听读本”系列，以期从“听”入手，创新拓展阅读服务方式，弥补传统图书馆服务的短板，满足信息弱势群体的精神文化需求。“悦心听读本”项目聚焦视障人群、婴幼儿、老年人、文盲等不便“看”书的信息弱势群体，为他们提供适合“听”的优质资源，补齐共同富裕、精神富有的短板（图 2-3-24）。目前，嘉兴市图书馆已推出少儿版、中小学生版和乐龄版三个系列，依托城乡总分馆平台，以“听读福袋”的形式，进村、进社区、进学校、进企业，深入基层进行惠民推广。嘉兴市图书馆联合社会力量，与嘉兴银行合作，共同进行“悦心听读本”的开发与推广，在银行网点设立借阅点，把听读本送到百姓生活当中，通过一系列“接地气、有创意、聚民心”的行动，保障信息弱势群体的阅读权利。自 2022 年 1 月推出以来，已实现外借 7800 多个 / 次，得到了读者的广泛认可。2023 年 8 月，嘉兴市图书馆的“悦心听读本”项目入围 2023 年 IFLA 国际营销奖。

图 2-3-24 “悦心听读本”

阅动全家。2017 年 12 月，嘉兴市图书馆正式启动“阅动全家 · 书香嘉兴”（三年期）阅读推广项目，深入农村开展亲子阅读推广活动，为农村的孩子和家长带去丰富精彩的故事会和有效的亲子阅读指导，努力缩小城乡儿童阅读差距，通过孩子阅读带动家庭阅读，进而营造出良好的农村阅读氛围。项目的主要内容是三个课堂，包括：好家长课堂——面向家长讲授亲子阅读的理念与方法，培养家长帮助孩子爱上阅读（图 2-3-25）；好宝贝课堂——主要是面向农村学龄前儿童举办的故事会，培养他们的阅读兴趣；领读者课堂——培养能够扎根农村的亲子阅读推广人。《阅动全家：亲子阅读手册》作为项目教材，向读者发放。活动从 2018 年 12 月开始，在嘉兴市本级 18 个乡镇（街道）的 11 个乡镇（街道）分馆（南湖 5 个、秀洲 2 个、经开 4 个）、29 个智慧书房和村礼堂书屋，开展 345 场“三 · 三 · 三课堂”。其中“好家长课堂”167 场、“好宝贝课堂”178 场、“领读者课堂”14 场。有 9611 人次学龄前儿童及家长参与，235 人次的阅读推广志愿者参与授课。赠送阅读礼包 5200 份，近 400 位阅读推广志愿者参与培训。

图 2-3-25　七星街道湘南社区礼堂书屋“阅动全家”好家长课堂

“夕阳红 E 族”老年人信息素养培训系列教材。嘉兴市图书馆自 2008 年起在电子阅览室为到馆的老年人开展基础信息技术培训，针对老人信息获取能力缺乏的情况，自编教材，采用集中授课、现场操作与辅导练习相结合的方式提供电脑、手机、互联网操作培训，帮助他们认识、了解和使用各种信息化产品。嘉兴市图书馆每期培训均设 7 个培训班：电脑打字班、电脑基础知识班、电脑操作提高班、电子商务班、电子相册班、智能手机系列班、精美制图 PS 班。培训内容从零基础开始，从开关机操作起步，直到老年人能够独立运用电脑进行文字输入、上网浏览和搜索、电子邮件收发等。针对智能手机日益普及的社会现象，还穿插有手机应用、微信应用、移动支付等内容的专项教学。每期分基础班和提高班两个班次，教学共历时 4 个月，形成标准化课程体系。自 2013 年 5 月首次开班以来，深受广大市民的欢迎，学员年龄从 50 岁到 80 多岁。嘉兴市有 1000 余名中老人参加了电脑培训班，他们最终基本掌握了独立应用电脑的能力（图 2-3-26）。

图 2-3-26 “夕阳红 E 族”第 16 期培训结业典礼

南湖讲坛。创办于 2004 年 5 月，是由中共嘉兴市委宣传部主办，嘉兴市图书馆承办的公益讲座，南湖讲坛以“服务百姓、提升素质”为宗旨，以中国特色社会主义理论体系的宣传普及为重点，坚持“三贴近”原则，关注不同群体、不同阶层的思想渴求和精神需求，内容涉及时政热点，历史地理、文学艺术、教育管理、健康养生、投资理财等各个方面，每月开展讲座两到四场。南湖讲坛以“阵地＋社区＋乡镇”的多元形式展开，通过“线下＋线上”多种方式传播（图 2-3-27）。为了让更多百姓参与南湖讲坛的活动，除了做好阵地讲座之外，南湖讲坛积极走出去，进学校、进社区、进乡镇、进农村，推动社区文化融合，推动城乡文化共享，打造文化精神共同富裕，让乡村百姓听到和城市居民一样的高品质讲座内容。比如两会精神宣讲进社区、传统文化进新居民学校等，近几年嘉兴市图书馆还联合常州恐龙园开展系列活动，每年仅恐龙科普知识进乡村就有 20 多场。

图 2-3-27　南湖讲坛元宇宙美学课堂之《簪花仕女图》

为了进一步扩大讲座影响力，惠及更多群众，南湖讲坛从创办之初就充分利用网络技术，将讲座同步搬到线上，从最初的嘉兴在线、嘉兴市图书馆官网，到后来的“禾点点”、嘉兴广播电台的 88.2 频道，嘉兴市图书馆微信公众号、嘉兴电视图书馆等都开设了“南湖讲坛”线上专栏。

2. 分馆试点，逐步推广至所有基层场馆

活动经总馆先行实践，待活动模式成熟后，对分馆工作人员进行业务培训与指导。首先以挑选部分乡镇（街道）分馆为试点开展活动，再进一步复制推广至所有乡镇（街道）分馆以及其他村（社区）级的服务点，在短时间内实现高效率、高质量的城乡全覆盖。

“禾禾”少儿系列活动。着力于打造总分馆联动的少儿亲子阅读推广品牌，走出可持续、可复制、可推广的新路线，不断扩大图书馆影响力和社会效益。依托城乡一体化公共图书馆服务体系，各个乡镇（街道）分馆以总馆活动为模板，形成“一镇一品一特色”少儿品牌：新塍分馆的“燕子妈妈讲故事”、新丰分馆的“运河娃娃”系列活动（图 2-3-28）、余新分馆的“渔里宝宝”系列活动、嘉北分馆的“嘉贝课堂”系列活动等。各分馆定期开展丰富多彩的少儿阅读活动，少儿阅读的版图不断扩大。

图 2-3-28　解放街道智慧书房 运河娃娃暑期少儿公益活动—小小雕塑家之锡纸雕塑

杏林书房。为进一步推进“健康嘉兴”建设，2021 年嘉兴市图书馆与嘉兴市中医医院达成携手共同打造“书香杏林——传承文化，传播健康”项目，推动中医传统文化传播。该项目融合“内容·空间·社群”三大元素，囊括四季养生、生活习惯与疾病、食疗调理、中药辨识等四大系列内容，以科普活动课程化为载体搭建的覆盖城乡、高质量、公益性的中医药文化科普平台，旨在普及准确、优质、实用的中医养生健康知识，满足普通百姓了解中医、修身养性的需求，提升全民健康素养。依托嘉兴市城乡一体化公共图书馆服务体系，在总馆建设“杏林课堂”主阵地，在乡镇（街道）、村（社区）分馆、智慧书房（文化礼堂）等开设“中医角”“中医传统文化课堂”等服务空间，利用双方的资源优势，开展丰富多彩的中医药地方文化传播活动，满足普通百姓了解中医、修身养性的需求。开展活动 49 场，线上直播点击量近 1.3 万人次，线下参与近 1200 人次。2023 年嘉兴市图书馆创建“杏林书房”项目，开展中医药健康文化走基层系列活动。中医为媒、文化搭台，破除行业壁垒，充分形成跨界合力，建设中医药文化“实景课堂”，增强城乡中医药文化的优质科普资源和服务供给，真正打造老百姓身边的“中医药文化科普补给站”（图 2-3-29）。

图 2-3-29　杏林讲坛“荷花知多少”

健心客厅。2022 年 1 月，以市本级公共图书馆总分馆健心客厅为基地，围绕家长智慧育儿与对孩子社会情感和学习能力培养两个主题，推出“悦心阅读”活动，重点面向 3 至 8 岁儿童的家长和孩子，开展家长沙龙和亲子系列活动（图 2-3-30）。自 2022 年 1 月开始，项目在市本级 19 个图书馆分馆开展 120 场活动，并辐射到智慧书房及村（社区）礼堂书屋，直接受益家长及儿童约 4000 人次，受到了家长的欢迎，孩子的喜爱，产生了良好的社会影响。2023 年下半年采用“图书馆分馆 + 学校 + 家庭”联合的形式，形成以新居民子女学校为主的“悦心阅读”家长阅读沙龙（工作坊）活动模式，在大桥分馆（联合南湖区南湖创业学校大桥教学点）、王江泾分馆（联合闻川小学长虹完小）、油车港镇分馆（联合栖真小学）、长水街道分馆［联合杭师大经开附小（槜李校区）］试点落实。

图 2-3-30　新塍镇火炬村礼堂书屋亲子课堂

四、品牌化：塑造高质量阅读推广项目精品

以品牌化思维对阅读推广活动进行营销管理，在读者群体中树立鲜明的品牌印象，提高活动的社会传播力与影响力。

品牌形象塑造。为项目选择一个大众能直观理解且朗朗上口的品牌名称，强化项目在读者心中的印象，提高宣传推广效率，提升品牌认知度。例如“禾禾”少儿系列，其名称结合了嘉兴鱼米之乡盛产水稻的地域背景，以禾苗比喻少年儿童在书香滋润下茁壮成长，其品牌形象是一颗发芽的稻谷，外形憨态可掬，相关文创产品得到了广大家长儿童的欢迎。

品牌持续运作。紧跟时代发展及读者需求变化，对活动内容与形式进行适应性的升级拓展，保证项目的可持续运作，逐步成为家喻户晓的经典阅读推广品牌。例如，“夕阳红 E 族”老年人信息素养培养项目已连续开展十余年，从最初单一的电脑班已发展出七大课程体系，同时引入了线上直播、微信群答疑等线上方式，与时俱进，不断提升活动的内容丰富度和参与灵活度。

品牌全面推广。线上线下联动，建立多渠道、全方位的宣传推广矩阵，提升品牌的覆盖面与影响力。借助微信、微博、抖音等新媒体平台，融入大众线上生活场景，以特色化、趣味化的内容，强化大众对图书馆服务品牌的认知。通过各类节庆活动、服务推广周、文化下乡等路径开展线下宣传，与学校、社区、企事业单位等组织进行对接，为其精准推送适合的阅读项目。

第三节　嘉兴市图书馆社会影响不断扩大

嘉兴市图书馆总分馆近年来每年举办各类阅读推广品牌活动，总分馆联动、线上线下联动，覆盖城乡各年龄层读者，年活动场次超过 5000 场，受益人次逾百万，在行业内外引起了较大反响。2009 年以来，嘉兴市图书馆因阅读服务受到全省或中国图书馆学会等上级部门表彰达到 50 项，如：2009 年，被浙江省文化厅评为第四届浙江省未成年人读书节创新奖、组织奖；2010、2014 年，被中国图书馆学会评为全民阅读优秀组织奖；2016 年，被中国图书馆学会评为全民阅读示范基地；2020 年，被全国妇联家庭儿童工作部评为全国家庭亲子阅读基地；2023 年，被中国作家协会全民阅读推广办公室评为全民阅读 20 佳图书馆。特别值得一提的是嘉兴市图书馆与故宫博物院、华为等同登国际知名媒体 FAST“2019 中国最佳创新公司 50”榜单。

2019 年底，得到 app 创始人罗振宇在深圳卫视《时间的朋友》跨年演讲中，一开场就为嘉兴市图书馆点赞：“嘉兴市图书馆用了很少的一点公共预算仅仅几十个正式员工的编制，一年内开展 5000 场接地气的活动。”这是在“嘉兴模式”下，图书馆品牌化、系列化、标准化的阅读服务项目建设的重要探索。

2022 年，嘉兴市图书馆利用现代化技术，联合业界专家推出“悦心听读本”项目，该项目入围了 2023 年国际图联（IFLA）国际营销奖。2023 年，嘉兴市图书馆创建全国第一家公共图书馆的元宇宙阅读体验馆，进一步构筑元宇宙时代的未来图书馆阅读服务模式新格局。

第四节　小结

嘉兴市图书馆充分利用城乡一体化公共图书馆总分馆服务体系，初步探索出了系列化、标准化、品牌化的全民阅读推广活动模式。接下来将继续打造更多精准、优质、高效的阅读服务项目，持续推动全民阅读服务高质量发展，打造更加完善的全生命周期阅读服务，实现城乡居民的精神富有。

（撰稿人：许大文、严佳惠、宋心妤）

第四章　文献捐赠

嘉兴市图书馆建馆120年，见证了时代的变迁，承载了无数珍贵的历史记忆。从建馆之初社会人士捐书捐物，到如今不少专家学者、乡贤先进捐赠不断。许多文献的珍贵之处不仅在于其内容，更在于捐赠者们的爱心和慷慨。这些爱心人士将自己珍藏的文献捐赠给图书馆，让更多人能够共享这些宝贵的知识财富。他们的慷慨之举，不仅丰富了图书馆的藏书，还让更多的人可以利用这些珍贵的文化遗产。

每一份捐赠都是一份心意，每一本赠书都有一段故事。这些爱心人士的善举，助力嘉兴市图书馆成为一座文化的宝库，承载着厚重的历史和温暖的情怀。今择其大要，简述如下。

第一节　1949年之前接受的古籍捐赠

1904年嘉郡图书馆成立，其藏书以鸳湖书院的旧藏为基础。乡贤陶葆霖、金蓉镜等创办人以及嘉兴府的士绅、藏书家纷纷捐助古籍图书，甚至连湖州南浔的刘承幹也慷慨捐赠。当时，馆藏古籍数量在2万册左右，均为线装本。

1928年，许瑶光的曾孙许贯三将许家在湖南善化（今长沙）家中的藏书捐献给嘉兴公立图书馆，总数约12000册。当时的嘉兴公立图书馆负责人沈本千专程到上海迎接这批图书。许瑶光曾任嘉兴知府18年，对嘉兴在太平天国动乱之后的重建工作做出了非常大的贡献。他的藏书最终也回到了他的第二故乡——嘉兴。

1929年，乡贤金蓉镜去世。此前他曾立下遗嘱，把在南湖盐仓桥堍高士祠中的藏书全部捐献给嘉兴公立图书馆。此后，其家属售出部分，其余部分归入嘉兴公立图书馆馆藏。这批古籍共有 895 部 5232 册，另外还有他的信札、手稿等。

这一时期，嘉兴公立图书馆还收藏了《光绪嘉兴府志》的雕版，以及《泝源问答》等书的雕版。根据 1932 年统计，当时嘉兴县立图书馆共有线装古籍 37642 册。

第二节　20 世纪 50 年代接收的古籍捐赠

1949 年后，社会各界向浙江省立嘉兴图书馆踊跃捐赠：孙顾赞玉捐献雪映庐旧藏《槜李诗系》等善本，郑之章捐赠几百种古籍，沈梓后裔捐献《避寇日记》《养拙轩笔记》稿本，沈慈护、劳善文捐献沈曾植的奏折杂件等。浙江省立嘉兴图书馆又先后接收精严寺中经弘一大师李叔同整理过的《乾隆大藏经》，以及竹林乡祝廷锡的知非楼藏书、佛学大师范古农的佛学线装书。

1951 年，馆藏古籍共有四万余册。浙江省立嘉兴图书馆开展整理古籍工作的同时，也在积极地向社会各界人士征集普通图书和地方文献，收集本地和嘉籍旅外人士捐赠图书甚多。在这一年，向浙江省立嘉兴图书馆捐资帮助的单位和个人有：正大电业公司五十万、中和新公司二十万、乌传经先生五万、李钟英先生五万、严家威先生二十万、蒋抚青五万、沈公达五万。共计一百一十万元整。

《避寇日记》捐赠

《避寇日记》是清代嘉兴沈梓（1833—1888）所著，其中记载了太平天国时期嘉兴的大量资料，是嘉兴重要的地方文献。1951 年 2 月，沈梓的后人沈访磻把它捐赠给浙江省立嘉兴图书馆。图书馆将此稿本提供给太平天国史研究专家罗尔纲，并由其整理出版，为太平天国史研究提供了重要资料。沈访磻先生除了委托邵传统医生捐赠《避寇日记》四册和《养拙轩笔记》等书外，还捐赠有《天盖楼偶评》二十八册（当时劈版，此系孤本）。

董巽观先生专题捐赠

1951年5月12日，董巽观向浙江省立嘉兴图书馆捐赠《董氏家谱》《水龙经》《金书秘奥》等28种珍贵图书，共计70册。

董巽观（1897—1971），原名祥晋，字吉甫，笔名巽观。籍贯嘉兴，浙江省文史研究馆员。著有《嘉兴史料甲乙编》《春雨斋词稿》《垂杨馆笔谈》（也叫《垂杨谭荟》）等书。常年收集嘉兴地方史料进行学术研究，并于1950年后在浙江省立嘉兴图书馆工作，义务帮忙。吴藕汀评价他说："工书，擅北魏石刻，善填词，亦能丹青。梅花蒲石，颇见家法。"

佛学大师范古农捐赠

1951年，嘉兴佛学大师范古农居士因病去世，他收藏的大量佛学著作以及佛学研究稿本、佛学刊物等由浙江省立嘉兴图书馆接收。

范古农（1881—1951），原名运枢，字古农，清末秀才。1907年东渡日本，留学于东京物理专科学校。在日本与褚辅成、沈钧儒等交游，加入中国同盟会。1910年，任嘉兴府中学堂监督。民国元年（1912）创办嘉兴县立乙科商业学校，任校长。同年与龚宝铨等组织嘉兴佛学研究会。1927年去上海佛学书局任总编辑，此后渐成为国内佛学界权威。1947年以嘉兴月河住宅为校舍，创办私立范氏小学（后改称私立月河小学）。1951年因病在上海去世，火化后葬苏州灵岩山。

平湖雪映庐藏书捐赠

1951年9月15日，平湖孙顾赞玉捐赠孙氏雪映庐所藏《槜李诗系》四十册、《续槜李诗系》二十册、《当湖外志》二册、《续当湖外志》二册、明《弘治嘉兴府志》残本抄本一册。共计六十五册。

金问源先生捐赠

1952年9月，金问源捐赠金兆蕃（篯孙）遗著《安乐乡人文集》二册，《安乐乡人诗集》初续合编一册，由倪禹功代为捐赠给浙江省立嘉兴图书馆。另外，倪禹功还将手抄《至元嘉禾志》赠送给浙江省立嘉兴图书馆。

钱镜塘捐赠

1952年，钱镜塘先生为浙江省立嘉兴图书馆捐赠古籍图书9种12册。具体书目有:《读山楼谈薮》1册，抄本;《妇学》1册;《女英传》四卷，1册;《传子》二卷，1册;《竹堂集》1册;《花近楼丛书序跋记》二卷，1册;《雪溪渔唱集钞》1册;《宪政编查馆草订行政纲目》1册;《清风室文钞》十二卷，1部4册。该批赠书亦由倪禹功先生转交。

钱镜塘（1907—1983），海宁硖石人，名德鑫，晚号菊隐老人，当代收藏鉴赏名家。他曾先后将收藏的2900余件书画立轴、手卷册页以及金石文物、地方文献等，分别捐献给浙江、上海、嘉兴等地收藏单位。晚年曾应聘任嘉兴县文物管理委员会委员。

陆曙知先生专题捐赠

1954年2月，陆才善将陆曙知先生的中医书籍18种59册捐献给浙江省立嘉兴图书馆。这批图书的具体书目有:《子华子医道篇注》1册,《无锡张聿青先生医案》6册（卷1、4、7、10、13),《感证辑要》2册,《女科医案选粹》1册,《女科证治约旨》1册,《女科精华》1册,《陈无择三因方》全一套（8册),《巢氏病原》全一套（2册),《灵枢集注》8册,《素问集注》6册,《御纂医案全鉴》2册（卷63、67),《温病条辨》4册,《杂病源流》11册,《黄帝甲乙经》十二卷2册,《洄溪秘方》1册,《温热经纬》1册,《小儿推拿广意》1册,《兰台轨范》1册。

陆费端荪先生专题捐赠

1954年3月20日，原籍桐乡的陆费端荪先生将其藏书捐赠给嘉兴市图书馆，共计一千零三十册整。其中比较重要的图书有:《经义述闻》七册,《经籍纂诂》四十八册,《古书读本》七十七册,《处州府志》二十二册,《海塘揽要》九册,《江苏海运全案》八册,《昭明文选》十一册,《光绪东华录续》七册,《钦定续通典》九册,《画史汇传》二十五册,《钦定续通志》二册,《马氏文献通考》四十二册,《钦定四库全书总目提要》三十一册,《韵府拾遗》九册,《钦定续文献通考》三十六册,《南杨集》二册,《絜斋集》八册,《絜斋毛诗经筵讲义》一册等。

金梁先生捐赠

1954年8月24日，文史专家金梁捐赠给嘉兴市图书馆《大北京宫殿志》图书1册。

金梁（1878—1962），号息侯，晚号瓜圃老人。生于杭州，满族瓜尔佳氏。历任京师大学堂提调、奉天政务厅厅长、蒙古副都统等职。民国时期，曾任清史馆校对、北洋政府农商部次长等职。新中国成立后迁居北京，在国家文物部门任顾问等职。一生著述甚丰。

郑曰章先生专题捐赠

1956年7月20日，郑曰章先生捐赠给嘉兴市图书馆古籍图书19种，400余册。主要有:《梅里诗钞》十二册;《梅里诗钞》十二册（全）石印本;《梅里诗钞》十二册（全）;《梅里诗钞》三十九册（残）石印本;《瑟园诗录》(存卷三、四）一册;《郑氏外戚诗钞》(桐乡郑以和）一册;《问松里郑氏诗存》上下二册，手抄本;《嘉兴庄安先生遗照题咏》一册;《红藤馆诗》秀水朱善祥一册;《万历秀水县志》十卷四册;《秀水县任志》十册;《新辑濮院镇志》六册;《新塍镇志》二部四册;《乌青镇志》二部四册;《朱文肃公特辑》一册、《浔溪记事诗》一册；等等。

郑曰章（1875—1959），字粤如，号寿庄，别号椿老。祖籍嘉兴新塍，民国迁居濮院镇。擅长书画、器物鉴别。曾被推为桐濮镇商会会长。新中国成立后，郑氏将多年收藏之珍贵书籍捐赠与嘉兴市图书馆。时称颂其“高年硕德”。参见《濮院镇志》。

金蓉镜藏书捐赠

1957年6月27日，郭庶庭先生代表金希（郗）叔（名桂洗）将金蓉镜的藏书11种捐赠给嘉兴市图书馆。金希叔先生捐书目录:《玉海》一百二十本，江宁刻本;《大清中国地图》二十六张;《列女传》八本,《明末四百家遗民诗》八本,《杜诗集说》十二本,《曝书亭诗词录》十二本,《文献通考》二十四本,《翠微山房数学》十六本,《明诗综》三十二本,《唐六如画谱》八本,《右军帖》一出（一百四十六张）。

金蓉镜（1855 — 1929），浙江嘉兴人，又名金殿丞，晚号香严居士。光绪十五年（1889）进士。历官湖南郴州、靖州直隶州知州、永州府知县等。诗文皆渊雅。金希叔，金蓉镜侄子。

沈曾植后人捐赠

1952年6月9日，沈曾植儿媳、沈慈护夫人劳善文向浙江省立嘉兴图书馆捐赠照片一包。

1954年6月27日，沈慈护、劳善文又为嘉兴市图书馆捐赠书版一批。计有《等韵一得内篇》32块,《重订合声简字谱》29块，又26块，又27块,《简字业录》27块,《简字京音述略》25块，共计166块。自上海运回嘉兴保藏。另外，沈慈护还将旧存书箱、红木茶几、办公桌、书橱、书架等71件家具用品捐献给嘉兴市图书馆使用。

1954年12月19日，劳善文又将一些藏书捐赠给嘉兴市图书馆，有《九曲渔庄词稿》原稿本一册，及印本《十经斋遗集》二册,《柴辟亭诗》一册。嘉兴市图书馆为她出具正式收据。

1957年9月27日，沈曾植子沈慈护、媳劳善文又将沈曾植藏书的一部分，以及一些札件（奏折、信件、名刺等），捐赠给嘉兴市图书馆。

沈曾植（1850—1922），浙江嘉兴人，清末民初著名学者、诗人、书法家。有“海日楼”藏书，享誉盛名。

第三节　20世纪60年代至90年代的捐赠

朱鼎煦、胡竹安等人的捐赠

1961年6月19日，朱鼎煦（1886—1967）向嘉兴县图书馆捐赠《回风堂诗》两册。朱鼎煦毕业于浙江省法政专门学校，在宁波鄞县地方法院辖区内执行职务。新中国成立后，朱鼎煦担任浙江省文史馆馆员、政协宁波市委员会委员和宁波市文物管理委员会委员等职，在整理和保存地方文献资料方面，提出许多建言。

1986年7月至9月，向本馆捐赠13种13册古籍文献。胡竹安（1916—1990），浙江嘉兴人，致力于语言学研究，尤其对以《水浒传》为代表的近代汉语词汇及语法有较深造诣。生前为上海教育学院中文系教授。

朱生豪译莎士比亚作品手稿捐赠

1987年11月17日，朱生豪夫人宋清如把朱生豪翻译的莎士比亚作品手稿捐给嘉兴市政府，由嘉兴市图书馆保管。嘉兴市政府、嘉兴市文化局举行了隆重的捐赠仪式。

在捐赠仪式中，宋清如女士介绍了关于朱生豪翻译莎士比亚作品的简况。还特别引用了朱生豪于1944年4月写给他弟弟朱文振的信，信中提到翻译莎士比亚作品的情况："一九四二年春，目观事变日丞，闭户家居，摈绝外务，始得专心一志，致力译事。虽贫穷疾病，变相煎迫，而埋头伏案，握笔不辍。凡前后历十年而全稿完成（按，译者撰此文时，预计再有半年可以译竟。讵意体力不支，厥功未就，而因病重辍笔）。夫以译莎工作之艰巨，十年之功，不可云久，然毕生精力，殆已尽注于此矣。"当时，朱生豪的身体已经大不如前，信中有这样一段话："这两天好容易把《亨利四世》译完，精神疲惫不堪，暂停工作，稍事休息。这一年来，尤其是去年九月以后到现在，身体大非昔比。因为终日伏案，已经形成消化永远不良的现象。走一趟北门，简直有如爬山。"

宋清如女士向嘉兴市图弓馆移交的《莎氏戏曲全集》朱生豪译本手稿，共计20册，分别为《仲夏夜之梦》《威尼斯商人》《无事烦恼》等。其中第十七至二十册已拆散，共计306页。另有未编号《仲夏夜之梦》初稿一册，未编号《暴风雨》初稿一册。崔泉森馆长代表嘉兴市图书馆接收此项捐赠。

朱生豪（1912—1944），浙江嘉兴人，是中国著名翻译家。曾在上海世界书局任英文编辑，参加《英汉四用辞典》的编纂工作，并创作诗歌。1936年春着手翻译《莎士比亚戏剧全集》，抗战期间辗转流徒，贫病交加，仍坚持翻译，先后译有莎剧31种，新中国成立前出版27种，部分散失，后因患肺病早逝。他是中国最早翻译莎士比亚作品的翻译家之一，译文质量和风格卓具特色，为国内外莎士比亚研究者所公认。

第四节　2000年以后的专题捐赠

倪禹功后人专题捐赠

2006年9月，倪嘉缵等兄妹四人来到嘉兴市图书馆，将父亲倪禹功先生手稿本《嘉秀藏家集录》四册捐赠给本馆收藏。

2011年倪禹功百年诞辰时，倪禹功五位子女不远万里从各地赶来，向嘉兴博物馆及嘉兴市图书馆捐赠217件（组）书画文献，其中嘉兴市图书馆获赠70件珍贵文献资料。如《蒲山人集外诗》（蒲华撰，朱其石、倪禹功辑）抄本一册、《浙江通志人物传》（金蓉镜撰）稿本一册、《素庵诗词草》（郭兰枝撰）稿本一册、《书画家尺牍抄录》（倪禹功抄）抄本二册，等等。这批文献收录于《倪禹功及家属历年捐赠嘉兴市图书馆藏品目录》，见于《大爱有痕：嘉兴先贤倪禹功藏品捐赠图录》一书中。

倪禹功（1911—1964），字昌濬，嘉兴油车港人，是著名书画家、收藏家。1930年左右，倪禹功随父辈从油车港迁居嘉兴中街（现中基路）27—29号。1937年抗战爆发，倪氏举家迁至上海延安中路明德里。20世纪50年代，倪禹功为浙江省立嘉兴图书馆争取到在沪乡贤的大量捐赠。馆藏《至元嘉禾志》（抄本六册）也是由倪禹功亲手抄写，于1952年捐赠给浙江省立嘉兴图书馆。该年，倪禹功还捐赠了《沈卫等已卯上巳嘉兴旅沪同乡醵饮留念》册页一件。1957年5月5日，上海倪禹功先生历时半年，抄录《烟雨楼志》一书，赠送给嘉兴市图书馆。

徐志平先生专题捐赠

2011年8月22日，徐志平先生捐赠古籍图书7种，具体有:《文选》六十卷，（梁）萧通撰，（唐）李善注，清康熙二十五年（1686）刻本，12册，虫蛀、脱线;《全闽诗话》十二卷，（清）郑方坤编，清诗话轩刻本，存1册，存卷一、蛀、缺页;《明诗百一钞》十二卷，（清）郭其炳辑，清刻本，存1册，存卷一、二，蛀、缺页、朽;《鸿宝斋考证字汇》，鸿宝斋主人撰，民国元年石印本，1册，有缺页;《史鉴节要便读》六卷，（清）鲍东里撰，清刻本，存1册，存卷四、五;《雪映庐遗稿》三卷附一卷，（清）孙祖望撰，清光绪十七年（1891）刻本，1册，蛀，附唱和稿存破缺。《增补事类通编》九十三卷，（清）黄葆真增辑，清刻本，存2册，为卷四十四、四十五，卷九十、九十一，破缺。

徐志平，1949年生，浙江海宁人，嘉兴教育学院副教授（已退休），研究中国古代诗词、地方文化，著有《浙江古代诗歌史》《诗说嘉兴运河》《南湖艺文》《一代文宗朱彝尊》《嘉兴市教育志》《浙西词派研究》等书。

陆氏专题捐赠

2015年8月18日，定居嘉兴的近90岁高龄的陆逊老先生，代表陆氏家族，将其父亲陆昭毕生所藏的1111册古籍和617件书画无偿捐赠给嘉兴市图书馆，为嘉兴市图书馆的古籍书画收藏添砖加瓦，写上浓墨重彩的一笔。

陆逊的父亲陆昭，生于清光绪十五年（1889），浙江杭州人，祖籍绍兴，一生从事教育事业，曾在杭州木业小学、浙江中医专门学校执教。因教学需要，雅好读书、买书、藏书。陆昭藏书时间自清末到民国二十五年（1936），其所藏刻本多为明清两代所刻，最早是明朝隆庆年间（1567—1572）的，此外清康熙、乾隆年间的也比较丰富。石印本大多是清末民国时期出版的。藏书内容首重医学类，约占一半，医学书包括内、外、伤、妇、儿、中药材各学科，非常全面；文史、艺术、军事、法政、杂书等则占另一半。他买的书，颇有一些善本，比如1823年日本出版的明人所著中医书籍，用品质较高的绵纸印刷等。而他所藏的书画，主要是他的老师傅嫃园所画的梅兰竹菊。

陆逊先生于1949年把家安在嘉兴。他的爱人张影康女士自1962年起至退休，一直在嘉兴市图书馆工作。陆逊先生从浙江省石油地质大队离休后，在嘉兴养老，这里成了他的第二故乡。从2010年起，陆逊开始对其父亲的藏书进行详细的编目、整理，并于2015年8月整理完毕，将所有古籍字画、目录一并赠予嘉兴市图书馆。

姚辛先生专题捐赠

2014年10月16日，姚辛之子姚铁藜先生向嘉兴市图书馆捐赠姚辛藏书三千余册，均为当代图书。随同捐赠的，还有姚辛用过的书橱、写字台和凳子各一件。

姚辛，1931年1月22日生。嘉兴毛纺织厂退休工人。一生致力于"左联"史研究。著有《左联词典》《左联画史》《左联史》等。

嘉善陆左婴先生专题捐赠

2017年5月19日，陆左婴先生向本馆捐赠图书347种1052册（件），共九大箱。其中古籍线装书132种306册，民国平装书58种198册（件），当代出版物157种548册。

据陆左婴先生介绍，这批文献为其祖父的旧藏。除古籍文献外，一些民国平装书也非常有价值，还有两张20世纪70年代上海、杭州的交通地图，现在也已不多见。

朱尚刚先生专题捐赠

在2004年嘉兴市图书馆百年馆庆时，朱尚刚先生又将300多封朱生豪致宋清如女士的书信，以及朱生豪译者自序的手稿，捐赠给嘉兴市图书馆。

2018年10月9日，朱尚刚先生又将69种125册图书文献资料捐赠给嘉兴市图书馆。赠书中有比较少见的文献，如光绪癸巳年（1893）浙江书局刊的线装本《易经》；上海北市棋盘街扫叶山房发行、民国十五年（1926）石印的《文史通义》；民国二十年（1931）石印的《经传释词》等。另有稀见的地方文献，如《鸳鸯湖诗社社刊》（第三期）、《鸳鸯湖诗社成立大会题辞贺诗、贺词特辑》、《鸳鸯湖诗社社员通讯录》等，为本馆的地方文献特藏增添了新的品种和内容。

2019 年 6 月 27 日，嘉兴市图书馆地方文献室工作人员又专程来到朱尚刚先生家中，接收朱老师的捐赠图书，共计 70 册。

朱尚刚先生出生于 1943 年 11 月，是我国著名翻译家朱生豪（1912—1944）之子。

马雷先生专题捐赠

2018 年 10 月 31 日，马雷先生家属将其个人藏书 729 种 1083 册捐赠给嘉兴市图书馆。这批赠书中，工程技术类文献 468 种 615 册，中医类文献 261 种 468 册。

马雷（1931—2018），河南辉县人。1949 年，考取河南第一师范公费生，后加入中国人民解放军。1959 年，随部队到嘉兴东大营。1972 年转业到嘉兴化工厂，任机修车间工程师，其间，曾在美国杂志上发表专业学术论文。马雷先生离休后，钻研中医，是嘉兴市图书馆的忠实读者。

王福基先生捐赠

2020 年 6 月 5 日，嘉兴市原文联党组书记、副主席王福基先生向本馆捐赠个人藏书 414 种 838 册。6 月 16 日，又向市馆捐赠 166 种 390 册。两次捐赠，合计 580 种 1228 册。

王福基先生这批捐赠的藏书中，有大量的嘉兴地方文献，以及地方作家签名本。如《嘉兴县乡土地理》《嘉兴市文学艺术界联合会第三次代表大会文集》《鸳鸯湖棹歌印谱》《田园艺术：嘉兴农民画作品选》等。其中不乏市图书馆缺藏的稀见地方文献，如《嘉兴市报业志稿》等，填补了嘉兴市图书馆地方文献收藏的空白。

王福基，生于 1939 年，1961 年毕业于杭州大学中文系。1962 年起发表创作诗、影视文学、小说、散文等，国家二级作家，代表作有影视剧《朱生豪》《啊，鸡冠山》，小说集《佛像》等。王福基曾任嘉兴市文联党组书记、副主席、市作协主席、市影视艺术家协会名誉主席等职务。其电视作品曾获省级和国家级奖励。

董文麟先生专题捐赠

2020 年 7 月 29 日，广州董文麟先生向本馆捐赠图书 105 种 129 册。10 月 19 日，董文麟先生再次捐赠个人藏书 86 种 91 册。两批捐赠合计 191 种 220 册。

这批捐赠的特色是有关广州的地方文献较为丰富。比如《广州宗教志》《广州伊斯兰古迹研究》《岭南文化现代精神》等。另外，也有品相完好的大套书，如《南怀瑾选集》，金庸著作《侠客行》《笑傲江湖》《倚天屠龙记》等，丰富了嘉兴市图书馆的馆藏。

董文麟，1947 年 7 月生，祖籍嘉兴，是嘉兴地方文化界知名人物董巽观的长孙。他先后在广州市属研究开发机构和科技部门，从事高技术陶瓷研究与开发、科技管理等工作。

陆殿奎先生捐赠个人藏书

2020 年 10 月 7 日，陆殿奎先生委托女儿陆梅向本馆捐赠一批个人藏书，共 8 箱，合计 690 种 772 册。该批藏书中，有相当一部分嘉兴地方文献，以及大量文史图书，可以丰富嘉兴市图书馆馆藏。

陆殿奎，1935 年生，笔名陆宋，浙江桐乡人。杭州大学中文系毕业，当过教师，后调海宁市文化局，1983 年调任嘉兴市文化局副局长。曾任第一届嘉兴市文联副主席。

张海麟先生专题捐赠

2020 年 10 月 9 日，中国人民解放军国防大学离休教授张海麟先生向本馆捐赠藏书 190 种 251 册。

该批捐赠的主要特色是二战史研究相关图书，如《当代世界与中国丛书：第二次世界大战与战后世界性社会进步》《世界战争起源新论——东欧与两次世界大战》《历史的告诫：第二次世界大战的终结与总结》等。

另外，还有少量嘉兴地方文献，如《爱国教育家顾惠人》《建国路史话》《嘉兴丛谈》

等，丰富了嘉兴市图书馆的地方文献收藏。

张海麟，出生于1931年12月，浙江嘉兴人，1955年毕业于南京大学外语系，历任南京军事学院翻译、武汉军区某部科长、国防大学教授，中国第二次世界大战史研究会秘书长、军事历史研究会常务理事、全军军事教员高级专业职务评审委员会委员，是中国翻译工作者协会资深翻译家。

卢玲女士专题捐赠

2020年10月22日，嘉兴学院卢玲女士向嘉兴市图书馆捐赠图书191种754册。这批赠书的特色是丛书比较多，如《中国大百科全书》(1992年版)74大册，《世界文化经典名著》38册，《中国古代百科经典》16大册，《中国风化图史丛书》20册，《世界风化图史丛书》20册等。

另外，还有少量地方文献与特藏类的图书。例如：《续写吴越春秋的男人们》《徐志摩与陆小曼》，以及嘉兴著名老中医陆文彬编著的《高考学生饮食指南》《孕妇饮食指南》等。

卢玲，嘉兴学院文法学院教师，主要研究方向为中国女性文学、中国当代文学史等领域，现已退休。

沈知津先生专题捐赠

2020年11月10日，沈钧儒后人沈知津先生向嘉兴市图书馆捐赠图书135种135册。这批图书主要为工程技术类图书与外文书。比较有特色的图书有：20世纪30年代至40年代的德文书，是沈知津先生于1945年前后在德国留学时所购；20世纪50年代的俄文书以及一些外文词典，如《德语同义词词典》《大杜登词典》《法英华会话指南》《英汉技术词典》等。

有1本德文书还特别注明“书套系1930年8月底母亲所制”，另有2本注明“1945年3月22日，沈谅购于柏林。”4本注明：“1945年2月购于柏林”，1本注明“1946年2月20日购于香港”。

另有历史人文方面的读物共计14册，如《四部古典小说评论》《从鸦片战争到解放》《溥仪》等。

沈知津先生是沈钧儒的第四子。20世纪80年代前后，沈知津住在嘉兴，与史念先生很熟。沈知津的儿子沈宪从深圳退休后，住在嘉兴。

车乘轨先生专题捐赠

2021年5月8日，车乘轨先生的女儿夏向群女士、外孙女陆晖女士，将车乘轨先生的藏书863种1321册，唱片18种121张，捐赠给嘉兴市图书馆。这批捐赠以古典诗词、古典文学、文史资料为特色，有《清诗话》《天雨花》《四部备要》《太平天国史料专辑》等。另外还有部分地方文献，如《嘉绢志》等，可补充嘉兴市图书馆地方文献收藏。

车乘轨（1923—2016），浙江绍兴人，华中电信学院毕业，1946年考入中国蚕丝公司第一实验绢纺厂（新中国成立后改称嘉兴绢纺厂），任该厂职工业余学校暨子弟小学校长，后专职从事经济工作。车乘轨爱好诗词及史地、音乐，曾参与编写《嘉绢志》，著有《历代雅词大观》等书。

孙秀芳女士专题捐赠

2021年6月18日，嘉兴市居民孙秀芳女士向本馆捐赠《传世藏书·经库·十三经注疏》等图书51种51册。 这批图书主要为中国传统经学文献，是我国文化史上的重要文化典籍。孙女士为东北人，在嘉兴做生意。

杨小京女士专题捐赠

2021年7月12日，杨小京女士委托中国美术学院范景中教授捐赠《柳如是集》等新修线装善本16种36册。

此次专门采购并委托范景中教授捐赠的新修善本有:《柳如是集》(两函十册)、《柳如是选集》(一函两册)、《三家宋板书目录》(一函一册)、《冬心先生题画记》(一函一册)、《籀史》(一函一册)、《前尘梦影录》(一函两册)、《乐府杂录 教坊记》(一函一册)、《诗媛三家集 续离骚》(一函两册)、《白石道人歌曲 附校谱》(一函两册)、《钞本白石道人歌曲》（一函一册）、《旧馆坛碑考》（一函一册）、《庚子销夏记》（一函四册）、《留春草堂诗钞》（一函两册）、《画禅室随笔》（一函四册）、《纸尾草》（一函一册）、《竹上草》（一函一册），共计十六种三十六册。

其中，杨小京女士专门在《柳如是集》第一册扉页为嘉兴市图书馆题字，内容为："《柳如是集》十卷及《净琉璃室批校本丛刊》《竹上草》十五种，为我师和师母所撰。谨奉嘉兴市图书馆惠存。"

另外，2023 年 11 月 27 日，范景中、周小英夫妇专程来到嘉兴市图书馆，捐赠《柳如是集》《柳如是诗集》《柳如是诗文拾遗》《啸翁藏书题识》《味水轩里的闲居者》《与古同游：项元汴书画鉴藏研究》等线装本或地方文献图书，共计 6 种 15 册。

杨小京女士为嘉兴人，画家，现居海外。

高澄清先生专题捐赠

2021 年 10 月 19 日，高澄清先生（1944—2021）的家属向本馆捐赠《日语学习》等图书 59 种 412 册（件）。这批资料主要由日语学习资料、经典名著、文学作品组成，另外有《嘉兴广播电视报》《嘉兴中邮专送广告》《易初莲花商品广告》等地方文献资料。

高澄清，曾就读于嘉兴工专学院化工系，后来任职于嘉兴眼镜厂门市部。他平生酷爱读书，嗜书如命，于年轻时代就开始到处搜罗英语、日语、医学等方面书籍，自学成才。

杨其根先生专题捐赠

2022 年 1 月 27 日，杨玲丽女士将其父亲杨其根先生的个人藏书与资料捐赠给嘉兴市图书馆收藏。这批捐赠包括图书 167 种 177 册、《嘉兴广播电视报》等地方报纸 93 份、个人票证类文献 42 件、地方广告等散页文献 122 张、地图 1 份，合计 171 种 435 册（件）。赠书中有《浙江省图书馆志》《嘉兴市志・供销合作社分志》《海盐县志》《嘉善县志》《平湖县志》等地方志书，以及与蚕桑丝织、地方农业、茶叶等有关的地方文献多种，可以补充嘉兴市图书馆地方文献特藏资源。

杨其根，经济师，1955 年出生，平湖人，是恢复高考后的第一届大学生。他 1980 年毕业后被后被分配到嘉兴地区土特产公司工作，负责全区棉花收购管理和棉花等级检定。撤地建市后，到嘉兴市土特产公司，从事棉花收购经营管理。他酷爱读书，富藏书，特将家存部分书籍捐赠给嘉兴市图书馆，以飨读者。

宋育麟先生专题捐赠

2022 年 6 月 2 日，宋育麟先生向嘉兴市图书馆捐赠其父亲宋宝绥先生个人藏书两箱，共计 193 册（件）。这批文献中，有不少嘉兴特色地方文献，如:《嘉兴市粮油统计资料：1949—1980》、《嘉兴市现行粮油购销价格簿》（1985 年）、《嘉兴县城镇粮食工种定量标准册》、《嘉兴党史通讯》（1990 年）、《嘉兴粮食经济》（1986 年）、《粮食商业统计历史资料汇编：1955–1980》（嘉兴市嘉兴镇粮管所 1981 年编印）、《嘉兴市市区粮食管理会议记录》（1980、1984 年）等。

宋宝绥先生长期在嘉兴市粮食系统工作，1988 年 12 月光荣退休。

上海王启栋、葛维寰夫妇专题捐赠

2019 年 3 月至 2022 年 12 月，著名文献学家王欣夫先生的家属先后为向嘉兴市图书捐赠《蛾术轩箧存善本书录》（王欣夫著，上海人民出版社 2018 年版，线装影印本，六函三十册），以及《文献学讲义》《四库全书总目提要补正》《补三国兵志》等 21 种 24 册。如《文献学讲义》一书，有 1986、1992、2016 年三个版本。

捐赠人葛维寰女士祖籍平湖。她说，她的丈夫王启栋，是王欣夫先生的小儿子，2022 年 6 月过世。家中下一辈都是学工科或医科，没有人继续研究文献学，现在把这些书捐赠给家乡的图书馆，希望能发挥一些作用。

本次捐赠中有一册《书目季刊》（内部资料）抽印本，为复旦大学古籍整理研究所吴格教授撰写的《吴县王大隆先生传略》。其中介绍：王大隆先生，字欣夫，江苏吴县人，原籍浙江嘉兴府秀水县新塍镇。其高祖王元松，字翠亭，号芗娱，报捐国子监生。王元松的十世祖王望山，于明代中叶始居秀水新塍。其家族后迁至吴江盛泽。同治初年，再迁至苏州。不过王欣夫先生认为自己既是苏州吴县人，也是嘉兴秀水人。他有一方印章，内容即为“秀水王大隆印”。其刊印图书，也多自称“秀水王氏学礼斋”。

在此次王启栋、葛维寰夫妇捐赠的王欣夫先生遗著中，有一册《补三国兵志》，尤显特殊，是这批捐赠中唯一的古籍装帧形式的书。一册，分为上、下卷。毛订，黑格稿纸，版心下刻有“学礼斋校录”五字。随书寄来的透明塑料袋子上，特意注明了“补三国兵志　卷上下（手写本）”字样。该册抄本是此次捐赠中最为珍贵的文献，可供文献校勘之用。

王启栋（1935—2022），高级工程师，毕业于上海交通大学，毕业后任职于北京电器科学研究院、桂林电器科学研究所和上海电器科学研究所。他为祖国的电子科学发展贡献了毕生精力，曾获得国家科学技术进步奖，曾被评为机械工业部有突出贡献的专家，1992年开始享受国务院特殊津贴。他知识渊博而乐意分享，品德高尚而为人谦逊。

葛维寰，1937年生，祖籍浙江平湖，副教授。毕业于上海华东化工学院（现华东理工大学），毕业后留校任教，直至退休。退休后参与上海市科协的能源科普工作，为上海市的青少年进行能源科普的宣传教育。

陶琛先生专题捐赠

2023年4月15日，陶琛捐赠其祖父陶昌善手迹9幅，王福磐、屈荃（昌善外甥）绘赠陶昌善山水画2幅，清初广文堂印本《辍耕录》8册，以及陶昌善著《大豆种子及其发芽之研究》手稿本1册。

陶昌善（1879—1953），字俊人，号陶山、韬庵，别署五柳居士等，秀水雁湖（今嘉兴秀洲王江泾）人，毕业于日本北海道帝国大学农科。1912年3月任南京临时政府实业部农政司司长，同年7月任北京政府农林部农务司司长。1917—1938年任吉林省实业厅厅长，中央农事实验场场长，农商部秘书兼国立北京大学农学院教务长，国民政府考试院编撰。陶氏家族为艺术世家，陶昌善工书画，富收藏。1959年，他的后人曾向嘉兴博物馆捐赠书画、拓片、文献、瓷器、铜器等陶昌善藏品96件。

（注：限于篇幅，除古籍外，地方文献或普通图书捐赠只收录单次捐赠超过50种以上者。）

（撰稿人：郑闯辉）

第五章 《槜李文系》与《槜李诗文合集》

槜李，嘉兴古地名。2000多年来，这里人才辈出，著作荟萃。清光绪《嘉兴府志·经籍志》收录的历代邑人及寓贤著述达2201家，著作4486种；1937年王蘧常《补续许氏嘉兴府志经籍志初稿》又增加作者92家，著作287种。嘉兴的文化人士历来对地方文献的收集、利用都非常重视，可谓代有贤人，传承有序。明朝天启年间，海盐知县范维城主持编刻的《盐邑志林》即创我国汇刻邑人著述之先河，成为全国现存最早的地方性著作汇刻丛书。明、清两代汇编地方文献极其盛行，嘉兴府及下辖七县都有邑人诗文汇编。有康熙年间沈季友辑《槜李诗系》42卷，又有《槜李诗系续编》82卷、《槜李遗书》26种；平湖有《当湖文系初编》；海宁、海盐有《海昌丛载》《海昌六先生集》《武原先哲遗书》等；而乡镇乃至一门一族的诗文汇编更是不胜枚举，如王店一镇，清代就有诗词选辑十多种。

在众多的汇编类文献中，《槜李诗系》《槜李诗系续编》《槜李文系》等几部凝聚着嘉兴先贤几代人心血而成的地方文献，更是其中的翘楚。

第一节 汇集一郡诗作的《槜李诗系》系列

《槜李诗系》42卷30册，（清）平湖沈季友辑。沈季友（1654—1699），字客子，号南疑，清康熙丁卯科副贡，精于文，尤工诗。晚年杜门著述，致力于汇集嘉兴府各县诗作的《槜李诗系》的编纂，收录嘉兴府自汉晋至清乾隆前诗人3000余人，凡缙绅、闺秀、方外、寓贤，有吟咏传世，皆录之，末附仙鬼题句及谣谚。沈氏《槜李诗系》对所录作者在姓氏之下各作小传，略叙梗概。对山川、古迹、风土、物产也间加附注以备考据。朱彝尊为之作序，《槜李诗系》后被收入《四库全书》。

《续槜李诗系》40卷，清胡昌基辑，收录嘉兴府诗人有1900余家。胡昌基（1750—1836），字星禄，号云伫。清乾隆五十四年（1789）副贡生，博综经史，尤工诗文，著有《石濑山房诗集》9卷、《文集》1卷、《石濑山房诗话》等。胡昌基萃毕生之力编纂《续槜李诗系》，终因积劳成疾，致双目失明。而已至残烛之年的胡昌基已无力刊行此书。直至胡昌基去世70余年后的宣统三年（1911），在邑人葛嗣浵、金兆蕃等资助下，此书才得以刊行。嘉兴沈曾植、桐乡劳乃宣、海盐朱福诜等有序。

《续槜李诗系》金兆蕃辑，不分卷，15册，稿本，未刊行于世。

《续槜李诗系》附鹦湖词识，（清）王成瑞辑，不分卷，5册，稿本，为存世孤本，未曾披露过。

第二节　《槜李文系》的辑成与流传

《槜李诗系》汇一府之诗作。如何汇集一府之文章，一直是地方先贤的愿望。从19世纪80年代开始的半个多世纪中，嘉兴先贤们为编成《槜李文系》展开了一场接力赛，直到20世纪30年代中期才最终成书。

一、陈其荣和《槜李文系》

据王蘧常《补续许氏嘉兴府志经籍志初稿》记载“《槜李文系》六十卷　陈其荣　未成”。陈其荣，字桂卿，浙江嘉兴人。清光绪六年（1880）举人，平生致力于乡邦文献。光绪《嘉兴府志》的“经籍志”一门由他独自承担;《两浙輶轩续录》所甄嘉郡诗多半出自他的搜采。有《中兴苏浙表忠录》《国朝师儒传学表》《清仪阁金石题识》《说文旧音》等著作。张元济等续补《槜李文系》时，首先以陈氏《槜李文系》为蓝本，只是当时陈氏《槜李文系》只存所辑作者姓名，没有具体篇目。但陈其荣《槜李文系》60卷未成稿应是《槜李文系》的滥觞。

二、忻虞卿与《槜李文系》

忻宝华（生卒年不详），字虞卿，诸生，清光绪间学者、藏书家。据民国十一年（1922）《梅里备志》记载，忻氏收藏书籍颇丰，有《不暇懒斋书目》。忻氏仿照《槜李诗系》的体例编成《槜李文系》，只增加官师、流寓两门。前有凡例 11 条，所录起汉代严忌，迄清朝李成模。共收录嘉兴府属七县邑人作者 1236 人，文章 1906 篇，编成 46 卷，25 册。《文澜学报》第二卷第三、四期刊的“乡贤遗书 · 稿本”记载了嘉兴展示的地方文献中有“《槜李文系》46 卷，25 册，手稿本，清嘉兴忻宝华辑，嘉兴县图书馆藏。”

三、葛、张、金续辑《槜李文系》之始末

忻氏有意刊刻《槜李文系》，无奈诸多因素无力完成，就把此事托付给热心乡邦文献的平湖人葛嗣浵。

葛嗣浵（1867—1935），字稚威，又字词蔚，清光绪禀贡生，游宦北京数年，在其岳父徐用仪被慈禧冤杀后，弃官归田。回乡后兴文办学，创立私立稚川学校，经营藏书楼——守先阁 30 年，藏书达 40 余万卷，对方志的收藏颇具规模。他在接受忻氏托付后，一直筹思如何完成忻氏夙愿。

葛嗣浵与张元济是莫逆之交，又是儿女亲家，对喜爱的图书总是彼此假缺，互相抄藏。民国十年（1921），葛嗣浵与张元济和嘉兴籍的科举同年金兆蕃商议后，决定增补续辑《槜李文系》。张元济一生致力于搜集涉园旧藏及嘉兴、海盐乡邦文献，搜罗嘉兴先哲遗书 476 种 1822 册，海盐先哲遗书 355 部 1115 册，及张氏先人之书 104 种 856 册，合计 935 部（种）3793 册，后全部捐给上海合众图书馆，对近代文献的搜集、保存、传播发挥了巨大的作用。他为了涵芬楼东方图书馆收藏古籍耗尽心力，民国二十八年（1939），又与叶景揆创办合众图书馆。金兆蕃（1869—1951），字篯孙，嘉兴人，清末移居平湖，曾任内阁中书，辛亥革命后任北京政府财政佥事，民国三年（1914）任清史馆总纂。《浙江通志稿》部分稿件也由其撰著，辑有《续槜李诗系》存世。他是《槜李文系》续辑稿的另一位发起者。

葛、张、金三人确定共同主持这项任务后，就分请各县精通旧学又热心乡邦文献的缙绅、名流搜辑遗文。当年 7 月 2 日，确定各地续辑《槜李文系》名单：海盐谈麟祥，桐乡沈

耆洛，石门陈嬴客，杭州龚味生、陈宜慈（两者均嘉兴人），金兆蕃在北京主持此项工作，其他省份则以商务印书馆分馆代理。工作内容是在忻氏辑稿的基础上进行增补，入选的人物增加到宣统末年，且不论科举或官衔，只要有文字，均可入选，主要是“以文存人”。

1921 年 8 月，张元济拟定并刊发了《槜李文系征集遗文启》的征文启事，平湖等五县踊跃响应，热心之士纷纷献计出力，其中就有海盐朱希祖，嘉兴沈曾植、金蓉镜、陆仲襄等。金兆蕃不仅主持了北京的征稿，还兼代了天津及北方各省的征稿工作。为了更广泛地搜罗遗文，他委托在北京图书馆工作的嘉兴人谭新嘉将文津阁图书通检一遍，又委托科举同年章式之在天津图书馆代为查检。

9 月，张元济就辑集《槜李文系》原则指出：已有专集行世而原辑已选的不必再收，而原辑未收的，即便素无名望之人，如果文字好的，不论题目，予以采录，目的是“藉言存人”。续编强调寓贤必须在本地置田产或留居较久的；官师文字甄别宜严格；籍贯不明确的宁可舍弃；书意在传人；补辑遗文最重要的是搜求原编未有之人；所收人物到宣统三年（1911）为止，入民国以后如仍活着的，概不收纳。征文原定截止于辛酉年终，即 1921 年年末，后延期一年，希望在较为充裕的时间里搜集到更多的乡邦文献。

1923 年 6 月 9—14 日，张元济、葛嗣浵两人特地赶往杭州审定《槜李文系》各县辑稿。他们花了 6 天时间，将各县所辑手稿重新挑选，定初步稿。续辑工作开始时，计划请沈曾植任征文核选，但沈曾植病后精神欠佳，只能由各县征稿主任收后先作初选。不料 1923 年沈曾植逝世。于是张、葛在杭州审定的《槜李文系》初稿由金兆蕃作最后筛选。金兆蕃提出续编与忻编合并排比，按时代订成总册，忻编补遗也可按时代散入，“以文存人，以人存文，两义皆不可破”。金兆蕃请张元济最后定夺。从现存的两个不同体系的装订本来看，金兆蕃的提议最后没有落实。据笔者推断，因文献数量太大，合并排比非常困难，工作量巨大，最后出一个折中的办法，编了一个总目录，那就是由张元济亲笔抄录的《槜李文系目录》四册，把两部分的目录汇总在一起。

张元济、葛嗣浵、金兆蕃等为《槜李文系》续辑倾注了大量心血。通过张树年先生主编的《张元济年谱》可以看到，仅 1921 年 6 至 8 月，张元济为《槜李文系》征稿的往来信函存世的就有近 40 封。

民国二十四年（1935），历时 14 年，历尽艰辛，卷帙浩繁的《槜李文系》续辑终于成稿。《槜李文系》续辑共 80 卷，共收作者 2354 人，文章 4041 篇，比忻氏原编约增加一倍。

该年春，葛嗣浵将这部珍贵手稿交给时任嘉兴县立图书馆馆长陆仲襄复校并保存，伺机出版。这时，忻氏原稿已装订成册，而续辑稿仍是散叶。一年后，陆仲襄与员工仲欣木整理续辑稿，用纸捻装订成 78 册。同年 11 月，《槜李文系》展示在浙江文献展览会上。

四、《槜李文系》窃失并最终入藏上海图书馆

1937 年，抗日战争爆发，日军占领嘉兴前夕，为避敌机轰炸，馆长陆仲襄将馆内珍贵图书 6 大箱隐藏到桐乡濮院镇，因当时馆员仲欣木是濮院人。令人痛心的事还是未能避免，民国二十九年（1940）秋，因汉奸得悉，这部分珍贵图书被日伪全部劫掠盗窃。嘉兴县图书馆因此损失珍本图书 280 部 3517 册，包括《槜李文系》忻氏原辑稿附姓氏录 25 册、《槜李文系》续辑稿附目录及忻氏原目 81 册（见《嘉兴县立图书馆被劫书目》）。随后这些被劫图书一部分在杭州被发现，一部分在上海再现踪迹，当然还有很多从此绝迹。

1948 年春，《槜李文系》稿本辗转流到上海。某天，有位书商将《槜李文系》全稿拿到上海合众图书馆求售，索价黄金 20 两。此时的合众图书馆和张元济都处在最艰难的困境中。张元济望着这凝聚了他和朋友们无数心血编成的文稿，在阔别多年后重现而又无力购回，心酸地说："合众和我再也无法留住。但愿异日国富民裕时……。"所幸一海盐人颜文凯（乐真）在图书馆见到这部稿本后，设法将稿本购下，捐赠给了合众图书馆。从此，这部稿本随合众图书馆一起并入上海图书馆。

五、《槜李文系》复制回故乡

从抗日战争开始到 21 世纪初，嘉兴人一直无缘一睹《槜李文系》真容，《槜李文系》成为数代嘉兴文化人士的心病。嘉兴市图书馆成立一百周年之际，嘉兴市成立了《南湖文丛》编辑委员会，商议《槜李文系》的复制回嘉工作。几经筹谋，终于在 2005 年 3 月，出资获得《槜李文系》（张元济主持部分）25 册的缩微胶卷与仿真复制本，回归嘉兴市图书馆，珍藏于古籍地方文献部。并随后整理出《槜李文系选辑·宗族》（上海辞书出版社 2007 年 8 月版）等书，以飨读者。2011 年，又将《槜李文系》忻虞卿辑编部分 25 册（因 2005 年前不知这部分的存在）复制回嘉兴市图书馆。后海盐县史志办也根据嘉兴市图书馆缩微胶卷

与仿真复制本整理出版《槜李文系（海盐卷）》（浙江古籍出版社 2018 年 1 月版）。

第三节 《槜李诗文合集》整理影印出版

地方文献是地方文化乃至中华文化的瑰宝。嘉兴的前辈乡贤在如此艰难的岁月中，凭数人乃至一己之力为收集、保存、传播这些地方文献不遗余力，是一种何等高尚的境界！在经济文化高度发展的今天，传承优秀文化典籍是图书馆人应尽的重要职责。

自 2017 年底起，嘉兴市图书馆在上海图书馆的友好帮助下，对《槜李文系》系列和《槜李诗系》系列进行系统整理研究，结集为《槜李诗文合集》（图 2-5-1）。

图 2-5-1 《槜李诗文合集》新书发布

《槜李文系》（两部）

《槜李文系》由清光绪间嘉兴忻宝华原辑。25 册 46 卷，搜罗宏富，收集嘉兴府七县先贤 1236 人之遗文 1906 篇，上起汉代，下迄光绪中叶。限于人力物力，忻氏未能将《槜李文系》汇刻出版。

张元济、葛嗣浵、金兆蕃等人增补续辑的《槜李文系》续辑稿；全稿共编成 78 册 80 卷，收录作者 2354 人，文章 4041 篇。因战乱遗失，而未汇刻出版。

《槜李文系目录》（五部）

张元济、金兆蕃等续辑《槜李文系》之初，为便于搜集整理，排印了《槜李文系姓氏总目》。后成《槜李文系忻编原目》《槜李文系增辑目》以及《槜李文系目录》二种二册（二者内容大致相同，略有出入），并针对海盐一地的现存文集著述，编制了《槜李文系海盐已选未选姓氏录》，最后张元济先生亲笔抄录《槜李文系目录》四册。为研究槜李文系的编纂过程，《合集》将上海图书馆藏槜李文系稿本目录五种收录其中。

《槜李诗系》（六部）

《槜李诗系》42 卷，清平湖沈季友辑。收录嘉兴府自汉至清前期诗人三千余人，沈氏《槜李诗系》对所录作者在姓氏之下各作小传，略叙梗概。今本为康熙四十九年（1710）敦素堂刻本。

《续槜李诗系》40 卷，清胡昌基辑。收录嘉兴府诗人有一千九百余家。

《续槜李诗系》39 卷，《续槜李诗系》40 卷缺卷 26，清胡昌基辑。两部稿本中有大量增删、批改，夹签，从中可以反映出本书的编纂过程。为促进《续槜李诗系》的相关研究，本书同时征集收录上海图书馆藏这两部稿本。

《再续槜李诗系不分卷附鹦湖词识不分卷》5 册，王成瑞辑。王成瑞，字云卿，浙江平湖人，咸丰十年庚申贡生，同治初年，台湾道丁曰健聘为记室，后又为余姚训导，后卒于无锡幕中。好收藏，精金石篆刻。著有《玉玲珑馆诗钞》等。《再续槜李诗系》一名《鹦湖诗识》，附《鹦湖词识》，成于光绪三年（1877），主要收录平湖嘉道以后诗词，以及明人诗《沈季友槜李诗系》所未收者。书中有 1948 年金兆蕃所作题识。

《续槜李诗系姓名索引稿附初稿》，张宗弼、金兆蕃等辑。全书 45 册，不分卷，按照王维《酬张少府》“自顾无长策，空知返旧林。松风吹解带，山月照弹琴。君问穷通理，渔歌入浦深。老年惟好静，万事不关心”，分列册号。书名题“续槜李詩系姓名索引”。书中夹有启事一篇，叙及纂修缘由；发起人：张元济、朱彭寿、张宗弼、金兆蕃、孙振麟、卢学溥等 12 人。该稿此前未曾披露，未见著录于各书目。

收入《槜李诗文合集》稿本多是孤本，未见于著录，从未面世，这部分内容占全书五分之四左右，具有极其重要的文献价值。

历经两年多的努力，这部凝聚嘉兴历代先贤智慧的巨著于 2020 年底由国家图书馆出版社正式影印出版（图 2–5–2）。此次出版，是一个对文献不断发掘、抽丝剥茧的过程。从一开始单纯影印上海图书馆藏张元济等人续辑《槜李文系》，到增加忻氏稿，到“槜李”系列相关未刊稿本、珍稀刻本相继出现，最终，确认为出版《槜李诗文合集》；规模也是由原计划的 50 大册，一增再增到 72 大册。

图 2–5–2 《槜李诗文合集》

这与张元济先生的预想不谋而合。他曾在 1921 年致王甲荣信中，谈及续辑《槜李文系》“以是益觉《槜李文系》刊布之宜亟，而搜罗遗佚之更不可缓矣……此书将来必用雕版，冀与《（槜李）诗系》相辅而行”。

复旦大学教授、教育部社会科学委员会历史学部委员葛剑雄在序文中慨叹：“三百年来梦想竟成，二千载间诗文毕集，欣逢改革开放盛世，终成文化建设硕果。”

2018 年，《槜李诗文合集》被列入嘉兴市文化精品工程重点扶持项目；2020 年，又被列入浙江文化研究工程。

回望《槜李诗文合集》的诞生之路，缘起于这座水乡城市诗书传家的深厚文化底蕴，成就于一代又一代文化人士传承接力、共襄盛举，体现了多代嘉兴图书馆人不懈地以保护地方文献为己任的执着精神，是新时代坚定文化自信的成功实践。《槜李诗文合集》的顺利出版是对地方优秀传统文化的重要梳理与弘扬，为嘉兴城市文化发展增添底蕴，激励新一代嘉兴人，继续在城市文化卷轴上书写新辉煌。

（撰稿人：沈红梅）

第三部分　附录

第一章　嘉兴市图书馆历年馆舍一览

图书馆馆舍名称及时间：嘉郡图书馆（1904—1914 年）

馆舍地址：秀水县学堂，馆址位于嘉兴城内原集街西端近广平桥处（今中山路旭辉广场）。

图书馆馆舍名称及时间：嘉兴公立图书馆（1915—1928年）

馆舍地址：书库位于浙江省立第二中学（原嘉兴府学训导署，今中山路北侧中山名都广场）馆舍位于秀水县学堂、浙江省立第二中学。

图书馆馆舍名称及时间：嘉兴县立图书馆（1929—1937年）

馆舍地址：原宏文馆旧址重建（现为少年路道前街63号嘉兴市机关幼儿园）。

图书馆馆舍名称及时间：嘉兴县立图书馆（1938—1945年）

馆舍地址：塔弄。

图书馆馆舍名称及时间：嘉兴县立图书馆（1946—1949 年）、浙江省立嘉兴图书馆（1950—1953 年 4 月）、嘉兴市图书馆（1953 年 4 月—1958 年）

馆舍地址：秀水县学明伦堂（嘉兴童军路，现为少年路）。

图书馆馆舍名称及时间：嘉兴县图书馆（1958—1981年）、嘉兴市图书馆（1981—2003年）、嘉兴市图书馆（2003—）

馆舍地址：嘉兴市少年路180号（现240号）。

图书馆馆舍名称及时间：嘉兴市图书馆（一期）（2003—）

馆舍地址：嘉兴市海盐塘路339号。

图书馆馆舍名称及时间 嘉兴市图书馆（二期）（2020—）

馆舍地址：嘉兴市海盐塘路339号。

第二章 历任馆长、书记、副馆长名单

姓名	职务	任职时间
沈进忠（稚岩）	馆长	1904 年上任，卸任时间不详
陆祖穀（仲襄）	馆长	1916 年—1927 年
	馆长	1928 年 7 月—1937 年
徐　旭	馆长	1929 年
沈本千	兼任馆长	1929 年—1930 年
沈集贤	馆长	1930 年 1 月—1931 年 5 月
于大经	馆长	1945 年 10 月—1946 年 4 月
张鸿一	主持馆务	1946 年 12 月—1947 年 6 月
	馆长	1947 年 6 月—1948 年 2 月
余十眉	馆长	1948 年 3 月上任，卸任时间不详
殷秦以	副馆长	1950 年 3 月—1950 年 7 月
汪大铁	副馆长 （主持馆务）	1950 年 5 月—1958 年 3 月
于道行	副馆长	1954 年 6 月—1955 年 7 月
王锡浩	副馆长	1956 年 2 月—1959 年 3 月
张　明	馆长	1959 年 11 月—1961 年 8 月
史　念	馆长	1961 年 8 月—1972 年 5 月
	副馆长	不详—1984 年 6 月

续表

姓名	职务	任职时间
张振维	副馆长	1962 年 9 月—1972 年 5 月
	嘉兴市图书馆领导小组副主任	1972 年 5 月—1978 年 10 月
	副馆长	1978 年 10 月—1983 年 11 月
	名誉馆长	1984 年 8 月—1986 年 9 月
谭文训	馆长	1978 年 10 月—1982 年 3 月
	党支部书记、馆长	1982 年 3 月—1984 年—8 月
邱静宽	副馆长	1981 年 3 月—1982 年 3 月
	党支部副书记、副馆长	1982 年 3 月—1984 年 8 月
乐志荣	党支部副书记	1984 年 8 月—1986 年 1 月
	党支部书记、副馆长	1987 年 8 月—1988 年 5 月
	党支部书记、馆长	1988 年 5 月—1994 年 3 月
慎召玲	副馆长	1985 年 10 月—1986 年 8 月
	党支部副书记、副馆长	1986 年 8 月—1992 年 4 月
崔泉森	副馆长	1985 年 10 月—1994 年 3 月
	馆长	1994 年 3 月—2007 年 5 月
章水强	党支部副书记、副馆长	1994 年 3 月—1996 年 1 月
章明丽	副馆长	1995 年 5 月—1996 年 11 月
	党支部副书记、副馆长	1996 年 11 月—2000 年 9 月
	党支部书记、副馆长	2000 年 9 月—2007 年 5 月
	党支部书记、馆长	2007 年 5 月—2015 年 4 月
	馆长	2015 年 4 月—2017 年 6 月

续表

姓名	职务	任职时间
沈红梅	副馆长	2000 年 4 月—2015 年 4 月
	党支部书记、副馆长	2015 年 4 月—2017 年 6 月
	党支部书记、馆长	2017 年 6 月—
朱谷敏	副馆长	2007 年 8 月—2010 年 9 月
许大文	副馆长	2012 年 9 月—
鲁　祎	副馆长	2017 年 6 月—2021 年 3 月
陈体益	副馆长（挂职）	2017 年 8 月—2020 年 6 月
汤益飞	副馆长	2020 年 10 月—
孙云倩	副馆长	2021 年 10 月—

第三章　历任馆长小传

沈进忠，字稚岩。1904 年嘉郡图书馆开办之初，借秀水县学堂为馆址，公推该堂总理沈进忠兼主馆务。

陆祖榖（1874—1944），字文达，号仲襄，以号行。嘉兴人。精通经学、算术。科举废除后，于宣统元年应浙江省拔萃科试，中第一名；次年赴京应朝考，取一等第一名，礼部颁“朝元”匾额。1916 年起，任嘉兴公立图书馆名誉馆长，实则负责全馆事务，同时兼任嘉兴县教育会会长及授课工作。1927 年 5 月至 1928 年 7 月，应聘任浙江省立图书馆指导员。1928 年 7 月，复任嘉兴公立图书馆馆长，直至 1937 年嘉兴沦陷。在职期间，重要工作如下：图书馆正式对公众开放阅览，一举改变以往“藏书”宗旨，标志着嘉兴出现了真正意义上的现代图书馆；1929 年，在宏文馆旧址建成新馆舍，图书馆首次拥有专属场所；1930 年，图书馆一度被并入嘉兴民教馆，在陆馆长力争及社会各界扶持下，于 1931 年恢复独立建制，并更名为“嘉兴县立图书馆”，主要负责线装书及地方文献；1930 年，在陆馆长倡议下，浙江第二学区图书馆协会成立，由嘉兴县立图书馆牵头促进图书馆事业的正规化。他极重视乡邦文献的保存，认为“邑有图书馆，以储邦之文献掌故者资焉”，参与《吴郡陆氏窦巷支世系图表》《景陆粹编》《槜李文社课艺》等著作的撰写、编辑及刊行。陆馆长为嘉兴现代图书馆事业奠定了基石，对图书馆事业的现代化进程作出重大贡献。

徐旭（寅升），1929 年短暂任馆长。

沈本千，时任教育局课长，1929 年至 1930 年短暂兼任馆长。

沈集贤，1930 年 1 月至 1931 年 5 月任馆长

于大经，1945 年 11 月—1946 年 4 月任嘉兴县立图书馆馆长。1946 年 2 月 25 日起，兼任嘉兴民众教育馆馆长。在任期间，从伪政府的图书馆移交图书，并逐步整理、分类、编目，以备开放阅览。到处奔走，要求当局退回图书馆馆舍，申请工作经费，恢复图书馆服

务。但因为馆舍一再迁移，经费无着落，而辞去图书馆馆长一职。

张鸿一，1946年12月—1947年6月，在嘉兴县立图书馆主持馆务；1946年6月—1948年2月，任嘉兴县立图书馆馆长。在任期间，想方设法筹措经费，开设书报阅览室，订立规则；创设儿童图书馆，附设于嘉兴县立图书馆内，由县图书馆管理；修葺馆舍，到处呈请要求当局将弘文馆还给图书馆，扩大图书馆人员队伍，使抗战胜利后的嘉兴县立图书馆事业有所恢复。但由于馆舍局促、经费严重不足而调离嘉兴县立图书馆。

余十眉（1885—1960），名其锵，字秋槎。浙江嘉善县西塘镇人。中国近代诗人。1913年加入南社，以诗文宣传革命。1917年随柳亚子等赴广州，参加拥护孙中山的护法政府，并担任宣传部秘书。1923年，余十眉作为发起人之一参与南社改组并任书记，并与陈去病一起编辑出版了《南社丛刊》第22期。1948年3月起任嘉兴县立图书馆馆长，离职时间不详。后任浙江省立嘉兴中学教员，嘉兴市政协委员等职。

段秦以，1950年3—7月，任嘉兴县立图书馆馆长。

汪大铁（1911—1960），名志忠，又名志会，笔名汪大、王友三、宋一江。号大铁，以号行。河南固始籍，浙江嘉兴人。大学学历，毕业于河南大学文史系。1950年7月任副馆长，实际主持工作。在任期间，全馆工作逐步对外开展；重视古籍与地方志书的收集整理，发文倡议社会各界人士捐赠古籍和整理经费，共计110万元整，向全国图书馆征集本馆所缺本省地方志，并致力于收齐嘉兴地区志书。20世纪50年代初，联合浙江省立图书馆接管南浔嘉业堂藏书的抢救整理工作。曾任嘉兴市教育工会主席。

于道行，1953年8月进入本馆，1954年6月任副馆长，1955年7月调离本馆。

慎召玲（1937—），浙江湖州人。中共党员。大专学历，馆员。1953年10月进入本馆，先后承担农村流通和辅导、阅览、采编等工作，推动本馆图书分类标准从《中小型图书馆图书分类法》转变为《中国图书分类法》，兼管档案工作。1985年10月任副馆长，1986年8月任党支部副书记兼馆长，1992年4月退休。曾任浙江省图书馆学会理事、嘉兴市图书馆学会副理事长（1990）、《嘉兴图书馆工作》刊物主编。曾任原中共嘉兴市第二次代表大会代表，第二届嘉兴市政协委员。曾获原文化部“从事图书馆工作三十年以上”荣誉（1989）、省文化厅“创建文明图书馆先进工作者”（1989—1991）、全省文化艺术档案工作先进（1989）。

王锡浩，高中学历。1956年2月调入本馆任副馆长，1959年3月调离本馆。

张明（1923—1997），高中学历。1959年9月调入本馆任馆长，1961年8月调离本馆。曾任嘉兴县（市）文物管理委员会副主任委员。

史念（1931—2009），原名史润芳，字念慈，山东滕县人。高中学历。1949年2月，随军南下到嘉兴。曾任嘉兴地委办公室秘书科副科长。1961年8月—1972年5月任馆长。后任副馆长，至1984年6月调离本馆。1983年起先后任政协嘉兴市第一届委员会常委、政协办公室副主任、政协文史资料工作委员会副主任等职；1987年起任嘉兴地方志办公室市志编纂主任。专注嘉兴地方志研究，曾主编《嘉兴市地名志》《嘉兴市志》，其中《嘉兴市地名志》是1949年后嘉兴首部地方史志书籍。

张振维（1924—1992），字祝如，号沉非，浙江安吉人。大学学历，1987年获评副研究馆员。1946年入学杭州国立艺术专科学校，师承黄宾虹、潘天寿。工诗、书、画，又善图书善本、文物鉴赏，斋名"拜虹庐"。曾任省文教厅中教科科员、杭州开元中学校长、省博物馆历史部副主任。1962年9月调入本馆任副馆长，1984年8月任名誉馆长，1986年9月离休。在任期间，提出'面向农村，开门办馆"的方针，使图书流通站基本普及；长期从事古籍工作，曾担任浙江省古籍善本鉴定小组副组长，与浙江省社科院合作编纂《嘉兴府城镇经济史料类纂》。曾任鸳鸯湖诗社理事长，著有《拜虹庐诗词选》，见《嘉兴文学艺术志》。曾任浙江省图书馆学会一、二届理事，嘉兴市图书馆学会理事长。

谭文训（1930—2023），中共党员。1978年10月调入本馆任文化支部副书记兼馆长，1982年3月任图书馆党支部书记兼馆长，1984年8月任正馆级协理员，1985年12月离休。

邱静宽（1934—），1981年3月调入本馆任副馆长，1982年3月—1984年8月任党支部副书记兼副馆长，1984年12月调离本馆。

乐志荣（1949—），浙江嘉兴人，中共党员。大专学历，馆员。曾就职于嘉兴县文艺宣传队。1975年8月调入本馆，主要从事古籍工作，曾担任古籍组组长，1984年8月至1986年1月任图书馆、博物馆党支部副书记，1987年8月任图书馆党支部书记兼副馆长，1988年5月任党支部书记兼馆长。1994年3月调离本馆。曾获评1983、1984年度嘉兴市先进生产（工作）者。

崔泉森（1952—），江苏通州人。1985年浙江广播电视大学汉语言文学专业毕业，1992年取得副研究馆员职称。1979年10月到本馆工作，先后在阅览室、古籍部、农村外借部、辅导部等部门工作，后任借阅部主任、辅导部主任。1985年10月任副馆长，1994年3月至2007年5月任馆长，2007年6月调离至市政协。在任期间，积极推进图书馆现代化建设，实现了图书馆业务的计算机自动化管理，先后主持了少年路老馆业务大楼、综合服务楼以及海盐塘路新馆建设，创新嘉兴城乡一体化公共图书馆总分馆建设。曾任嘉兴市政协三届、四届委员，第五届、第六届常委。2001年起任民进嘉兴市委会副主委。2006年起任嘉兴市文联兼职副主席。2007起调任嘉兴市政协文教体卫副主任。

章水强（1949—），1994年3月调入本馆任党支部副书记兼副馆长，1996年1月调离本馆，任南湖革命纪念馆馆长。

章明丽（1962—），女，浙江湖州人。中共党员。本科学历，研究馆员。1981年起执教于长兴县雉城中学。1989年8月调入嘉兴市图书馆，1995年5月任副馆长，2007年5月任党支部书记兼馆长，2017年6月任正科级协理员。曾任嘉兴市第七届政协委员和市政府咨询委员。2022年2月退休。在任期间，担任国家公共文化服务体系建设专家、中国图书馆学会理事、学术委员会委员，首批创建国家公共文化服务体系示范项目主持人、浙江省首批重点创新团队主持人。主持或参与“比尔和梅琳达·盖茨基金会”国际合作项目、国家《公共图书馆立法》等国内外十多项重大文化创新课题研究，带领团队所创建的公共图书馆总分馆服务体系被业界称为“嘉兴模式”，并向全国推广（首批示范项目全国第一）。后研究方向转向公共文化领域，参与多项社会事业发展课题研究，以及原文化部、中央文化和旅游管理干部学院和省厅等部门组织的督查、评估、培训、指导工作。带领团队荣获十多项省部级奖，四上央视新闻联播；个人荣获全国文化系统先进个人、南湖百杰等荣誉。

沈红梅（1966—），浙江桐乡人。中共党员。硕士研究生学历，研究馆员。1986年7月进入本馆，2000年4月任副馆长，2015年4月任党支部书记兼副馆长，2017年6月至今，任党支部书记兼馆长。中共浙江省第十五次代表大会代表、嘉兴市第七届政协委员、嘉兴市第八届人大代表。长期有致力于城乡一体化公共图书馆服务体系建设、公共图书馆数字化运用、阅读推广、地方文化研究等方面的创新发展，受到中央电视台、《人民日报》、《光明日报》等国家级媒体的关注和报道。主持“悦心听读本”（Listen within：Audio Box）项目入围2023年IFLA国际营销奖。发表论文20余篇。钻研地方文化研究，独著图书《项元汴典籍、书画收藏研究》《南湖文化名人——项元汴》2种，主编图书《槜李诗文合集》（1—72册）、《朱彝尊全集》（全50册）等；参与制定国家级标准《公共图书馆业务

规范　第2部分：市级公共图书馆》，主持制定地方标准《智慧书房建设与运营规范》。曾获2020年浙江省“最美文旅人”、2021年“浙江省优秀党务工作者”及“全国文化和旅游系统先进工作者”、嘉兴撤地建市“40年40人”先锋人物等荣誉。

朱谷敏（1975—），浙江嘉兴人。中共党员。大专学历，助理工程师。2000年3月入职本馆从事信息技术工作，重点参与图书馆的电子阅读室、图书馆网站、文化信息资源共享工程嘉兴市分中心建设，2007年8月—2010年9月任副馆长，2010年10月辞职离馆。

许大文（1976—），江西横峰人。中共党员。本科学历。研究馆员。2012年9月任副馆长，分管文献借阅、少儿服务、馆外流通、古籍与地方文献工作。2021年浙江省文化和旅游厅第二批“浙江省公共图书馆拔尖人才”。曾主持或参与国家级、省市级课题多项，在核心期刊或国家级报纸发表文章数篇，参与起草多项省市级服务规范和地方标准，主持的阅读推广活动在全国阅读推广案例比赛中取得较好成绩，多个案例荣获中国图书馆学会比赛一、二等奖，发表论文9篇，主编图书2部，参编图书1部。

汤益飞（1982—），浙江嘉兴人。中共党员。本科学历。高级工程师。2006年3月入职本馆，2017年6月任馆长助理，2020年10月至今任副馆长，主持信息化与数智化工作。个人荣获2021年浙江数据开放创新应用大赛嘉兴赛区“数据工匠”称号。

孙云倩（1989—），浙江慈溪人。中共党员。硕士研究生学历，毕业于台湾大学图书资讯学系。馆员。2015年8月进入本馆办公室工作，2017年8月任办公室主任，2020年10月任行政业务办主任。2021年10月起任副馆长，主持行政业务工作。任嘉兴市图书馆学会秘书长。发表论文8篇。

鲁祎（1981—），浙江嘉善人。中共党员。本科学历。馆员。曾任嘉善县图书馆馆长、嘉善文化广电新闻出版局（体育局）办公室主任。2016年1月调入本馆任办公室负责人，2017年6月至2021年3月任副馆长，主持行政业务、采编、古籍与地方文献工作。2021年3月调离本馆。

第四章　馆员名单

现在职事业编人员

姓名	性别	学历	出生年月	入馆年月	政治面貌	职称
沈红梅	女	硕士研究生	1966-09	1986-07	中共党员	研究馆员
吕炜	男	大学本科	1967-11	1991-08	中共党员	馆员
董世强	男	大专	1967-09	1995-12	中共党员	馆员
金立	男	大学本科	1976-12	1996-08	中共党员	馆员
胡萍	女	大学本科	1977-05	1997-01	中共党员	副研究馆员
陆亚韵	男	大学本科	1979-12	1998-09	群众	工程师
程玉芳	女	大学本科	1976-03	2002-07	民盟盟员	馆员
汤益飞	男	大学本科	1982-01	2006-03	中共党员	高级工程师
郑昀	女	大学本科	1978-05	2007-08	民进会员	副研究馆员
沈秋燕	女	大学本科	1969-07	2008-10	民盟盟员	研究馆员
赵晓华	女	大学本科	1971-12	2008-10	群众	副研究馆员
朱文渊	男	硕士研究生	1984-11	2009-07	群众	馆员
郭云峰	男	硕士研究生	1978-07	2010-07	群众	副研究馆员
郑闯辉	男	硕士研究生	1985-09	2011-07	民盟盟员	副研究馆员
陆艳芳	女	硕士研究生	1985-02	2012-09	中共党员	馆员
盛烨	女	大学本科	1973-09	2012-09	群众	经济师
许大文	男	大学本科	1976-11	2012-09	中共党员	研究馆员
金强华	男	大学本科	1967-02	2012-12	中共党员	中学高级教师
杨柳	女	大学本科	1978-02	2013-02	中共党员	馆员

续表

姓名	性别	学历	出生年月	入馆年月	政治面貌	职称
俞亚军	女	大学本科	1974-02	2013-11	中共党员	中学高级教师
杨亚琼	女	硕士研究生	1989-03	2015-07	中共党员	馆员
孙云倩	女	硕士研究生	1989-01	2015-08	中共党员	馆员
薛路	女	大学本科	1988-12	2015-09	中共党员	馆员
向延胜	男	硕士研究生	1978-10	2016-07	中共党员	馆员
储海星	女	大学本科	1981-05	2016-08	群众	馆员
王娟娟	女	硕士研究生	1986-10	2016-08	中共党员	馆员
何宏篪	女	大学本科	1987-01	2009-05—2012-03 2018-01	群众	助理馆员
王方	女	硕士研究生	1991-04	2018-03	中共党员	馆员
邱仁博	男	硕士研究生	1990-09	2018-08	群众	工程师
解冰	男	硕士研究生	1992-08	2019-04	中共党员	馆员
钱晨洁	女	大学本科	1990-09	2020-03	群众	助理馆员
魏晋	女	大学本科	1995-04	2020-03	群众	助理馆员
顾东叶	女	大学本科	1993-04	2020-04	群众	助理馆员
葛文娴	女	硕士研究生	1993-04	2020-08	中共预备党员	馆员
郭玉珠	女	大学本科	1978-08	2021-02	群众	馆员
苏俊杰	男	硕士研究生	1996-08	2021-07	共青团员	助理馆员
羊铮逸	女	大学本科	1999-05	2022-09	共青团员	助理工程师
程金金	女	硕士研究生	1994-03	2022-10	中共党员	助理馆员
沈康宇	男	硕士研究生	1995-05	2022-10	群众	助理馆员
宋心妤	女	硕士研究生	1998-05	2022-10	中共党员	助理馆员
杨紫悦	女	硕士研究生	1998-04	2022-10	中共党员	助理馆员
严佳惠	女	硕士研究生	1995-02	2022-10	中共党员	助理馆员

曾在馆事业编人员

姓名	性别	出生年月	入馆年月	离退休（调离）年月
沈进忠（稚岩）	男	不详	不详	不详
谭新嘉	男	1874	1905-02	1905-11
陆祖穀（仲襄）	男	1874	1916	1927-5
			1928-07	1937
仲欣木	男	不详	1915	1937-11
徐旭	男	不详	不详	不详
沈本千	男	1903	1929	1930
沈集贤	男	不详	1930	1931-05
于大经	男	不详	1945-10	1946-04
张鸿一	男	不详	1946-12	1948-02
张炳年	男	不详	1945	不详
沈宝林	男	1898	1947-02	不详
王文轩	男	不详	1947-02	不详
陈恺玲	女	不详	1947-02	不详
郭超	女	不详	1947-04	不详
苏辚	男	不详	1947-06	不详
楼纯奎	男	1926	1947-07	不详
张长钰	男	1924	1947-09	不详
张志林	男	1915	1947-12	不详
余十眉	男	1883	1948-03	不详
陈超为	不详	1909	1948-04	不详
屠森	不详	1895	1948-04	不详
于桂珍	女	1918	1948-07	1949-10
张冰雪	不详	1893	1948-10	不详
殷秦以	男	1920	1950-03	1950-07
李国卿	女	1919-07	1950-03	1975-10
杜玫生	男	1928	1950-03	1951-01

续表

姓名	性别	出生年月	入馆年月	离退休（调离）年月
张昊	女	1929	1950-03	1952-10
宋仲洁	女	1928	1950-03	1950-05
金余庆	男	1922	1950-03	1951-04
汪大铁	男	1911-09	1950-05	1958-05
杨玉英	女	1918-03	1950-08	1959-04
解克曜	男	1916-11	1950-05	1954-07
张苕生	男	1905	1951-02	1951-07
郑云樵	男	1922	1951-03	1954-05
虞仁凤	女	1929-08	1951-09	1956-11
张天方	男	1887-07	1951-11	1953-05
朱祥华	女	1925	1951-04	1953-05
朱元贞	女	1928	1952-10	1971-04
沈澄清	女	1927-12	1953-07	1960-04
杨申光	女	1932-08	1953-08	1959-12
于道行	男	1930-02	1953-08	1955-07
罗昌云	男	1924-11	1953-10	1956-05
慎召玲	女	1937-03	1953-10	1992-04
王廷吉	男	1933-03	1953-10	1956-05
黄时万	男	1912-02	1953-10	1956-05
余健	女	1929-03	1953-12	1954-08
孙昭恒	男	1931-02	1954-03	1956-05
陆炳荣	男	1925-1	1954-05	1958-05
楼谟	男	1908-08	1954-07	1956-05
戚少昌	男	1926	1954-08	1954-12
陶诚益	男	1926-03	1955-06	1986-09
马云	女	1927-11	1955-09	1956-01
王锡浩	男	1932-11	1956-02	1959-03

续表

姓名	性别	出生年月	入馆年月	离退休（调离）年月
李冠民	男	1935-12	1957-01	1962-08
汪葳元	女	不详	1959-09	1960-02
张明	男	1923-04	1959-09	1961-05
张诚琛	女	1931-05	1959-10	1986-09
李平	男	1936-02	1960-02	1962-01
史念	男	1931	1961-06	1984-06
张影康	女	1928-01	1962-05	1986-09
杨玉珍	女	不详	1962-08	1966-01
张振维	男	1924-01	1962-09	1986-09
余旭容	女	1921-05	1963-02	1984-08
董玉梅	女	1934-01	1963-04	1964-11
章余华	女	1932-01	1970-07	1987-04
宋凤珍	女	1937-07	1970-10	1988-12
乐志荣	男	1949-02	1975-08	1994-03
王淑英	女	1926-09	1978-05	1979-09
孔子根	男	1917-09	1978-05	1980-08
周礼平	男	1952-09	1978-08	1983-12
王清兴	男	1919-08	1978-09	1979-04
谭文训	男	1930-04	1978-10	1985-12
陈一成	男	1932-08	1979-02	1990-12
李永新	女	1938-03	1979-09	1993-05
沈敏	女	1953-06	1979-09	2003-08
崔泉森	男	1952-06	1979-10	2007-06
俞保康	男	1932-06	1981-02	1992-07
邱静宽	男	1934-02	1981-03	1984-12
屠益祥	男	1940-11	1981-12	2000-01
洪向东	男	1961-04	1983-12	2021-05
朱定坤	男	1961-03	1983-12	2021-04

续表

姓名	性别	出生年月	入馆年月	离退休（调离）年月
史红	女	1959-08	1984-05	2014-09
丁惠华	女	1960-12	1984-05	2016-01
钱建强	男	1957-09	1984-12	2017-10
朱祥仙	女	1958-03	1985-01	2018-04
赵一涵	女	1946-07	1985-05	2001-08
王奉岚	女	1956-02	1985-05	2011-03
吴美娟	女	1963-05	1985-08	2014-10
沈英焕	男	1962-11	1985-09	1992-05
吴雅萍	女	1963-06	1985-09	2018-07
史大明	男	1957-12	1986-01	2018-01
金海洪	男	1959-08	1986-06	2019-09
金文革	男	1966-10	1986-07	1994-08
吴军	女	1965-02	1986-08	1988-08
蔡海峰	男	1967-01	1986-12	2023-12
何世芳	女	1940-10	1987-08	1995-11
张红星	女	1955-01	1988-05	2001-03
章明丽	女	1962-01	1989-08	2022-02
张宪义	男	1969-08	1991-08	1997-03
钱建芳	女	1971-07	1991-08	2001-03
赵琍亚	女	1955-10	1992-07	1993-08
卢培华	女	1952-09	1993-12	2002-11
章水强	男	1949-07	1994-03	1996-01
徐玳	女	1961-11	1994-06	2016-12
范晓华	男	1962-06	1994-09	2018-04
郁妹芬	女	1963-02	1996-05	2018-03
徐震德	男	1940-12	1998-06	1999-12
黄亚君	女	1964-04	2000-01	2014-05
朱谷敏	男	1975-11	2000-03	2010-10

续表

姓名	性别	出生年月	入馆年月	离退休（调离）年月
丁尔传	男	1943-01	1975-11	1978-12
			2001-04	2003-03
陈佳	男	1982-08	2003-07	2005-03
陶荣	男	1981-10	2003-10	2004-12
朱福英	女	1962-07	2004-06	2022-08
于兰	女	1982-12	2005-07	2006-07
朱虹琳	女	1983-01	2005-08	2008-08
林丽	女	1982-12	2008-07	2016-09
张凤鸣	女	1983-10	2008-08	2014-12
沈君雅	女	1985-12	2008-09	2011-04
周均海	男	1980-12	2008-09	2013-10
褚晓琼	女	1970-06	2008-09	2012-10
刘永刚	男	1982-02	2009-08	2011-12
文甜	女	1985-12	2010-08	2012-03
胡娟	女	1985-05	2010-08	2015-01
徐静	女	1987-08	2012-08	2013-03
张莉	女	1989-07	2014-07	2015-10
鲁祎	男	1981-10	2016-01	2021-04
刘若男	女	1992-05	2017-08	2021-07
朱婷婷	女	1993-02	2018-08	2018-10
王晓兰	女	1991-05	2019-04	2021-08

现在职及退休合同工

姓名	性别	学历	出生年月	入馆年月	备注
金晔	女	大专	1967-07	1995-10	退休
王琴	女	本科	1982-09	2003-03	
郭春	男	本科	1984-01	2003-10	
季慧娟	女	本科	1982-06	2003-10	
周旭宇	女	本科	1973-08	2003-10	退休
王薇薇	女	高中	1962-06	2004-05	退休
陆志强	男	本科	1981-11	2005-07	
张芸	女	大专	1987-10	2006-04	
郭丽勤	女	本科	1982-11	2006-06	
张晓红	女	大专	1976-06	2006-09	
周春雷	女	大专	1971-04	2006-10	退休
罗琦	女	本科	1983-05	2006-12	
于杭	女	本科	1979-01	2007-02	
金佳音	女	本科	1984-06	2007-05	
张海忠	男	高中	1970-05	2007-08	
丁娴明	女	大专	1977-12	2007-10	
黄于锋	男	大专	1986-05	2008-10	
姚晓辉	男	本科	1985-11	2009-09	
邵丽君	女	本科	1985-07	2010-03	
孙丽娜	女	本科	1985-05	2010-12	
徐婷	女	本科	1987-10	2011-04	
周能	女	本科	1990-03	2011-07	
孙洁	女	大专	1983-08	2011-05	
王晓岚	女	本科	1989-04	2012-06	
张志颖	女	大专	1978-03	2012-08	
孙任芸	女	本科	1988-12	2012-11	
华雯	女	本科	1990-02	2012-11	
徐金媛	女	大专	1985-03	2013-02	
吴辰伟	男	本科	1983-12	2013-04	

续表

姓名	性别	学历	出生年月	入馆年月	备注
俞琳	女	本科	1982-07	2013-05	
崔爽	女	本科	1985-12	2013-04	
陈翌	女	大专	1979-09	2013-05	
冯园	女	大专	1990-09	2013-07	
徐慧玲	女	本科	1990-08	2013-08	
张瑾	女	本科	1981-11	2014-01	
房艳	女	本科	1983-10	2014-01	
秦雯燕	女	本科	1987-07	2014-04	
吴莉莉	女	大专	1990-10	2016-01	
王天奇	女	本科	1979-07	2014-09	
孔炜雪	女	本科	1993-12	2014-09	
顾玲燕	女	大专	1986-12	2014-09	
金佳丽	女	本科	1990-09	2015-11	
金颖妍	女	本科	1986-07	2016-04	
杨晓霞	女	大专	1986-12	2016-04	
房范钰	女	本科	1985-12	2017-04	
何萍萍	女	本科	1982-02	2017-04	
叶晓东	男	大专	1983-02	2017-08	
沈俊艳	女	本科	1993-02	2017-08	
孙枫	女	本科	1981-08	2017-09	
徐访梅	女	本科	1982-01	2017-09	
孙晓文	女	高中	1991-02	2017-10	
胡晨云	女	本科	1989-02	2018-01	
陈忱	女	本科	1991-02	2018-11	
何晔	女	大专	1984-12	2018-11	
蒋雯	女	本科	1990-03	2018-11	
张鹏飞	男	大专	1995-07	2018-12	
董张涯	女	本科	1998-08	2019-05	

续表

姓名	性别	学历	出生年月	入馆年月	备注
杜梦雯	女	大专	1994-08	2019-07	
周雅娇	女	大专	1998-06	2019-07	
吴晓燕	女	本科	1988-01	2012-05—2013-06	
				2019-07	
徐宁欣	女	大专	1997-09	2019-07	
汤忆华	男	本科	1986-08	2019-09	
沈春芳	女	中专	1979-07	2019-09	
陈喆	男	本科	1988-09	2019-11	
范若麟	男	本科	1995-11	2019-12	
林仪	女	本科	1992-12	2020-06	
顾文心	女	本科	1998-07	2020-07	
邹炳锋	男	大专	1982-04	2020-08	
徐凯宏	女	本科	1997-11	2020-08	
吴翎	女	大专	1973-06	2007-07—2019-06	
				2020-12	退休
俞之祺	女	本科	1993-10	2021-01	
黄玲	女	本科	1986-01	2021-01	
周予成	女	本科	1996-02	2019-07—2021-02	
				2021-06	
张沈杰	男	本科	1994-02	2020-08—2021-02	
				2021-06	
陈菲	女	硕士研究生	1989-10	2021-06	
顾诗瑶	女	大专	1999-11	2021-07	
张翌	女	大专	1985-02	2021-10	
肖菲	女	大专	1992-06	2021-12	

续表

<table>
<tr><th>姓名</th><th>性别</th><th>学历</th><th>出生年月</th><th>入馆年月</th><th>备注</th></tr>
<tr><td rowspan="2">欧阳韩佳</td><td rowspan="2">女</td><td rowspan="2">本科</td><td rowspan="2">1981-06</td><td>2020-08—2021-02</td><td></td></tr>
<tr><td>2022-05</td><td></td></tr>
<tr><td>吴建宏</td><td>男</td><td>高中</td><td>1972-12</td><td>2022-07</td><td></td></tr>
<tr><td>林从益</td><td>男</td><td>本科</td><td>1987-04</td><td>2022-09</td><td></td></tr>
<tr><td rowspan="2">顾丽赟</td><td rowspan="2">女</td><td rowspan="2">本科</td><td rowspan="2">1983-12</td><td>2014-04—2022-09</td><td></td></tr>
<tr><td>2023-04</td><td></td></tr>
<tr><td rowspan="2">倪悦</td><td rowspan="2">女</td><td rowspan="2">本科</td><td rowspan="2">1991-03</td><td>2015-07—2015-10</td><td></td></tr>
<tr><td>2023-05</td><td></td></tr>
<tr><td>邢飞燕</td><td>女</td><td>本科</td><td>1998-05</td><td>2023-06</td><td></td></tr>
<tr><td>王昕</td><td>女</td><td>大专</td><td>1997-10</td><td>2023-06</td><td></td></tr>
<tr><td>方梓越</td><td>女</td><td>本科</td><td>2000-07</td><td>2023-06</td><td></td></tr>
<tr><td>苗佳雯</td><td>女</td><td>大专</td><td>2002-07</td><td>2023-06</td><td></td></tr>
<tr><td>周清燕</td><td>女</td><td>本科</td><td>1999-10</td><td>2023-06</td><td></td></tr>
<tr><td>何文丽</td><td>女</td><td>大专</td><td>1996-10</td><td>2023-08</td><td></td></tr>
<tr><td>沈芸伊</td><td>女</td><td>大专</td><td>1999-12</td><td>2023-08</td><td></td></tr>
<tr><td>汤婷</td><td>女</td><td>大专</td><td>2000-08</td><td>2023-08</td><td></td></tr>
<tr><td>王钰蕾</td><td>女</td><td>本科</td><td>1998-02</td><td>2023-08</td><td></td></tr>
<tr><td>倪亚英</td><td>女</td><td>大专</td><td>1990-06</td><td>2023-10</td><td></td></tr>
</table>

第五章　各时期章程选录

1917 年章程

咨浙江省长嘉兴县公立图书馆章程规则、职员履历准备案文

第九百九十号（民国）六年（1917）三月二十二日

为咨复事，准咨开据嘉兴县知事呈送公立图书馆应报事项清折，并章程规则及职员履历备文，咨请察核备案等。因到部查该县所开图书馆遵报事项，暨章程规则、职员履历各件，核与本部公布之图书馆规程，尚无不合，应准备案。相应咨复，即希查照饬知可也。此咨。

附抄原送章程规则

（一）嘉兴县公立图书馆章程

第一条　本馆以储集各种图书，供公家之阅览为宗旨。

第二条　本馆由县经费设立，定名为嘉兴县公立图书馆。

第三条　本馆设馆长一人，司书兼庶务会计一人。馆长为名誉职，不支薪费。由县知事遴选委任，掌管全馆事宜。司书兼庶务会计，受馆长之指挥，管理馆内图书及银钱出入，并一应庶务事宜。

第四条　本馆分藏书、阅书二部。规则均另定之。

第五条　本馆职员办事细则，另定之。

第六条　本馆储藏图书，均刊列书目。如有添置，随时增刊。

第七条　本馆阅览人数、职业、种别及购置图书，及其他关于本馆文件，每一年汇编年报，详报县公署，并转报道省公署备案。

第八条　本馆常年经费及临时经费，由馆长编制预算，送县知事核定后，由县自治学务委员支给之。

（二）嘉兴县公立图书馆阅书规则

第一条　本馆所藏书籍，凡满十五岁以上，无论何人皆得按照开馆时间到馆阅览。但本馆认为酗酒及有精神病者得拒绝之。

第二条　每日开馆时间：午前八时三十分起，十一时三十分止。午后一时起，五时止。

第三条　每年闭馆时期如左：岁首阳历三日、阴历十日、国庆日、纪念日。休息日：每星期一。曝书期以十日为限，在三伏期内。岁末阳历三日、阴历十日。

第四条　阅书人来馆，先向司书员报明姓名、住址，按照本馆书目指明某种图籍若干本，填券，交由司书员登记入册，暂时坐候司书员检出，当面点明本数交阅。

第五条　阅书人阅毕，须亲自交还司书员，当面点明本数，不得另交他人，或任意搁置案头。俟司书员于册内注明缴还字样，涂销原券，方得出外。

第六条　阅书人每次指阅图籍，至多以五本为限。阅毕，得请调换，但须俟司书员于册内注明缴还字样，涂销原券后，另按书目指明填券登册，再由司书员检出交阅。每人每日连取连换，以三次为限。

第七条　阅书人指阅某图籍时，或橱门锁钥偶有损坏，一时未能开取，本馆得请阅书人另指他图籍。

第八条　阅书人须爱护图籍，如有圈点、涂抹、褶皱、污损、遗失，须即赔偿。

第九条　阅书人来馆阅书时，不可随处唾涕，不可高声谈笑，不可妨碍他人阅书，不可任意偃卧，不可涂抹毁坏门窗、墙壁、桌椅，不可偕同游人在座闲谈，不可携带幼孩入内。

第十条　司书员收回阅书人所领图籍，须即时归还原处，不得随意搁置。

（三）嘉兴县公立图书馆藏书规则

第一条　本馆图籍分类庋藏，另编目录，便人检阅。

第二条　本馆所藏图籍，无论何人不得携借出门。

第三条　坊间旧本新印有关学术者，本馆得随时酌采购藏。

第四条　凡私人著作未经印行者，本馆得商请收藏。

第五条　各地图书馆珍藏秘本或私家世守图籍，本馆得商请移抄。

第六条　海内外藏书之家，有原将所藏图籍捐入本馆者，由本馆填付证书，并于书目内记载原捐人姓名，以志高谊。

第七条　海内外藏书家愿将所藏秘籍暂附馆中，供人观览者，由本馆发给证书，将卷册数目、钞刻款式、收藏印记，一一备载，与本馆图籍一律保藏。领回时，以证书为凭。

第八条　本馆所藏图籍，或有虫蛀霉损，应随时设法修补。如因意外事故，致图籍缺损，由馆长呈报县公署存案。

第九条　本馆藏书之橱，平时锁闭，非取书时，不得开锁。

第十条　每年三伏期内，晒晾图书一次。晒毕仍归原处，并由馆长偕同司书员，按照书目详细检查。

第十一条　如有欲参观本馆藏书室者，须由职员许可偕入，仍不得任意翻检。

第十二条　在藏书室内，不得吃烟。

文献来源：《教育公报》1917 年第 4 卷第 7 期，53—55 页

1950 年章程

浙江省立嘉兴图书馆简章

公元一九五〇年四月订

第一条　浙江省人民政府为阐扬新民主义学术文化，传播革命思想，储集图书，征存文献，供人民大众阅览研究，藉以配合完成新民主主义的社会教育，并辅导本区内各公私立图书馆，特设省立嘉兴图书馆。

第二条　本馆为人民文化堡垒，通过书报的阅读研究，提高读者的政治觉悟及文化水平，并主动的团结群众，展开学习高潮，以实事求是的作风，确切为人民服务。

第三条　本馆分设总务、采编、阅览、研究、辅导五部分。其职掌如下:（一）总务部：掌理文书、会计、出纳、庶物及不属于其他各部的事项。（二）采编部：掌理图书报刊的选购、征集、寄存、传抄、交换登记、分类、编目、制卡等事项。（三）阅览部：掌理图书馆报刊的出纳、流通、庋藏、整理及阅览指导等事项。（四）研究部：掌理图书事业的调查、统计、研究及一般资料的征集、传抄、整编、供应、保管等事项。（五）辅导部：掌理图书事业的实验、参观、辅导、联络推广、本区内图书馆工作人员的进修及组织学习指导等事宜。

第四条：本馆设于嘉兴，必要时得于本区内酌设巡回文库，图书站及代办等，以求扩大业务范围。

第五条　本馆设馆长一人，干事四人，必要时得增设助理干事若干人。

第六条　馆长综理馆务，干事佐理馆长主办各部事务，助理干事佐理干事分掌各部事务。

第七条　馆长由嘉兴专署委派，报请省教育厅核备，干事及助理干事由专署指派或由馆长聘请，商请专署同意后，报厅核备。

第八条　本馆暂由嘉兴专署教育处领导，馆长应对专署教育处负责报告工作，并应负责执行及完成上级所赋予的任务。

第九条　本馆会议，分下列五种：（一）馆务会议：每月召开一次，由馆长主持，讨论馆务的进行、工作的布置与检讨。（二）临时会议：得根据实际需要，随时召开之。（三）总结会议：于第月终了召开，总结本月份的工作，检讨优缺点，以作下月份工作改进的依据。召开总结会议时，应请专署教育处派员列席指导。（四）生活检讨会：每半月举行一次，交换意见，纠正生活、思想、学习上的偏向，保证团结。（五）辅导会议：每半年举行一次，辅导本区内图书事业，并交流经验。

第十条　本馆为求发展业务，积极争取群众帮助，得视实际需要，设立各种委员会。此种委员会，应由馆务会议议决，呈请专署转省教育厅核准复设或撤销之。

第十一条　本馆应于每年度开始前一个月内，拟订下年度业务计划，并于每月廿五日前，编制下月份经费预算书，呈请专署转省教育厅核备。

第十二条　本馆应于每年度终了后一个月内，造具上年度业务报告，并于每月五日前编造上月份经费决算书，呈请专署转省教育厅核备。

第十三条　本馆办事总则，会议规则及其他各项章则另订之。

第十四条　本简章经馆务会议通过并呈奉专属转省教育厅核准后施行，修正时用。

浙江省立嘉兴图书馆办事总则

公元一九五〇年四月订

第一条　本总则依据本馆简章第十三条之规定订定之。

第二条　本馆各部工作干部，应对各该部工作负主持整理及推进的专责遇有二部以上相互关系的公务，应洽商办理。

第三条　本馆各干部工作的分配，由馆长核定，分别负责，但遇工作繁剧时，仍应互助合作。

第四条　各部每日处理事件应载入工作日记簿，并于每月终编造业务报告送馆长核阅后，汇报专署教育处转省教育厅查核。

第五条　本馆收发文件概由总务部处理，其收到文件，先送馆长核阅后转转知有关各部签注意见，仍交总务部拟办，并归卷案。

第六条　本馆对外文件概由总务部拟稿，应先征得有关各部同意，并经馆长核阅后，交总务部统一缮发。

第七条　本馆办公时间以每日八小时为原则，但遇特殊情况时，得酌为变更。

第八条　本馆休假日期既定如下:（一）例假：以每星期一为休息日。（二）新年休假：新年中得休假三天，其日期临时决定之。（三）纪念日休假：奉令休假之国定纪念日，得于其次日休假一天。

第九条　本馆设考勤簿，各干部慎按时到馆工作，不得迟到或早退，如因公外出，应事先征得馆长同意。

第十条　本馆工作干部请假规则及考绩惩奖办法，另订之。

第十一条　本馆各部办事细则，另行订定。

第十二条　本总则经馆务会议通过并呈奉专署转省教育厅核准施行，修正时同。

浙江省立嘉兴图书馆阅览简则

一、阅览人来馆阅览图书杂志，先向领证处领取阅览证，然后向图书出纳处领借书单，于目录卡片柜中，检查书目，按照单内各项逐一填明，连同阅览证，交图书出纳处检发新书，图书领到后即可在室内阅览。

二、阅览册数以一册为限。

三、阅览人借阅图书，如尚未阅完，得向图书出纳处申明保留，保留时间不得超过一天。

四、阅览人如自行携带图书来馆，须向领证处领取图书携入特许证，出门时并须在原处凭证点验。

五、阅览人如有撕毁、污损图书情事，应赔偿同样之书或该书之时价。

六、本馆所备保章，阅览人可随意取阅，惟不得携出室外或抽出报夹应藏报章可向图书出纳处借阅。

七、阅览完毕，将书缴还图书出纳处，经验收后，取回阅览证，交领证处，然后离馆。

浙江省立嘉兴图书馆借书简章

公元一九五〇年四月订

总则

一、本馆庋藏图书除下列规定者外，均可出借。1. 参考书及报章杂志，限制出借。2. 线装古籍，在整理期间，暂不出借。3. 鲁迅全集及各种书册（包括连环图书）暂不出借。

二、借书册数以一册为限，如每种在一册以上应分次借阅。

三、借书日期以一星期为限，如有特殊原因须续借者必须携带原书，来馆申请，本馆同意后，得再续借一星期，但续借以一次为限。

四、借书人如将书籍遗失或污损须赔偿同样之书或该书之时价。

五、图书借出或缴还时，须向图书出纳员当面点检清楚，如缴还时发现缺页及撕毁污损等情，由借书人赔偿。

六、借书人离开本馆，短期不能归返或本人不再借书时，应先通知本馆并缴还借书证由本馆销毁之，同时退保证金，否则转让他人或遗失时，原保证人仍应负责全部责任。

七、借书时间，以本馆开放阅览时为限。

八、借书证有效期间以半年为限（每年以六月底及十二月底结束一次）并每人每半年只准领取一次，半年后欲续领者，另换新证。

信用保证

九、凡本馆所在地各界个人欲以信用保证借出本馆图书者，须先来馆领取保证书，将所载各项填明，送请保证人签名盖章，并加盖机关团体钤记，经本馆复查认可后，得领借书证（职工由职工会保证，农民由农民协会保证，学生由各该校学生会保证，教职员由各该校校方保证，军公人员由各该部队机关主管人员保证，工商界可用铺保或各该业团体主持人保证）。

十、在领用借书证时，除供给制干部外，须付特种保证金人民币伍仟元，期内如无借书逾期情事，期满时得凭保证金收据，领回保证金。到期后六个月内不来馆领取者，即作放弃论，移充本馆购书费用。

十一、保证金收据，如有遗失，应立即来馆通知，还款时应出具保证金收据遗失声明单，就声明单上签字盖章，原收据乃无效。

十二、借书逾期不还，又未声请续借或续借期满仍未归还者，本馆除函催外，每日每册处以人民币伍佰元之罚款，由保证金内扣除之（供给制干部另行补缴或停止其一定时期借书权利。如逾期一天，则停止其一星期的借书权利，余类推）。凡经本馆函催二次不应者，除扣除罚金外，即请其保证人追索或偿还，并得酌情停止其本期或下期之借书权。又借书期满日，倘值本馆休假时，则不计算。上项罚金亦移充本馆购书之用。

十三、领证人及保证人，如迁移住址，须即以书面通知本馆。

十四、借书证不得转借，证上字迹、戳印不得污损涂改，借书证遗失，即须亲自来馆当面声明，如不声明或声明太迟，致为人取得冒借，因而蒙受损失者，应由原领证人负一切责任。遗失借书证来馆声明，即将原证注销。如欲补领新证，须补纳印刷费人民币壹仟元。

现金保证

十五、借书如无相当保证人，则须缴纳保证金人民币叁万元。如所借书籍之时价超过此数者，得酌量增加其保证金额。

十六、书籍之整部如在一册以上者，不得一次借阅。但仍须照整部之时价缴纳保证金。

十七、在规定借书期限内还书，保证金如数发还。

十八、借书逾期，并未来馆声请续借，或续借期满仍未归还者，应依第十条之规定，处以罚金。如逾期达一星期，本馆即将保证金没收，另购新书。倘借书期满日，适值本馆休假时间，则不计算。

十九、保证金收据遗失时，应依第十一条之规定办理。

浙江省立嘉兴图书馆员工请假规则

公元一九五〇年四月订

一、本规则依据本馆办事总则第十条之规定订定之。

二、本馆工作干部请假时，应依照本规则办理。

三、凡因事请假者，每次不得超过七天，每年请假总日数，以二十天为限。

四、凡因病请假者，得附具医师证明书，视实际情形酌给假期。

五、产假以一个月为限。

六、请假应先填具请假单，商定代理人，并取得馆长同意后，始可离馆。馆长公出或请假，应先指定代理人，报请专署教育处核准。

七、为了加强责任感，避免不必要的请假，规定请假扣薪办法：

1. 请假在一天以内者，不扣薪。

2. 请事假三天以内者，应将其请假期内应得薪金，缴充本馆员工福利公积金。四天以上至七天者，除前三天薪金缴充公积金外，余数由总务部扣下转给代理人。

3. 病假不予处理，由请假人与代理人双方自行解决。

4. 请病假或产假，在八天以上者，须请专人代理，并应获得馆长同意，如由馆方代请，其应扣薪金，由总务部代扣转发。

5. 请病假或产假者，如无力负担医药诊金时，得请求医药津贴，此项津贴，由公积金中拨付。

八、本规则经馆务会议通过，并呈奉专署转省教育厅核准后施行，修正时同。

浙江省立嘉兴图书馆值星规则

公元一九五〇年四月订

一、本规则依据本馆办事总则第十条之规定订定之。

二、本馆工作干部，应依照本规则之规定，按周轮流值星。

三、值星人员在其轮值期内，应负担下列各项任务：

1. 一般事务之洽谈、研讨和处理；

2. 突发事件之传达、商酌和解决；

3. 了解各部工作情况，并详细记入工作日记簿，逐日送请馆长核阅。

四、每值星期间，以本周二上午开始，至下周一下午结束。

五、值星期满，应将工作日记簿及本周未了事务，移付下届值星人员。

六、值星人员在值星期内，工作积极或有特殊优秀表现者，应予表扬、奖励；如怠忽职务或故意逃避责任者，应受处分。上项惩奖办法，得依据本馆考绩奖惩办法之规定处理之。

七、本规经馆务会议通过，并呈奉专署转省教育厅核准施行，修正时同。

浙江省立嘉兴图书馆学习指导委员会章程

公元一九五〇年五月订

总则

第一条　依照本馆简章第二条所订：“要主动的团结群众，展开学习高潮，以实事求是的作风，确切为人民服务。”特组织学习指导委员会（以下简称本会）。

第二条　本会为浙江省立嘉兴图书馆组织之一部分。

第三条　本会之主要任务，为解答读者一般咨询，将读者在阅读中所提出之疑难问题，加以分析研究，作一综合的答复，并更进一步的指导读者学习，有计划有步骤地使读者群众组织通过学习，在理论上逐渐提高起来。

第四条　本会各委员，系由本馆聘定，聘请有关各界领导人及专家学者为本会委员。本馆有关工作同志则为当然委员。

第五条　本会暂分设政治、经济、文教、工商业、农业、农村工作、自然科学、应用技术等八部，每部设委员二人至三人，负责主持研究和推进各部工作。

（一）政治——有关一般革命理论及各项政策法令等问题的解答。

（二）文教——有关文化教育的行政业务技术等问题的解答。

（三）工商业——有关工商业的管理业务技术等问题的解答。

（四）农业——有关农业理论技术等问题的解答。

（五）农村工作——有关土地改革及农村工作问题的解答。

（六）自然科学——有关数理化生、博物、气象等问题的解答。

（七）应用技术——有关医药卫生、工程电机等问题的解答。

（八）经济——有关经济理论等问题的解答。

第六条　各部委员下设指导员若干人，负责实际指导和解答，由委员会聘请之。

第七条　委员会设主任委员一人，由本馆馆长兼任，负责召集与主持会务，另设常务委员五至六人，在第一次全体委员大会产生之，经常负责策划工作纲要、执行决议、具体推进会务。

第八条　委员会分经常会议和临时会议两种：（一）经常会议——A. 全体委员会议每半年召开一次，进行过去工作总结，整订今后工作计划，以及常务委员之开选等。B. 常务会议每月召开一次，检讨缺点，纠正偏向，总结经验，以研究会务的开展。（二）临时会议——根据实际情况需要召开之。

附则

第九条　本章程经馆务会议通过，呈专署教育处核准施行，修正时同。

浙江省立嘉兴图书馆读者咨询办法

公元一九五〇年五月订

一、咨询范围限于读者在阅读各种图书中所遇到的疑难问题，日常生活中各项琐碎的问题不在咨询之例。

二、由于本馆目前人力有限，咨询与答复暂定书面方式。

三、提出问题时须向本馆领证处索取读者咨询表逐项详细填明投入咨询箱。

四、问题答复的时间，因须学习指导委员会的详细研讨，暂定三天后公布于本馆阅览室咨询栏。

五、读者如对问题答复认为不够详尽或明确，仍可继续提出复询，但须在读者咨询表内说明复询原因。

六、必要时本馆得约定读者来馆面谈。

公约

公元一九五〇年五月订

我们本馆所有的工作同志，为了进一步改造自己，彻底、干净地丢下小资产阶级的思想包袱，改变旧时代的生活方式，确立革命的工作态度和作风，全心全意为人民服务，我们全体一致同意订立这样的公约，无条件无保留地坚决遵守它。

一、确立主人翁思想，个人利益服从整体利益：

（1）摒除雇佣观念，树立革命的责任心。

（2）爱护公物，厉行节约，不浪费一纸一笔。

（3）照顾全面需要，不强求本位的突出发展。

（4）在规定的工作时间内，不做私人琐事。

（5）经常关心馆务的巩固和开展。

二、发挥工作中的主动性、积极性和创造性：

（1）自觉地争取工作，找寻工作。

（2）对工作不逃避，不还价，不偷懒，不取巧，反对依赖、推托、拖延、闹情绪的自私偏向。

（3）尽可能提前完成工作任务，反对以任何借口延缓工作进度。

（4）真诚帮助别人，发扬高度的阶级友爱，进而解决问题；发现困难，进而克服困难。

三、加强组织观念和纪律观念：

（1）坚决服从并执行上级指示。

（2）反对个人主义、自由主义、感情主义的主观倾向。

（3）虚心接受批评，勇敢承认错误，认真改造意识。

（4）尊重制度，遵守纪律，不拿自己看作例外。

（5）以善意的说服、正确的行动来影响别人和提高自己。

四、加紧学习，深入学习：

（1）理论必须与实践相结合，学习政策文件，必须联系到实际业务。

（2）反复钻研，要求彻底解其内容和要点，反对马马虎虎，敷衍了事，夸夸其谈，自以为是的非科学态度。

（3）坚持每天最少二小时的学习时间，不借故在学习时间内请假。

（4）学习前要充分准备，讨论时要大胆发言。

（5）不仅向书本学习，更必须向群众学习。

五、树立正常的生活习惯，培养良好的生活作风：

（1）确立劳动观念，积极参加垦荒生产。

（2）切实遵守作息时间。

（3）待人应和气、坦白与诚恳。

（4）私生活不散漫，不腐化。

（5）要勤俭、朴实，反对奢侈浪费。

1984年章程

嘉兴市图书馆规章制度（草案）
1984年8月25日馆务会议原则通过
从1984年9月1日起施行

目录

一、总则

嘉兴市图书馆是国家举办的综合性的公共图书馆。是全市社会主义科学、教育、文化事业的重要组成部分；是全市藏书、图书目录和图书馆间协作及业务交流的中心。

嘉兴市图书馆坚持为人民服务，为社会主义服务的方向，贯彻百花齐放、百家争鸣、古为今用、外为中用的方针，利用馆藏书刊资料，为社会主义的物质文明和精神文明建设服务。

嘉兴市图书馆的主要任务：

1. 宣传马列主义、毛泽东思想，宣传党和政府的法令，向人民群众进行共产主义和爱国主义教育。

2. 传播科学文化知识，提高广大群众的科学文化水平。

3. 为本市的经济建设和科学研究提供书刊资料。

4. 收藏文化典籍和地方文献。

5. 对县区图书馆进行业务辅导，开展各系统图书馆的协作。

嘉兴市图书馆面向全市党政军、人民团体、科研生产单位，文化教育部门和广大人民群众。

嘉兴市图书馆实行党支部领导的馆长负责制。

根据工作需要设立辅导、采编、借阅、古籍、后勤等业务组。

二、图书馆工作人员守则

1. 必须拥护中国共产党的领导，热爱社会主义祖国，努力学习马列主义、毛泽东思想，热爱图书馆事业，具有全心全意为读者服务的思想。

2. 努力学习科学文化知识，刻苦钻研图书馆业务技术，不断提高业务能力和工作水平。

3. 服从组织分配，工作认真负责，勇挑重担，积极做好本职工作，勇于改革，大胆创新。

4. 接待读者热情主动，满足读者正当借阅要求，熟悉馆藏，不断提高工作效率。

5. 严肃学习和工作纪律，模范执行各项规章制度，对读者要一视同仁，发现读者违反图书借阅规章制度时，要进行耐心的说服教育，不争吵，更不能训斥。

6. 同志间相处要热情诚恳，团结互助，识大体，顾大局，宽以待人，严以律己，正确开展批评与自我批评。

7. 遵守社会主义公德、职业道德、爱护图书馆一切财产设备，节约办公用品，不损公肥私。

8. 积极参加馆内外公益劳动，保持良好的工作学习环境。

9. 工作时不聊天闲谈，接待读者时不看书阅报，不在办公业务场所会客。

三、工作职责

（一）馆长工作职责

1. 认真贯彻执行党的路线、方针政策和上级的指示，从政治上思想上、行动上同党中央保持一致。

2. 研究制定图书馆总体规划、年度计划、经费使用计划、业务培训计划和制定规章制度。

3. 调配各部门的工作人员，依据有关条例，检查各部门工作，考核工作人员，根据工作表现及成绩优劣，对馆内工作人员进行奖惩。

4. 对全市范围内的图书馆事业发展工作进行调查研究，并向主管部门提出有关规划，促进全市图书馆事业的发展。

5. 馆长应熟悉图书馆业务，积极参加各项业务活动，每年不少于三分之一时间深入业务部门工作，处理日常事务。

6. 加强馆内工作人员的政治思想工作，关心其生活，带领全馆人员积极完成各项工作任务，模范地进行全馆各项规章制度。

7. 支持鼓励干部职工学习业务学习科学文化知识，为他们的学习创造良好的条件。

8. 领导应站在改革的前头，支持改革，参与改革，从物力、财力给改革者以支持，不断改变图书馆的落后面貌。

（二）采编组工作职责

采编组是全馆藏书建设的主要部门，其主要职责为：

1. 根据本馆工作任务，本市工农业生产、文化教育和科学事业发展的情况及馆藏基础，制定书刊资料的采购，征集和分配计划，经馆务会议决定实施，做到有计划，有重点地补充馆藏，逐步形成具有地方特色，适合当地读者需要的藏书体系。

2. 进行藏书建设的调查研究。

3. 制定和实施本馆的图书采购原则，验收、登记规则，图书分类原则，图书归类主要规则，索书号组成规则，图书著录的主要原则，分类目录组织规则，使命目录组织规则。

4. 做好书刊的验收、登记、分类、编目、组织目录工作和图书在各部门的分配、调拨工作。

5. 组织管理好公务目录，指导各业务部门组织管理好读者目录，编印到馆重点新书通报。

6. 与有关部门制定书刊资料剔旧计划，做好图书赔偿、剔旧报废图书的注销工作。

7. 对馆藏书刊资料进行调查统计分析工作，掌握全馆藏书发展动态。

（三）借阅组工作职责

借阅组是本馆书刊资料的主要流通服务部门，下设综合阅览室、科技阅览室、少年儿童阅览室，城市读者外借处，农村集体外借处，其主要职责为：

1. 制定读者发展计划，办理核发借书证、阅览证。

2. 组织管理好本组各室（处）辅助书库和书刊目录。

3. 积极开展为广大读者服务的外借、阅览工作，办好读者园地，及时预告新书，做好图书宣传工作。

4. 配合中心工作和重点科研项目，举办各种专题书刊资料展览，解答读者一般咨询问题，办理机关团体，参考读者的借书和馆际互借。

5. 做好图书流通的统计分析工作，建立参考咨询档案，召开读者座谈会，征集意见及服务效果，提高服务质量，并向采编组反映有关信息，作为改进书刊采购的依据。

6. 做好消防安全、保卫工作和室内外环境卫生工作。

7. 进行阅读辅导工作，包括怎样利用图书馆的辅导，阅读内容的辅导和读书方法的辅导等。

（四）辅导组工作职责

辅导组是全馆对基层图书馆开展业务辅导、业务研究的主要部门，同时负有组织各系统图书馆之间的协作、协调关系和开展图书宣传工作的任务，其主要职责为：

1. 调查研究全市各种类型图书馆（室）的基本情况，协助馆领导提出发展图书馆事业的建议。

2. 负责全市范围内的县区图书馆和市属工会，教育系统图书馆（室）的业务辅导工作，编印业务资料，交流经验，抓好典型组织交流推广。

3. 做好图书馆的图书宣传工作，负责举办各种讲座及读者座谈会，协助各项读书活动的开展。

4. 对全馆各部门的统计数据进行分析研究，及时总结和发现工作中的新情况，向馆长室和各有关业务部门进行通报。

5. 负责嘉兴市图书馆学会日常工作，组织全市图书馆学术交流活动，筹办各种类型的图书业务人员培训班。

（五）古籍组工作职责

古籍组是全馆古籍（包括旧书刊）历史文献、地方文献资料的保藏和研究利用部门，其主要工作职责为：

1. 负责古籍，特别是善本书、地方历史文献资料的保管整理。

2. 协助采编组做好古籍出版物的采购工作。

3. 编制古籍书目，有计划地开展专题资料汇编工作。

4. 开展古籍资料的参考咨询工作，建立参考咨询档案，收集服务效果反馈。

5. 征集地方历史文献，开展地方文献及版本学、目录学的研究。

6. 有计划地复印古籍资料和进行古籍修补。

7. 做好馆藏重要古籍、旧书刊资料的配缺和复本书交换协调工作。

8. 掌握图书防护技术，做好消防安全保卫工作。

（六）后勤组工作职责

后勤组包括会记、出纳、总务、复印、打字、勤杂等工作人员，是保障全馆业务部门正常工作的行政事务部门，其主要职责为：

1. 作出本馆全年预决算，根据上拨经费额度，合理制定经费开支计划，报馆长室审批，按经费开支计划，执行对全馆及各部门的经费开支和财务监督。

2. 负责全馆设备及业务用品的添置、保管、调配，劳保用品发放工作。

3. 负责馆舍基建，维修及水电设备。

4. 负责资料的复印和打印工作。

5. 汇总全馆的考勤统计表，并按月公布考勤结果。

6. 负责全馆文件、信件、书刊等资料的收发工作。

7. 负责安全保卫，维持全馆正常开放秩序。

（七）消防组职责

认真负责检查执行书库消防规定。

下班前检查并消除火险隐患。

负责消防设备的配置维护、保养、管理工作。

宣传普及消防知识，对群众进行防火安全教育。

发生火灾事故积极组织参加扑救工作，并查明原因，提出有关处理意见，报上级领导部门。

四、岗位责任制

（一）采编组岗位责任制

1. 根据本馆的性质、任务、服务对象，有目的、有计划地做好图书的采购补充工作。

2. 图书采购补充工作要贯彻政治思想性原则、针对性原则和计划性（系统性）原则。

3. 采购图书以本地新华书店选购为主，经馆长室批准，可赴外地选购，同时采用订购、邮购、征集、交换等多种形式补充书刊资料。

4. 新书的订购应预先根据有关目录征求其他业务部门和读者的意见，价值最贵的书刊采购（30 元以上）应报请领导审批。

5. 直接选购图书必须有 2 人同时参加，到馆图书都必须进行验收，经手人和验收人要在有关凭证上签字。

6. 图书验收后，须加盖藏书章和特定页码加盖登录号，进行总括登记，个别登记、分类编目（技术加工）后，方能投入流通。

7. 采用《中国图书馆图书分类法》（详本）根据本馆藏书实际情况、选择适当的类目级别，对到馆图书进行分类，分类力求准确无误，前后一致。

8. 采用《中文普通图书统一著录条例》（试用本）进行图书的著录，要求著录正确清楚。

9. 到馆图书及时分编，一般新书到馆后一个月内分编完毕，争取早日投入流通借阅。

10. 公务目录和读者目录的编制分为以分类体系排列的分类目录和以书名四角号码（或以书名字顺）排列的书名目录两种。

11. 目录组织要求正确及时，做到书卡相符。

12. 做好图书注销工作，应制备《图书注销清单》随时将必须办理注销的图书逐本进行登记，由馆长审阅签字，作为注销凭证，注销珍本、善本书籍，另报市文化局审批，并在个别登记簿（财产登记簿）上进行注销工作。

13. 妥善保管好图书登记账册，不得有所损失。

14. 年底以书面形式向馆长室汇报一年来购书情况和各种统计数据，及全馆总藏书情况。

15. 经常保持卫生包干区的清洁卫生。

16. 遵守馆内各项规章制度。

（二）借阅组岗位责任制

1. 贯彻读者工作区别服务的原则和群众路线的原则。

2. 根据读者发展计划，认真做好借书证换发工作。

3. 热情为读者服务，经常了解读者的阅读需要，尽力满足读者的正当借阅要求，采用个人外借、集体外借、邮寄、送书上门等方式出借图书。

4. 保持书库整洁，经常清洁书架，图书排列整齐，不乱架。

5. 组织目录正确无误，经常检查目录卡片，如有缺损及时修补。

6. 借还图书迅速正确，发现差错及时纠正，破损图书及时修补。

7. 认真解答读者一般口头咨询和专题咨询，做好咨询统计工作。

8. 借书记录排列采用双轨制（目前暂用单轨制）。

9. 每天进行外借人次、册次（按类别进行）拒借率统计，按月汇总上报馆长室，年终将各种借阅统计、藏书统计、读者统计（按读者成分进行），专门统计及时汇总上报馆长室。

10. 经常保持卫生包干区的清洁卫生。

11. 遵守馆内各项规章制度。

（三）阅览室岗位责任制

1. 贯彻读者工作区别服务的原则和群众路线的原则。

2. 热情为读者服务、了解读者阅读需求，尽力满足读者的正当阅读要求。

3. 负责保管好本室图书财产的安全，向违反借阅制度和损坏图书的人员进行批评教育，并按有关规定处理。藏书每 3 年清点一次。

4. 认真做好新到图书、报刊的登记、上架、组织目录工作。

5. 组织目录正确无误，经常检查目录卡片，如有破损及时修补。

6. 新到图书要在 2 日内上架流通，新到杂志在 1 日内上架流通，报纸当场盖章流通。

7. 及时做好报刊配缺、装订工作，报刊按月或按季在次月或次季装订完毕，全年报刊在次年第一季度内须清点移交入报刊库（个别期刊因出版原因，可缓入库）。

8. 保持辅助书库整洁，经常清洁书架。图书排列整齐，不乱架。采取半开架方式时，大类不乱架。

9. 解答读者一般的口头咨询和专题咨询，并做咨询统计工作。

10. 每天进行借阅人次、册次（按类别进行）统计，按月汇总上报馆长室，年终将各种借阅统计数据、藏书统计数据汇总上报馆长室。

11. 经常保持卫生包干区的清洁卫生。

12. 遵守馆内各项规章制度。

（四）辅导组岗位责任制

1. 每年年底制定下年度辅导计划并报馆长室。

2. 解答本馆及基层图书馆（室）的业务咨询。

3. 经常深入基层图书馆（室）进行调研工作，积极参加各种网片活动，加强与科委、科技情报系统协作，协调工作。

4. 每月将各部门各种业务统计资料分析一次，将分析研究结果报馆长室。

5. 根据省、市图书馆学会工作的安排，及时组织落实各项有关活动。

6. 负责对本市公共系统和其他各系统图书资料管理人员培训，培训班每年不少于 2 次，帮助基层图书馆（室）搞好图书资料管理工作。

7. 配合中心任务，举办专题书刊展览和举办讲座，每年不少于 6 次。

8. 每年召开读者座谈会 2 次，了解读者对本馆书刊采购的要求和工作意见及服务效果。

9. 每年不定期出业务通讯 4 期。

10. 热情接待兄弟馆来宾，并负责来宾膳宿安排。

11. 保持环境卫生，做好卫生包干区清洁工作。

12. 遵守馆内各项规章制度。

（五）古籍组岗位责任制

1. 贯彻读者工作区别服务的原则和群众路线的原则。

2. 热情为读者服务，积极提供读者所需的馆藏资料。

3. 负责保管好本库图书财产，每 5 年清洁藏书一次。

4. 保持书库整洁，经常对图书进行除尘、防蛀等保护工作。

5. 保管好本库各种目录，为满足科研需要，积极编制各种馆藏图书专题目录。

6. 新入库图书资料（包括订购、赠送等）及时登记编目入藏。

7. 图书借还时必须清点，无误后及时上架。

8. 认真解答读者的一般咨询和专题研究咨询，同时应填好咨询登记，并及时收集服务成果。

9. 做好有关统计工作，年终上报馆长室。

10. 保持环境卫生，做好卫生包干区的清洁。

11. 遵守馆内各项规章制度。

（六）少年儿童阅览室岗位责任制

1. 针对少年儿童的阅读特点，开展多种形式的借阅活动。

2. 根据我馆藏书馆舍条件，做好少年儿童借阅证的发放工作。

3. 加强与学校联系，积极建设少儿义务服务员队伍。

4. 负责保管好本室图书财产的安全，每 2 年清点藏书一次。

5. 认真做好新到图书、报刊登记工作。

6. 新到图书要在两日内上架流通，新到杂志在 1 日内上架流通，报纸当场盖章流通。

7. 及时做好报刊配缺、装订工作，报刊按月或按季在次月或次季装订完毕，全年报刊必须在次年第二季度内清点移交入库。

8. 保持本室（库）整洁，经常清洁书架，图书排列整齐，大类不乱架，实行半开架借阅。

9. 认真做好借阅工作，发现工作中差错及时纠正，破损图书及时修补。

10. 每天进行借阅人次、册次（按类别进行）统计，按月汇总上报馆长室，年终将各种借阅统计、藏书统计汇总及时上报馆长室。

11. 保持环境卫生，做好卫生包干区清洁工作。

12. 遵守馆内各项规章制度。

（七）农村集体外借处岗位责任制

1. 热情接待基层图书流通站管理员，了解农村读者对文化科技书籍的阅读需求，尽力满足农村特定读者的借阅要求。

2. 及时了解基层图书流通站图书管理、服务成果等情况，帮助解决图书流通过程中的业务技术问题。

3. 负责保管好本辅助书库的图书财产安全，每 3 年清点藏书一次。

4. 新到图书要在 2 天内上架流通，新到连环画在 20 天内加封皮编号投入流通。

5. 保持书库整洁，经常清洁书架，图书排列整齐，大类不乱架。

6. 认真做好借还记录工作，发现工作中差错，及时纠正，破损图书及时修补。

7. 每天进行借阅人次、册次（按类别进行）统计，按月汇总上报馆长室，年终将各种借阅统计、藏书统计等及时汇总上报馆长室。

8. 及时向采编组反映农村读者的阅读倾向，当好采编组采购农村读者书籍的参谋。

9. 保持环境卫生，做好卫生包干区的清洁工作。

10. 遵守馆内各项规章制度。

（八）门卫岗位责任制

1. 提高警惕，严守工作岗位，发现问题，及时请示报告。

2. 非开放时间，对外来人员要问清来访事由，方准入内。

3. 对于有形迹可疑，举止不正或破坏公物，不遵守公共秩序的人和事，有权劝阻和制止。

4. 做好报刊、信件、资料的收发工作，传呼电话及时无误，管好火炉、保证全馆开水的正常供应。

5. 负责馆内花卉、树苗的培育工作，做好卫生包干区的清洁工作。

6. 禁止无关人员在门卫值班室逗留、闲谈。

7. 外单位及馆内个人借用公物，须经批准，凭出门证方能外借出门。

五、文明服务公约

坚守岗位 按时开放 文明服务 礼貌待人 态度和蔼 主动诚恳 热情辅导 耐心细致 环境整洁 美观安静 执行制度 一视同仁 接受监督 欢迎批评 同心同德 共树新风

六、各部门借阅规则

（一）阅览室阅览规则

1. 阅览室图书、报刊一律凭经本馆认可的个人身份证明借阅，每次限借一册。

2. 凡属本室图书、报刊，只限室内阅览，严禁带出室外。

3. 内部资料及非当年报刊，一律凭介绍信预约查阅。

4. 读者必须爱护书刊，所借书刊不得加批点、涂写、撕页等，如发现上述情况，则读者予以一定的赔偿。

5. 闭馆前十分钟，停止借阅书刊。

6. 保持室内安静，注意清洁卫生，严禁吸烟、随地吐痰、吃零食和一切妨碍他人学习得行为，不得携带无阅读能力的儿童和有碍公共卫生的物品入内。

以上各条，望读者遵照执行。

（二）借阅组借阅规则

1. 读者须持本人借书证借阅图书，别人只能代还，不能代借。

2. 文艺书籍每次限借 1 册，科技书籍可借 2 册，借期每次 14 天。科技图书可续借 1 次，当天所借图书，不得当天归还。

3. 借书时读者应检查所借图书，如发现有污损现象，应及时告知管理人员加盖印记，以明责任，否则，概由读者负责。

4. 读者所借图书应按期归还，过期不还者，按其超借天数，每天加收逾期费 1 分。

5. 读者挑选好借阅图书后，应认真填写“借书记录袋”，并将书跟卡插入借书记录袋内，交由本处保管，不得携带回家，否则，视具体情况，给予停借或罚款处理。

6. 读者对所借图书，应妥加爱护，不得在图书上加批点、涂写、撕页等，如发现上述情况，则要求读者予以一定的赔偿。

7. 所借图书如有遗失，必须购同样版本的图书赔偿（如超过借书期限，加收逾期费）。如赔偿相同版本的书有困难时，则按下列规定赔偿：

一般书按原价赔偿。

不易补充的书或使用价值较大的参考工具书，按原价 5 至 10 倍赔偿。

整套不分册零售的图书，遗失其中 1 本，按全套书价赔偿，余书不退给赔款人。

8. 因故半年以上不能来馆借书者，须在事前说明原因，否则以自动弃证处理。

9. 借书证如有遗失，应及时来馆挂失，否则如发生冒借、冒领保证金问题，由失证人负责，领证人工作单位和住址如有变动请及时说明，以便更正。

10. 自觉遵守公共秩序，严禁烟火，保持借书处安静、整洁、禁止大声喧哗，不得无理取闹，否则工作人员有权劝阻制止。

（三）古籍组借阅规则

1. 本馆古籍藏书为科研参考咨询提供资料，不供一般阅览。

2. 因科研工作需要，凭单位介绍信提供阅览。

3. 借阅时需填咨询卡。

4. 所提供资料，仅供在本室阅览，不得携出室外。

5. 查阅资料时，请勿吸烟喝茶。

6. 读者必须爱护图书，不得撕、剪、折页、圈点、注字，摘抄资料时请用铅笔，不得用唾液翻书或卷折，原书如有损坏，须赔偿原书，如赔原书不可能，由本馆根据原书情况要求读者作价赔偿。

7. 特藏书籍（包括新中国成立前旧书刊）须经馆长批准，方可借阅。

8. 一般书籍可提供读者复印服务，善本书不得复印。

9. 已有复印品的书，本馆不提供原书。

10. 读者只需复制本库藏书，一般只供复制一书的个别章节，或几书的有关部分，复制整部书或复制善本书须经馆长室批准，善本书不供静电复印。

11. 私人复制馆藏善本特藏资料，一般不予办理。

七、嘉兴市图书馆考勤奖罚制度

为维护正常工作秩序，加强劳动纪律，提高工作效率，在以思想教育为主、经济奖罚为辅的原则下，对本馆考勤奖罚制度，特作如下规定：

各组（室）负责人指定专人填写统一印发的考勤登记表，负责对本组（室）工作人员出勤、缺勤等情况作如实登记。

请假手续和权限：

病假：职工、干部因病去医院就医，应先向部门负责人请假，因急病不能请假者，事后应说明情况，病假须持公费医疗指定单位证明，患病科目要与诊断医生所负责科目一致，方能有效。病假证明由部门负责人及时交馆长室审批。

事假：一般情况下不请事假，确需要请事假者，应先写报告，说明请假事由，由部门负责人报馆长室批准，方可离去。

婚假、丧假、探亲假、产假和节育手术者，均按国家有关规定执行。

对无故不上班，或者请假而未获批准，擅离工作岗位者，作旷工论处。

在法定节假日，或平时因工作需要加班，经部门负责人同意的，可以补休，部门负责人应根据工作情况及时安排补休。

工作时间内，全体工作人员都必须坚守本职岗位，不干私活，和外出办私事。

为鼓励全体工作人员的社会主义劳动积极性，新设立月全勤奖2元，年度全勤奖20元。月、年全勤奖资金从复印收入提成支出。

奖金发放条件如下：

遵守本馆各项制度，工作服务态度较好，全月出满勤者，可得月全勤奖2元。

能遵守本馆各项规章制度，较好地完成本职工作，工作中能互相协作，全年出满勤者，可得年全勤奖20元。

月病、事假超过1天，不得享受全勤奖。

迟到、早退超过3次，每次5分钟以上，不能评月全勤奖。

旷工半天以上，扣除月平均节约奖，月全勤奖。

生病住院、在家病休期间，不发月全勤奖。

婚假、丧假、探亲假由本人提出书面申请，经部门负责人签字，报馆长室批准，不发月全勤奖。

全年病、事假不超过12天，迟到早退不超过5次，可得年全勤奖的50%。

工作不服从分配，经教育无效者，不予评比先进，并扣除不服从分配期间的奖金（节约奖、全勤奖）。

不如实反映或虚报考勤情况者，扣发当事者当月全勤奖50%。

当月考勤表应于次月五日前上报馆长室，十日前公布考勤情况。

本规定如有不妥和不够完善处，在实践中予以修改补充。

八、书库管理制度

本制度适用本馆基藏库、古籍库、采编库、报刊库、借阅辅助库和集体外借库。

为保证书库安全，各书库未经领导批准，不得允许非本馆管理人员入库，因工作、业务关系入库，须经书库管理人员同意（集体外借书库，可在管理人员陪同下，由基层图书馆管理员入库选书）。如有违反此例，每次扣值班人员当月奖金 0.5 元。

采编库新书不论已编、未编，一律不得外借，违反此列，每借一册，扣除主借管理人员当月奖金 0.5 元。

图书入库出库应按规定手续办理。

书库应保持整齐清洁，库房内不得存放私人物品。

书库应做好防火、防潮、防窃、防尘、防蛀等安全防护措施，库内严禁吸烟，下班前检查门窗是否关好，电源是否切断，经常检查排除危害书库安全的一切隐患。

下班后，如门窗未关好，电闸未切断，则扣除该部门值班人员当月奖金 0.5 元（按值班人员数均摊）。

各书库视情况 3—5 年清点一次。

九、书库防火规定

为确保国家财产安全，防患于未然，对书库消防工作特作如下规定：

书库内严禁吸烟和携带火种入内。

各书库每天下班前要切断电源。

各书库都配备消防器材，并保证灭火器材完好有效。

人人都懂得基本消防知识，灭火器材的使用方法，熟记火警电话号码。

每月对书库进行一次防火安全检查，发现隐患及时改正。

把消防工作列入年终总结评比先进的内容之一，做到奖惩分明。

十、财务及物资管理制度

民主理财，勤俭办馆，年初制定经费预算，年末进行财务检查，保证总经费的 40% 以上用于购买图书资料。

建立账目款项，物资分别管制，由三名工作人员兼任会计、出纳、物资管理人员。

认真执行现金管理制度，现金收入及时上交银行，领用支票要登记，支票、印鉴、分别由 2 人妥善保管。

添置物品要请示有关领导，物品和发票须经两人验收，签字后和报销、差旅费单据经领导审批后，方可报销。

添置固定资产、家具用具等物资，在会计入账记录后，由物资保管员建立保管账，低值易耗品、办公用品、劳保用品及时由物资保管员做好进库、发放、领用登记。

所有固定资产、家具、用具统一建立卡片，卡片分甲乙两套，甲套由会计保管，乙套由物资保管员保管，乙套卡片由使用部门签字，须明确保管责任，调出使用由新使用部门签字负责，新购置资产应及时登记上账，填制卡片。

外单位借用物资应办理手续，按期索还借物，公家物资一般不借与私人使用，个别确需临时借用，应经领导批准办理手续，并按规定收取费用。

干部、职工调离本馆，应将所借用公物如数归还。

固定资产调拨，报损及处理应上报审批，公物出馆须认真填写出门证，交门卫备查，方能出门。

2019年章程

嘉兴市图书馆章程
（草案）

第一章　总则

第一条　为规范嘉兴市图书馆组织与行为，确保公益目标的实现，根据《事业单位登记管理暂行条例》及国家有关法律法规规定，制定本章程。

第二条　单位名称：嘉兴市图书馆（Jiaxing Library）。

第三条　嘉兴市图书馆住所是嘉兴市南湖区海盐塘路339号。

第四条　嘉兴市图书馆经费来源是财政全额拨款。

第五条　嘉兴市图书馆开办资金为人民币1976万元。

第六条　嘉兴市图书馆的举办单位是嘉兴市文化广电旅游局。

第七条　嘉兴市图书馆的登记管理机关是嘉兴市事业单位登记管理局。嘉兴市图书馆自觉接受登记管理机关的监督管理。

第二章　宗旨和业务范围

第八条　嘉兴市图书馆的宗旨：系统收集、保存、组织和利用文献信息，传播知识、传承文明、促进社会教育，保障公民基本阅读权利，提高全民科学文化素质，推进本地区公共文化服务体系建设，促进文化繁荣，推动社会进步。

第九条　嘉兴市图书馆的业务范围包括：

（一）信息资源建设

1. 收集各种类型文献信息资源，对资源进行科学加工整序和管理维护。

2. 推进嘉兴地区文献保障体系建设，促进资源共建、共知与共享。

3. 开展特色文献信息资源建设。全面收集嘉兴地方文献资源，保护开发古籍等特色资源；开展特色资源数字化，形成特色数字资源库。

（二）读者服务

1. 文献服务。包括文献借阅、资料复制、数字资源利用、文献推荐、馆际互借和文献传递等。

2. 社会教育。包括教育培训、讲座展览、阅读推广和参观体验等。

3. 信息服务。包括参考咨询、代查代检、专题信息服务、政府信息公开和为政府决策提供服务等。

4. 空间服务。包括提供公众学习交流、文化休闲、会展场所和虚拟网络空间等。

5. 特殊群体服务。特殊人群包括老年人、未成年人、残障人士、新居民等。

（三）服务网络建设

1. 开展嘉兴地区城乡一体化公共图书馆服务网络建设，完善图书馆总分馆制，促进全市公共图书馆事业整体发展。

2. 开展基层辅导和培训，提高基层图书馆工作者的服务水平。

3. 开展跨地区、跨系统图书馆间的协作和交流，促进图书馆联盟建设。

4. 开展嘉兴市图书馆学会工作，促进全市图书馆工作者业务交流和学术研究。

5. 开展与社会各界的交流和合作。

（四）完成其他与公共图书馆相关的业务工作。

第三章　举办单位职权

第十条　举办单位职责和权利：

（一）加强对嘉兴市图书馆党建工作的领导，落实意识形态工作责任制。

（二）加强宏观管理，指导组建嘉兴市图书馆理事会和管理层。

（三）审核章程及章程修正案。

（四）向理事会委派理事。

（五）提名嘉兴市图书馆理事长，聘任理事长、副理事长、理事。

（六）按程序任免嘉兴市图书馆馆长、副馆长。

（七）按章程规定对理事会的重大决策进行审核，对理事会以及理事进行监督和评价。

（八）对违背原则、有主观恶意的理事建立责任追究机制。

（九）监督嘉兴市图书馆运行，进行绩效考核。

（十）加强对嘉兴市图书馆人、财、物的保障。

（十一）协调相关部门开展嘉兴市图书馆人事管理自主权和收入分配自主权上的改革。

（十二）履行法律法规规定的行政主管部门职责。

第四章　嘉兴市图书馆职权

第十一条　嘉兴市图书馆职责和权利：

（一）强化公益属性，规范运行管理，依法自主开展业务活动。

（二）按照有关规定使用和管理本馆的法人财产。

（三）按照有关规定行使内部人事管理和其他事务管理职责。

（四）依照法律法规和章程，在机构编制部门核定的编制数内，自主决定本馆的内设机构、岗位设置、人员配备等，制定公开招聘工作人员方案和竞聘上岗办法，自行组织人员聘用和竞聘上岗工作；按照有关规定，自主开展初中级专业技术职称评审。

（五）在核定的绩效工资总量内，充分行使好绩效工资分配自主权。在确保公益目标、做强主业的前提下，适当开展优惠文化服务和文化创意产品开发，依法依规取得合理收入，用于图书馆事业发展。

（六）依法接受机构、组织和个人向本馆捐赠的各类出版物、资料、藏品等合法财产。

（七）依法接受本馆举办单位和政府有关部门的监管和社会监督。

（八）依法公开有关信息。

（九）法律法规规定的其他职权。

第五章　理事会

第一节　理事会的构成及职权

第十二条　嘉兴市图书馆理事会作为嘉兴市图书馆的决策机构，向举办单位负责并报告工作。理事会任期为 3 年。

第十三条　理事会由 13 名理事组成，其来源与名额、产生方式为：

（一）举办单位委派代表 1 名。

（二）现任图书馆馆长为当然理事；图书馆职工代表 1 名，由图书馆职工代表大会推选产生。

（三）镇（街道）分管副镇长1名、图书馆乡镇分馆代表1名、村（社区）分馆代表1名，由基层推荐产生。

（四）其他理事由文教、法律科技、工商企业、新闻媒体、读者、志愿者代表等构成，产生方式为面向社会公开招募，在自愿报名或组织推荐的基础上由举办单位遴选。其中市级以上人大代表或政协委员不少于2名。

第十四条　理事会行使下列职权：

（一）审议、修订嘉兴市图书馆章程。

（二）审议、决定图书馆事业发展规划、年度工作计划、年度工作报告和重大业务事项。

（三）审议、决定图书馆的基本管理制度。

（四）审议、决定读者服务项目、服务内容和服务方式调整。

（五）审议图书馆的财务预决算和年度财政资金执行情况。

（六）审议、决定50万以上的货物采购、100万以上工程类项目实施。

（七）审议、决定图书馆内设机构或分支机构设置方案。

（八）审议、决定图书馆绩效考核办法和绩效工资分配方案。

（九）选举产生理事长。

（十）提名图书馆馆长人选，审议通过副馆长人选。

（十一）审议、决定图书馆中层干部竞聘方案。

（十二）督促图书馆管理层执行理事会决议，参与对管理层的工作考核评议。

（十三）促进图书馆与政府、社会公众等的沟通，引导社会力量参与。

（十四）理事会届满前3个月内负责组建下届理事会，并报举办单位审核同意。

（十五）决定其他重大事项。

第十五条　理事会不直接参与图书馆的业务管理。

第十六条　理事会设兼职秘书1名，由馆内理事担任，负责理事会的会议筹备、会议记录、文件保管、联络安排等事宜。

第二节　理事

第十七条　理事任期与理事会每届任期相同，一般为3年。任期届满，可以连选连任，但理事会成员每届应保持20%以上更新率。新任理事由举办单位或理事会推荐、公开招募等方式，并按规定程序产生。

第十八条 理事不因理事资格在嘉兴市图书馆领取薪酬。因履行理事职责产生的交通、误餐、咨询等费用，按有关规定列支。

第十九条 理事的任职资格：

（一）居住在嘉兴市区域范围内，具备完全民事行为能力。

（二）熟悉并遵守国家有关法律法规和政策，无违法犯罪、失信记录。

（三）热心社会公益事业，热爱图书馆工作，重视维护嘉兴市图书馆的权益和社会声誉。

（四）在本人所在的领域、行业具有一定资历和良好声望，能客观、独立地表达意见。

（五）具备担任理事所需的相关知识和技能，责任心强，乐于奉献。

（六）年龄一般为18—65周岁，身体健康。

第二十条 理事享有以下权利：

（一）参加理事会会议及相关活动，参与议事与决策，享有发言权、提议权、表决权、选举权和被选举权。

（二）对表现优秀的管理人员提出奖励建议，对违反法律、法规、图书馆章程或理事会决议的人员提出处理建议。

（三）提议召开理事会临时会议。

（四）向理事会提出提案。

（五）接受本馆邀请参与社会活动的权利。

（六）嘉兴市图书馆章程规定的其他职利。

第二十一条 理事履行以下义务：

（一）遵守法律法规和嘉兴市图书馆章程及有关规定。

（二）遵守并执行理事会决议，认真履行职责，科学决策。

（三）按要求参加理事会会议及相关活动。

（四）及时向本馆反映社会各界的意见和建议，广泛引导和争取社会资源支持本馆事业发展。

（五）积极关注图书馆工作，热心参与图书馆活动，并通过自身在行业或一定专业领域内的影响力，宣传图书馆工作。

（六）不擅自公开本馆涉密信息。

（七）不凭借理事身份，为本人或他人从图书馆牟取不当利益。

（八）嘉兴市图书馆章程规定的其他义务。

第二十二条　理事可以在任期内提出辞职。辞职应向理事会递交书面报告，并经理事会表决通过后，理事资格方可终止。委派产生的理事辞职须经委派方同意。

第二十三条　理事发生以下情形的，理事会应按程序终止其理事资格：

（一）违反法律法规，被追究刑事责任的。

（二）因本人身体健康和工作等原因，不能继续履行理事职责的。

（三）未经理事会同意，连续 3 次以上（含 3 次）不参加理事会会议的。

（四）以理事会理事身份从事与图书馆建设无关或有害的活动。

（五）相关法律法规及嘉兴市图书馆章程规定的其他情形。

（六）委派方或推选方建议终止的。

第二十四条　理事出现空缺，应及时按原产生方式及程序提出理事人选，经理事会表决通过后，产生新任理事。新任理事任期为当届理事余下任期。

第三节　理事长

第二十五条　理事会设理事长 1 名，理事兼秘书 1 名。理事长由举办单位提名，理事会选举产生；理事兼秘书由理事长提名本馆理事担任，理事会任命。

第二十六条　理事长除享有理事权职外，还行使下列职权：

（一）主持理事会日常工作。

（二）负责召集和主持理事会会议。

（三）确认理事会会议议题。

（四）督促和检查理事会决议落实情况。

（五）签署理事会重要文件。

（六）监督各理事履职行为。

（七）理事会赋予的其他职权。

第二十七条　理事长不能行使职权时，可委托其他理事代行其职权。

第四节　理事会会议

第二十八条　理事会每年定期召开 2—3 次会议，经理事长或 1/3 以上的理事提议可召开临时理事会会议。会议一般由理事长召集和主持。

第二十九条　理事会会议程序：

（一）提议召开理事会会议，确定会议议题。

（二）提前 10 个工作日，将会议通知、会议议题及相关材料提供给理事（临时会议可另定通知方式）。

（三）召开理事会会议并就有关议题进行讨论。

（四）表决并形成决议。

（五）根据会议有关情况，真实、完整地形成理事会会议记录，并按规定向有关方面传达、报告或者披露。

第三十条　理事会会议须有全部理事的 2/3 以上出席方能召开。

第三十一条　理事会应遵循酝酿机制、表决机制、听证机制、回避机制等议事规则。

（一）酝酿机制：对涉及单位宗旨、长期规划、章程修改、重要人事决定、重要资产处理等事关图书馆发展的重大事项，理事会要与管理层、党组织、工会等进行充分沟通，必要时可邀请职工代表、专家代表等参加，经酝酿后交由理事会会议表决。

（二）表决机制：理事会会议采取记名方式投票表决，每名理事享有一票表决权，实行多数票决原则。理事会决议须经参会理事的 2/3 以上通过方为有效。

（三）听证机制：理事会可根据图书馆建设发展的实际，对本馆事业发展规划、重大业务活动、民生实事项目等重大业务事项进行听证。

（四）回避机制：理事与决议事项存在利害关系的，应主动向理事会报告利害关系的事实及性质并自行申请回避，放弃行使相关职权。利害关系人申请理事回避的，理事会应当及时受理，做出答复。

第三十二条　理事会会议应当有会议记录，对形成决议的事项应制作理事会决议。出席会议的理事和记录人，应当在会议记录上签名。理事会会议记录应当作为重要档案妥善保存。

第三十三条　理事会会议记录应当载明以下内容：

（一）出席理事会会议的理事人数、列席人数及缺席人员。

（二）召开会议的日期、地点。

（三）会议主要议题及议程。

（四）各位理事发言的主要内容。

（五）提交表决事项的表决方式和表决结果。

（六）理事会认为应当载入会议记录的其他内容。

第三十四条　理事会决策前应充分听取专家、群众的意见，对涉及全体职工切身利益的重大事项，在提交理事会决策前，须按有关规定提请职工代表大会讨论。

第三十五条　理事会决议经理事长签署后生效。决议应在5个工作日之内以文件形式发给本馆管理层执行，特殊情况除外。所决议事项按管理权限须报有关部门批准的，应履行报批手续。

第三十六条　理事会认为必要时，可以邀请监事列席会议。

第五节　专家委员会

第三十七条　理事会设专家委员会作为理事会的咨询机构，负责为理事会决策提供专业咨询。专家委员会由3—5名图书馆学界、业界专家构成，成员由理事会聘任。

第三十八条　专家委员会的职责：

（一）对图书馆的发展战略、政策、规划提出建议。

（二）根据发展需要，提出重点业务领域及重要项目建议。

（三）针对图书馆发展中出现的重大问题，提出解决方案建议。

第六章　党组织

第三十九条　加强党对图书馆的领导，党组织领导班子成员按照章程进入图书馆理事会。落实全面从严治党要求，发挥党组织政治核心作用，切实加强图书馆党组织建设和党员队伍建设。

第四十条　党组织要支持理事会、管理层依法履行职责，保证党和国家方针政策的贯彻执行。

第四十一条　凡涉及嘉兴市图书馆改革发展稳定和事关职工群众切身利益的重大决策、重要人事任免、重大项目安排、大额度资金使用事项，嘉兴市图书馆党支部必须参与讨论研究。理事会作出决定前，应征得市嘉兴图书馆党支部同意。

第七章　监事会

第四十二条　监事会是对理事会和管理层监督的机构，负责对决策、执行行为进行监督。

第四十三条　监事会由 5 名监事组成，其来源与名额、产生方式为：举办单位委派代表 2 名，嘉兴市图书馆党支部委员 1 名，嘉兴市图书馆职工代表 1 名，社会公开招募 1 名。监事长由举办单位提名，监事会选举产生。

第四十四条　监事会的主要职责是：

（一）制订监事会议事规则。

（二）负责对嘉兴市图书馆理事会遵守章程规定及各理事的履职行为进行监督，对违反法律、法规、图书馆章程或理事会决议的理事成员提出处理建议。

（三）当理事的行为损害图书馆的利益时，要求理事成员予以纠正。

（四）负责对嘉兴市图书馆管理层遵守章程规定及管理人员履职情况进行监督。

（五）负责对嘉兴市图书馆财务运行进行监督。

第四十五条　监事会会议根据工作需要每年召开 1—2 次，经 1/3 以上的监事提议可召开临时监事会会议。监事会会议应在会议召开前 5 日向各监事发出书面通知，提供有关材料。临时会议可另定通知方式。

第四十六条　监事会应由 2/3 以上监事出席方能召开，作出的决议必须由到会监事的 2/3 以上通过方为有效。监事会实行记名方式表决。

第四十七条　监事会会议由监事长主持，由专人对会议内容做详细记录，并由出席会议的监事签字。会议记录由专人保管。

第四十八条　监事会任期与理事会相同。监事会认为必要时，可以邀请理事长、理事或法人代表列席会议。理事会成员与监事会成员二者不得相互兼任。

第八章　管理层

第四十九条　嘉兴市图书馆管理层由行政负责人及其他主要管理人员组成，是理事会的执行机构。管理层实行馆长负责制。

第五十条　管理层在理事会的领导下，履行下列职责：

（一）执行理事会决议。

（二）草拟图书馆的各项管理制度、业务发展规划、年度工作计划、绩效指标、年度工作报告。

（三）草拟图书馆内设机构或分支机构设置方案。

（四）负责图书馆日常运行管理。

（五）负责编制并组织实施经费预决算方案。

（六）负责财务与资产管理。

（七）任免图书馆中层管理人员。

（八）负责图书馆工作人员的聘任、教育、培训、考核与管理。

（九）定期向理事会报告工作。

（十）理事会赋予的其他职权。

第五十一条　嘉兴市图书馆馆长由理事会提名，经市文化广电旅游局党委考察，按照干部管理权限进行聘任；副馆长由馆长提名，经理事会审议通过后，由市文化广电旅游局党委考察，按照干部管理权限进行聘任。

第五十二条　馆长行使下列职权：

（一）全面负责嘉兴市图书馆业务工作。

（二）管理嘉兴市图书馆的日常事务。

（三）负责嘉兴市图书馆的人事、财务、资产等管理。

（四）按照理事会决议主持开展工作。

（五）签署嘉兴市图书馆重要文件。

（六）法律法规和章程规定的其他职责。

第五十三条　馆长经登记管理机关核准登记后，取得嘉兴市图书馆法定代表人资格。

第九章　财产的管理和使用

第五十四条　嘉兴市图书馆的财产及其他收入受法律保护，任何单位、个人不得侵占、私分、挪用。

第五十五条　嘉兴市图书馆的经费使用应符合嘉兴市图书馆的宗旨和业务范围。

第五十六条　嘉兴市图书馆执行国家统一的会计制度，依法进行会计核算，保证会计资料合法、真实、准确、完整。

第五十七条　嘉兴市图书馆依法接受税务、会计、审计等部门的监督。

第五十八条　嘉兴市图书馆财务人员按照有关法律法规规定配备、管理。

第五十九条　嘉兴市图书馆的人事、工资、社保、福利待遇按照国家有关规定执行。

第六十条　法定代表人、行政负责人离任前，应当进行财务审计。

第十章　信息披露

第六十一条　嘉兴市图书馆承诺严格按照国家法律法规和事业单位登记管理机关的规定，真实、完整、及时地披露以下信息：

（一）嘉兴市图书馆章程。

（二）嘉兴市图书馆法人登记事项。

（三）嘉兴市图书馆机构设置、工作职能、服务范围、工作动态等基本情况及政务信息。

（四）嘉兴市图书馆的民主决策、思想建设、组织建设、作风建设、制度建设、反腐倡廉、为民服务等党务信息。

（五）嘉兴市图书馆年度工作计划、年度工作报告。

（六）重大项目的招投标、重要设施设备的采购情况。

（七）嘉兴市图书馆人事任免情况。

（八）依照法律法规和有关规定应当主动公开的其他信息。

第十一章　终止和剩余财产处理

第六十二条　嘉兴市图书馆有以下情形之一，应当终止：

（一）经登记机关决定撤销。

（二）因合并、分立解散。

（三）因其他原因依法应当终止的。

第六十三条　嘉兴市图书馆终止，应由举办单位审查同意。

第六十四条　举办单位同意嘉兴市图书馆终止后，在举办单位和有关部门的指导下，成立清算组织，开展清算工作。清算期间不开展清算以外的活动。

第六十五条　清算工作结束，应形成清算报告，经理事会通过，报举办单位审查同意后，向登记管理机关申请注销登记。

第六十六条　嘉兴市图书馆终止后的剩余财产，在举办单位和有关部门的监督下，按照有关法律法规和嘉兴市图书馆章程进行处置。

第十二章　章程修改

第六十七条　有下列情形之一的，应当修改章程：

（一）章程规定的事项与现行的国家法律、行政法规的规定不符的。

（二）章程主要内容发生变化的。

（三）理事会认为应当修改章程的其他情形。

第六十八条　理事会决议通过的章程修正案，经举办单位审查同意后，报登记管理机关核准备案。涉及事业单位法人登记事项的，须向登记管理机关申请变更登记。

第十三章　附 则

第六十九条　本章程自 2019 年 5 月 13 日理事会表决通过。

第七十条　本章程内容若与法律法规、行政规章及国家政策相抵触时，应以法律法规、行政规章及国家政策的规定为准。涉及事业单位法人登记事项的，以登记管理机关核准颁发的《事业单位法人证书》刊载内容为准。

第七十一条　本章程的解释权属于嘉兴市图书馆理事会。

第七十二条　本章程自嘉兴市事业单位登记管理机关核准之日起生效。

第六章　部门变迁一览

时间	部门设置
1904 年	馆长室、编目保管部
1915 年	馆长室、阅览部、保管部
1929 年	馆长室、阅览部、编目保管部
1930 年 5 月—1931 年 3 月	嘉兴公立图书馆合并入嘉兴民众教育馆，称为“图书部”
1931 年 4 月	馆长室、征集部、编校部、指导部、典藏部、文牍部、庶务部、会计部，馆长和一名员工兼理七个部门
1950 年	馆长室、采编部、阅览部、总务部、研究部、辅导部、财务室
1959 年	馆长室、采编部、个人外借部、集体外借部、阅览部、财务室、特藏资料室
1960 年	馆长室、采编部、阅览部、个人外借部、集体外借部、特藏资料室、流通辅导部、财务室
1985 年	馆长室、采编部、阅览部、外借部、少儿服务部、古籍部、流通辅导部、财务室
1990 年	馆长室、采编部、阅览部、外借部、古籍部、特藏资料室、流通辅导部、财务室，附设嘉兴文化服务部
1994 年	馆长室、采编部、古籍部、辅导部、外借部、图书阅览室、报刊阅览室、少儿图书室、后勤财务室，新设秀州书局
1997 年	馆长室、采编部、古籍部、辅导部、外借部、图书阅览室、报刊阅览室、少儿图书室、后勤财务组、秀州书局，新增信息技术部、办公室
2003 年	馆长室、办公室、采编部、古籍地方文献部、文献流通部（包括外借、少儿、报刊服务）、参考图书阅览室、社会活动部、信息技术部、电子阅览部、财务部、少年路分馆
2005 年	馆长室、办公室、采编部、古籍地方文献部、文献流通部（包括外借、少儿、报刊服务）、参考阅览部、社会活动部、信息技术部、电子阅览部、财务部、少年路分馆、秀州区分馆、

续表

时间	部门设置
2009年	馆长室、办公室、采编部、古籍地方文献部、文献流通部（包括外借、少儿、报刊服务）、参考阅览部、社会活动部、信息技术部、电子阅览部、财务部、南湖区分馆（同时挂牌“少年路分馆”）、秀州区分馆，以及10个乡镇分馆
2017年	馆长室、办公室、采编部、文献流通部（图书外借、报刊阅览）、少儿服务部（少儿借阅室、亲子悦读天地）、社会活动部（展览、讲座）、信息技术与服务部（包括新技术体验中心、电子阅读室）、参考阅览部、古籍地方文献部、2个区分馆，以及17个乡镇（街道）分馆
2020年	馆长室、办公室、采编部、文献流通部（外借、报刊）、少儿服务部、馆外流通部、活动推广部、信息技术与服务部（包括新技术体验中心、电子阅读室）、参考阅览部、科技情报服务部、古籍部、地方文献部、财务部、后勤保障部、秀洲区分馆、南湖区分馆，以及18个乡镇（街道）分馆
2022年	馆长室、办公室、采编部、文献流通部（外借、报刊）、少儿服务部、馆外流通部、活动推广部、信息技术与服务部（包括新技术体验中心、电子阅读室）、参考阅览部、科技情报服务部、古籍部、地方文献部、财务部、后勤保障部、少年路分馆，以及19个乡镇（街道）分馆。秀洲区、南湖区独立建馆（2021年秀洲区图书馆建成开放，2022年南湖区图书馆建成开放）

第七章　集体荣誉列表

荣誉名称	颁奖机构	颁奖时间
文明图书馆	浙江省文化厅	1989-08
全省文化艺术档案工作先进	浙江省文化厅、浙江省档案局	1989-12
文明图书馆	浙江省文化厅	1990-05
文明图书馆	浙江省文化厅	1991-05
全省文化工作先进集体	浙江省文化厅、浙江省人事厅	1991-12
浙江省公共图书馆“嘉业杯”业务知识竞赛图书馆学基础第三名	浙江省文化厅	1991-12
浙江省公共图书馆知识竞赛《文史知识》单项成绩第五名	浙江省文化厅	1993-12
三级图书馆	中华人民共和国文化部	1994-12
1995 年度全省文明图书馆	浙江省文化厅	1995-09
浙江省图书馆先进集体	浙江省文化厅	1997-11
一九九八年度计划生育工作先进集体	嘉兴市文化局	1999-03
二级图书馆	中华人民共和国文化部	1999-10
嘉兴市未保宣传月活动黑板报比赛二等奖	嘉兴市未成年人保护委员会、共青团嘉兴市委员会、嘉兴市社会治安综合治理委员会办公室	2000-09
嘉兴市级文明单位	中共嘉兴市委、嘉兴市人民政府	2001-04
2002 年、2003 年文体系统信息工作一等奖	嘉兴市文化局（体育局）	2004-01

续表

荣誉名称	颁奖机构	颁奖时间
2004年嘉兴市文化体育系统小合唱三等奖（男声小组唱）	嘉兴市文化（体育）局工会、妇委会	2004-03
2004年嘉兴市文化体育系统小合唱一等奖（男女声合唱）	嘉兴市文化（体育）局工会、妇委会	2004-03
2004年度信息工作一等奖	嘉兴市文化局（体育局）	2004-12
2004年度市属文体系统考核优秀单位	嘉兴市文化局（体育局）	2005-01
全国文化工作先进集体	人事部、文化部	2005-09
2005年度嘉兴市文化局、文联系统先进集体	嘉兴市文化广电新闻出版局、嘉兴市文学艺术界联合会	2006-03
2006年度嘉兴市妇女工作先进集体	嘉兴市妇女联合会	2007-01
嘉兴市2006社会科学普及周优秀组织奖	中共嘉兴市委宣传部、中共嘉兴市委政法委员会、嘉兴市社会科学界联合会	2007-02
嘉兴市2007社会科学普及周优秀组织奖	中共嘉兴市委宣传部、嘉兴市社会科学界联合会	2008-03
2008年嘉兴市直属文化系统秋季运动会跳大绳比赛项目团体第五名	嘉兴市文化广电新闻出版局	2008-11
2008年嘉兴市直属文化系统秋季运动会拔河比赛项目团体第六名	嘉兴市文化广电新闻出版局	2008-11
浙江省社会科学普及示范基地	浙江省社会科学界联合会	2009-01
2008年度嘉兴市文学艺术成果奖文艺事业贡献奖	嘉兴市人民政府	2009-01
浙江省优秀讲座品牌	浙江省文化厅	2009-01
嘉兴市社科联系统2008年度社科普及先进单位	嘉兴市社会科学界联合会	2009-03
第四届浙江省未成年人读书节创新奖	浙江省文化厅	2009-03
第二批全国古籍重点保护单位	国务院	2009-06
浙江省重点创新团队	中共浙江省委办公厅、省人民政府办公厅	2009-11
浙江省基层公共文化服务创新奖一等奖	浙江省文化厅	2009-12
第五届浙江省未成年人读书节组织奖	浙江省文化厅	2009-12

续表

荣誉名称	颁奖机构	颁奖时间
一级图书馆	文化部	2010-01
嘉兴市社科联系统 2009 年度社科普及先进单位	嘉兴市社会科学界联合会	2010-03
2010 年度嘉兴市直属文化系统先进党支部	中共嘉兴市文化广电新闻出版局委员会	2010-07
2010 年度重大文化事件（嘉兴数字图书馆正式开通并投入使用）	中共嘉兴市文化广电新闻出版局委员会	2011-01
浙江省图书馆文献采编中心 2010—2011 年度工作组织奖	浙江省图书馆文献采编中心	2011-01
2010 年度全市文化系统信息工作先进集体	嘉兴市文化广电新闻出版局	2011-03
嘉兴市社科联系统 2010 年度社科普及先进单位	嘉兴市社会科学界联合会	2011-03
第一批创建国家公共文化服务体系示范项目（嘉兴市：城乡一体化公共图书馆服务体系建设）	文化部、财政部	2011-04
2010 年“全民阅读”优秀组织奖	中国图书馆学会	2011-05
2011 年度嘉兴市“红船先锋”基层党组织	中共嘉兴市委	2011-06
2011 年全省公共图书馆开展“两会”信息服务工作优秀服务奖	浙江省文化厅	2011-07
2006—2010 年嘉兴市南湖区法制宣传教育先进集体	中共南湖区委、南湖区人民政府	2011-09
浙江省第二届文化共享工程知识与技能竞赛季军	浙江省文化共享工程领导小组办公室	2011-09
“读者活动策划方案”大赛优秀奖	浙江省图书馆学会	2011-09
2011 年度全市文化政务信息工作先进集体	嘉兴市文化广电新闻出版局	2012-02
嘉兴市创建全国未成年人思想道德建设工作先进城市先进集体	中共嘉兴市委、嘉兴市人民政府	2012-03
嘉兴市服务民生满意站所	嘉兴市纪委、嘉兴市监察局、嘉兴市纠风办	2012-03
优秀社科普及示范基地单位	浙江省社会科学界联合会	2012-07
2012 年全省公共图书馆开展“两会”信息服务工作优秀服务奖	浙江省文化厅	2012-08
嘉兴市文化工作先进集体	中共嘉兴市委、嘉兴市人民政府	2012-10

续表

荣誉名称	颁奖机构	颁奖时间
全国文化体制改革工作先进单位	中共中央宣传部、文化部、国家广电总局、新闻出版总署	2012-09
浙江省公共图书馆展览创意设计作品大赛优秀奖	浙江省文化厅	2012-09
嘉兴市社会科学普及示范基地	嘉兴市社会科学界联合会	2012-09
全省公共图书馆地方文献工作优秀组织奖	浙江省文化厅	2012-12
第八届浙江省未成年人读书节创新奖	浙江省文化厅	2012-12
浙江省 2012 年度十佳民生工程（嘉兴市城乡一体化公共图书馆服务体系）	浙江省委宣传部、浙江大学、浙江广电集团	2012-12
2012 年度市级治安安全单位	嘉兴市公安局、市社会治安综合治理协会等	2013-01
2012 年度全市文化系统“五项评比”活动“十佳调研课题”（《嘉兴市城乡一体化公共图书馆服务体系管理体制、协同机制、城乡统筹机制研究》）	嘉兴市文化广电新闻出版局	2013-01
2012 年度全市文化系统“五项评比”活动“十佳调研课题”（《嘉兴市图书馆总分馆建设的实践与思考》）	嘉兴市文化广电新闻出版局	2013-01
2011—2012 年度嘉兴市社科联系统社科普及先进单位	嘉兴市社会科学界联合会	2013-03
浙江省古籍普查先进单位	浙江省文化厅	2013-04
2013 年“公共图书馆微博宣传日”优秀单位组织奖	浙江图书馆	2013-06
2007—2012 年全市社科系统先进学会	嘉兴市社会科学界联合会	2013-06
2013 年度全省公共图书馆开展“两会”信息服务工作优秀服务奖	浙江省文化厅	2013-08
嘉兴市属文化系统第四届运动会拔河比赛第二名	嘉兴市文化广电新闻出版局工会	2013-10
嘉兴市属文化系统第四届运动会团体总分第三名	嘉兴市文化广电新闻出版局工会	2013-10
浙江省图书馆学会第十三次学术研讨会“图书馆建设与服务提升”案例展示大赛三等奖（“禾禾”少儿系列活动案例解析）	浙江省图书馆学会	2013-10
2013 年度优秀视障信息服务单位	浙江省视障信息无障碍服务联盟	2013-10

续表

荣誉名称	颁奖机构	颁奖时间
第十届中国艺术节“群星奖”（项目类）（嘉兴市城乡一体化公共图书馆服务体系）	文化部	2013-10
一级图书馆	文化部	2013-10
第一批国家公共文化服务体系示范项目“嘉兴市城乡一体化公共图书馆服务体系建设”	国家公共文化服务体系示范区（项目）创建工作领导小组	2013-10
全国少年儿童“爱阅读爱科学”主题摄影大赛浙江赛区优秀组织奖	浙江省图书馆学会少儿与中小学图书馆分委会	2013-11
第九届浙江省未成年人读书节浙江省未成年人思想道德建设微电影大赛组织奖	浙江省文化厅	2013-11
浙江省首届公共图书馆信息服务产品创作大赛组织奖	浙江省文化厅	2013-11
浙江省首届公共图书馆信息服务产品创作大赛最佳内容编辑奖（《政策法规浏览》）	浙江省文化厅	2013-11
2013 年度南湖区社区教育先进集体	南湖区教育文化体育局	2013-12
嘉兴市区除“四害”先进集体	嘉兴市爱国卫生运动委员会	2013-12
第一批国家公共文化服务体系示范项目创建工作先进集体	嘉兴市人民政府	2013-12
第九届浙江省未成年人读书节创新奖	浙江省文化厅	2013-12
卫生先进单位	南湖区爱国卫生运动委员会	2013-12
2013 年度“文化有约”优秀项目（“全民数字阅读”推广系列项目、“禾禾”系列亲子主题活动、“夕阳红 E 族”电脑培训项目）	嘉兴市文化广电新闻出版局	2014-01
2013 年度嘉兴市妇女工作最佳活动创意奖（“禾禾”青少年课外教育主题实践活动）	嘉兴市妇女联合会	2014-01
2013 年度全市文化系统创先争优五项总结活动十大文化事件	嘉兴市文化广电新闻出版局	2014-02
2014 年度开展“两会”信息服务工作优秀服务奖	浙江省文化厅	2014-07
嘉兴市干部教育培训现场教学示范基地	嘉兴市委组织部、嘉兴市委宣传部、嘉兴市委党校	2014-09
全国古籍保护工作先进单位	中华人民共和国文化部	2014-10

续表

荣誉名称	颁奖机构	颁奖时间
浙江省少年儿童绘画绘本创作大赛优秀组织奖	浙江省图书馆学会	2014-11
2014 年度嘉兴市卫生先进单位	嘉兴市爱国卫生运动委员会	2015-01
全国文化干部培训现场教学基地	浙江艺术职业学院	2015-04
第五批浙江省生态文明教育基地	浙江省环境保护厅	2015-06
2014 年全民阅读优秀组织奖	中国图书馆学会	2015-07
2015 年度开展“两会”信息服务工作优秀服务奖	浙江省文化厅	2015-07
2015 年度开展“两会”信息服务工作优秀信息产品（编辑）奖（世界互联网大会）	浙江省文化厅	2015-07
2015 年“浙江省公共图书馆读者服务技能竞赛”团体一等奖	浙江省文化厅	2015-09
“2015 年全国少年儿童阅读年”之“用声音传播经典——全国少年儿童中华经典讲读大赛”优秀组织奖	中国图书馆学会、杭州市西湖读书节组委会	2015-11
“2015 全国少年儿童阅读年”之“用声音传播经典”——全国少年儿童经典讲读大赛浙江地区优秀组织奖	浙江省图书馆学会少儿与中小学图书馆分委会、杭州市西湖读书节组委会、杭州少年儿童图书馆	2015-12
嘉兴市网上文化家园	嘉兴市互联网信息办公室	2016-02
2016 年 CNKI“畅知悦读”活动优秀参与奖	同方知网（北京）技术有限公司	2016-05
2016 年度市属文化系统先进党支部	中共嘉兴市文化广电新闻出版局委员会	2016-06
中国图书馆学会第二届全国图书馆未成年人服务论坛案例一等奖（面向读写困难症儿童的研究服务：“快乐读写直通车”学习体验营）	中国图书馆学会	2016-08
“两会”服务工作优秀单位	浙江省文化厅	2016-09
“两会”服务工作优秀信息产品（养老金改革、海绵城市建设）	浙江省文化厅	2016-09
浙江省公共图书馆全民阅读节系列活动“年度优秀组织奖”	浙江省文化厅	2016-09
全民阅读示范基地	中国图书馆学会	2016-09

续表

荣誉名称	颁奖机构	颁奖时间
2016 年嘉兴市十大“终身学习体验馆”	嘉兴市社区教育工作领导小组办公室、嘉兴市教育局	2016-09
首届“科普阅读推广优秀案例征集评选活动”二等奖（让每一位孩子成为小小科学家）	中国图书馆学会阅读推广委员会	2016-09
浙江省图书馆阅读推广案例大赛优秀奖（好书有约）	浙江省图书馆学会	2016-11
2017 年中国图书馆阅读推广类十佳内刊内报新秀奖（《味书轩》）	中国图书馆学会	2017-08
开展“两会”信息服务工作优秀服务奖	浙江省文化厅	2017-09
开展“两会”专题信息产品合作编辑优秀奖（《网约车的监督管理和健康发展》《透视移动互联网络安全问题》）	浙江省文化厅	2017-09
“出版界图书馆界全民阅读年会（2017）”全民阅读案例三等奖（《巴夭人的孩子》——小绘本，大能量）	中国图书馆学会、韬奋基金会、中国出版集团、中国书刊发行业协会、中国新华书店协会	2017-10
读者最喜爱的乡镇（街道）图书馆（嘉兴市图书馆王江泾分馆）	浙江省图书馆学会、浙江图书馆	2017-10
2017 年浙江省亲子阅读体验基地（嘉兴市图书馆少儿部——亲子悦读天地）	浙江省妇女联合会、浙江省新闻出版广电局	2017-10
浙江省阅读推广活动创意策划大赛三等奖	浙江省图书馆学会	2017-11
2011—2015 嘉兴市实施妇女儿童发展规划先进集体	嘉兴市人民政府妇女儿童工作委员会	2017-12
2017 年“浙江全民共读”数字阅读活动最佳组织奖	浙江省图书馆学会	2018-01
第一届公共图书馆创新创意征集推广活动优秀奖（嘉兴市图书馆数字众创空间服务）	中国图书馆学会	2018-03
2017 年度嘉兴市公共文化服务项目创新奖（京东快借）	嘉兴市文化广电新闻出版局	2018-03
“第一届中国图书馆史志优秀图书”评选活动三等奖（《味书轩·嘉兴图书馆简史专辑》）	中国图书馆学会学术研究委员会	2018-04
城市图书馆研究合作伙伴服务效能之星（综合服务效能之星、“读者到馆人次”单项服务效能之星、“年文献外借量”单项服务效能之星）	中国图书馆学会公共图书馆分会城市图书馆工作委员会	2018-05

续表

荣誉名称	颁奖机构	颁奖时间
首批嘉兴市重点文化创新团队	中共嘉兴市委组织部、嘉兴市文化广电新闻出版局等 8 单位	2018-07
一级图书馆	文化和旅游部	2018-08
浙江红船干部学院筹建工作突出贡献奖	中共嘉兴市委办公室、嘉兴市人民政府办公室	2018-09
2018 长三角地区阅读马拉松大赛合作赛场	上海图书馆、浙江图书馆、阅读马拉松组委会等	2018-09
2018 年浙江省“发现图书馆阅读推广特色人文空间”三等奖	浙江省图书馆学会	2018-10
华润怡宝 2018“我最喜爱的童书”阅读推广活动阅读推广贡献奖	我最喜爱的童书评选活动组委会	2018-10
2018 浙江省各级图书馆展览创意策划大赛最佳团队奖	浙江省文化和旅游厅	2018-11
2018 浙江省各级图书馆展览创意策划大赛最佳人气奖（寻找聪明的“笨小孩”）	浙江省文化和旅游厅	2018-11
2018 浙江省各级图书馆展览创意策划大赛一等奖	浙江省文化和旅游厅	2018-11
浙江省公共图书馆读者服务技能竞赛优胜奖	浙江图书馆	2018-11
2018 年度嘉兴市公共文化服务创新奖（图书馆第一课）	嘉兴市文化广电旅游局	2019-03
2018 年度全区反恐怖工作先进单位	南湖区反恐怖工作领导小组	2019-05
2013—2018 年度嘉兴市社科工作先进单位	嘉兴市社会科学界联合会	2019-05
2019 长三角阅读马拉松大赛优秀组织奖	上海图书馆、南京图书馆、浙江图书馆、安徽省图书馆	2019-05
第二届公共图书馆创新创意征集推广活动二等案例（夕阳红 E 族）	中国图书馆学会	2019-08
第二届公共图书馆创新创意征集推广活动二等案例（阅动全家）	中国图书馆学会	2019-08
第二届公共图书馆创新创意征集推广活动一等案例（图书馆“第一课”）	中国图书馆学会	2019-08
“风雨七十年·荣耀在我心——我与阅读的故事”主题征集活动优秀组织奖	浙江省图书馆学会、浙江图书馆	2019-09

续表

荣誉名称	颁奖机构	颁奖时间
华润怡宝杯 2019“我最喜爱的童书”阅读推广活动阅读推广贡献单位	我最喜爱的童书评选活动组委会	2019-10
“2019 年浙江省公共数字文化工程优秀数字阅读推广案例大赛”十佳案例（“夕阳红 E 族”信息素养培训）	浙江图书馆	2019-11
2019 年“文化行走阅读中国”活动优秀策划奖	韬奋基金会阅读组织联合会	2019-12
2019 年全国少年儿童阅读年系列活动——喜迎七十华诞讲好中国故事 2019“亲子朗读声音档案大征集”活动优秀组织奖	中国图书馆学会	2019-12
2019 年度嘉兴市公共文化服务创新奖（“夕阳红 E 族”知识服务）	嘉兴市文化广电旅游局	2020-01
2019 年度嘉兴市公共文化服务创新奖（“嘉兴故事”地方文化讲坛）	中共嘉兴市文化广电旅游局委员会	2020-01
2019 年度工作目标责任制考核优秀单位	中共嘉兴市文化广电旅游局委员会	2020-02
浙江省文化和旅游系统 2020 抗疫“三月英雄榜”先进团队	浙江省文化和旅游厅	2020-03
全国家庭亲子阅读体验基地	全国妇联家庭和儿童工作部	2020-04
2020 年“魅力声音抗击疫情，我们在行动”浙江省少儿音频征集活动优秀组织单位	浙江省图书馆学会	2020-08
2020 年浙江省“发现图书馆阅读推广特色人文空间”三等奖（红船书苑）	浙江省图书馆学会	2020-08
2019 年阅读推广优秀项目（“阅动全家・书香嘉兴”农村学龄前儿童阅读推广计划）	中国图书馆学会	2020-10
2020“我最喜爱的童书”阅读推广活动阅读推广贡献单位	“我最喜爱的童书”阅读推广活动组委会	2020-12
“2020 全国少年儿童阅读年”系列活动“魅力声音抗击疫情，我们在行动”少年儿童音频征集活动星级组织单位	中国图书馆学会	2020-12
2020 年度嘉兴市公共文化服务创新奖（嘉兴有意思——嘉兴地方文化推广与传播、青少年“尚书”经典阅读）	嘉兴市文化广电旅游局	2021-01
2020 年“方言・图书馆”创意短视频展示活动组织奖	中国图书馆学会阅读推广委员会	2021-02

续表

荣誉名称	颁奖机构	颁奖时间
2020年度浙江省社科普及创新项目（“夕阳红E族”老年人信息素养提升行动主题活动）	浙江省社会科学界联合会	2021-04
浙江省公共文化场馆服务功能拓展先行先试单位	浙江省文化和旅游厅	2021-05
浙江省第一批“满意图书馆”	浙江省文化和旅游厅	2021-05
2020年度嘉兴市优秀业余文艺团队（红船朗诵艺术团）	嘉兴市文化广电旅游局	2021-05
公益爱心单位	嘉兴市温商慈善基金会	2021-05
2019至2020年度嘉兴市直属文化广电旅游系统先进基层党组织	中共嘉兴市文化广电旅游局委员会	2021-06
2021浙江数据开放创新应用大赛（嘉兴市分赛区）一等奖（嘉兴市图书馆智慧书房）	嘉兴市政务服务和数据资源管理办公室、嘉兴市互联网信息办公室、嘉兴市经济和信息化局、嘉兴市总工会	2021-07
嘉兴市优秀文化志愿服务项目（南湖讲坛、“夕阳红E族”志愿服务项目）	嘉兴市文化广电旅游局	2021-07
2020年度嘉兴市本级优秀旅游咨询服务网点	嘉兴市文化广电旅游局	2021-08
童心向党2021“魅力声音之寻找家乡的红色印记”浙江省少年儿童音频征集活动优秀组织单位	浙江省图书馆学会	2021-08
嘉兴市教育基金会先进集体	嘉兴市教育基金会	2021-09
“领读浙江　寻路初心”建党百年主题阅读活动优秀领读项目（“穿越百年学党史　行走万里传精神”庆祝中国共产党成立100周年南湖讲坛暨红船朗诵艺术团文化走亲项目）	浙江省文化和旅游厅	2021-10
“领读浙江　寻路初心”建党百年主题阅读活动优秀领读组织	浙江省文化和旅游厅	2021-10
优秀建党百年红色主题展览（“红船起航”）	浙江省文化和旅游厅	2021-10
嘉兴市高质量发展建设共同富裕示范区的典范城市典型案例（第一批）（构建高品质的公共图书馆服务体系）	嘉兴市高质量发展建设共同富裕示范区的典范城市领导小组办公室	2021-10
2021年特色阅读空间风采展示活动之“特色主题空间”（红船书苑）	中国图书馆学会	2021-11
2021年长三角地区公共图书馆阅读马拉松大赛优秀组织奖	上海图书馆、南京图书馆、浙江图书馆、安徽省图书馆	2021-11

续表

荣誉名称	颁奖机构	颁奖时间
2020 年阅读推广示范项目（“健心客厅”——公共图书馆总分馆助力社会心理服务体系建设）	中国图书馆学会	2021-11
图书馆特色藏书建设创新案例征集活动一等奖	浙江省图书馆学会	2021-12
2021 年度浙江省文化和旅游志愿服务“四个一批”最佳志愿服务项目（嘉兴市图书馆“夕阳红 E 族”志愿服务）	浙江省文化和旅游志愿者总队	2021-12
2021“我最喜爱的童书”阅读推广活动“阅读推广贡献单位奖”	“我最喜爱的童书”阅读推广活动组委会	2021-12
2021 年度嘉兴市公共文化服务集体创新奖	嘉兴市文化广电旅游局	2022-01
2021 年度嘉兴市公共文化服务项目创新奖（自然图书馆）	嘉兴市文化广电旅游局	2022-01
2021 年度嘉兴市公共文化服务项目创新奖（“小小创客家”科普阅读推广）	嘉兴市文化广电旅游局	2022-01
2021 年度工作目标责任制考核优秀单位	中共嘉兴市文化广电旅游局委员会	2022-02
2021 年度浙江省社科普及创新项目（“穿越百年学党史　行走万里传精神”——南湖讲坛暨红船朗诵艺术团文化走亲）	浙江省社会科学界联合会	2022-07
2022“我最喜爱的童书”阅读推广活动阅读推广贡献单位奖	“我最喜爱的童书”阅读推广活动组委会	2022-12
2022 年度嘉兴市公共文化服务项目创新奖（书迹寻踪：嘉禾藏书文化传承与利用）	嘉兴市文化广电旅游局	2023-01
2017—2021 年度嘉兴基层公共文化创新成效奖（图书馆第一课）	嘉兴市文化广电旅游局	2023-01
浙江省社科普及基地评估优秀	浙江省社会科学界联合会	2023-03
2022 年图书馆员图画书讲读风采展示活动组织奖	中国图书馆学会未成年人图书馆分会	2023-03
2023 年度 IFLA 国际营销奖	IFLA（国际图书馆协会和机构联合会）	2023-04
2022 年度“三访三强三创”最佳项目服务案例《一老一少“随身听”》	中共嘉兴市委直属机关工作委员会	2023-05
浙江省图书馆学会第四届优秀图书馆服务品牌评选活动最佳品牌奖（“嘉知源”科技信息服务品牌）	浙江省图书馆学会	2023-06

第八章　历年重要媒体报道

序号	日期	标题	媒体	类别
1965 年				
1	1 月 21 日	推荐革命图书、抵制坏书流传、占领文化阵地：嘉兴县逐步形成农村革命图书网	文汇报	纸媒
1996 年				
1	7 月 6 日	崔泉森谈图书馆的现状与出路	嘉兴电视台	电视
2	9 月 6 日	秀州书局	浙江电视台	电视
3	11 月 13 日	崔泉森谈图书馆的现状与设想	嘉兴电视台	电视
1997 年				
1	1 月 2 日	图书业务管理自动化起步情况	嘉兴电视台	电视
2	1 月 9 日	业务自动化的实施情况	嘉兴日报	纸媒
1999 年				
1	6 月 22 日	嘉兴藏书家与东方借书卡介绍	嘉兴电视台	电视
2000 年				
1	2 月 13 日	秀州书局显现品牌效应	嘉兴日报	纸媒
2001 年				
1	9 月 6 日	市图书馆公开征集嘉兴地方文献	南湖晚报	纸媒
2002 年				
1	1 月 2 日	电影院人气旺　图书馆春意浓	嘉兴日报	纸媒
2	8 月 8 日	市图书馆读者人数大增	南湖晚报	纸媒
3	9 月 20 日	首届读书节	南湖晚报	纸媒
4	11 月 19 日	学习党的十六大精神	嘉兴日报	纸媒

续表

序号	日期	标题	媒体	类别
2003 年				
1	4 月 17 日	图书馆里充电忙	南湖晚报	纸媒
2	4 月 24 日	两会花絮：图书馆“搬”到住地	南湖晚报	纸媒
3	5 月 6 日	假日看书去	南湖晚报	纸媒
4	5 月 31 日	网上掀起读书热	南湖晚报	纸媒
5	7 月 17 日	秀州书局的“三人丛书”	都市快报	纸媒
6	7 月 23 日	到图书馆看书去	嘉兴日报	纸媒
7	8 月 22 日	图书馆里开办“英语角”	南湖晚报	纸媒
8	10 月 5 日	新的市图书馆月底如期开放	嘉兴日报	纸媒
2004 年				
1	12 月 13 日	写给市图书馆的百年之庆	南湖晚报	纸媒
2	12 月 6 日	热烈祝贺嘉兴市图书馆百年馆庆	嘉兴日报	纸媒
3	12 月 7 日	嘉兴市图书馆走过百年	南湖晚报	纸媒
4	12 月 7 日	嘉兴市图书馆百年庆典活动隆重举行	嘉兴日报	纸媒
2005 年				
1	2 月 19 日	禾城闹元宵节目多	南湖晚报	纸媒
2	2 月 22 日	秀水县学明伦堂	南湖晚报	纸媒
3	2 月 24 日	万人竞猜元宵灯谜	南湖晚报	纸媒
4	3 月 25 日	《檇李文系》回家了	嘉兴时报	纸媒
5	4 月 20 日	“4・23”世界读书日　市图书馆多项优惠给读者	南湖晚报	纸媒
6	5 月 20 日	“读书乐”全国摄影比赛优秀作品巡回展将来禾展出	嘉兴日报	纸媒
7	7 月 5 日	纳凉好去处　看书观画展	南湖晚报	纸媒
8	9 月 2 日	为了那一段不可忘却的历史　各界人士畅谈抗战胜利六十周年	南湖晚报	纸媒
9	9 月 6 日	黄坤明参观“俞创硕抗战图片展”	嘉兴日报	纸媒
10	10 月 24 日	巴金生平图片展明起在图书馆开展	南湖晚报	纸媒
11	11 月 29 日	“社区读书月”落幕	嘉兴日报	纸媒

续表

序号	日期	标题	媒体	类别
2006 年				
1	10 月 19 日	“共享工程”演绎“嘉兴模式”	嘉兴日报	纸媒
2	10 月 30 日	嘉兴藏书文化讲座 31 日上午举行	嘉兴日报	纸媒
2007 年				
1	6 月 27 日	小镇有了图书馆	南湖晚报	纸媒
2	8 月 2 日	“一卡”在手　看遍全市图书馆	南湖晚报	纸媒
3	8 月 6 日	图书馆发展遭遇人才“瓶颈”	南湖晚报	纸媒
4	12 月 12 日	解读公共文化服务体系之“嘉兴版”	中国文化报	纸媒
2008 年				
1	1 月 2 日	全市图书流动共享·图书馆开办到乡镇　嘉兴农民在家门口借书看	浙江日报	纸媒
2	4 月 16 日	改变城乡文化资源失衡　构建公共图书馆服务体系	人民网	网站
3	4 月 17 日	公共图书馆服务体系高层论坛举行	人民日报	纸媒
4	4 月 20 日	图书馆总分馆制“嘉兴模式”受全国关注	嘉兴日报	纸媒
5	4 月 27 日	嘉兴论坛研讨构建公共图书馆服务体系	中国文化报	纸媒
6	5 月 10 日	好雨知时节　当春乃发生	中国文化报	纸媒
7	5 月 10 日	模式与点评：解读嘉兴模式	中国文化报	纸媒
8	5 月 10 日	站在图书馆事业发展的新起点	中国文化报	纸媒
9	5 月 16 日	构建总分馆服务体系：人治与法治	新华书目报	纸媒
10	6 月 17 日	目前已有三种模式参与政府信息公开　公共图书馆渴望政府加强利用	法制日报	纸媒
11	6 月 26 日	大发展大繁荣：成浙江各界文化自觉	新华每日电讯	纸媒
12	9 月 21 日	公共图书馆的“嘉兴模式”	中国文化报	纸媒
13	10 月 7 日	我国公共文化服务体系逐年完善	人民日报	纸媒
14	10 月 16 日	一卡在手，读书就在家门口	中国妇女报	纸媒
15	10 月 16 日	公共文化服务体系覆盖全国城乡	光明日报	纸媒
16	10 月 27 日	浙江嘉兴构建城乡一体化公共图书馆服务体系	人民网	网站
17	10 月 30 日	嘉兴：公共图书馆打破城乡“篱笆墙”	新华每日电讯	纸媒
18	10 月 31 日	嘉兴市构建城乡一体化公共图书馆服务体系	光明日报	纸媒

续表

序号	日期	标题	媒体	类别
19	11月1日	打破“篱笆墙”的图书馆	中国文化报	纸媒
20	11月13日	总分馆建设创出“嘉兴模式” 村级文化阵地实现全覆盖	嘉兴在线	网站
21	11月14日	期待所有公共图书馆都打破“篱笆墙”	光明日报	纸媒
22	11月17日	公共图书馆建设创“嘉兴模式”	新民晚报	纸媒
2009年				
1	1月11日	嘉兴农民家门口借阅全市图书	浙江日报	纸媒
2	2月24日	嘉兴吧图书馆建在农门家门口	人民日报	纸媒
3	3月26日	农民看书与城里人一样方便	光明日报	纸媒
4	4月20日	建在百姓家门口的图书馆	人民日报海外版	纸媒
5	4月24日	世界读书日：借书的市民越来越多	南湖晚报	纸媒
6	4月26日	优化图书资源配置 服务百姓读书生活——记浙江省嘉兴市城乡一体化公平图书馆服务模式	经济日报	纸媒
7	5月10日	“嘉兴模式”让乡镇图书馆活起来	中国文化报	纸媒
8	5月13日	“嘉兴模式”的示范效应	中国文化报	纸媒
9	6月10日	李长春在浙江调研时强调 以改革创建为强大动力 推动社会主义发展大繁荣	人民日报	纸媒
10	6月13日	嘉兴模式值得在全国推广	嘉兴日报	纸媒
11	6月19日	在家门口就能看书借书——基本公共服务均等化行动计划让农村人享受城市待遇	今日早报	纸媒
12	6月21日	嘉兴：图书馆网络覆盖到村 百万农民家门口借书	新华网	网站
13	6月24日	浙江嘉兴：城乡共享公共图书馆服务	经济日报	纸媒
14	6月25日	嘉兴城乡共享书香	人民日报	纸媒
15	6月27日	嘉兴：图书馆网络覆盖到村 百万农民家门口借书	嘉兴日报	纸媒
16	8月5日	“善本再造”让更多读者享受古籍乐趣	南湖晚报	纸媒
17	8月21日	文化增文明 书香溢禾城	嘉兴日报	纸媒
18	9月2日	嘉兴余新书香阵阵 滋润当地群众心田	中安在线	网站
19	12月3日	嘉兴：城乡共沐文化之风	新华网	网站
20	12月11日	史念：方志长留	嘉兴日报	纸媒

续表

序号	日期	标题	媒体	类别
21	12 月 31 日	图书馆“嘉兴模式”的“蝴蝶效应”	南湖晚报	纸媒
2010 年				
1	1 月 8 日	嘉兴文化十大印象	嘉兴日报	纸媒
2	1 月 18 日	村企联动共建图书流通站	嘉兴日报	纸媒
3	1 月 29 日	嘉兴“两大原创”写进省《政府工作报告》	嘉兴日报	纸媒
4	2 月 13 日	市图书馆自制 800 张贺卡赠读者	嘉兴日报	纸媒
5	2 月 16 日	书香伴新年	嘉兴日报	纸媒
6	2 月 16 日	过个文化年　我们从阅读开始	嘉兴日报	纸媒
7	2 月 18 日	乡村图书站里品尝文化大餐	嘉兴日报	纸媒
8	2 月 28 日	市公共图书馆“上网”建设迈出第一步	嘉兴日报	纸媒
9	3 月 3 日	我市城乡精神食粮全面共享	嘉兴日报	纸媒
10	5 月 3 日	嘉兴边检站设立流动图书点	嘉兴日报	纸媒
11	6 月 3 日	全市首个网络图书专题馆开通	嘉兴日报	纸媒
12	7 月 22 日	让公共阅读服务的触角不断延伸	嘉兴日报	纸媒
13	9 月 1 日	“中韩阅读空间”	嘉兴日报	纸媒
14	9 月 2 日	90 后读书达人月览图书 109 本	嘉兴日报	纸媒
15	9 月 24 日	假日乐当“小书虫”	嘉兴日报	纸媒
16	10 月 9 日	惬意午后享受阅读之乐	嘉兴在线	网站
17	10 月 22 日	书中自有进取的力量	嘉兴在线	网站
18	12 月 27 日	每天更新 10 万条　嘉兴数字图书馆 29 日正式开通	浙江在线	网站
19	12 月 27 日	一卡在手　图书馆跟我走	南湖晚报	纸媒
20	12 月 27 日	嘉兴：打造图书“联盟馆”	杭州日报	纸媒
21	12 月 30 日	杭嘉：开通数字图书馆	浙江日报	纸媒
22	12 月 30 日	数字图书馆：所有服务免费	南湖晚报	纸媒
23	12 月 30 日	嘉兴数字图书馆昨正式开通	嘉兴日报	纸媒
24	12 月 31 日	首个城市社区图书分馆昨开张	南湖晚报	纸媒
2011 年				
1	1 月 4 日	全市启动公共文化服务体系建设制度设计研究工作	嘉兴日报	纸媒
3	2 月 8 日	“超级”小书虫	南湖晚报	纸媒

续表

序号	日期	标题	媒体	类别
4	2月21日	偏远村也能书香绕梁	嘉兴日报	纸媒
5	3月1日	南湖新区居民家门口有了图书馆	南湖晚报	纸媒
6	5月17日	第七届未成年人读书节开幕	嘉兴日报	纸媒
7	6月15日	“嘉兴的文化建设走在全国前列”	嘉兴日报	纸媒
8	7月16日	嘉兴数字图书馆开通 半年效益初显	嘉兴日报	纸媒
9	9月9日	每周5项免费文化活动 还可以上网点播节目呢	南湖晚报	纸媒
10	10月9日	文化休闲消费“全线飘红”	嘉兴日报	纸媒
11	10月28日	嘉兴百万农民有了大书房	浙江日报	纸媒
12	10月31日	三级图书网打造农村“书立方”	嘉兴日报	纸媒
13	11月12日	足不出村就能“浏览”图书馆 农村文化工作者待遇节节高	南湖晚报	纸媒
14	11月13日	博物馆图书馆要“扩容”啦	南湖晚报	纸媒
2012年				
1	1月20日	图书馆角色反串的魅力	嘉兴日报	纸媒
2	2月8日	嘉兴电力专家举办个人书画摄影作品展	浙江在线	网站
3	2月14日	执著坚持30年 黄振宇作品展吸引市民	南湖晚报	纸媒
4	2月16日	嘉兴公共图书馆服务体系“全面开花”	嘉兴日报	纸媒
5	3月9日	数字图书进南高 先进文化促发展	中国嘉兴网	网站
6	3月20日	向嘉兴老照片“致敬”	嘉兴在线	网站
7	3月31日	嘉兴市积极支持城乡一体化公共图书馆服务体系建设	财政部	网站
8	4月6日	设计师书画展 百米书法长卷抢眼球	嘉兴在线	网站
9	4月15日	杜镜宣先生老照片捐赠嘉兴市图书馆	浙江在线	网站
10	4月24日	“世界读书日”，嘉兴数字图书馆正式启动	浙江在线	网站
11	6月18日	市图书馆书籍直接送到企业“职工书屋”	嘉兴日报	纸媒
12	6月30日	把图书馆请进企业 方便又对胃口	南湖晚报	纸媒
13	7月19日	可以翻的“画展”	嘉兴在线	网站
14	8月3日	故事大王现身图书馆	南湖晚报	纸媒
15	8月11日	“荷诞日”禾城墨客研讨《鸳鸯湖棹歌》文化传承	浙江在线	网站

续表

序号	日期	标题	媒体	类别
16	9月8日	嘉兴·台湾摄影作品交流展开幕	浙江在线	网站
17	9月11日	跨越海峡——嘉兴　台湾摄影作品交流展在嘉兴举行	新华网	网站
18	12月1日	“美丽阿克苏”摄影图片展在嘉兴拉开帷幕	中国旅游新闻网	网站
19	12月9日	美丽阿克苏摄影图片展	浙江在线	网站
20	12月11日	禾城书画界昨忆前辈张振维	浙江在线	网站
21	12月11日	张振维逝世20周年座谈会举行	浙江在线	网站
22	12月30日	“行走在风景中”杨斌旅欧作品展出	南湖晚报	纸媒
2013年				
1	1月2日	全省2012年度十佳民生工程揭晓　我市城乡一体化公共图书馆服务体系上榜	嘉兴日报	纸媒
2	1月10日	快乐的“夕阳E族”	嘉兴日报	纸媒
3	1月14日	嘉兴市图书馆帮新居民购票百余张	嘉兴日报	纸媒
4	1月16日	记者在嘉兴图书馆帮农民工网购火车票	浙江日报	纸媒
5	1月17日	市图书馆帮新居民订票很给力	嘉兴日报	纸媒
6	1月21日	买票有了新去处	经济日报	纸媒
7	1月22日	图书馆辟出购票专区　帮农民工兄弟买票回家	南湖晚报	纸媒
8	2月8日	自助借还书	嘉兴日报	纸媒
9	4月6日	嘉兴公共图书馆借阅服务再升级	嘉兴日报	纸媒
10	4月6日	“对电脑的恐惧感再也没有了”	嘉兴日报	纸媒
11	5月6日	《车友部落》杂志被市图书馆收藏	南湖晚报	纸媒
12	5月8日	市区首家街道图书馆“落户”解放街道	南湖晚报	纸媒
13	5月20日	聋哑学生到市图书馆体验新技术	嘉兴日报	纸媒
14	5月29日	嘉兴城乡一体化公共图书馆服务体系示范项目通过国家验收	嘉兴日报	纸媒
15	6月12日	“小项目”带动“大体系”——第一批国家公共文化服务体系示范项目创建成果显著	中国文化报	纸媒
16	6月21日	双休日去市图书馆体验智慧旅游	南湖晚报	纸媒
17	7月3日	家门口的图书馆成市民避暑好去处	嘉兴日报	纸媒
18	7月5日	银发一族网上忙“冲浪”	南湖晚报	纸媒

续表

序号	日期	标题	媒体	类别
19	7月18日	嘉兴数字图书馆手机客户端运行	嘉兴日报	纸媒
20	7月26日	八旬老翁网上“冲浪”正当时	南湖晚报	纸媒
21	7月27日	“小候鸟”飞临图书馆	嘉兴日报	纸媒
22	7月30日	台湾大学生暑期感受嘉兴文化	南湖晚报	纸媒
23	8月2日	书中写的每一条都有他站在旁边	嘉兴日报	纸媒
24	8月12日	亲子阅读　愈热愈美	南湖晚报	纸媒
25	8月21日	各地探索公共图书馆总分馆体系建设　让城市大地满溢书香	中国文化报	纸媒
26	8月29日	我市29部古籍入选	嘉兴日报	纸媒
27	9月6日	亲子悦读天地：让小读者爱上图书馆	嘉兴日报	纸媒
28	9月11日	我市“雨润信息关爱工程”火热开展	嘉兴日报	纸媒
29	10月4日	图书馆：最热闹的是自修区和少儿区——来自修的学生说：上午9点到这里就没座位了	南湖晚报	纸媒
30	10月12日	国际盲人节：海宁籍盲人歌手谢小曼在工作人员的帮助下上台演唱	南湖晚报	纸媒
31	10月12日	2000册盲文图书　40000册数字图书——市图书馆里丰富的盲文资源让盲人“开卷有益”	南湖晚报	纸媒
32	10月30日	《岁月的记忆》昨天首发	南湖晚报	纸媒
33	11月11日	百余名图书馆界专家代表禾城“论剑”	嘉兴日报	纸媒
34	11月11日	每3.5万人就拥有一个图书馆——全国专家会聚禾城研讨公共图书馆发展走向	南湖晚报	纸媒
35	12月18日	新塍教外来务工人员网上购票	嘉兴日报	纸媒
36	12月24日	图片新闻：帮兄弟回家	嘉兴日报	纸媒
37	12月30日	买车票　垫票款　帮兄弟们回家	嘉兴日报	纸媒
38	12月31日	我市提高少儿借书数量	嘉兴日报	纸媒
2014年				
1	1月22日	我市最大一笔图书单项捐赠昨产生	嘉兴日报	纸媒
2	1月27日	嘉兴城乡一体化公共图书馆服务体系荣获十艺节项目类群星奖	嘉兴日报	纸媒
3	1月28日	2013年度“文化有约”十佳项目评选出炉	嘉兴日报	纸媒

续表

序号	日期	标题	媒体	类别
4	2 月 6 日	打通公共图书服务“神经末梢”——24 小时微型图书馆”走进百姓生活	嘉兴日报	纸媒
5	2 月 7 日	特别心理辅导	嘉兴日报	纸媒
6	2 月 14 日	嘉兴微型图书馆走进百姓生活	中国文化报	纸媒
7	2 月 15 日	快乐猜灯谜　感受传统文化魅力	南湖晚报	纸媒
8	2 月 16 日	可自助办理读者证——市图书馆再推便民举措	嘉兴日报	纸媒
9	2 月 21 日	嘉兴图书馆建到家门口	浙江日报	纸媒
10	2 月 21 日	手机“扫一扫”图书带回家——市图书馆新增电子书借阅服务	嘉兴日报	纸媒
11	2 月 24 日	一位农民借书 208 次登榜首	南湖晚报	纸媒
12	2 月 27 日	夕阳 E 族 银发“冲浪”	南湖晚报	纸媒
13	4 月 11 日	图书馆便民服务“点燃”秀洲人借书热情	钱江晚报	纸媒
14	4 月 14 日	让爱的种子在新居民孩子心中萌芽	南湖晚报	纸媒
15	4 月 18 日	今天起与好书来一场约会	嘉兴日报	纸媒
16	4 月 20 日	阅读扶持基金　助力新居民子女	南湖晚报	纸媒
17	4 月 21 日	“爱心书柜”书香溢满新居民孩子童年	南湖晚报	纸媒
18	4 月 24 日	嘉图红十字学校揭牌	嘉兴日报	纸媒
19	4 月 25 日	爱书人纷纷应征好书征集令	嘉兴日报	纸媒
20	6 月 2 日	阅读机会：由“爱心书柜”创造	南湖晚报	纸媒
21	7 月 2 日	“红色印记・伟人画展”——走进党的诞生地	嘉兴日报	纸媒
22	8 月 1 日	图片新闻：油车港沙画制作活动	中国文化报	纸媒
23	8 月 2 日	船文化里看大运河	南湖晚报	纸媒
24	8 月 2 日	“红船”旁听奶奶讲过去的故事	嘉兴日报	纸媒
25	8 月 2 日	一起来做红船模型	嘉兴日报	纸媒
26	8 月 14 日	禾锡两地文化走亲	浙江日报	纸媒
27	8 月 22 日	“文化有约”：嘉兴创新公共文化服务模式	中国文化报	纸媒
28	8 月 26 日	自助图书杀菌	嘉兴日报	纸媒
29	9 月 3 日	电子借阅机摆到百姓“家门口”	嘉兴日报	纸媒
30	11 月 25 日	“掌上图书馆”带来便捷体验服务——具备借阅信息查询、应答咨询服务、在线预约续借等多项功能	嘉兴日报	纸媒

续表

序号	日期	标题	媒体	类别
31	12月21日	文化部领导调研嘉兴公共文化服务体系建设工作	嘉兴日报	纸媒
2015年				
1	1月6日	“智慧眼”亮相图书馆	南湖晚报	纸媒
2	1月13日	吸引社会力量参与乡镇图书馆服务	南湖晚报	纸媒
3	1月19日	绘本剧展演带来欢声笑语——我市幼儿阅读服务结出特色成果	嘉兴日报	纸媒
4	1月20日	亲子悦读天地开进乡镇分馆	嘉兴日报	纸媒
5	2月27日	图书馆里的加座	南湖晚报	纸媒
6	3月30日	让星星的孩子不再孤单——我市举办世界孤独症日专题活动	嘉兴日报	纸媒
7	4月8日	“禾禾”系列少儿活动品牌显效益	嘉兴日报	纸媒
8	4月10日	嘉兴湖州交流数字图书馆建设经验	中国文化报	纸媒
9	4月14日	嘉兴市民学习中心即将开通	嘉兴日报	纸媒
10	4月23日	嘉兴首个跨省图书流通站开放	嘉兴日报	纸媒
11	4月24日	首届“书香嘉兴”读书节开幕——知名作家蔡崇达来禾助阵深度阅读	南湖晚报	纸媒
12	4月30日	供电公司设计院首次与图书馆合作	南湖晚报	纸媒
13	5月5日	《嘉兴市珍贵古籍图录》出版	南湖晚报	纸媒
14	5月26日	嘉兴着力推进公共文化服务数字化建设	嘉兴日报	纸媒
15	5月29日	嘉兴市图书馆建首个跨省流通服务站	中国文化报	纸媒
16	6月9日	《惊涛：烽火抗战中的浙江文化》主题特展走进我市	嘉兴日报	纸媒
17	6月9日	公共图书馆开到农民家门口	嘉兴日报	纸媒
18	7月3日	南湖区首家省级生态文明教育基地诞生	嘉兴日报	纸媒
19	7月7日	中小学生暑期阅读系列活动正在进行	嘉兴日报	纸媒
20	7月21日	城乡一体化公共图书馆服务体系将进一步完善	嘉兴日报	纸媒
21	7月22日	嘉兴十大创新加速公共文化服务现代化进程	中国文化报	纸媒
22	7月26日	图书馆开办“夕阳红E族” 不少老人在那学会“冲浪”	南湖晚报	纸媒
23	8月15日	嘉兴公共图书馆服务体系建设再“加码”	嘉兴日报	纸媒
24	8月18日	市图书馆暑期阅读推广活动如火如荼	嘉兴日报	纸媒

续表

序号	日期	标题	媒体	类别
25	8月19日	我市新增3个省生态文明教育基地	嘉兴日报	纸媒
26	8月30日	千余幅珍贵影像全方位展示嘉兴抗战历史	嘉兴日报	纸媒
27	8月31日	在稀有图片中看嘉兴抗战史	南湖晚报	纸媒
28	9月1日	《稀见嘉兴抗战旧影集》出版	南湖晚报	纸媒
29	9月17日	24小时自助图书馆陆续亮相	南湖晚报	纸媒
30	9月19日	创新示范　交流共享——国家公共文化服务体系示范区创建华东片经验交流活动举行	嘉兴日报	纸媒
31	9月23日	结合特点创建　防止千区一面	中国文化报	纸媒
32	9月29日	市图书馆引入两大英语学习平台——免费使用让市民轻松掌握新技能	嘉兴日报	纸媒
33	10月2日	市本级举行首届乡镇中学英语口说比赛	南湖晚报	纸媒
34	10月29日	嘉兴的汽车图书馆要开起来啦	南湖晚报	纸媒
35	11月27日	本土图书精品送进基层图书馆	嘉兴日报	纸媒
36	12月13日	嘉兴发布公共图书馆分布地图——打造属于禾城市民的“文化标尺”	嘉兴日报	纸媒
37	12月24日	全新的嘉兴市图书馆新塍分馆开馆	嘉兴日报	纸媒
38	12月28日	9个项目个个“时髦”又惠民	嘉兴日报	纸媒
39	12月28日	汽车图书馆名叫“阅路”棒棒哒	南湖晚报	纸媒
2016年				
1	1月9日	文化部专家高度肯定嘉兴创新亮点	南湖晚报	纸媒
2	2月4日	市图书馆推出2016春节系列活动——让广大读者“阅”享新春	嘉兴日报	纸媒
3	3月11日	社区诗社书法作品展开进嘉兴图书馆	嘉兴日报	纸媒
4	3月17日	“汽车图书馆”开到家门口	嘉兴日报	纸媒
5	3月18日	汽车图书馆开进福利院	南湖晚报	纸媒
6	3月20日	社区老人玩出精彩“智能生活”	南湖晚报	纸媒
7	3月24日	“指尖上”的两会专题服务	嘉兴日报	纸媒
8	4月1日	市图书馆新塍分馆开启“夜间模式”	嘉兴日报	纸媒
9	4月10日	老有所学　与时俱进	南湖晚报	纸媒
10	4月11日	汽车“流动图书馆”开进新居民子女学校	嘉兴日报	纸媒

续表

序号	日期	标题	媒体	类别
11	4月12日	市图书馆“妈妈讲故事”公益课堂开课啦	南湖晚报	纸媒
12	4月14日	让文化阳光遍洒城乡	嘉兴日报	纸媒
13	4月15日	世界读书日，和李辉共度图书馆之夜吧	嘉兴日报	纸媒
14	4月16日	我市公共文化服务体系建设接受实地检查验收	嘉兴日报	纸媒
15	4月18日	“4·23世界读书日”我市30余项读书活动陆续启动	嘉兴日报	纸媒
16	4月18日	“所有指标全面达标，许多指标非常优秀”	南湖晚报	纸媒
17	4月22日	阅读，让更多人相遇	南湖晚报	纸媒
18	5月13日	城乡一体惠民生——公共服务强起来	浙江日报	纸媒
19	5月16日	鸟老师“飞”来嘉兴讲故事	南湖晚报	纸媒
20	5月16日	“爱+专业”，让特殊孩子绽放光彩——嘉兴特殊教育学校技能作品展示侧记	南湖晚报	纸媒
21	5月24日	一本图书的城乡“旅程”	嘉兴日报	纸媒
22	7月1日	小学生图书馆里学新知	南湖晚报	纸媒
23	7月5日	嘉兴移动图书馆“两学一做”专题上线	嘉兴日报	纸媒
24	7月28日	“便民服务纳凉之夜”亮点多　汽车图书馆开到现场来助力	南湖晚报	纸媒
25	10月4日	国庆长假成亲子时光分行　家门口的文化场馆人气旺	南湖晚报	纸媒
26	12月13日	耄耋老人向市图书馆捐赠1111册古籍和617件字画	南湖晚报	纸媒
2017年				
1	1月12日	“馆校合作”让孩子们更亲近“城市大书房”	南湖晚报	纸媒
2	2月8日	开进乡镇社区　提供借阅服务	中国质量报	数字报
3	2月10日	过个文化元宵节	南湖晚报	纸媒
4	2月17日	“好书有约”年度活动特邀嘉宾：鲁引弓	嘉兴日报	纸媒
5	2月23日	公共文化服务“嘉兴模式”示范作用凸显	嘉兴日报	纸媒
6	2月24日	助推人、书、资源顺畅流动	中国文化报	纸媒
7	2月24日	东部领先，全国示范“嘉兴模式”创新不停步	南湖晚报	纸媒
8	3月27日	走近图书馆　体验志愿服务	嘉兴日报	纸媒
9	3月27日	全民阅读网络“读具匠心”	嘉兴日报	纸媒

续表

序号	日期	标题	媒体	类别
10	4月24日	“跑”一场阅读马拉松	南湖晚报	纸媒
11	4月29日	这样的朗读，最入心	南湖晚报	纸媒
12	5月6日	嘉兴市图书馆搭建数字众创空间平台	南湖晚报	纸媒
13	5月7日	市图书馆启用“数字众创空间”	嘉兴日报	纸媒
14	5月9日	线上线下创业模式融合　协同化知识服务促进创业全面升级	人民网	网站
15	5月11日	嘉兴市图书馆打造数字众创空间	中国文化报	纸媒
16	6月13日	嘉兴创业孵化平台再添新军　图书馆科技分馆提供精准服务	南湖晚报	纸媒
17	7月4日	洪合镇图书分馆举办国内外最新流行设计文献图片展	嘉兴日报	纸媒
18	7月31日	城乡一体化发展的嘉兴样本解析	光明网	网站
19	9月15日	情牵沪嘉，那些潜心学问的人文社科学者	嘉兴日报	纸媒
20	9月19日	用“标准”引领新型城镇化建设　嘉兴这些举措很暖心	浙江在线	网站
21	9月25日	市民与文化服务产品供给方“面对面”	南湖晚报	纸媒
22	9月28日	嘉兴市侨界美术作品展开幕	南湖晚报	纸媒
23	9月30日	实现3万人每馆！一项推向全国的“嘉兴经验”	嘉兴日报	纸媒
24	10月13日	叶瑜荪《漫话丰子恺》读者分享会	嘉兴日报	纸媒
25	10月20日	多所学校“牵手”市图书馆开启深度合作	嘉兴日报	纸媒
26	11月15日	嘉兴汽车图书馆：流动的书香风景线	图书馆报	纸媒
27	11月30日	小说《红船》“驶”回南湖畔	浙江在线	纸媒
28	12月16日	图书馆第一课走进校园	嘉兴日报	纸媒
29	12月21日	来看看！市图书馆举办全市首家社区书画展	嘉兴日报	纸媒
30	12月25日	童真烂漫是余新	嘉兴日报	纸媒
31	12月27日	浙江嘉兴：让孩子们上好“图书馆第一课”	中国文化报	数字报
2018年				
1	1月3日	站在新起点推进图书馆事业新发展——各地积极学习宣传贯彻落实公共图书馆法	中国文化报	纸媒

续表

序号	日期	标题	媒体	类别
2	1月4日	水彩再现——2018嘉兴国际水彩艺术交流展开幕	南湖晚报	纸媒
3	2月14日	《嘉兴塔韵》告诉你那些塔寺的故事	南湖晚报	纸媒
4	3月3日	市图书馆“喜阅元宵”活动传统又时尚	南湖晚报	纸媒
5	3月17日	“读吧·嘉兴”春季诵读分享会传递家国情怀	南湖晚报	纸媒
6	3月29日	太厉害了！嘉兴12岁男孩在市图书馆开个人画展	大浙网	网站
7	4月11日	全区首个集传统借阅与24小时自助服务于一体的图书馆试开馆	浙江在线	网站
8	4月23日	嘉兴“阅读马拉松”热力角逐	浙江在线	网站
9	4月23日	“萤火虫亲子共读”嘉兴预备站成立	嘉兴日报	纸媒
10	4月23日	让阅读之风吹遍城乡每个角落	浙江在线	网站
11	4月29日	这位设计师很“恋嘉”　70岁“回家”办展览	南湖晚报	纸媒
12	5月7日	用朗读致敬终将逝去的青春	南湖晚报	纸媒
13	5月11日	嘉兴吴越艺术第二届画展	嘉兴日报	纸媒
14	5月29日	孩子们最喜爱的是哪本书	南湖晚报	纸媒
15	6月14日	多探索一些“第三空间”的智慧服务	嘉兴日报	纸媒
16	6月18日	青海贯彻图书馆法　培训班在浙江举办	中国文化报	数字版
17	6月21日	王江泾镇开启文化旅游融合发展新篇章	嘉兴日报	纸媒
18	6月24日	关于朱联保回忆录中有关朱生豪的史料	南湖晚报	纸媒
19	6月24日	秀洲区王江泾镇开启文化旅游融合发展新篇章	浙江在线	网站
20	7月10日	我市多措并举　打造戒毒矫治科学模式	嘉兴日报	纸媒
21	7月11日	全省公共文化负责人“南湖论剑”　再创浙江公共文化新辉煌	浙江在线	网站
22	7月26日	“智慧图书馆”是什么	浙江在线	网站
23	7月26日	涵养书香嘉兴离不开“阅读推广人”	嘉兴日报	纸媒
24	7月27日	王江泾镇分馆开展“图书馆第一课”衍生活动	图书馆报	纸媒
25	7月27日	李采姣花鸟作品展开幕	钱江晚报	纸媒
26	7月31日	小小“工程师”编程显身手	南湖晚报	纸媒
27	8月22日	走亲＋送亲　搭建阅读推广新平台	南湖晚报	纸媒
28	8月28日	嘉兴：城乡图书借阅“一卡通”	浙江老年报	纸媒

续表

序号	日期	标题	媒体	类别
29	8月28日	图书馆里的“红色课堂”	南湖晚报	纸媒
30	8月30日	谈金山与嘉兴历史上的亲缘关系	嘉兴日报	纸媒
31	9月4日	图书馆　焕新颜	嘉兴日报	纸媒
32	9月18日	一场比拼阅读能力的头脑风暴	南湖晚报	纸媒
33	10月14日	沪嘉两地　笔墨传情	嘉兴日报	纸媒
34	10月19日	引领少年学生走进AI时代	图书馆报	纸媒
35	10月26日	“世界城市博物馆·嘉兴书房”获首批地方文献	图书馆报	纸媒
36	10月31日	金庸逝世享年94岁　家乡人民深切缅怀	人民网	网站
37	11月6日	浦东、嘉兴、太仓三地政协书画联展开展	嘉兴日报	纸媒
38	11月9日	图书馆“开到”社区里	嘉兴日报	纸媒
39	11月14日	“嘉兴·南昌·延安书画交流展”收官展在禾举行	嘉兴日报	纸媒
40	11月16日	秀洲区智慧书房建设与阅读服务推广工作掠影	嘉兴日报	纸媒
41	11月19日	不一般！嘉兴这个城市书房在杭州正式启用	浙江在线	网站
42	11月29日	打造“悦秀洲”品牌　丰富群众文艺活动——“红船领航·悦读秀洲”成果展示会举行	嘉兴日报	纸媒
43	12月4日	阅动全家·书香嘉兴　嘉兴启动阅读推广活动	人民网	网站
44	12月13日	稀奇！市图书馆来了位会“看相”的新“馆员”	南湖晚报	纸媒
45	12月14日	嘉兴智慧（城市）书房：打通阅读的“最后一公里”	嘉兴日报	纸媒
46	12月20日	嘉兴地域文化漫谈	嘉兴日报	纸媒
47	12月28日	数字阅读“听见”精彩的世界	嘉兴日报	纸媒
2019年				
1	1月1日	我市“盲人数字阅读推广工程”正式启动	嘉兴政府网	网站
2	1月3日	嘉兴成功创建国家公共文化服务体系示范区	南湖晚报	纸媒
3	1月4日	阅读活动来串门　地方文化来走亲——记嘉兴市图书馆“爱上图书馆”阅读活动	图书馆报	纸媒
4	1月5日	连续八年“帮兄弟回家”	南湖晚报	纸媒
5	1月7日	馆校合作涵养书香校园　“图书馆第一课”开讲	浙江在线	网站
6	1月9日	八旬专家捐“心血葡萄”	嘉兴日报	纸媒
7	1月9日	智慧书房“现身”街道	嘉兴日报	纸媒

续表

序号	日期	标题	媒体	类别
8	1月13日	体验雕版印刷术	嘉兴日报	纸媒
9	1月27日	书香醉人！嘉兴首个村级智慧书房开馆	浙江新闻	app
10	1月27日	嘉兴市首个村级智慧书房开馆刷脸就能进去借书	浙江在线	网站
11	1月31日	嘉兴市图书馆洪合镇风桥村分馆开馆	嘉兴日报	纸媒
12	2月1日	《走进图书馆综合实践活动课程》首发式举行	嘉兴日报	纸媒
13	2月2日	软萌“小超”上岗	南湖晚报	纸媒
14	2月11日	嘉兴秀洲智慧书房市民读书气氛浓	嘉兴日报	纸媒
15	2月12日	南湖区“馆校合作活动”丰富多彩	嘉兴日报	纸媒
16	2月22日	嘉兴市图书馆40年来成就喜人	图书馆报	纸媒
17	3月2日	父母是孩子的第一位“领读人”	南湖晚报	纸媒
18	3月15日	听崔泉森说嘉兴建城始末	嘉兴日报	纸媒
19	3月20日	开展阅读推广活动　让亲子阅读深入千家万户	嘉兴日报	纸媒
20	3月29日	“阅动全家·书香嘉兴”走入嘉兴古塘村	图书馆报	纸媒
21	4月8日	戴上VR眼镜，你也可以坐在热气球里环游嘉兴	南湖晚报	纸媒
22	4月12日	《许瑶光诗文注评集》首发座谈在嘉举行	浙江新闻	app
23	4月19日	嘉图数字资源走进嘉兴南洋职业技术学院	嘉兴在线	网站
24	4月19日	市图书馆为七星养老院举办智能手机培训	嘉兴在线	网站
25	4月22日	嘉兴市图书馆举行经典阅读读书会	浙江新闻	app
26	4月24日	2019嘉兴亲子阅读节在南湖区火热启幕	嘉兴日报	纸媒
27	4月29日	洪合镇全力提升公共文化服务水平	嘉兴日报	纸媒
28	4月30日	4·23世界读书日，嘉兴市图书馆活动精彩纷呈	嘉兴在线	网站
29	5月16日	嘉兴市图书馆首届理事会成立	人民网	网站
30	5月19日	全省未成年人家风少年说大赛决赛嘉兴开赛	浙江新闻	纸媒
31	5月24日	嘉兴市图书馆：玩具服务聚焦未成年人阅读推广	图书馆报	纸媒
32	5月24日	从嘉兴流浪去上海的小三毛	嘉兴日报	纸媒
33	5月26日	长三角读者踏上马拉松之旅	浙江新闻	app
34	6月2日	全国首部“红船精神”实践报告文学南湖“出发”	嘉兴日报	纸媒
35	6月24日	全国专家关注嘉兴阅读推广项目	浙江新闻	app

续表

序号	日期	标题	媒体	类别
36	6月28日	聚焦农村亲子阅读　打破城乡阅读失衡　阅动全家·书香嘉兴阅读推广项目亮点纷呈	图书馆报	纸媒
37	6月28日	嘉兴市图书馆阅动全家·书香嘉兴阅读推广项目中期专家论证会召开	图书馆报	纸媒
38	6月28日	七星街道图书馆新址试运行	嘉兴日报	纸媒
39	7月2日	区域图书馆新馆试开馆	嘉兴日报	纸媒
40	7月2日	你愿意为阿坝州的孩子们捐一本书吗——嘉兴市图书馆总分馆皆可办理捐赠	南湖晚报	纸媒
41	7月15日	图片新闻:“阅动全家”项目在洪合凤桥村举办活动	中国文化报	纸媒
42	7月16日	“时代画卷中国梦”主题展览走进嘉兴	嘉兴日报	纸媒
43	8月3日	用嘉兴方言留住城市记忆	南湖晚报	纸媒
44	8月7日	嘉兴建设街道开设方言课堂　传承“老底子”	人民网	网站
45	8月8日	在智慧书房读懂城市的文化气质	南湖晚报	纸媒
46	8月12日	一路书香，一路成长	中国文化报	纸媒
47	8月16日	走向全国的公共图书馆建设“嘉兴模式”	嘉兴日报	纸媒
48	8月19日	机器人在图书馆翩翩起舞　这个比赛将推广到农村	南湖晚报	纸媒
49	8月23日	山海相连·千里情牵	嘉兴日报	纸媒
50	9月2日	两座”嘉图”以书为媒　沪浙两地携手开展红色经典阅读活动	新民网	网站
51	9月10日	上海杨浦－嘉兴南湖两地摄影展昨开幕	嘉兴日报	纸媒
52	9月12日	“图书馆第一课”　给孩子上好阅读的第一课	南湖晚报	纸媒
53	9月30日	湘家荡区域（七星街道）公共文化服务体系建设再结硕果	嘉兴日报	纸媒
54	10月3日	尚书经典阅读读书会开讲啦	南湖晚报	纸媒
55	10月11日	王店圆筒粮仓群旁有一家“网红”图书馆	嘉兴日报	纸媒
56	10月23日	张泉灵来了，和你一起探讨学习力	南湖晚报	纸媒
57	10月27日	文化大咖走进嘉兴开展专题讲座	浙江新闻	app
58	11月1日	唱响《鸳鸯湖棹歌》，让古籍活起来——朱彝尊棹歌音乐性探索和再创作故事	嘉兴日报	纸媒
59	11月8日	“我最喜爱的童书”评选出炉，嘉兴成绩斐然	浙江新闻	app
60	11月15日	打通公共阅读的“最后一公里”	嘉兴日报	纸媒

续表

序号	日期	标题	媒体	类别
61	11月20日	大运河与嘉兴文化性格	解放日报	纸媒
62	12月2日	弘扬运河文化・传承棹歌之美	人民网	网站
63	12月2日	弘扬运河文化・传承棹歌之美——大运河阅读接力嘉兴圆满收官	人民日报海外版	纸媒
64	12月26日	“乡国情怀——张天方先生文物史料展”开展	人民网	网站
65	12月27日	嘉兴南湖全区首个独立式智慧书房正式开放	人民网	网站
66	12月27日	和故宫博物院、华为同上一个榜单　嘉兴市图书馆是怎样做到的	南湖晚报	纸媒
67	12月30日	契合地区实际　瞄准重点难题　采取有效措施——嘉兴市图书馆探索法人治理结构观察	中国文化报	纸媒
68	12月31日	“嘉图”十二小时	嘉兴日报	纸媒
2020年				
1	1月1日	骄傲！罗振宇跨年演讲第一个例子讲的就是嘉兴市图书馆	嘉兴在线	网站
2	1月10日	好的模式助力　嘉兴图书馆一年5000场活动很轻松	浙江新闻	app
3	1月16日	嘉兴图书馆办成“连锁店”	人民日报	纸媒
4	1月17日	以新发展理念引领高质量发展　实施乡村振兴战略　城乡融合发展提速	央视4套－中国新闻	电视
5	1月17日	走进浙江省嘉兴市图书馆：一年5000场活动内涵丰富	新华网	网站
6	1月17日	一年5000场服务读者的文化活动，一个市级图书馆是如何做到的	新华每日电讯－草地副刊	纸媒
7	1月20日	网红图书馆为什么这样红	浙江日报	纸媒
8	1月20日	一年举办5000场活动！嘉兴市图书馆“走红”的背后	浙江在线	网站
9	1月21日	嘉兴市图书馆：一年5000场活动内涵丰富	央广网	网站
10	2月5日	在防疫阻击战中彰显嘉兴文化力量	嘉兴在线	网站
11	2月14日	浙江嘉兴市图书馆线上服务受欢迎	人民日报海外版	纸媒
12	2月20日	全民战“疫”，图书馆人不仅线上办公，还参与到了防疫前线	嘉兴在线	网站
13	3月3日	看书啦！阅读马拉松线上快闪赛来了，和全国书友一起看书	嘉兴在线	网站

续表

序号	日期	标题	媒体	类别
14	3月27日	图书馆恢复开放首日，读者憋了一肚子“书卷气”	南湖晚报	纸媒
15	3月28日	消毒杀菌　书香迎客	嘉兴日报	纸媒
16	4月2日	嘉兴市图书馆“星光彩虹”特殊儿童阅读体验营在继续	嘉兴在线	网站
17	4月8日	图书馆　新添杀菌机	嘉兴日报	纸媒
18	4月21日	迎接4·23世界读书日　浙江开启云读模式	浙江新闻	app
19	4月23日	原来图书馆可以离读者这么近——浙江省嘉兴市图书馆创新服务推动全民阅读的启示	光明日报	纸媒
20	4月24日	书香满城！你因为图书馆爱上嘉兴这座城了吗	浙江新闻	app
21	4月24日	世界读书日“踏云而来”　满满的阅读活动贯穿全年	南湖晚报	纸媒
22	4月24日	年度最佳科普活动集体亮相——30个浙江省社科普及创新示范推介项目，你最爱哪个	钱江晚报	纸媒
23	4月26日	市图书馆亲子悦读天地榜上有名	嘉兴日报	纸媒
24	5月2日	主持南湖讲坛　罗振宇和嘉兴市民云端见面——捐赠10000小时知识讲座，原来是受嘉兴市图书馆启发	南湖晚报	纸媒
25	5月6日	图书馆全面恢复开放　需要实名预约	嘉兴在线	网站
26	5月8日	浙江省嘉兴市财政：支持图书馆打破藩篱　贴近读者服务群众	财政部	网站
27	5月13日	500多件海报讲述万众一心“抗疫”故事	嘉兴日报	纸媒
28	5月21日	定格最美逆行——嘉兴援鄂“白衣战士”手机里的好照片	嘉兴在线	网站
29	6月1日	“全嘉阅读”，让亲子陪伴更幸福	南湖晚报	纸媒
30	6月8日	嘉兴：挑大梁的图书馆（一城一品）	人民日报	纸媒
31	6月16日	这个新晋黄金CP为全国老年人带来福利	南湖晚报	纸媒
32	7月4日	南湖区新丰镇竹林村文化礼堂　用文化擦亮农村秀美底色	嘉兴日报	纸媒
33	7月9日	一展阅尽20年变迁——南湖区按实运作20周年成就展正在展出	南湖晚报	纸媒
34	7月10日	红船朗诵艺术团　招募成员啦	南湖晚报	纸媒
35	7月11日	满满幸福感！南湖区城乡居民乐享家门口“文化大餐”	浙江新闻	app

续表

序号	日期	标题	媒体	类别
36	7月12日	馆校合作！“图书馆第一课”走进嘉兴市运河实验学校	浙江新闻	app
37	7月23日	家门口的“智慧书屋”让生活更美好	南湖晚报	纸媒
38	7月27日	市图书馆暑假人气旺，这些好书推荐给你	南湖晚报	纸媒
39	7月29日	线上线下　圆你阅读梦	嘉兴日报	纸媒
40	8月4日	智能时代，别让老人寸步难行	人民网	网站
41	8月6日	嘉兴市图书馆：书香乐童心温暖一座城	央视3套－文化十分	电视
42	8月7日	这个暑假不一样，不负韶华好读书	央视1套－晚间新闻	电视
43	8月10日	阅动全家书香嘉兴！嘉兴亲子阅读活动走进礼堂书屋	浙江新闻	app
44	8月17日	“图书馆给了我一种文化的信仰”	南湖晚报	纸媒
45	8月17日	“恐龙”来了	嘉兴日报	纸媒
46	8月24日	红船朗诵艺术团成立啦——嘉兴市民和朗诵大咖零距离交流	南湖晚报	纸媒
47	8月29日	“图书馆第一课”首次走进初中课堂——开启学生深度阅读之旅	南湖晚报	纸媒
48	9月9日	“智慧”化打通公共文化服务“最后一公里”	嘉兴日报	纸媒
49	9月9日	弘扬新时代嘉兴人文精神　嘉兴隆重推出这两本书	浙江日报	纸媒
50	9月9日	《勤善和美嘉兴人》《勇猛精进嘉兴人》编撰首发记	嘉兴日报	纸媒
51	9月14日	阅读马拉松又“开跑”啦——50个人在6小时里看完一本新书	南湖晚报	纸媒
52	9月15日	长三角阅读马拉松大赛重磅来袭！嘉兴赛区圆满完赛	浙江新闻	app
53	9月17日	十年携手情系都兰：红船精神扎根雪域高原	嘉兴日报	纸媒
54	9月27日	大孩子讲给小孩子听！嘉兴红色故事宣讲活动落幕	浙江新闻	app
55	9月28日	经开区运河公园智慧书房　正式启用　我市首个2.0版本智慧书房建成	嘉兴日报	纸媒
56	10月6日	城与乡共享幸福生活	浙江日报	纸媒
57	10月9日	纪念巴金逝世15周年　巴金与友朋手札展回“嘉”	嘉兴日报	纸媒

续表

序号	日期	标题	媒体	类别
58	10月11日	5年出版300册！嘉兴为这个重磅文化项目举行发布会	浙江新闻	app
59	10月11日	《嘉兴文献丛书》编纂出版项目发布会举行	嘉兴日报	纸媒
60	10月12日	《百名摄影师聚焦脱贫攻坚》图片全国巡展在浙江省嘉兴市图书馆举行	中国日报中文网	网站
61	10月15日	让视障人士身临其境“看”电影 南湖区百名盲人 共享“电影大餐”	嘉兴日报	纸媒
62	10月17日	“闹中取静”的嘉城书屋开张了——打造引人注目的城市文化风景，点亮城市的阅读之灯	南湖晚报	纸媒
63	10月21日	跟巴老再回“嘉”巴金与友朋往来手札展在巴金祖籍地嘉兴举办	解放日报	纸媒
64	10月22日	本土乡贤向高照街道　图书分馆捐赠图书	嘉兴日报	纸媒
65	10月23日	数字化时代嘉兴不让老人成“局外人”	浙江日报	纸媒
66	10月24日	这里有场属于老年人的电脑比赛	南湖晚报	纸媒
67	10月27日	优秀摄影图片展拉开嘉兴沙雅文化走亲活动序幕	中国日报中文网	网站
68	11月3日	嘉兴：城乡融合　绘就百姓美好生活新图景	人民网	网站
69	11月9日	新嘉街道智慧书房搬新家啦	嘉兴在线	网站
70	11月22日	心理服务正逐渐嵌入嘉兴人的生活	南湖晚报	纸媒
71	11月25日	幽幽嘉禾　脉脉书香：嘉兴市图书馆提升公共文化服务纪事	中国文化报	纸媒
72	11月25日	嘉兴市图书馆百年大事记	中国文化报	纸媒
73	11月28日	陪伴嘉兴人6年的“网红”图书馆，今天要给你大惊喜	嘉兴在线	网站
74	11月28日	百年嘉图一脉书香	嘉兴日报	纸媒
75	11月29日	嘉兴市图书馆二期正式启用	嘉兴日报	纸媒
76	11月30日	办人民满意的图书馆 ——写在嘉兴市图书馆二期全新开放之际	嘉兴日报	纸媒
77	11月30日	嘉兴市图书馆惊艳蝶变　以书为支点开启阅读服务新时代	南湖晚报	纸媒
78	11月30日	读者“尝鲜”市图书馆二期新馆	南湖晚报	纸媒
79	11月30日	颜值爆表科技感十足！嘉兴市图书馆二期开馆启用	浙江在线	网站

续表

序号	日期	标题	媒体	类别
80	12 月 5 日	感恩长三角　女子书画潮——第二届长三角好书画作品展暨颁奖典礼	中国美术报	纸媒
81	12 月 7 日	图书馆为小镇孩子打开新世界	南湖晚报	纸媒
82	12 月 14 日	嘉兴基本公共服务均等化实现度达到 97.4%	人民网	网站
83	12 月 14 日	“人民群众满意是我们最大的幸福”记沈红梅和她的嘉兴市图书馆团队	嘉兴日报	纸媒
84	12 月 14 日	“智慧书房”开启经开区全民阅读新模式	嘉兴日报	纸媒
85	12 月 15 日	百年嘉图　一脉书香	联谊报	纸媒
86	12 月 15 日	沈红梅（最美文旅人）	浙江日报	纸媒
87	12 月 16 日	闪耀全国的“嘉兴模式”这样炼成	南湖晚报	纸媒
88	12 月 17 日	一年 5000 多场活动这样办下来	南湖晚报	纸媒
89	12 月 18 日	百年”嘉图团队”这样走心创新	南湖晚报	纸媒
90	12 月 19 日	南湖碧波润沙雅　文化走亲再出发	浙江日报	纸媒
91	12 月 25 日	没有走在前列也是一种风险 ——二论嘉兴市图书馆团队何以成为“唯实惟先、善作善成”的典范	嘉兴日报	纸媒
92	12 月 25 日	嘉兴社会心理服务体系建设成果发布	南湖晚报	纸媒
93	12 月 25 日	在琴弦上飞舞的蝴蝶来到嘉兴——创作者之一陈钢现场弹奏《梁祝》	南湖晚报	纸媒
94	12 月 29 日	开启国家公共文化服务体系示范区“后创建时期”新征程	中国文化报	纸媒
2021 年				
1	1 月 2 日	用朗诵演绎百年华章——红船朗诵艺术团庆祝党百年主题诗会举行，音画诗《我是一艘船》正式发布	南湖晚报	纸媒
2	1 月 11 日	探索通往幸福的“健心之路” 社会心理服务体系建设的嘉兴实践	光明日报	纸媒
3	1 月 20 日	嘉兴市图书馆举办《槜李诗文合集》新书发布会	嘉兴日报	纸媒
4	1 月 28 日	它蕴含城市千年文脉	人民日报	纸媒
5	1 月 30 日	扫地诗人：一缕阳光留心田	浙江日报	纸媒
6	2 月 24 日	红船自此扬帆起（上）	央视 4 套 - 记住乡愁	电视

续表

序号	日期	标题	媒体	类别
7	2月24日	创新服务助老跨越数字鸿沟	央视13套-朝闻天下	电视
8	2月24日	走进图书馆，上好第一课——“图书馆第一课”再升级，在实践中激发孩子的阅读兴趣	南湖晚报	纸媒
9	2月26日	图书馆里喜“阅”元宵	读嘉	app
10	3月8日	新丰镇公共图书馆遍地开花　各具特色欢迎来“打卡”	嘉兴日报	纸媒
11	3月10日	建行嘉兴分行　与嘉兴市图书馆合作开展老年金融课堂	嘉兴日报	纸媒
12	3月26日	都兰有了“智慧书房”	嘉兴日报	纸媒
13	3月31日	普及健康知识！嘉兴市图书馆举办杏林课堂活动	浙江新闻	app
14	4月1日	市图书馆：创新数字资源服务　打通服务群众“最后一公里”	嘉兴新闻	电视
15	4月9日	世界读书日寻锦鲤，嘉图全年最大赠书活动	读嘉	app
16	4月10日	以101本摄影书来凝视中国	南湖晚报	纸媒
17	4月12日	季慧婷：让“家门口的图书馆”成为文化惠民主阵地	嘉兴日报	纸媒
18	4月12日	嘉兴市图书馆大桥镇分馆暨智慧书房正式启用，颜值爆表科技感十足	人民网	网站
19	4月16日	都兰捐书都兰活动还在进行中	嘉兴日报	纸媒
20	4月20日	富润路上两个新晋网红打卡地　你可去过？	南湖晚报	纸媒
21	4月23日	书香嘉兴　阅读蔚然成风——“追寻光辉足迹”主题阅读活动嘉兴首站暨浙江省全民阅读节启动	南湖晚报	纸媒
22	4月25日	文化行走　阅读嘉兴	央视频直播	新媒体
23	4月29日	穿越百年，红船旁的讲座来到武汉	南湖晚报	纸媒
24	5月5日	Un réseau de bibliothèques pour amener la culture dans les campagnes	CNTG	电视
25	5月9日	最是书香能致远，捐本好书送都兰——嘉兴市民和爱心单位捐赠图书3066册	学习强国	app
26	5月14日	浙江嘉兴“红船精神”处处可见	人民日报海外版	纸媒

续表

序号	日期	标题	媒体	类别
27	5 月 16 日	9 位欧美企业家走进嘉兴市图书馆，不约而同说了这句话	读嘉	app
28	5 月 18 日	5 位湖北籍“一大”代表的人生犹如教科书	长江日报	纸媒
29	5 月 20 日	“红船精神”激荡美丽嘉兴	中国文化报	纸媒
30	5 月 20 日	“全民健心”托起“幸福嘉兴”——我市设立全国首个健心日	南湖晚报	纸媒
31	5 月 25 日	社会心理服务体系建设有了全新载体	南湖晚报	纸媒
32	5 月 27 日	全市社会心理服务技能大比武落幕	嘉兴日报	纸媒
33	6 月 14 日	阅读星火点燃各地，嘉兴文化走亲来到石家庄	嘉兴在线	网站
34	6 月 18 日	夕阳红 E 族	小新说事	电视
35	6 月 23 日	馆校共建新模式！嘉兴经开区茶园小学智慧书房开馆	浙江新闻	app
36	6 月 28 日	用阅读表达平凡人的初心——市图书馆推出“红航领航・初心阅读”红色经典图书荐读活动	南湖晚报	纸媒
37	7 月 5 日	嘉兴市图书馆表情包“嘉小图”亮相——创新助力书香城市建设	嘉兴日报	纸媒
38	7 月 6 日	嘉兴市图书馆洪合镇分馆改造后投入运行	嘉兴日报	纸媒
39	7 月 11 日	软萌可爱！嘉兴市图书馆表情包“嘉小图”正式发布	浙江在线	网站
40	7 月 14 日	浙江嘉兴：摄影作品展示劳动美	光明日报	纸媒
41	7 月 14 日	便民服务丨智慧书房！嘉兴市图书馆洪合镇分馆焕然一新	学习强国	app
42	7 月 23 日	2021 浙江数据开放创新应用大赛嘉兴市分赛区 10 强出炉	嘉兴日报	纸媒
43	7 月 30 日	匈牙利总领事一行访问嘉兴市图书馆	浙里阅	公众号
44	8 月 6 日	阅读星火燎原！嘉兴市图书馆携手上海图书馆　牵头举办红色阅读系列活动	浙里阅	公众号
45	8 月 11 日	健心客厅　温暖亲子阅读	读嘉	app
46	8 月 12 日	“健心听读本”创意来袭，首发款式你来定	禾点点	app
47	8 月 15 日	嘉兴：城乡统筹共同富裕	央视 1 套 – 焦点访谈	电视
48	8 月 16 日	点赞！图书馆的暑期志愿者	嘉兴日报	纸媒

续表

序号	日期	标题	媒体	类别
49	8月27日	健心服务更便捷	嘉兴日报	纸媒
50	9月6日	我市倾力打造健心客厅　提升市民幸福感	嘉兴日报	纸媒
51	9月8日	酒店大堂办起主题书展	读嘉	app
52	9月8日	嘉兴倾力打造健心客厅　提升市民幸福感	学习强国	app
53	9月21日	市图书馆：体验传统技艺　普及中华文化	嘉兴新闻	电视
54	9月28日	“书香专列”正式发车　带你爱上阅读、爱上嘉兴	嘉兴日报	纸媒
55	10月8日	嘉图文化“大篷车”亮相景区，让游客带着嘉兴文化回家	读嘉	app
56	10月13日	为五彩嘉兴增添健康底色，开启民生福祉新征程——嘉兴市中医医院与3家单位党建联姻	嘉兴日报	纸媒
57	10月21日	别样阅读！嘉兴图书馆为他们送来“书礼”	浙江新闻	app
58	10月23日	嘉兴市图书馆牵手中信出版集团　打造美好阅读世界	读嘉	app
59	10月23日	阅读马拉松“开跑”！6小时读完一本书，今年嘉兴赛区有3个满分	读嘉	app
60	10月24日	搭建出版与阅读的桥梁　嘉兴市图书馆牵手中信出版集团	浙江新闻	app
61	10月25日	精彩纷呈！今天，2021嘉兴·匈牙利文化与创新周拉开序幕	浙江新闻	app
62	10月29日	17位长三角女书画家向市图书馆捐赠作品	南湖晚报	纸媒
63	11月16日	东部新城不断提升公共服务水平满足百姓新期待	嘉兴日报	纸媒
64	11月24日	嘉兴数字有声图书馆全新亮相	读嘉	app
65	11月26日	快来get市图书馆的悦“听”服务——通过耳朵奔赴知识的星辰大海	南湖晚报	纸媒
66	12月8日	国家公共文化服务体系示范区创建 亮出“嘉兴样本”	嘉兴日报	纸媒
67	12月19日	浙江援建柴达木盆地首个“智慧书房”投入使用	中国新闻网	网站
68	12月22日	塘汇街道数字赋能 让智慧书房更“聪明”	嘉兴日报	纸媒
69	12月27日	在“浙”里遇见美好生活	中国文化报	纸媒
70	12月29日	智慧书房展新颜	人民网	网站

续表

序号	日期	标题	媒体	类别
2022 年				
1	1 月 6 日	入选嘉兴市首批示范点！秀洲区高照街道智慧书房放异彩	人民日报全国党媒信息公共平台	网站
2	1 月 12 日	嘉兴地方党史和历史文化走向全国	南湖晚报	纸媒
3	1 月 14 日	共商“嘉兴市图书大流通”，嘉兴地区图书馆联盟会议召开	嘉兴在线	网站
4	1 月 16 日	收录 114 种方志《嘉兴文献丛书》“史部·方志”出版首发	浙江新闻	app
6	1 月 17 日	心理顾问分享育儿经嘉兴市“健心阅读”走进镇街	浙江新闻	app
7	1 月 19 日	健心客厅：用爱与智慧架起一座心灵的桥	嘉兴日报	纸媒
8	1 月 19 日	“我的天才儿子”金晓宇译作受热捧	读嘉	app
9	1 月 27 日	全国首家“悦心听读本”开放借阅	南湖晚报	纸媒
10	1 月 28 日	让孩子们用耳朵“阅读”——今天，去图书馆带一只“会讲故事”的狗狗回家吧	南湖晚报	纸媒
11	1 月 29 日	嘉兴市图书馆总馆“健心书房”开馆	人民日报全国党媒信息公共平台	网站
12	1 月 30 日	嘉兴市图书馆总馆“健心书房”开馆	浙江新闻	app
13	1 月 31 日	南湖讲坛联合全国 80 多个图书馆云端宣讲 22 万余人次观看	南湖晚报	纸媒
14	2 月 8 日	嘉兴市图书馆开放借阅可以“听”的读本	嘉兴日报	纸媒
15	2 月 10 日	制作“冰墩墩”尽享冬奥乐趣	人民网	网站
16	2 月 16 日	图书馆猜灯谜活动火热上演	嘉兴日报	纸媒
17	2 月 22 日	图书馆员与王店中小学生共读《鸳鸯湖棹歌》	嘉兴日报	纸媒
18	3 月 3 日	“汽车图书馆”为新居民子女学校送来阵阵书香	嘉兴日报	纸媒
19	3 月 10 日	精神共富　书香嘉兴——嘉兴市图书馆特殊群体读者服务大提升	浙里阅	公众号
20	3 月 10 日	让学生爱上阅读	嘉兴日报	纸媒
21	3 月 13 日	读懂儿童，赋能家庭！“健心阅读”为凤桥家长们架起心灵之桥	读嘉	app
22	3 月 15 日	嘉兴智慧书房：用雅致润泽生活	浙里阅	公众号

续表

序号	日期	标题	媒体	类别
23	3月18日	闭馆不打烊！嘉图等你疫后再沐书香	读嘉	app
24	3月20日	“书香润心”齐抗疫 嘉兴市图书馆为隔离点赠送爱心图书	浙江新闻	app
25	3月22日	嘉兴市图书馆为隔离点送来“书香”	嘉兴日报	纸媒
26	3月29日	全域联动　数字化改革　让全民阅读赋能共同富裕	中国文化报	纸媒
27	4月10日	21小时不间断爱心接力　源自这条微信朋友圈求助信息	人民日报客户端	app
28	4月25日	流动汽车图书馆走进乡村	央视14套－新闻袋袋裤	电视
29	4月11日	嘉兴市图书馆丨对特殊儿童的关爱不止朝暮	浙里阅	公众号
30	4月14日	图书馆恢复开放	嘉兴日报	纸媒
31	4月17日	书香嘉兴　阅享共富——红船朗诵艺术团走进农村文化礼堂	读嘉	app
32	4月23日	听阅一体！“世界读书日”嘉兴市图书馆又上新啦	浙江新闻	app
33	4月23日	嘉兴：“听阅一体”数字化阅读服务体系发布　精神共富路上一个不能少	嘉兴新闻	电视
34	4月26日	心理顾问，陪你一起“健心”	浙江日报	纸媒
35	4月30日	大运河阅读城市接力抵达嘉兴	今日头条	app
36	4月30日	千年运河　万里书香——2022年大运河阅读计划走进嘉兴	嘉兴日报	纸媒
37	5月7日	这家图书馆更名啦	嘉兴日报	纸媒
38	5月7日	田间耕读！嘉兴市图书馆研学活动走进大自然	浙江新闻	app
39	5月13日	百年老字号再添“文化养分”！嘉兴市文化馆五芳斋分馆今天成立	人民日报全国党媒信息公共平台	网站
40	5月19日	嘉兴：红船起航地，文化兴千年	浙江日报	纸媒
41	5月19日	嘉兴市图书馆“嘉兴人才日”系列活动启动	嘉兴日报	纸媒
42	5月19日	让书香成为城市软实力	南湖晚报	纸媒
43	5月23日	浙江文旅赋能共富“图鉴”之嘉兴篇	浙江省文旅厅	网站
44	5月26日	“心理健康日”+“全民健心日”市图书馆“健心客厅”开展线上线下联动活动	嘉兴日报	纸媒

续表

序号	日期	标题	媒体	类别
45	6月9日	一个都不能少！嘉兴市图书馆特殊教育学校流通站正式开馆	浙江新闻	app
46	6月10日	点亮阅读的灯　照亮一片星河——嘉兴市图书馆“星光彩虹”项目升级　为特殊孩子送精准化阅读服务	南湖晚报	纸媒
47	6月12日	为特殊儿童点亮阅读明灯　嘉兴市图书馆特殊教育学校流通站开通	嘉兴日报	纸媒
48	6月15日	全面健心　幸福嘉兴	浙江日报	纸媒
49	6月16日	嘉兴学院图书馆向市民开放　“校地图书大流通平台”正式启用	嘉兴日报	纸媒
50	6月21日	城市“大书房”请你来阅读！嘉兴市图书馆与南湖创业学校“馆校合作”启动	浙江新闻	app
51	6月30日	浙江嘉兴：“健心书房”成市民“心理”港湾	新华网	网站
52	7月1日	嘉兴811家农家书屋绽放“共富之花”	人民网	网站
53	7月4日	跟着图书馆去阅读开启“书香”暑假模式	读嘉	app
54	7月9日	点亮孩子的机器人梦！嘉兴市图书馆积木教育机器人普及赛又开始了	读嘉	app
55	7月11日	基层“小驿站”激发“大活力”	中国文化报	纸媒
56	7月16日	一场精神盛宴，遇见天籁阁与项元汴	嘉兴在线	网站
57	7月18日	探秘知非楼！嘉兴市图书馆带你走近竹林名人祝廷锡	禾点点	app
58	7月26日	传承传统文化，图书馆里抚琴插花雅集去暑热	读嘉	app
59	7月27日	图书馆里的志愿者	人民网	网站
60	7月31日	我市加快建设遍布城乡的“健心客厅”	嘉兴日报	纸媒
61	8月2日	王江泾：镇村联动进礼堂，传递暑期新风尚	禾点点	app
62	8月3日	科普阅读点亮孩子们的科学梦	嘉兴日报	纸媒
63	8月8日	走进田间地头！嘉兴市图书馆自然图书馆暑期活动精彩纷呈	浙江新闻	app
64	8月9日	机器人竞赛“智趣”多——最小的参赛选手只有6岁　冠军将代表嘉兴参加世界级比赛	嘉兴日报	纸媒
65	8月12日	文史征编新联动　述说杭州湾北岸故事	嘉兴日报	纸媒
66	8月26日	“好书有约”走入“大系”，邀你同行	嘉兴日报	纸媒

续表

序号	日期	标题	媒体	类别
67	8月27日	文化青 一缕书香润万家	浙江日报	纸媒
68	8月30日	服务大提升丨提升检索能力，嘉图助你“耳听八方”，练就“火眼金睛”	浙里阅	公众号
69	8月31日	又迎开学季！嘉兴市图书馆这场阅读分享会助力家庭教育	浙江新闻	app
70	9月5日	书香列车出发，爱阅读的你快上车	南湖晚报	纸媒
71	9月7日	赞，嘉兴昨天三上央视	禾点点	app
72	9月7日	浙江嘉兴“书香列车”打开一种新的生活方式	中华读书报	纸媒
73	9月7日	城市电车上的有声图书馆	浙里阅	公众号
74	9月13日	嘉兴市图书馆总分馆明天起临时闭馆	嘉兴在线	网站
75	9月16日	开创馆校合作新格局！嘉兴市图书馆与嘉兴南湖学院开启战略合作	读嘉	app
76	9月21日	“最美空间”来了　嘉兴市五个案例成功入围首届浙江省最美公共文化空间	嘉兴日报	纸媒
77	9月27日	嘉兴市图书馆打造健心客厅　用心服务　为青少年“健心”	央视新闻	电视
78	9月28日	南湖区图书馆入列城市文化新地标	嘉兴日报	纸媒
79	10月9日	而今迈步重头跃——嘉兴篇	浙江卫视中国蓝	新媒体
80	10月10日	解读秋收冬藏的秘密！嘉兴图书馆这场研学活动趣味多	浙江新闻	app
81	10月15日	用耳朵就能“阅读”图书，“悦心听读本”老年版今日首发	嘉兴在线	网站
82	10月15日	从看书到听书！嘉兴市图书馆“悦心听读本”老年版首发	浙江新闻	app
83	10月16日	老年人有了”能听的书”	南湖晚报	纸媒
84	10月16日	幸福嘉兴丨嘉兴市图书馆推出“悦心听读本”老年版 老年人有了“能听的书”	学习强国	app
85	10月18日	嘉兴市图书馆推出“悦心听读本”老年版	嘉兴日报	纸媒
86	11月2日	外国友人打卡嘉兴城市空间：在未来社区感受数智化便捷生活新风貌	浙江新闻	app
87	11月7日	嘉兴市图书馆举办“听书”体验活动	嘉兴日报	纸媒

续表

序号	日期	标题	媒体	类别
88	11 月 8 日	354 幅地图，窥见历史上的嘉兴——昨天，《嘉兴历代地图集成》发布	南湖晚报	纸媒
89	11 月 8 日	数字赋能　智慧服务擦亮城市品质“成色”	南湖晚报	纸媒
90	11 月 10 日	10 条线路打卡“一路书香”——嘉兴市十大精品书香线路发布，串起美丽城镇阅享与共富	南湖晚报	纸媒
91	11 月 15 日	嘉沙情牵万里　共谱边塞新曲	南湖晚报	纸媒
92	11 月 16 日	嘉兴经开区公共文化阅读资源再升级	嘉兴日报	纸媒
93	11 月 17 日	特校图书馆（嘉图流通站）轮值馆长培训顺利结业	浙里阅	公众号
94	11 月 18 日	乡村图书室“变形记”	嘉兴日报	纸媒
95	11 月 19 日	30 人同读一本书！长三角阅读马拉松嘉兴赛区顺利完赛	浙江新闻	app
96	12 月 26 日	嘉兴市图书馆：打造“听阅一体”数字阅读服务	新华网	网站
2023 年				
1	1 月 16 日	图书漂流啦！嘉兴城市电车让图书馆伴你随行	浙里阅	公众号
2	1 月 20 日	新春走基层 | 浙江嘉兴惠民送“福”	新华社客户端	app
3	2 月 16 日	驿站、悦心听读本	央视 3 套－文化十分	电视
4	2 月 23 日	星光留声机丨嘉兴特殊儿童用灯谜文化开启新学期	浙里阅	公众号
5	2 月 23 日	体验印刷术　传承文化美	读嘉	app
6	2 月 24 日	转角就到“茶言阅色”！嘉兴又一家智慧书房开馆	读嘉	app
7	2 月 27 日	王江泾镇智慧书房迎来健心阅读	读嘉	app
8	2 月 27 日	告别“数字失能”油车港镇开设智能手机培训课	读嘉	app
9	3 月 10 日	馆校合作　方言趣学进校园	读嘉	app
10	3 月 23 日	嘉兴市图书馆与嘉兴银行南湖支行党建结对共建	潮新闻	app
11	3 月 23 日	“悦心听读本”借阅更便捷！嘉兴市图书馆与嘉兴银行南湖支行党建共建	读嘉	app
12	4 月 3 日	《天籁阁鉴藏之时代价值》专题讲座在中国国家博物馆举办	新华网	网站
13	4 月 3 日	亲子快乐相伴！小读者走读“自然图书馆”	读嘉	app
14	4 月 6 日	入围国际奖项！嘉兴市图书馆再次“出圈”	潮新闻	app
15	4 月 10 日	嘉兴市图书馆获国际奖项	嘉兴日报	纸媒

续表

序号	日期	标题	媒体	类别
16	4月11日	嘉兴市图书馆又火出圈了	嘉兴日报	纸媒
17	4月13日	唤醒沉睡图书，让好书去“旅行”——嘉兴市图书馆长水街道分馆开展图书漂流活动	南湖晚报	纸媒
18	4月14日	一场特别的培训	读嘉	app
19	4月16日	手机数字资源怎么用？嘉兴市图书馆开展这场特殊培训	潮新闻	app
20	4月17日	国际大奖！嘉兴市图书馆“悦心听读本”项目入围2023年国际图联（IFLA）国际营销奖	浙里阅	公众号
21	4月17日	让人人都能享受品质阅读！嘉兴智慧书房建设运营有了地方标准	读嘉	app
22	4月18日	文化进万家丨让每个嘉兴人均等地享受品质阅读！嘉兴智慧书房建设和运营有了地方标准	学习强国	app
23	4月21日	新华全媒+丨浙江嘉兴元宇宙阅读体验馆开馆	新华网	网站
24	4月22日	元宇宙“碰撞”图书馆，奇妙的体验	南湖晚报	纸媒
25	4月22日	全国公共图书馆界　首个元宇宙阅读体验基地落地嘉兴	嘉兴日报	纸媒
26	4月22日	全国公共图书馆界　首个元宇宙阅读体验基地落地嘉兴	人民网	网站
27	4月23日	“知识元宇宙”将成为图书馆的新未来	中国青年网	网站
28	4月23日	算法时代，阅读如何破除信息茧房	浙江卫视－今日评说	电视
29	4月24日	自然图书馆亮相嘉兴第十届家庭文化节	潮新闻	app
30	4月24日	国内首个元宇宙阅读体验基地来了	嘉兴日报	纸媒
31	4月25日	点赞王店镇南梅村文化礼堂书屋	央视－24小时	电视
32	4月25日	书香氤氲　为企业注入新活力	南湖晚报	纸媒
33	4月25日	智慧书房，从“阅读”到“悦读”	读嘉	app
34	4月26日	图片新闻：元宇宙开放	人民日报客户端	app
35	4月28日	我的假期新玩法	中国蓝新闻	app
36	4月29日	元宇宙阅读　赏画中“穿越”唐“潮”	读嘉	app
37	5月9日	开馆5年接待读者73万人次 高照图书馆从“网红”到“长红”	嘉兴日报	纸媒

续表

序号	日期	标题	媒体	类别
38	5月18日	点赞！嘉兴市图书馆“5·18人才日”系列活动　打通人才服务“最后一公里”	读嘉	app
39	5月19日	长水街道图书分馆　焕新亮相	嘉兴日报	纸媒
40	5月24日	微视频丨范蠡湖：寻找城中心的千年浪漫	学习强国	app
41	5月24日	校园丨一本书读懂一种文化	读嘉	app
42	5月25日	农民打卡“元宇宙阅读体验馆”	中国文化报	纸媒
43	5月25日	书香润我心　青春话未来	南湖晚报	纸媒
44	5月29日	嘉兴市图书馆“悦心阅读”点亮全民健心日	潮新闻	app
45	5月30日	图片新闻：悦心阅读　共同成长	嘉兴日报	纸媒
46	6月2日	游子回家的道路和话题——《嘉兴市地名志》：1949年后嘉兴首部地方史志书籍	嘉兴日报	纸媒
47	6月7日	打造元宇宙阅读基地　探索阅读方式新变革　浙江嘉兴市图书馆也玩“跨界”	中国旅游报	纸媒
48	6月7日	微视频丨嘉兴：一城百桥	学习强国	app
49	6月7日	打造元宇宙阅读基地　探索阅读方式新变革　浙江嘉兴市图书馆也玩“跨界”	人民日报客户端	app
50	6月11日	图书馆里品书香享清凉	人民网	网站
51	6月18日	总有一本让你“粽”意	南湖晚报	纸媒
52	6月25日	全球最大“裴多菲之书”《雅诺什勇士》亮相嘉兴	潮新闻	app
53	6月25日	书香浸润端午！童书作家嘉兴开讲“甲骨文”的故事	潮新闻	app
54	7月3日	全球最大“裴多菲之书”亮相嘉兴	嘉兴日报	纸媒
55	7月11日	“全真阅读”新体验	南湖晚报	纸媒
56	7月18日	“尚书”读书会走进智慧书房，开启协同阅读新范式	潮新闻	app
57	7月22日	缤纷活动度暑期	新华社客户端	app
58	7月25日	图书馆里的“解压神器”	南湖晚报	纸媒
59	7月26日	悦心听读本：视障人士的阅读新天地	读嘉	app
60	7月27日	去一个馆，读一座城	嘉兴日报	纸媒
61	8月1日	嘉兴市图书馆“阅路”搭手暑托班，暑期服务热情高！	浙里阅	公众号

续表

序号	日期	标题	媒体	类别
62	8月8日	元宇宙资讯简报丨嘉兴市图书馆带您领略虚实共生的元宇宙阅读	浙里阅	公众号
63	8月12日	厉害了 “机”智少年写代码玩机器人	读嘉	app
64	8月15日	大唐盛世 沉浸阅读	读嘉	app
65	8月15日	趣味飞花令 共赴唐诗会	读嘉	app
66	8月21日	云上阅读的快意	南湖晚报	纸媒
67	8月22日	听读有声：嘉兴市图书馆为视障人士打开一片阅读新天地	浙里阅	公众号
68	8月23日	幸福嘉兴丨嘉兴市图书馆推出听读本，为不同群体打开阅读新天地	学习强国	app
69	8月23日	馆长赴荷兰领取国际大奖！嘉兴市图书馆这个项目为何这么牛？	潮新闻	app
70	8月24日	推出“悦心听读本” 消弭阅读障碍——市图书馆获颁国际图联大奖	嘉兴日报	纸媒
71	8月29日	打开声音盒子 一起来听书	浙江日报	纸媒
72	9月2日	嘉里有志丨藏在大桥镇胥山村的文化密码	学习强国	app
73	9月4日	这个盒子，让嘉兴人无忧“悦”读	读嘉	app
74	9月6日	嘉兴图书馆：打造中医“实景课堂” 开启中外文学漫游（元宇宙）	央视3套－文化十分	电视
75	9月7日	来嘉兴图书馆，走进元宇宙阅读时代！	浙里阅	公众号
76	9月18日	华夏衣冠 中国古代绘画中的服饰文化	南湖晚报	纸媒
77	9月28日	嘉兴市图书馆荣获“长三角公共图书馆智库服务联盟先进单位”荣誉称号	浙里阅	公众号
78	10月3日	喜“阅”过双节！图书馆里觅书香	读嘉	app
79	10月6日	微视频丨《典籍里的嘉兴》：赤脚荷花荡	学习强国	app
80	10月18日	去图书馆“闻”一缕中医香	浙江日报	纸媒
81	10月22日	不一样的图书馆	南湖晚报	纸媒
82	11月1日	手机摄影学习热	读嘉	app
83	11月2日	倪禹功留给嘉兴的文化遗产	嘉兴日报	纸媒
84	11月9日	120册《渔里风物》赠送嘉兴市图书馆	南湖晚报	纸媒
85	11月21日	《图书馆第一课》上新	南湖晚报	纸媒

续表

序号	日期	标题	媒体	类别
86	11 月 22 日	聚焦光影　乐享银龄	读嘉	app
87	11 月 27 日	嘉兴：传承地方文化　文润未来社区	浙江在线	网站
88	11 月 27 日	小雪正当时，图书馆邀您悦读大自然	读嘉	app
89	11 月 28 日	馆校共读　知古识剧　邀你共赴“尚书”经典阅读读书会	读嘉	app
90	12 月 1 日	弦歌不绝奏新声——建设中华民族现代文明的浙江实践	新华每日电讯	纸媒
91	12 月 26 日	一本书读懂一个时代	南湖晚报	纸媒
92	12 月 28 日	沙雅百姓“家门口”可尽览嘉兴文化	南湖晚报	纸媒

第九章　同人论著录

（以姓氏笔画排列）

王方

《智慧书房建设与运营规范》，参编，2023 年 3 月嘉兴市市场监督管理局发布。

王娟娟

《公共图书馆创客空间服务的逻辑意义和策略研究》，2017 年《图书馆研究与工作》第 11 期。

《双创背景下嘉兴市图书馆“数字众创空间”建设》，第二作者，2018 年《图书馆研究与工作》第 10 期。

《地市级公共图书馆面向双创人员的科技信息服务策略研究》，2021 年《图书馆研究与工作》第 11 期。

史念

《嘉兴市志》，主编，1997 年 12 月中国书籍出版社。

吕炜

《引领少年学生走进 AI 时代——记浙江省嘉兴市图书馆“小小创客家”活动》，第二作者，2018 年《图书馆报》第 425 期。

《乡村振兴背景下农村老年人信息素养培训案例研究——以嘉兴市图书馆“夕阳红 E 族”为例》，第三作者，2020 年《图书馆研究与工作》第 12 期。

朱文渊

《与好书有个“约会”——记嘉兴市图书馆“好书有约”阅读推广活动》，第二作者，2016 年 8 月 19 日发表于《图书馆报》。

《图书馆第一课》，参编，2023 年 10 月浙江教育出版社出版。

朱祥仙

《嘉兴市城乡一体化公共图书馆服务体系建设试点探索》，收入《现代图书馆服务：浙江省图书馆学会第十一次学术研讨会论文集》，2008 年 11 月浙江省图书馆学会编。

《城乡一体化公共图书馆服务体系的建设探索和未来展望——以嘉兴市图书馆为例》，2011 年《河南图书馆学刊》第 6 期。

《公共图书馆的文化服务品牌实践与思考——以嘉兴市图书馆“帮兄弟回家”项目为例》，2012 年《图书馆杂志》第 7 期。

《城乡一体化总分馆制背景下的村图书分馆建设及延伸服务——以嘉兴市为例》，2012 年《图书与情报》第 3 期。

朱福英

《公共图书馆的名牌服务》，收入《现代图书馆服务：浙江省图书馆学会第十一次学术研讨会论文集》，2008 年 11 月浙江省图书馆学会编。

《嘉兴市古籍保护与利用调查报告》，2011 年《图书馆学研究》第 12 期。

《嘉兴市构建城乡一体化新型公共图书馆服务体系的实践和思考》，2011 年 4 月《图书馆》第 2 期。

《嘉兴市公共图书馆服务体系的一项创新工程——邮政物流服务》，2013 年《图书馆理论与实践》第 3 期。

向延胜

《图书馆第一课》，参编，2023 年 10 月浙江教育出版社出版。

刘永刚

《〈宋大诏令集〉西夏目诏令辑补》，2009 年《宁夏大学学报（人文社会科学版）》第 5 期。

汤益飞

《嘉兴地区“农家书屋”与公共图书馆系统整合研究》，收入《嘉兴市哲学社会科学优秀课题成果汇编》，2014 年嘉兴市社会科学界联合会编。

《乡村振兴背景下农村老人信息素养培训案例研究——以嘉兴市图书馆“夕阳红 E 族”为例》，第二作者，2020 年《图书馆研究与工作》第 12 期。

《智慧书房建设与运营规范》，参编，2023 年 3 月嘉兴市市场监督管理局发布。

许大文

论文：

《嘉兴市图书馆读写困难症儿童服务研究》，2015 年《国家图书馆学刊》第 6 期。

《基层图书馆公共服务标准化均等化建设探索》，第二作者，2017 年《图书馆研究与工作》第 7 期。

《建设公共图书馆“馆本课程”提升未成年人信息素养 ——以嘉兴市图书馆“图书馆第一课”项目为例》，第二作者，2019 年《图书馆杂志》第 11 期。

《公共图书馆乡村学龄前儿童阅读推广实证研究——以“阅动全家 · 书香嘉兴”为例》，2020 年《图书馆杂志》第 6 期。

《公共图书馆助力文化扶贫的实践与思考—以嘉兴城乡一体化公共图书馆服务为例》，收入《脱贫攻坚与图书馆作为：全国图书馆扶贫案例集》，2020 年 12 月《图书馆杂志》社编。

《嘉兴市城乡一体智慧书房建设》，2021 年《图书馆论坛》第 6 期。

《礼堂书屋：乡村公共阅读服务高质量发展“嘉兴样本”》，第二作者，2022 年《图书馆杂志》第 11 期。

《智慧书房建设与运营规范》，参编，2023 年 3 月嘉兴市市场监督管理局发布。

著作：

《阅动全家：亲子阅读手册》，副主编，2020 年 8 月国家图书馆出版社出版。

《好书有约—听名家谈读书写书》，参编，2021 年 1 月浙江工商大学出版社出版。

《图书馆第一课》，主编，2023 年 10 月浙江教育出版社出版。

孙云倩

《图书馆儿童阅读推广活动评估指标体系构建研究》，第二作者，2013 年《中国图书馆学报》第 6 期。

《嘉兴：打造新一代的乡镇分馆》，第二作者，2015 年《国家图书馆学刊》第 5 期。

《公共图书馆微信公众平台服务案例分析及创新思考》，第二作者，2016 年《图书馆理论与实践》第 11 期。

《嘉兴市公共图书馆中心馆 – 总分馆服务体系标准化建设探析》，2018 年《图书馆研究与工作》第 10 期。

《聚焦农村亲子阅读 缩小城乡阅读鸿沟——嘉兴市图书馆“阅动全家 · 书香嘉兴”项目助力农村阅读推广》，2019 年《文化月刊》第 11 期。

《公共图书馆业务规范 第2部分：市级公共图书馆》，参编，2021年11月国家市场监督管理总局发布。

《农村文化礼堂“图书馆+”建设模式探析》，2021年《图书馆研究与工作》第9期。

《嘉兴市图书馆：促进社会心理服务体系建设的探索与实践》，第二作者，2021年《文化月刊》第4期。

《智慧书房建设与运营规范》，参编，2023年3月嘉兴市市场监督管理局发布。

杨亚琼

《“南湖八景”的由来与演变》，收入《2017年嘉兴市哲学社会科学优秀课题成果汇编》，2017年嘉兴市社会科学界联合会编。

《嘉兴市图书馆总分馆体系下传统文化推广的实践与构想》，收入《图书馆新时代：坚守、转型、颠覆——第十届上海国际图书馆论坛论文集》，2020年10月上海科学技术文献出版社出版。

《〈嘉禾百咏〉的史学价值研究》，收入《2021年嘉兴市哲学社会科学优秀课题成果汇编》，2021年嘉兴市社会科学界联合会编。

《〈嘉禾百咏〉的史学价值》，2022年《嘉兴社会科学》第1期。

《图书馆第一课》，参编，2023年10月浙江教育出版社出版。

杨柳

论文：

《公共图书馆纸质图书读者决策采购的实践与思考——以嘉兴市图书馆为例》，2018年《图书情报》第12期。

《Scratch对青少年机器人编程问题的解决探讨》，2019年《文化创新比较研究》第2期。

《乡村振兴背景下农村老年人信息素养培训案例研究——以嘉兴市图书馆“夕阳红e族”为例》，2020年《图书馆研究与工作》第12期。

《后疫情时代公共图书馆老年人数字素养提升的路径研究——以嘉兴市为例》，2023年

《图书馆研究与工作》第 3 期。

报纸文章：

《促进少儿阅读 勿忘重拾经典——从〈经典咏流传〉谈起》，2018 年《图书馆报》第 407 期。

《引领少年学生走进 AI 时代——记浙江省嘉兴市图书馆“小小创客家”活动》，2018 年《图书馆报》第 425 期。

《我的抗“疫”故事》，2020 年 4 月 17 日发表于《图书馆报》。

《嘉兴市图书馆为支付宝老年大学再添新课程》，2020 年 4 月 17 日发表于《图书馆报》。

吴美娟

《浅述棹歌体诗的地方文献价值》，收入《文化大省建设中的图书馆现代化——浙江省图书馆学会第八次学术研讨会论文集》，2001 年 11 月浙江省图书馆学会编。

吴雅萍

《嘉兴地区“农家书屋”与公共图书馆系统整合研究》，第二作者，收入《2014 年嘉兴市哲学社会科学优秀课题成果汇编》，2014 年嘉兴市社会科学界联合会编。

邱静宽

《信息积累传递与图书馆学》，1984 年《图书馆学研究》第 2 期。

沈红梅

论文：

《图书馆应重视网络期刊的开发与利用》，第二作者，2001 年《河北科技图苑》第 2 期。

《网络环境下提高图书馆信息服务水平的思考》，收入《新世纪的图书馆与信息服务——浙江省图书馆学会第九次学术研讨会论文集》，2004年浙江省图书馆学会编。

《论高职院校图书馆信息服务能力的提高》，第二作者，2005年《新世纪图书馆》第2期。

《区域文献资源共享的初步实践——以嘉兴地区公共图书馆为例》，2006年《图书馆研究与工作》第2期。

《区域图书资源共享的新模式——“联邦制”共享》，收入《思考·探索·创新——2006年首届浙江省公共图书馆馆长论坛论文集》，2006年浙江省图书馆学会编。

《区域书刊资源共享的新模式——“联邦制”共享》，2007年《图书馆论坛》第4期。

《打破城乡二元结构 创建新型乡镇图书馆模式——浙江省嘉兴市图书馆乡镇分馆建设实践》，2008年《图书馆建设》第7期。

《嘉兴地区农村图书馆建设的历史教训及思考》，2008年《图书馆杂志》第9期。

《同区域小型图书馆共享联盟的计算机实现》，2008年《图书馆论坛》第4期。

《长三角地区农村图书馆建设的历史经验及发展启示》，2008年《图书馆建设》第9期。

《应用网络技术，探索中小学图书馆共建共享新途径——浙江省嘉兴市中小学图书馆共建共享实践分析》，2008年《中小学图书情报世界》第4期。

《项元汴与天籁阁的几个问题》，2013年《嘉兴学院学报》第6期。

《嘉兴智慧图书馆建设历程与发展研究》，收入《杭州都市圈发展报告（2016）》，2016年社会科学文献出版社出版。

《美国现代公共图书馆服务的实践及启示》，2017年《图书馆研究与工作》第6期。

《双创背景下嘉兴市图书馆“数字众创空间”建设》，2018年《图书馆研究与工作》第10期。

《打破“篱笆墙”的公共图书馆——城乡一体化公共图书馆服务体系的“嘉兴模式”实践与探索》，2018年《图书馆研究与工作》第10期。

《聚焦农村亲子阅读 缩小城乡阅读鸿沟——嘉兴市图书馆“阅动全家·书香嘉兴”项目助力农村阅读推广》，第二作者，2019年《文化月刊》第11期。

《嘉兴市图书馆：促进社会心理服务体系建设的探索与实践》，2021年《文化月刊》第4期。

标准：

《公共图书馆业务规范 第2部分：市级公共图书馆》，参编，2019年9月国家市场监督管理总局、国家标准化管理委员会发布。

《公共图书馆业务规范 第2部分：市级公共图书馆》，参编，2021年11月国家市场监督管理总局、国家标准化管理委员会发布。

《智慧书房建设与运营规范》，参编，2023年3月嘉兴市市场监督管理局发布。

著作：

《项元汴书画典籍收藏研究》，独著，2012年3月国家图书馆出版社出版。

《南湖文化名人 项元汴》，独著，2012年10月浙江人民出版社出版。

《阅动全家：亲子阅读手册》，主编，2020年8月国家图书馆出版社出版。

《槜李诗文合集（1—72册）》，主编，2020年8月国家图书馆出版社出版。

《朱彝尊全集（全50册）》，主编，2021年6月国家图书馆出版社出版。

《嘉兴文献丛书》，副主编，2023年6月国家图书馆出版社出版。

《图书馆第一课》，主编，2023年10月浙江教育出版社出版。

沈秋燕

《人本精神在图书馆建筑中的运用》，获2005年中国图书馆学会年会征文一等奖。

《和谐社会与和谐图书馆》，获2006年中国图书馆学会年会征文二等奖。

《浅析县级图书馆的发展之路》，获第六届中国社区和乡镇图书馆发展战略研讨会征文二等奖。

《图书馆建筑的和谐原则》，获2008年中国图书馆学会年会征文三等奖。

《消失的风景：明瓦》，2008年3月18日发表于《姑苏晚报》。

《一家流动图书馆的成功的背后——浅析苏州市未成年人流动图书大篷车》，2008年《社科纵横》第1期。

《对图书馆立法制度建设中几种内外关系的思考》，获第五届中日国际图书馆学研讨会征文二等奖。

《传统文献开发与数字技术的完美对接—苏州文化剪报数据库浅析》，2010年《新世纪图书馆》第4期。

《论图书馆员的职业素养——兼论图书馆学专业教育问题》，2012 年《科教文汇》第 24 期。

《总分馆体系下的地方文献工作创新实践与探索——以嘉兴市图书馆为例》，2013 年《图书与情报》第 3 期。

《陆仲襄——嘉兴现代图书馆事业的开拓者》，收入《2013 年嘉兴市哲学社会科学优秀课题成果汇编》，2013 年嘉兴市社会科学界联合会编。

《古籍普查花絮乱弹》，获 2014 年国家古籍保护中心与光明日报社联合举办的“我与中华古籍”有奖征文优秀奖。

《祝廷锡与“知非楼”藏书小考》，收入《2014 年嘉兴市哲学社会科学优秀课题成果汇编》，2014 年嘉兴市哲学社会科学界联合会编。

《人民公社末期一个生产队的生存状态——原嘉兴县永红大队 12 小队档案资料综述》，2015 年《浙江档案》第 5 期。

《分级著录 逐层添加——以〈知不足斋丛书〉为例谈大型丛书普查著录的问题与对策》，2017 年《图书馆理论与实践》第 12 期。

主持 2011 年 12 月至 2016 年 5 月浙江省文化厅《浙江省古籍普查项目 C 类》研究课题。

《嘉兴市图书馆古籍普查登记目录》，主编，2017 国家图书馆出版社出版。

《金蓉镜“双桂堂”藏书考》，收入《2017 年嘉兴市哲学社会科学优秀课题成果汇编》，2017 年嘉兴市社会科学界联合会编。

《嘉兴市图书馆民国时期传统装帧书籍普查登记目录》，主编，2018 年国家图书馆出版社出版。

《嘉兴图书馆馆藏〈嘉兴藏〉零种本研究》，收入《2018 年嘉兴市哲学社会科学优秀课题成果汇编》，2018 年嘉兴市社会科学界联合会编。

《张元济对〈续辑槜李文系〉的贡献》，收入《张元济与中华古籍保护研究论文集》，2018 年上海图书馆编。

《〈天中记〉版本源流新考》，2019 年《图书馆杂志》第 6 期。

《陆仲襄——嘉兴现代公共图书馆事业的开创者》，2019 年《河南科技学院学报》第 3 期。

《楞严寺刊刻、发行的〈嘉兴藏〉零种本举隅——以嘉兴市图书馆藏本为据》，2019 年

《嘉兴学院学报》第 3 期。

《吴锡麒〈有正味斋全集〉考》，2019 年《图书馆研究与工作》第 6 期。

《明代小说中项忠形象研究》，入选 2019 年嘉兴市哲学社会社科重大课题。

《引领公众领略古籍之美》，2019 年 5 月 24 日发表于《图书馆报》。

《图书馆第一课》，参编，2023 年 10 月浙江教育出版社出版。

张振维

《浑厚华滋 刚健婀娜——回忆黄宾虹老师论画片断》，1982 年《新美术》第 4 期

陆亚韵

《图书馆第一课》，参编，2023 年 10 月浙江教育出版社出版。

陆艳芳

《建设公共图书馆“馆本课程”提升未成年人信息素养 ——以嘉兴市图书馆“图书馆第一课”项目为例》，第四作者，2019 年《图书馆杂志》第 11 期。

《公共图书馆助力文化扶贫的实践与思考——以嘉兴城乡一体化公共图书馆服务体系为例》，第二作者，收入《脱贫攻坚与图书馆作为：全国图书馆扶贫案例集》，2020 年 12 月《图书馆杂志》社编。

《后疫情时代公共图书馆老年人数字素养提升的路径研究——以嘉兴市为例》，第三作者，2023 年《图书馆研究与工作》第 3 期。

《公共图书馆乡村学龄前儿童阅读推广实证研究 ——以“阅动全家 · 书香嘉兴”为例》，第三作者，2020 年《图书馆杂志》第 6 期。

《乡村振兴背景下的农村亲子阅读实践研究——以嘉兴市图书馆为例》，2022 年《图书馆研究与工作》第 7 期。

主持浙江省图书馆学会课题《乡村振兴背景下的农村亲子阅读实践研究——以嘉兴市

图书馆为例》。

林丽

《〈中国图书馆分类法〉（第5版）TU2建筑设计类目修订刍议》，2013年《图书馆理论与实践》第10期。

《嘉兴地区“农家书屋”与公共图书馆系统整合研究》，第三作者，收入《2014年嘉兴市哲学社会科学优秀课题成果汇编》，2014年嘉兴市社会科学界联合会编。

《读者决策采购在国内图书馆的应用探析》，2016年《图书馆研究与工作》第5期。

《基于微信的图书馆个性化信息服务研究》，2016年《图书馆学刊》第8期。

郁妹芬

《图书馆加强为企业信息服务的思考》，2009年《科技情报开发与经济》第16期。

金强华

《吕留良医学著作考论》，第二作者，收入《2014年嘉兴市社会科学优秀课题成果汇编》，2014年嘉兴市社会科学界联合会编。

《嘉兴市图书馆“读写困难症”儿童服务案例分析》，第二作者，2015年《图书馆杂志》第10期。

《24小时自助图书馆的建设、运行管理和保障模式探究》，获2017年度嘉兴市社科联重点课题三等奖。

周均海

《图书馆古籍数字化管理研究》，2012年《大江周刊》第1期。

郑闯辉

《南社中的六位知名昆曲人物》，2012 年《山东图书馆学刊》第 2 期。

《论艺术鉴藏史研究对图书文化史研究的借鉴意义：兼述项元汴研究进展》，2014 年《湖南人文科技学院学报》第 4 期。

《“禹功手写〈嘉禾志〉，孤籍留传千万世”——倪禹功先生对嘉兴地方文献的贡献》，2017 年《山东图书馆学刊》第 5 期。

《清华学校图书馆的“馆员书评”——兼评〈中国现代图书馆先驱戴志骞研究〉》，2018 年《高校图书馆工作》第 2 期。

《“分地阅读”与图书馆所藏地方文献资源的阅读推广——以公共图书馆地方文献部门参与全民阅读推广为例》，2020 年《图书馆杂志》第 9 期。

《汪大铁对浙江省立嘉兴图书馆的贡献》，2020 年《图书馆研究与工作》第 2 期。

《红色图书馆联盟的共建及其阅读推广》，2021 年《图书馆杂志》第 10 期。

《图书馆第一课》，参编，2023 年 10 月浙江教育出版社出版。

郑昀

《建设公共图书馆“馆本课程”提升未成年人信息素养 ——以嘉兴市图书馆“图书馆第一课”项目为例》，2019 年《图书馆杂志》第 11 期。

《嘉兴市图书馆：玩具服务聚焦未成年人阅读推广》，2019 年 5 月 24 日《图书馆报》第 454 期。

《让每一位孩子成为小小科学家——嘉兴市图书馆“禾禾科普站”阅读推广活动》，收入《科普阅读推广优秀案例集》，2019 年 9 月国家图书馆出版社出版。

《追求多样，重视分级，加强合作——嘉兴市地区阅读推广人培训调查及思考》，第二作者，2019 年 2 月 22 日《图书馆报》第 441 期。

《公共图书馆乡村学龄前儿童阅读推广实证研究——以“阅动全家・书香嘉兴”为例》，第四作者，2020 年《图书馆杂志》第 6 期。

《故事时间，连接你我——零岁起步的亲子阅读指导服务》，收入《全国家庭亲子阅读活动创新案例集》，2022 年 12 月敦煌文艺出版社出版。

《图书馆第一课》，参编，2023 年 10 月浙江教育出版社出版。

赵晓华

《发挥图书馆分馆作用，促进乡村孩子的健康成长》，收入《托起明天的太阳——浙江省未成年人读书节论坛征文优秀作品选》，2011 年 1 月浙江省图书馆学会编。

《倪禹功旧藏砚拓偶识》，2011 年《收藏家》第 11 期。

《嘉兴市图书馆“读写困难症”儿童服务案例分析》，2015 年《图书馆杂志》第 10 期。

《总分馆体系下 24 小时自助图书馆及可持续发展思考 ——以嘉兴市图书馆为例》，2018 年《图书馆研究与工作》第 10 期。

《定位需求 精准服务 阅读普惠 ——嘉兴市图书馆“好书有约”项目实践与探索》，2021 年《山东图书馆学刊》第 1 期。

《图书馆第一课》，参编，2023 年 10 月浙江教育出版社出版。

胡娟

《城镇化进程中嘉兴农村居民信息素养现状及提升对策》，第二作者，2015 年《图书馆研究与工作》第 3 期。

胡萍

《新时期公共图书馆区级分馆服务工作浅论》，收入《公共文化服务与图书馆实践的创新——浙江省图书馆学会第十次学术研讨会论文集》，2006 年浙江省图书馆学会编。

《新时期公共图书馆区级分馆服务工作浅论》，2006 年《图书情报工作》增刊（2）。

《浅谈公共图书馆分馆的少儿读者服务工作》，收入《现代图书馆服务：浙江省图书馆学会第十一次学术研讨会论文集》，2008 年浙江省图书馆学会编。

《嘉兴市图书馆乡镇分馆服务工作现状调查与分析》，收入《中国图书馆学会 2010 年年会论文集》，2010 年中国图书馆学会编。2010 年中国图书馆学会年会征文一等奖。

《嘉兴市图书馆乡镇分馆少儿服务工作现状调查与分析》，2010 年浙江省图书馆学会第十二次学术研讨会征文活动征文奖。

《嘉兴市图书馆乡镇分馆少儿服务工作现状调查与分析》，收入《托起明天的太阳——浙江省未成年人读书节论坛征文优秀作品选》，2011 年贾晓东主编。浙江省未成年人读书节论坛征文，二等奖。

《总分馆制下公共图书馆乡镇分馆馆员素质现状分析及对策研究》，2011 年中国图书馆学会年会征文三等奖。

《总分馆制下乡镇分馆馆员素质现状分析及对策研究》，2012 年《图书情报工作》第 S1 期。

《建设公共图书馆“馆本课程”提升未成年人信息素养 ——以嘉兴市图书馆“图书馆第一课”项目为例》，第三作者，2019 年《图书馆杂志》第 11 期。

《公共图书馆乡村学龄前儿童阅读推广实证研究 ——以“阅动全家 · 书香嘉兴”为例》，第二作者，2020 年《图书馆杂志》第 6 期。

《社会化 + 专业化 ——嘉兴汽车图书馆社会化运作实践研究》，2020 年《图书馆研究与工作》第 9 期。

《阅读培智　书香嘉兴——嘉兴市城乡一体化公共图书馆服务体系文化扶贫案例》，收入《脱贫攻坚与图书馆作为：全国图书馆扶贫案例集》，2020 年《图书馆杂志》社编。

《阅动全家：亲子阅读手册》，参编，2020 年国家图书馆出版社出版。

《礼堂书屋：乡村公共阅读服务高质量发展“嘉兴样本”》，2022 年《图书馆杂志》第 11 期。

《农家书屋 3.0：乡村公共阅读服务高质量发展“嘉兴样本”》，收入《走向共同富裕：浙江的实践与创新第六届浙江省社会科学界学术年会论文集》，2022 年浙江省社会科学界联合会编。

《礼堂书屋：乡村公共阅读服务高质量发展“嘉兴样本”》，2023 年获浙江省图书馆学会第十次优秀论文评奖二等奖。

《农家书屋与公共图书馆服务体系融合发展研究——以嘉兴市礼堂书屋建设为例》，收入《上海公共文化服务发展报告（2023）：奔赴后疫情时代的公共文化创新思辨》（上海文化发展系列蓝皮书），2023年徐锦江主编。

俞亚军

《基层图书馆公共服务标准化均等化建设探索》，2017年《图书馆研究与工作》第7期。

《乡村振兴背景下公共图书馆打造“一镇一品”阅读推广服务品牌的嘉兴实践》，2020年《图书馆研究与工作》第3期。

《“新课标”视野下的公共图书馆青少年经典阅读推广研究》，2023年《图书馆研究与工作》第4期。

《公共图书馆读者活动“点单式”线上预约机制——嘉兴市图书馆“文化有约”案例分析》，第二作者，2019年《图书馆研究与工作》第10期。

主持2015年浙江省图书馆学会资助课题《现代公共文化体系背景下推进镇（街道）公共图书馆服务标准化、均等化研究——以嘉兴市本级为例》。

主持2020年浙江省图书馆学会资助课题《基于新课标的青少年经典阅读品牌创新探索——以嘉兴市图书馆为例》。

钱晨诘

《图书馆第一课》，副主编，2023年10月浙江教育出版社出版。

郭云峰

《浅谈图书馆无线网络应用的安全管理问题：以嘉兴市图书馆为例》，2011年《图书馆研究与工作》第4期。

《基于网络论坛的公共图书馆信息服务模式探讨》，2012年《图书馆研究与工作》第2期。

《总分馆模式下公共电子阅览室建设的难点与创新》，2012年《图书馆建设》第9期。

《“新加坡记忆工程”与我国公共图书馆文化资源建设的启示》，2013年《科技情报开

发与经济 》第 16 期。

《嘉兴数字图书馆使用现状分析与发展探究》，2016 年《河南图书馆学刊》第 4 期。

《嘉兴市图书馆建设街区无人值守图书馆模式的创新和实践研究》，2016 年《图书馆建设》第 7 期。

《智慧书房建设与运营规范》，参编，2023 年 3 月嘉兴市市场监督管理局发布。

《图书馆第一课》，参编，2023 年 10 月浙江教育出版社出版。

郭玉珠

《公共图书馆社会心理服务体系建设探索 ——以嘉兴地区公共图书馆“健心客厅”项目为例》，2023 年《图书馆研究与工作》第 6 期。

崔泉森

《整理接收嘉业堂藏书前的一段序曲》，1998 年《图书馆学研究》第 4 期。

章明丽

《县级公共图书馆专业队伍的现状与对策》，2000 年《图书馆学研究》第 5 期。

《政府信息公开查阅场所之比较——以嘉兴市公开查阅场所为例》，2008 年《图书馆建设》第 12 期。

《在政府信息公开体系中定位嘉兴市图书馆的政府信息服务》，2008 年《情报资料工作》第 4 期。

《市馆推动 政府主导 构建城乡一体的公共图书馆服务体系——嘉兴市总分馆制的探索与实践》，2008 年《山东图书馆季刊》第 1 期。

《图书馆总分馆建设的嘉兴模式》，2009 年《图书馆杂志》第 10 期。

葛文娴

《新中国成立初期书目推荐工作研究》，2023 年《图书馆研究与工作》第 1 期。

《后疫情时代公共图书馆老年人数字素养提升的路径研究——以嘉兴市为例》，第二作者，2023 年《图书馆研究与工作》第 3 期。

董世强

《嘉兴市图书馆为读写困难儿童服务实践研究》，第二作者，2018 年《图书馆研究与工作》第 1 期。

程玉芳

《网络环境下虚拟特色馆藏建设初探》，2007 年《科技情报开发与研究》第 31 期。

《从传统到现代——现代图书馆服务的五大转变——以嘉兴市图书馆为例》，收入《现代图书馆服务——浙江省图书馆学会第十一次学术研讨会论文集》，2008 年 10 月浙江省图书馆学会编。

《网络环境下嘉兴市图书馆数字馆藏建设初探》，《数字图书馆工作论坛》，2009 年山东省地图出版社出版。（山东图书馆研究文丛）

《嘉兴市城乡一体化公共图书馆服务体系（嘉兴模式）社会效果调研分析报告》，2012 年《城市图书馆研究》第 1 期（创刊号）

《嘉兴市图书馆读写困难儿童服务研究》，第二作者，2015 年《国家图书馆学刊》第 6 期。

《嘉兴市图书馆为读写困难儿童服务实践研究》，2018 年《图书馆研究与工作》第 1 期。

《嘉兴市图书馆总分馆体系下的微信平台建设研究》，2019 年《图书馆研究与工作》第 3 期。

《遗落人间你最美——〈鸳鸯湖棹歌〉诗音画融合阅读推广》，收入《浙江省公共图书馆优秀阅读推广人案例集》，2020 年浙江省公共图书馆优秀阅读推广人案例集编委会编。

《漫步运河寻旧影》，收入《阅读大运河》，2021 年中国财政经济出版社出版。

程金金

《图书馆第一课》，参编，2023 年 10 月浙江教育出版社出版。

储海星

《公共图书馆儿童分级阅读推广研究》，2018 年《青春岁月》第 11 期。

鲁祎

《打破“篱笆墙”的公共图书馆——城乡一体化公共图书馆服务体系的“嘉兴模式”实践与探索》，第二作者，2018 年《图书馆研究与工作》第 10 期。

《文旅融合背景下“红船书苑”体系建设探析》，2019 年《图书馆研究与工作》第 9 期。

褚晓琼

《图书馆网络购书之思考》，2009 年《新世纪图书馆》第 6 期。

《网络对图书馆联盟内知识转移的影响研究》，2010 年《图书馆》第 2 期。

《让阅读与民工子弟同行》，2010 年《农业图书情报学报》第 7 期。

《信息时代图书馆职业精神浅探》，2010 年《社科纵横》第 1 期。

《楷书傅震宇〈介庐诗钞〉册页》，2011 年《书法》第 4 期。

薛路

《公共图书馆读者活动“点单式”线上预约机制 ——嘉兴市图书馆“文化有约”案例分析》，2019 年《图书馆研究与工作》第 10 期。

《乡村振兴背景下公共图书馆打造“一镇一品”阅读推广服务品牌的嘉兴实践》，第二作者，2020 年《图书馆研究与工作》第 3 期。

《公共图书馆智障儿童阅读服务策略探析——以嘉兴市图书馆为例》，2023 年《图书馆研究与工作》第 11 期。

《“新课标”视野下的公共图书馆青少年经典阅读推广研究》，第二作者，2023 年《图书馆研究与工作》第 4 期。

主持 2020 年度嘉兴市哲学社会科学规划课题《“智”适应微馆：构建嘉兴夜间公共文化生态圈的实践研究》。

主持 2022 年度嘉兴市哲学社会科学规划立项课题《以数字化公共文化服务精准供给赋能嘉兴精神共富的对策建议》。

主持 2021 年度浙江省图书馆学会课题《公共图书馆智障儿童阅读服务策略探析——以嘉兴市图书馆为例》

《图书馆第一课》，参编，2023 年 10 月浙江教育出版社出版。

（整理人：郭玉珠、薛路、程玉芳、顾东叶、王方、杨亚琼、金强华、王娟娟等）